ゴスロリ
Vol.5

「ゴスロリスタイル」より

「憧れブランドのお洋服カタログ」より

Contents

「ゴスロリインテリア」より

手作り110番
この本に関する
ご質問はお電話で

作り方など、本誌に関するご質問は
土、日、祭日を除く月曜日から金曜
日の13:00～16:00にお願いいたします。
TEL 03(3234)2071
電話番号はくれぐれも、お間違えの
ないようにお願いいたします。

本誌掲載の読者のデザイン画は、弊社発行の「ゴスロリvol.1～vol.4」
において募集したハガキの中から選考したものです。

スタッフ
表紙レイアウト＝紫垣和江
ロゴデザイン=たにざきけいこ

編集担当＝横山優子
福島悦子
渡部恵理子
角　瞳

★本選びの参考に！
http://www.boutique-sha.co.jp

読者がデザインした素敵なお洋服♥

ゴスロリスタイル

すべてくわしい作り方つき

一部実物大の型紙つき

読者のみなさまからご応募いただいたデザイン画をもとに手作りした、素敵なお洋服をご紹介いたします!! 甘くてキュートな雰囲気のロリ服やシックな王子スタイルなど、魅力的なデザインがいっぱい。すべての作品にくわしい作り方がついています。ぜひ手作りにチャレンジしてみてくださいませ。

撮影／渡辺 勝人(人物) 腰塚良彦(静物) ヘアメイク／川村友子（masculin）
モデル／市川円香　友弥　YUI　レイアウト／紫垣和江
担当／横山優子　角瞳　渡部恵理子

1

作り方…85ページ
布地提供＝コットンこばやし
レース提供＝ハマナカ
作品製作＝小澤のぶ子

1　アンティークドールをイメージした可愛いワンピース。ケープのように大きく広がった、レースたっぷりの衿が素敵♪　ふんわりヘアとの相性もバツグンです。

タイツ・靴／編集部私物

Design
東京都江戸川区
カヤコさん

2

Design
東京都江戸川区
カヤコさん

作り方…94ページ
ワンピース布地提供＝
コットンこばやし
アンダースカート布地提供＝
大喜ホームクラフト事業部
レース提供＝ハマナカ
作品製作＝鎌形芳美

2　フリルやレースをふんだんにあしらった豪華なデザイン。おリボンつきのボンネットもキュートだね♥ ロマンティックな雰囲気が漂う、ピンクの花柄をセレクトしました。

リボン通しレースハイソックス2,730円、リボンとお花のシューズ24,990円／BABY,THE STARS SHINE BRIGHT

Design
兵庫県尼崎市
いばら林檎《リンゴ》さん

作り方…97ページ
ブラウス・スカート布地提供＝大喜ホームクラフト事業部
カチューシャ・オーバースカート布地提供＝ユザワヤ
リボン・レース提供＝ハマナカ
作品製作＝地濃里美

3　レース使いや編み上げなど凝った装飾がゴージャスな一揃えです。幾重にも重なったスカートはボリュームがあるので、お姫さまのように華やかな着こなしが楽しめそう!!

帽子モチーフリング　1,995円／Baby Doll、タイツ／編集部私物、ストラップシューズ　8,295円／an-ten-na（C・crew）

4

Head dress
ヘッドドレス

バラモチーフレースのブラウス
&
リボンバッスルスカート
衿・そで口にバラのモチーフレースと、トーションレースがついた、シンプルなブラウス。
スカートはリボンを結んでバッスルが作れる! スミレ色♡
ボリュームたっぷり
前
後
トーションレース付きアンダースカート(ウエストゴム)
少し下の位置につけたリボンを結ぶと、スカートがたくし上がって、バッスルになる。

Design
京都府船井郡
朝火《アサヒ》さん

作り方…92ページ
布地提供＝大喜ホームクラフト事業部
レース提供＝ハマナカ
作品製作＝福田美穂

4　鮮やかなスミレ色が魅力的なバッスル風のスカート。薔薇のモチーフレースをつけた、シンプルなブラウスを合わせました。横から見た姿がとても美しいデザインです。

タイツ／編集部私物、合皮ストラップシューズ　17,640円／metamorphose temps de fille

作り方…88ページ
布地提供＝大喜ホームクラフト事業部
リボン・レース提供＝ハマナカ
作品製作＝金丸かほり

5　お袖が取り外せるブラウスにチュールレースを重ねた可愛らしいスカートを合わせて。単品でも着回しのきく便利なアイテム。お揃いのヘアピンやチョーカーもラブリー。

リボンモチーフリング　1,995円／Baby Doll、タイツ／編集部私物、ストラップシューズ　8,295円／an-ten-na（C・crew）

Design
北海道札幌市
馨《ケイ》さん

Hair pin
ヘアピン

5

Choker
チョーカー

Design
新潟県新潟市
すずき美也《ミヤ》さん

作り方…90ページ
写真によるくわしい作り方
ヘッドドレス…17ページ
布地提供＝大喜ホームクラフト事業部
リボン・レース提供＝ハマナカ
作品製作＝古森克子

6　リボンいっぱいのワンピ&ヘッドドレスで、スウィートな白ロリスタイルの出来上がり!! 胸元の編み上げ部分からちらりと見えるレースに心がときめいてしまいます。

リボン＆クラウンモチーフネックレス　4,095円／Baby Doll、ニーハイソックス／編集部私物、リボンシューズ　8,295円／an-ten-na（C・crew）

7

作り方…103ページ
ジャケット布地提供＝ユザワヤ
ブラウス・オーバースカート・パンツ布地提供＝大喜ホームクラフト事業部
作品製作＝吉田彩子

7　着こなしのバリエーションが広がる素敵なデザイン。落ち着きのある色合いのチェック柄で、シックな王子スタイルを演出して。オーバースカートは取り外しできます。

シルクハット／編集部私物、アンティークブローチ　10,290円／Baby Doll、靴　8,295円／an-tenna（C・crew）

Design
鳥取県鳥取市
ハルアキさん

作り方…100ページ
ブラウス・パンツフリル布地提供＝大喜ホームクラフト事業部
ジャケット・パンツ布地提供＝ユザワヤ
作品製作＝福田多摩美

8　クラシカルな印象のシンプルなパンツスーツ。袖口とパンツの裾から覗く存在感のあるフリルがアクセントになって。衿の別珍と共布のくるみボタンもおしゃれだね!!

シルクハット・タイツ・靴／編集部私物

Design
東京都江戸川区
亜満乃《アミノ》さん

8

Design
宮城県名取市
怜夜《レンヤ》さん

作り方…108ページ
シャツ布地提供＝大喜ホームクラフト事業部
作品製作＝河西香織

9　ユニセックスな雰囲気のライダース風シャツに、ベルト使いがハードなスカートつきボンテージパンツのセット。アームカバーを合わせてパンクな着こなしを楽しんで。

Oリングつきチョーカー　4,095円、アーマーリング（右手）22,050円、シルバーリング（右手）　6,090円、Oリングつきリストバンド　3,990円／Baby Doll、スクエアショートブーツ（パイソン）8,295円／an-ten-na（C・crew）

『鋼の錬金術師』ピンズ（ロイ）

（※写真・イラストと商品は、多少異なりますのでご了承ください）

アニメディア2005年4月号第1付録　2005年4月1日発行（毎月1回1日発行）第25巻第4号（通巻第291号）

対象年齢:10歳以上

⚠注意（保護者の方へ。必ずお読みください）

●ピンズは機能上、とがっていますので危険です。使用目的以外の遊び方は絶対にしないでください。

●小さな部品があります。口の中には絶対に入れないでください。窒息などの危険があります。

●誤飲の危険がありますので、3歳未満のお子様には絶対に与えないでください。

●小さなお子さんの手の届かないところに保管してください。

※この台紙は中の商品を保護するためのものです。台紙の汚れ・つぶれ・破損などによる交換及び返品には応じかねますので、あらかじめご了承ください。台紙は開封後、捨ててください（ゴミに出すときは市町村の区分に従ってください）。

※ピンズ製作／株式会社バンダイ　ベンダー事業部

金属部：真鍮
コーティング部：EP

プラ　袋:PP

ダンボール　台紙:ダンボール

Design
福岡県古賀市
蝣姫《ユウキ》さん

作り方…106ページ
ブラウス・スカート布地提供＝大喜ホームクラフト事業部
リボン提供＝ハマナカ
作品製作＝五十嵐あかね

10　ボロボロとほつれた感じがかっこいい、ガーゼ素材のブラウスとスカート。後ろは燕尾服のようなデザインです。袖口にリボンをぐるぐると巻きつけて着てね。

トカゲヘアピン(2つセット)1,680円、カメオリング 4,410円／Baby　Doll、ロゴ入りボーダーハイソックス　1,260円、ストラップシューズ(バーミリ)17,640円／MIHO MATSUDA

10

Bonnet
ボンネット

Corset
コルセット

フリル!フリル!
袖は割れて下のフリルがのぞく。
たくし上げオーバースカート。
アンダースカート。
ボンネットのつばの部分もフリルが2重。
ファスナー
スカートからドロワーズのフリル部分がのぞく。
フリル!フリル!

Design
京都府船井郡
朝火《アサヒ》さん

11

作り方…133ページ
写真によるくわしい作り方
ボンネット…18ページ
ドロワーズ…19ページ
コルセット…20ページ
布地提供＝大喜ホームクラフト事業部
リボン提供＝ハマナカ
作品製作＝小野直子

11　たっぷりとフレアが入った姫袖や、シャーリングでたくし上げたドレープワンピも素敵。ボンネットやコルセット、ドロワーズでおしゃれにトータルコーディネート!!

フラワーモチーフビーズチョーカー　3,570円、エナメルストラップパンプス　8,925円／Baby Doll

12

Design
千葉県安房郡
アゲハさん

作り方…116ページ
ワンピース・スカート布地提供
＝大喜ホームクラフト事業部
レース提供＝ハマナカ
作品製作＝小澤のぶ子

12　肩を見せたちょっぴりセクシーなワンピース。キュッと絞ったウエストには、大きなリボンをあしらいました。リボンのコームや手袋で大人っぽく仕上げてくださいね♪

ローズモチーフネックレス　3,675円／Baby Doll、スクエアブーツ9,345円／an-ten-na（C・crew）

Design
埼玉県さいたま市
ged.《ゲド》さん

作り方…111ページ
ジャケット・スカート布地提供＝ユザワヤ
ブラウス布地提供＝大喜ホームクラフト事業部
作品製作＝地濃里美

13　丸みのあるディティールがキュートなジャケット。共布のボリュームスカートに白のスタンドカラーのフリルブラウスを合わせて。着回しやすいシンプルなデザイン。

クラウンスワン刺繍ハイソックス1,680円、タッセルブーツ　31,290円／metamorphose temps de fille

Heir gom
ヘアゴム
Bag
バッグ

14

Necktie
ネクタイ

スクール風。
ネクタイ

Design
千葉県佐倉市
新月《シンゲツ》さん

作り方…130ページ
ブラウス布地提供＝大喜ホームクラフト事業部
スーツ・バッグ布地提供＝ユザワヤ
スロッキーシール（王冠）提供＝イフスタジオ
レース提供＝ハマナカ
作品製作＝金丸かほり

14　ロリータちゃんの制服みたいな、甘くてラブリーなブラウス＆スーツ。お揃いの布地で作った、リボンヘアゴムやバッグを合わせて。普段使いにもおすすめのセットです。

レースつきニーハイソックス／編集部私物、フロントレースアップストラップシューズ　8,295円／an-ten-na（C・crew）

パニエ ヘッドドレス ボンネット ドロワーズ コルセット

小物を作ってみよう!!

写真で詳しい作り方

ゴスロリ必須小物作りに挑戦してみましょう。豪華なお洋服はまだ自信の無いあなたも、小物なら最後まできっとがんばれるよ。型紙つきと布に直接線を引いてカットするじか裁ちの作品ばかりだから、難しい型紙作りも必要なし！さあ作ってみましょ。

材料

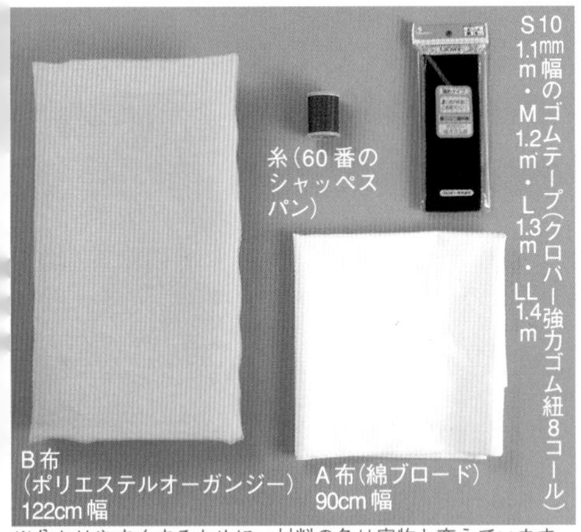

10mm幅のゴムテープ（クロバー強力ゴム紐8コール）
S1.1m・M1.2m・L1.3m・LL1.4m
糸（60番のシャッペスパン）
B布（ポリエステルオーガンジー）122cm幅
A布（綿ブロード）90cm幅

※分かりやすくするために、材料の色は実物と変えています。
※布の分量は布の裁ち方を参照して下さい。

布の裁ち方

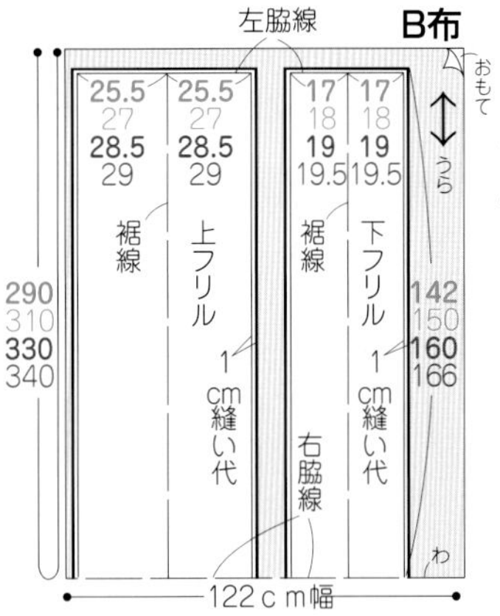

左脇線
B布
おもて
うら
25.5
27
28.5
29
17
18
19
19.5
裾線
上フリル
下フリル
1cm縫い代
右脇線
290
310
330
340
142
150
160
166
わ
122cm幅

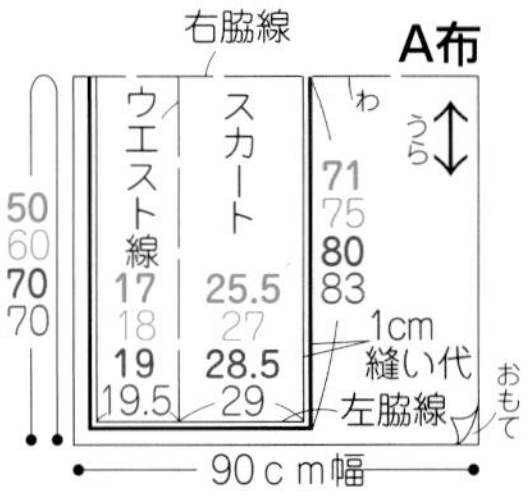

右脇線
A布
わ
うら
ウエスト線
スカート
150
160
170
170
17
18
19
19.5
25.5
27
28.5
29
71
75
80
83
1cm縫い代
左脇線
おもて
90cm幅

※布のうらに直接線を引いてカットします。

パニエ

じか裁ち

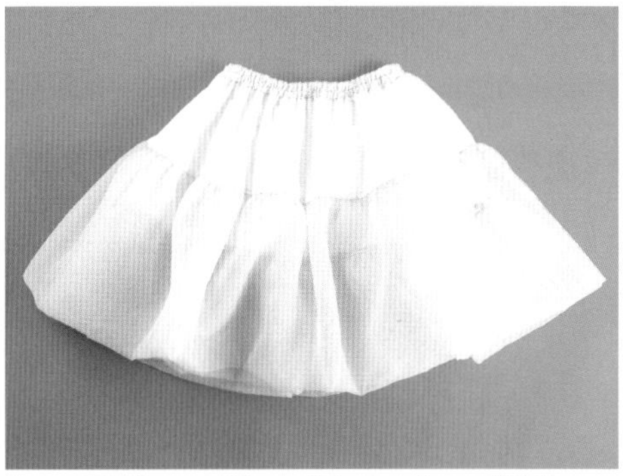

S＝42.5cm、M＝45cm、L＝47.5cm、LL＝48.5cm丈のパニエです。白と黒を持っていると便利です！

1 スカートを作る

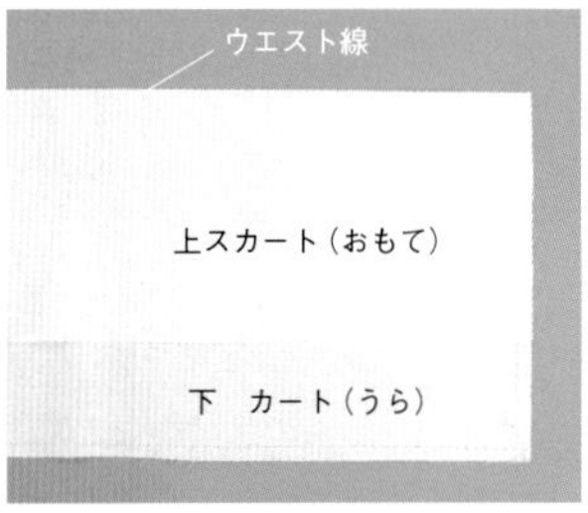

ウエスト線
上スカート（おもて）
下 カート（うら）

①スカートのおもてを外側にしてウエスト線をアイロンで折る。

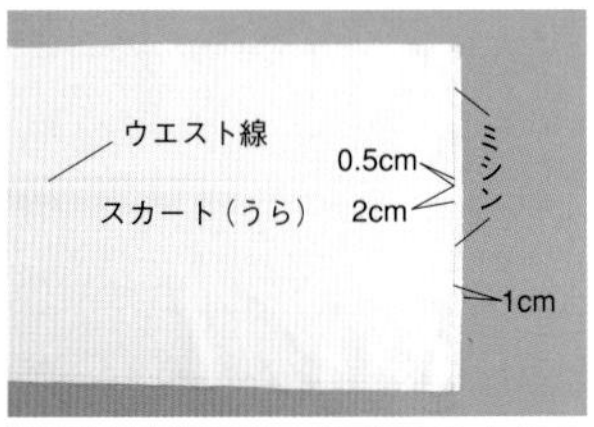

ウエスト線
0.5cm
2cm
ミシン
スカート（うら）
1cm

②折り目を開き、おもてを中にして左脇線を合わせる。印の位置にミシン。ゴムテープ通し口を縫い残す。

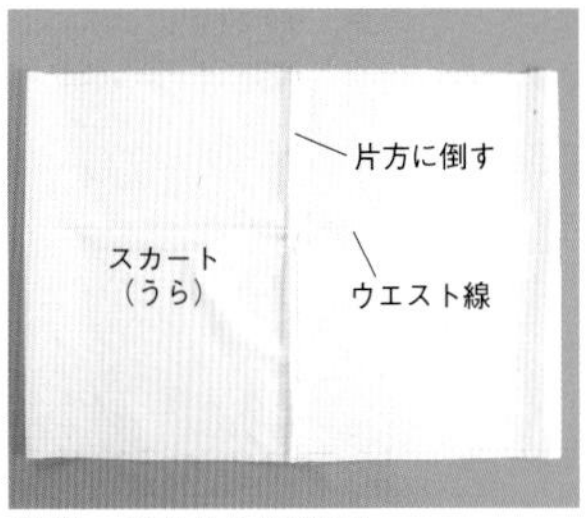

片方に倒す
スカート（うら）
ウエスト線

③縫い代を片方に倒す

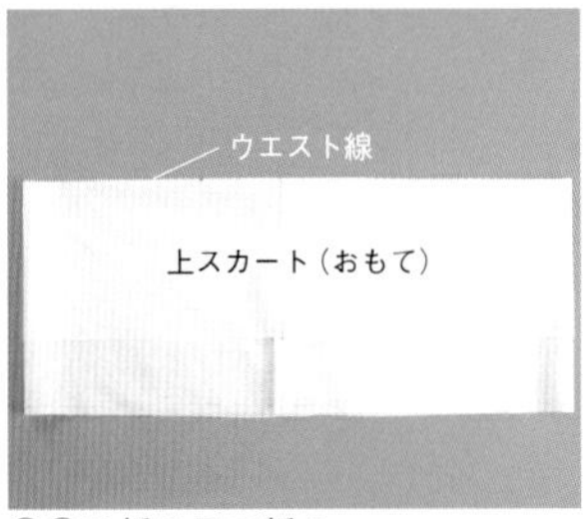

ウエスト線
上スカート（おもて）

④①の折り目で折る。

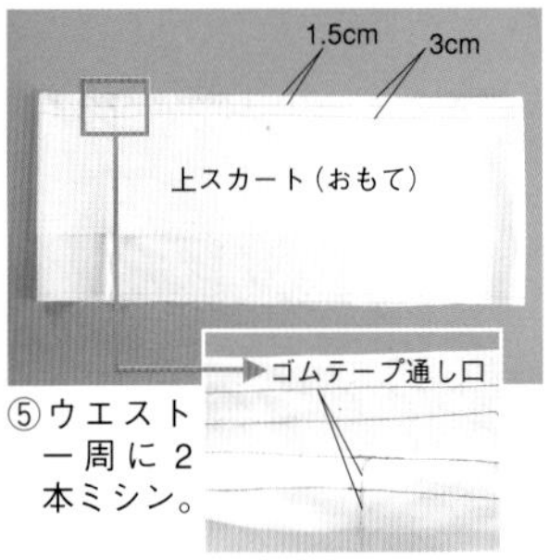

1.5cm
3cm
上スカート（おもて）
ゴムテープ通し口

⑤ウエスト一周に2本ミシン。

2 下フリルを作る

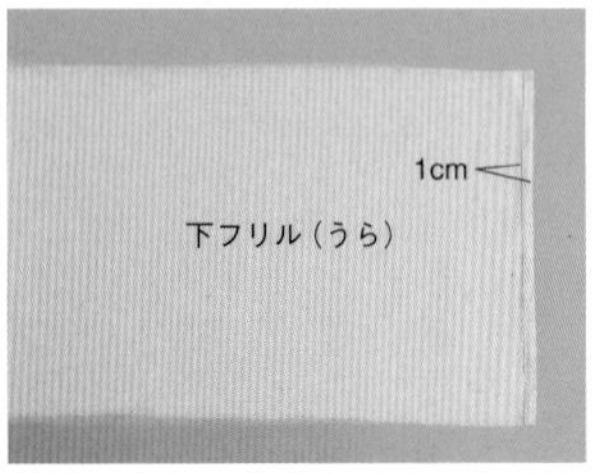

1cm
下フリル（うら）

①下フリルのおもてを中にして左脇線を合わせ、布端から1cmの位置を縫う。

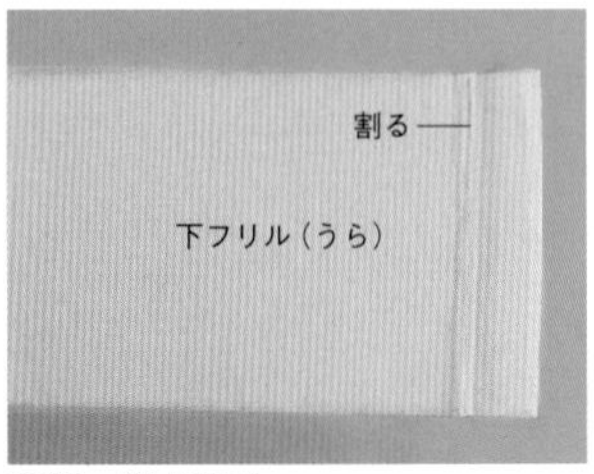

割る
下フリル（うら）

②縫い代を割る。

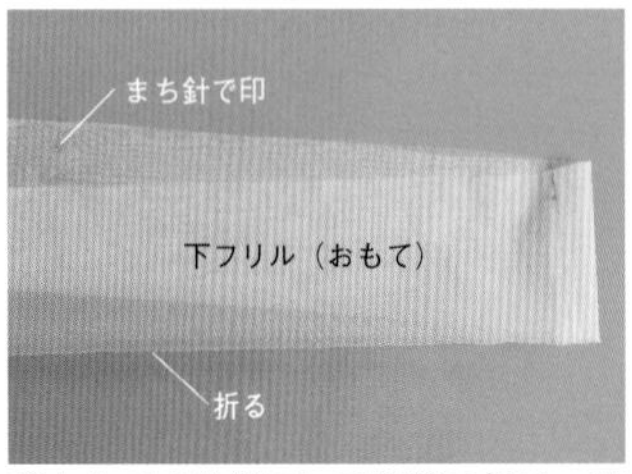

まち針で印
下フリル（おもて）
折る

③おもてを外側にして裾線で折る。脇線と中心にまち針で印をつけておく。

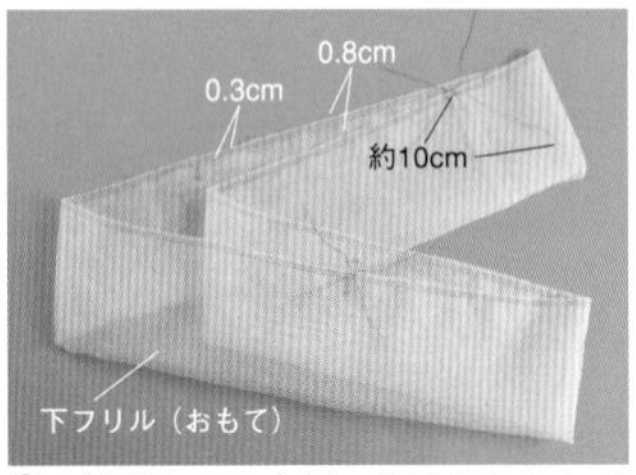

0.8cm
0.3cm
約10cm
下フリル（おもて）

④2枚重ねて2本粗い針目のミシンで縫う。脇線で縫い止め、始めと終わりの糸は10cmくらいずつ残す。

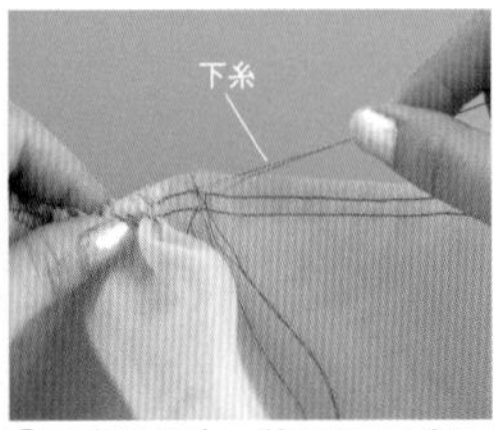

下糸

⑤下糸を2本一緒にひっぱり、ギャザーを寄せる。

3 スカートに下フリルをつける

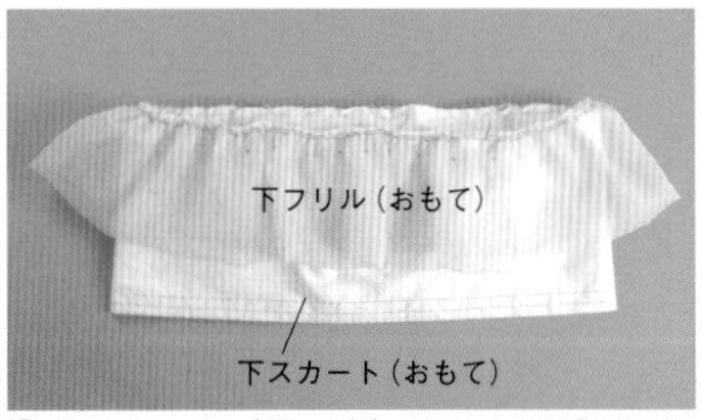

下フリル（おもて）
下スカート（おもて）

①下スカート（長い方）のおもてに下フリルを重ね、それぞれの印の位置を合わせてまち針でとめる。ギャザーを均等に調節してさらに細かくまち針でとめる。

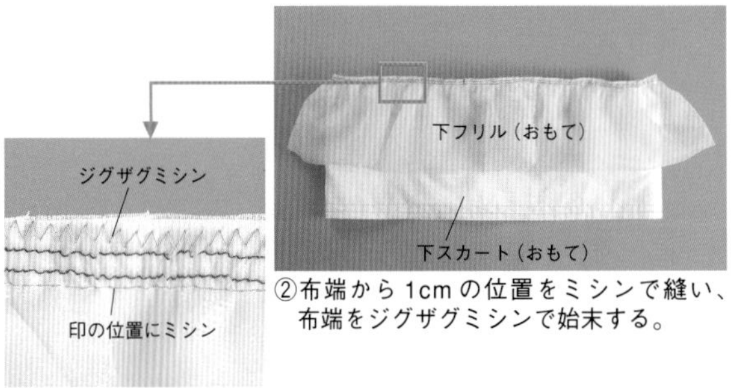

下フリル（おもて）
下スカート（おもて）
ジグザグミシン
印の位置にミシン

②布端から1cmの位置をミシンで縫い、布端をジグザグミシンで始末する。

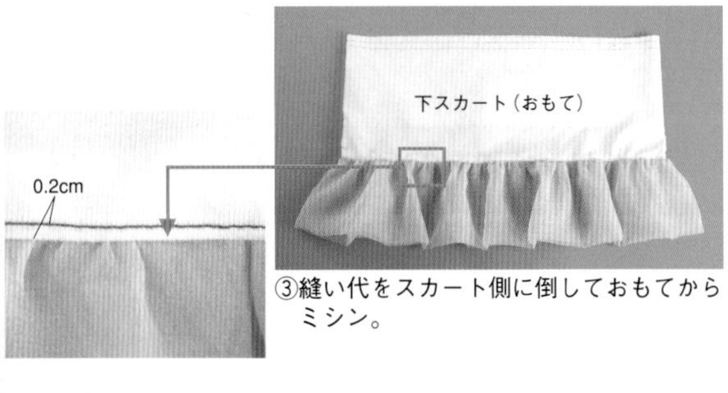

下スカート（おもて）
0.2cm

③縫い代をスカート側に倒しておもてからミシン。

4 スカートに上フリルをつける

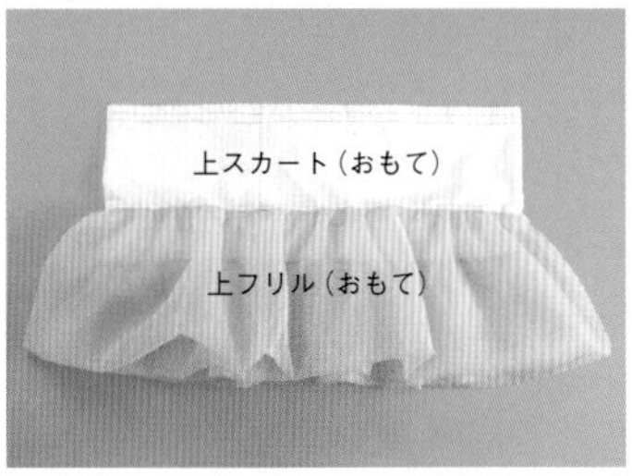

上スカート（おもて）
上フリル（おもて）

上フリルを下フリルと同様に作り、上スカートにつける。

5 ウエストにゴムテープを通す

ゴムテープの長さ S54・M58・L64・LL70cm

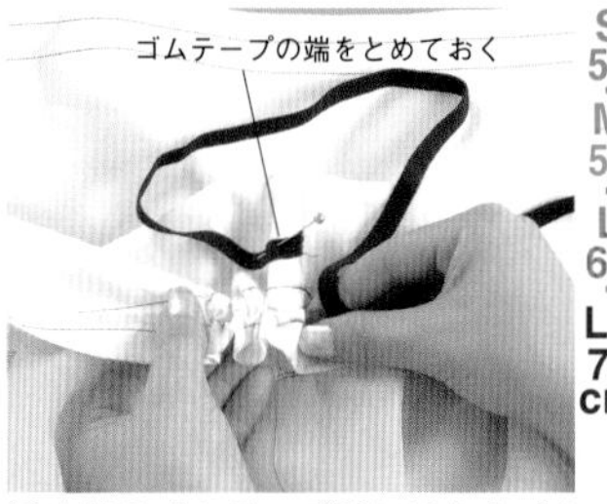

ゴムテープの端をとめておく

①左脇のゴムテープ通し口からゴムテープを通す。

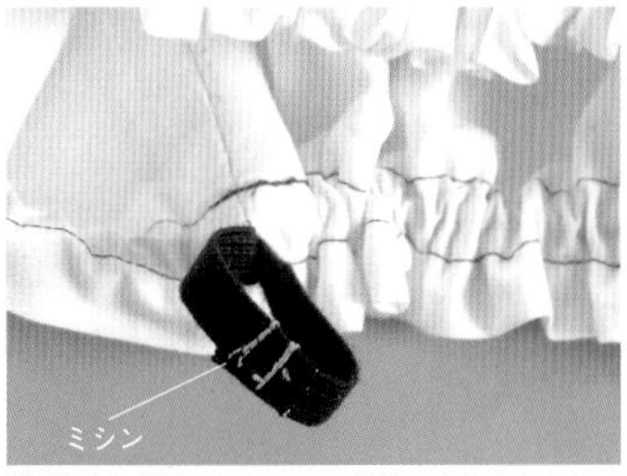

ミシン

②始めと終わりを1.5cm重ねて2本ミシン。上の段にも同様にゴムテープを通す。

6 出来上がり

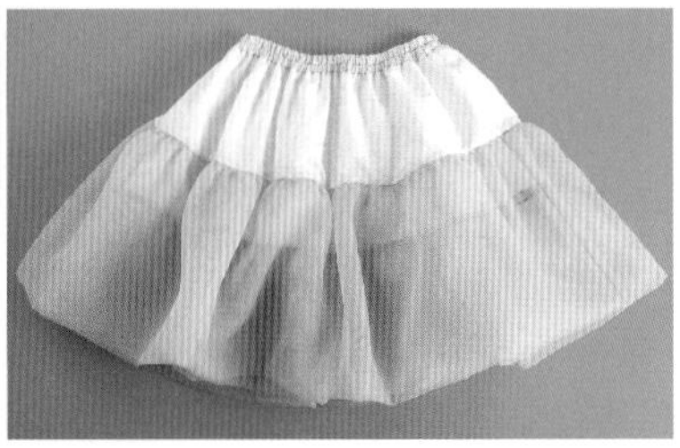

ヘッドドレス

実物大の型紙90ページ

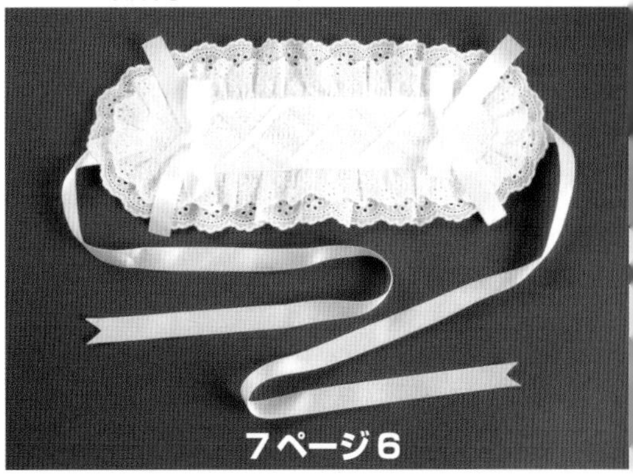

7ページ6

材料

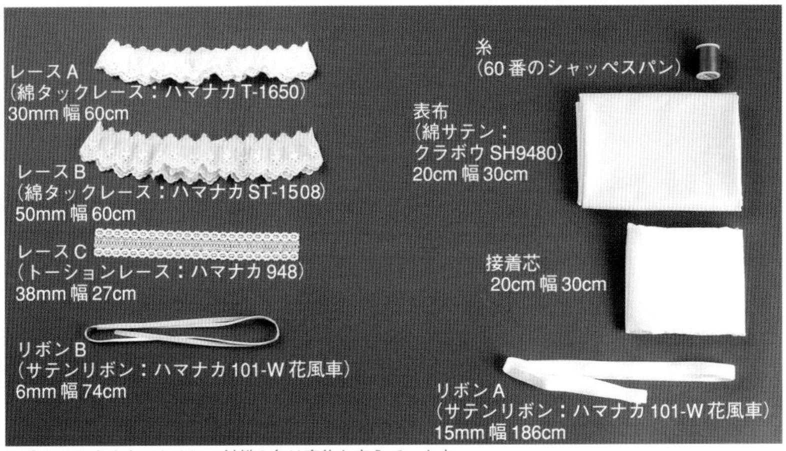
レースA
（綿タックレース：ハマナカT-1650）
30mm幅60cm
レースB
（綿タックレース：ハマナカST-1508）
50mm幅60cm
レースC
（トーションレース：ハマナカ948）
38mm幅27cm
リボンB
（サテンリボン：ハマナカ101-W花風車）
6mm幅74cm
糸
（60番のシャッペスパン）
表布
（綿サテン：
クラボウSH9480）
20cm幅30cm
接着芯
20cm幅30cm
リボンA
（サテンリボン：ハマナカ101-W花風車）
15mm幅186cm

※分かりやすくするために、材料の色は実物と変えています。

布の裁ち方

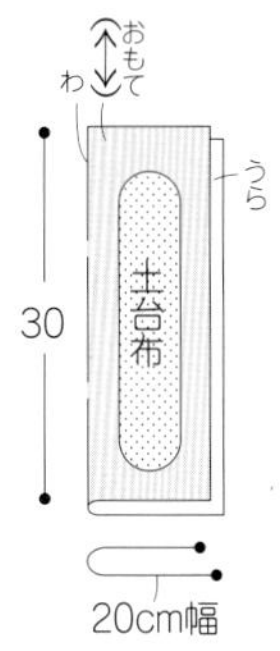
おもて
わ
うら
30
土台布
20cm幅

▒=接着芯をはる位置

1cmの縫い代をつけます。

I リボンを土台布につける

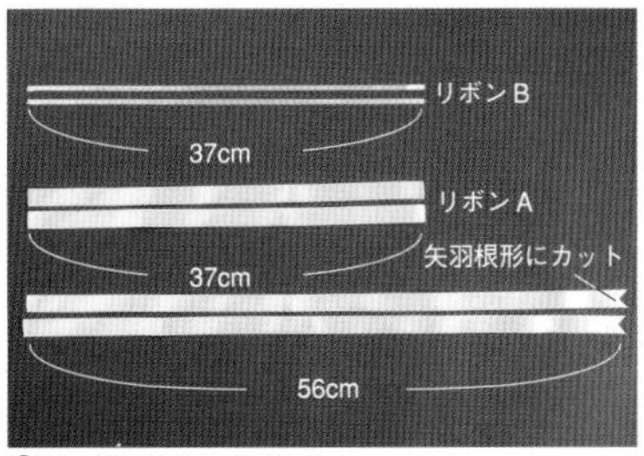
リボンB
37cm
リボンA
矢羽根形にカット
37cm
56cm

①リボンをカットする。

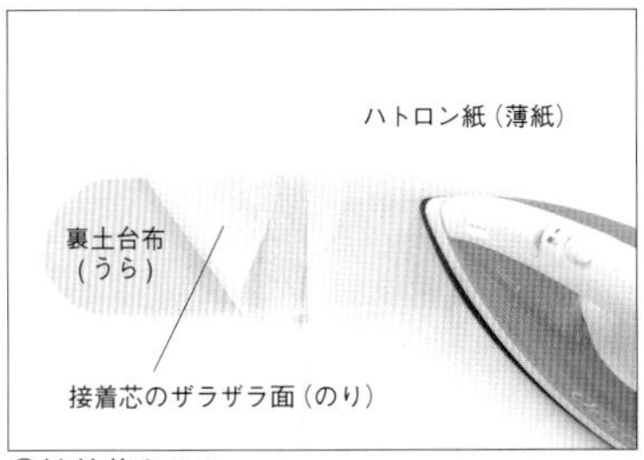
ハトロン紙（薄紙）
裏土台布（うら）
接着芯のザラザラ面（のり）

②接着芯をはる。
※表土台布にも同様に接着芯をはります。

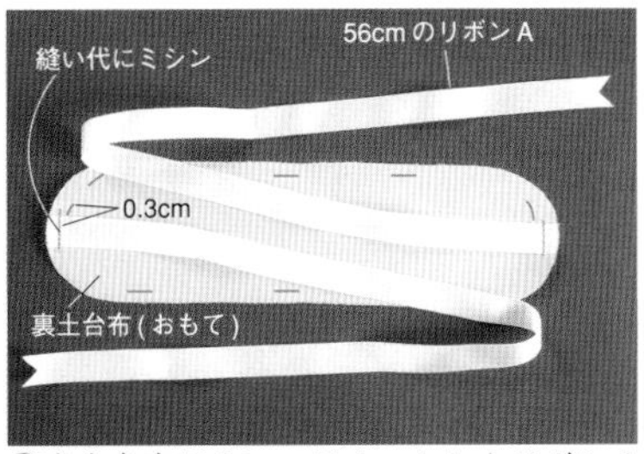
56cmのリボンA
縫い代にミシン
0.3cm
裏土台布（おもて）

③裏土台布に56cmにカットしたリボンAをつける。

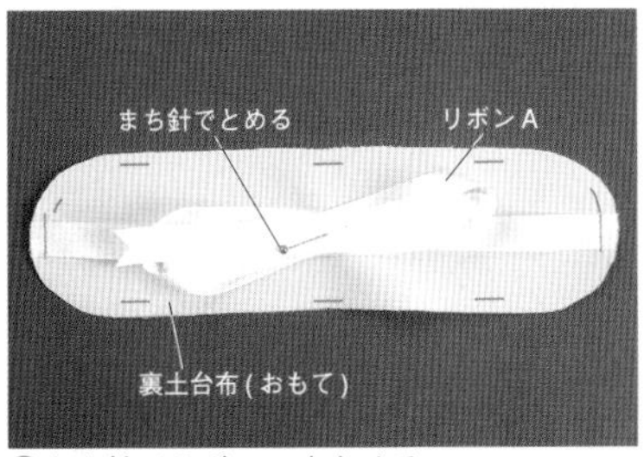
まち針でとめる
リボンA
裏土台布（おもて）

④まち針でリボンAをとめる。

2 レースをつける

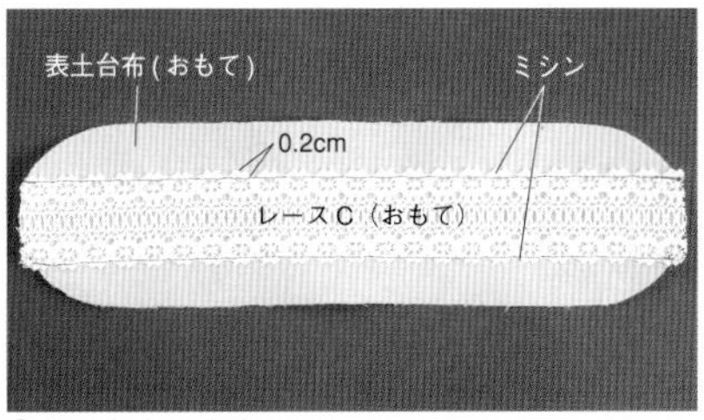
表土台布（おもて）
ミシン
0.2cm
レースC（おもて）

⑤表土台布の中央にレースCをつける。

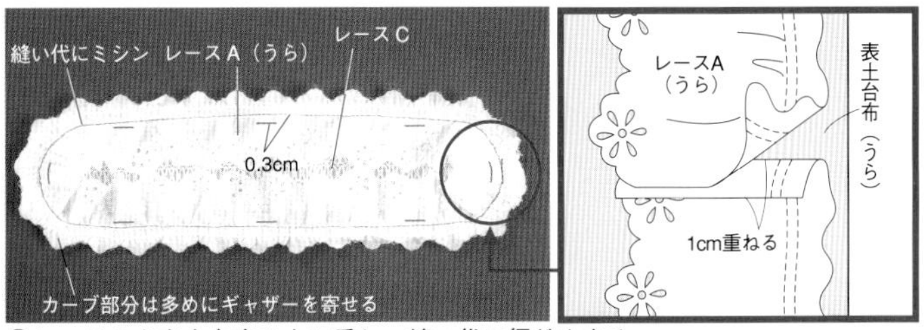
縫い代にミシン
レースA（うら）
レースC
0.3cm
カーブ部分は多めにギャザーを寄せる
レースA
（うら）
表土台布
（うら）
1cm重ねる

⑥レースAを表土台布の上に重ね、縫い代に仮どめする。
※カーブ部分は多めにレースのギャザーを寄せます。

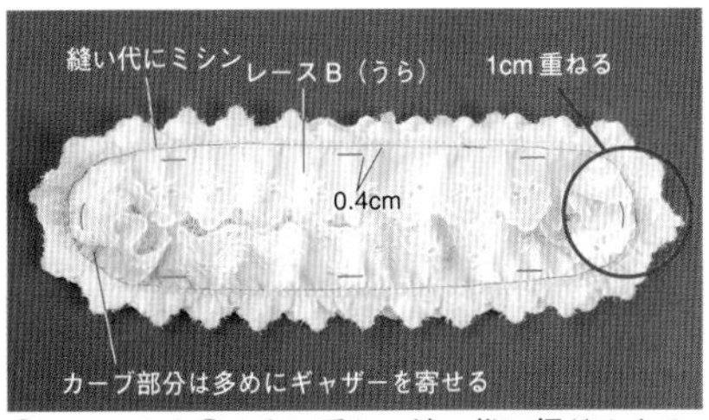
縫い代にミシン
レースB（うら）
1cm重ねる
0.4cm
カーブ部分は多めにギャザーを寄せる

⑦レースBを⑥の上に重ね、縫い代に仮どめする。

3 土台布を縫い合わせる

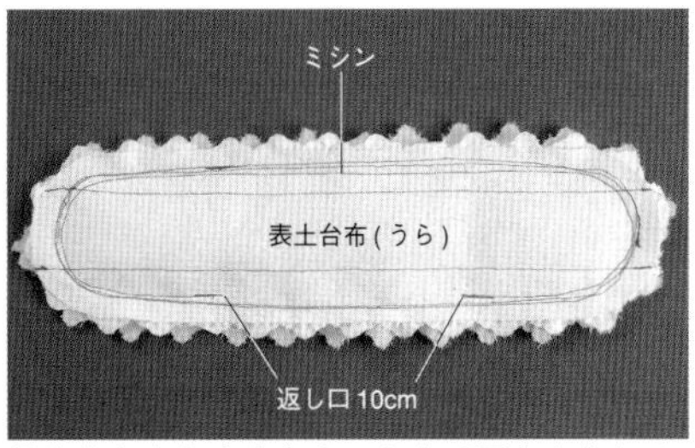
ミシン
表土台布（うら）
返し口10cm

⑧表土台布と裏土台布のおもて同士を合わせ、返し口を10cm残して縫う。

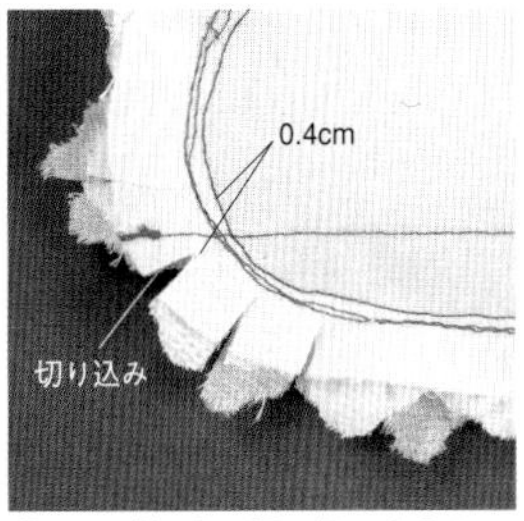
0.4cm
切り込み

⑨カーブ部分に切り込みを入れる。

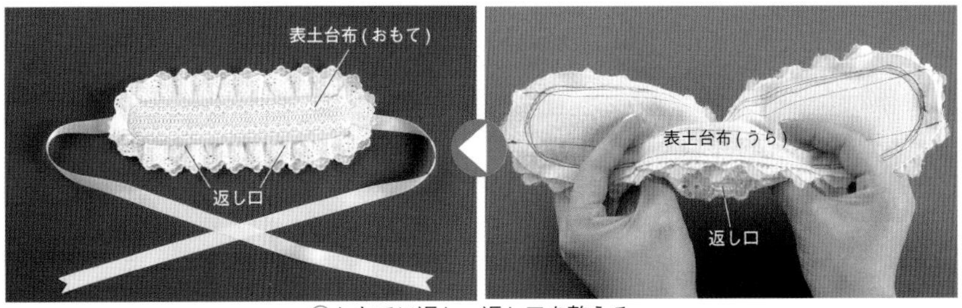
表土台布（おもて）
返し口
表土台布（うら）
返し口

⑩おもてに返し、返し口を整える。

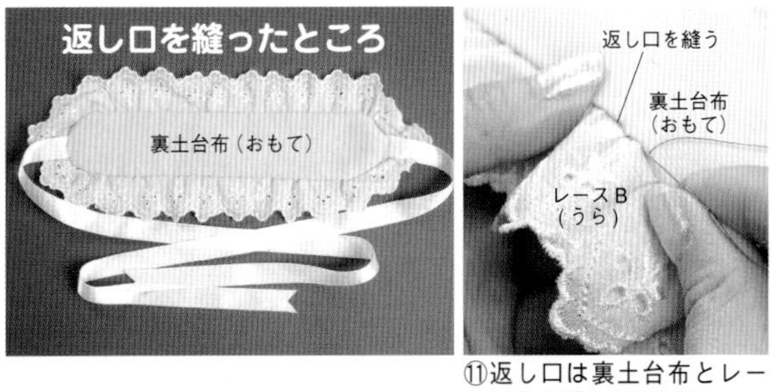
返し口を縫ったところ
裏土台布（おもて）
返し口を縫う
裏土台布
（おもて）
レースB
（うら）

⑪返し口は裏土台布とレースBを縫って閉じる。

4 リボンBをつける

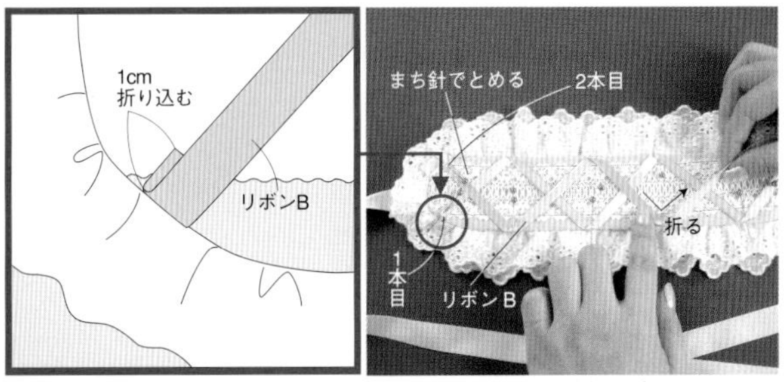
1cm
折り込む
リボンB
まち針でとめる
2本目
折る
1本目
リボンB

⑫端をまち針でとめ、折りながら1本目をつける。同様に2本目をつける。

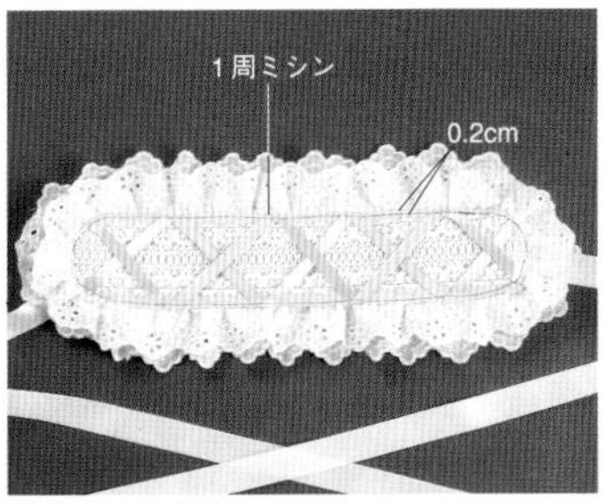
1周ミシン
0.2cm

⑬リボンBを縫いつける。

5 飾りリボンをつける

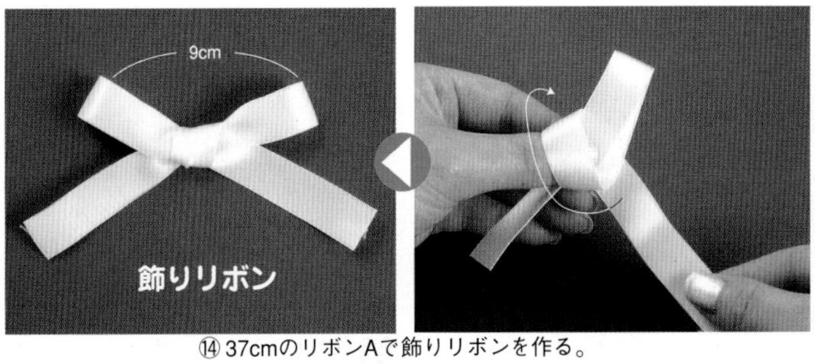
9cm
飾りリボン

⑭37cmのリボンAで飾りリボンを作る。

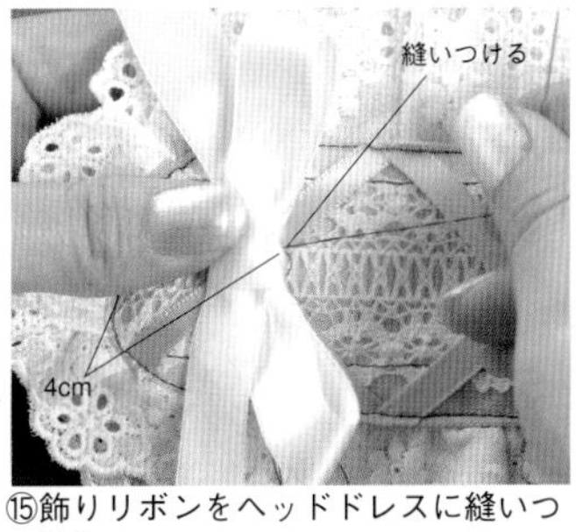
縫いつける
4cm

⑮飾りリボンをヘッドドレスに縫いつける。

6 出来上がり

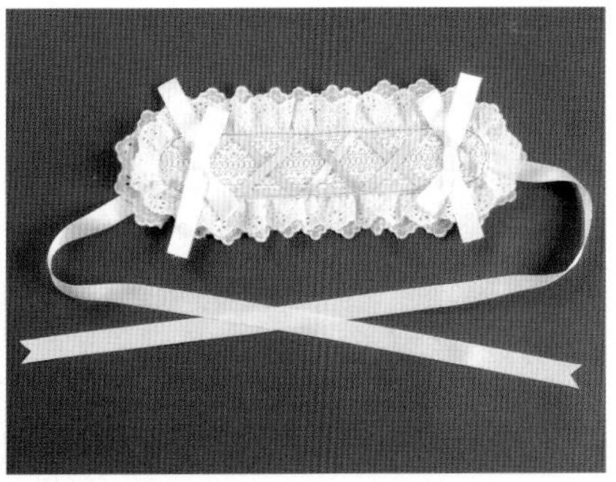

材　料

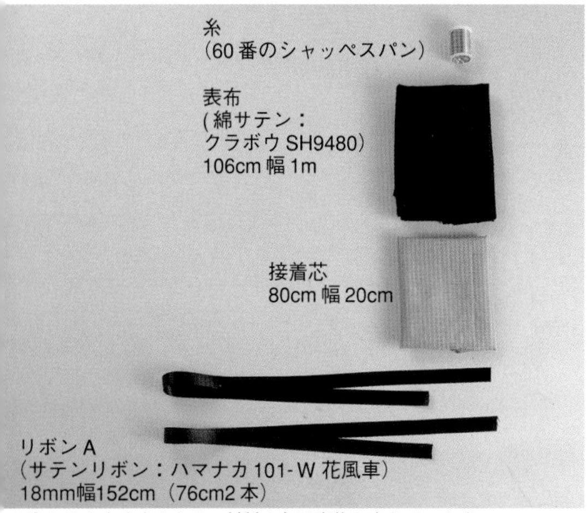

糸
（60番のシャッペスパン）
表布
（綿サテン：
クラボウ SH9480）
106cm 幅 1m
接着芯
80cm 幅 20cm
リボンA
（サテンリボン：ハマナカ 101-W 花風車）
18mm幅152cm（76cm2 本）

※分かりやすくするため、材料の色は実物と変えています。

布の裁ち方

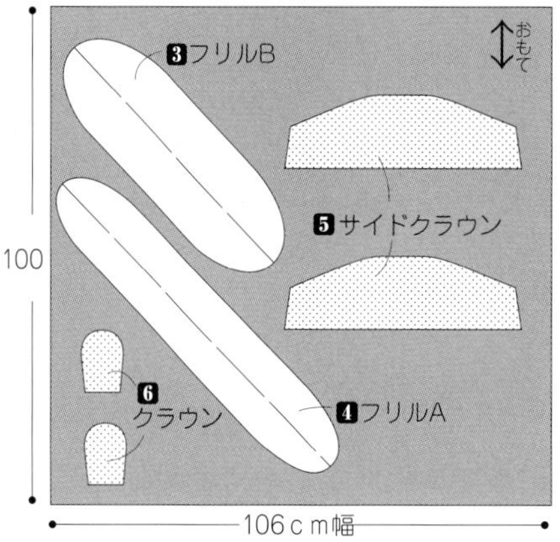

おもて
3 フリルB
5 サイドクラウン
100
6 クラウン
4 フリルA
106ｃｍ幅

▒=接着芯をはる位置

1cmの縫い代をつけます。

ボンネット

実物大の型紙B面

※その日の気分次第で、どちらを表にしてもかぶれます。

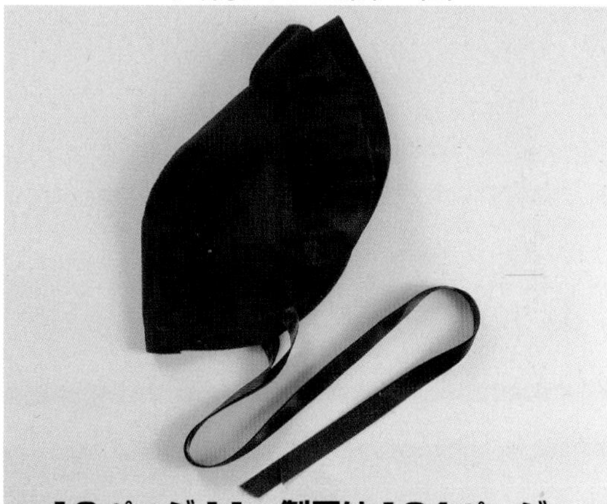

12ページ11　製図は134ページ

1 クラウンとサイドクラウンを縫い合わせる

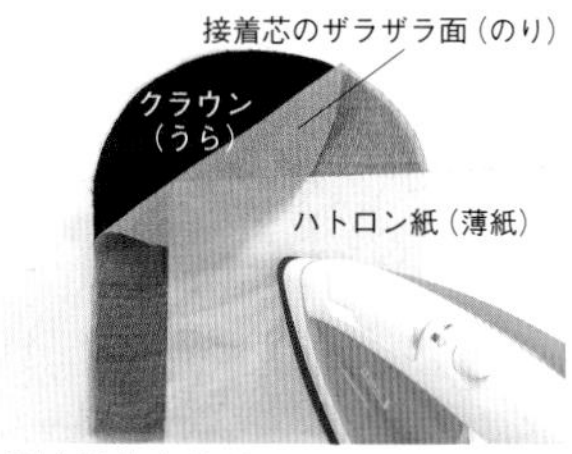

接着芯のザラザラ面（のり）
クラウン（うら）
ハトロン紙（薄紙）

①接着芯をはる。
※同様にサイドクラウンにも接着芯をはります。

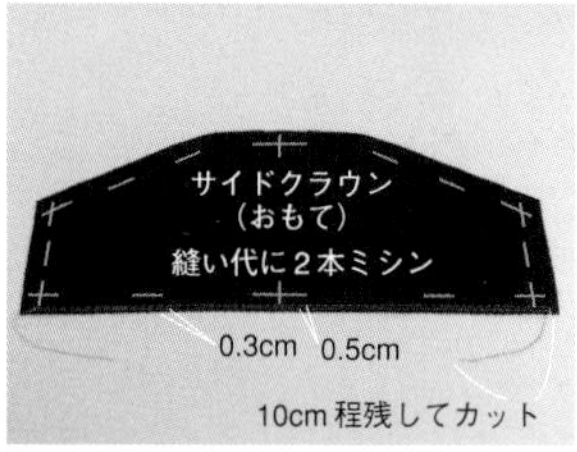

サイドクラウン（おもて）
縫い代に2本ミシン
0.3cm
0.5cm
10cm 程残してカット

②サイドクラウンの縫い代に、ギャザーを寄せるためのミシンを2本縫う。

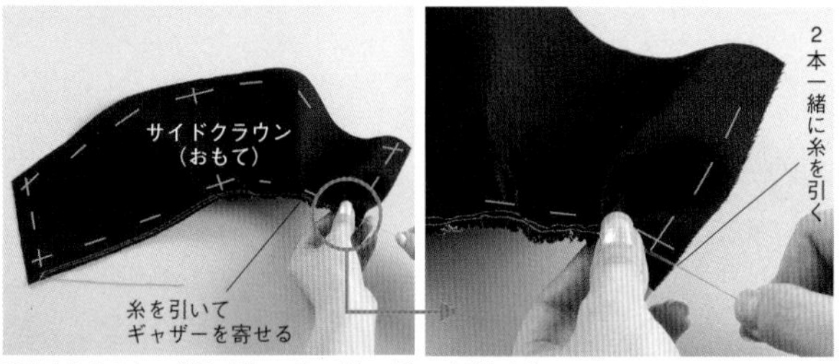

サイドクラウン（おもて）
糸を引いて
ギャザーを寄せる
2本一緒に糸を引く

③下糸を2本一緒に引いて、ギャザーを寄せる。

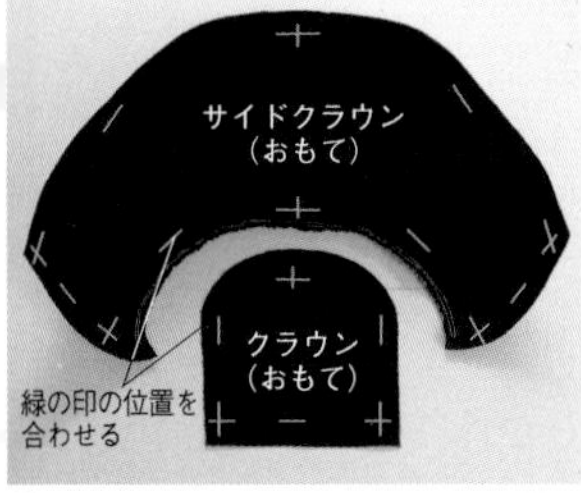

サイドクラウン（おもて）
クラウン（おもて）
緑の印の位置を合わせる

④サイドクラウンとクラウンを合わせる。

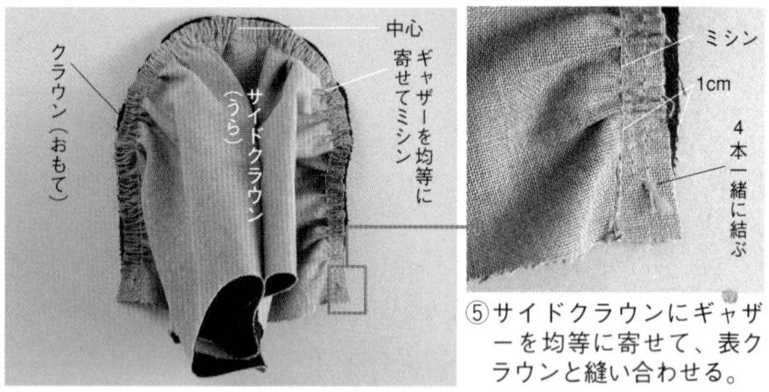

クラウン（おもて）
サイドクラウン（うら）
中心
ギャザー寄せミシンを均等に
ミシン
1cm
4本一緒に結ぶ

⑤サイドクラウンにギャザーを均等に寄せて、表クラウンと縫い合わせる。

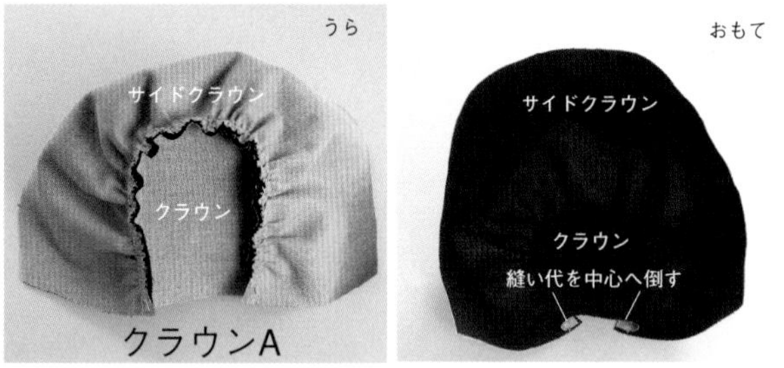

うら
サイドクラウン
クラウン
クラウンA
おもて
サイドクラウン
クラウン
縫い代を中心へ倒す

⑥サイドクラウンを広げる。

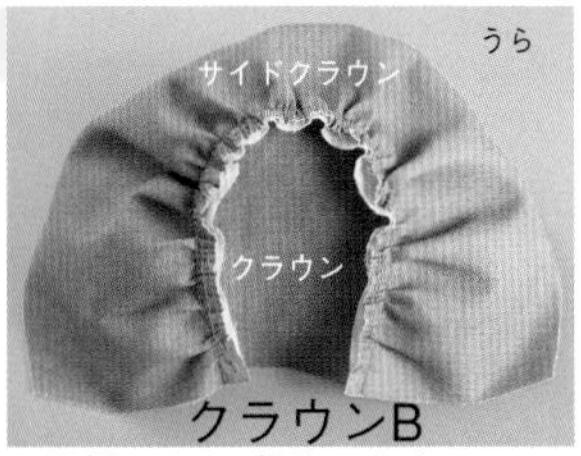

うら
サイドクラウン
クラウン
クラウンB

※同様にもう1枚作ります。
※このパーツは、分かりやすくするため、白い布で解説します。

2 フリルにギャザーを寄せる

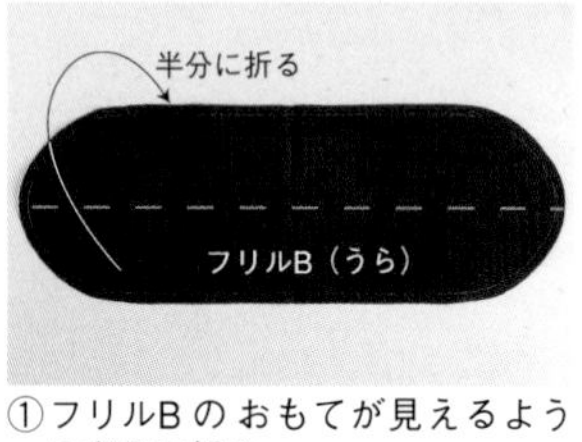

半分に折る
フリルB（うら）

①フリルBのおもてが見えるように半分に折る。
※ふんわりさせるため、折り山にアイロンはかけません。

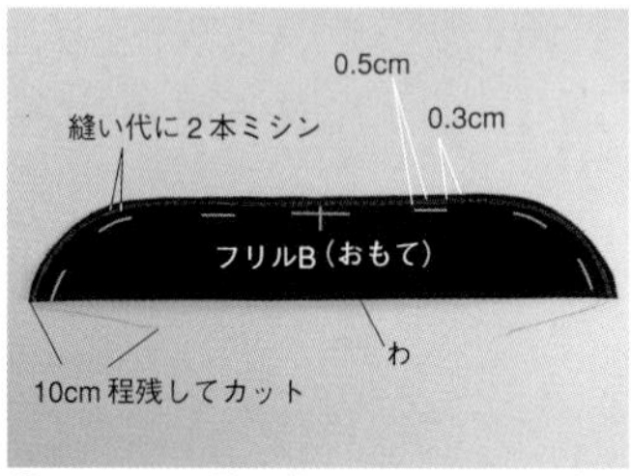

0.5cm
縫い代に2本ミシン
0.3cm
フリルB（おもて）
わ
10cm 程残してカット

②フリルBの縫い代に、ギャザーを寄せるためのミシンを2本縫う。

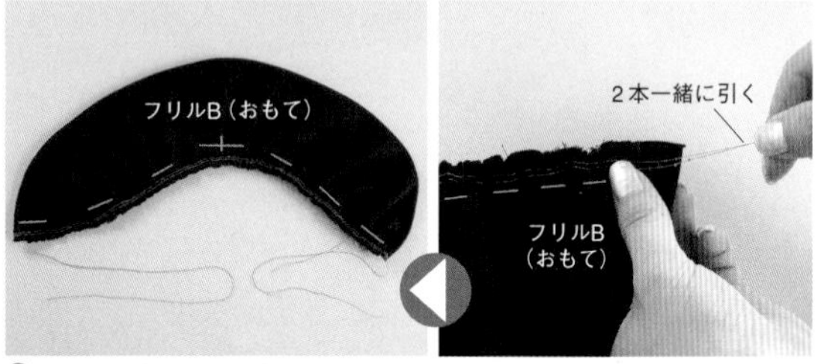

フリルB（おもて）
2本一緒に引く
フリルB
（おもて）

③下糸を2本一緒に引いて、ギャザーを寄せる。

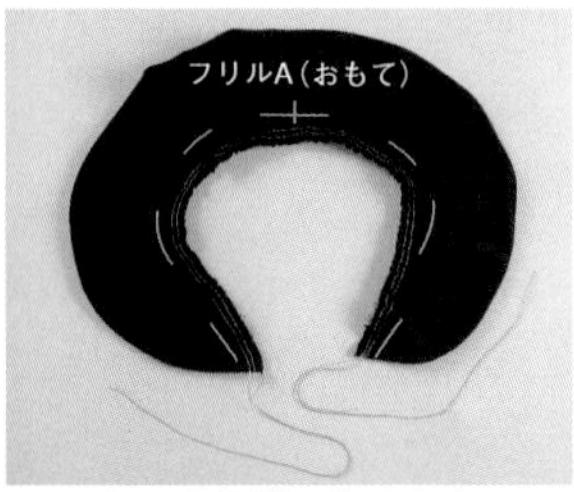

フリルA（おもて）

※フリルAも同様に作ります。

3 フリルとサイドクラウンを縫い合わせる

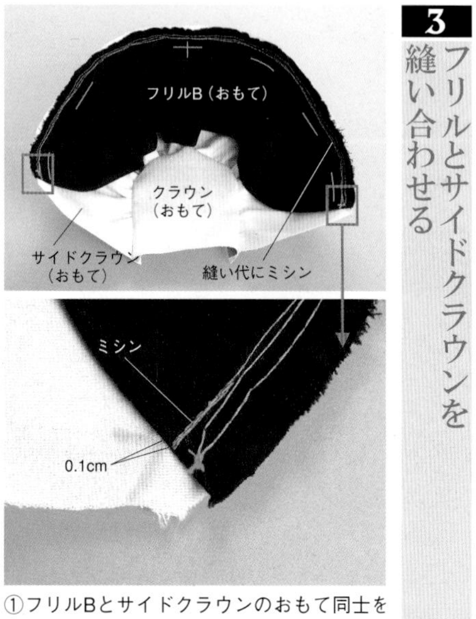

フリルB（おもて）
クラウン
（おもて）
サイドクラウン
（おもて）
縫い代にミシン
ミシン
0.1cm

①フリルBとサイドクラウンのおもて同士を合わせて、縫い代に仮どめする。

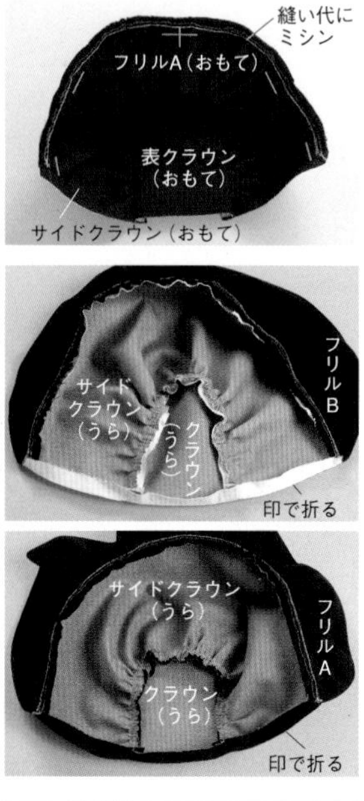

縫い代に
ミシン
フリルA（おもて）
表クラウン
（おもて）
サイドクラウン（おもて）
フリルB
サイドクラウン（うら）
クラウン（うら）
印で折る
サイドクラウン（うら）
フリルA
クラウン（うら）
印で折る

※フリルAも同様にサイドクラウンに仮どめします。

②サイドクラウンとクラウンの縫い代を印の位置で折り、折り目をつける。

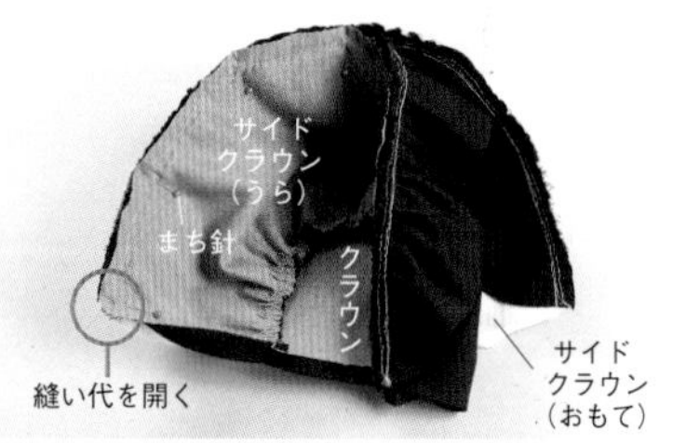

サイド
クラウン
（うら）
まち針
クラウン
縫い代を開く
サイド
クラウン
（おもて）

③サイドクラウンのおもて同士を合わせる。
※折った縫い代は、一旦開きます。

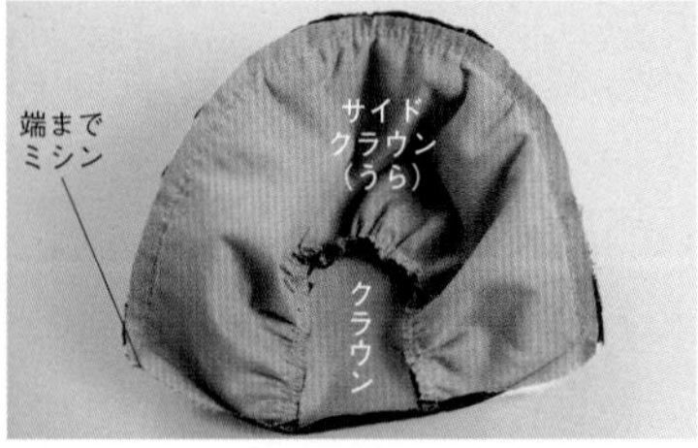

端まで
ミシン
サイド
クラウン
（うら）
クラウン

④サイドクラウンの印の位置を縫う。

⑤おもてに返して、整える。

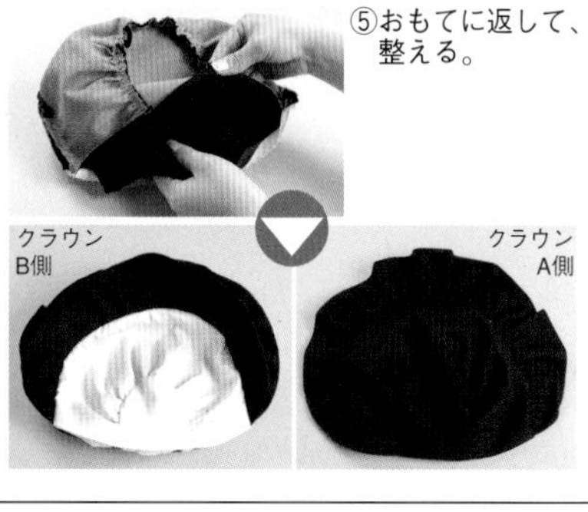

クラウン
B側
クラウン
A側

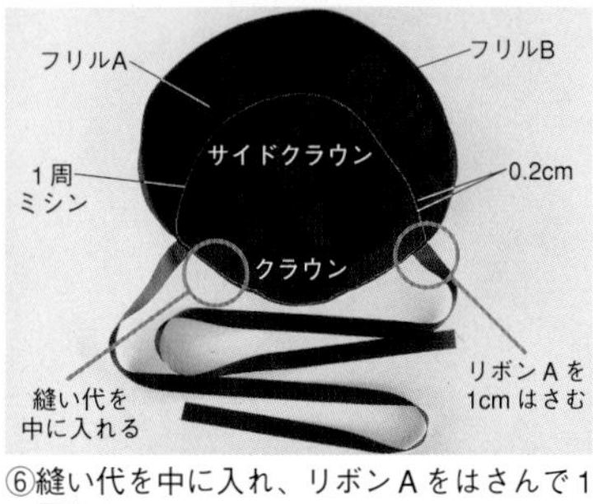

フリルA
フリルB
サイドクラウン
1周
ミシン
0.2cm
クラウン
縫い代を
中に入れる
リボンAを
1cm はさむ

⑥縫い代を中に入れ、リボンAをはさんで1周ミシン。

GOTH※LOLI

2x27 → 54
2x28 → 56
110

2x38,5 → 77,0
2x34,0 → 68,0
145,0 : 2 = 72,5
14
05
4
10

材 料

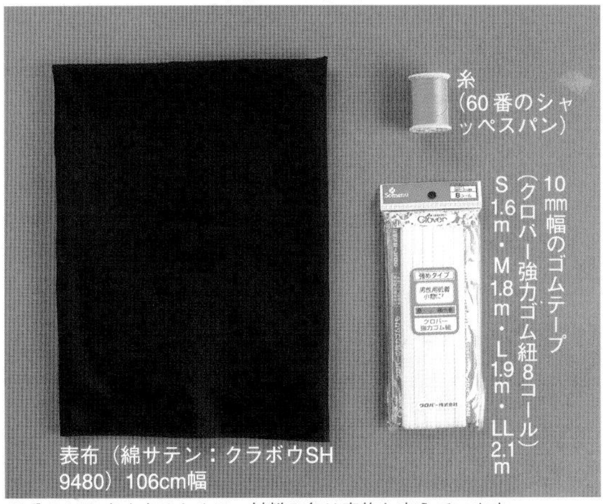

糸
(60番のシャッペスパン)
10mm幅のゴムテープ
(クロバー強力ゴム紐8コール)
S1.6m・M1.8m・L1.9m・LL2.1m
表布（綿サテン：クラボウSH 9480）106cm幅

※分かりやすくするために、材料の色は実物と変えています。
※布の分量は布の裁ち方を参照して下さい。

布の裁ち方

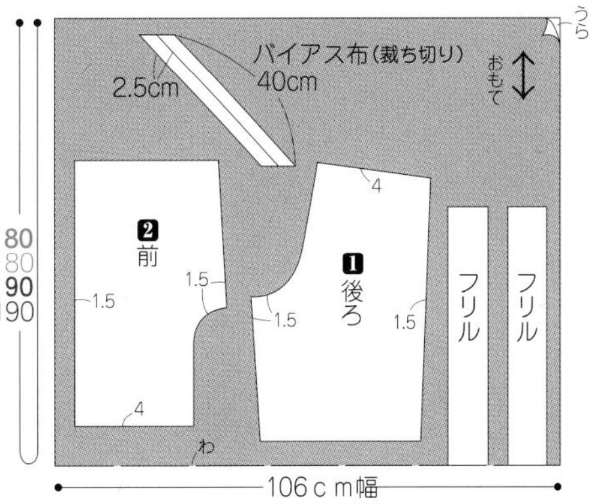

バイアス布(裁ち切り)
2.5cm
40cm
おもて
うら
180
180
190
190
❷ 前
❶ 後ろ
1.5
1.5
1.5
1.5
4
4
フリル
フリル
わ
106ｃｍ幅

数字のないところは1cmの縫い代をつけます。

ドロワーズ

実物大の型紙Ｂ面

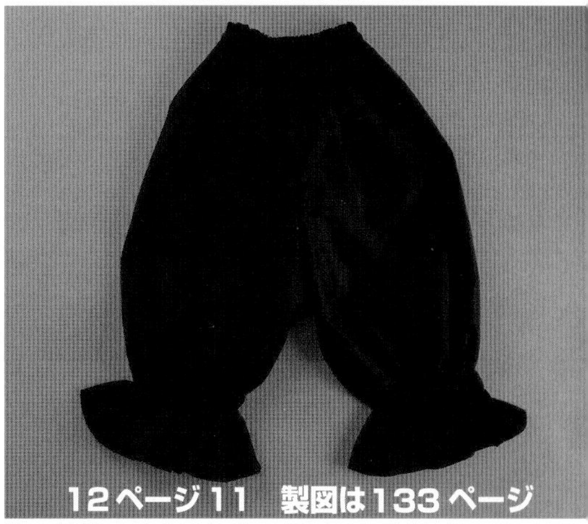

12ページ11　製図は133ページ

1 縫い代の始末をする

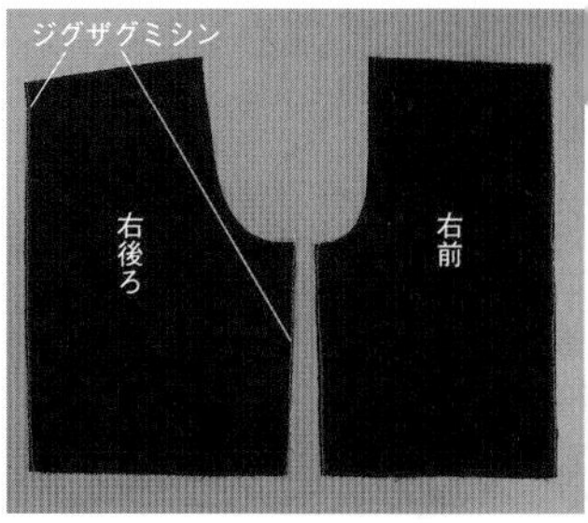

ジグザグミシン
右後ろ
右前

脇線と股下線の布端がほつれないようにジグザグミシンで始末する。

2 脇線と股下線を縫う

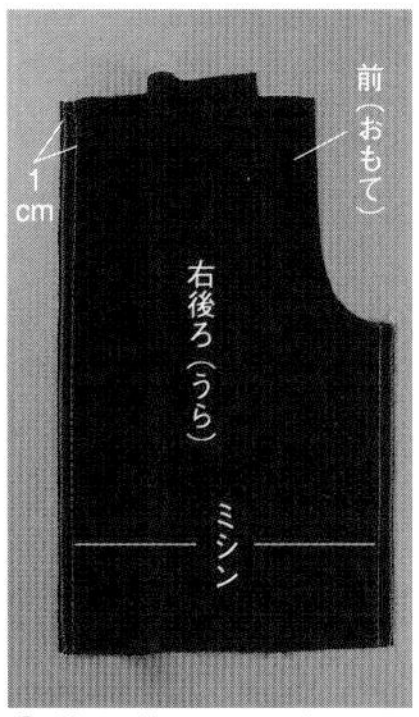

前（おもて）
1cm
右後ろ（うら）
ミシン

①前と後ろのおもて同士を合わせる。脇線と股下線の印を合わせてミシン。

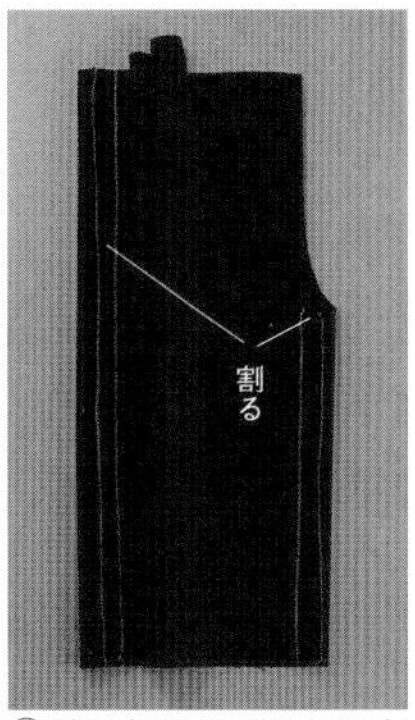

割る

②縫い代をアイロンで割る。

3 フリルを作る

フリル（うら）
ジグザグミシン

①フリルの布端にジグザグミシン。

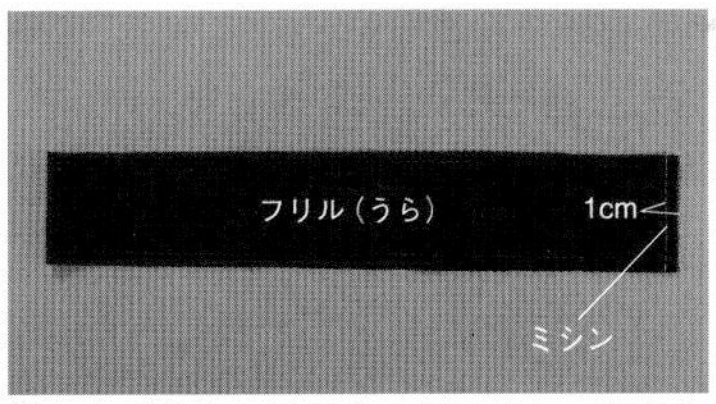

フリル（うら）
1cm
ミシン

②おもてを合わせて２つ折りにし、印を合わせてミシン。

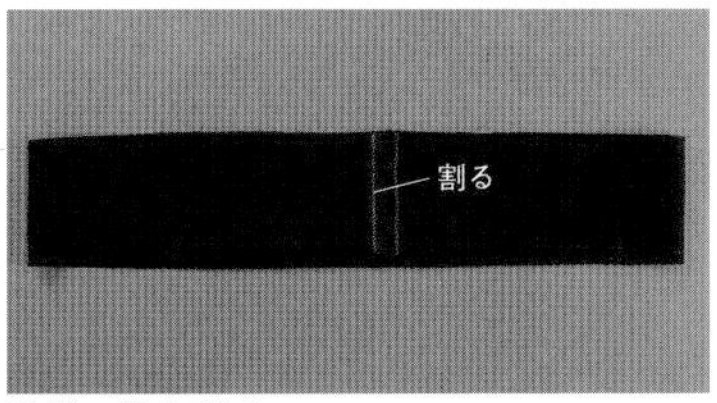

割る

③縫い代を割る。

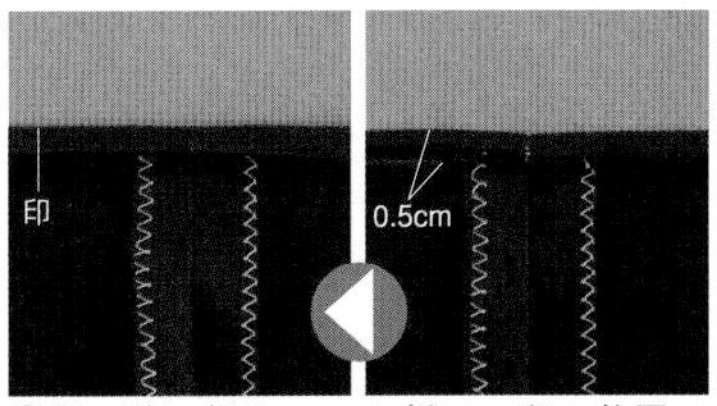

印
0.5cm

④裾の縫い代を0.5cm折り、印の位置でもう一度折る。

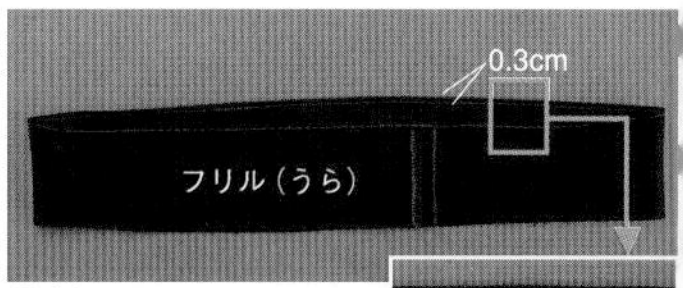
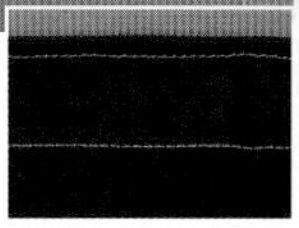

0.3cm
フリル（うら）

⑤折り目から0.3cmの位置を一周ミシン。

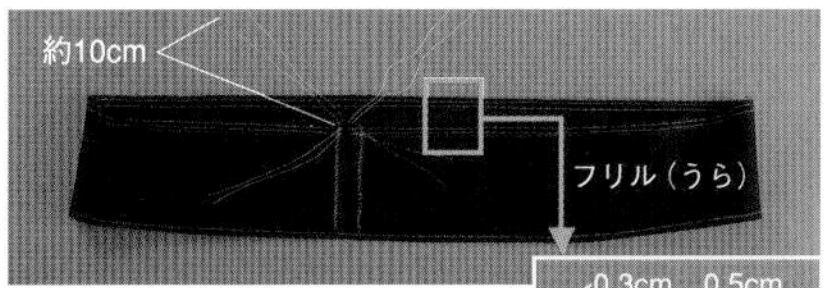
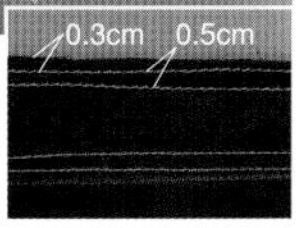

約10cm
フリル（うら）
0.3cm
0.5cm

⑥パンツ側の縫い代にギャザーを寄せるため、粗い針目のミシンで２本縫う。始めと終わりは約10cmずつ糸を残す。

4 バイアス布を作る

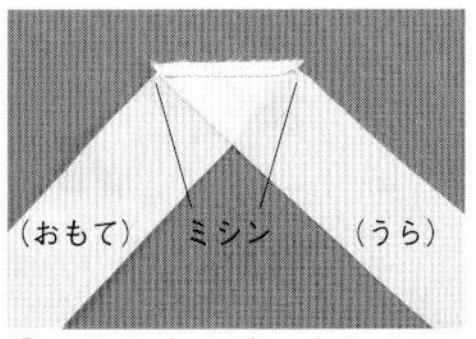

（おもて）
ミシン
（うら）

①２枚の布を縫い合わせる。おもて同士を合わせてくぼみからくぼみまでミシン。

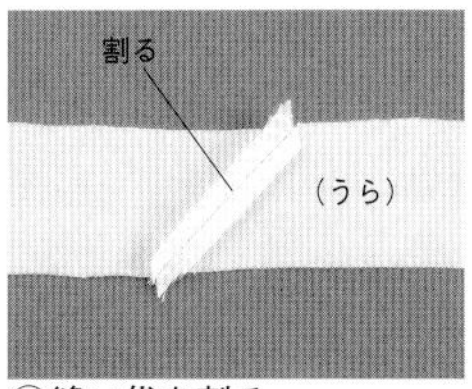

割る
（うら）

②縫い代を割る。

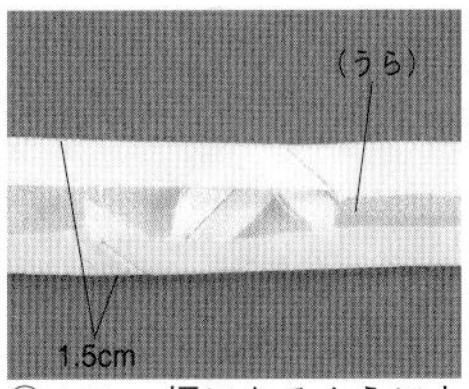

（うら）
1.5cm

③1.5cm幅になるように上下を折る。

5 パンツの裾にフリルをつける

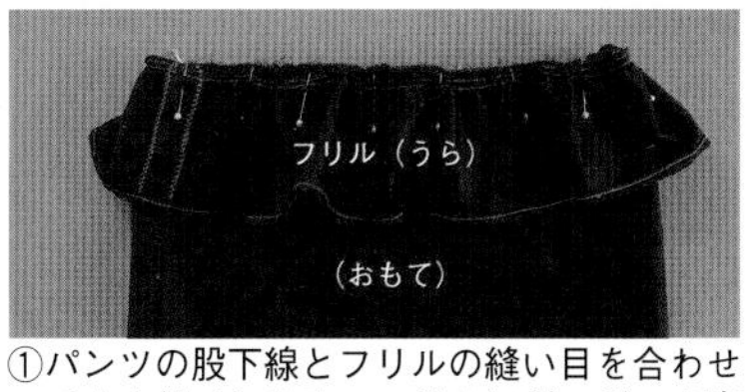

フリル（うら）
（おもて）

①パンツの股下線とフリルの縫い目を合わせてまち針でとめる。フリルにギャザーを寄せて均等になるようにまち針で細かくとめる。

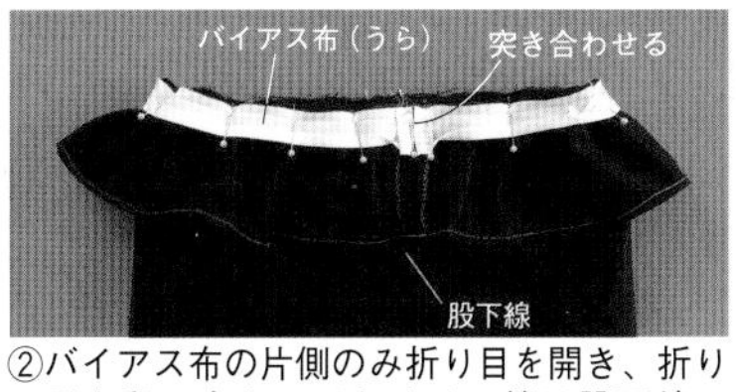

バイアス布（うら）
突き合わせる
股下線

②バイアス布の片側のみ折り目を開き、折り目を印に合わせてとめる。端は股下線で1cmずつ折って突き合わせる。

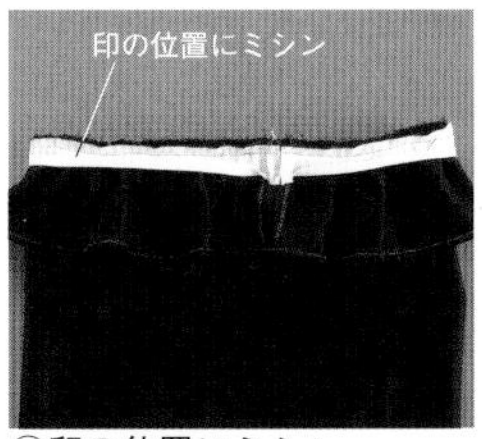

印の位置にミシン

③印の位置にミシン。

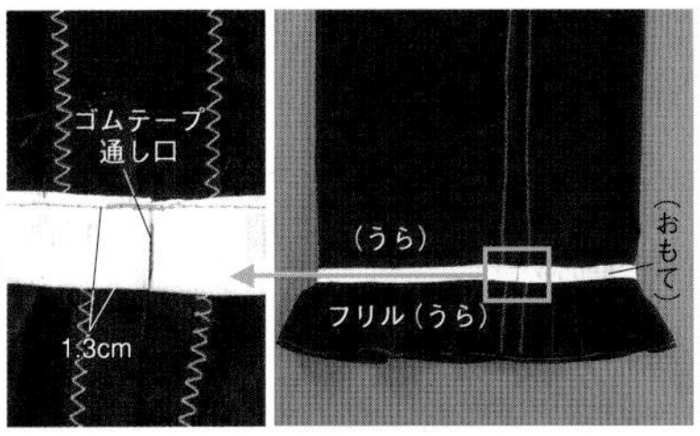

ゴムテープ通し口
1.3cm
（うら）
フリル（うら）
（おもて）

④バイアス布を縫い目から上に倒し、フリルは下に倒す。③の縫い目から1.3cmの位置にミシン。

6 股ぐり線を縫う

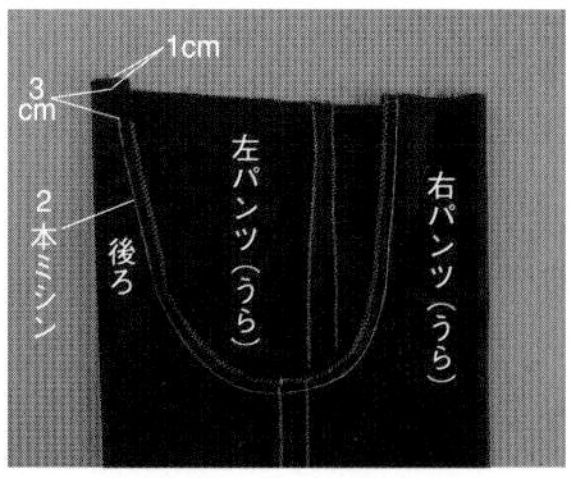

1cm
3cm
2本ミシン
後ろ
左パンツ（うら）
右パンツ（うら）

①左パンツも同様に作る。右パンツの中に左パンツを入れ、おもて同士を合わせて股ぐり線を縫う。後ろはゴムテープ通し口のため、3cm縫い残す。股ぐりは丈夫にするため、同じ位置を2回縫う。

右前パンツ側に倒す

②縫い代を右パンツ側に倒す。

7 ウエストを縫う

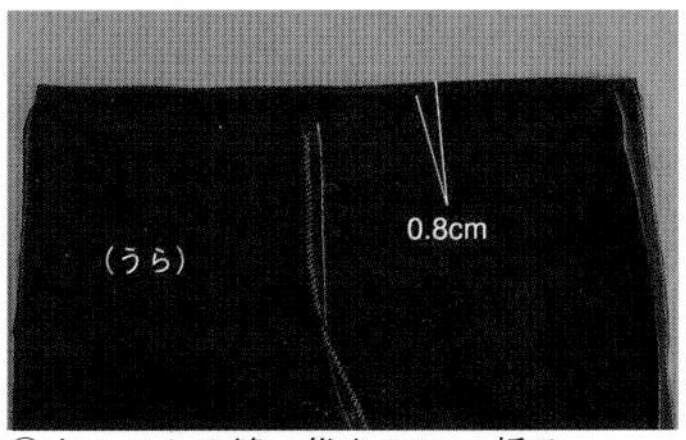

（うら）
0.8cm

①ウエストの縫い代を0.8cm折る。

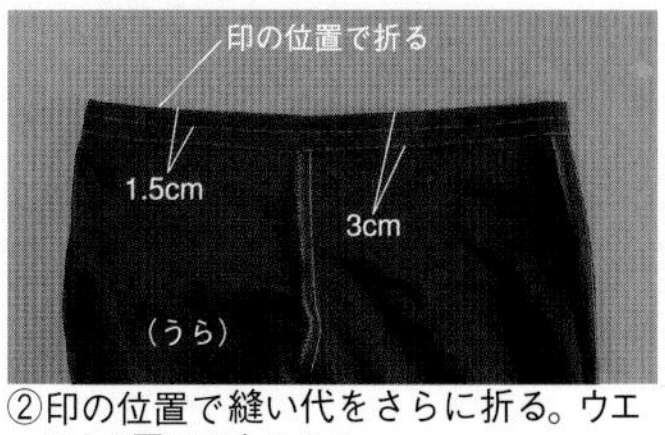

印の位置で折る
1.5cm
3cm
（うら）

②印の位置で縫い代をさらに折る。ウエスト1周に2本ミシン。

8 ゴムテープを通す

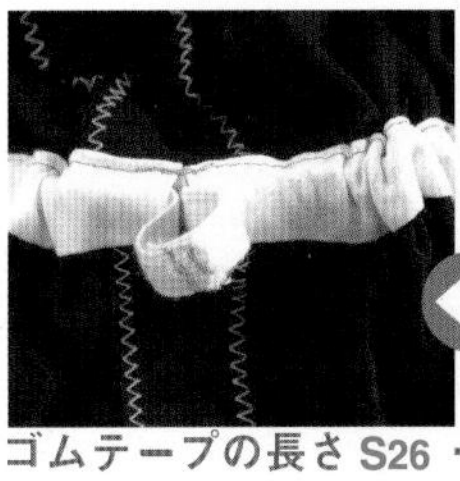
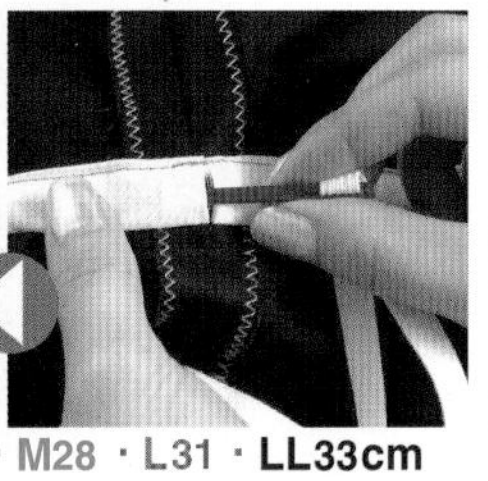

①裾のゴムテープ**通し口に**ゴムテープを通**す**。**始め**と終わりは1.5cm**重ねて**2本ミシンで縫**う**。

ゴムテープの長さ S26・M28・L31・**LL33cm**

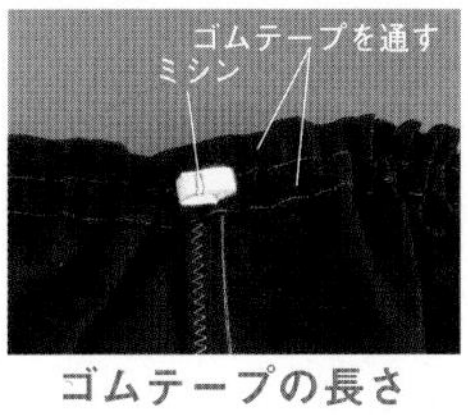

ゴムテープを通す
ミシン

②ウエストも同様にゴムテープを２段共通す。

ゴムテープの長さ
S54・M58・L64・**LL70cm**

9 出来上がり

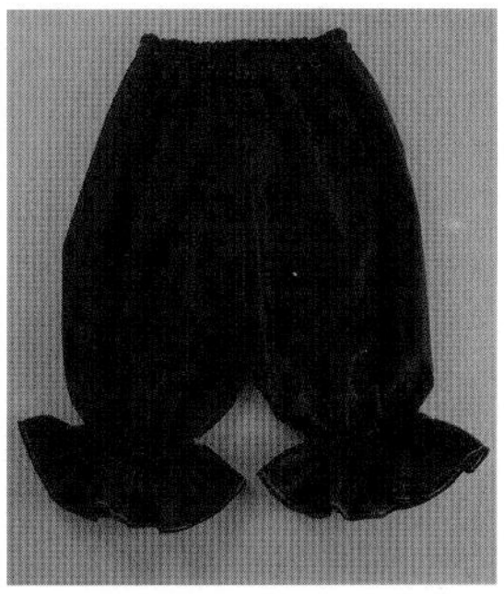

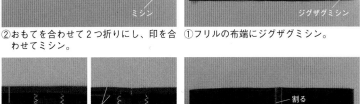

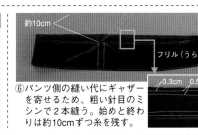

材　料

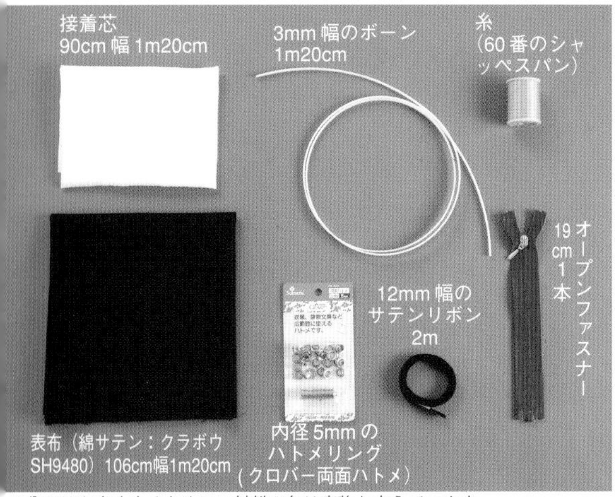

接着芯
90cm幅1m20cm
3mm幅のボーン
1m20cm
糸
(60番のシャッペスパン)
オープンファスナー
19cm 1本
12mm幅の
サテンリボン
2m
表布（綿サテン：クラボウ
SH9480）106cm幅1m20cm
内径5mmの
ハトメリング
(クロバー両面ハトメ)

※分かりやすくするために、材料の色は実物と変えています。

布の裁ち方

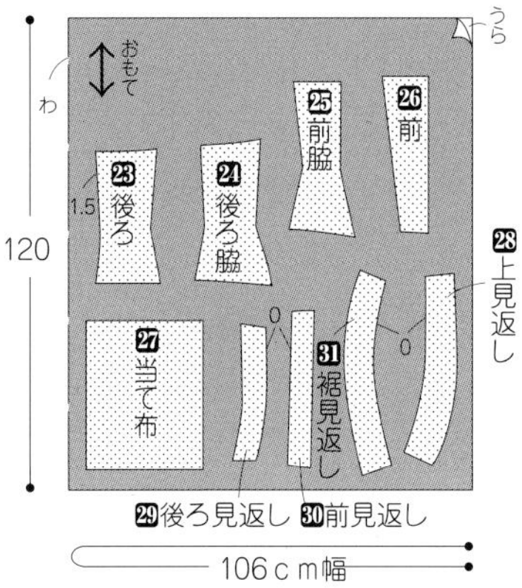

うら
おもて
わ
120
1.5
23 後ろ
24 後ろ脇
25 前脇
26 前
27 当て布
28 上見返し
31 裾見返し
0
0
29 後ろ見返し
30 前見返し
106ｃｍ幅

▒＝接着芯をはる位置

数字のないところは1cmの縫い代をつけます。

コルセット

実物大の型紙A面

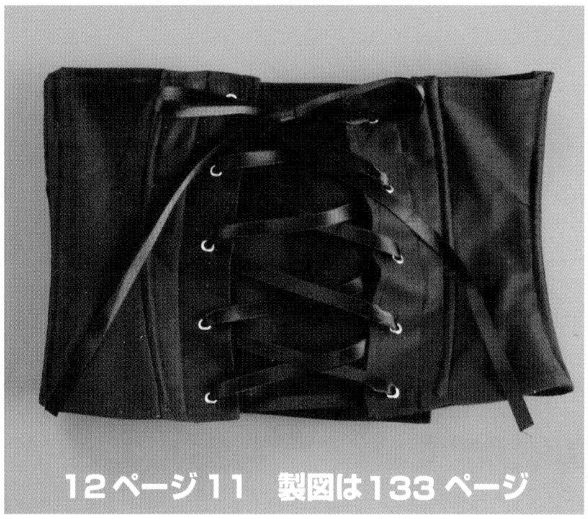

12ページ11　製図は133ページ

I 右身頃を作る

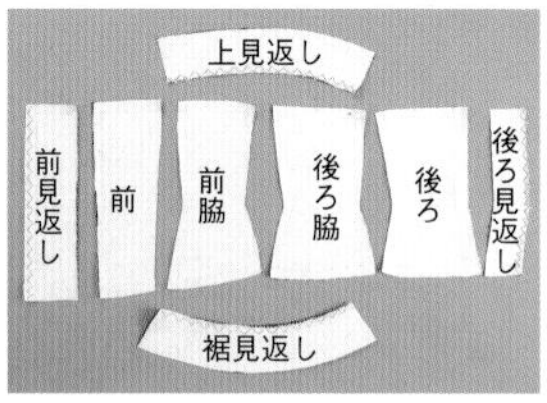

上見返し
前見返し
前
前脇
後ろ脇
後ろ
後ろ見返し
裾見返し

①すべてのパーツのうらに接着芯をはる。見返しは写真のようにジグザグミシン。

前脇（おもて）
前（うら）

②前と前脇を縫い合わせ、2枚一緒にジグザグミシン。

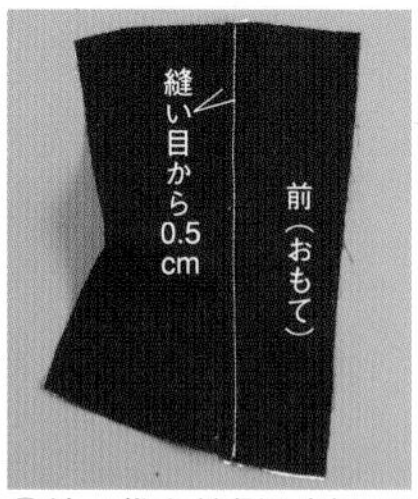

縫い目から0.5cm
前（おもて）

③縫い代を前側に倒してミシン。

後ろ
後ろ脇
前脇
前

④後ろ脇と後ろも同様に縫い合わせる。矢印の方向に縫い代を倒してミシン。

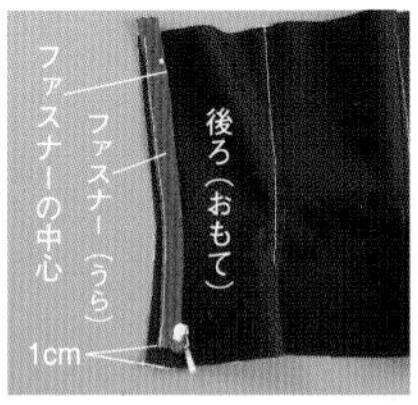

ファスナー
ファスナーの中心
ファスナー（うら）
後ろ（おもて）
1cm

⑤後ろの印とオープンファスナーの中心を合わせ、縫い代に仮どめミシン。

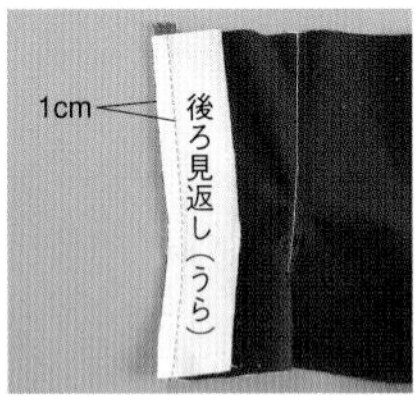

1cm
後ろ見返し（うら）

⑥後ろ見返しと後ろの布端を合わせ、見返しの印の位置にミシン。

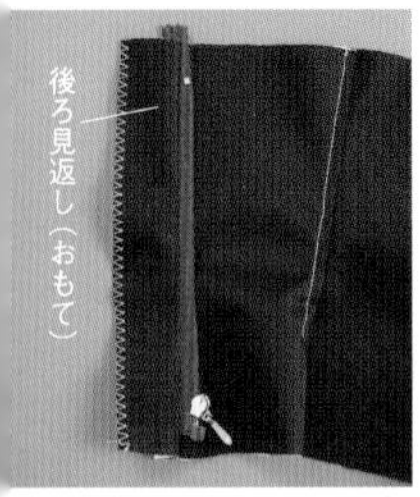

後ろ見返し（おもて）

⑦見返しを縫い目から開く。

2 ボーンを通す

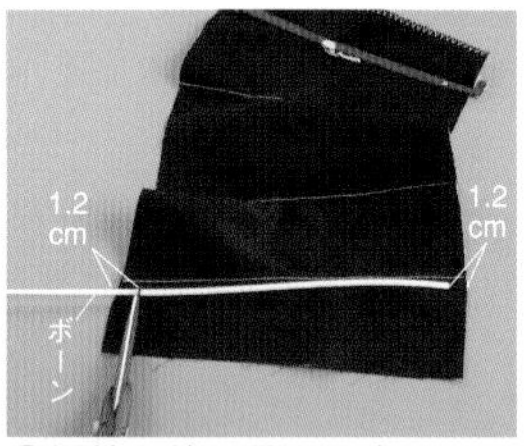

1.2cm
1.2cm
ボーン

①切替え線の長さに合わせてボーンをカットする。

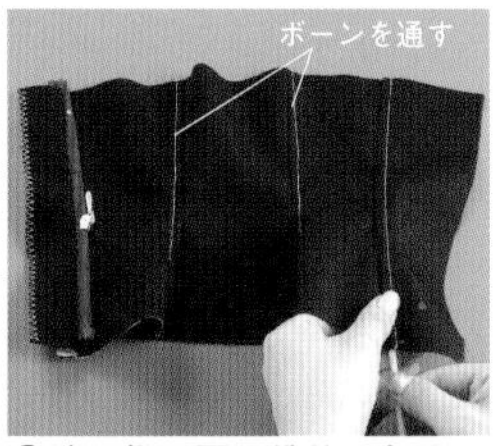

ボーンを通す

②縫い代の間の袋状の部分にボーンを通す。脇と後ろも同様。

3 見返しをつける

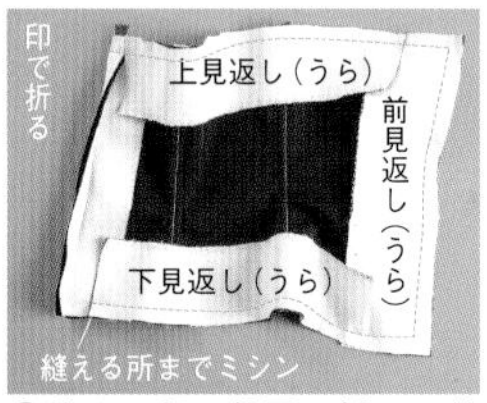

印で折る
上見返し（うら）
前見返し（うら）
下見返し（うら）
縫える所までミシン

①後ろの印の位置で折る。前見返し、上下の見返しの順に重ね、上・前・裾の順に縫う。

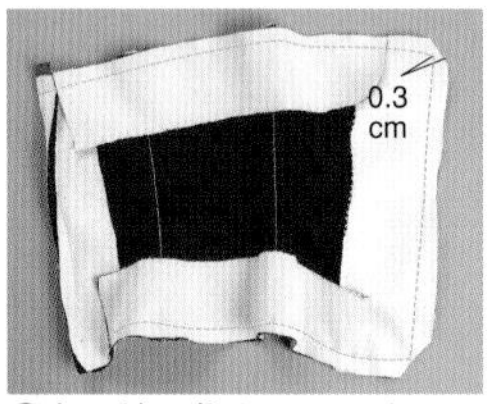

0.3cm

②角の縫い代をカットする。

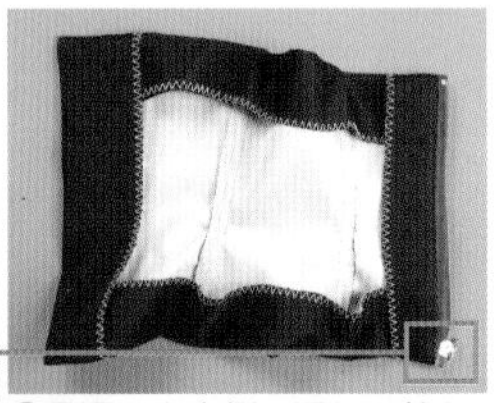

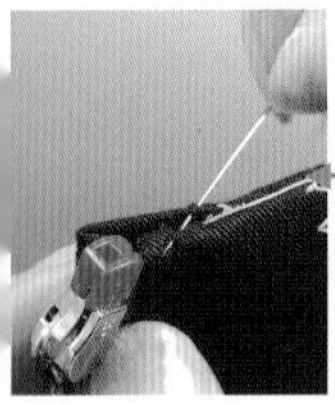

③見返しを裏側に返して整え、裾の縫えなかった部分をまつる。

※まつるの詳しい説明は76ページ。

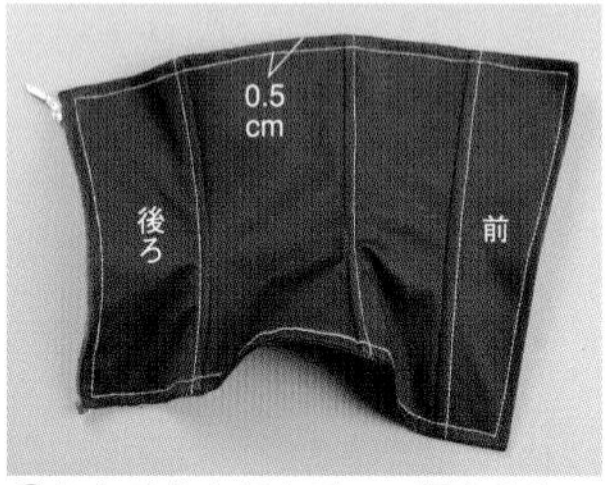

0.5cm
後ろ
前

④おもてを上にして、一周ミシン。

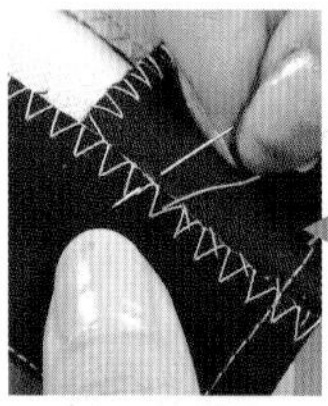

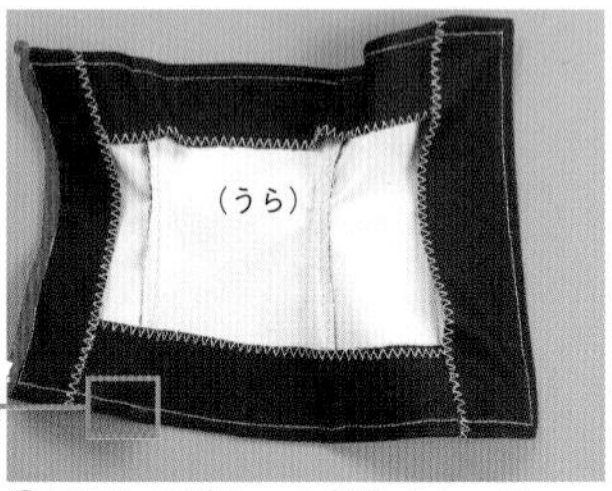

(うら)

⑤見返しの重なった部分をまつる。

4 ハトメリングをつける

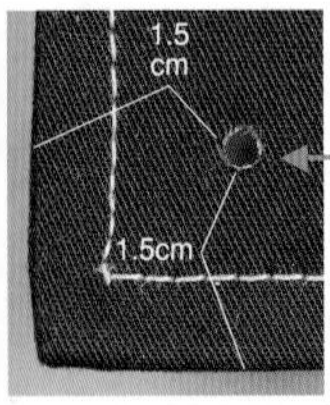

1.5cm
1.5cm

①ハトメリングをつける位置にパンチで穴をあける。

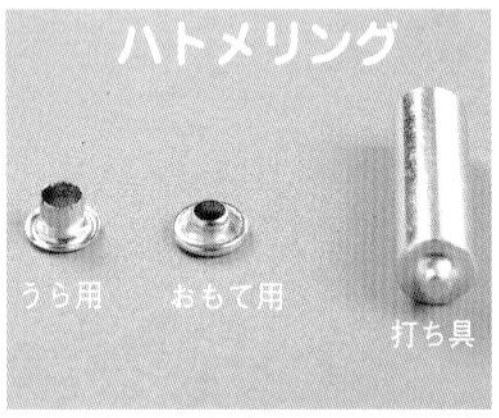

ハトメリング
うら用
おもて用
打ち具

(おもて)
うら用

②見返し側からうら用のリングを穴に通す。

おもて用

③おもてからおもて用のリングをはめる。

④付属の打ち具を当て、金づちでたたく。

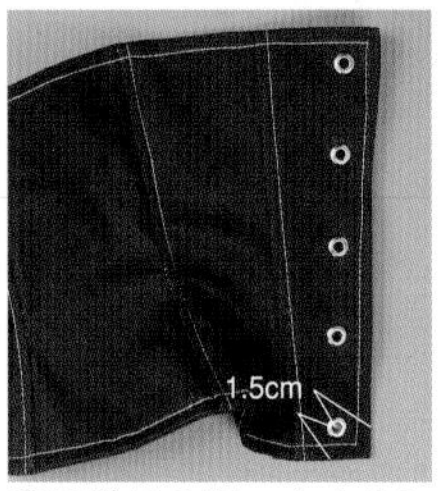

1.5cm

⑤同様に5個ハトメリングをつける。

5 当て布を作る

当て布（うら）

①2枚共うらに接着芯をはる。

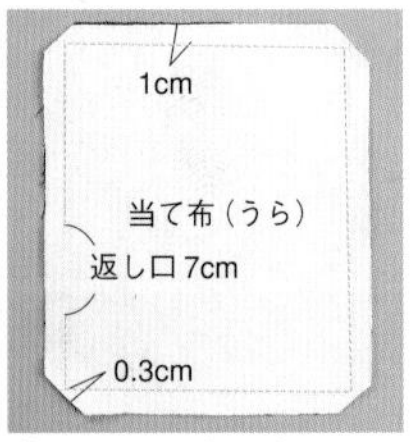

1cm
当て布（うら）
返し口7cm
0.3cm

②おもて同士を合わせて印の位置にミシン。返し口を7cm縫い残す。

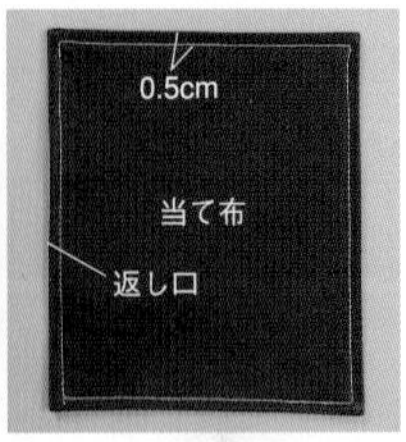

0.5cm
当て布
返し口

③おもてに返す。返し口をまつり、一周ミシン。

6 当て布をつける

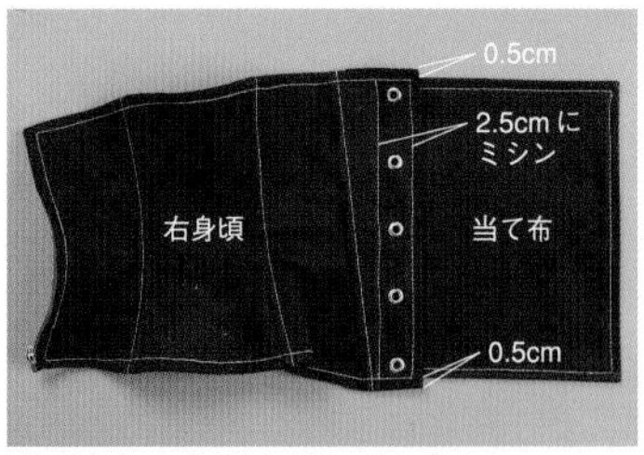

0.5cm
2.5cmにミシン
右身頃
当て布
0.5cm

当て布と右身頃を重ねてミシン。

7 左右の身頃をつなぐ

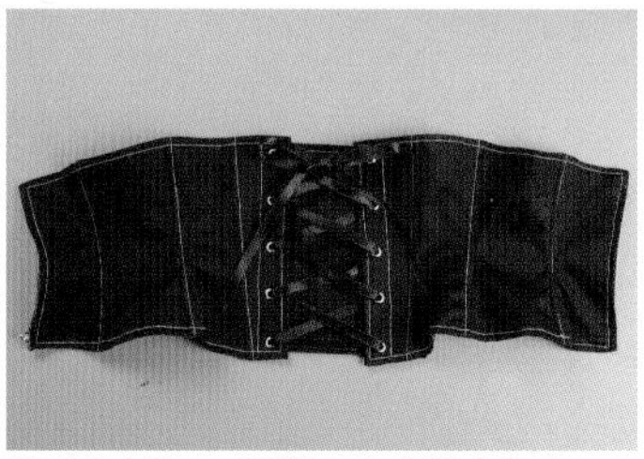

当て布を除いて同様に左身頃を作る。ハトメリングに2mのリボンを通して結ぶ。

8 出来上がり

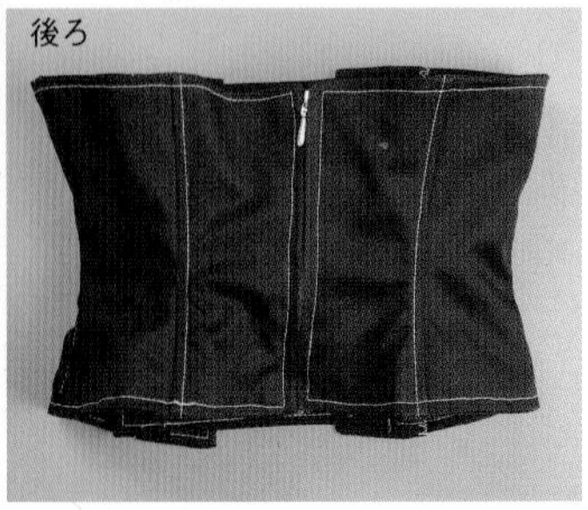

後ろ

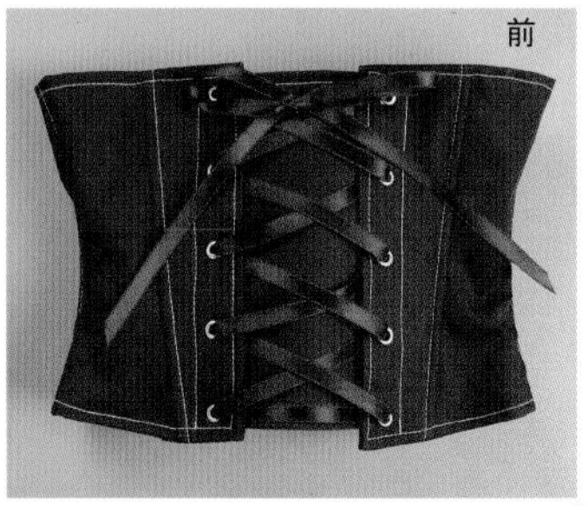

前

「読者の皆さんと選びましょ」投票結果

読者デザイナーのお洋服

ゴスロリVol.4で読者の皆さんが投票してくれた3人のデザイン画の中から、それぞれ1位のお洋服を発表！ また、24ページでは新たな3人の読者デザイナーのデザイン画をご紹介していますので、皆さんふるって投票してください。お待ちしています。

すべて詳しい作り方つき

◆撮影／大野忍　◆ヘアメイク／川村友子（masculin）
◆モデル／雛姫　魔名夢　瑠竃　◆レイアウト／野口真理子　◆担当／横山優子　福島悦子

DESIGNER
宮城県名取市
怜夜《レンヤ》さん

COMMENT
読者の皆さんはロリータ派かと思っていたので、これが1位に選ばれたのはとても意外でした。白ゴスな人が増えたらいいなと思います。

15

ウエストがシェイプされた美しいシルエットのロングコート。黒のラインやゴールドのボタンが高級感を出しています。

作り方　124ページ
作品製作　酒井三菜子
布地提供　ユザワヤ

アンティークブローチ　11,550円
クロスモチーフリング　2,940円
クリアラインストーンリング　5,145円／すべてBaby Doll

16

ちょっと大人の雰囲気を漂
わせたボレロとワンピース。
黒と白のバランスが絶妙。
単品でも楽しめるのが嬉しい。

作り方　120ページ
作品製作　吉澤瑞恵
布地提供　ユザワヤ
ハシゴレース提供　ハマナカ

ヘアピン（セットで）2,100円　ブラックストーンチョーカー　6,195円　レースショートグローブ　2,625円　パーティバッグ　3,360円　エナメルストラップパンプス　8,925円／すべてBaby Doll

DESIGNER

神奈川県川崎市
エンジュさん

COMMENT

ボレロはオールシーズン着られるように、袖の長さを変えられるようにしました。ワンピースはハシゴレースをたっぷり使用して、フリルは甘さを抑えるために共布にしました。

DESIGNER

東京都大田区
笑死《エミシ》さん

COMMENT

日本的少女をイメージして描きました。色や柄を変えるだけで、雰囲気も変わると思います。黒髪がお似合いかと…

17

和を意識したゴスロリは、どこか新鮮な印象。椿の花のヘッドドレスが、よりいっそう和のイメージを高めてくれます。

作り方　118 ページ
作品製作　住谷征津子
布地提供　大喜ホームクラフト事業部
レース提供　ハマナカ

タイツ／編集部私物　靴　8,295円／an-ten-na（C・crew）

読者の皆さんと選びましょ

編集部には毎日たくさんのデザイン画が届きます。その中でも、毎回たくさんのデザイン画を送ってきてくれる読者デザイナーの作品をご紹介。皆さんと一緒にお洋服にしてほしいと思うデザイン画を選びたいと思います。お気に入りのデザインをみつけたら、アンケートハガキ（裏表紙をめくったところにハガキがついています）の読者デザイナーの名前の横に、デザイン画右上に書いてあるアルファベットを記入してください。それぞれ1位になったデザイン画は次号にてお洋服を製作し、掲載いたします。皆さんの投票をお待ちしています。

大阪府大阪市
田中絵里子さん

圧倒的な枚数を送ってきてくれた田中さん。その1枚1枚が丁寧に描かれていて、15枚に厳選するのが大変でした。どれも着てみたくなるお洋服ばかり!

兵庫県尼崎市
いばら林檎さん

宙をみつめるようなアンニュイな視線に惹かれる、林檎さんの描く女の子たち。お洋服へのこだわりが感じられる、細かい説明には感心してしまいます。

新潟県上越市
ひよりさん

デザインが片寄らず、いろいろなジャンルのお洋服を提案してくれるひよりさんのデザイン画は、繊細なタッチが魅力です。細かいディテールにも注目して!

Sugino Gakuen Since1926
Doreme
学校法人 杉野学園
ドレスメーカー学院
服飾造形科・ファッションビジネス科・アパレル技術科・ファッションデザイン科・デザイナー科・デザインアート科
〒141-8651 東京都品川区上大崎4-6-19「JR目黒駅西口、東急目黒線、地下鉄南北線・三田線」ドレメ通り徒歩３分
TEL 03-3491-8151(代) FAX 03-3491-2605 URL http://www.sugino.ac.jp/ E-mail info@sugino.ac.jp
入学相談・学校見学随時受付「入学案内書をご希望の方は、上記までご請求下さい。」

BABY THE STARS SHINE BRIGHT × ゴスロリ

コラボ企画 キュートなナイトウエア

いつも可愛らしいロリータスタイルを提案し続けている人気ブランド“BABY, THE STARS SHINE BRIGHT”とゴスロリのコラボ企画!! ベビードールやネグリジェなど、乙女心ときめく甘くてキュートなデザインのナイトウエアをご紹介。おやすみのときまでもお姫さま気分でいたい貴女にお届けいたします。

一部くわしい作り方つき
すべて読者プレゼントつき
くわしくは68ページをごらんくださいませ☆

☆撮影／渡辺勝人☆ヘアメイク／鍋島亜紀子（Paja・Pati）☆モデル／AGATHA☆デザイン・製作／BABY, THE STARS SHINE BRIGHT☆イラスト／伊藤ヤスヒロ☆担当／角瞳　渡部恵理子

18
Present

Design

18　リボンとレースがとってもキュート!! ハイウエストのシルエットはプリンセスな気分です。後ろはシャーリング仕立てだから着心地も抜群だよ。スウィートなピンクのベビードールを纏えば、素敵な夢が見られそう♪

こちらの作品は作り方がついています。
作り方…142ページ

リボンヘアゴム　2,310円、リボンチョーカー　2,100円、ベビードール　16,590円／すべてBABY,THE STARS SHINE BRIGHT、スリッパ／編集部私物

BACK STYLE

BABY, THE STARS SHINE BRIGHT

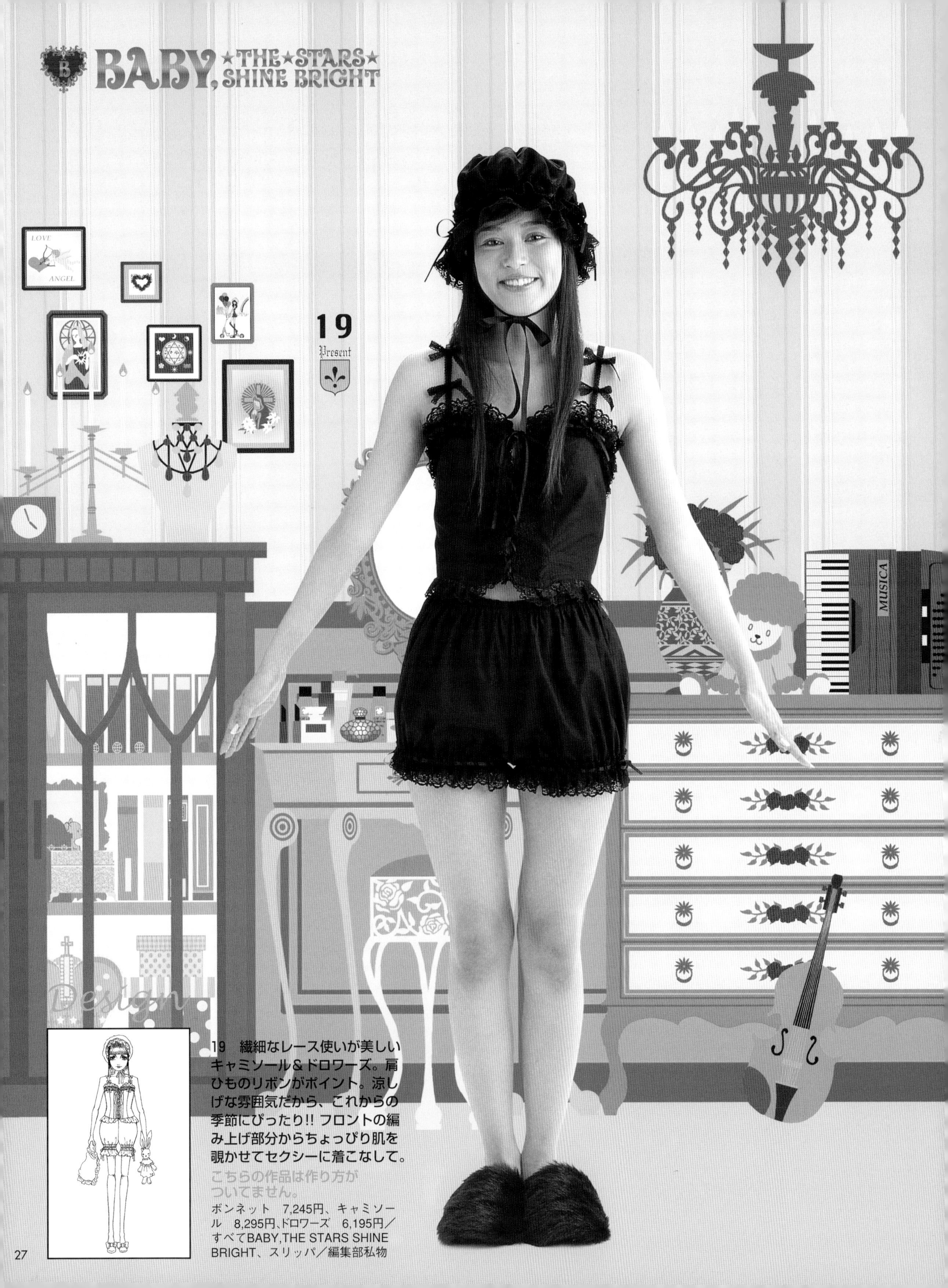

19
Present

19　繊細なレース使いが美しいキャミソール＆ドロワーズ。肩ひものリボンがポイント。涼しげな雰囲気だから、これからの季節にぴったり!! フロントの編み上げ部分からちょっぴり肌を覗かせてセクシーに着こなして。

こちらの作品は作り方がついてません。

ボンネット　7,245円、キャミソール　8,295円､ドロワーズ　6,195円／すべてBABY,THE STARS SHINE BRIGHT、スリッパ／編集部私物

BABY, THE STARS SHINE BRIGHT

Design

20　レースやフリルをたっぷりあしらったゴージャスなネグリジェ。まるで空から舞い降りた天使になったみたいだね。胸元のおリボンや肩を出したデザインもラブリー♥可愛すぎて、眠るのがもったいないかも…。

こちらの作品は作り方がついていません。

カチューシャ　3,990円、ネグリジェ19,740円／すべてBABY,THE STARS SHINE BRIGHT、プードルのぬいぐるみ、スリッパ／編集部私物

BABY,
この春、ラブリー♥キュートな小悪魔ベイビーに挑戦！
だいすき♥ロリータ
カワイイだけじゃなくて
セクシーにも、小悪魔チックにも
なれるから色々楽しんじゃお♪
仙台店 3/19 OPEN!!
仙台市青葉区中央2-11-28
りんくすビル 3F TEL 022-716-3638
代官山店　渋谷区代官山町20-23
代官山東急アパートメント1F
TEL 03-5459-6687
大阪店　大阪市中央区西心斎橋1-16-7
サザンウエストビル 6F-A
TEL 06-4704-3120
金沢店　石川県金沢市広坂1-1-50
ステアーズイン広坂2F
TEL 076-263-2439
広島店　広島市中区袋町2-22
袋町Kビル 3F
TEL 082-545-0283
マルイヤング新宿店 TEL 03-5919-1291
名古屋　栄NOVA店 TEL 052-259-0036
札幌アルタ店 TEL 011-218-5412
高崎ビブレ店 TEL 027-330-5718
宇都宮フェスタ店 TEL 028-614-5808
横浜ビブレ店 TEL 045-317-7585
大宮ARCHE店 TEL 048-650-3070
福岡　天神ビブレ店 092-738-5748
スウィートクッキーアリスプリントワンピース　¥30,240
スウィートクッキーアリスプリントカチューシャ　¥4,515
リボン通しレースハイソックス　¥2,730
ハートバックルシューズ　¥14,490
フリル&レースアンブレラ　¥3,990
ナイロンシャーパニエ　¥8,295
トーションレースドロワーズ　¥9,345
BABY, ★THE★STARS★ SHINE BRIGHT
http://www.babyssb.co.jp/

Gothic&Lolita 和の世界

妖しい魅力をふりまく
和ゴスワールドに、
あなたをお連れします

Present
21

すべて詳しい作り方つき
すべて読者プレゼントつき
詳しくは68ページをご覧ください。

流れるように広がる裾が魅力的なロングドレスに、帯をほどいて作ったコルセットを締めて。黒と朱のコントラストに和の粋を感じます。

作り方　126ページ
作品製作／小澤のぶ子
ワンピース(和柄)布地提供／ニクルス

イヤリング　2,520円　メイファヘアスティック(2本で)7,245円　バタフライヘアスティック　3,990円／すべてBaby Doll　帯じめ／編集部私物

撮影／渡辺勝人　ヘアメイク／鍋島亜紀子（Paja・Pati）モデル／歌原奈緒子　仲村京子　レイアウト／野口真理子　担当／横山優子　福島悦子

レースをふんだんに使った、ゴージャスな和調プリントのブラウスとスカート。お揃いのヘッドドレスをつけて、春の街にお出かけしましょう。

作り方　128ページ
作品製作／吉澤瑞恵
布地提供／大喜ホームクラフト事業部
レース提供／ハマナカ

パーティバッグ　5,040円　エナメルストラップパンプス 8,925円／すべてBaby Doll　タイツ／編集部私物

裾のカットがかっこいいキャミソールワンピース。胸元のレースアップが、ボディラインをすっきり見せてくれます。

作り方　123ページ
作品製作／住谷征津子
布地提供／ニクルス

オーガンジーボレロ　17,640円　ラインストーンヘアアクセ　4,410円　チョーカー　6,195円　オリジナルレースアンブレラ　20,790円　パンプス 8,925円／すべてBaby Doll タイツ／編集部私物

手作りのゴスロリ浴衣

大人気の浴衣のシーズンが到来しました。今回は、着付けが苦手な方でも簡単に着られる二部式浴衣と、リボンつき帯をご紹介します。自分らしい着こなしを楽しんで、この夏を満喫しましょ!

BACK STYLE

[illegible]いちごプリントの浴衣を、ピンクと黒で対照的にスタイリング。あなたはどちらがお好み?

Present 24

Present 25

24・25 浴衣、帯 作り方 34 ページ
作品製作／太田秀美
浴衣布地提供／イフスタジオ

24　ラインストーンヘアアクセサリー　3,045円　ハートモチーフリング　3,990円／すべてBaby Doll　ヘアリボン・下駄／編集部私物　25　バングル　3,990円／Baby Doll　下駄／編集部私物

すべて詳しい作り方つき
すべて読者プレゼントつき
詳しくは68ページをご覧ください

He was with God.
Follow Me
HE IS YOUR SON.
Who are you, then?

ゴシックなムードが漂う、コウモリ柄の浴衣。
帯をコルセットに替えた、ハードな着こなしがお似合い。

Present
26

26　浴衣　作り方 34 ページ
作品製作／太田秀美
布地提供／イフスタジオ

ビーズ×ボール×パールネックレス 2,625円 ロザリオ 3,045円 スパイダーブローチ 3,045円 ブラックストーンリング 2,625円 ファーつきサンダル 7,875円／すべてBaby Doll コルセット／編集部私物

24 ～ 26 の浴衣に使ったゴスロリオリジナル布地が通信販売で購入できます。
目次のとなりページをご覧ください。

撮影／渡辺勝人　ヘアメイク／鍋島亜紀子（Paja・Pati）モデル／歌原奈緒子　仲村京子　レイアウト／野口真理子　担当／横山優子　福島悦子

手作りのゴスロリ浴衣 製図と作り方

32ページ24・25
33ページ26

実物大の型紙はついていません。ゆかたの上着はS～LLサイズまでのフリーサイズです。

布
24（綿ゴスロリオリジナルプリント：イフスタジオ20711-05）110cm幅4m20cm
25（綿ゴスロリオリジナルプリント：イフスタジオ20711-04）110cm幅4m20cm
26（綿ゴスロリオリジナルプリント：イフスタジオ20711-01）110cm幅4m20cm
布を除く1点分の材料
接着芯20cm幅2m
ゴムテープS・M60cm、L・LL70cm
24のみ　5cm幅の綿タックレース3m

上着の製図

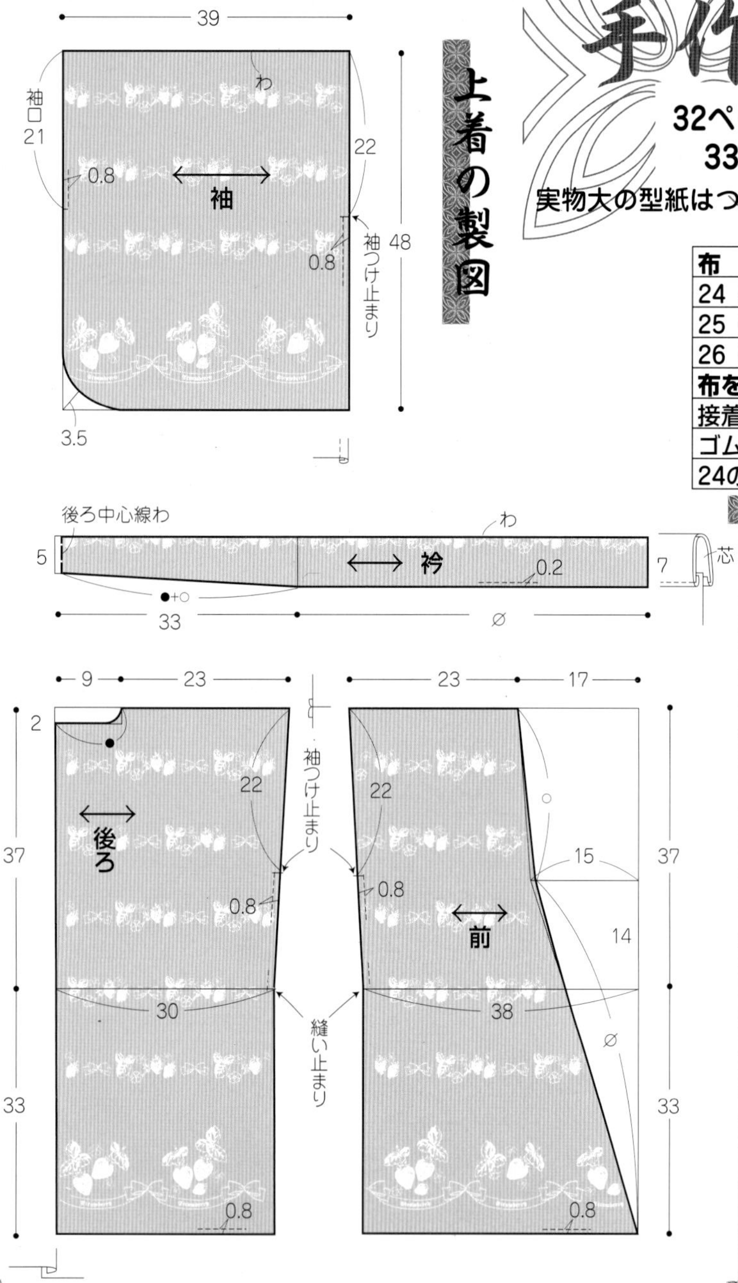
39
わ
袖口
21
22
0.8
袖
48
袖つけ止まり
0.8
3.5
後ろ中心線わ
わ
5
衿
0.2
7
芯
●+○
33
⌀
9
23
23
17
2
22
22
袖つけ止まり
37
後ろ
0.8
0.8
15
37
前
14
30
38
縫い止まり
⌀
33
33
0.8
0.8

スカートの製図

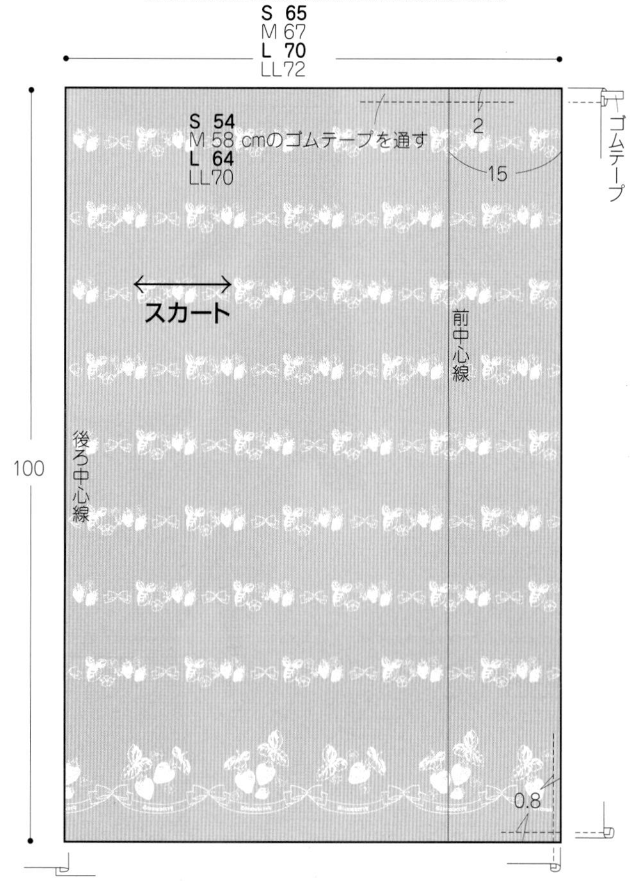
S 65
M 67
L 70
LL72
S 54
M 58 cmのゴムテープを通す
L 64
LL70
2
15
ゴムテープ
スカート
前中心線
後ろ中心線
100
0.8

帯の作り方

24・25共通帯の材料（1点分）
布110cm幅S80cm・M90cm・L90cm・LL1m
接着芯90cm幅S80cm・M90cm・L90cm・LL1m
5cm幅の綿タックレース S2m40cm・M2m50cm・L2m60cm・LL2m70cm
マジックテープⓇ25mm幅16cm

1. すべて布のうらに接着芯をはる。

2. リボンを作る。

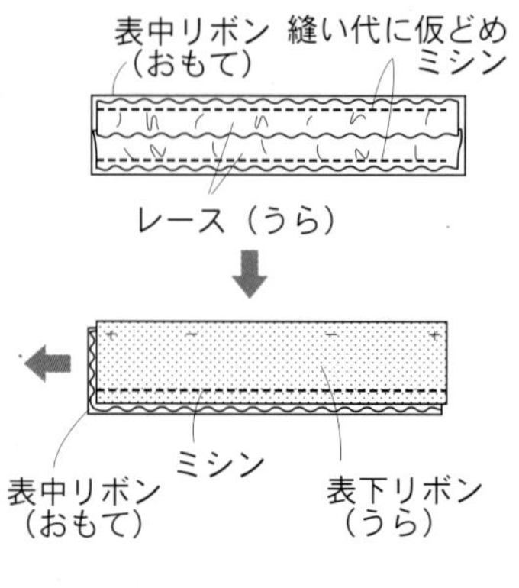
表中リボン
（おもて）
縫い代に仮どめ
ミシン
レース（うら）
ミシン
表中リボン
（おもて）
表下リボン
（うら）

布の裁ち方

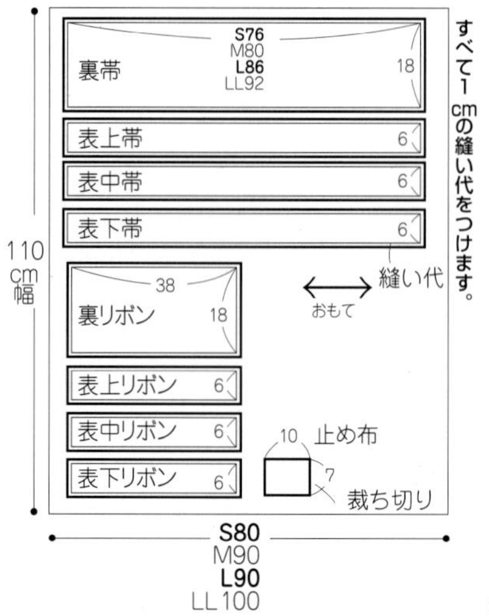
裏帯
S76
M80
L86
LL92
18
表上帯
6
表中帯
6
表下帯
6
裏リボン
38
18
表上リボン
6
表中リボン
6
表下リボン
6
10
止め布
7
裁ち切り
110 cm幅
おもて
縫い代
すべて1cmの縫い代をつけます。
S80
M90
L90
LL100

上着とスカートの布の裁ち方

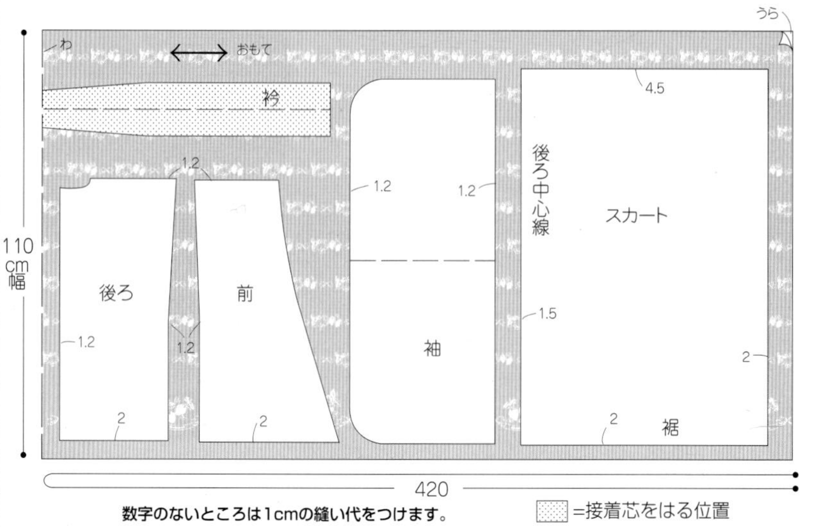
うら
わ
おもて
衿
4.5
1.2
1.2
1.2
後ろ中心線
スカート
110 cm幅
後ろ
前
袖
1.2
1.5
1.2
2
2
2
2
裾
420

数字のないところは1cmの縫い代をつけます。

▒=接着芯をはる位置

身頃の作り方

1. 袖を作る。

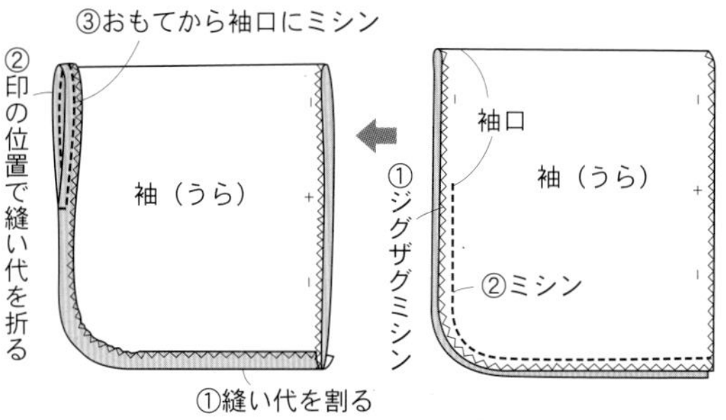

③おもてから袖口にミシン
②印の位置で縫い代を折る
袖（うら）
①縫い代を割る
袖口
袖（うら）
①ジグザグミシン
②ミシン

2. 後ろを作る。

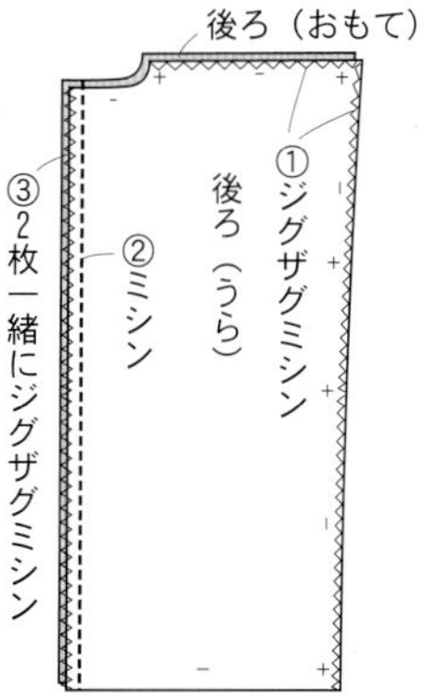

後ろ（おもて）
③2枚一緒にジグザグミシン
②ミシン
後ろ（うら）
①ジグザグミシン

3. 後ろと前を縫い合わせ、袖をつける。

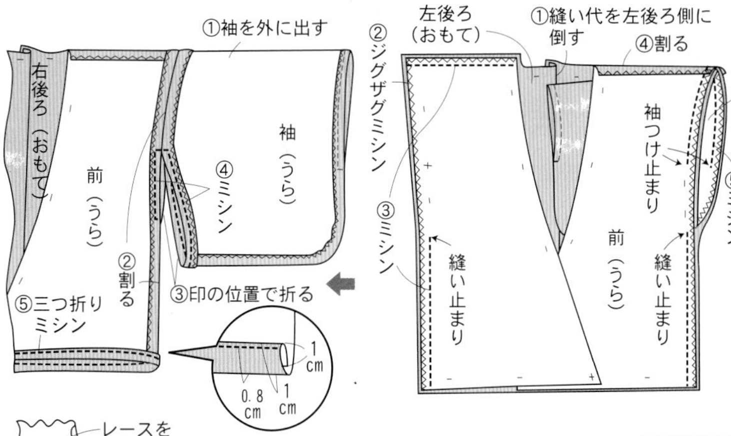

①袖を外に出す
右後ろ（おもて）
前（うら）
袖（うら）
④ミシン
②割る
③印の位置で折る
⑤三つ折りミシン
1cm
0.8cm
1cm
②ジグザグミシン
左後ろ（おもて）
①縫い代を左後ろ側に倒す
④割る
袖（うら）
袖つけ止まり
③ミシン
縫い止まり
前（うら）
縫い止まり
⑤ミシン

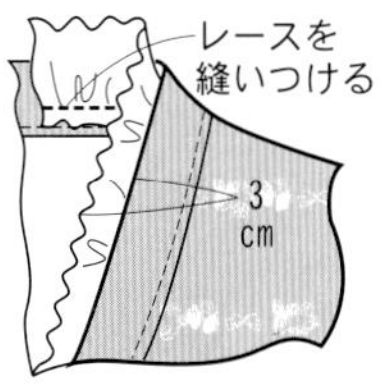

レースを縫いつける
3cm

24の場合

4. 衿を作る。

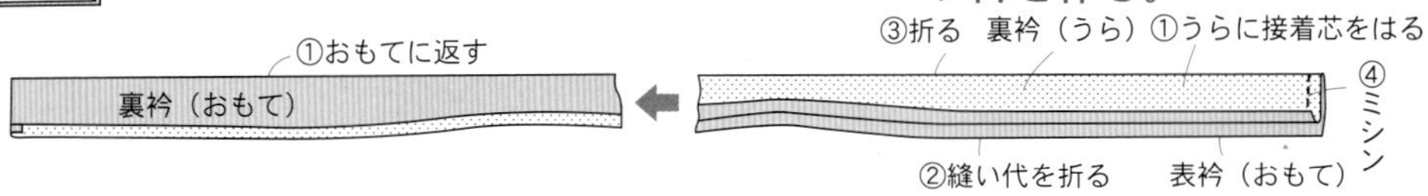

③折る
裏衿（うら）
①うらに接着芯をはる
④ミシン
②縫い代を折る
表衿（おもて）
①おもてに返す
裏衿（おもて）

5. 衿をつける。

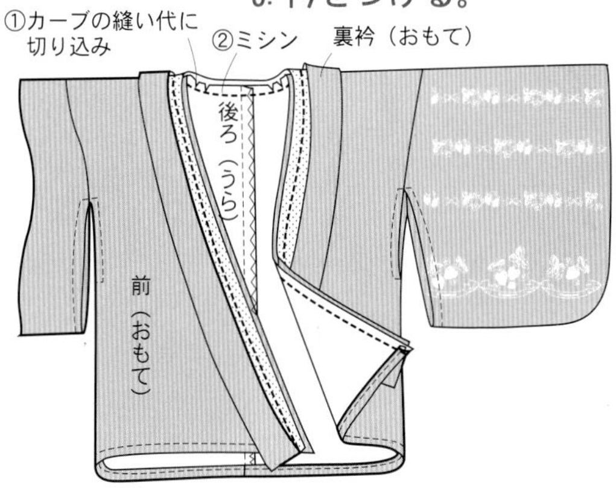

①カーブの縫い代に切り込み
②ミシン
裏衿（おもて）
後ろ（うら）
前（おもて）

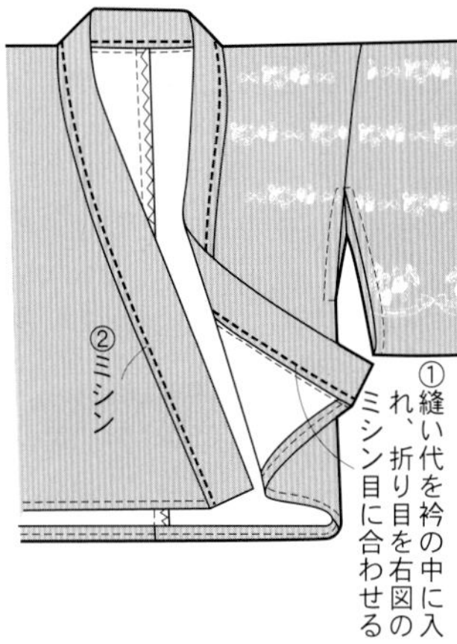

②ミシン
①縫い代を衿の中に入れ、折り目を右図のミシン目に合わせる

6. 出来上がり。

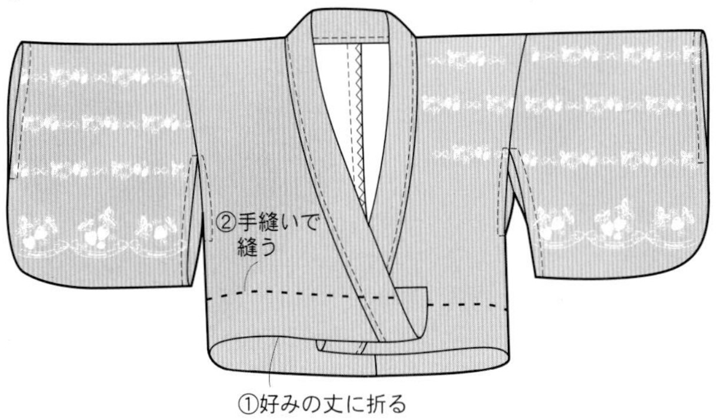

②手縫いで縫う
①好みの丈に折る

スカートの作り方

1. 後ろ中心線を縫う。

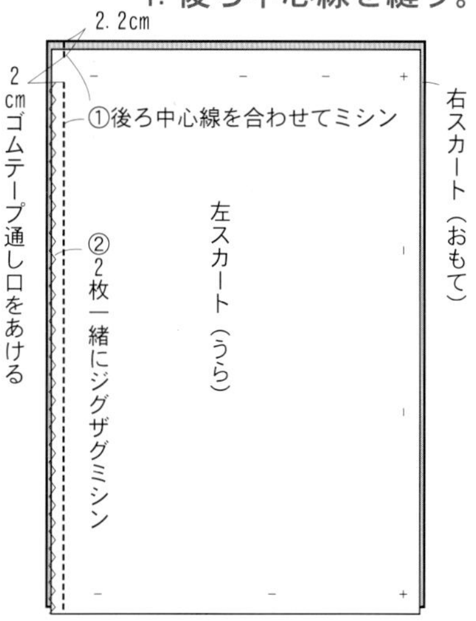

2.2cm
2cmゴムテープ通し口をあける
①後ろ中心線を合わせてミシン
②2枚一緒にジグザグミシン
左スカート（うら）
右スカート（おもて）

2. 周囲を縫う。

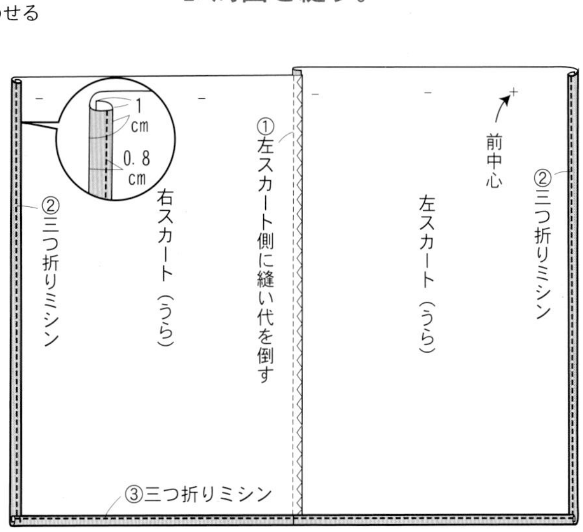

1cm
0.8cm
②三つ折りミシン
右スカート（うら）
①左スカート側に縫い代を倒す
前中心
左スカート（うら）
②三つ折りミシン
③三つ折りミシン

3. 輪に縫う。

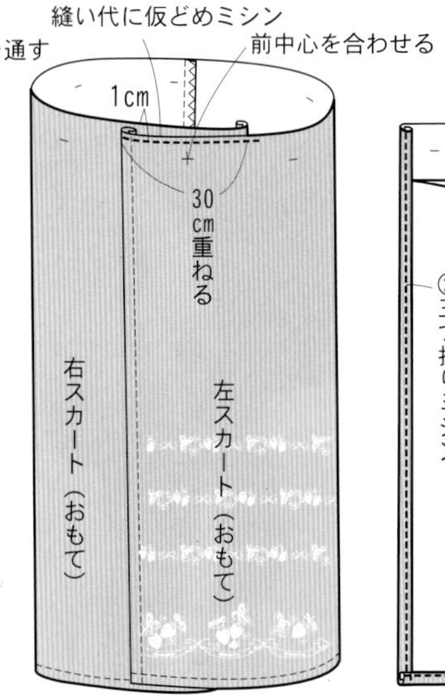

縫い代に仮どめミシン
前中心を合わせる
1cm
30cm重ねる
右スカート（おもて）
左スカート（おもて）

4. 出来上がり。

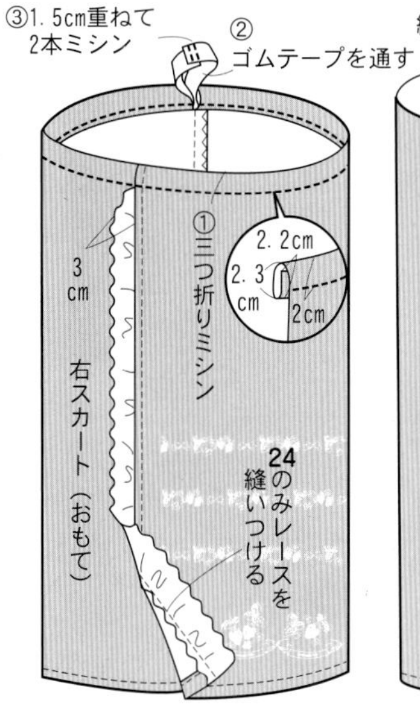

③1.5cm重ねて2本ミシン
②ゴムテープを通す
3cm
①三つ折りミシン
2.2cm
2.3cm
2cm
右スカート（おもて）
24のみレースを縫いつける

3. 帯を作る。

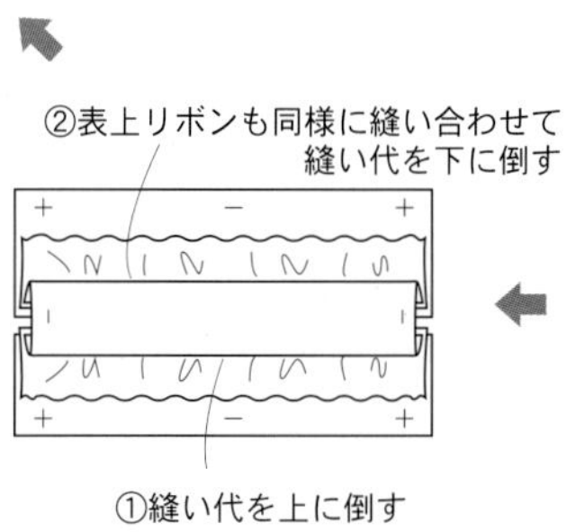

②表上リボンも同様に縫い合わせて縫い代を下に倒す
①縫い代を上に倒す

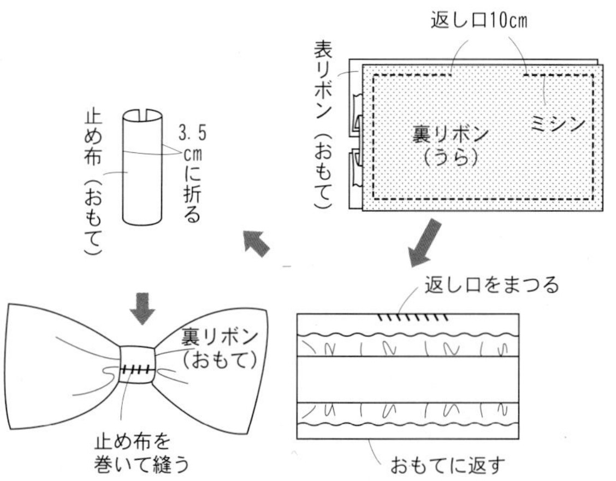

返し口10cm
表リボン（おもて）
裏リボン（うら）
ミシン
返し口をまつる
おもてに返す
止め布（おもて）
3.5cmに折る
裏リボン（おもて）
止め布を巻いて縫う

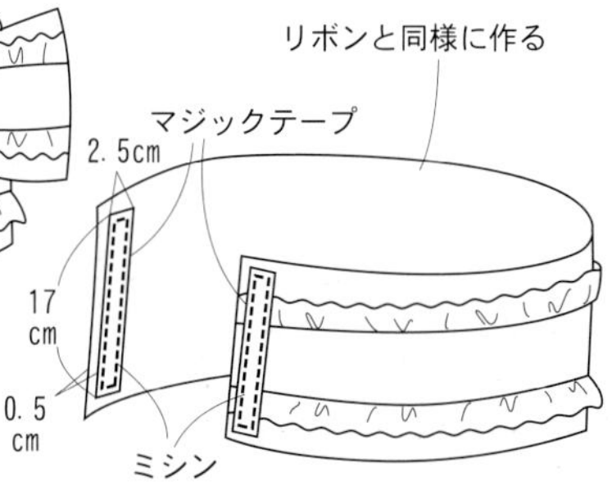

リボンと同様に作る
マジックテープ
2.5cm
17cm
0.5cm
ミシン

4. 出来上がり。

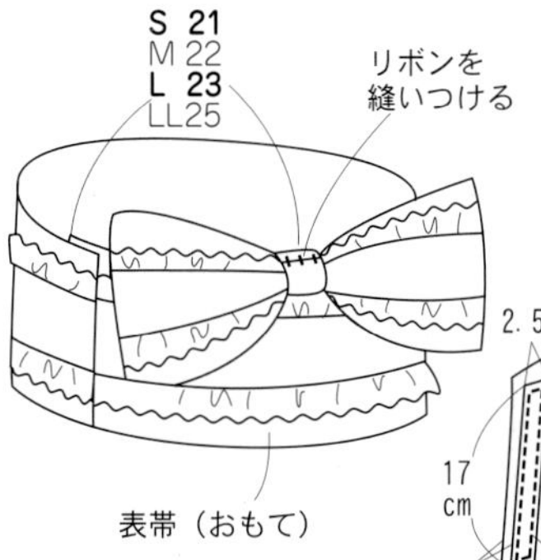

S 21
M 22
L 23
LL25
リボンを縫いつける
表帯（おもて）

憧れブランドのお洋服カタログ

～新作コレクション～

人気のブランドから春の新作アイテムが続々登場!! 見ているだけで心がときめいてしまう素敵なお洋服ばかり。きっとお気に入りのものが見つかりますよ♪おしゃれに磨きをかけて、自分だけの着こなしを楽しんでみてはいかが…？

撮影／大野忍　渡辺勝人（人物）腰塚良彦　藤田律子（静物）　ヘアメイク／川村友子（masculin）　モデル／市川円香　友弥　中野唯花　雛姫　魔名夢　瑠篭　レイアウト／紫垣和江　担当／渡部恵理子

ATELIER-PIERROT

アンティーク風花柄のロマンティックなアイテムをはじめ、ソフトチュールやガーゼを使ったゴシックテイスト溢れる商品が充実している今シーズン。装いを華やかに仕上げる、エレガントなヘッドドレスにも注目!!

ふわっと広がるフレアのシルエットが魅力的。共布フリルがいっぱいの乙女心ときめく可愛らしいデザイン。中にブラウスを合わせても◎。クラシカルローズドレス（Pina）28,140円

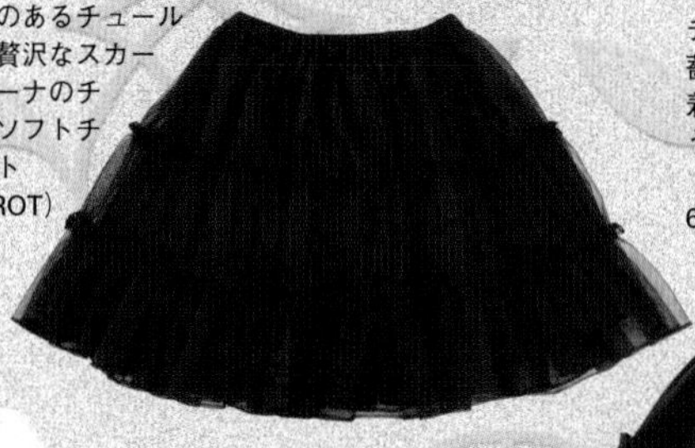

軽くてボリュームのあるチュールをたっぷり重ねた贅沢なスカート。まるでバレリーナのチュチュのよう…。ソフトチュールミニスカート（ATELIER-PIERROT）9,800円

チュール使いが絶妙なトークン。薔薇の花と羽根飾りも素敵だね。着こなしのアクセントにどうぞ。黒薔薇トークン（Triple Fortune）6,195円

裾のボロボロとほつれた感じがカッコイイ。柔らかなガーゼ素材だから着心地も抜群です。ガーゼフリルミニスカート（ATELIER-PIERROT）7,900円

衿や袖口にあしらった、繊細なレースが高貴な雰囲気。前胸の部分もレース仕立てになっています。ちょっぴり肌を覗かせてセクシーに。後ろ編み上げレースフリルブラウス（ATELIER-PIERROT）12,000円

シックなスタイルにぴったりのロングスカート。ロングジレやタイトなトップスと合わせて大人っぽく着たい。フリルロングスカート（ATELIER-PIERROT）12,800円

ランダムになった裾が、歩くたびに軽やかに揺れてキレイ。黒と白のコントラストもGOOD。ストライプランダムミニスカート9,800円

ハイウエストのデザインは体のラインを美しく見せてくれる後ろウエストが編み上げになっているので調節が可能。シャンタンハイウエストミニスカート（ATELIER-PIERROT）12,800円

光沢のあるシャンタンがお上品。シンプルだからお好みのブラウスと組み合わせて自由な着こなしを楽しんでね。シャンタンフリルジャンパースカート（ATELIER-PIERROT）19,800円

シャーリングが入っているからフリーサイズで着られるよ。白のレースがさりげないポイントになって。シャーリングフリルワンピース（Pina）28,140円

グリーンフラワー小帽子（危機裸裸商店）14,500円、シャーリングブラウス（Pina）17,640円、カフェメイドベストスーツ（Pina）24,990円／以上ATELIER-PIERROT、グルズリング　23,940円／Baby Doll、タイツ／編集部私物

MIHO MATSUDA

少女らしさと小悪魔のように大人っぽい雰囲気が融合した、
お上品でちょっぴりセクシーなデザインがいっぱい!!
着心地のよいワッシャー加工やリップルプリント、
ゴージャスなレース柄のフロッキーなど素材にもこだわったアイテムが勢揃い。
Devil May Cry 3とのコラボ商品も見逃せない。

ティアラ 4,725円、パールネックレス 2,100円、ワンピース・デュレン 20,790円／以上MIHO MATSUDA、ローズモチーフネックレス 2,415円、ストラップシューズ 7,140円／Baby doll、タイツ／編集部私物

フロントの大きなリボンがロマンチックなボーン入りコルセット。まるで西洋の絵画から出てきた貴婦人のようなイメージです。コルセット・マニヨル 13,440円

重量感のあるシルバーのスタッズがハードな雰囲気。胸元のあいたお洋服とコーディネートしてね。スタッズチョーカー 2,100円

アンティーク風のフラワープリントが魅力的なコートは、春の肌寒い日にぴったり。ウエストのリボンは前と後ろどちらで結んでもOK。スプリングコート・トワイユ 31,290円

front

back

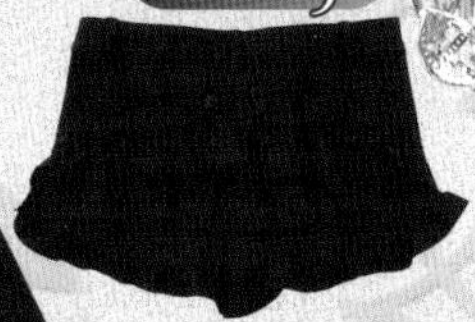

ヒップのフリルがとってもキュート。まるでミニスカートを履いているみたいなホットパンツ。元気よく着こなしたい1点。パンツ・ホリン 10,290円

ペプラム部分にあしらったソフトチュールが可愛らしいね。サテンストレッチを使っているから着心地もバツグン。ジャケット・マイヤー 19,740円

カジュアルな綿素材のチェック柄がキュート。ソフトチュールを重ねたボリュームのあるフリルでエレガントな雰囲気を演出して。スカート・ジルダ 11,340円

人気のシューズは2本のストラップがポイント。思いっきりお上品に履きこなしたい、甘さ控えめのディテール。ストラップシューズ・バーミリ 17,640円

ブラウス・ディーンズ 9,345円、ツーピース・マキア 23,940円、ボーダーハイソックス（ロゴマーク入り）1,260円、ストラップシューズ・バーミリ 17,640円／以上MIHO MATSUDA、トカゲモチーフブローチ 4,410円／Baby Doll

エプロンと3段フリルのスカートのセットです。それぞれ単品で使っても◎。エプロンは少し斜め前で結ぶと大人っぽい感じの着こなしが楽しめる。スカート・グリマ（リップル）13,440円

ジャケットのインナーにも1枚で着てもGOOD。存在感のある3段のフリルがおしゃれ。ワッシャー加工を施した綿ローン素材です。ブラウス・エレリ 10,290円

闇を思わせるシックな色合いやハードなベルト使いが素敵。戦場を颯爽と駆け抜けるダンテを思わせるデザイン。長めの持ち手だから肩にもかけられるよ。バッグ・Devil May Cry 3（ボストン）14,490円

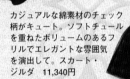

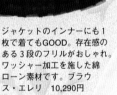

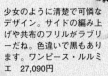

少女のように清楚で可憐なデザイン。サイドの編み上げや共布のフリルがラブリーだね。色違いで黒もあります。ワンピース・ルルミエ 27,090円

ストライプ状のレース柄フロッキーがとっても華やか。丈が長めの気品漂うデザインだから、1枚でセクシーに着こなしたい。ワンピース・アデル 20,790円

PUTUMAYO

赤を効かせたハードな雰囲気のゴシックラインと、動物モチーフや
チェリープリントなど甘く可愛らしいデザインのロリータラインを展開。
PUTUMAYOらしさ溢れる充実したラインナップ。
人気のプリントカットソーをはじめ、普段使いに重宝しそうなアイテムが幅広く揃うよ。

細身のシルエットがキレイ。ストレッチが効いた素材だから、着たときに程よく体にフィット。オリジナルのかごうさぎプリントに心ときめきます。チェリー柄7分袖カットソー　6,195円

ピンクのかごうさぎプリントがとってもラブリー♥リボンもアクセントになっているね。マチ入りだからたっぷり収納できて便利です。かごうさぎトートバッグ　6,195円

膝を立てて座り込んだ小悪魔っぽいアリスが存在感をアピール。フリルの衿でキュートさをUP♪色展開もしているからお店でチェックしよう!! 眼帯アリスフリル長袖Tシャツ　6,195円

シンプルなデザインだからブラウスやカットソーなど、どんなトップスにもコーディネートできそう。中にパニエを履いてふんわりさせてもOK。フリルスカート　9,345円

使い勝手のよいパーカはカジュアルなスタイルに欠かせないアイテムです。お好きなボトムを合わせて。ドクロが描かれたリンゴのイラストにも注目!! 毒リンゴプリントパーカ　7,245円

キュートな赤ずきんの女のコがポイント。パフスリーブや袖口のフリルで可愛さを演出して。チョーカーのように胸元のひもを首に巻いて着てね。パフ袖赤ずきんカットソー　6,195円

レースをあしらったハシゴ状の黒いスカートと、白のフリルスカートの2枚仕立て。ピアノの鍵盤を思わせる斬新なディティールが魅力。ハシゴスカート　10,290円

さりげないフリル使いが可愛いブラウス。プレーンなデザインだからジャケットのインナーとしても活躍するよ。共布のネクタイは取り外し可能。ネクタイ付きフリルブラウス　10,290円

シャープなシルエットが美しい燕尾ブラウス。そのまま着ても、お気に入りのネクタイやリボンを合わせても楽しめそう。無地燕尾ブラウス　8,295円

薄手のジャケットはこれからの季節なにかと重宝しそう。袖口をベルトでくしゅっとさせてルーズな雰囲気で着こなして。ドクロプリントガーゼジャケット　11,445円

巻きスカートの部分を少し腰でおとして履くとカッコイイよ。柔らかなガーゼ素材です。中央のプリントがインパクト大。ドクロプリントガーゼスカート　10,290円

右：天使羽根付きミニハット　4,200円、後ろ編み上げブラウス　9,345円、チェリーパフ袖カットソー　5,145円、3段フリルチェリースカート　9,345円／以上PUTUMAYO、ボーダーニーハイソックス／編集部私物、靴　8,295円／an-ten-na（C・crew）　左：トランプセーラージャンパー　9,345円、ドクロプリントハイネック長袖Tシャツ　5,145円、カギネックレス　1,155円、ハーフボンテージパンツ　12,390円／以上PUTUMAYO、パイソン型押しロングブーツ　9,345円／an-ten-na（C・crew）

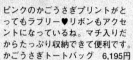

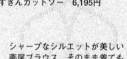

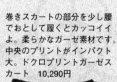

h.NAOTO Blood

コットンガーゼやレース、チュールなどシースルー素材をふんだんに使用した、
春らしい豪華で幻想的な雰囲気の漂うコレクション。
蝶々や十字架など、オリジナルの刺繍やプリントがさらに充実。
新キャラ"HANGRY＆ANGRY"にも注目だよ!!
バッグやアクセサリーなどの小物も数多く揃うから要チェック。

ドレープカットソー　7,240円、プリーツスカート付パンツ　20,790円／以上h.NAOTO Blood、ガーゼ×チェーンチョーカー　3,990円、クロスチェーンネックレス　1,890円、羽根モチーフリング　5,040円／以上HN＋nois、アーマーリング　5,880円、エナメルリストバンド　3,045円／BabyDoll、ROCK六角ブーツ　8,295円／an-ten-na（C・crew）

シルエットが綺麗に見えるブラウスは少し長めの丈なので、パンツに合わせても格好良い。蝶柄プリントブラウス　12,390円／h.NAOTO Blood

ストライプ＆裾プリントの２枚仕立てプリーツスカートが可愛らしい。カーディガンなどを合わせても素敵だよ。セーラージャンパースカート　15,540円／h.NAOTO Blood

サイドのリボンやオリジナルプリントがおしゃれ。お洋服と合わせて持ちたいね。収納力も抜群だから、普段使いにおすすめ!! リボン付きトートバッグ　8,190円／HN＋nois

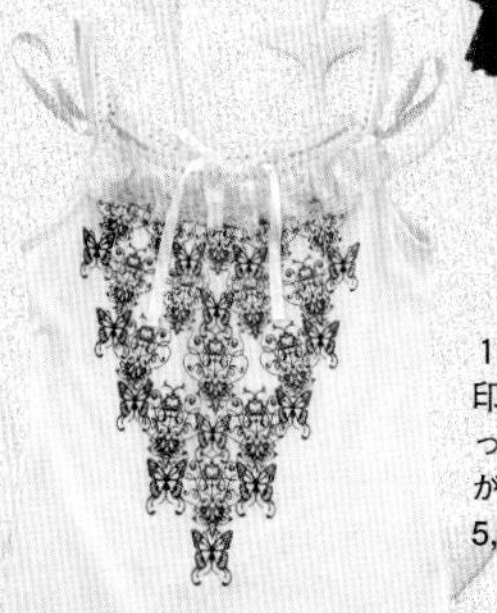

１枚あると重宝するキャミは、清楚な印象の白をセレクト。フリルをあしらった衿もとや２本になっている肩ひもがキュート。フリルキャミソール　5,040円／h.NAOTO Blood

着こなしの主役になること間違いナシのゴージャスなスカート。タイトなトップスを合わせてレースを引き立てた着こなしがおすすめ。チュールレース重ねロングスカート　16,540円／h.NAOTO Blood

レース刺繍を思わせる、胸元のプリントが美しい。フレアの入った姫袖や袖口のフリルに心ときめいてしまいます。コンパクトなトップスにさっと羽織って。姫袖カーディガン　7,140円／h.NAOTO Blood

スクエアネックは首元を華奢に見せてくれるよ。袖口のレースアップからチラリと覗くレース地も素敵。袖口レースアップカットソー　7,140円／h.NAOTO Blood

胸元のレースアップや紫の刺繍がちょっぴりセクシー。細身のパンツなどに合わせてかっこよく着こなして。アシンメトリーロング丈カットソー　11,290円／h.NAOTO Blood

女のコらしいボリュームたっぷりのふんわりシルエット。定番の白ブラウスやカットソーとの相性も◎だよ。フリルミニスカート　13,440円／h.NAOTO Blood

フリルカーディガン　10,290円、カットソー　7,140円、レッグカバー付きミニスカート　18,690円／以上h.NAOTO Blood、リボン×レースチョーカー　5,200円、バッグ　7,140円／以上HN＋nois、アングリーぬいぐるみ　6,510円／HANGRY＆ANGRY、髪につけたコサージュ　2,310円、花モチーフリング　2,625円、サンダル　23,100円／BabyDoll

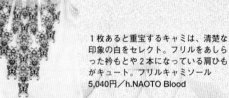

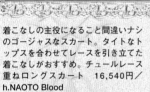

ワイヤーローズヘッドドレス 5,250円、フレアスリーブカットソー　16,590円、ピンタックレーススカート　17,640円、ミニチュールパニエ　3,990円／以上Victorian maiden、ストラップシューズ／編集部私物

Victorian maiden

気品溢れる、甘くてクラシカルなスタイルを提案。
今季は春らしいロマンティックなフラワープリントや、
贅沢にレース＆ブレードを施したアイテムがおすすめです。
レースのグローブやヘッドドレスなどのアクセサリーも充実しているから、
エレガントな装いを楽しんで。

ショルダーケープをしたり、胸元のリボンを巻きつけたり、インナーにブラウスを合わせたりと、1着でいろいろな着こなしが楽しめる。ショルダーケープ付きティアードフリルワンピース　25,830円

中にワイヤーが入っているから、ヘアスタイルに合わせて形を自由に調節できます。ローズモチーフのレースが綺麗。ワイヤーローズヘッドドレス 5,250円

歩く度に揺れる、胸元のティアード型のレースがポイント。バッスル風のスカートだから後ろ姿もバッチリ。ティアーズバッスルワンピース 24,990円

着たときのフレアのシルエットが美しい春にぴったりのコート。衿やお袖のレースがエレガントな雰囲気を醸し出します。チュールレースコートドレス　31,290円

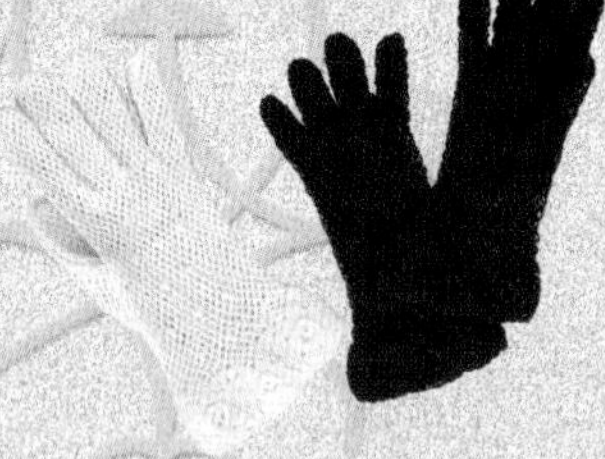

お出かけする時には、淑女らしくレースの手袋をはめて。お洋服に合わせてお好みの色をセレクト。コットンレース手袋（オフホワイト、ブラック）各2,100円

クラシカルなデザインが魅力的。後ろは共布の釦がついているから、後ろ姿も美しいよ。バッスルスカートなどにぴったりです。後ろ明きスタンドカラーブラウス　16,590円

衿や袖口に贅沢にレースをあしらったブラウス。透け感のあるチュールレースだから、たっぷり使っても軽やかな印象。フラットカラーチュールレースブラウス　15,960円

レースとフリルをふんだんにあしらったゴージャスな1点。胸元が開いているデザインだから、チョーカーやネックレスなどのアクセサリーも映えそう。トーションレースフリルブラウス　19,740円

モデル着用のジャンパースカートと布地違いです。薔薇のプリントがロマンティック。こちらの方がより女のコらしくて可愛らしいイメージ。マリーロングジャンパースカート　24,990円

ボックスプリーツの裾からは、さらに細かいプリーツが覗く繊細なデザイン。さりげなく飾った胸元のリボンも可愛らしい。ボックスプリーツワンピース 22,890円

コサージュ＆リボン参考商品、マリーロングジャンパースカート　24,990円、ロングチュールパニエ 8,190円、レースロング手袋　3,675円／以上Victorian maiden、パールブレスレット　4,410円、レースアップブーツ 20,790円／BabyDoll

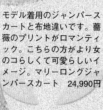

metamorphose temps de fille

人気のセーラーシリーズが、バリエーションも豊富になってパワーアップしたよ♪
この春はメタモならではのマリンスタイルでキメちゃおう。
ゴージャスなワンピやキュート小物などの商品も充実しているから、
お気に入りのアイテムを見つけたら早めにGetして!!

使いやすい大きさが魅力のバニティバッグ。ファスナー部分にハートモチーフがついているよ。可愛いバッグでお出かけしましょ♥リボンバニティ　9,975円

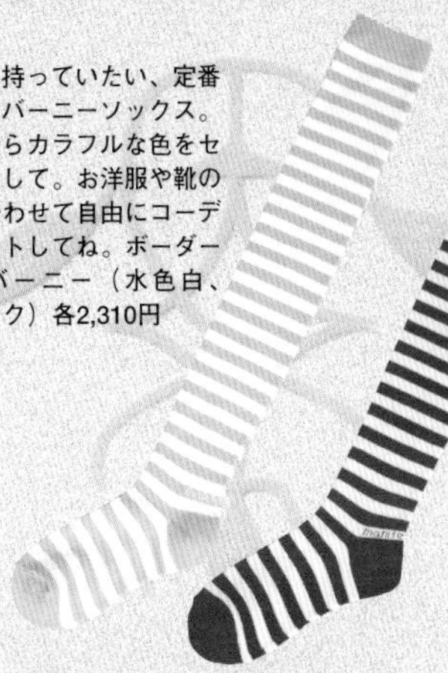

1足は持っていたい、定番のオーバーニーソックス。春だからカラフルな色をセレクトして。お洋服や靴の色に合わせて自由にコーディネートしてね。ボーダーオーバーニー（水色白、赤ピンク）各2,310円

袖についた小さなポケットがキュート。甘さを控えた黒のストライプ柄だから、カジュアルなスタイルに重宝しそう。胸元のリボンは取り外しできます。セーラーブラウス'05　12,390円

ハート釦に水玉リボン＆レース…ロリータ心がときめいちゃうラブリーなヘアゴム。ふわふわのカーリーヘアや三つ編みにぜひどうぞ。ハート水玉リボンヘアゴム（2個set）2,940円

シックな雰囲気の別珍リボンにエレガントなカメオ風の釦をあしらって。お嬢様みたいなコーディネートの仕上げに。別珍カメオ風釦ヘアゴム（2個set）2,940円

たっぷりのフレアと裾のレースがラブリー。トップスはお揃いのセーラーシリーズのブラウスを合わせても、カジュアルにニットやパーカと合わせても可愛くキマルよ。セーラースカート'05　12,390円

クローバー、ハート、ダイヤ、スペードのトランプモチーフがついた、ネックレスとブレスレットのセット。チェーンのアジャスター部分にはクラウンがついた、可愛いアクセセット。トランプおしゃれSET　4,515円

ストロー素材のカンカン帽。セーラーのお洋服に欠かせないおすすめアイテム。黒×白のストライプリボンが爽やかな印象です。麦わらカンカン帽（黒、生成）9,975円

胸元のくりの深いデザインがおしゃれな、ネクタイ付きのオーバーブラウス。袖口の切り替えも素敵。セーラーパンツとコーディネートしたい。セーラーオーバーブラウス（長袖）13,440円

右：セーラー帽'05　8,295円、セーラーワンピース'05　20,790円、ボーダーオーバーニー　2,310円、タッセルブーツ　31,290円／以上metamorphose temps de fill、左：グログランスクールヘアゴム（2個set）1,785円、クラウンスワン刺繍入りベロアパーカ　19,740円、セーラースカート'05　12,390円、クラウンスワン刺繍ハイソックス　1,680円、合皮ストラップシューズ　17,640円／metamorphose temps de fill

ボーイッシュなスタイルにぴったりのパンツ。裾のセーラーテープがアクセントになっているよ。ゆったりとしたシルエットで着心地もバツグン。セーラーパンツ'05　12,390円

胸元で揺れるパールがとても上品なジャンパースカート。リボンの通った肩ひもも可愛らしく、スカート部分が華やかに広がるとっておきの1着。後ろは編み上げで調節できます。リボンパールフォーマルジャンパースカート　26,040円

BABY, THE STARS SHINE BRIGHT

レースやフリルをふんだんにあしらったプリンセス気分のアイテムがいっぱい♥
甘くてキュートなロリータスタイルに仕上がるよ。
組み合わせやすいデザインばかりだから、いろいろなコーディネートが楽しめそう。
BABYの春の新キャラ"さみしいプードルちゃん"にも注目してね♪

レース使いがお上品なカチューシャ。お洋服の色と合わせて楽しみたい。エリーゼカチューシャ　3,990円

フリルがたくさんで可愛い。ペチコートにも使えるので1枚は持っていたいスカートです。フリルペチコート（白、ピンク、生成、黒）各14,490円

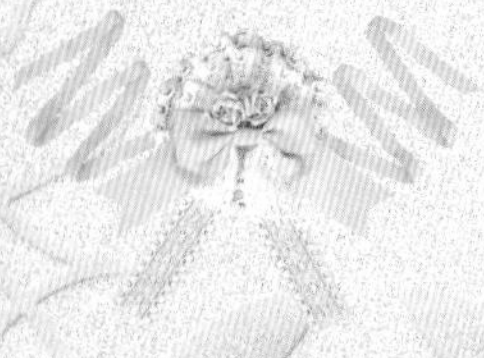

後ろ側に垂れ下がるレースとおリボンがヒラヒラ揺れて可愛らしいよ。甘ロリスタイルの仕上げにどうぞ。アマレッタヘッドドレス　4,410円

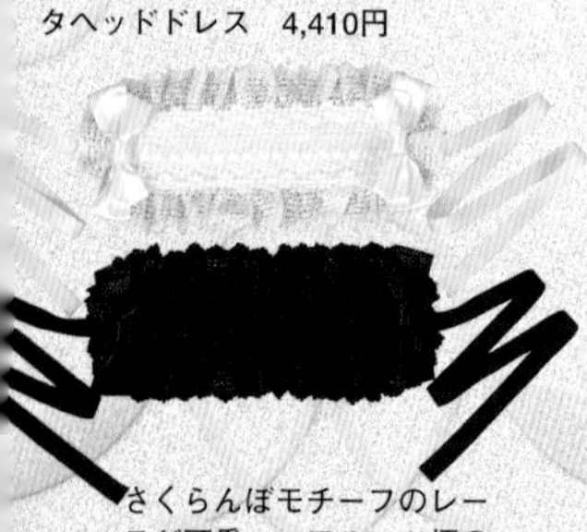

さくらんぼモチーフのレースが可愛い。フルーツ柄のスカートやワンピにぴったり。チェリーレースヘッドドレス　3,570円

どんなお洋服にも合わせやすいシンプルなボンネット。アンティークドール気分を味わえるクラシカルな1点。スピンドールボンネット　8,295円

レースフリルアンブレラ3,990円、ローズコーム3,360円、2重衿ブラウス12,390円、タータンチェックジャンパースカート19,740円、チュールパニエ9,345円、ローズレースドロワーズ　8,295円、リボン通しレースハイソックス2,730円、リボンとお花のくつ　24,490円／すべてBABY, THE STARS SHINE BRIGHT

後ろがシャーリングになっているから、可愛いだけでなく、着たときに程よくフィットします。袖を取り外せば、パフスリーブの半袖ブラウスとしても着られるよ。姫袖後ろシャーリングブラウス　14,490円

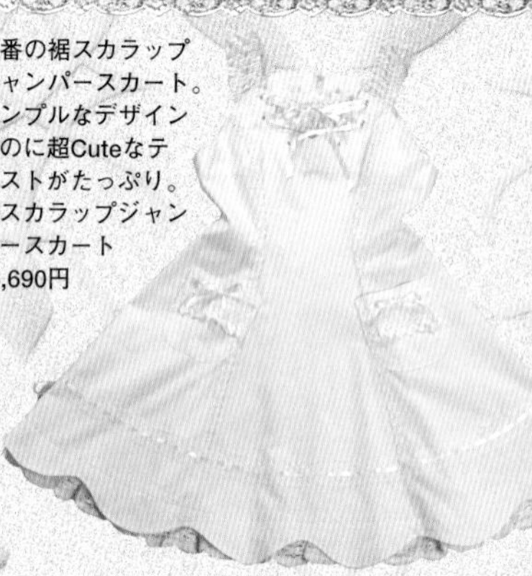

定番の裾スカラップジャンパースカート。シンプルなデザインなのに超Cuteなテイストがたっぷり。裾スカラップジャンパースカート　18,690円

スクールっぽい雰囲気が魅力のタイ付きブラウス。着たときのシルエットも綺麗。トランプうさぎ刺繍タイ付きブラウス　14,490円

メイプルカチューシャ3,570円、後ろピンタックブラウス　12,390円、シャーリングプリンセスジャンパースカート20,790円、チュールパニエ　9,345円、トーションレースドロワーズ9,345円、リボン通しレースオーバーニー3,150円、フリルバレリーナシューズ　14,490円／すべてBABY,THE STARS SHINE BRIGHT

ウエスト部分がシャーリングなので、サイズも調節できます。レースもたっぷりでラブリー。シャーリングブラウス　14,490円

うるうるの目がさみしげなので"さみしいプードルちゃん"って言うんです。フードにはわんこ耳も付いてるヨ♪さみしいプードルちゃんパーカ　11,340円

定番のスクールカーディガンです。胸にはプリンセスドロップが鍵になった刺繍が入っています。スクールカーディガン　10,290円

トーションレースのドロワーズはロリータちゃんには欠かせないアイテム。トーションレースロングドロワーズ　10，290円

好評だったリボンバレリーナシューズがフリルになって登場!お手持ちのリボンと組み合わせてさらに豪華にバージョンアップすることもできます。フリルバレリーナシューズ　14,490円

おしりの部分にレースをたっぷりあしらった超キュートなドロワーズ!!写真はバックスタイル。フリルいっぱいブルマ　9，345円

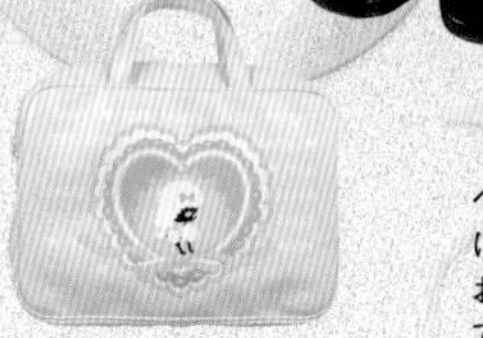

春の新キャラ"さみしいプードルちゃん"のBAGです。使いやすいサイズで、学校にも持っていけそうだね。さみしいプードルちゃんバッグ（78×38×10）7,560円

ベルト部分にリボンとお花が付いていてとってもCUTE♪ベルトは取り外しできるのでシンプルにも履きこなせます。リボンとお花シューズ　24,990円

Gothic&Lolita ショップリスト

今回お洋服カタログのページで掲載したブランドの直営店＆セレクトショップを一気にご紹介するよ。ゴシック＆ロリータなアイテムが揃う、素敵なお店がいっぱいだよ。お近くにショップがないという方も、ホームページで通販ができるブランドがあるので、ぜひCHECKしてみてね。さあ…貴女もお買いものを楽しんでくださいませ♪

ATELIER-PIERROT
アトリエピエロ

〒150-0001　東京都渋谷区神宮前1-11-6
ラフォーレ原宿1.5F
☎03-3475-0463
ホームページにて通信販売できます!!
HPアドレス http://www.netlaputa.ne.jp/~pierrot-/
※カタログをご希望の方は50円切手10枚とご連絡先を記入の上、上記住所「カタログ希望係」までご送付ください。

Carina e Arlequin
カリーナ エ アルルクゥン

〒320-0803　栃木県宇都宮市曲師2-8
宇都宮フェスタ2F
☎028-634-9933
ホームページはhttp://carina-e-arlquin.hp.infoseek.co.jp

metamorphose temps de fille
メタモルフォーゼ タン ドゥ フィーユ

大阪本店
〒542-0081　大阪府大阪市中央区南船場4-13-18
四ツ橋FYSビル5F
☎06-4704-6400
原宿店
〒150-0001　東京都渋谷区神宮前6-28-4 シニック関根ビル2F
☎03-3406-6978
マルイヤング新宿店
〒160-0022　東京都新宿区新宿3-18-1 マルイワン新宿8F
（新宿マルイヤング館8F）
☎03-3358-0622
名古屋店
〒460-0008　愛知県名古屋市中区栄3-4-5 栄NOVA5F
☎052-251-1332
広島店
〒730-0031　広島県広島市中区紙屋町2-2-18 サンモール4F
☎082-249-3833
福岡店
〒810-0021　福岡県福岡市中央区今泉2-5-28 ノイラ天神ビル3F
☎092-732-5009
札幌アルタ店
〒060-0061　北海道札幌市中央区南1条西2-9-1 札幌アルタ8F
☎011-218-5427

通信販売OK♪
くわしくはお電話かFAXにて　☎＆FAX 06-4704-6433
またはホームページから
HPアドレス http://www.metamorphose.gr.jp/（国内、海外共に通販できます）
携帯電話はこちら http://www.metamorphose.gr.jp/hp/

PUTUMAYO
プトマヨ

ラフォーレ原宿店
〒150-0001　東京都渋谷区神宮前1-11-6
ラフォーレ原宿B1.5F
☎03-3404-3627
原宿路面店
〒150-0001　東京都渋谷区神宮前4-27-11
ギャラリードGIM B1F
☎03-3404-1260
ホームページにて通信販売できます!!
HPアドレス http://www.putumayo-home.com/

h.NAOTO
エイチ．ナオト

「H」裏原宿店
〒150-0001　東京都渋谷区神宮前4-29-1 B1F
☎03-3408-7255
「h.」裏原宿店
〒150-0001　東京都渋谷区神宮前3-26-3
エバーキャッスルB1F
☎03-3478-6454
大阪心斎橋「H」店
〒542-0086　大阪府大阪市中央区西心斎橋1-8-10 2F
☎06-4704-6022
大阪心斎橋「h.」店
〒542-0086　大阪府大阪市中央区西心斎橋1-8-10 3F
☎06-4704-6023
仙台フォーラス店
〒980-8546　宮城県仙台市青葉区一番町3-11-15
仙台フォーラス7F
☎022-264-5433
ラフォーレ原宿店
〒150-0001　東京都渋谷区神宮前1-11-6
ラフォーレ原宿B1.5F
☎03-3405-6607
池袋P'パルコ店
〒170-0014　東京都豊島区池袋1-28-2 池袋P'パルコ4F
☎03-5391-857
ラフォーレ 原宿・新潟店
〒951-8546　新潟県新潟市西堀通6-866
ラフォーレ原宿・新潟4F
☎025-226-5255
名古屋パルコ店
〒460-0008　愛知県名古屋市中区栄3-29-1
名古屋パルコ西館4F
☎052-264-8275
京都阪急店
〒600-8510　京都府京都市下京区四条通河原町東入真町68
京都阪急百貨店5F
☎075-223-8084
天神ビブレ（h.NAOTO&gouk）店
〒810-0001　福岡県福岡市中央区天神1-11-1 天神ビブレB2F
☎092-715-8814
札幌PIVOT店
〒060-0062　北海道札幌市中央区南2条西4丁目
札幌PIVOT5F
☎011-219-5139

ホームページ上でお買い物ができるs-inc e-shopを開設!!
HPアドレス www.s-inc.com

Victorian maiden
ヴィクトリアン　メイデン

〒534-0025　大阪府大阪市都島区片町1-3-23-201
☎06-6357-2644

通信販売OK♪
くわしくは専用☎06-6135-4355
またはホームページから
HPアドレス http://www.victorianmaiden.com/

MIHO MATSUDA
ミホ マツダ

東京店
〒160-0022　東京都新宿区新宿3-18-1 マルイワン新宿8F
（新宿マルイヤング館8F）
☎03-3351-8520
大阪店
〒542-0086　大阪府大阪市中央区西心斎橋1-6-14
BIG STEP 3F
☎06-6258-5050

通信販売OK♪
くわしくは☎03-5414-6555まで（ゴールドシール／GOLDSEAL CO,LTD）
またはホームページから
HPアドレス http://www.mihomatsuda.jp

BABY,THE STARS SHINE BRIGHT
ベイビー，ザ スターズ シャイン ブライト

代官山本店
〒150-0034　東京都渋谷区代官山町20-23
代官山東急アパートメント1F
☎03-5459-6687
札幌アルタ店
〒060-0061　北海道札幌市中央区南1条西2丁目9-1
札幌アルタ館 8F
☎011-218-5412
名古屋店
〒460-0008　愛知県名古屋市中区栄3-4-5 栄NOVA 5F
☎052-259-0036
高崎ビブレ店
〒370-0849　群馬県高崎市八島町46-1 高崎ビブレ 5F
☎027-330-5718
大阪アメリカ村店
〒542-0086　大阪府大阪市中央区西心斎橋1-16-7
サザンウエストビル6F-A
☎06-4704-3120
金沢店
〒920-0962　石川県金沢市広坂1-1-50 ステアーズイン広坂 2F
☎076-263-2439（定休日／毎週水曜日）
広島店
〒730-0036　広島県広島市中区袋町2-22 袋町Kビル3F
☎082-545-0283
マルイワン新宿店
〒160-0022　東京都新宿区新宿3-18-1
マルイワン新宿8F（新宿マルイヤング館8F）
☎03-5919-1291
宇都宮フェスタ店
〒320-0803　栃木県宇都宮市曲師町2-8 宇都宮フェスタ 2F
☎028-614-5808
横浜ビブレ店
〒220-0005　神奈川県横浜市西区南幸2-15-13 横浜ビブレ4F
☎045-317-7585
大宮アルシェ店
〒331-0850　埼玉県さいたま市大宮区桜木町2-1-1 アルシェ4F
☎048-650-3070
福岡天神ビブレ店
〒810-0001　福岡県福岡市中央天神1-11-1 天神ビブレB2F
☎092-738-5748
仙台店
〒980-0021　宮城県仙台市青葉区中央2-11-28
りんくすビル3F
☎022-716-3638

通信販売OK♪
くわしくは専用☎03-5468-5491まで
またはホームページからメールにて
HPアドレス http://www.babyssb.co.jp

ディネート伝授
ゴスロリ
プロセス写真解説つき

初めてゴスロリ服にチャレンジする女の子のために、先輩が素敵なお洋服をデザインしてくれたよ！　もちろんソーイング初心者の方でも作れるように、詳しい作り方のプロセス写真解説も紹介しています。コーディネートやメイクのアドバイスなど、みんなもぜひ参考にしてね！

デザイナー
魔名夢《マナム》さん
数々のゴスロリ雑誌やイベントで、デザイナーやモデルとして活躍している魔名夢さん。こだわりのゴスライフを、57ページでもちょっとだけご紹介していますよ！

デザイナー
瑠罨《ルアン》さん
ゴスロリの読者モデルとしてVol.2から登場してくれている瑠罨さん。いつも素敵な装いの瑠罨さんに、着こなしやすいジャンパースカートをデザインしていただきました。

初めて読者
西田琴子さん
16歳の高校生。ゴスロリ歴はまだ日が浅く始めはやや緊張の面持ちでしたが、ヘアメイクが完成するとすっかりゴスロリ少女に。2人の先輩に羨望の眼差しを向けていたのが印象的でした。

カチューシャのリボンはふくらませすぎないで、抑えめの方が上品。黒と白のバランス感や左右がちゃんと揃っているか、確認中。

袖は広げないでギャザーを寄せた方がバランスよくまとまるかしら？　袖のふくらみ具合にも厳しいチェックが入ります。

アイメイクを強調させるために、唇はかるくグロスをつける程度に抑えて。

今回のジャンパースカートのデザインポイントはなんといっても胸元のバラレースです。まず、目につきますよね。それから取り外しのできる大きなリボンは、前でも後ろでも好みで付け替えることができますよ。みなさん頑張って作ってくださいね。

Present
27

27　胸元のバラモチーフレースがゴージャスな、定番の黒のジャンパースカート。お気に入りの白いブラウスを合わせて、おでかけしましょ！

作り方　46ページ
デザイン　瑠罨
作品製作　臼沢勝代

フリルフリルブラウス15,540円／BABY, THE STARS SHINE BRIGHT　ハイソックス／編集部私物　パールつきストラップシューズ 8,295円（マルイワン新宿限定）／an-ten-na（C·crew）

先輩からコー
初めて

◆すべて詳しい作り方つき
◆すべて実物大の型紙つき
◆すべてキット通販つき
詳しくは目次のとなりページをご覧ください。
◆すべて読者プレゼントつき
詳しくは68ページをご覧ください。

◆撮影／大野忍（人物）藤田律子（プロセス）◆ヘアメイク／川村友子（masculin）◆モデル／西田琴子　魔名夢　瑠罨　◆レイアウト／野口真理子　◆担当／横山優子　福島悦子

28 燕尾風のブラウスにネクタイをしめてプリーツの巻きスカートを合わせた、スクール風ゴシックスタイル。仕上げのペンキがキマッテル。

作り方　49ページ
デザイン　魔名夢
作品製作　浜中紀美子（ブラウス・ネクタイ）小山ゆう（スカート）

Devil May Cry3 ボストン14,490円／MIHO MATSUDA ボーダーニーハイソックス／編集部私物／ブーツ　8,295円／an-tenna（C・crew）

Present
28

人にネクタイをしめるのは、意外と難しいな…と言いながら、この直後琴子ちゃんにバトンタッチ。斜めストライプがかっこいいと魔名夢さんもご満悦。

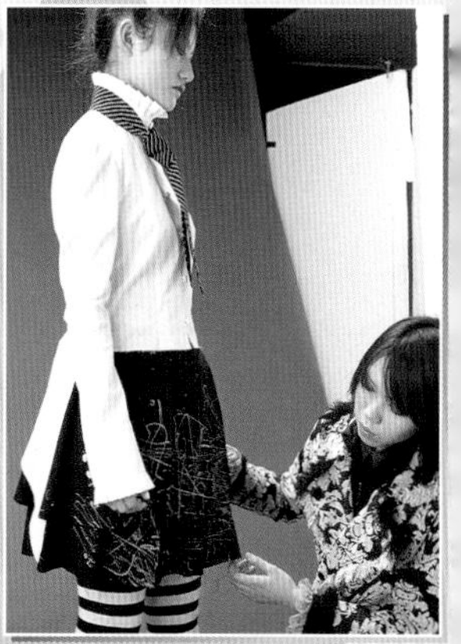

ペンキはちゃんと乾いているかな…裾はもうちょっとほつれた方がいいかも

下唇はファンデーションでつぶして、真ん中にちょこっとだけ赤を差すと幻想的なゴスメイクになります。

真っ白のブラウスと退廃的なスカートがバランスよくまとまっていて、納得の仕上がり。一番のポイントであるペンキかけも成功してほっとひと安心です。ペンキをかける時は周りが汚れないように気をつけてね！

44ページ27 ジャンパースカートの作り方

布の裁ち方

数字のないところは1cmの縫い代をつけます。

①表布（綿バーバリー）

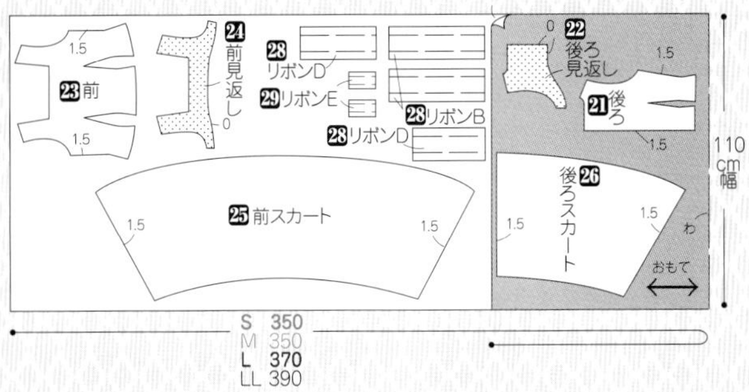

うら
㉓前
㉔前見返し
㉘リボンD
㉙リボンE
㉘リボンB
㉘リボンD
㉒後ろ見返し
㉑後ろ
㉕前スカート
㉖後ろスカート
1.5
110cm幅
わ
おもて
S 350
M 350
L 370
LL 390

▒=接着芯をはる位置

②別布（綿サテン）

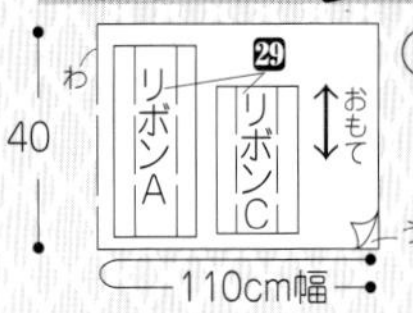

40
わ
リボンA
㉙リボンC
おもて
うら
110cm幅

材料

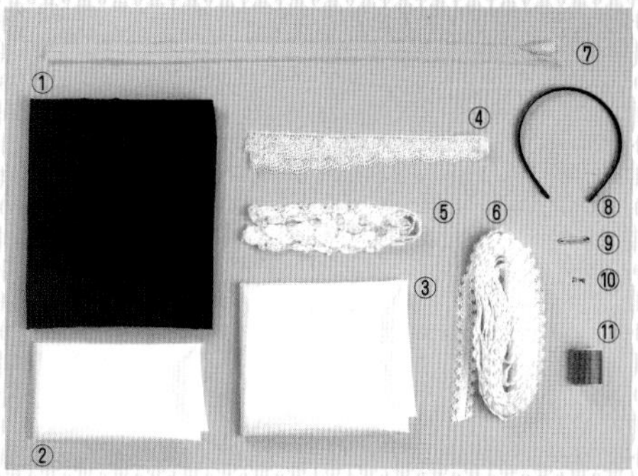

③接着芯90cm幅40cm
④ケミカルレース20mm幅80cm
⑤モチーフレース20mm幅1m50cm
⑥リボンレース25mm幅
　S・Mサイズ4m　L・LLサイズ4m30cm
⑦コンシールファスナー56cm1本
⑧カチューシャ1個　⑨ブローチピン1個
⑩カギホック（小）1組　⑪60番のミシン糸
材料は目立つように色を変えています。

※型紙は実物大の型紙B面にあります。※製図は114ページに掲載しています。

1 後ろ身頃を作る

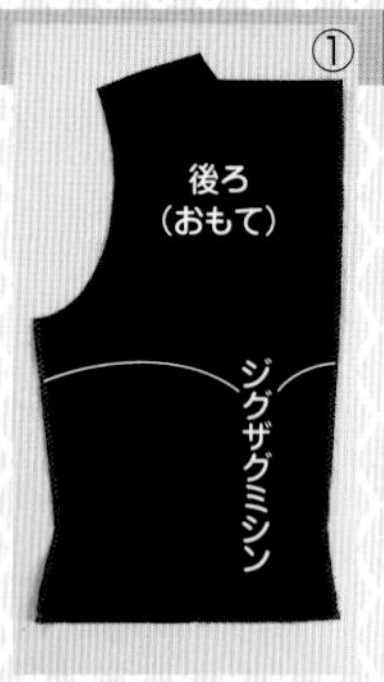

後ろ
（おもて）
ジグザグミシン

①後ろ中心線と脇線の縫い代をジグザグミシンで始末する。

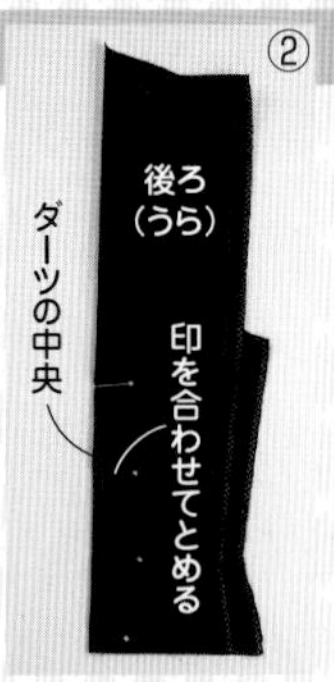

後ろ
（うら）
ダーツの中央
印を合わせてとめる

②ダーツの中央で折り、まち針でとめる。

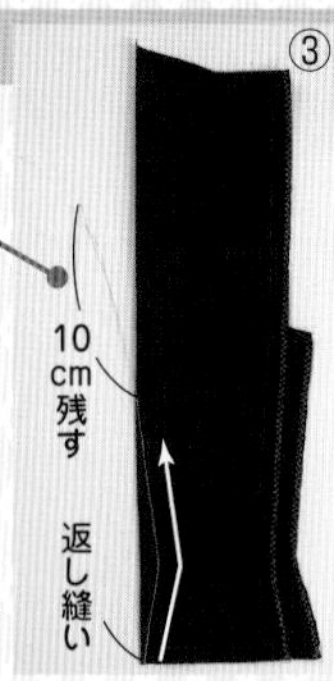

10cm残す
返し縫い

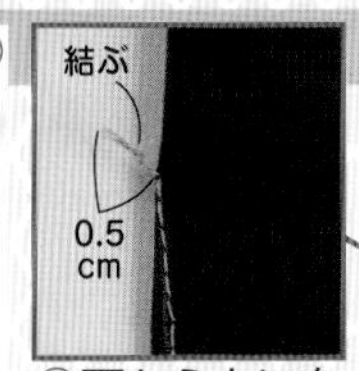

結ぶ
0.5cm

③下から上に向かって縫い、最後は糸を残す。残した糸を2本一緒に2回結んでカットする。

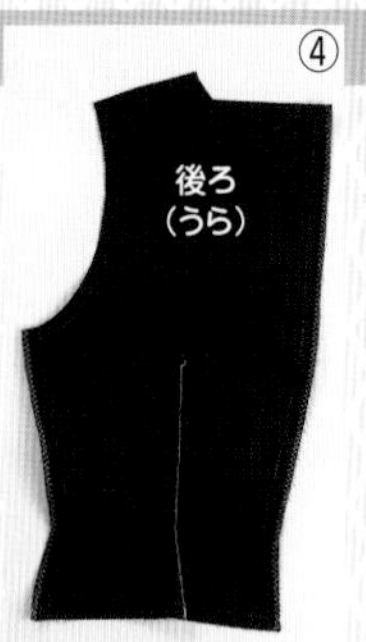

後ろ
（うら）

④後ろ中心側にダーツをアイロンで倒す。

2 前身頃を作る

前
（うら）
ジグザグミシン

①1と同様にダーツを縫い、2枚一緒にジグザグミシンで始末する。ダーツを前中心側に倒す。

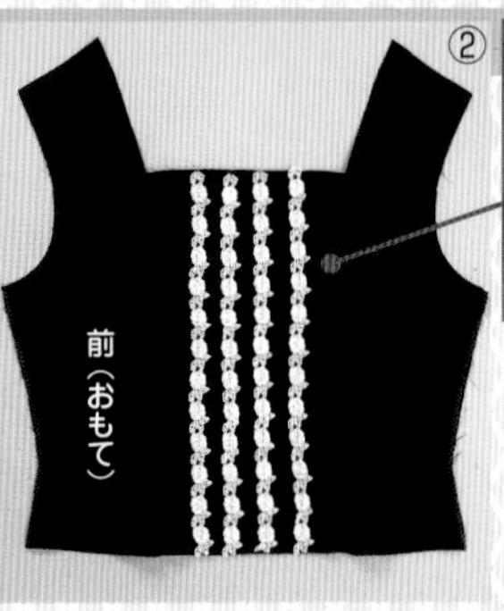

前
（おもて）

②モチーフレースを使用する長さにカットし、前に重ねる。レースの中心をミシンで縫う。

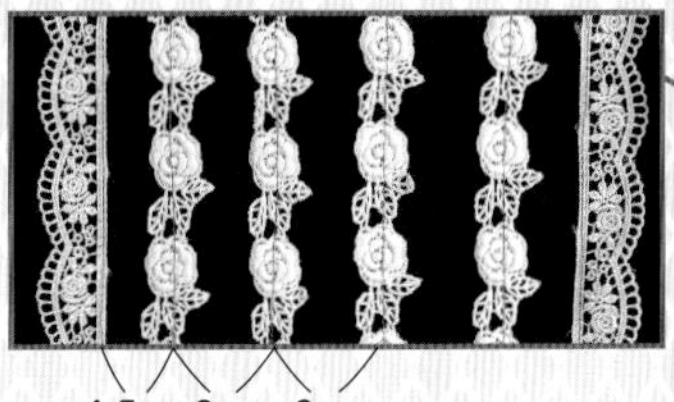

1.5cm 2cm 2cm

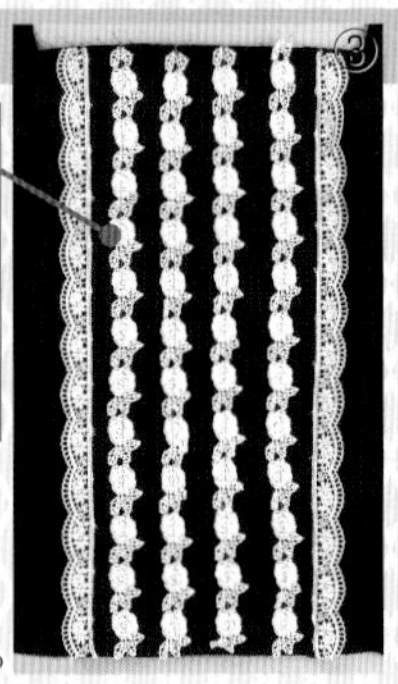

③レースをモチーフレースの両脇に並べてミシンでつける。

3 肩線を縫う

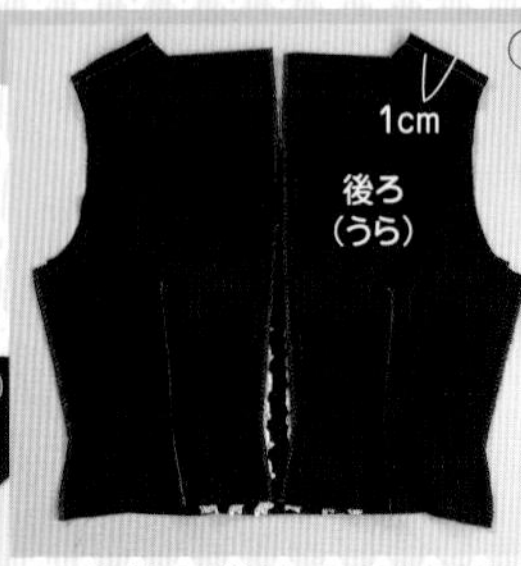

1cm
後ろ
（うら）

①前と後ろのおもて同士を合わせて肩線を縫う。

割る

②縫い代を割る。

4 見返しを作る

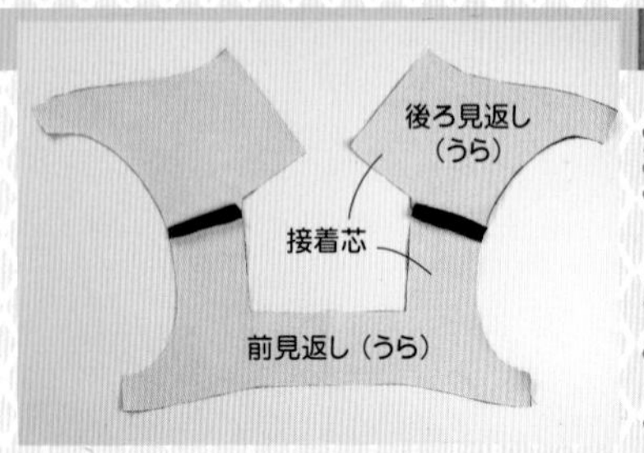

後ろ見返し
（うら）
接着芯
前見返し（うら）

見返しのうらに接着芯をはり、肩線を3と同様に縫い合わせ、縫い代を割る。

5 身頃と見返しを縫い合わせる

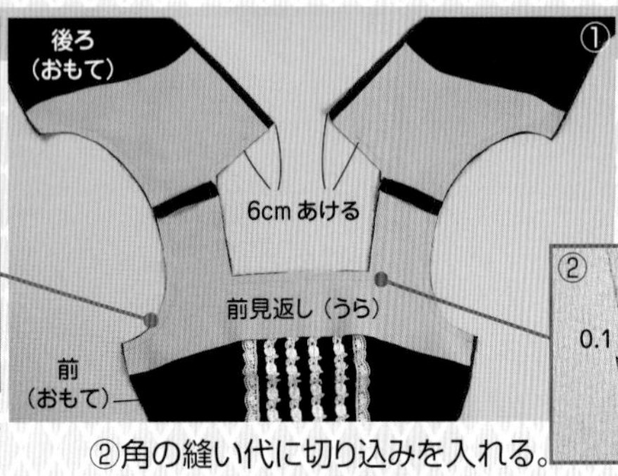

後ろ
（おもて）
6cm あける
前見返し（うら）
前
（おもて）

①見返しと身頃のおもて同士を合わせて、衿ぐりと袖ぐりを縫う。

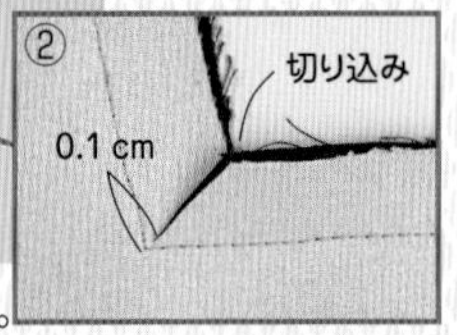

切り込み
0.1 cm

②角の縫い代に切り込みを入れる。

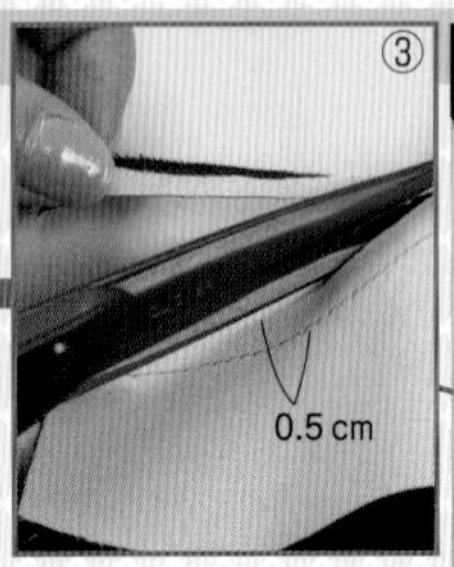

0.5 cm

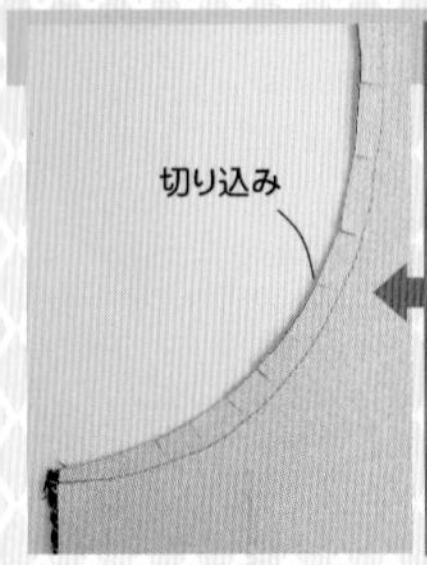

切り込み

⑤袖ぐりの縫い代を0.5cmにカットし、縫い代に約1cm間隔の切り込みを入れる。

6 おもてに返す

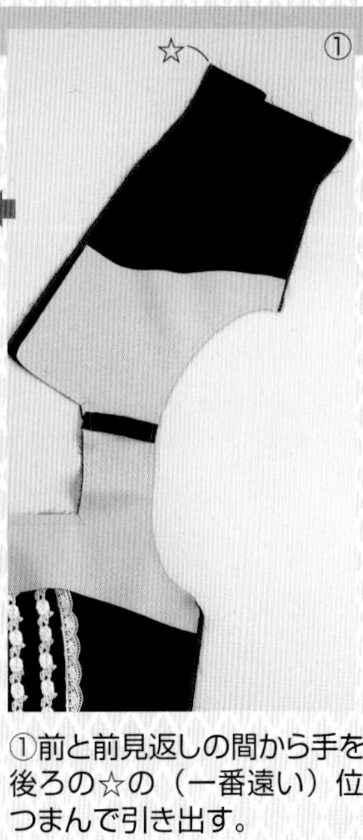

☆

①前と前見返しの間から手を入れ、後ろの☆の（一番遠い）位置をつまんで引き出す。

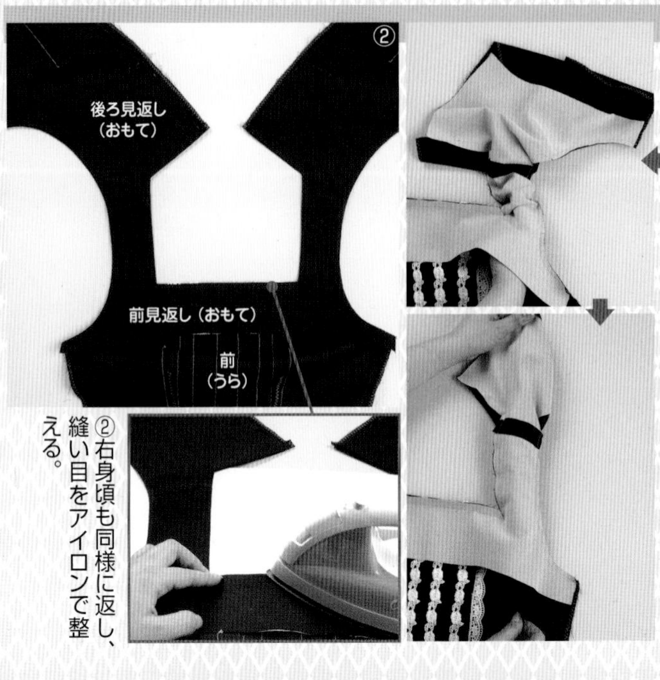

後ろ見返し
（おもて）
前見返し（おもて）
前
（うら）

②右身頃も同様に返し、縫い目をアイロンで整える。

7 身頃の脇線を縫う

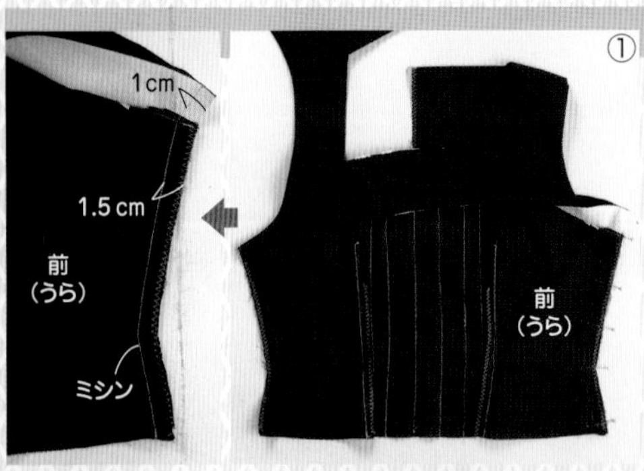

1cm
1.5 cm
前
（うら）
ミシン
前
（うら）

①前と後ろのおもて同士を合わせ、脇線の印を合わせて縫う。

②縫い代を割る。

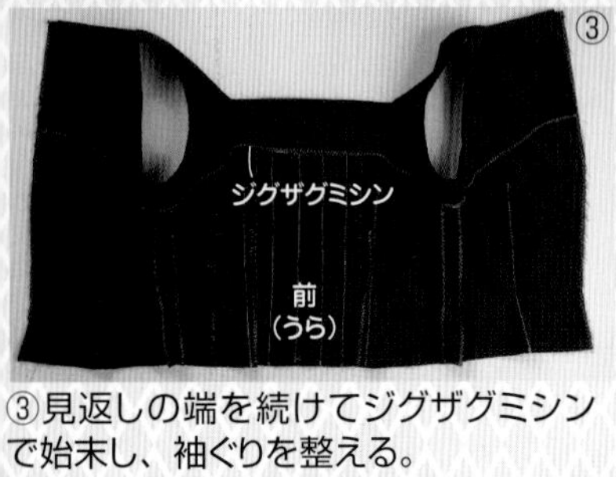

ジグザグミシン
前
（うら）

③見返しの端を続けてジグザグミシンで始末し、袖ぐりを整える。

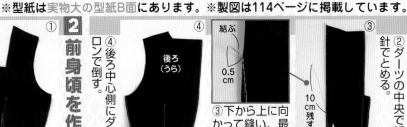

8 スカートを作る

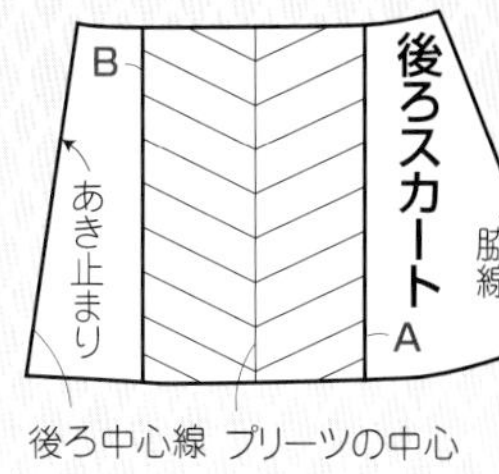

後ろスカート
B
あき止まり
脇線
A
後ろ中心線
プリーツの中心

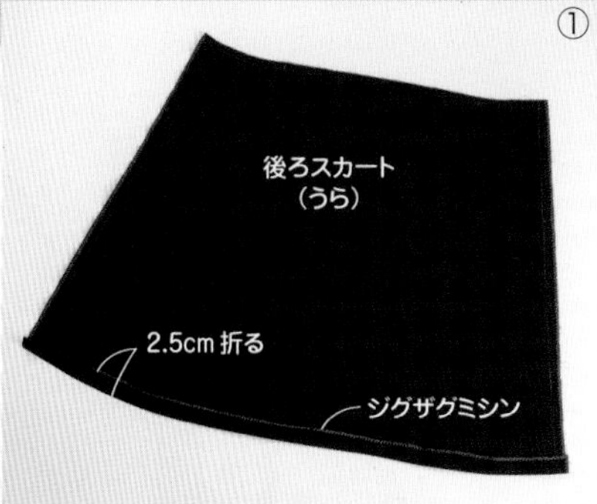

①
後ろスカート
（うら）
2.5cm 折る
ジグザグミシン

①スカートの裾と脇線をジグザグミシンで始末する。縫い代を2.5cm折る。

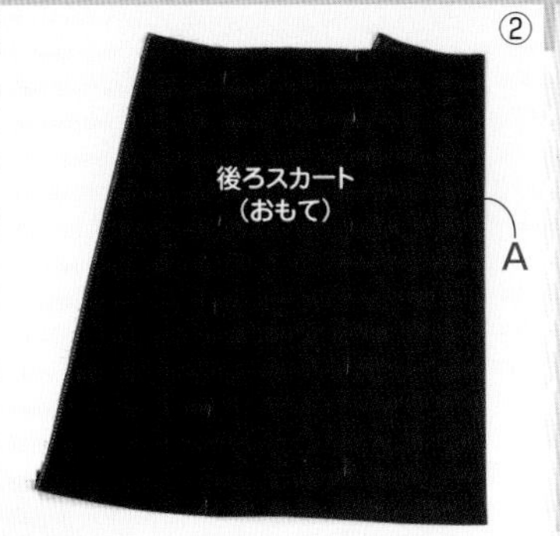

②
後ろスカート
（おもて）
A

②右図のAの位置でうら側に折る。

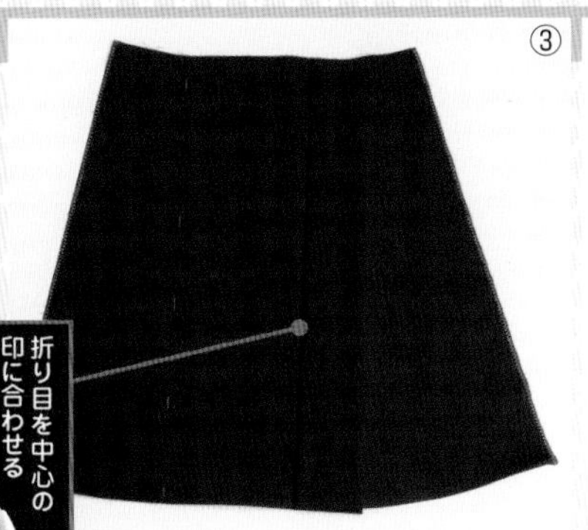

③

折り目を中心の印に合わせる

③折り目をプリーツの中心に合わせて折る。

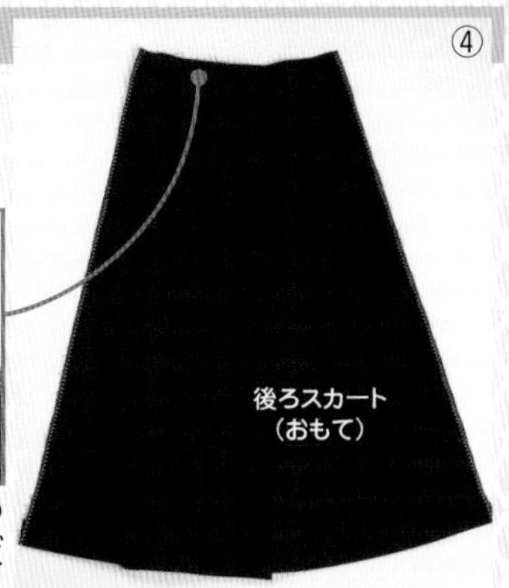

④
後ろスカート
（おもて）

④左側Bも同様にプリーツを折る。

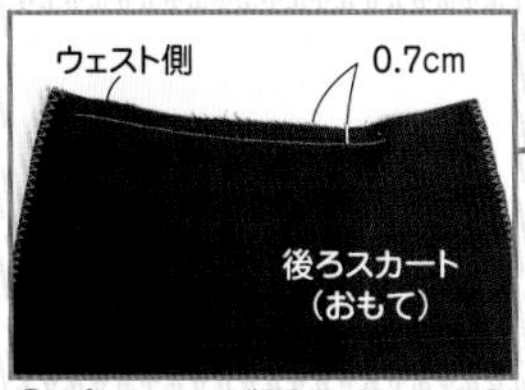

ウェスト側
0.7cm
後ろスカート
（おもて）

⑤プリーツが開かないようにウエストの縫い代に仮どめミシン。

9 前スカートを作る

前スカート
（おもて）

後ろスカートと同様に裾の始末をして、プリーツを折る。

10 スカートの脇線を縫う

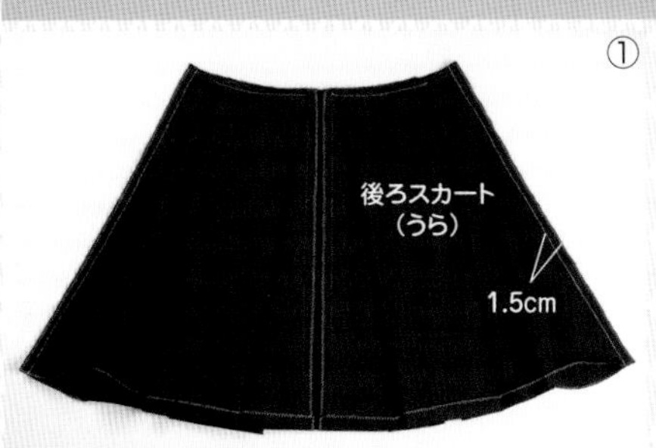

①
後ろスカート
（うら）
1.5cm

①前スカートと後ろスカートのおもて同士を合わせて脇線を縫う。

②
後ろスカート
（うら）
割る

②縫い代をアイロンで割る。

11 身頃とスカートを縫い合わせる

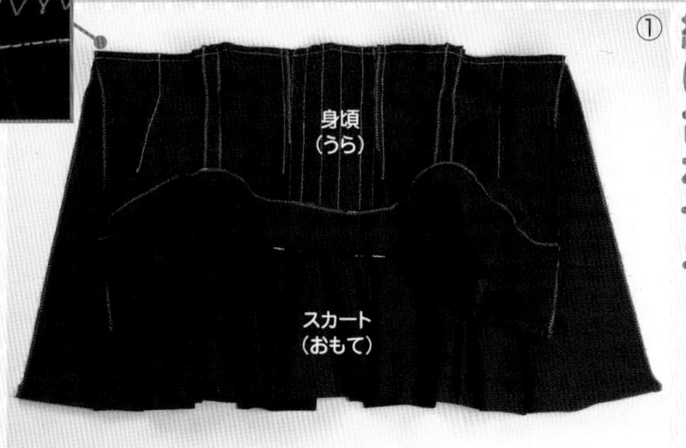

①
身頃
（うら）
スカート
（おもて）

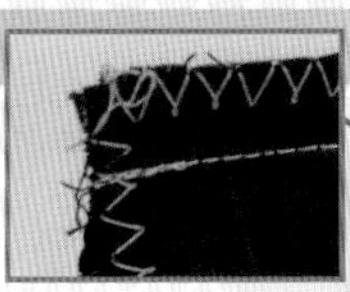

①身頃とスカートのおもて同士を合わせてミシン。縫い代を2枚一緒にジグザグミシン。

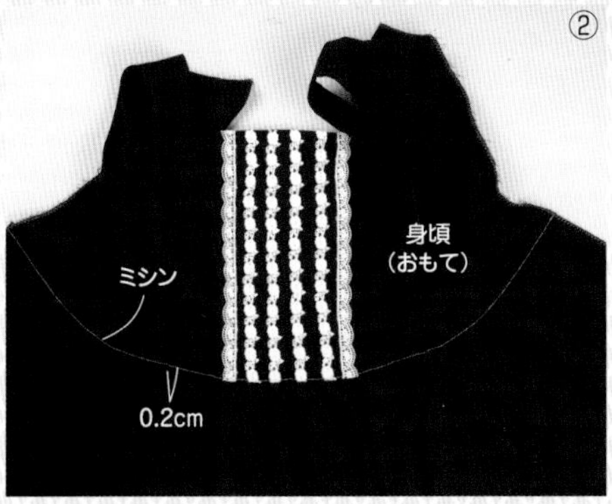

②
身頃
（おもて）
ミシン
0.2cm

②縫い代を上に倒して、おもてからミシン。

12 後ろ中心線を縫う

①
後ろ（うら）
あき止まり
粗い針目
細かい針目

①おもてを中にして後ろ中心線を合わせる。上端からあき止まりまでは粗い針目のミシン、あき止まりで返し縫いをして細かい針目のミシンで下まで縫う。

②
後ろ（うら）
割る
後ろスカート（うら）

②縫い代をアイロンで割る。

13 コンシールファスナーをつける

①
前身頃をよけるために、定規をはさむ
ファスナー（うら）
後ろ（うら）

①コンシールファスナーの中心と後ろ中心の縫い目を合わせてまち針でとめる。

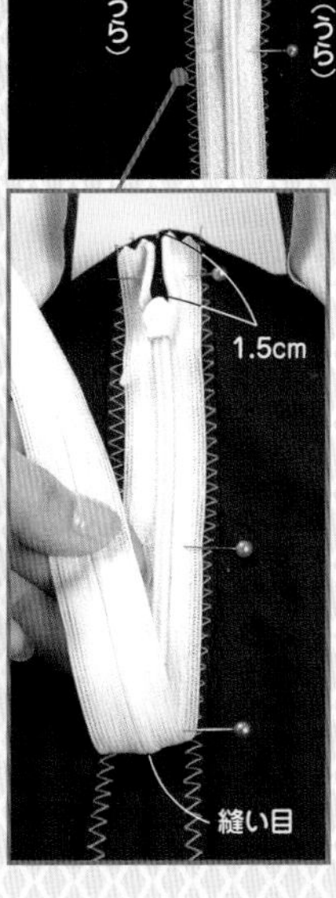

1.5cm
縫い目

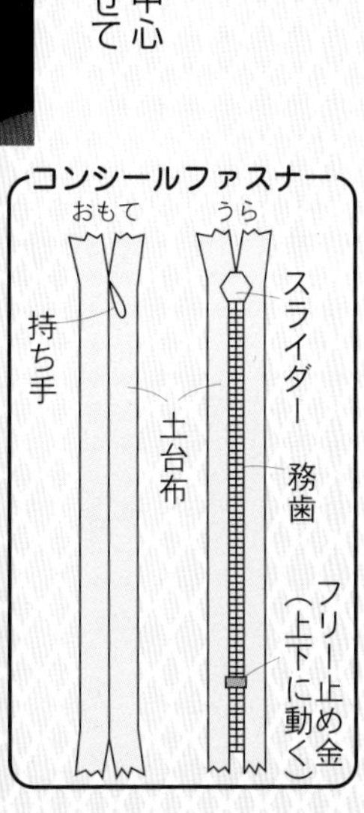

コンシールファスナー
おもて
うら
持ち手
スライダー
土台布
務歯
フリー止め金（上下に動く）

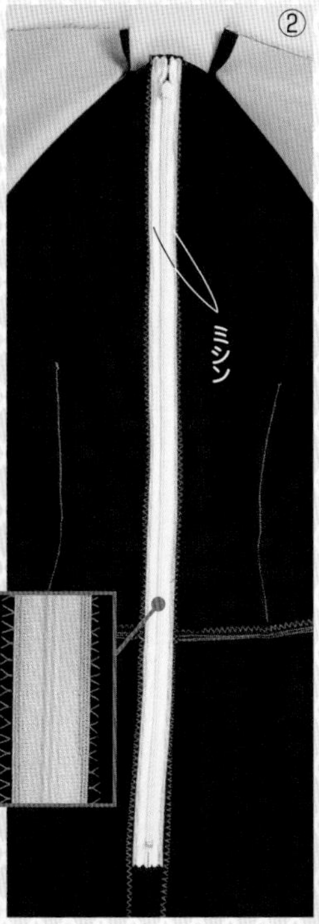

②
ミシン

②コンシールファスナーの土台布と縫い代を重ねてミシンでとめる。

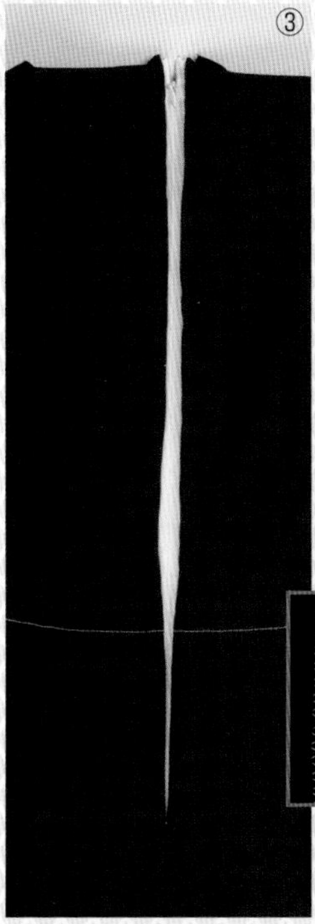

③

③ 12-①の粗い針目のミシン目をほどく。

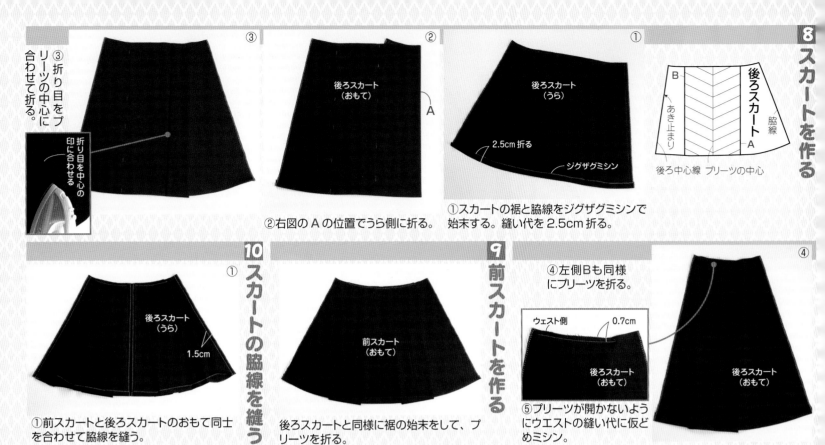

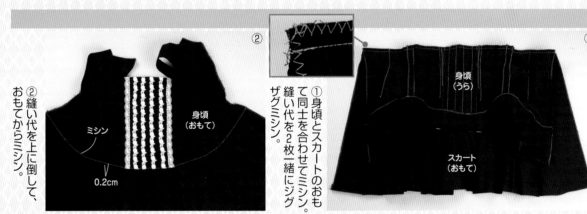

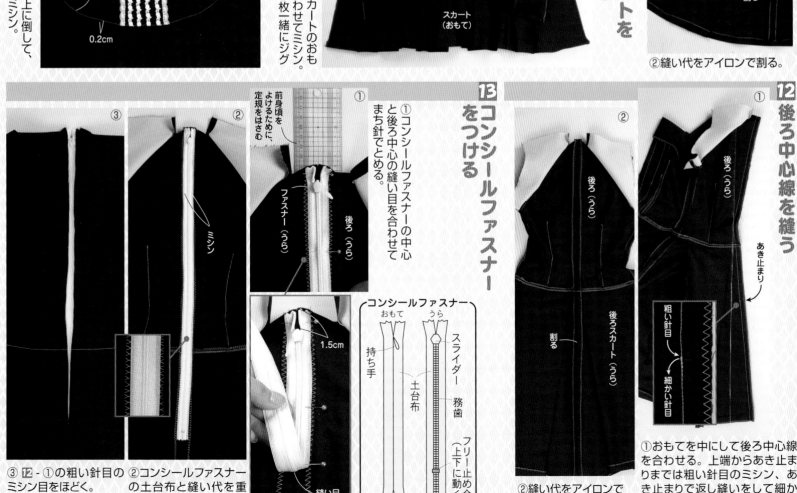

13 コンシールファスナーをつけるのつづき

④ミシンの押さえ金をコンシール用に交換する。スライダーを下げて、写真のように縫い代を開いてミシンにセットする。上からあき止まりに向かって縫う。あき止まりあたりの、縫えるところまで縫い、返し縫いをする。

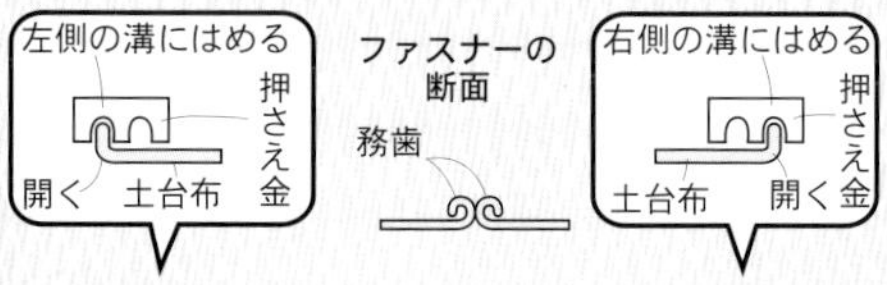
左側の溝にはめる
押さえ金
開く
土台布
ファスナーの断面
務歯
右側の溝にはめる
押さえ金
土台布
開く

⑤④と同様に反対側も縫う。

左後ろ（おもて）
ファスナー（うら）

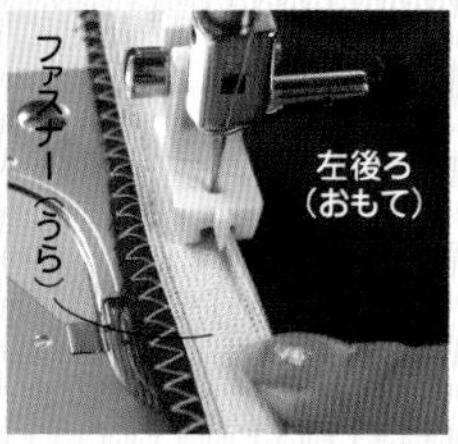
ファスナー（うら）
左後ろ（おもて）

⑥スライダーを上に上げる。

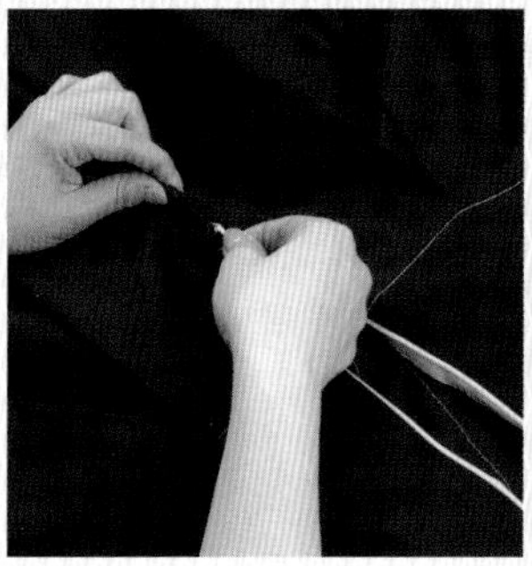

14 フリー止め金を固定する

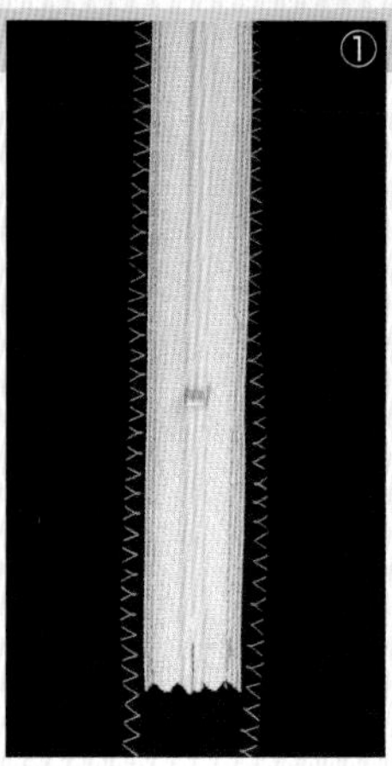

①フリー止め金をあき止まりより上に移動する。

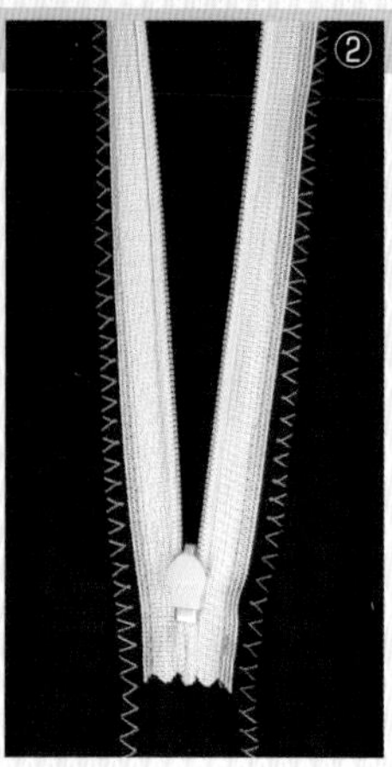

②スライダーが下がるところまで下げる。

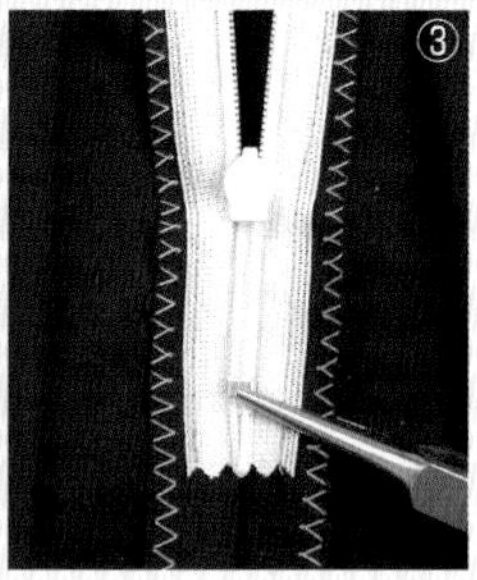

③ラジオペンチで右の縫い代側をはさんでフリー止め金をつぶす。

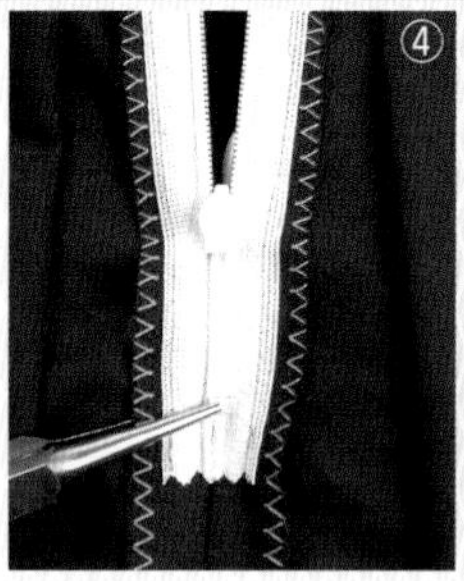

④同様に左の縫い代側をはさんでフリー止め金をつぶす。

15 衿ぐりを縫う

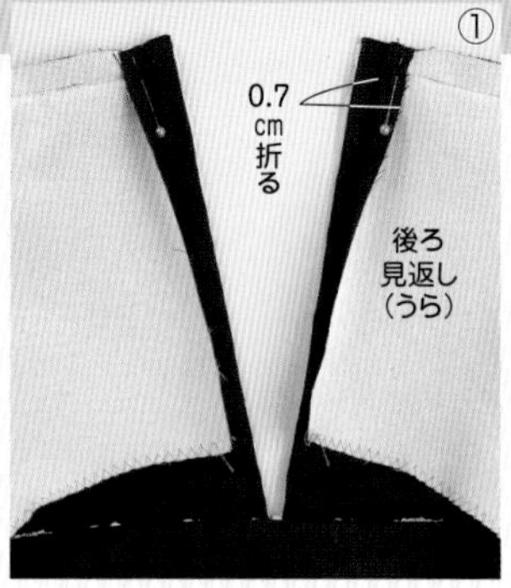
0.7cm折る
後ろ見返し（うら）

①後ろ見返しを後ろのおもて側に返し、端を0.7cm折ってとめる。

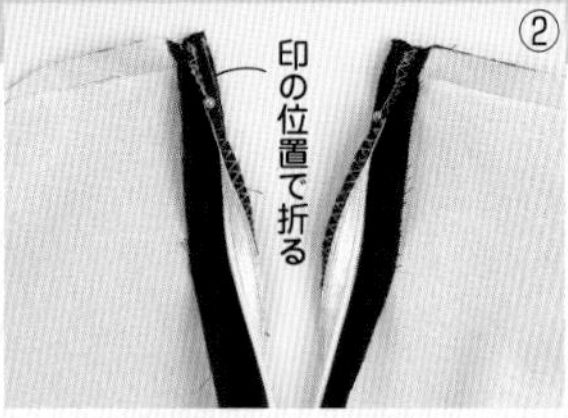
印の位置で折る

②後ろの縫い代を折る。

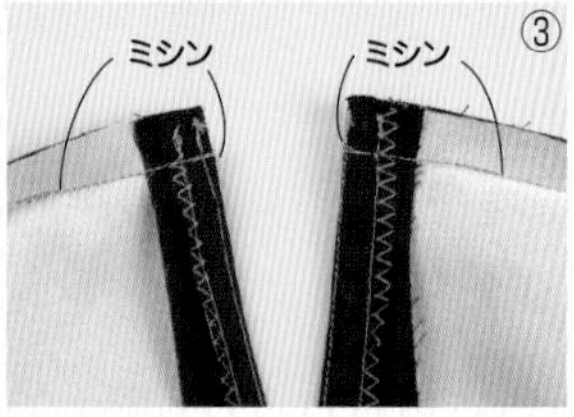
ミシン
ミシン

③縫い残していた部分を縫う。

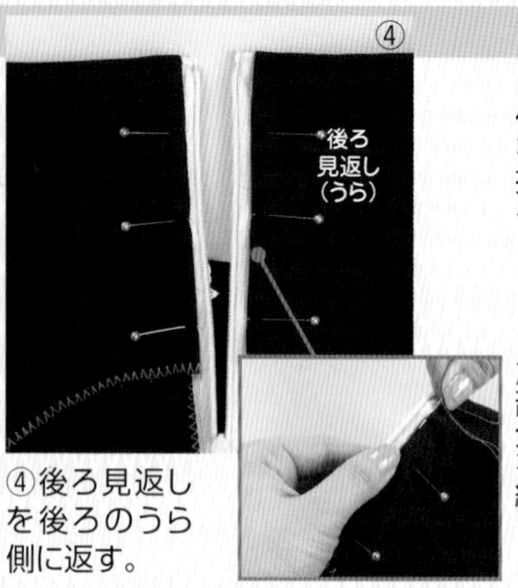
後ろ見返し（うら）

④後ろ見返しを後ろのうら側に返す。

16 裾を縫い、レースをつける

①裾の縫い代を8と9の折り目通りに折り、ミシンで一周縫う。

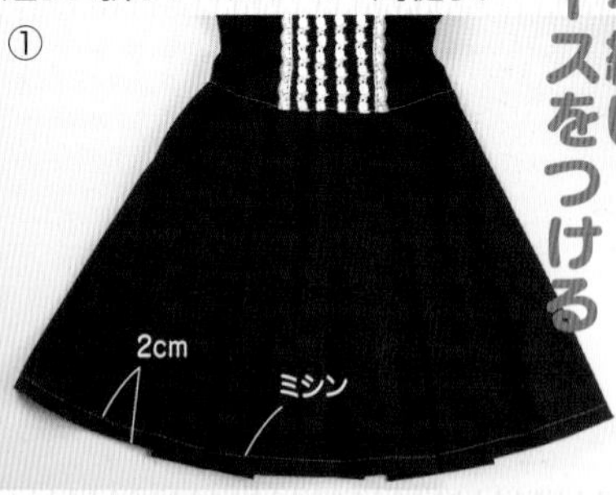
2cm
ミシン

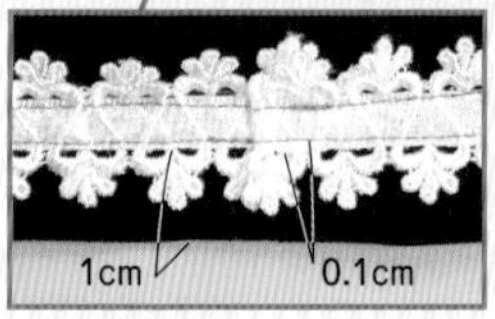
1cm
0.1cm

②裾一周にリボンレースを重ねてリボン部分の両端をミシンで縫う。後ろ中心で1cm折って重ねる。

17 衿ぐりにレースをつける

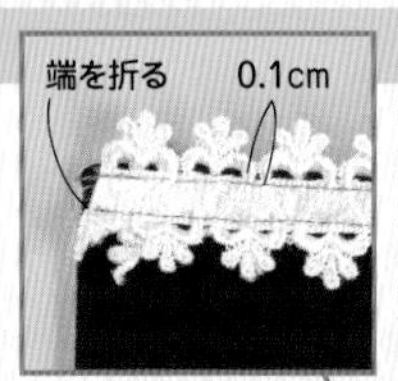
端を折る
0.1cm

衿ぐり一周にリボンレースを重ねる。リボン部分の端を衿ぐりに沿って重ね、両端にミシン。

角は折る

18 カギホックをつける

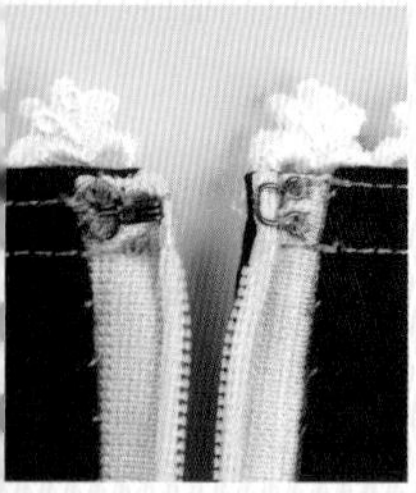

後ろにカギホックをつける。

※詳しいつけ方は76ページ参照

19 前リボンとカチューシャを作る。

1cm
リボンB（うら）

①リボンBのおもてを中にして折り、縫う。

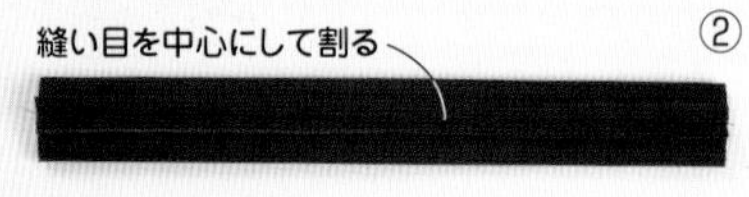
縫い目を中心にして割る

②縫い代を割る。

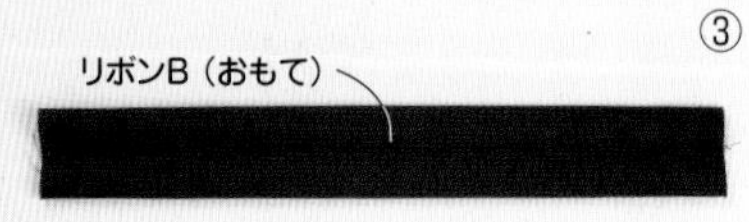
リボンB（おもて）

③おもてに返して縫い目を中心に合わせる。リボンA・C・Dも同様。

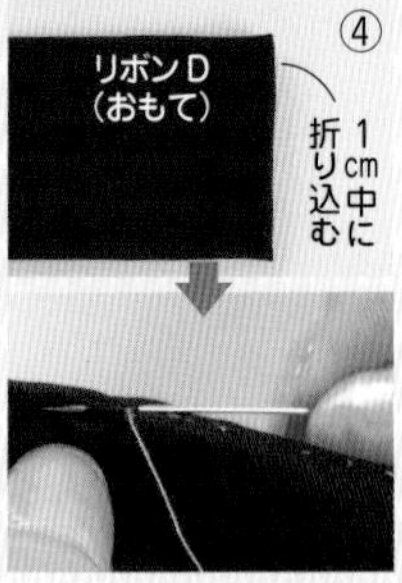
リボンD（おもて）
1cm中に折り込む

④リボンDの両端は1cm折って縫う。リボンCも同様。

リボンA
リボンB

⑤リボンAとBを重ねる。

中心で1cm重ねる

⑥両端を折って中心で重ねて縫う。

リボンC
リボンD

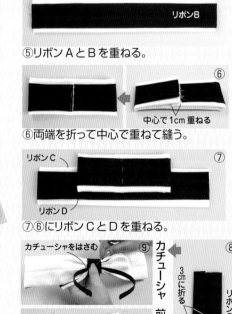

⑦⑥にリボンCとDを重ねる。

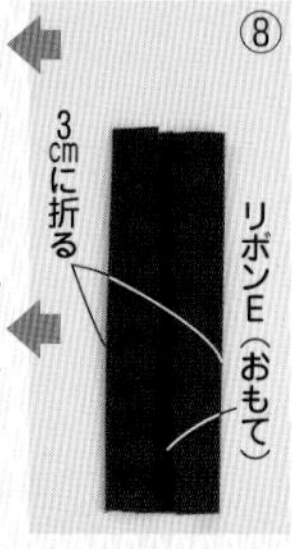
3cmに折る
リボンE（おもて）

⑧リボンEを折る。

カチューシャをはさむ
カチューシャ
前リボン
リボンEをつけてからブローチをつける

⑨リボンEを巻いて縫う。

16 出来上がり

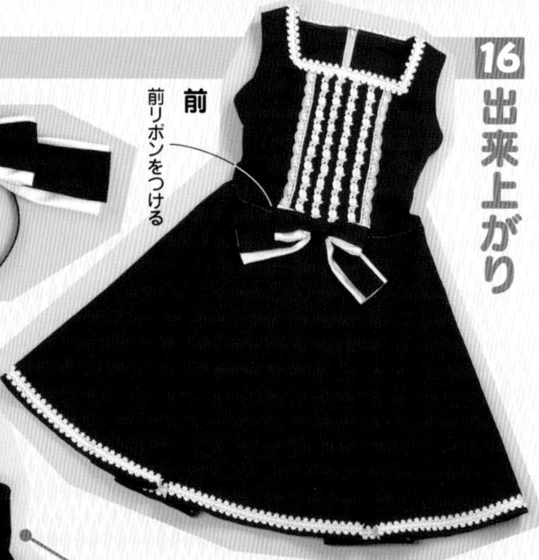
前
前リボンをつける

カチューシャ

後ろ

裏側の始末

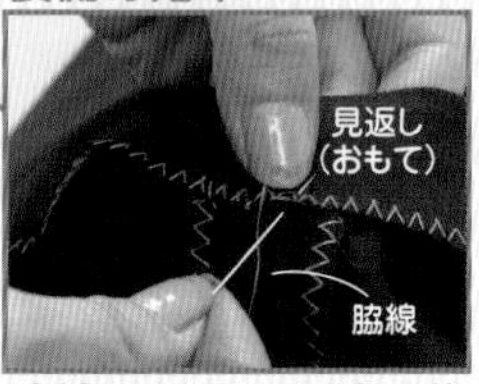
見返し（おもて）
脇線

脇線の見返しを縫い代に縫いつける。

45ページ28 ブラウスの作り方

⚜ 布の裁ち方
数字のないところは1cmの縫い代をつけます。

※型紙は実物大の型紙B面にあります。
※製図は115ページに掲載しています。

①表布（綿シーチング）

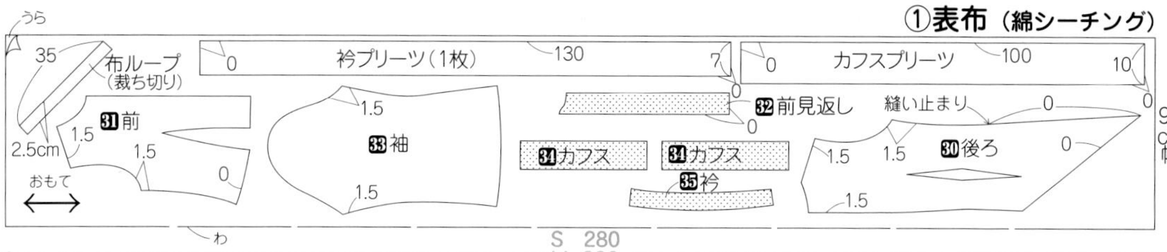

うら
35
布ループ
（裁ち切り）
0
衿プリーツ（1枚）
130
7
0
カフスプリーツ
100
10
1.5
31前
1.5
2.5cm
1.5
0
おもて
33袖
1.5
32前見返し
0
縫い止まり
0
34カフス
34カフス
35衿
30後ろ
1.5
1.5
0
1.5
わ
92cm幅

S 280
M 290
L 320
LL 330

▒=接着芯をはる位置

⚜ 材料

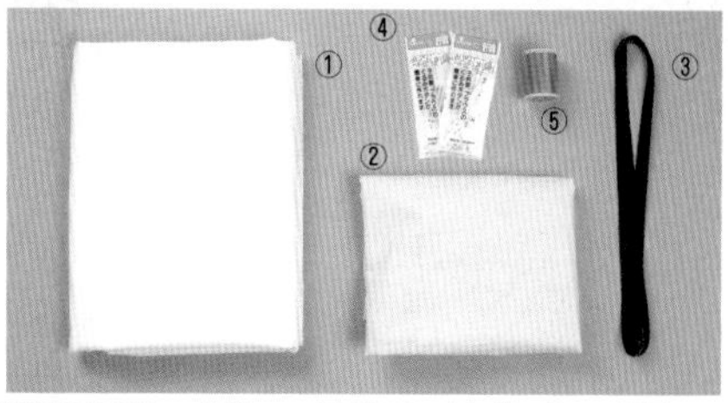

①
②
③
④
⑤

②接着芯90cm幅1m　③サテンリボン9mm幅2m
④くるみボタン（11mm・クロバー）11組
⑤60番のミシン糸　材料は目立つように色を変えています。

1 布ループを作る

②
0.2cm にカット

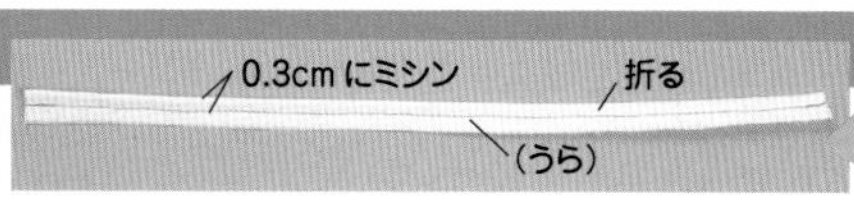

0.3cm にミシン
折る
（うら）

①
バイアス布

①布ループ用にカットしたバイアス布を二つ折りにし、折り山から0.3cmの位置をミシン。ミシンで縫うときに、少し伸ばし気味に縫う。

②縫い代を0.2cmぐらいにカットする。

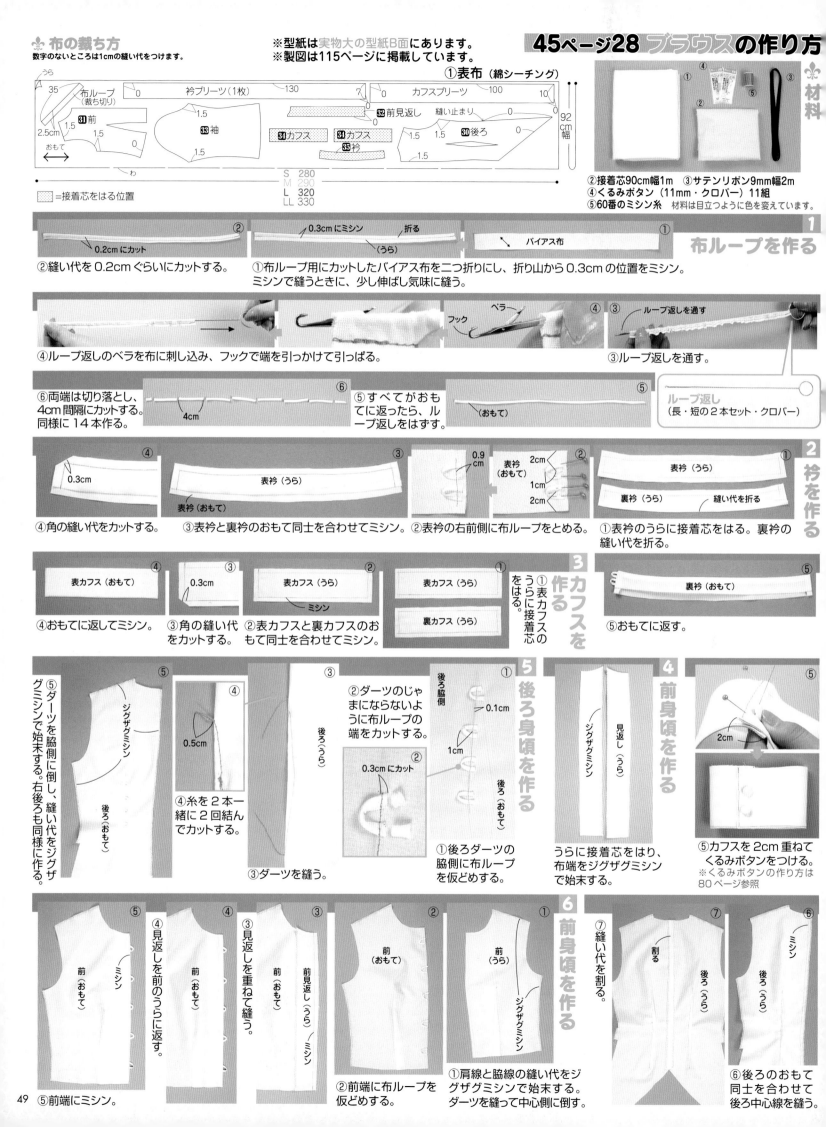

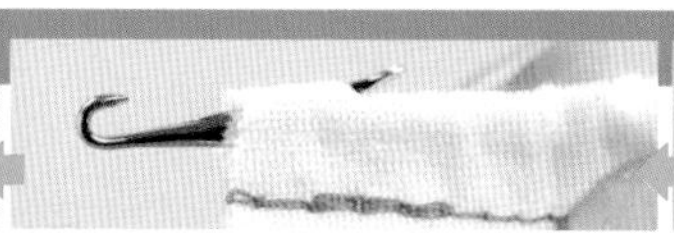

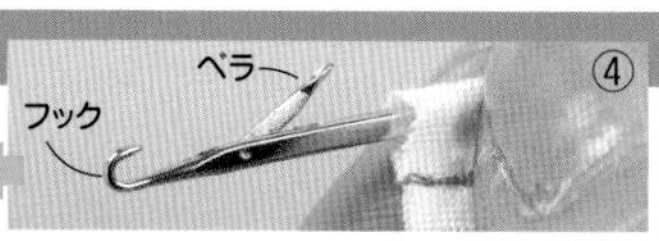

④
ベラ
フック

③
ループ返しを通す

③ループ返しを通す。

④ループ返しのベラを布に刺し込み、フックで端を引っかけて引っぱる。

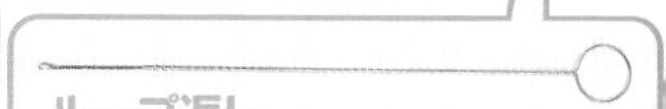

ループ返し
（長・短の２本セット・クロバー）

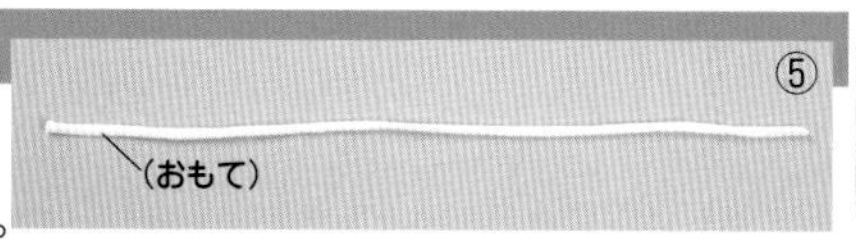

⑤
（おもて）

⑤すべてがおもてに返ったら、ループ返しをはずす。

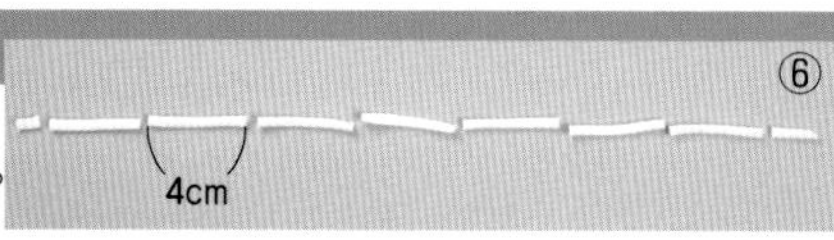

⑥
4cm

⑥両端は切り落とし、4cm間隔にカットする。同様に14本作る。

2 衿を作る

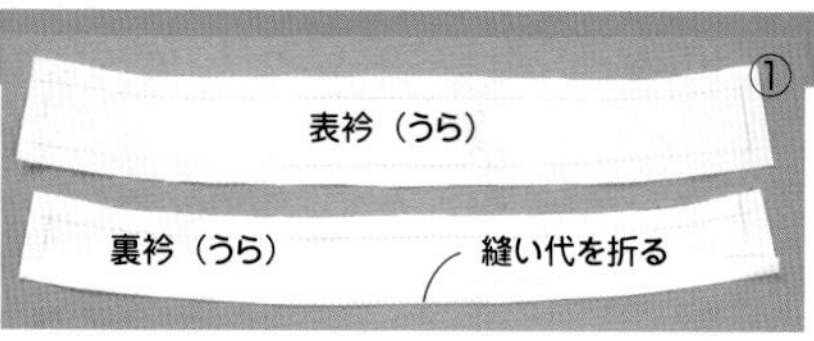

①
表衿（うら）
裏衿（うら）
縫い代を折る

①表衿のうらに接着芯をはる。裏衿の縫い代を折る。

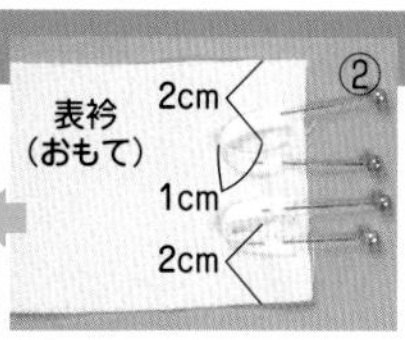

②
表衿
（おもて）
2cm
1cm
2cm

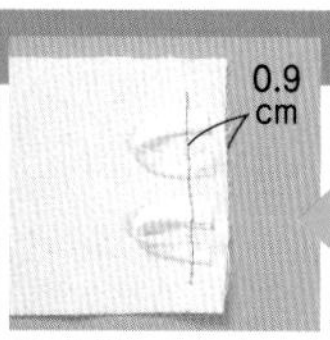

0.9
cm

②表衿の右前側に布ループをとめる。

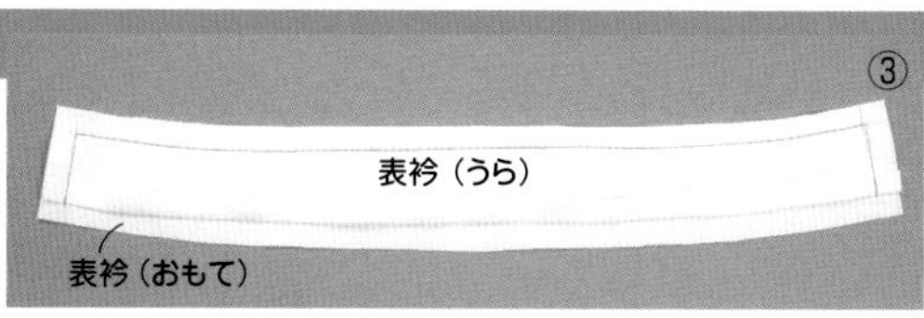

③
表衿（うら）
表衿（おもて）

③表衿と裏衿のおもて同士を合わせてミシン。

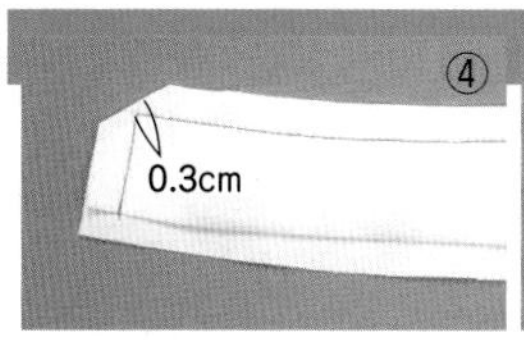

④
0.3cm

④角の縫い代をカットする。

⑤
裏衿（おもて）

⑤おもてに返す。

3 カフスを作る

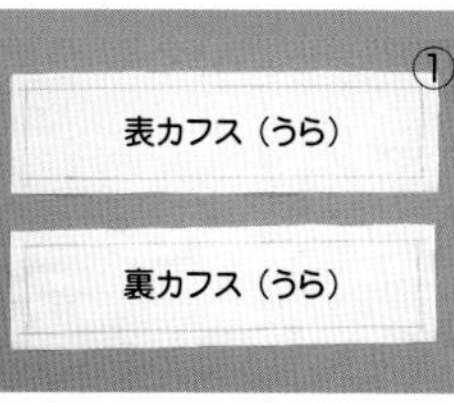

①
表カフス（うら）
裏カフス（うら）

①表カフスのうらに接着芯をはる。

②
表カフス（うら）
ミシン

②表カフスと裏カフスのおもて同士を合わせてミシン。

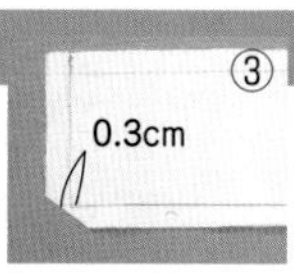

③
0.3cm

③角の縫い代をカットする。

④
表カフス（おもて）

④おもてに返してミシン。

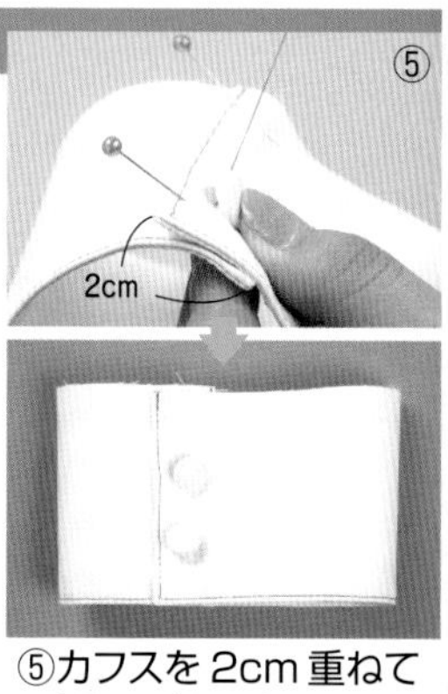

⑤
2cm

⑤カフスを2cm重ねてくるみボタンをつける。
※くるみボタンの作り方は80ページ参照

4 前身頃を作る

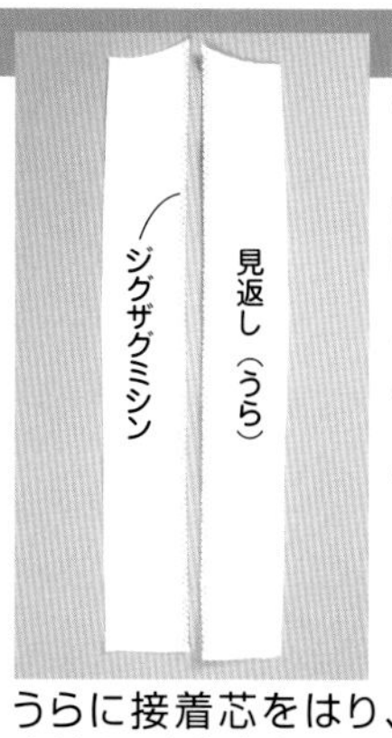

ジグザグミシン
見返し（うら）

うらに接着芯をはり、布端をジグザグミシンで始末する。

5 後ろ身頃を作る

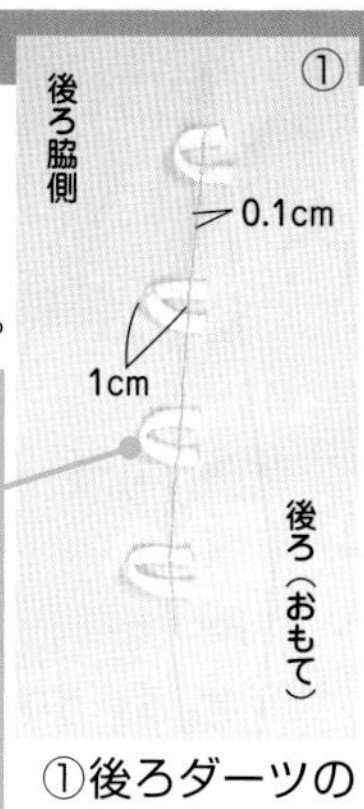

①
後ろ脇側
0.1cm
1cm
後ろ（おもて）

①後ろダーツの脇側に布ループを仮どめする。

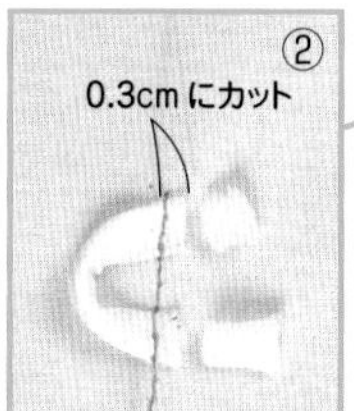

②
0.3cm にカット

②ダーツのじゃまにならないように布ループの端をカットする。

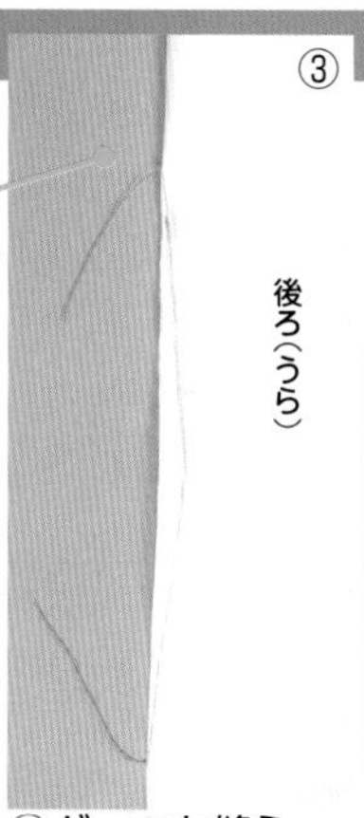

③
後ろ（うら）

③ダーツを縫う。

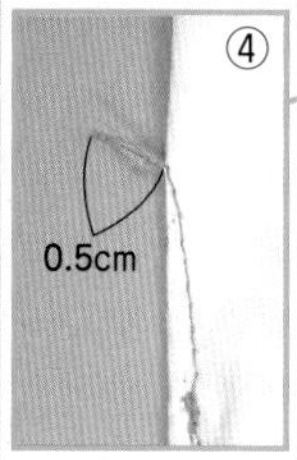

④
0.5cm

④糸を２本一緒に２回結んでカットする。

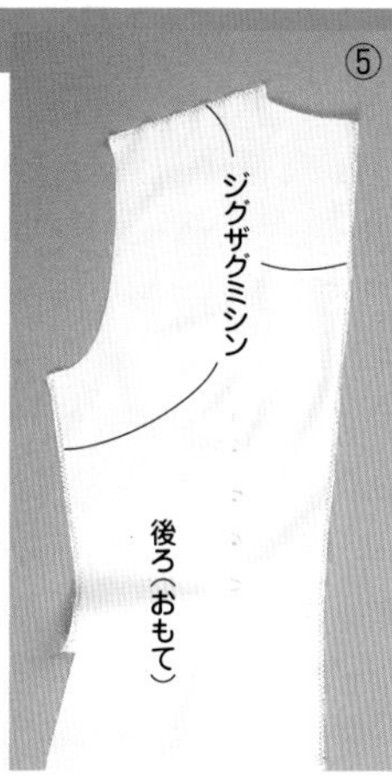

⑤
ジグザグミシン
後ろ（おもて）

⑤ダーツを脇側に倒し、縫い代をジグザグミシンで始末する。右後ろも同様に作る。

6 前身頃を作る

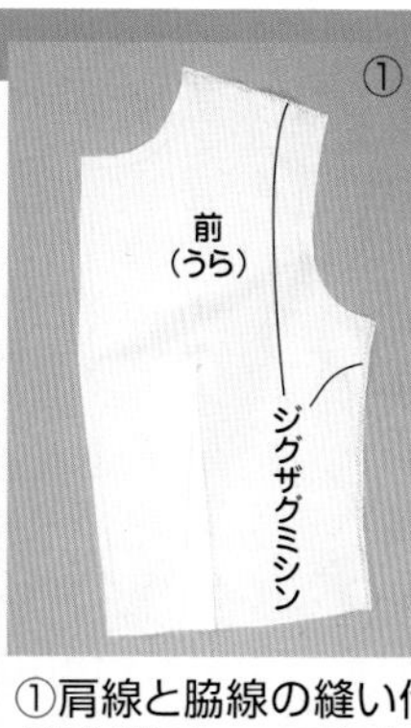

①
前
（うら）
ジグザグミシン

①肩線と脇線の縫い代をジグザグミシンで始末する。ダーツを縫って中心側に倒す。

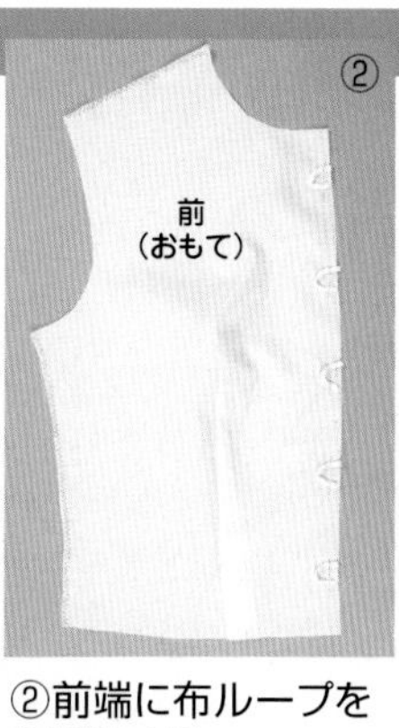

②
前
（おもて）

②前端に布ループを仮どめする。

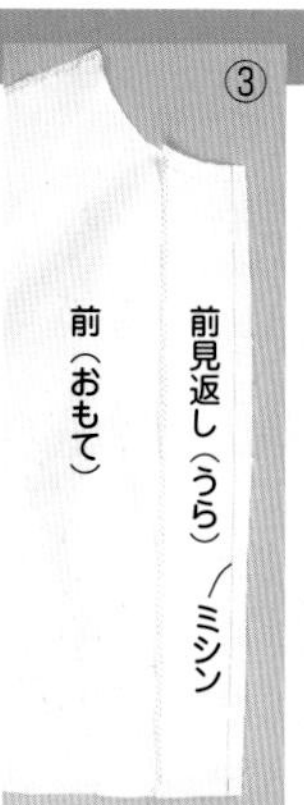

③
前（おもて）
前見返し（うら）
ミシン

③見返しを重ねて縫う。

④
前（おもて）

④見返しを前のうらに返す。

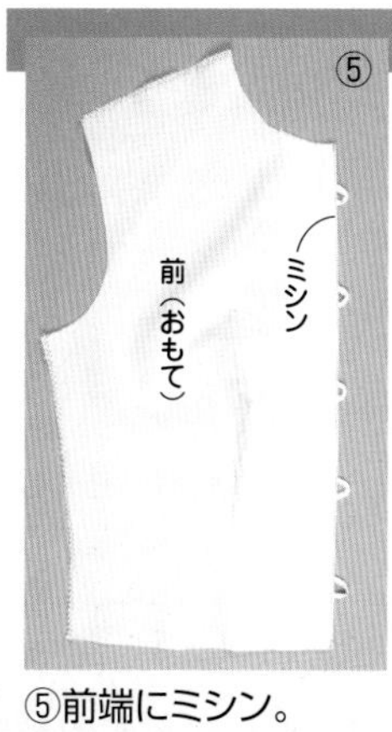

⑤
前（おもて）
ミシン

⑤前端にミシン。

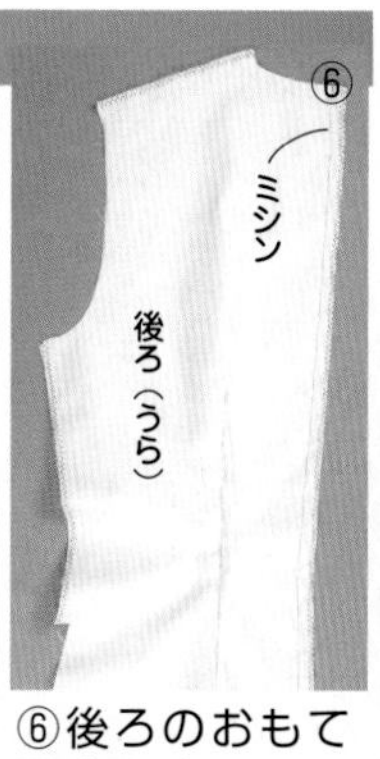

⑥
ミシン
後ろ（うら）

⑥後ろのおもて同士を合わせて後ろ中心線を縫う。

⑦
割る
後ろ（うら）

⑦縫い代を割る。

7 肩線と脇線を縫う

①
後ろ（おもて）
前（うら）
ミシン

①前と後ろのおもて同士を合わせ、肩線と脇線を縫う。

②
前（うら）
割る

②縫い代を割る。

8 衿とプリーツを衿ぐりにつける

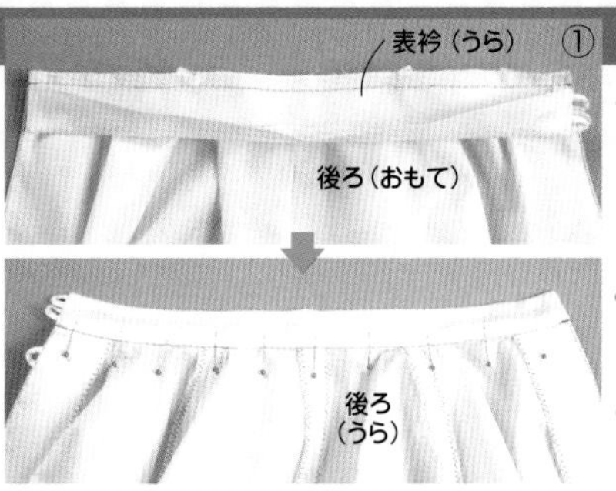
①
表衿（うら）
後ろ（おもて）
後ろ（うら）

①表衿と身頃のおもて同士を合わせてミシン。縫い代を衿の中に入れ、裏衿の折り目を上の写真の縫い目に合わせてとめる。

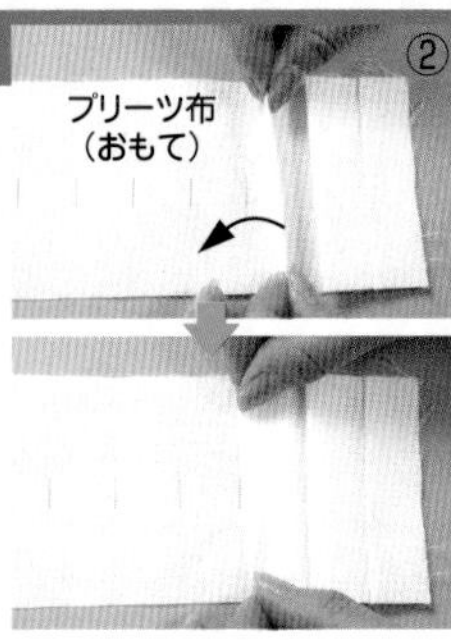
②
プリーツ布（おもて）

②2㎝間隔に印をつける。写真の様にプリーツを折り、アイロンで整える。

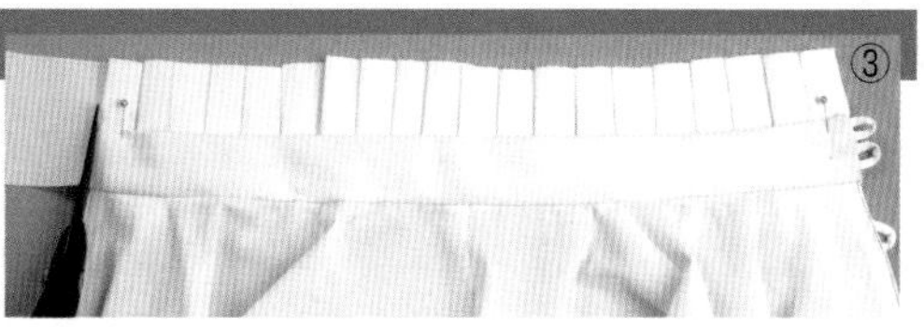
③

③プリーツをたたみ、衿の長さに合わせてプリーツ布をカットする。

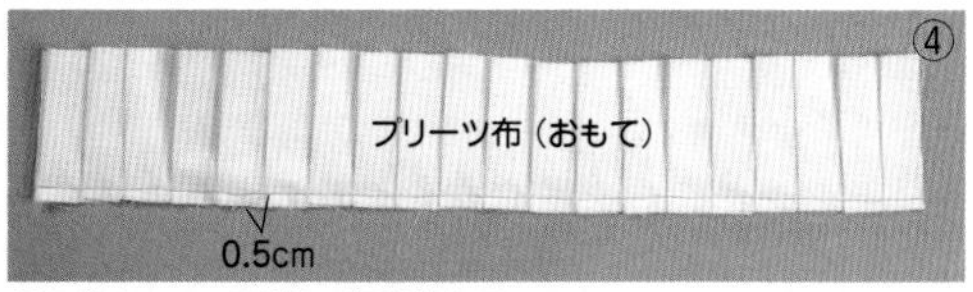
④
プリーツ布（おもて）
0.5cm

④プリーツの端に仮どめミシン。

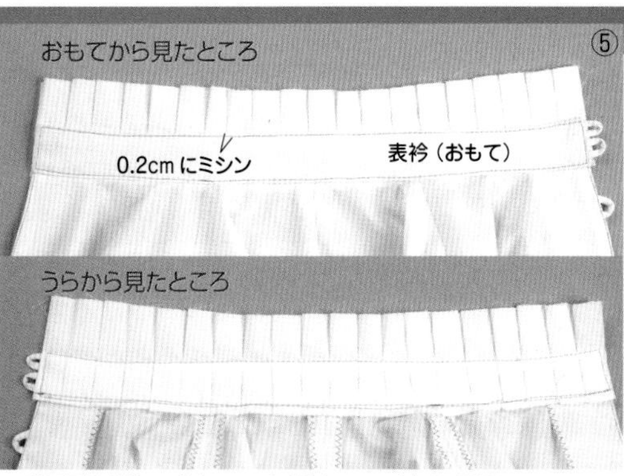
⑤
おもてから見たところ
0.2cmにミシン
表衿（おもて）
うらから見たところ

⑤裏衿側にプリーツを重ねて、衿1周ミシン。

9 袖を作る

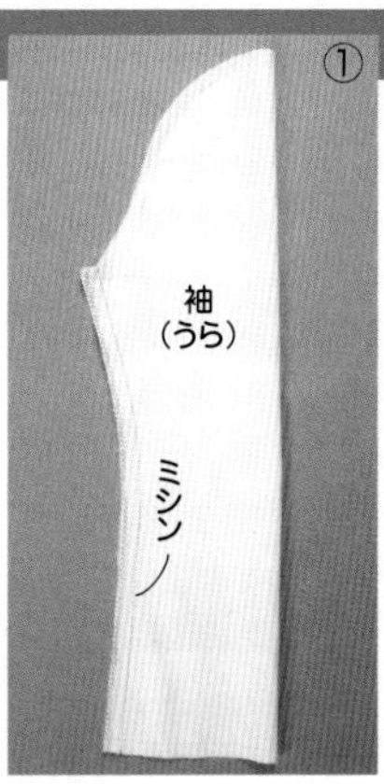
①
袖（うら）
ミシン

①袖のおもてを中にして袖下線を合わせて縫う。

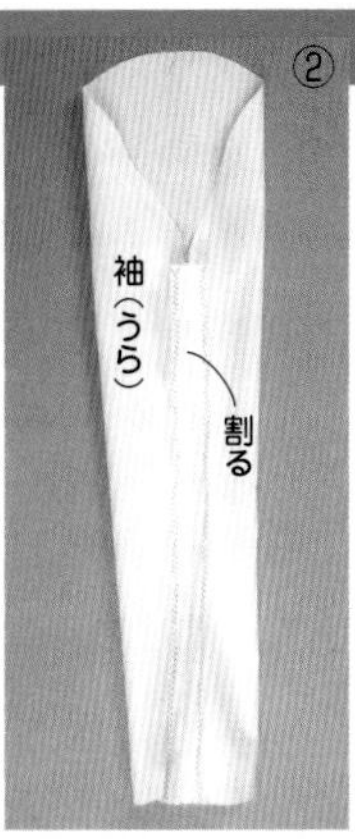
②
袖（うら）
割る

②縫い代を割る。

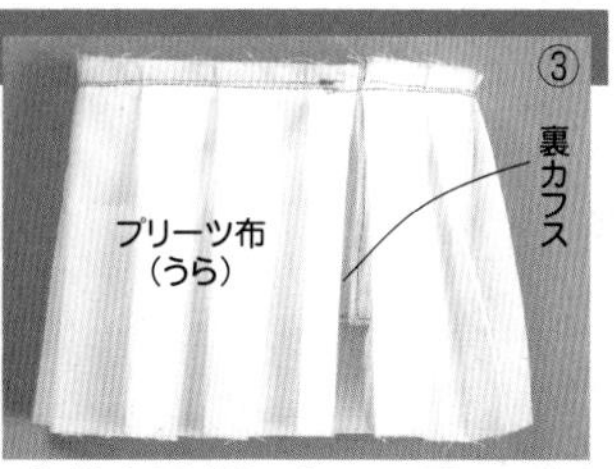
③
裏カフス
プリーツ布（うら）

③衿と同様にカフス用のプリーツを作って裏カフス側に重ね、縫い代に仮どめミシン。

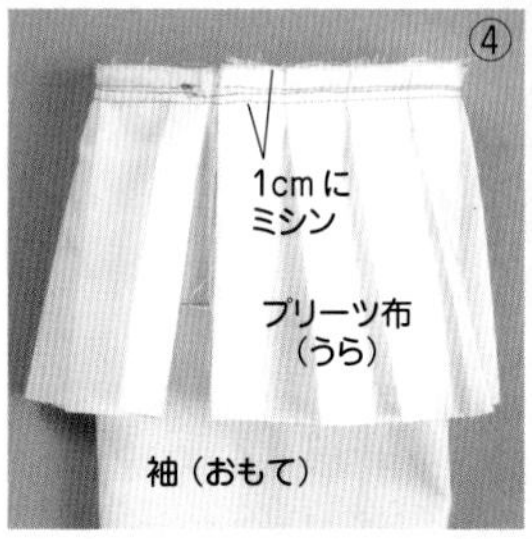
④
1cmにミシン
プリーツ布（うら）
袖（おもて）

④袖と表カフスのおもて同士を合わせて、袖口を1周縫う。

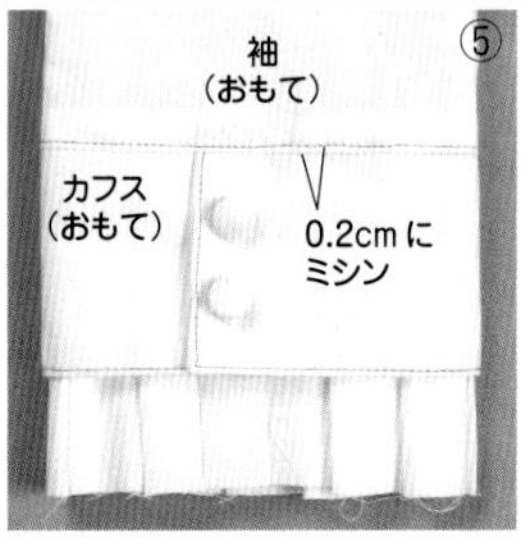
⑤
袖（おもて）
カフス（おもて）
0.2cmにミシン

⑤縫い代を上に倒してミシン。

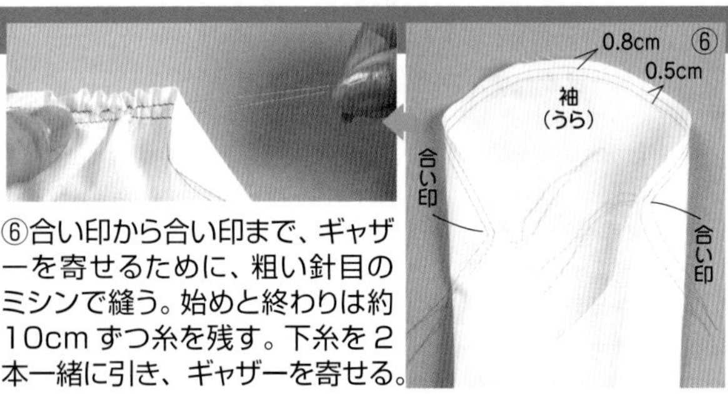
⑥
0.8cm
0.5cm
袖（うら）
合い印
合い印

⑥合い印から合い印まで、ギャザーを寄せるために、粗い針目のミシンで縫う。始めと終わりは約10cmずつ糸を残す。下糸を2本一緒に引き、ギャザーを寄せる。

10 袖を身頃につける

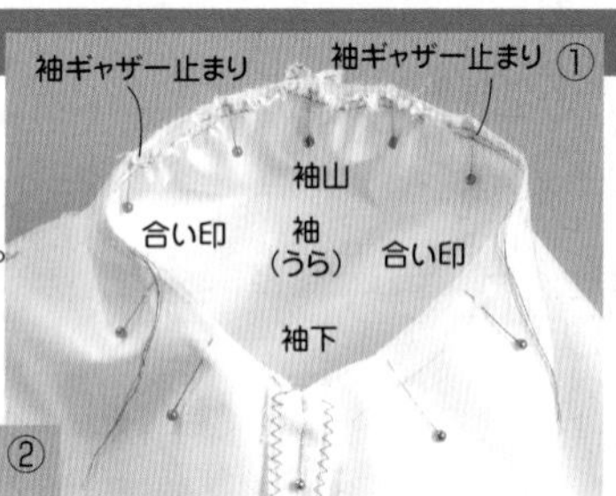
①
袖ギャザー止まり
袖ギャザー止まり
袖山
袖（うら）
合い印
合い印
袖下

①袖と身頃のおもて同士を合わせる。袖山・袖下・合い印・袖ギャザー止まりの順にまち針でとめる。ギャザー止まりから袖山にかけてギャザーを均等に整え、さらに細かくとめる。

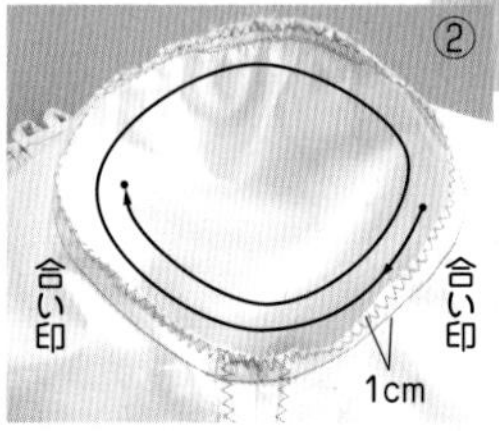
②
合い印
合い印
1cm

②合い印から合い印までを写真のように縫う。袖下が2回縫われ、丈夫になる。縫い代を1cmにカットして、ジグザグミシンで始末する。

11 ボタンをつける

12 出来上がり

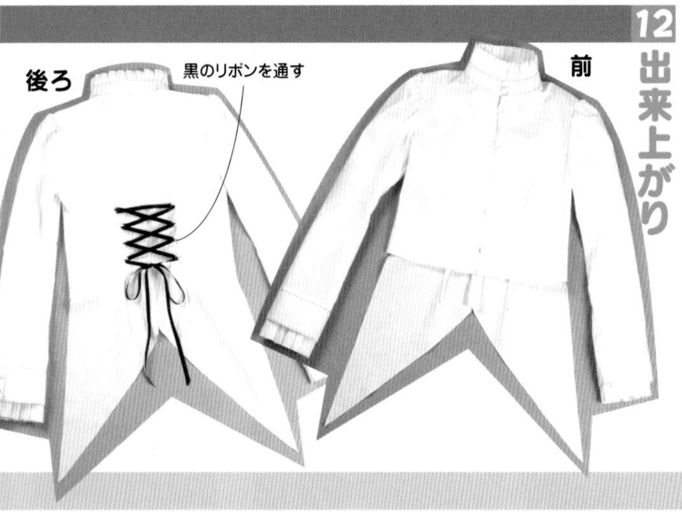
後ろ
黒のリボンを通す
前

45ページ28 ネクタイの作り方

材料

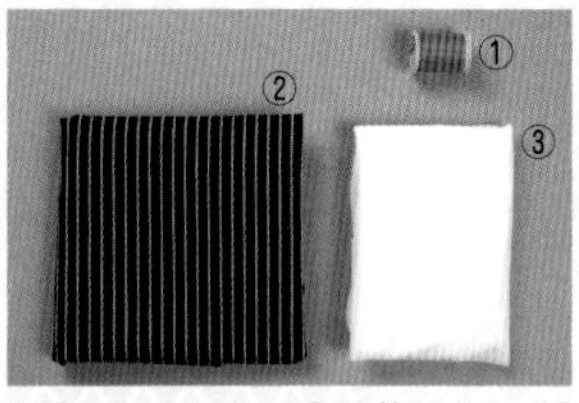
①
②
③

①60番のミシン糸　③接着芯90cm幅60cm
材料は目立つように色を変えています。

布の裁ち方 ②表布（綿）

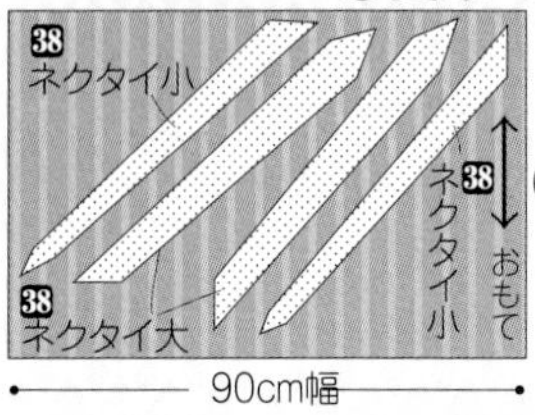
38 ネクタイ小
38 ネクタイ小
おもて
38 ネクタイ大
60
90cm幅

＝接着芯をはる位置
すべて1cmの縫い代をつけます。

※型紙は実物大の型紙B面にあります。
※製図は115ページに掲載しています。

1 ネクタイ大・小を縫い合わせる

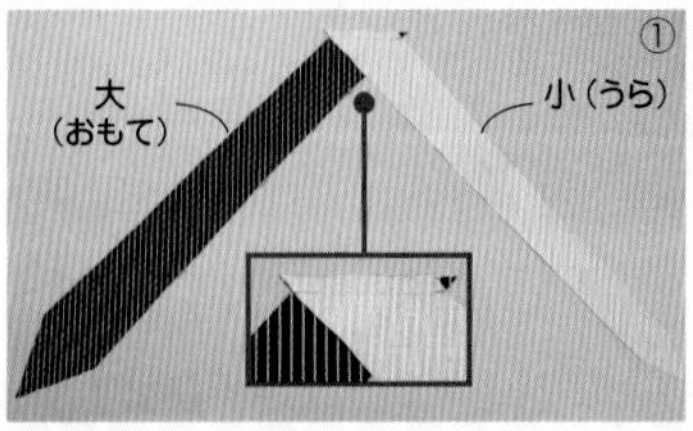
①
大（おもて）
小（うら）

①すべてのうらに接着芯をはる。おもて同士を合わせて切り替え線を合わせ、布端が交差している部分を縫う。

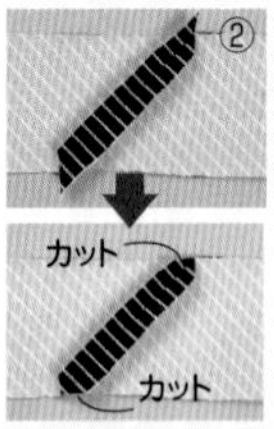
②
カット
カット

②縫い代を割り、飛び出た縫い代をカットする。

2 2枚を縫い合わせる

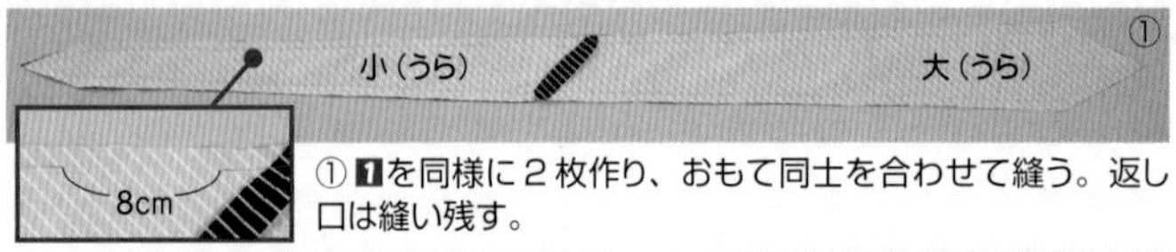
①
小（うら）
大（うら）
8cm

①1を同様に2枚作り、おもて同士を合わせて縫う。返し口は縫い残す。

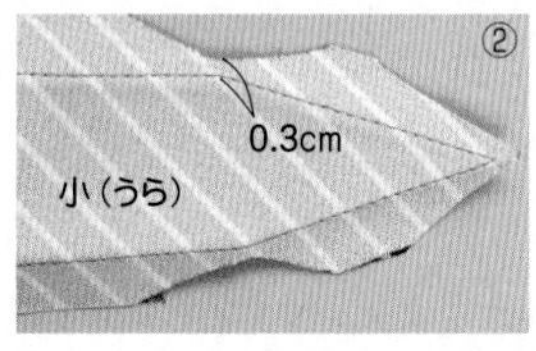
②
0.3cm
小（うら）

②縫い代をカットする。大の角も同様。

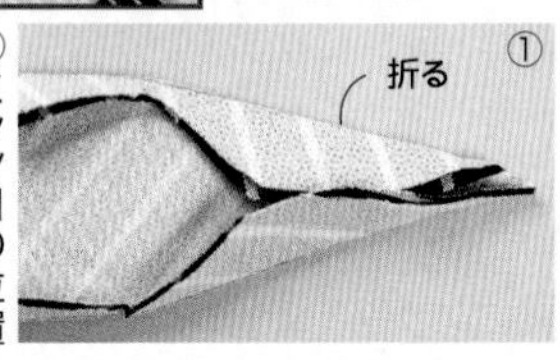
①
折る

③ミシン目の位置でどちらかに折ってアイロン。

3 おもてに返す

①角は写真の順に縫い代を折る。

目打ち
③
②

③角の縫い代を整える。②箸などを使っておもてに返す。

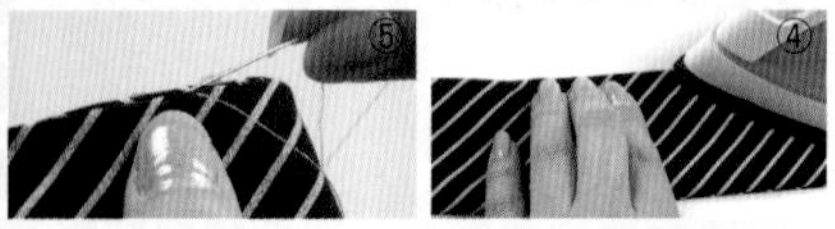
⑤
④

⑤返し口を縫う。　④アイロンで整える。

4 出来上がり

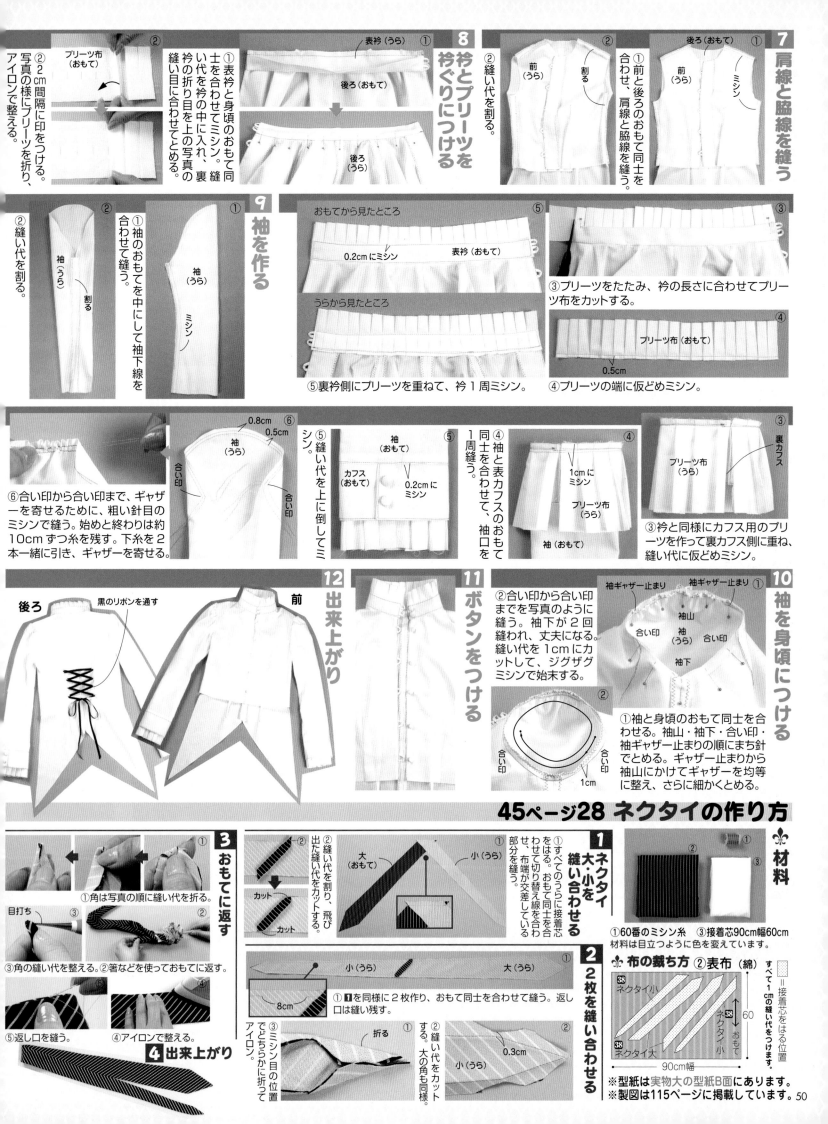

45ページ28 スカートの作り方

材料

①60番のミシン糸
②スナップ10mm1組
③ボタン15mm1個
④接着芯10cm幅1m

材料は目立つように色を変えています。

布の裁ち方

⑤表布(綿シーチング)

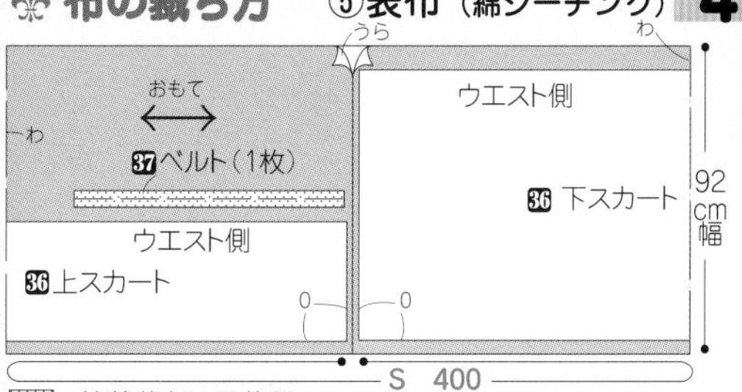

うら
わ
おもて
わ
37 ベルト(1枚)
ウエスト側
36 上スカート
ウエスト側
36 下スカート
92cm幅
0
0
S 400
M 420
L 430
LL 440

=接着芯をはる位置

数字のないところは1cmの縫い代をつけます。

※型紙は実物大の型紙B面にあります。
※製図は115ページに掲載しています。

1 ベルトを作る

印で折る
ベルト(うら)

①うらに接着芯をはり、片方の縫い代を折る。

ベルト(うら)
折り山で折る

②おもてを中にして折り山で折り、両端を縫う。

ベルト(うら)

③おもてに返して折り山を折り、整える。

2 スカートを作る

上スカート
(おもて)

①上スカートにチャコライナーでプリーツの印をつける。

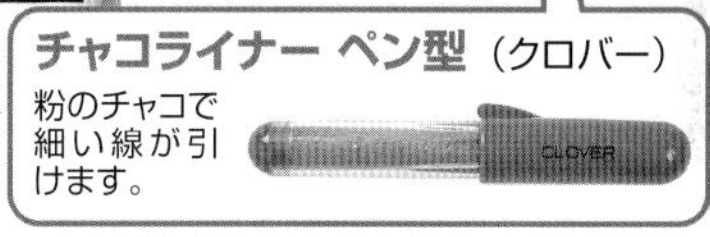

チャコライナー ペン型(クロバー)
粉のチャコで細い線が引けます。

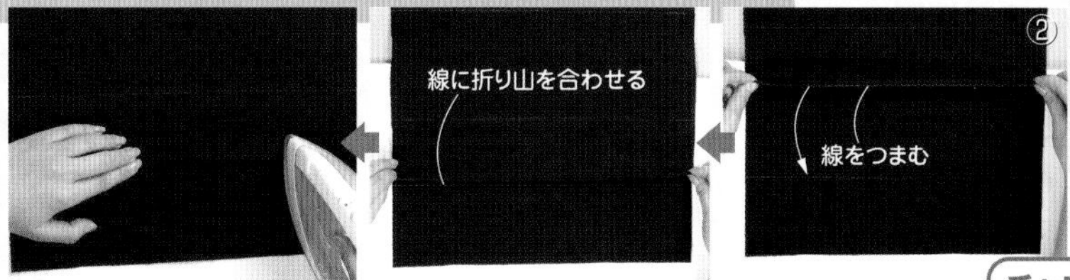

線をつまむ
線に折り山を合わせる

②山折りの印をつまんで手前の印に合わせ、アイロンで押さえる。

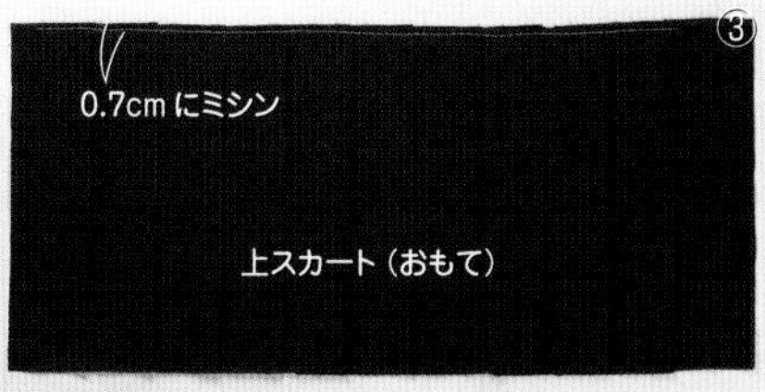

0.7cm にミシン
上スカート(おもて)

③すべてのプリーツをたたんだら、ウエストの縫い代に仮どめミシン。

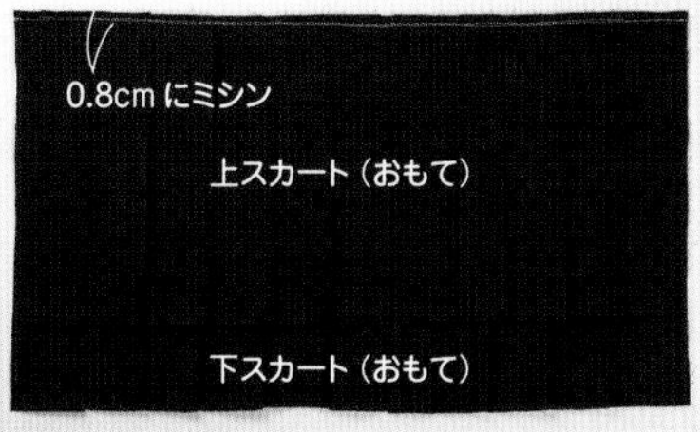

0.8cm にミシン
上スカート(おもて)
下スカート(おもて)

④下スカートも同様に作る。スカート2枚を重ねて、ウエストの縫い代に仮どめミシン。

3 スカートにベルトをつける

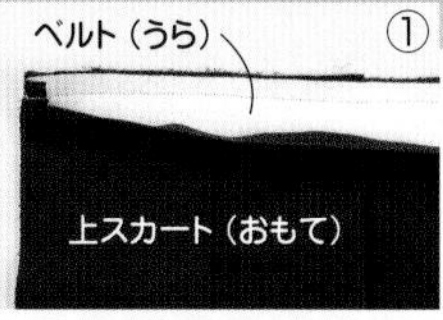

ベルト(うら)
上スカート(おもて)

①上スカートとベルトのおもて同士を合わせてミシン。

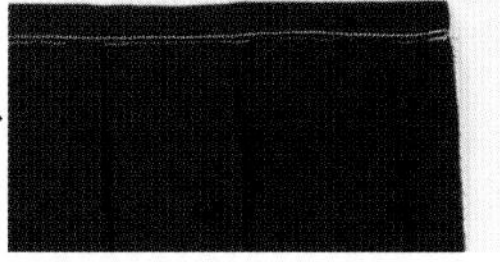

②ベルトの中に縫い代を入れ、ベルトの下端にミシン。

4 出来上がり

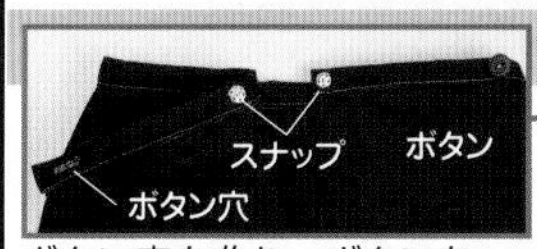

スナップ
ボタン
ボタン穴

ボタン穴を作り、ボタンをつける。スナップをつける。

前

後ろ

ネクタイとスカートにペンキをつけてみよう!!

魔名夢さんからペンキのつけ方を教えてもらいました。自分流に垂らしてお気に入りの1着を仕上げましょう。

用意するもの
ペンキ・ハケ

ハケにペンキをつけ、少しずつたらす。

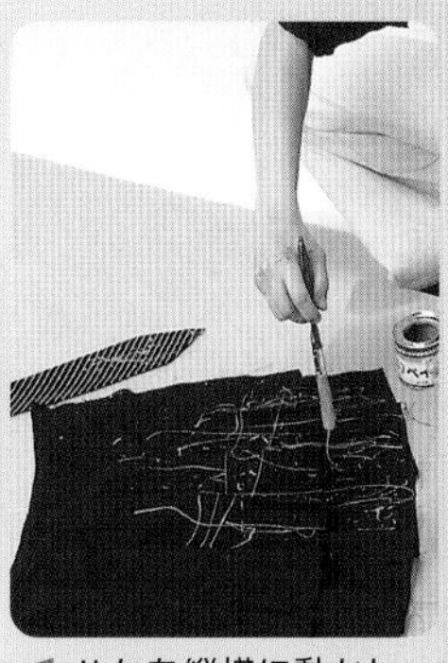

ハケを縦横に動かして好きな位置にペンキを垂らす。

ハケを持った左手を右手でたたき、ペンキを細かく飛ばす。

出来上がり。

Shops Change Your Tomorrow

マーク解説
実店舗　PCサイト　携帯サイト　通信販売　ハンドメイド　オーダーメイド　メルマガ　カタログ

SILVER JEWELRY OZZY オジー

http://www.rakuten.co.jp/ozzy/
http://m.rakuten.co.jp/ozzy/（携帯）

■取り扱い
オリジナル（OZZY＆SHARON）、GUARDIAN、LEO　ZURUETA、Revolution、Lady Soul Fetish、Dclub、Alchemy Gothic、SEXY DYNAMITE LONDON、JAJABOON、Burning Bull、Legende Argento、S et H、PATCHY、SHIN AND COMPANY

Alchemy Gothic
▲ Draco Blackheart ￥5,775-
▲ Countess Elga ￥5,775-
▲ Spider Purse ￥11,025-

《SHIN AND COMPANY》
▶ クロスボーン クッション ￥2,625-
◀ EVILスパイダー バニティバッグ ￥2,079-

《Patchy》
▲ アリスラビット ハンドバッグ ￥7,140-
▲ 十字架本革ポシェット ￥6,090-
▲ デビルウイングウォレット ￥3,990-

店内中央に吊るされた棺桶は必見！ゴスロリ、オカルト大好き、その他パンク、ロック系等豊富なアイテム数はteen-agerを中心に大人気！おなじみの“アルケミーゴシック”は関東一の品揃え、オリジナルも好評です。HP、携帯サイトも要chekです。

町田市中町1-19-1 ミサワビル104
TEL 042-727-3497　FAX 727-3498
E-mail：sf-ozzy@m3.ocv.ne.jp
営：12：00～22：00　休：水曜
アクセス：小田急線町田北口より市役所方面徒歩5分

Fairy Tale フェアリーテイル

http://www.material-world.jp

☩☩☩ 取扱いブランド ☩☩☩
・metamorphose temps de fille
・BABY,THE STARS SHINE BRIGH
・INNOCENT WORLD　・VISIBLE
・BLACK PEACE NOW　・MA/MAM
・Emily Temple cute　・MIHO MATSUDA
・Angelic Pretty　・PUTUMAYO
・Moi-meme-Moitie　・Heart E
・Victorian maiden
・h.NAOTO Blood
・Juliette et Justine　・Mary Magdalene
etc...
◎買取も強化中です

ゴスロリファッションリサイクルショップ for GIRLS
～扉を開けば、女の子の憧れ、夢物語がいっぱいつまってるよ。
ねぇ、お伽ばなしの主人公になろうよ。

(有)マテリアルワールド
TEL&FAX 0284-41-5915
E-mail:info@material-world.jp

nail space Victoria ヴィクトリア

http://www.k3.dion.ne.jp/~victoria/

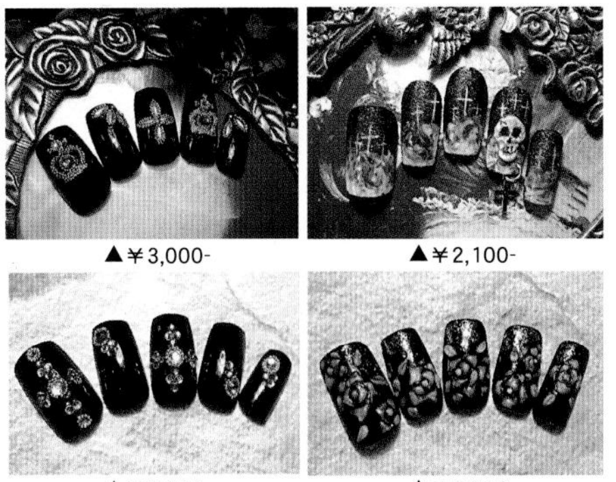

▲￥3,000-　▲￥2,100-
▲￥2,600-　▲￥2,300-

ゴスロリ系専門のネイルチップWEBSHOPがNEWOPEN！もうゴスロリさんでも当たり前になったネイルのお手入れ。そんな方にオススメするネイルチップは、全てプロのネイリストによるもの。十字架、薔薇モチーフを中心としたダークなイメージ、PUNK系など個性的な作品も掲載中です。お洋服に合わせて、素敵な指先を演出して下さいね。

E-mail：nailspace-victoria@s2.dion.ne.jp

MIRAYLLA ☩ CROSS ミレイラクロス

http://f1.aaa.livedoor.jp/~jewelry

▼アリスワンピース（エプロン付）￥15,540-
▶ グログランリボン（2個セット）￥2,100- ケミカルレース使用の上品なリボン
◀ ドットスカート ￥10,290- 可愛く結べるリボンベルトがアクセント（他に3色有）
◀ イチゴの二段スカート ￥8,190- シルエットが素敵なイチゴ柄スカート

NEWブランドのコンセプトは“可愛らしく、そしてクラシカル♪”。2人のデザイナーによる、自分自身で着たい！似合う服をセミオーダー（S:7号 M:9号 L:11号）というかたちで、心を込めて製作。また、月に1度、火or金曜に下記アトリエにて新作発表をかねて、お茶会も開催予定！HPも合わせて、ぜひお越し下さいね。

E-mail：akalm006@tcn.zaq.ne.jp
FAX 072-692-1455
大阪市中央区西心斎橋1-16-10
心斎橋ロンコート705（アメ村、三角公園近く）

羽音の残響

http://hane-z.staba.jp

耳も唇も穴が開いてなくても大丈夫。偽ロピアスシリーズ ￥600-～￥900-

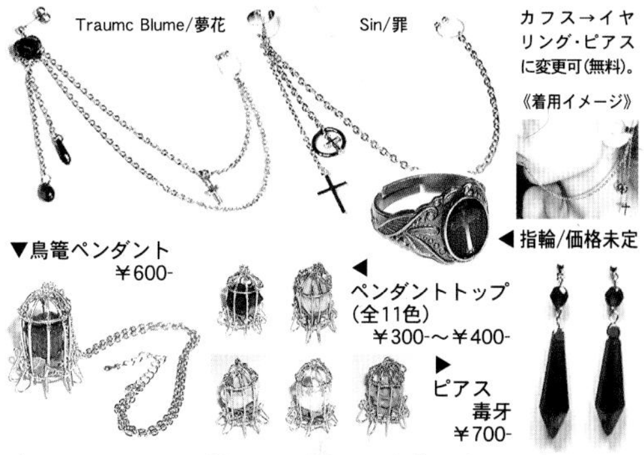

Traumc Blume/夢花
Sin/罪
カフス→イヤリング・ピアスに変更可（無料）。
《着用イメージ》
◀指輪/価格未定
▼鳥篭ペンダント ￥600-
◀ ペンダントトップ（全11色）￥300-～￥400-
▶ ピアス 毒牙 ￥700-

ディティールにこだわったゴスロリ小物のオンラインshop。華奢で繊細な細工が乙女心をくすぐるもよう。大人気、一目惚れアイテム“鳥篭ペンダント”に8色もの新色が登場。・・・貴女のお好みはどの子？

E-mail：hane-z@yh.staba.jp
※お気軽にお問合せ下さいませ。

Epicurean Garden エピキュリアンガーデン

http://xxxegxxx.egoism.jp/index.htm

ゴシック、ロックなイメージをコンセプトに、イギリスの老舗コルセットメーカーAxfords社をはじめ本格的なコルセットが充実。中世のお姫様みたいな華奢なウエストと豪華なデコルテをメイクします（メンズも有）。コケティッシュでキュートなものから、セクシーでハードなものまで揃っています。

E-mail：xxxegxxx@ai.egoism.jp

Alice

http://alice.fururun.com
《携帯サイト》http://k.fururun.com　E-mail：fururun@xp.wind.jp

お嬢様のお洒落服の資金作りをお手伝い

お買取安心キャンペーン

査定額にご不満なお品の返送も当社負担なので安心

★簡　単★
季節問わず洗濯なしでそのまま詰めて着払いで送るだけ
★迅　速★
本州からヤマト着払いぱるる送金なら、発送翌日ご送金可能

※ご注意
定額総額が￥10,000-以下の場合お買取をお受けできない場合があります。
買取金額はブランド、アイテム、色、状態、在庫状況により変動します。

【問い合わせ・買取発送】
〒167-0041 東京都杉並区善福寺2-1-2
（有）不思議ふるるん
TEL 03-3394-2422（FAX不可）

ISABELLE イザベル

http://www.isbll.com

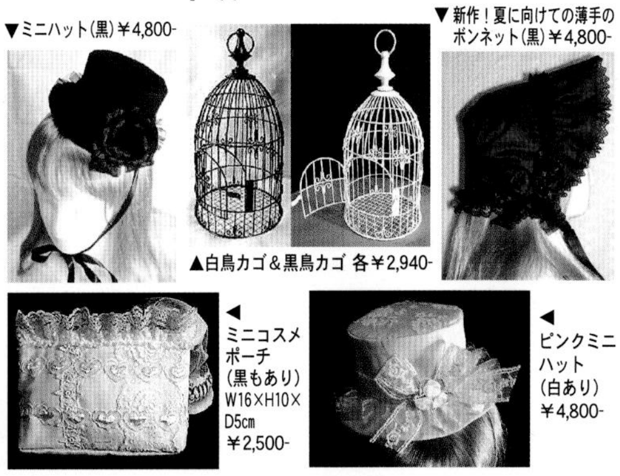

▼ミニハット（黒）￥4,800-
▼新作！夏に向けての薄手のボンネット（黒）￥4,800-
▲白鳥カゴ＆黒鳥カゴ 各￥2,940-
◀ ミニコスメポーチ（黒もあり）W16×H10×D5cm ￥2,500-
◀ ピンクミニハット（白あり）￥4,800-

NEW WEB SHOPがOPEN致しました！イザベルは、キュートなゴスロリ様へ、学生さんにもうれしい、ロープライスが魅力♡素敵なオリジナルレース小物、ヴィクトリアン雑貨、アクセサリーもぜひ、ご覧下さいね！

TEL＆FAX：0467-24-4008
イザベル（有）ブルーム
E-mail：root@isbll.com
（携帯サイト）http://k.fc2.com/cgi-bin/hp.cgi/isbll/

このページのご感想・住所・氏名・年齢・ご職業を明記の上、おハガキまたはFAX・E-mailにて下記へお寄せ下さい。抽選で全国共通商品券5千円分をプレゼント！なお、発表は発送をもってかえさせて頂きます。
（株）文化アディック「ゴシック＆ロリータ」係　〒101-0051 東京都千代田区神田神保町1-23 神田近江屋ビル4F　TEL：03-3291-6041　FAX：03-3291-7070　E-mail：info@bunka-ad.jp

おたよりください!!
読者の広場

「ゴスロリ vol.5」はいかがでしたか？
貴方からの素敵なお便りをお待ちしています。

応募先はこちら

〒102-8620 東京都千代田区平河町1-8-3
株式会社 ブティック社 ゴスロリ編集部「○○○係」
ご応募の際は必要事項（住所、氏名、年齢、職業、電話番号or携帯電話、メールアドレス）を明記の上、「○○○係」のところに各コーナー名を書いて上記の宛先までお送りください。
※ご応募いただいた写真・イラスト等はご返却は出来ませんので、あらかじめご了承ください。なお誌面に掲載の際、匿名希望の方は、匿名希望とご記入の上、ペンネームを添えてお送りください。

読者モデル募集

ゴスロリなお洋服を素敵に着こなして下さる読者モデルを募集致します。全身の分かる写真&バストアップの写真に身長、B・W・H、靴のサイズを明記してお送りください。（尚、交通費は出ませんので可能な方のみお願いします。）

YUI《ユイ》さん
ポーズをとったり表情を作るのが最初は難しかったのですが、大変良い経験になり、とても楽しかったです。ありがとうございました。

西《ニシ》山《ヤマ》琴《コト》子《コ》さん
普段は甘ロリが多くゴス服は初めてだったので、いつもと違う自分が見られて嬉しかったです。メイクも全く違う雰囲気になってすごい！と思いました。

魔《マ》名《ナ》夢《ム》さん
とてもおもしろい経験をさせていただきました。いろいろと新しい発見があって、改めて手作りのおもしろさを実感です。

VOL.2から登場
瑠《ル》罨《アン》さん
今回は初めてゴスロリのお洋服やインテリアのデザインをさせていただき、とても楽しかったです！皆様もぜひ挑戦してみてください！

VOL.4から登場
雛《ヒナ》姫《キ》さん
また撮影に呼んでいただけて本当に嬉しかったです。初めてした眼帯にちょっと戸惑いました（笑）

VOL.3から登場
友《トモ》弥《ミ》さん
初めてのロケだったのでとても楽しかったです。今回の撮影では、ゴシックテイストのものだけでなく、ロリータも着ることができて嬉しかったです♪

〜少女雑誌に見る　麗し乙女のエトセトラ〜
大正・昭和　女學生らいふ展
会期:6／26（日）迄
月曜休館（4／26〜5／8は無休）
会場:弥生美術館
入館料:一般800円
大高生700円　中小生400円
お問い合わせ:03（3812）0012
お知らせ！　乙女派作家
嶽本野ばら氏によるギャラリートーク開催！
5／27（金）午後7〜8時（抽選制）
申込方法:http//www.yayoi-yumeji-museum.jpをご覧ください。
女學生らいふ展招待券　10組20名様

中原淳一／画「暮春頌」
『少女の友』昭和10年5月号　口絵　印刷
○JUNICHI　NAKAHARA／ひまわりや

「ロリータ衣装道楽」
日本独自のファッション文化“ロリータ”服のルールとコーディネートを豊富な写真で細やかに解説した、最強のロリータファッションガイドが遂に登場!! 人気ブランド監修の、永遠の少女たちに捧ぐバイブル「ロリータ衣装道楽」がマーブルブックスより全国書店にて発売されたよ。少女美学の真髄、そのすべてがこの中に…。

ロリータ衣装道楽
2、625円／マーブルトロン発行
中央公論新社発売　3名様

読者プレゼント

「ゴスロリvol.5」掲載作品のうち、プレゼントマークがついている作品を抽選で読者の皆様にプレゼント致します。作品が掲載されているページと希望スタイルNo.を明記の上、アンケートハガキ（裏表紙をめくったところにハガキがついています。）にて上記の宛先までご応募ください。（当選者の発表は、作品の発送を持ってかえさせて頂きます。）

4／25（月）〜5／8（日）迄
「GOLDEN WEEK FAIR」開催!!
期間中h.NAOTOのお店で￥15,000以上お買い上げの方に「h.NAOTOトートバック」をプレゼント。各店でプリントが違うよ!!　H裏原宿店・H大阪心斎橋路面店は「特製ネイルケアセット」をプレゼントします!!　数に限りがあるのでお早めに。詳しくは、ショップ迄。
H裏原宿店　03−3408−7255
H心斎橋店　06−4704−6022

特製ネイルケアセット
1名様

h.NAOTO

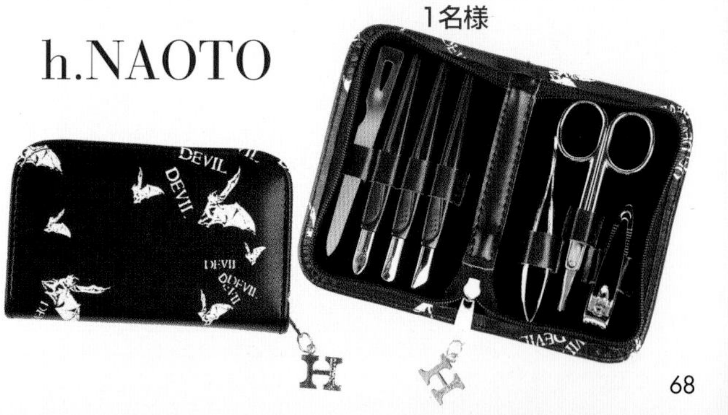

こちらの商品を特別プレゼント!!

商品名を明記の上、官製ハガキにて上記の宛先までご応募ください。
（当選者の発表は、商品の発送を持ってかえさせて頂きます。）

ゴシック&ロリーターコレクション2005
2,940円／東芝エンタテインメント株式会社　10名様

「ゴシック&ロリーターコレクション2005」DVD発売！
BLACK PEACE NOW、 BABY,THE STARS SHINE BRIGHT、PUTUMAYO、Victorian　maidenなど、本誌でもおなじみの人気ブランドが参加した2005ファッションショーの模様や、人気ブランドのデザイナーのインタビューなど、ゴスロリファンなら見ずにはいられないDVDが東芝エンタテインメント株式会社（http:／／www.toshiba−ent.co.jp）より発売されます。全国ローソン［Loppi］にて独占販売。お問い合わせはローソンカスタマーセンター（フリーダイヤル）0120−36−3963まで。

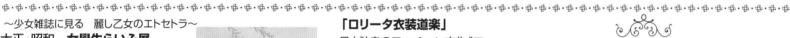

手作り自慢スナップ

手作りしたお洋服やこものの写真をお送りください。本誌に掲載された作品やオリジナル、リメイク作品など何でも結構です。ソーイングのポイントや作るときに苦労したことなど、感想も一緒に送ってね。

埼玉県北埼玉郡
山中史代さん
Vol.3、4にも素敵な「手作りスナップ」を投稿してくれた史代さん。今回は史代さんが手作りしたお洋服をお姉さんも着て、ツーショットプリクラです。

新潟県新潟市
右:果実姫さん　左:神架さん
クリスマスの日に撮ったという思い出の一枚。神架さんの着ているジャンパースカートは材料費1,000円の手作り！

埼玉県秩父市
ミーナ&ブチさん
ミーナ＆ブチさんのマブダチショット！　キラキラのバラに囲まれてうっとり顔ですね。

兵庫県須磨区
田中三希代さん
ゴスロリ大好きの三希代さんがお気に入りのプリクラを送ってくれました！お上品にまとまっていますね。

群馬県高崎市
鈴木　麗さん
ブルーのビロードとミステリアスな黒髪がマッチしていて素敵。公園で楽しそうに撮影している姿が目に浮かびます。

群馬県群馬郡
Mネコさん
Vol.4で大好評だったスーパードルフィーのツーショット写真をさっそく送ってくれました。とても丁寧な仕上がりですね。

宮城県名取市
怜夜さん
自分でデザインしたお洋服に袖を通す瞬間の喜びがとても大きいと語る怜夜さんは、ゴスロリではすっかりおなじみの読者デザイナーさんです。

埼玉県所沢市
MEZOさん
Vol.3と４の掲載作品を参考にブラウス、ジャンパースカート、ヘッドドレスを手作りされたＭＥＺＯさん。ギャザーをよせるのが大変だったそう…

北海道札幌市
越坂汐帆さん
小学生の汐帆さんのゴスロリデビューショット！　このお洋服はママに作ってもらったそう。次は自分で作れるようにチャレンジしてね。

北海道瀬棚郡
桜花恋さん
Vol.3の掲載作品を参考に作ってくれました。布とレース選びに力を入れられたというだけあって、なかなかの力作です。

デザイン画&イラスト&Photo大募集

作ってみたいお洋服＆小物のデザイン画やゴスロリなイラスト、Photo（プリクラでもOK）をお待ちしております。
ハガキ、封書どちらでも可。但し、デザイン画＆イラストの紙は、ハガキサイズの画用紙または厚紙でお願いします。封書の場合はデザイン画やイラスト、Photoが折れないようお気をつけください。また、一度にたくさんのデザイン画やイラストを送る場合には、封書にてまとめてお送りください。（デザイン画＆イラストの裏に住所・氏名をご記入ください。）「ゴスロリスタイル」にデザイン画が採用された方には、製作したお洋服をプレゼント致します。

兵庫県明石市
水無瀬ケイさん

東京都板橋区
ててさん

静岡県浜松市
ヒッピさん

神奈川県横浜市
つゆきれいさん

福島県石川郡
舟木結花さん

広島県広島市
近衛　純さん

埼玉県鴻巣市
夢月瑶竃さん

鳥取県鳥取市
黒田幸恵さん

宮城県名取市
怜夜さん

三重県津市
望月沙羅さん

デザイン画大公開

読者のみなさまから、たくさんのデザイン画をいただきました!!　惜しくもゴスロリスタイルではご紹介できなかった素敵なデザイン画を出来る限りご紹介致します。

埼玉県川口市
船津綾子さん

福岡県飯塚市
環さん

茨城県稲敷郡
Ｒｕｅｋａさん

群馬県甘楽郡
七瀬麗羅さん

北海道上磯郡
エメロディアさん

兵庫県神戸市
江藤朋子さん

神奈川県横浜市
河西奈々子さん

愛知県名古屋市
舟木彩乃さん

大阪府八尾市
平井しおりさん

愛知県名古屋市
笹木香里さん

大分県別府市
ポチさん

栃木県宇都宮市
雫さん

新潟県新潟市
あきらさん

京都府船井郡
あさひさん

大阪府高槻市
如月妃菜さん

岐阜県各務原市
平安娘さん

北海道札幌市
馨さん

群馬県館林市
浜野　紫さん

千葉県稲沢市
井上ひろみさん

新潟県新発田市
水無月あやさん

山口県光市
福山裕子さん

福井県福井市
羽月さん

千葉県若葉区
あきさん

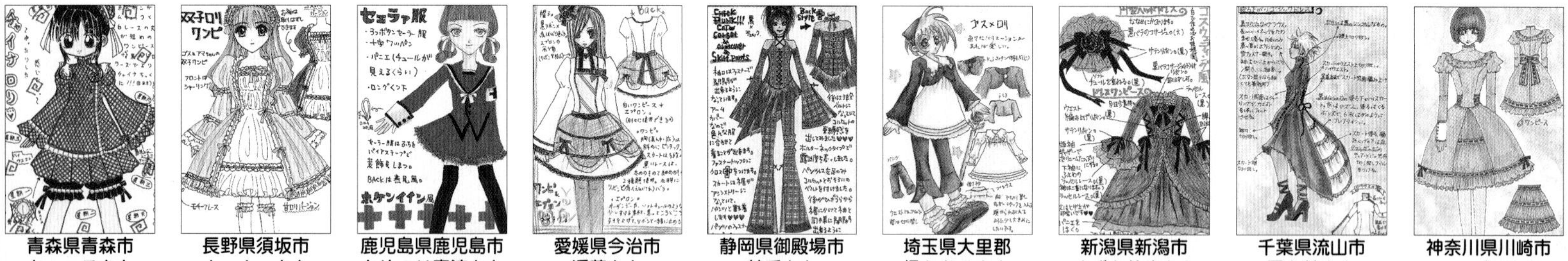

青森県青森市
ちゅーこさん

長野県須坂市
Ｉｒｉｅさん

鹿児島県鹿児島市
あやつり童流さん

愛媛県今治市
遥華さん

静岡県御殿場市
魅兎さん

埼玉県大里郡
橘かおるさん

新潟県新潟市
すずき美也さん

千葉県流山市
羅々紗さん

神奈川県川崎市
エンジュさん

栃木県宇都宮市
狐子さん

愛知県春日井市
紫月さん

北海道河東郡
水無月凛さん

岡山県笠岡市
椿さん

愛知県西加茂郡
小栗彩子さん

宮城県仙台市
水無月甲斐さん

茨城県つくば市
台風ラジオさん

北海道函館市
うゆ子さん

東京都大田区
笑死さん

大阪府羽曳野市
ゆきさん

神奈川県逗子市
由伽さん

埼玉県北葛飾郡
岡安綾希子さん

千葉県旭市
優美さん

群馬県伊勢崎市
ＩＺＵＭＩさん

千葉県市川市
岩田知子さん

香川県東かがわ市
安倍さや香さん

秋田県秋田市
金野亮子さん

群馬県安中市
橋本綾乃さん

長野県小諸市
リオさん

大阪府大阪市
幽夜さん

埼玉県川越市
妃芽さん

大阪府豊中市
甘麻桜桃さん

北海道北広島市
荔枝さん

神奈川県横浜市
霧人さん

茨城県筑波郡
十字架さん

愛知県半田市
朱光さん

新潟県南魚沼郡
黒兎さん

徳島県徳島市
谷源奈苗さん

静岡県静岡市
ひなさん

神奈川県横浜市
名嘉真愛未さん

奈良県五條市
仲羽愛姫さん

大阪府高槻市
あるはさん

大阪府大阪市
黒猫さん

秋田県秋田市
青天わだちさん

埼玉県富士見市
小泉愛美さん

茨城県鹿島郡
舞姫さん

香川県三豊郡
きみさん

徳島県徳島市
紅涙林檎さん

静岡県田方郡
太田早苗さん

東京都福生市
コカトリスさん

福岡県筑紫野市
伯川るりこさん

福岡県福岡市
希沙さん

福岡県古賀市
藤崎聖羅さん

千葉県富里市
深美さん

東京都西東京市
綺羅溜さん

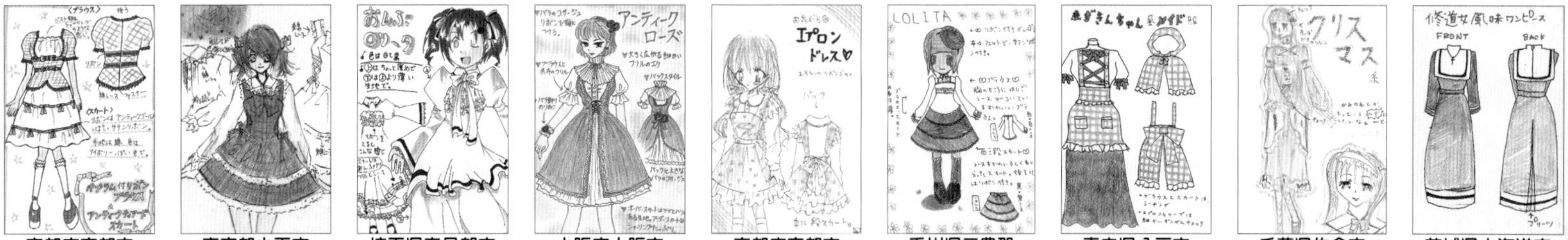

京都府京都市
豊田慶子さん

東京都小平市
遊さん

埼玉県春日部市
カイさん

大阪府大阪市
りかさん

京都府京都市
美華さん

香川県三豊郡
美記さん

青森県八戸市
小田麗子さん

千葉県佐倉市
黒岩三邦子さん

茨城県水海道市
福島朗子さん

千葉県流山市
ＣｏＣｏａさん

福岡県大野城市
雪羽さん

東京都府中市
奈央さん

愛媛県伊予市
春日杏子さん

大阪府泉南郡
向井瑠美さん

愛知県岡崎市
輝姫さん

福島県矢吹町
宮風そらさん

大阪府豊中市
魚澄陽香さん

千葉県安房郡
漸まいさん

愛知県名古屋市
織部　真さん

静岡県磐田郡
凛音さん

千葉県船橋市
石榴さん

島根県鹿足郡
けうさん

静岡県小笠郡
葉月麻耶さん

埼玉県秩父市
プチさん

静岡県浜松市
ヒッピさん

香川県東かがわ市
智子さん

愛知県豊田市
Ｌｕｄｉｖｉｎｅさん

兵庫県加西市
菜種さん

福岡県田川市
あゆむさん

秋田県山本郡
高山りくさん

岐阜県高山市
新開香織さん

茨城県稲敷郡
るえかさん

東京都町田市
遡鞠さん

神奈川県秦野市
あとかさん

岐阜県可児市
秋山エリカさん

愛知県稲沢市
井上ひろみさん

埼玉県児玉郡
雪野朱季さん

愛知県名古屋市
日野あけびさん

兵庫県西脇市
煙さん

茨城県鹿島郡
長谷川仁美さん

青森県三戸郡
黒夢エンジェルさん

神奈川県秦野市
かげるさん

宮城県岩沼市
夕月杏樹さん

兵庫県豊岡市
島田美香さん

大阪府大阪市
木割紗也香さん

ワンランクアップのモチーフ術

手作りやリメイクするときに、知っておくと便利なモチーフ術をご紹介！
他の人とは違う自分だけのオリジナルを楽しんでね。

撮影／腰塚良彦（本誌）レイアウト／橋本祐子　担当／福島悦子

縫いつけ、ボンドつけタイプ

ワッペンのつけ方を2通りご紹介。お洋服につける場合は縫いつけタイプ、小物などにはボンドつけと、用途別に使い分けてね！

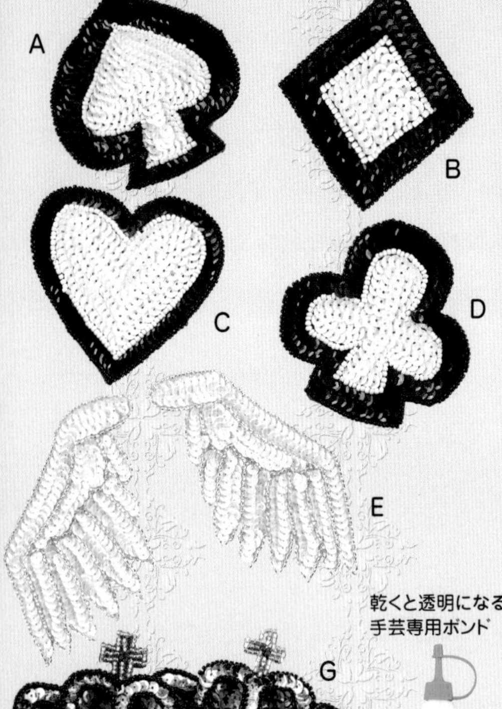

オカダヤオリジナルスパンモチーフ　A:スペード　B:ダイヤ　C:ハート　D:クローバー　A～D各787円　E:羽根　1,840円　F・G:王冠　各1,260円／すべてオカダヤ新宿本店

乾くと透明になる手芸専用ボンド

クロバーボンド＜手芸用＞60g　263円／クロバー

●縫いつけ方●

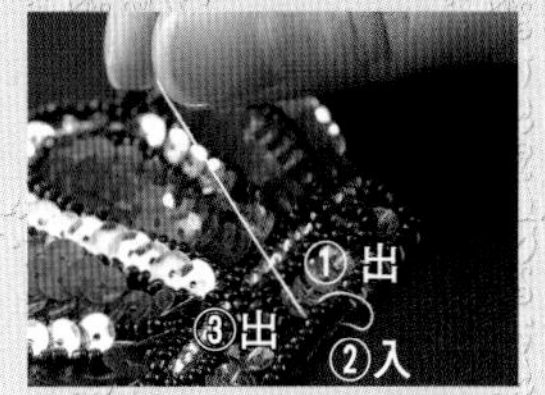

① ワッペンのふちを細かくまつり縫いする。

② 一周縫ってできあがり。

●ボンドのつけ方●

① はみ出さないようにふちにボンドをつける。

② 乾くまで動かさないようにして、できあがり。

ビーズクチュール

便利な手芸グッズ"ビーズクチュールニードル"を使えば、手軽にオートクチュールのようなビーズやスパンコール刺しゅうが楽しめちゃうよ！　ドレスのような大作にも挑戦できるね。

ビーズクチュールニードル　1,575円／クロバー

ターンフープ＜18cm＞2,940円／クロバー

●ビーズの刺し方●

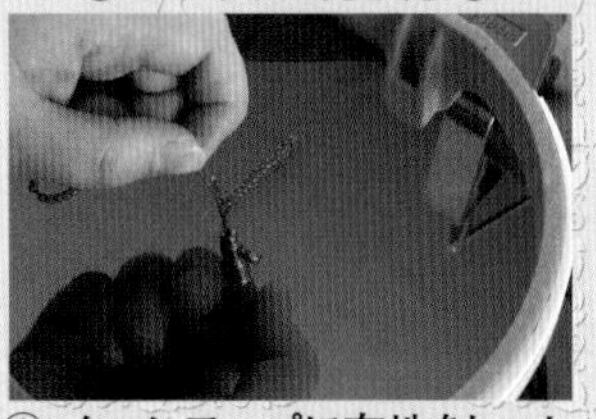

① ターンフープに布地をしっかりと張り、ニードルを下から上に

② ビーズを送り、糸をニードルのカギにかける。

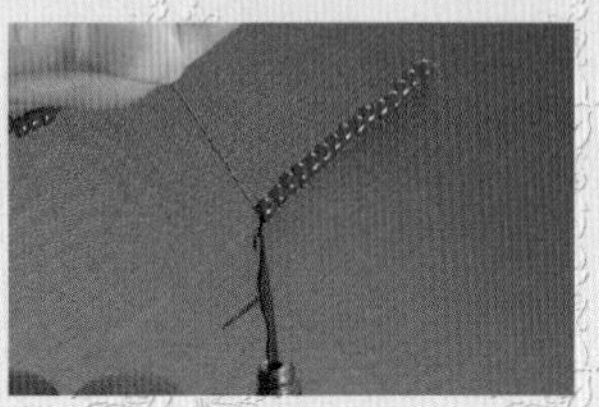

③ ニードルを下に引く。これを繰り返す。

●スパンコールの刺し方●

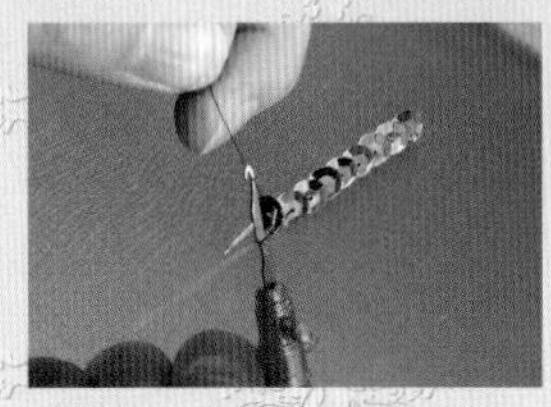

ビーズの刺し方と同様に刺す。

アイロン接着タイプ

❋フロッキーシール❋

ゴスロリオリジナルのフロッキーシールは素敵なモチーフがいっぱい！使いやすいサイズなのでいろいろなアイテムに貼れちゃうよ！　でも貼る前にアイロンがかけられるものかチェックしてね。

ゴスロリオリジナルフロッキーシール
左　ゴシック　右　ロリータ　各630円／イフスタジオ
※ 通信販売で購入できます。
目次のとなりページをご覧ください。

●フロッキーシールのつけ方●

① 使いたいモチーフの周りを余裕を残して切り取る。

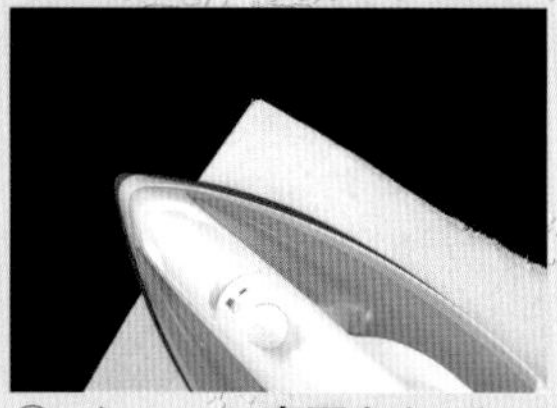

② シールの裏面を上にしてハンカチや布などの当て布を当て、高温で10～20秒間しっかりとアイロンを押しつける。

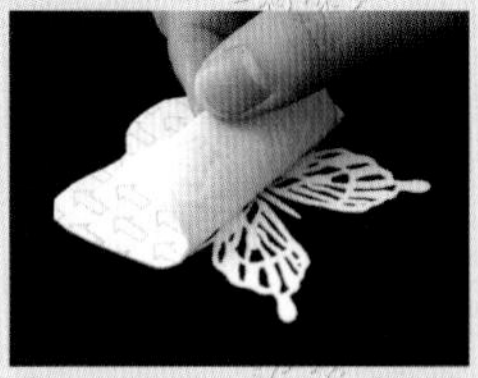

③ 冷めてからゆっくり紙をはがす。

④ できあがり

❋スワロフスキー❋

大人気のスワロフスキーにアイロン接着タイプが出たよ！　クリスタルの輝きがゴージャスな雰囲気を作り出すね。

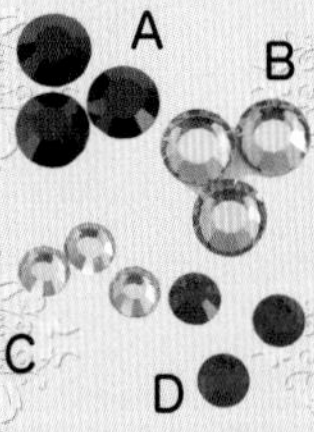

スワロフスキー　HotFix
A:ジェット　B:ライトローズ
A・B共に　SS16（約4mm）300円（20個入り）C:アクアマリン　D:ライトシャム
C・D共に　SS12（約3mm）200円（20個入り）／すべてキンカ堂池袋店

●スワロフスキーのつけ方●

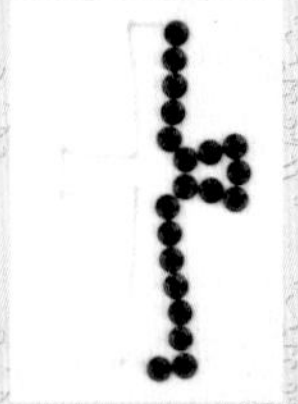

① 図案の上にスワロフスキーを並べる。

② ずれないように気をつけながらハンカチや布などの当て布を当て、高温で15～30秒間しっかりとアイロンを押しつける。

図案135ページ

③ 十分に接着させるために裏からも同様にアイロンを当ててできあがり。

❋ワッペン❋

手芸店などで売られているワッペンを、バッグなどにベタベタ貼るのって簡単でかっこいいアイデアだよ！

左　ワッペン　ビッグボヘミアンドクロ　609円　右　スパンスパイダー　1260円／オカダヤ新宿本店

●アイロン接着ワッペンのつけ方●

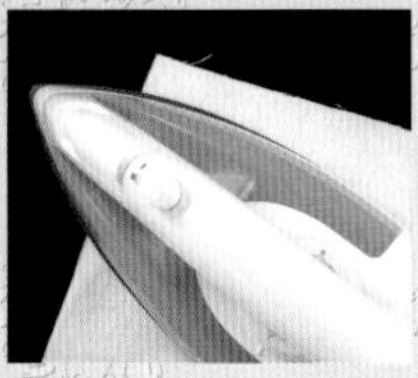

① ワッペンをつけたい位置に置き、ハンカチや布などの当て布を当て、中温で20～30秒間しっかりとアイロンを押しつける。

② 十分に接着させるために裏からも同様にアイロンを当ててできあがり。

全国布地・洋裁付属品ショップリスト

手作りのための材料が購入できる全国のお店をご紹介します。手作りに興味を持ったら、まずは近くのお店に行ってみましょう！ きっと創作意欲がふくらみますよ♪

千葉県	キンカ堂 新浦安店	浦安市入船1-4-1　ショッパーズプラザ新浦安3F	TEL 047-700-7750 http://www.rakuten.co.jp/kinkado/
千葉県	キンカ堂 本八幡店	市川市八幡 2 -15-10　パティオ 4 F	TEL 047-302-1711 http://www.rakuten.co.jp/kinkado/
千葉県	サンキ柏店	柏市中央町 2 - 8	TEL 04-7167-6171　FAX 04-7164-2618
千葉県	パシオス田原屋 千葉店	千葉市中央区富士見 2 -14- 1	TEL 043-224-3805　FAX 043-222-8486
千葉県	ユザワヤ 津田沼店	習志野市谷津 7 - 7 -1	TEL 047-474-4141　FAX 047-472-8686 http://www.yuzawaya.co.jp/
埼玉県	いせき	所沢市日吉町 9 -33	TEL 0429-22-1355
埼玉県	オカダヤ 志木丸井店	志木市本町 5 -26- 1　マルイファミリー志木 4 F	TEL 048-487-1356 http://www.okadaya.co.jp/
埼玉県	サンキ草加店	草加市高砂 2 -11-23	TEL 048-924-5275
埼玉県	十字屋クロスティ 大宮中央デパート店	さいたま市大宮区大門町 2 -73　大宮中央デパート 3 F	TEL 048-644-1215
埼玉県	十字屋クロスティ 南越谷オーパ店	越谷市南越谷 1 -10- 1　南越谷オーパ B 1 F	TEL 048-990-2401
埼玉県	キンカ堂 上尾店	上尾市谷津 2 - 1 - 7	TEL 048-773-6261 http://www.rakuten.co.jp/kinkado/
埼玉県	キンカ堂 川口店	川口市安行領根岸318　川口グリーンシティ 3 F	TEL 048-287-5900 http://www.rakuten.co.jp/kinkado/
埼玉県	キンカ堂 坂戸店	坂戸市日の出町 5 -25	TEL 0492-83-3031 http://www.rakuten.co.jp/kinkado/
埼玉県	キンカ堂 南越谷店	越谷市南越谷1-2876-1　ダイエー南越谷店 4 F	TEL 048-990-7521 http://www.rakuten.co.jp/kinkado/
埼玉県	キンカ堂 秩父店	秩父市宮側町21-24	TEL 0494-23-1331 http://www.rakuten.co.jp/kinkado/
埼玉県	キンカ堂 羽生店	羽生市中央1-17	TEL 0485-61-1561 http://www.rakuten.co.jp/kinkado/
埼玉県	キンカ堂 深谷店	深谷市西島町3-8-1	TEL 0485-73-6111 http://www.rakuten.co.jp/kinkado/
埼玉県	キンカ堂 岩槻店	岩槻市本町3-2-5　ワッツ東館4F	TEL 048-790-1320 http://www.rakuten.co.jp/kinkado/
埼玉県	クラフトワールド そごう大宮店	さいたま市大宮区桜木町1- 6 - 2　そごう大宮店内 8 F	TEL 048-631-1171 http://www.craftworld.jp
埼玉県	ユザワヤ 浦和店	さいたま市浦和区高砂 2 - 5 -14	TEL 048-834-4141　FAX 048-832-8686 http://www.yuzawaya.co.jp/
東京都	オカダヤ 新宿本店	新宿区新宿 3 -23-17	TEL 03-3352-5411（大代表） http://www.okadaya.co.jp/
東京都	オカダヤ 北千住丸井店	足立区千住 3 -92　北千住マルイ5F	TEL 03-4376-5515 http://www.okadaya.co.jp/
東京都	オカダヤ まちだ東急アンドユー	町田市原町田6-3-17　まちだ東急アンドユー6F	TEL 042-709-7288 http://www.okadaya.co.jp/
東京都	キンカ堂 池袋店	豊島区南池袋1-24-5	TEL 03-3971-1211 http://www.rakuten.co.jp/kinkado/
東京都	キンカ堂 錦糸町店	墨田区錦糸2-2-1　アルカキット錦糸町3F	TEL 03-5610-7411 http://www.rakuten.co.jp/kinkado/
東京都	キンカ堂 東大島店	江東区大島 7 -38-30　ダイエー東大島店 3 F	TEL 03-5836-1021 http://www.rakuten.co.jp/kinkado/
東京都	クラフトパーク IMA光が丘店	練馬区光が丘3-9-2　光が丘IMA南館1F	TEL 03-5383-3881
東京都	十字屋クロスティ 聖蹟桜ヶ丘オーパ店	多摩市関戸 4 -72　聖蹟桜ヶ丘オーパ 3 F	TEL 042-356-3101
北海道	カナリヤ本店	札幌市中央区南 1 条西 2 丁目1	TEL 011-261-1281　FAX 011-251-3711 http://www.kanariya.co.jp
北海道	カナリヤ 東苗穂店	札幌市東区東苗穂 3 条 2 丁目497- 9　ポスフール東苗穂店 3 F	TEL 011-783-1150　FAX 011-783-1150 http://www.kanariya.co.jp
北海道	カナリヤ 真駒内店	札幌市南区真駒内幸町 2 丁目　ミュークリスタル 1 F	TEL 011-585-4101　FAX 011-585-4102 http://www.kanariya.co.jp
北海道	カナリヤ 平岡店	札幌市清田区平岡 3 条 5 丁目276- 1 イオン平岡ショッピングセンター 1 F	TEL 011-889-5166　FAX 011-889-5160 http://www.kanariya.co.jp
北海道	カナリヤ 江別店	江別市幸町35番地　ポスフール江別店 3 F	TEL 011-381-0040　FAX 011-381-0040 http://www.kanariya.co.jp
北海道	カナリヤ 釧路店	釧路郡釧路町桂木 1 丁目 1 - 2　ポスフール釧路店 2 F	TEL 0154-38-6312　FAX 0154-38-6313 http://www.kanariya.co.jp
北海道	フクスケヤ ピノ	函館市美原 1 丁目 3 - 1　イトーヨーカ堂函館店2F	TEL 0138-42-7083　FAX 0138-42-7083
北海道	ヤーンショップ藤 苫小牧店	苫小牧市花園 3 丁目13番15号	TEL 0144-72-1542　FAX 0144-72-1542
北海道	ヤーンショップ藤 登別店	登別市若山町 4 丁目33番 1　ポスフール登別店 2 F	TEL 0143-86-7789　FAX 0143-86-7789
北海道	マリエッタ本店	帯広市西 1 条南 8 丁目17番地	TEL 0155-25-1200　FAX 0155-25-1201
岩手県	ウエダ	盛岡市大通り 2 - 7 -20	TEL 019-623-4225
岩手県	鈴や手芸店 盛岡店	盛岡市津志田14-74	TEL 019-637-7145
岩手県	マブチ 盛岡店	盛岡市菜園1-12-18　盛岡菜園センタービル1F	TEL 019-651-8488 http://www.e-mabuchi.net./
宮城県	マブチファブリックス	仙台市青葉区中央 2 - 4 - 5	TEL 022-227-3456　FAX 022-223-2001 http://www.e-mabuchi.net./
秋田県	マブチファブリックス 秋田店	秋田市大町2-3-27　秋田ニューシティ2F	TEL 018-863-6910 http://www.e-mabuchi.net./
福島県	うすい百貨店	郡山市中町13- 1	TEL 024-932-0001 http://www.usui-dept.co.jp/
新潟県	サンキ 新和店	新潟市新和字居付51	TEL 0252-85-3900　FAX 0252-85-3907
新潟県	ロマン 山の下店	新潟市山の下町 6 -12	TEL 025-273-2929
群馬県	スズラン百貨店	前橋市千代田町2-18-3	TEL 027-233-1112 http://www.suzuran-dpt.co.jp/ma_stor.html
群馬県	キンカ堂 館林店	館林市本町2-4-1	TEL 0276-73-8181 http://www.rakuten.co.jp/kinkado/
群馬県	キンカ堂 富岡店	富岡市富岡1346-6	TEL 0247-63-3111 http://www.rakuten.co.jp/kinkado/
栃木県	キンカ堂 小山店	小山市本郷町3-5-60	TEL 0285-24-1231 http://www.rakuten.co.jp/kinkado/
栃木県	キンカ堂 佐野店	佐野市堀米町3937番地	TEL 0283-23-2111 http://www.rakuten.co.jp/kinkado/
栃木県	キンカ堂 宇都宮店	宇都宮市駅前通り1-4-6　ララスクウェア宇都宮4F	TEL 028-600-2777 http://www.rakuten.co.jp/kinkado/
茨城県	サンキ牛久店	牛久市中央 1 - 1 - 2	TEL 0289-74-1711
茨城県	十字屋クロスティ 取手ボックスヒル店	取手市中央町 2 - 5　取手ボックスヒル 3 F	TEL 0297-72-7771
茨城県	パシオス田原屋 水戸店	水戸市南町 3 - 6 -29	TEL 029-224-5933　FAX 029-224-5489
茨城県	めぐみや 石岡店	石岡市石岡2752- 1　ジャスコSC　ぱれっと 2 F	TEL 0299-23-5199
茨城県	めぐみや 笠間店	笠間市石井北部　ジャスコSC　ポレポレ 2 F	TEL 0296-70-1845
茨城県	めぐみや 下市店	水戸市柳町 2　ジャスコ 3 F	TEL 029-221-9768
茨城県	めぐみや 東大島店	ひたちなか市東大島 2 - 9 - 7	TEL 029-273-0909
茨城県	めぐみや 龍ヶ崎店	龍ケ崎市小柴 5 - 1 - 2　イトーヨーカ堂SC　サプラ 2 F	TEL 0297-65-4848
茨城県	キンカ堂 境店	猿島郡境町字鹿島下1327-1	TEL 0280-81-1800 http://www.rakuten.co.jp/kinkado/

神奈川県	リリアン 大船店	鎌倉市大船1-23-11　西山ビル1F TEL 0467-47-3099　FAX 0467-47-1353
富山県	わたぼうし	高岡市駅南4-1101 TEL 0766-23-0801
	スギマサ洋装店	富山市総曲輪3-5-21 TEL 076-421-3444　FAX 076-421-4334
	スーパーセンターシマヤ 砺波店	砺波市苗加664-2 TEL 0763-34-1771　FAX 0763-34-1772
石川県	スタイリスト ゴトウ 駅西店	金沢市藤江北4-464 TEL 076-267-8889　FAX 076-267-8890
	スタイリスト ゴトウ 元町本店	金沢市元町2-9-23 TEL 076-253-8889　FAX 076-253-8510
	はまゆう アピタ店	松任市幸明町280　アピタ2F TEL 076-277-4501　FAX 076-277-4501
	はまゆう 幸町店	小松市幸町2-70 TEL 0761-22-0731　FAX 0761-22-4025
福井県	つばめや 羽水店	福井市羽水2-733 TEL 0776-36-4425
	福洋	福井市中央1-8-24 TEL 0776-23-0294　FAX 0776-23-0295 http://www.fukuyou.com/
	ホビーラ II	敦賀市木崎20-12 TEL 0770-22-0856　FAX 0770-22-0856
長野県	ｸﾗﾌﾄﾊﾟｰｸ 佐久店	佐久市小田井613-1　佐久ｲﾝﾀｰｳｴｰﾌﾞ内 TEL 0267-65-8161
	こおむら 長野店	長野市南石堂町1433 TEL 026-226-0744　FAX 026-228-7188
岐阜県	大塚屋 岐阜店	岐阜市長住町13-38 TEL 0582-64-6551　FAX 0582-63-2062 http://www.otsukaya.co.jp
	FancyWorks 岐阜メルサ店	岐阜市徹明通1-15　岐阜メルサ（ファッション館）6F TEL 058-269-3751　FAX 058-269-3751 http://www.dan-p.co.jp
静岡県	江戸っ子 静岡店	静岡市七間町4-4 TEL 054-255-3506　FAX 054-251-0977
	江戸っ子 浜松店	浜松市田町331-3 TEL 053-454-7849　FAX 053-455-0957
	クラフトパーク ｱﾋﾟﾀ島田店	島田市宝来町8-2ｱﾋﾟﾀ島田店2F TEL 0547-35-3337
	クラフトパーク ｲﾄｰﾖｰｶﾄﾞｰ浜松駅前店	浜松市鍛治町1-2 ｲﾄｰﾖｰｶﾄﾞｰ浜松駅前店4F TEL 053-458-7066
	ヌマヤ 御殿場店	御殿場市新橋2005　登明ショッピングセンター2F TEL 0550-82-5321　FAX 0550-82-5166
愛知県	江戸っ子 豊橋店	豊橋市駅前大通1-27-4 TEL 0532-55-6261　FAX 0532-56-3746
	大塚屋 車道店	名古屋市東区葵3-1-24 TEL 052-935-5121　FAX 052-935-5359 http://www.otsukaya.co.jp
	クラフトパーク 豊橋橋良店	豊橋市橋良町向山20-1　ﾏｯｸｽﾊﾞﾘｭ豊橋橋良店内 TEL 0532-44-1261
	FancyWorks 名古屋中日ビル店	名古屋市中区栄4-4-1　中日ビル3F TEL 052-259-2655　FAX 052-259-2655 http://www.dan-p.co.jp
三重県	ディオワールド 四日市店	四日市市富州原2-40　イオン四日市北SC TEL 0593-61-5000　FAX 0593-61-5088
和歌山県	クラフトパーク 和歌山店	和歌山市神前154-1 TEL 073-473-8560
滋賀県	ディオワールド 草津店	草津市西渋川1-23-1 TEL 077-561-6560　FAX 077-561-6559
京都府	ノムラテーラー	京都市下京区奈良物町362 TEL 075-221-4679　FAX 075-221-4375 http://www.nomura-tailor.co.jp/
大阪府	ABCクラフト 天王寺店	大阪市阿倍野区阿倍野筋1-4-7　エコーアクロスビル4F～8F TEL 06-6649-5151　FAX 06-6649-5152 http://www.abc-craft.co.jp
	ABCクラフト 枚方店	枚方市岡東町18-20　枚方三越3F･4F TEL 072-845-2410 http://www.abc-craft.co.jp
	大塚屋 江坂店	吹田市豊津町13-38 TEL 06-6369-1236　FAX 06-6369-1241 http://www.otsukaya.co.jp
	手芸センタードリーム 泉北店	堺市三原台4-39 TEL 072-290-6777
	手芸センタードリーム 南茨木店	茨木市沢良宜浜1-16-34　ショッパーズ南茨木3F TEL 072-652-2211
	（株）阪急百貨店 梅田本店セッセ	大阪市北区角田町8-7　9F TEL 06-6361-1381

東京都	Fancy Works 自由が丘店	目黒区自由が丘1-27-2　自由が丘ひかり街1F TEL 03-3724-0399　FAX 03-3724-0399 http://www.dan-p.co.jp
	マーノクレアール 調布パルコ店	調布市小島町1-38-1　調布パルコ2F TEL 042-440-1055 http://www.okadaya.co.jp/
	マルナン	渋谷区道玄坂2-5-1 TEL 03-3461-2325　FAX 03-3461-0034 http://www.shibuyadogenzaka.com/marunan/main.html
	ユザワヤ 蒲田店	大田区西蒲田8-4-12 TEL 03-3734-4141　FAX 03-3730-8686 http://www.yuzawaya.co.jp/
	ユザワヤ 吉祥寺店	武蔵野市吉祥寺南町2-1-25 TEL 0422-79-4141　FAX 0422-41-8686 http://www.yuzawaya.co.jp/
	ユザワヤ 町田店	町田市原町田6-2-6　マルイビィ町田9,10F TEL 042-725-4141　FAX 042-721-8686 http://www.yuzawaya.co.jp/
	ユザワヤ 南千住店	荒川区南千住4-7　LALAテラス南千住2F TEL 03-5811-4141　FAX 03-5604-8686 http://www.yuzawaya.co.jp/
	ユザワヤ 立川店	立川市曙町2-12-2　ビックカメラ立川店7F･8F TEL 042-529-4141 http://www.yuzawaya.co.jp/
	リリアン 多摩センター店	多摩市落合1-9-3　セゾン・ド・大貫ビル TEL 042-376-8399　FAX 042-376-8399
	リリアン 羽村店	西多摩郡羽村町五ノ神4-13-9 TEL 0425-79-4191　FAX 0425-79-4191
	リリアン 河辺店	青梅市河辺町10-12-14 TEL 0428-23-3590　FAX 0428-23-3590
	十字屋クロスティ 町田店	町田市原町田6-10-7 TEL 042-722-5252
	孝富	中央区日本橋馬喰町1-10-13 TEL 03-3663-3151　FAX 03-3663-3736 http://www.takatomi.co.jp/
	ピコ自由が丘店	目黒区自由が丘1-26-9　三笠ビル1F，2F TEL 03-3717-2525　FAX 03-3717-1450 http://www.interq.or.jp/tokyo/pico/
神奈川県	オカダヤ 溝口ノクティプラザ店	川崎市高津区溝口1-3-1　溝口ノクティプラザ5F TEL 044-850-0262 http://www.okadaya.co.jp/
	キンカ堂 上大岡店	横浜市港南区上大岡西1-18-3　上大岡ガーデンスクエア4F TEL 045-840-6871 http://www.rakuten.co.jp/kinkado/
	キンカ堂 横浜松坂屋店	横浜市中区伊勢佐木町1-5-4　横浜松坂屋5F TEL 045-260-9721 http://www.rakuten.co.jp/kinkado/
	キンカ堂 港北あいたい店	横浜市都筑区中川中央1-1-3　ショッピングタウンあいたい5F TEL 045-910-2461 http://www.rakuten.co.jp/kinkado/
	キンカ堂 本厚木店	厚木市中町2-2-1　本厚木ミロード2 3F TEL 046-230-7053 http://www.rakuten.co.jp/kinkado/
	キンカ堂 横須賀店	横須賀市大滝町2-6-2　西友横須賀店2F TEL 046-829-1460 http://www.rakuten.co.jp/kinkado/
	サナダ横浜店	横浜市西区南幸1-1-12　東急ホテルB1F TEL 045-311-5141　FAX 045-312-6309
	十字屋クロスティ 小田原アプリ店	小田原市栄町2-9-33　小田原アプリ3F TEL 0465-24-3800
	十字屋クロスティ 新百合ヶ丘オーパ店	川崎市麻生区上麻生1-1-1　新百合ヶ丘オーパ6F TEL 044-965-8360
	スワニー	鎌倉市大町1-1-11 TEL 0467-25-4911　FAX 0467-25-4034 http://www.swany-kamakura.co.jp
	ヌマヤ川崎店	川崎市川崎砂子2-10-9 TEL 044-211-1181　FAX 044-211-1188 http://www.numaya.com/index.htm
	ヌマヤ相模原店	相模原市相模原5-1 TEL 0427-55-0231　FAX 0427-55-0230 http://www.numaya.com/index.htm
	パシオス田原屋 川崎店	川崎市川崎区駅前本町4-11 TEL 044-244-4191　FAX 044-222-0433
	パシオス田原屋 藤沢店	藤沢市南藤沢19-17 TEL 0466-26-7171　FAX 0466-29-1206
	パシオス田原屋 横須賀店	横須賀市大滝町2-1 TEL 046-824-3131　FAX 046-828-1328
	ハリウッド商会	横浜市中区伊勢佐木町1-5-1 TEL 045-261-4633　FAX 045-261-4634
	マーノクレアール 港北東急SC専門街店	横浜市都筑区茅ヶ崎中央5-1　港北東急SC専門店街4F TEL 045-948-5617 http://www.okadaya.co.jp/
	マーノクレアール 横浜ジョイナス店	横浜市西区南幸1-5-1　横浜ジョイナス4F TEL 045-321-6720 http://www.okadaya.co.jp/
	ユザワヤ 大和店	大和市大和東1-2-1 TEL 046-264-4141　FAX 046-261-8686 http://www.yuzawaya.co.jp/
	リリアン 橋本店	相模原市橋本3-13　原清第5ビル TEL 042-779-8243　FAX 042-779-8243

県	店名	住所・連絡先
香川県	手芸センタードリーム 高松南店	高松市伏石町83 TEL 087-869-7310
	手芸センタードリーム 高松本店	高松市塩屋町14-5 TEL 087-822-8333
愛媛県	手芸センタードリーム 新居浜店	新居浜市外山町2145-1 TEL 0897-40-2822
	手芸センタードリーム 今治店	今治市小泉2-1-30 TEL 0898-25-8155
	手芸センタードリーム 南松山店	松山市朝生田町5-8-16 TEL 089-943-8711
	手芸センタードリーム 松山城北店	松山市鴨川2-11-43 TEL 089-979-0888
	マツケ 本店	松山市三番町5-1-4 TEL 089-941-1616
	マツケ ハンズ店	松山市内宮町505-5 TEL 089-978-4100
	マツケ 西条店	西条市御舟町橋詰396 TEL 0897-55-7900
高知県	手芸センタードリーム 高知店	高知市高埇122-6 TEL 088-880-9900
	手芸センタードリーム 南国店	南国市篠原187-1 TEL 088-863-8231
	クラフトパーク イオン高知店	高知市秦南町1-4-8 イオン高知2F TEL 088-826-7380
福岡県	大野城サティ	大野城市錦町 4 - 1 - 1 TEL 092-572-2100
	クラフトワールド 博多店	福岡市博多区博多駅中央街2-1 福岡交通センタービル5F TEL 092-436-5900
	クラフトパーク 福岡東店	福岡市東区馬出3-3-23 TEL 092-642-7681
	トライ・アム サンカクヤ 姪浜店	福岡市西区内浜 1 -15-43 TEL 092-884-2612　FAX 092-884-3360 http://www.sankakuya.org/
	トライ・アム サンカクヤ 天神店	福岡市中央区天神 2 -13-18　天神ホワイトビル 1 F TEL 092-714-0007　FAX 092-714-0736 http://www.sankakuya.org/
	トライ・アム サンカクヤ 大橋店	福岡市南区大橋 1 - 8 - 8　一丁目八番館 TEL 092-512-7298　FAX 092-512-7299 http://www.sankakuya.org/
	トライ・アム サンカクヤ 西新店	福岡市早良区西新 5 - 1 -18 TEL 092-851-8648　FAX 092-851-8626 http://www.sankakuya.org/
	トライ・アム サンカクヤ 小笹店	福岡市中央区小笹 3 -12-41 TEL 092-525-3721　FAX 092-525-3741 http://www.sankakuya.org/
	トライ・アム サンカクヤ 春日店	春日市春日10-13 TEL 092-595-3515　FAX 092-595-6063 http://www.sankakuya.org/
	福岡東サティ	粕屋郡志免町大字御手洗字高原 6 TEL 092-611-2121
	隼人国分サティ	姶良郡隼人町見次1229 TEL 0995-43-8100
大阪府	（株）タケヒロヤ	八尾市本町5-5-25 TEL 0729-22-4781
兵庫県	ABCクラフト 尼崎店	尼崎市神田中通4-162-2 TEL 06-6415-0808 http://www.abc-craft.co.jp
	手芸センタードリーム 姫路岩端店	姫路市岩端町106 セントラル西館2F TEL 0792-99-5335
	（株）丸十 本店	加古川市加古川町中津554 TEL 0794-53-8866
	（株）丸十 姫路店	姫路市今宿面白山1-953 ザ·モール4F TEL 0792-95-5440
	（株）丸十 明石店	明石市東仲ノ町6-1 アスピア2F TEL 078-915-5307
	ユザワヤ 神戸店	神戸市中央区三宮町1- 3 -26 TEL 078-393-4141　FAX 078-321-5252 http://www.yuzawaya.co.jp/
岡山県	手芸センタードリーム 岡山新保店	岡山市新保1195-3 TEL 086-232-1330
	手芸センタードリーム 水島店	倉敷市神田2-1-46 TEL 086-448-5775
	手芸センタードリーム 岡山大安寺店	岡山市高柳西町12-4 TEL 086-256-1020
	手芸センタードリーム 総社店	総社市井出560-6 TEL 0866-92-7577
	手芸センタードリーム 岡山野田店	岡山市野田3-7-7 TEL 086-246-6667
	手芸センタードリーム 東岡山店	岡山市高屋158-2 TEL 086-271-3188
	クラフトパーク 倉敷店	倉敷市四十瀬111-1 TEL 086-427-8200
広島県	手芸センタードリーム 福山蔵王店	福山市南蔵王町1-5-35 TEL 0849-32-6120
	手芸センタードリーム 広島店	広島市安佐南区西原6-10-14 TEL 082-850-2250
	手芸センタードリーム くれ広店	呉市広古新開8-6-21 TEL 0823-76-6667
	手芸センタードリーム 学園店	東広島市西条下見6-8-3 TEL 0824-31-6778
	手芸センタードリーム 五日市店	広島市佐伯区利松1-12-41 TEL 082-929-4555
	クラフトワールド そごう広島店	広島市中区基町 6 -27　そごう広島店本館9F TEL 082-511-1240 http://www.craftworld.jp
徳島県	手芸センタードリーム 徳島住吉店	徳島市住吉6-68-1 TEL 088-602-1888
香川県	手芸センタードリーム 高松今里店	高松市今里町10-12 TEL 087-868-0777
	手芸センタードリーム 丸亀店	丸亀市土器町東2-1 TEL 087-721-6200

作り始める前に

はかって あげるね！
自分ひとりでは 正確にははかれない ので、だれかにはかって もらってね
採寸したら すぐメモして おこう!
B W H
頭回り
股上
ひじを少し 曲げて 袖丈を はかる
袖丈
1番とびだして いる骨の ところ
背丈
ウエストライン ウエストにひもか テープを巻いて 位置を決める
採寸するときは フカフカした クッション入りの イスはダメ!
バスト
腰丈
ウエスト
手首回り
ヒップ
股下
靴を履く

自然な姿勢で立ち、メジャーを使ってバスト（胸囲）、ウエスト（腹囲）、ヒップ（腰囲）、背丈などを正確に採寸する。

採寸の仕方

ものを作る時に何らかの寸法が必要なように、洋服を作る時にも寸法が必要です。自分の正確なサイズを知った上で、サイズの選択をしてください。

本誌掲載作品の参考サイズ表

	バスト	ウエスト	ヒップ	背丈	腰丈	股上	股下	袖丈	手首回り	身長
S	76	60	84	37	17	25	63	50	15	152
M	82	64	88	38	18	26	67	53	16	158
L	88	70	94	39	19	27	70	54	17	163
LL	94	76	98	39	20	28	70	54	17	164

ギャザーレースの幅について

本誌ではギャザーレースは材料表と製図で寸法の表示が違います。購入する場合は材料表の幅を確認しましょう。

A　材料表では購入するレースの全体の幅で表示しています

ラッセルレース	30mm幅
綿タックレース	25mm幅

※「タック」と入っているレースは、ギャザーの入っているレースです。「タック」と入っていないレースは、ギャザーが入っていないレースです。

B　製図では布端から出すレースの幅を表示しています

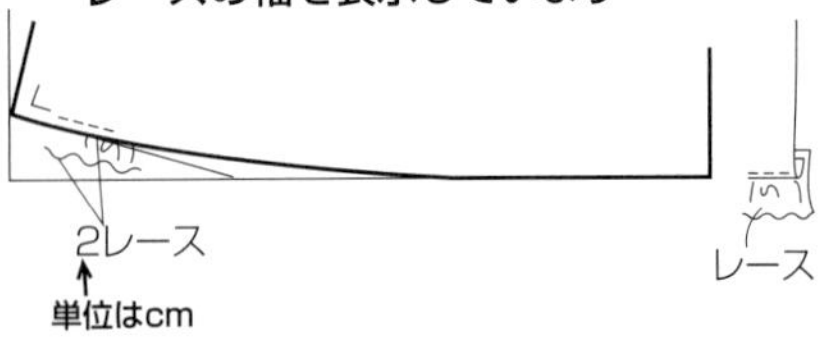

2レース
レース
単位はcm

針と糸の選び方

布地 ＼ 針と糸			ミシン		手縫い	
			針	糸	針	穴かがり糸
綿	中肉	ブロード シーチング	9番 11番	カタン糸 60・80番 ポリエステル糸60番	7番 8番	カタン糸 60・80番 ポリエステル糸60番
綿	厚手	カツラギ デニム ギャバジン 別珍	11番 14番	カタン糸 40・50番 ポリエステル糸60番	7番 8番	カタン糸 20・30番 ポリエステル糸30番
化織（絹風なもの）	薄手	ナイロンシャー シャンタン サテン	8番	絹ミシン糸 50番 ポリエステル糸60番	8番 9番	絹手縫い糸

表を参考にして布地に合った糸と針を選びましょう。

製図記号

	出来上がり線		布目(地の目)(矢印の方向に縦地を通す)
	案内線		毛並みの方向
	見返し線		等分線（同寸法を示す符号をつけることもある）
	わに裁つ印		芯地の印
	返り線 折り山線	○	ボタン
	いせる線	+	スナップ
	直角の印	● ○ × △ ● ※ etc.	型紙同士の同寸法に合わせる印（形に決まりはない）
		ひだのたたみ方（斜線の高い方から低い方に向かって布をたたむ）	
		線の交差を区別する印	
		型紙を突き合わせて裁つ印	

縫い代の始末

裁断した布はほつれないように縫い代を始末します。

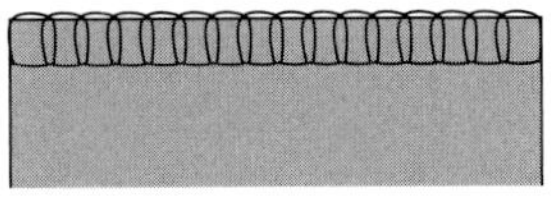

ロックミシン
縫い代始末専用のミシンです。

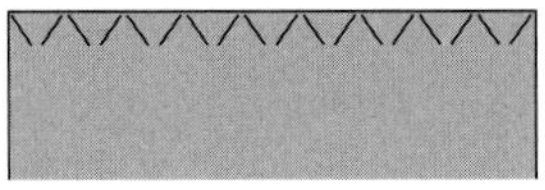

ジグザグミシン
家庭用のミシンについていることが多い機能です。

手縫い

手で縫う場合に、最もよく使う縫い方の方法です。

まつり

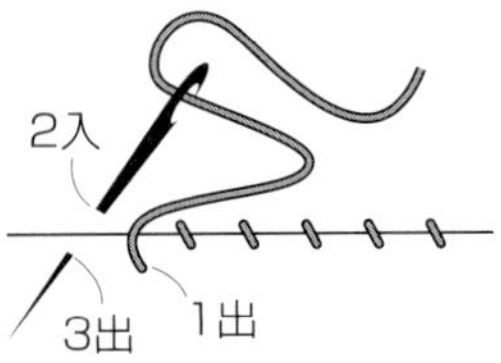

2入
3出
1出

縫い代を割る、倒す

2枚の布をミシンで縫った場合に、縫い代を割る（開く）場合と片方に倒す場合があります。

縫い目から2枚一緒にアイロンで倒す

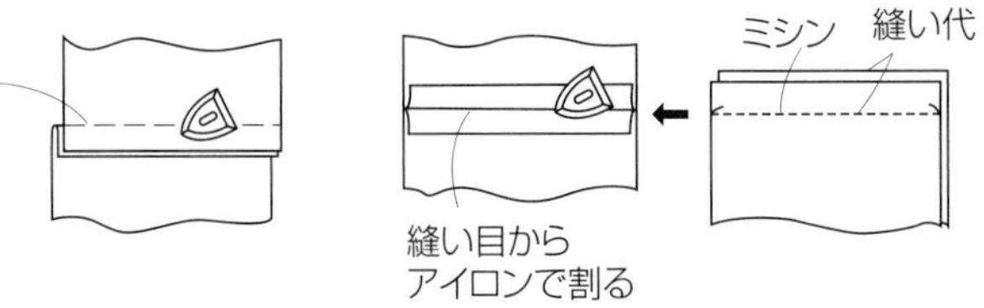

倒す
割る（開く）
ミシン
縫い代
縫い目からアイロンで割る

三つ折りミシン

裾や布端の始末によく用いる縫い方です。

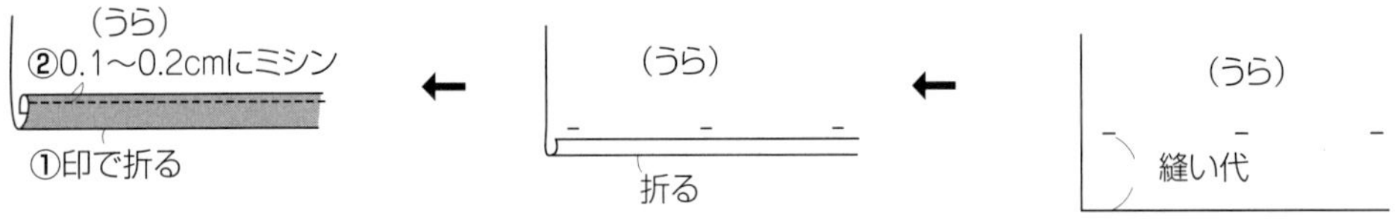

（うら）
縫い代
（うら）
折る
（うら）
②0.1〜0.2cmにミシン
①印で折る

ファスナーの選び方

ファスナーは作りたい作品に合わせて種類と長さを選びます。ぴったりの長さが無い場合は長めのものを選びます。ファスナーの務歯《むし》がビニールの場合はミシンで縫いとめることができます。プラスティックや金属の場合は購入したお店で調節してもらいましょう。

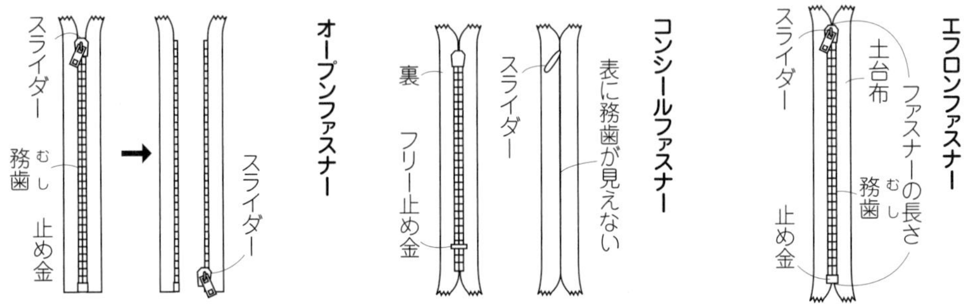

エフロンファスナー
スライダー
上台布
ファスナーの長さ
務歯《むし》
止め金
コンシールファスナー
表に務歯が見えない
スライダー
裏
フリー止め金
オープンファスナー
スライダー
務歯《むし》
止め金
スライダー

カギホックのつけ方

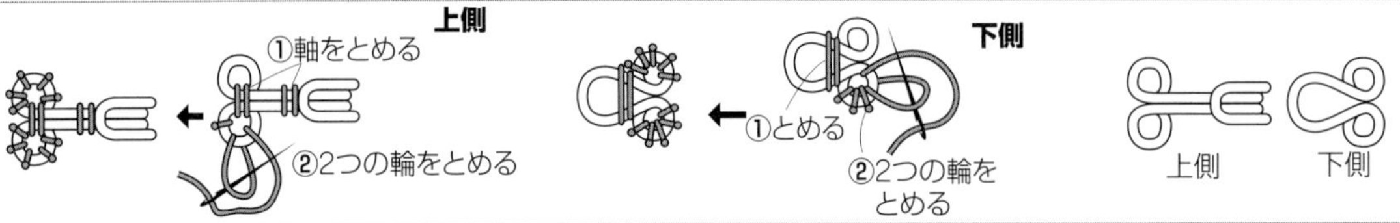

上側
下側
下側
①とめる
②2つの輪をとめる
上側
①軸をとめる
②2つの輪をとめる

スナップのつけ方

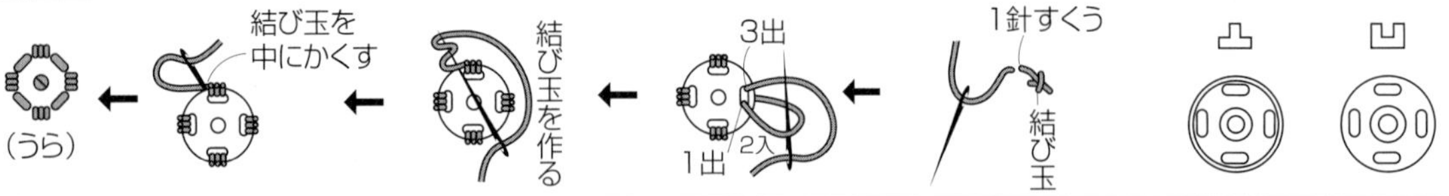

1針すくう
結び玉
3出
1出
2入
結び玉を作る
結び玉を中にかくす
（うら）

ボタンの大きさと位置の決め方

ボタン穴の位置の決め方

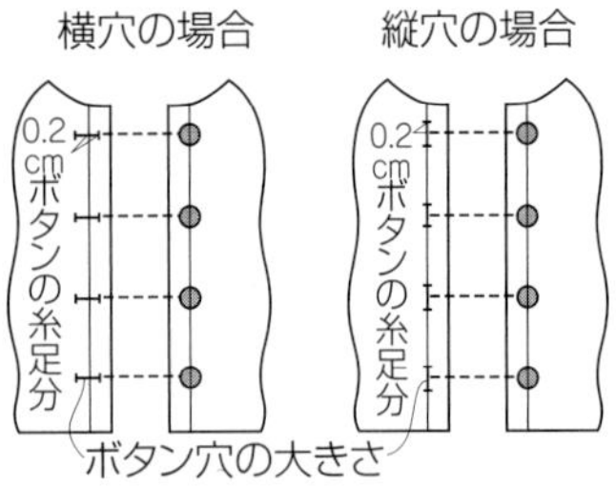

横穴の場合
縦穴の場合
0.2cm
ボタンの糸足分
ボタン穴の大きさ

ボタン穴の大きさの決め方

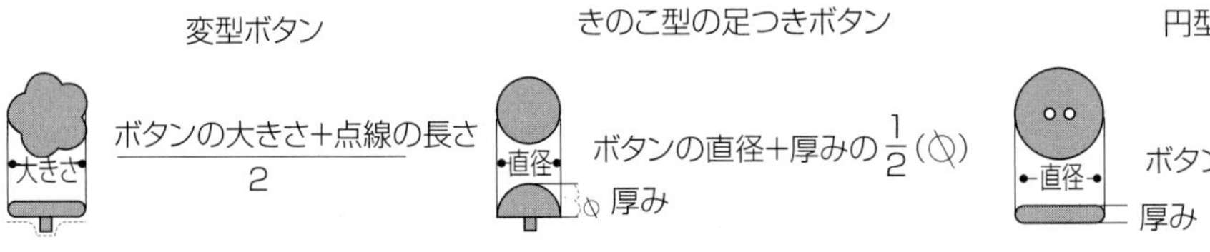

変型ボタン
大きさ
ボタンの大きさ+点線の長さ / 2
きのこ型の足つきボタン
直径
厚み
ボタンの直径+厚みの1/2
円型ボタン
直径
厚み
ボタンの直径+厚み

実物大の型紙の使い方

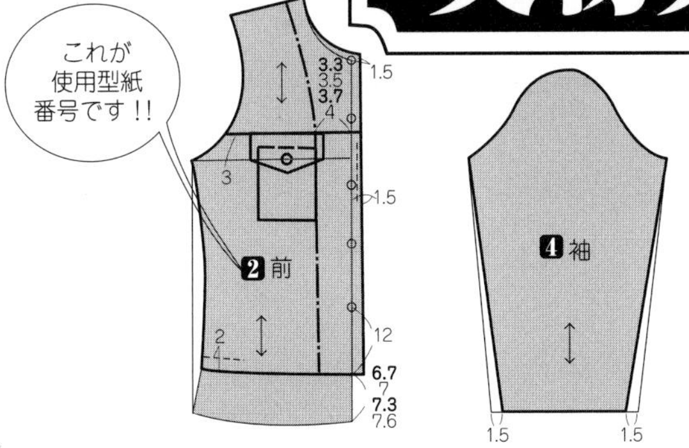

これが
使用型紙
番号です!!
2 前
4 袖

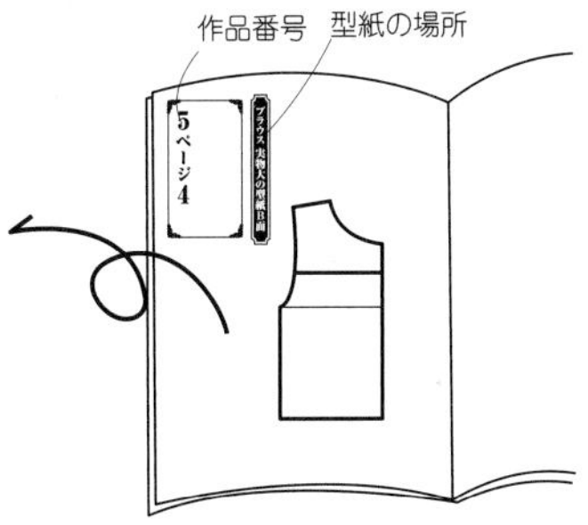

作品番号
型紙の場所
5ページ4
ブラウス 実物大の型紙B面

作りたい作品の製図ページを開いてください。そのページには実物大の型紙が何面に入っているかが記載してあります。使用する型紙番号と、型紙のアレンジ方法が指示してあります。

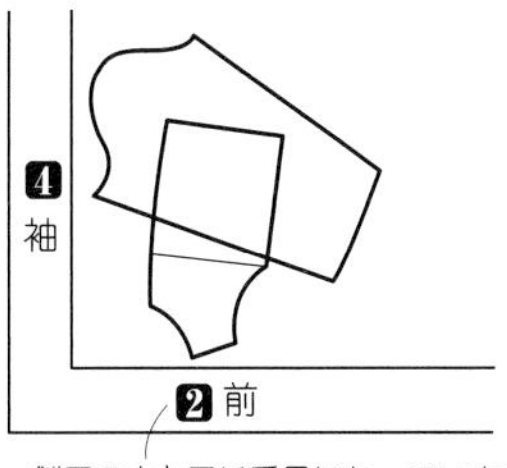

4 袖
2 前

製図の中と同じ番号になっています

1 使いたいスタイルが決まったら

型紙を大きな机の上や床に広げます。自分の作りたいスタイルの型紙の番号と、線が何色のどんな線で表してあるか、型紙の枚数が全部で何枚に分かれているかを、ヨコの表を見て確認します。型紙は四方の色のワク内に示された数字の型紙番号と名称のところから、始まるように配置してあります。

NO.7の作品を作りたい
場合は青色の線を探し出せば
いいのね。型紙は6枚!

2 別の紙に型紙を写しとる

型紙は別の紙に写しとって使います。型紙の下に紙を敷き、ソフトルレットを使って写しとる方法と、型紙の上に薄く透ける紙（ハトロン紙）を置いて鉛筆で写しとる方法があります。型紙がS・M・L・LLの4サイズになっているので、サイズをまちがえないようにして写します。合印や案内線なども、忘れずに写します

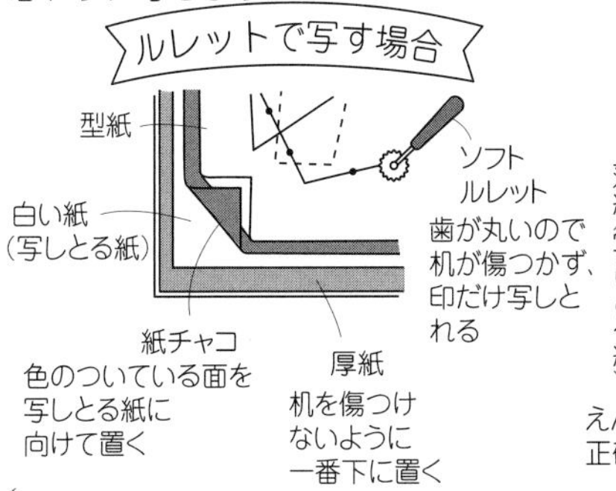

ルレットで写す場合
型紙
白い紙
(写しとる紙)
ソフト
ルレット
歯が丸いので
机が傷つかず、
印だけ写しとれる
紙チャコ
色のついている面を
写しとる紙に
向けて置く
厚紙
机を傷つけ
ないように
一番下に置く

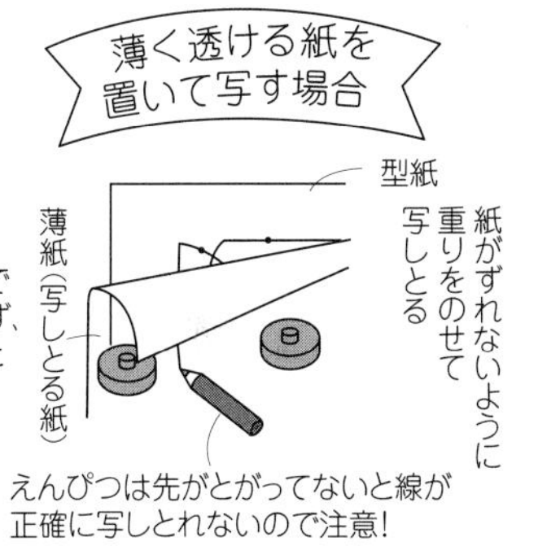

薄く透ける紙を
置いて写す場合
型紙
薄紙（写しとる紙）
紙がずれないように
重りをのせて
写しとる
えんぴつは先がとがってないと線が
正確に写しとれないので注意!

3 縫い代をつける

裁ち方図を見ながら縫い代線を書き込みます。アレンジの作品は、製図ページに元の型紙からの出し入れの寸法や、切り替え位置などが寸法で記入されています。アレンジ方法の仕方を参考に、写しとった型紙に書き込んでから、さらに縫い代線を書き込みます。

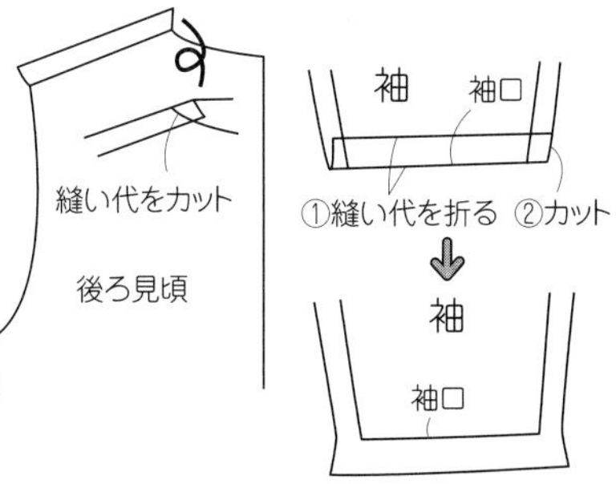

縫い代をカット
後ろ見頃
袖
袖口
①縫い代を折る ②カット
袖
袖口

4 型紙を切る

袖口やパンツの裾などは、脇の縫い代が足りなくならないように縫い代を折ってから切りましょう。(③縫い代をつけるを参照）すべて切り離したら、もう一度型紙が全部揃っているか、写し間違えていないか確認します。

5 型紙を布の上に配置してみる

裁ち方図を参考に、布の上に型紙を置いてみます。この時、布の折り方、型紙の布目の方向（地の目）などを注意します。柄合わせの必要な布地や、一方方向の布地など裁ち方図通りに裁てない場合があるので注意してください。

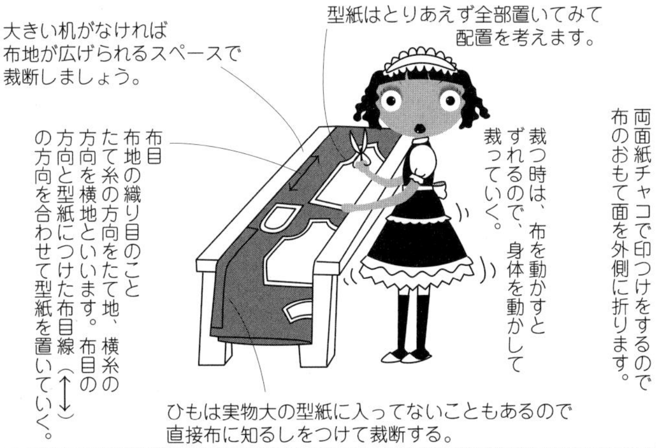

大きい机がなければ
布地が広げられるスペースで
裁断しましょう。
型紙はとりあえず全部置いてみて
配置を考えます。
布目
布地の織り目のこと
たて糸の方向をたて地、横糸の
方向を横地といいます。布目の
方向と型紙につけた布目線（↕）
の方向を合わせて型紙を置いていく。
裁つ時は、布を動かすと
ずれるので、身体を動かして
裁っていく。
両面紙チャコで印つけをするので
布のおもて面を外側に折ります。
ひもは実物大の型紙に入ってないこともあるので
直接布に知るしをつけて裁断する。

6 裁断する

布地を動かさないようにしながら裁断する。バイアス布や結びひもなど実物大の型紙がないものなども、忘れずに裁断しましょう。

型紙を写しとる時の注意

合印、つけ位置、案内線、布目線なども忘れずに写しとり、最後にパーツの名称も書き込みましょう。

〈実物大の型紙をアレンジして使う場合〉

自分で型紙をアレンジした線（例：衿ぐり）と実物大型紙（例：衿）を縫い合わせる場合は、必ずそれぞれの寸法が同寸であることを確認してください。

準備する用具

★印のついた用具提供=クロバー

ハトロン紙
実物大の型紙からハトロン紙にシャープペンシルで線を写して型紙を作ります。ハトロン紙は接着芯をはるときにもアイロンにのりがつかないように使います。※この商品は通信販売で購入出来ます。詳しくは目次の隣のページをご覧ください。

方眼定規★
型紙を作るときや裁断の時に使います。

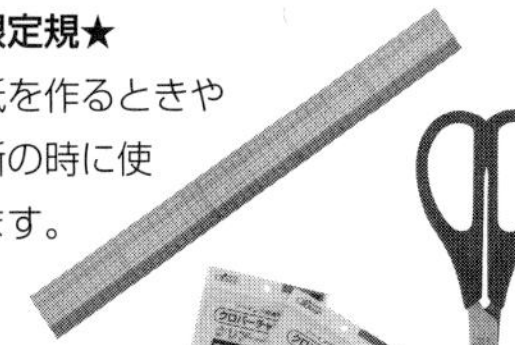

シャープペンシルまたは鉛筆

紙切はさみ

布切はさみ★（キャップつき）

糸切はさみ★

ミシン

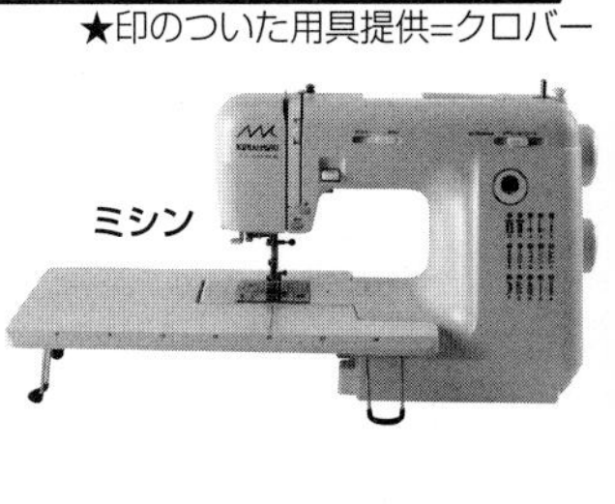

ソフトルレット★

チャコピー 両面クリアータイプ★

スピードひも通し★

ゴムテープやひもを通すときに使います。※この商品は通信販売で購入出来ます。詳しくは目次の隣のページをご覧ください。

パールピン（まち針）★ ピンクッション★

ニードルコンパクト★
手縫い用の針のセットです。

アイロン・アイロンマット

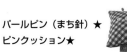

材料	S	M	L	LL
表布（タフタ：マイステージ#234-999） 92cm幅	1m10cm	1m20cm	1m20cm	1m30cm
チュール（ハード：マイステージ#770-30）115cm幅	2m10cm	2m20cm	2m40cm	2m60cm
ゴムテープ（10コール） 8.5mm幅	60cm	60cm	70cm	70cm

パニエA

製図

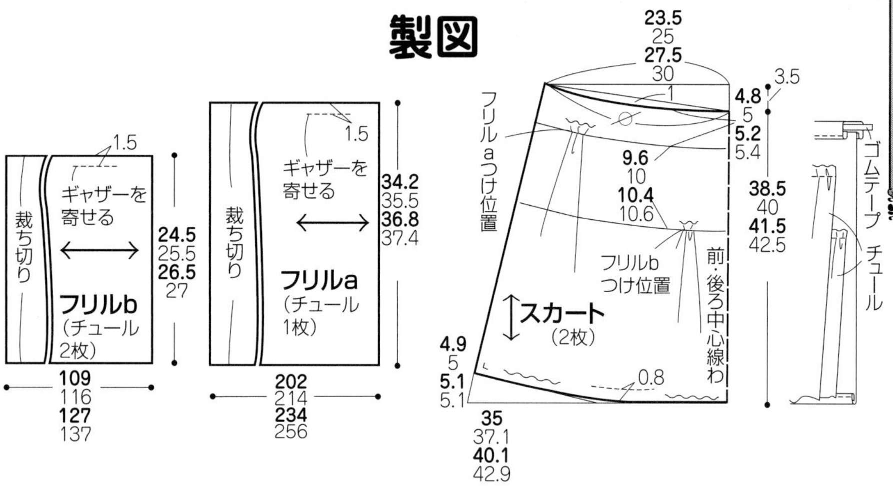
1.5
ギャザーを寄せる
裁ち切り
フリルb
（チュール2枚）
24.5
25.5
26.5
27
109
116
127
137
1.5
ギャザーを寄せる
裁ち切り
フリルa
（チュール1枚）
34.2
35.5
36.8
37.4
202
214
234
256
23.5
25
27.5
30
1
3.5
4.8
5
5.2
5.4
フリルaつけ位置
9.6
10
10.4
10.6
38.5
40
41.5
42.5
フリルbつけ位置
前・後ろ中心線わ
スカート
（2枚）
4.9
5
5.1
5.1
0.8
35
37.1
40.1
42.9
ゴムテープ
チュール

材料	S	M	L	LL
表布（タフタ：マイステージ#234-KW） 92cm幅	1m10cm	1m20cm	1m50cm	1m80cm
チュール（ハード：マイステージ#770-KW）115cm幅	2m10cm	2m20cm	2m40cm	2m60cm
ゴムテープ（10コール） 8.5mm幅	60cm	60cm	70cm	70cm

パニエB

製図

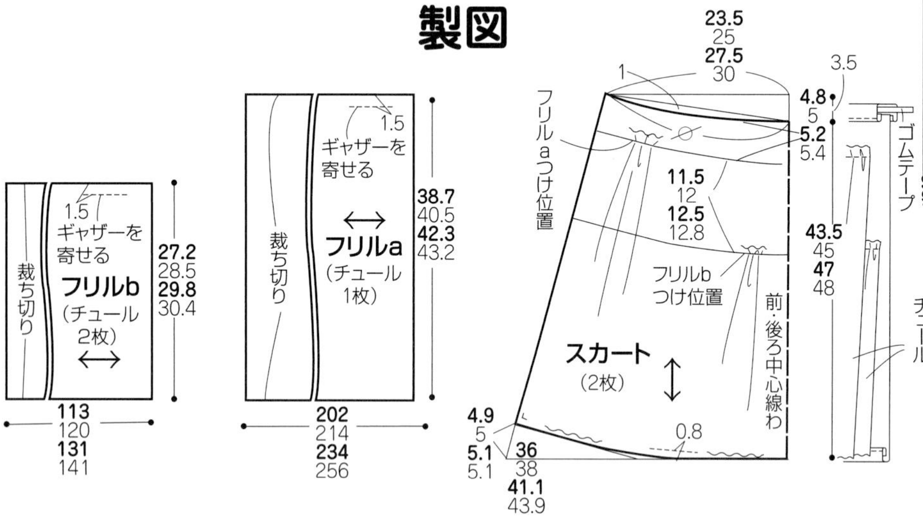
1.5
ギャザーを寄せる
裁ち切り
フリルb
（チュール2枚）
27.2
28.5
29.8
30.4
113
120
131
141
1.5
ギャザーを寄せる
裁ち切り
フリルa
（チュール1枚）
38.7
40.5
42.3
43.2
202
214
234
256
23.5
25
27.5
30
1
3.5
4.8
5
5.2
5.4
フリルaつけ位置
11.5
12
12.5
12.8
43.5
45
47
48
フリルbつけ位置
前・後ろ中心線わ
スカート
（2枚）
4.9
5
5.1
5.1
0.8
36
38
41.1
43.9
ゴムテープ
チュール

パニエA・Bの作り方

1.スカートを作る。

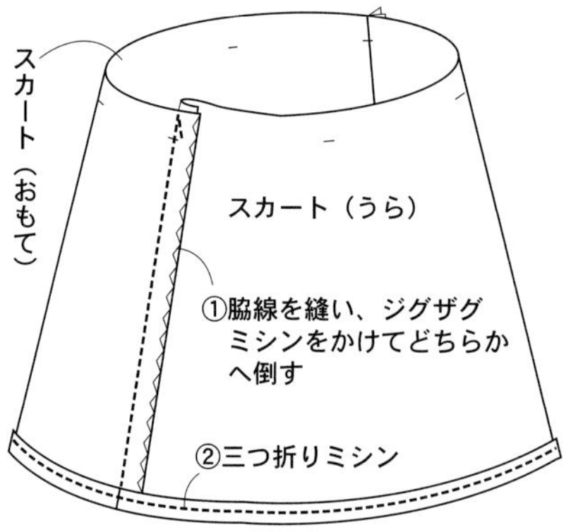
スカート（おもて）
スカート（うら）
①脇線を縫い、ジグザグミシンをかけてどちらかへ倒す
②三つ折りミシン

2.フリルa・bを同様に作る。

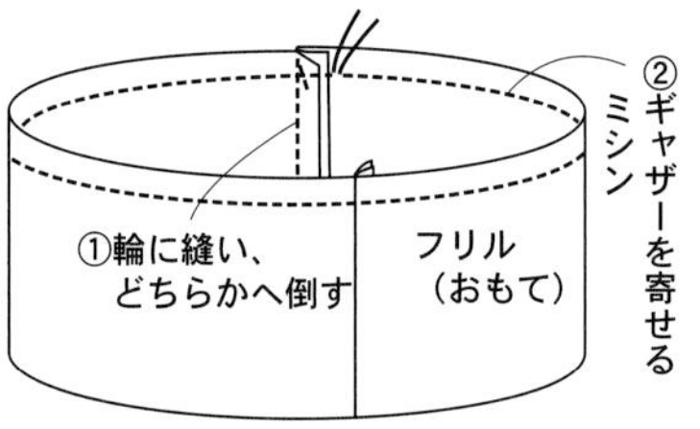
②ギャザーを寄せるミシン
①輪に縫い、どちらかへ倒す
フリル（おもて）

3.ベルトを作る。

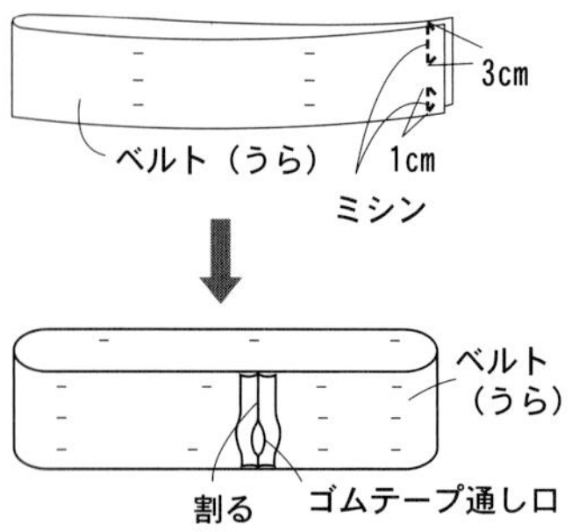
3cm
ベルト（うら）
1cm
ミシン
ベルト（うら）
割る
ゴムテープ通し口

4.ベルトとフリルを作る。

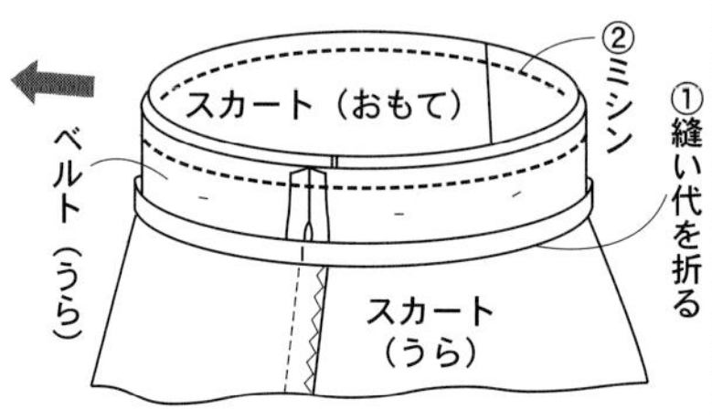
スカート（おもて）
②ミシン
①縫い代を折る
ベルト（うら）
スカート（うら）

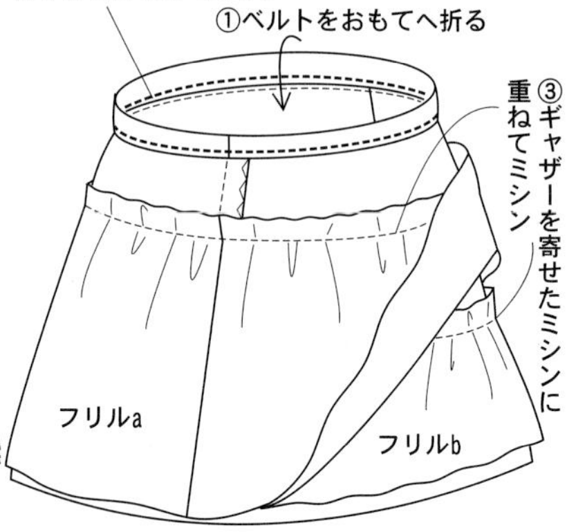
②右図のミシン目に、ベルトの折り目を合わせてミシン
①ベルトをおもてへ折る
③ギャザーを寄せたミシンに重ねてミシン
フリルa
フリルb

5.ゴムテープを通す。

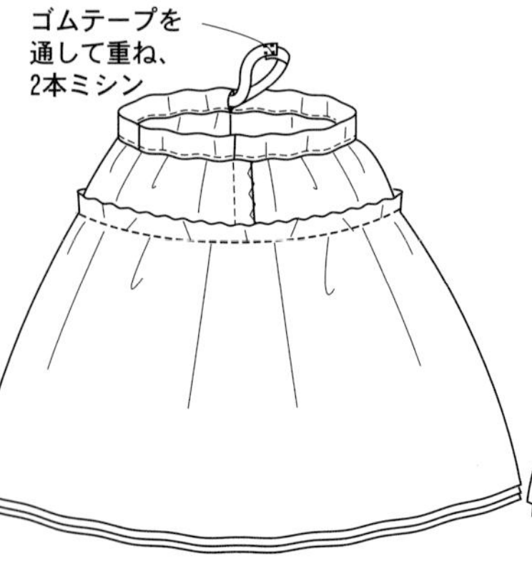
ゴムテープを通して重ね、2本ミシン

パニエA・B共通 ベルトの製図

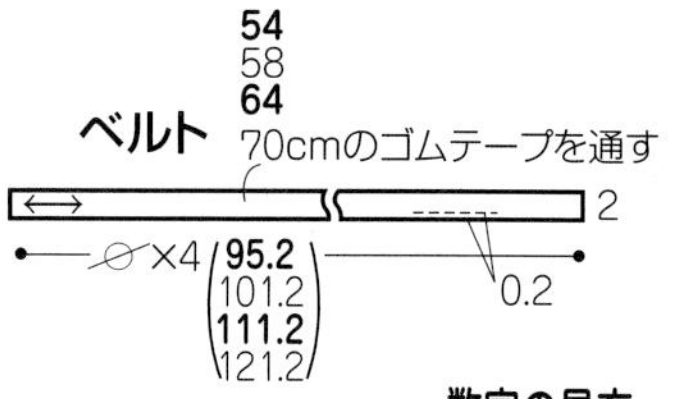
54
58
64
ベルト
70cmのゴムテープを通す
2
×4
95.2
101.2
111.2
121.2
0.2

数字の見方
上から順に
Sサイズ
Mサイズ
Lサイズ
LLサイズ
1つしかない数字は共通

パニエA・B共通 布の裁ち方

※数字のないところは1cmの縫い代をつけて裁ちます。

スカートの表布

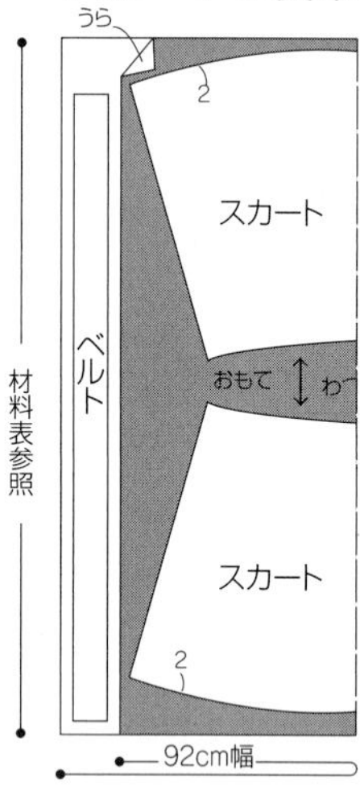
うら
2
スカート
ベルト
材料表参照
おもて
わ
スカート
2
92cm幅

チュール

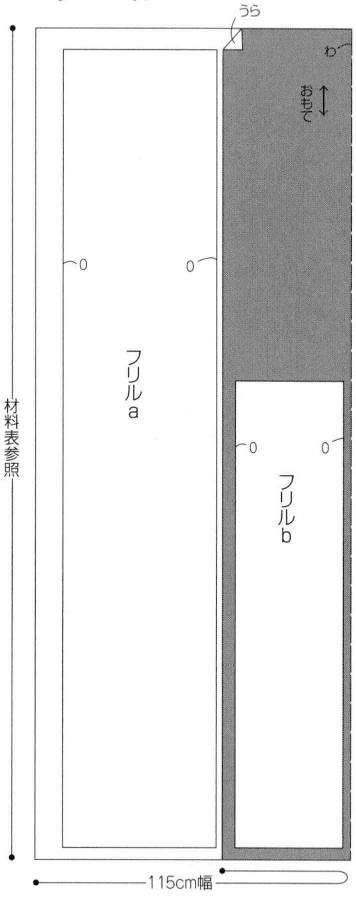
うら
わ
おもて
0
0
フリルa
材料表参照
0
0
フリルb
115cm幅

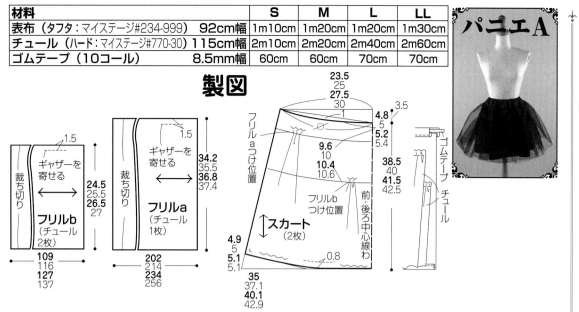

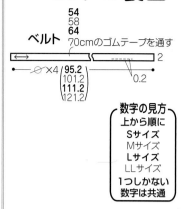

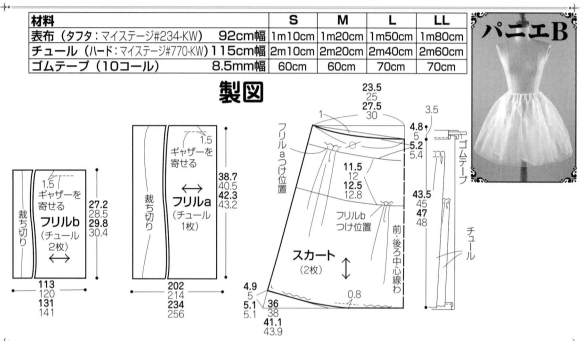

材料	S	M	L	LL
ベルトの布（タフタ：マイステージ#234-KW）10cm幅	1m20cm	1m30cm	1m30cm	1m40cm
ソフトチュール（ソフト：マイステージ#150-KW）188cm幅	1m70cm	1m80cm	1m90cm	2m
ゴムテープ（10コール）約8.5mm幅	60cm	60cm	70cm	70cm

パニエC

数字の見方
上から順に
Sサイズ
Mサイズ
Lサイズ
LLサイズ
1つしかない
数字は共通

パニエCの作り方

1.フリルを作る。

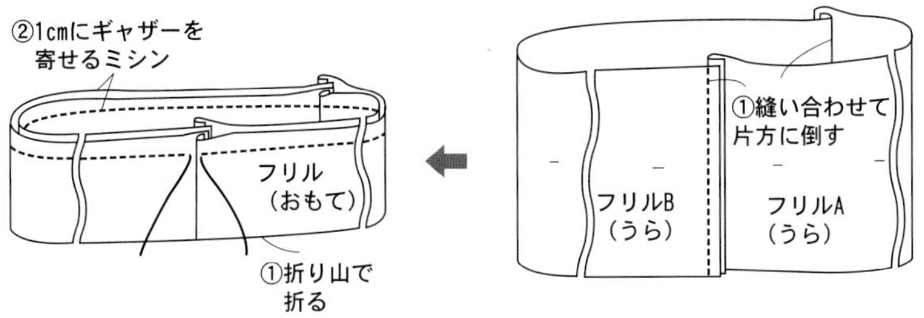
②1cmにギャザーを寄せるミシン
フリル（おもて）
①折り山で折る
①縫い合わせて片方に倒す
フリルB（うら）
フリルA（うら）

2.フリルと同様にスカートを作り、スカートにフリルをつける。

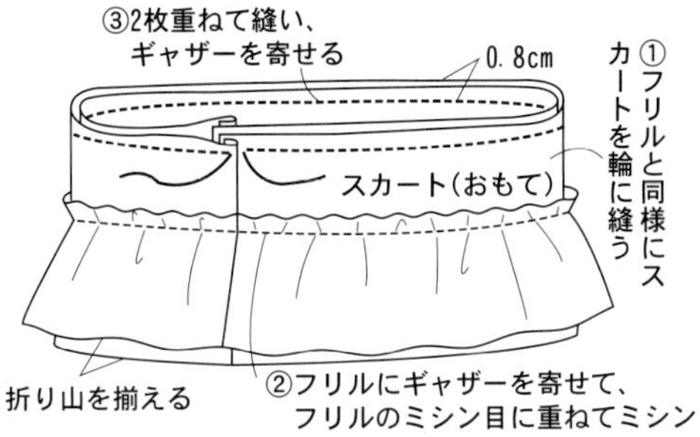
③2枚重ねて縫い、ギャザーを寄せる
0.8cm
①フリルと同様にスカートを輪に縫う
スカート（おもて）
折り山を揃える
②フリルにギャザーを寄せて、フリルのミシン目に重ねてミシン

3.ベルトをつける。

ベルトを142ページと同様につける

ベルトの製図

1cmの縫い代をつけて裁ちます。

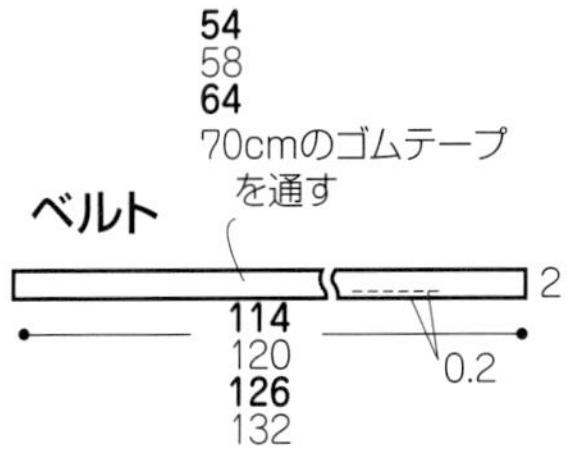
54
58
64
70cmのゴムテープを通す
ベルト
2
114
120
126
132
0.2

チュールの裁ち方

すべて裁ち切りです。

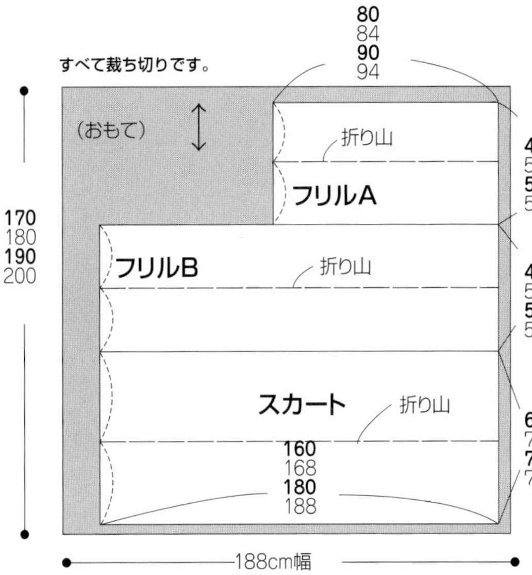
80
84
90
94
（おもて）
折り山
フリルA
48
52
56
58
170
180
190
200
フリルB
折り山
48
52
56
58
スカート
折り山
68
72
76
78
160
168
180
188
188cm幅

材料	S	M	L	LL
表布（タフタ：マイステージ#234-30）10cm幅	1m40cm	1m50cm	1m50cm	1m60cm
ナイロンチュール（ハード：マイステージ#770-30）188cm幅	1m40cm	1m40cm	1m50cm	1m50cm
ゴムテープ（10コール）約8.5mm幅	60cm	60cm	70cm	70cm

パニエD

数字の見方
上から順に
Sサイズ
Mサイズ
Lサイズ
LLサイズ
1つしかない
数字は共通

パニエDの作り方

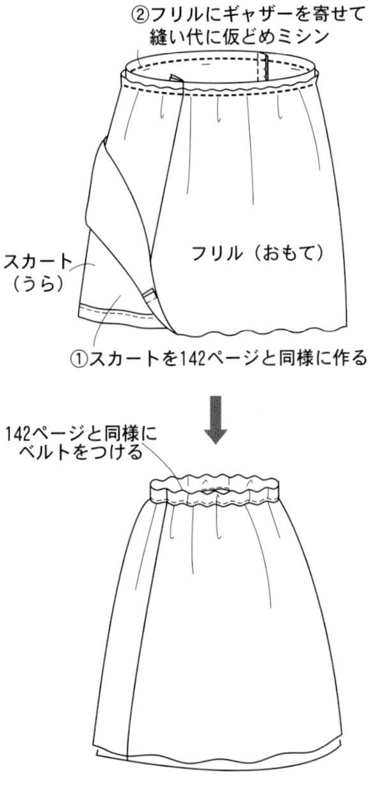
②フリルにギャザーを寄せて縫い代に仮どめミシン
スカート（うら）
フリル（おもて）
①スカートを142ページと同様に作る
142ページと同様にベルトをつける

布の裁ち方

数字のないところは1cmの縫い代をつけます。

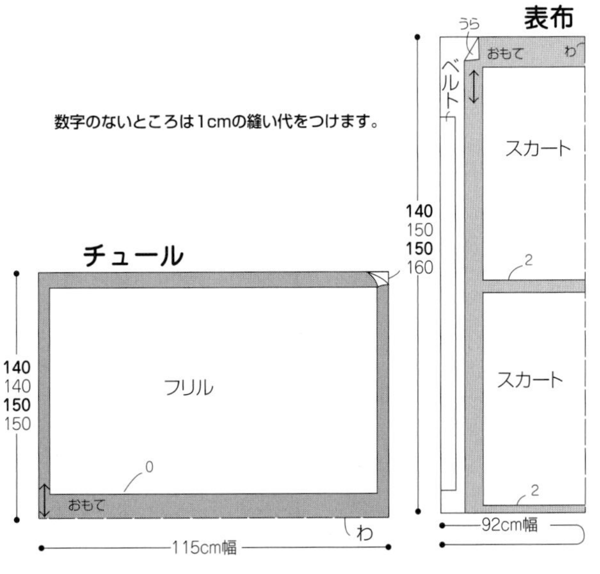
チュール
140
140
150
150
フリル
0
おもて
わ
115cm幅
表布
うら
おもて
わ
ベルト
スカート
2
スカート
2
140
150
150
160
92cm幅

スカートの製図

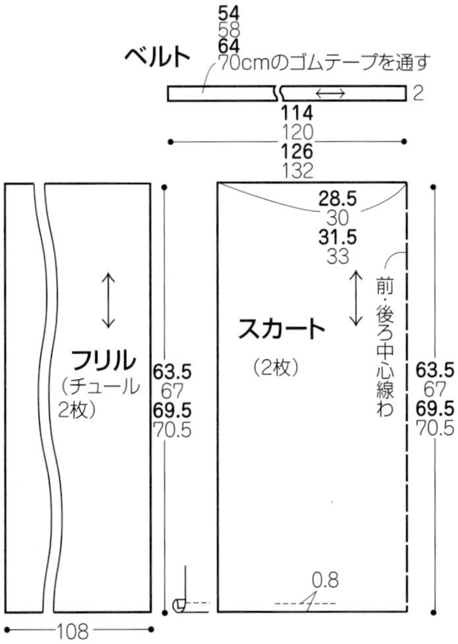
54
58
64
ベルト
70cmのゴムテープを通す
2
114
120
126
132
フリル
（チュール2枚）
63.5
67
69.5
70.5
108
28.5
30
31.5
33
スカート
（2枚）
前・後ろ中心線わ
63.5
67
69.5
70.5
0.8

アクセサリー作りの基礎

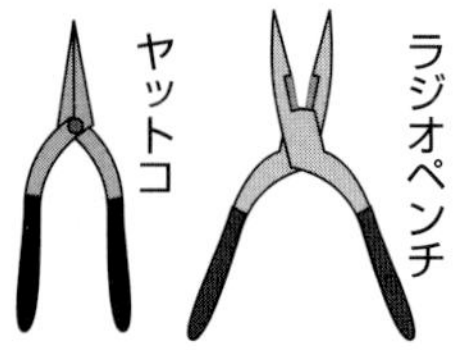

9ピンとTピンの使い方

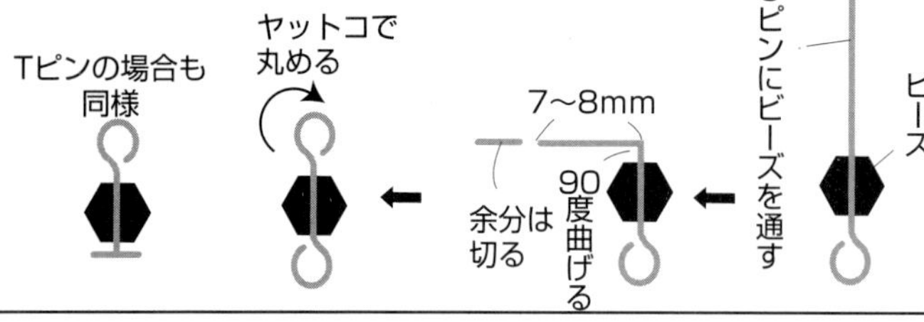

チェーンの切り方

丸カンとCカンの使い方

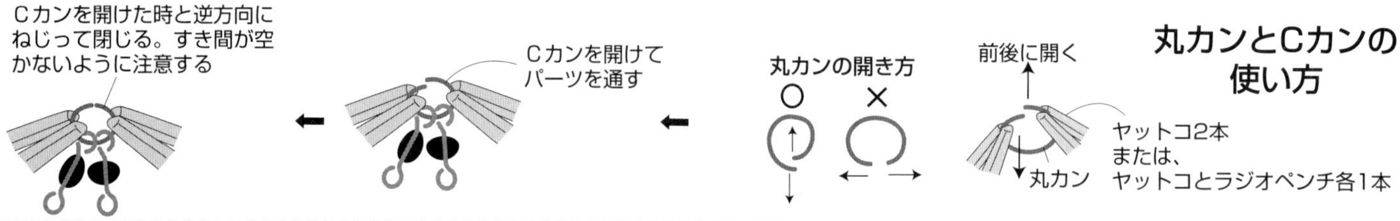

くるみボタンの作り方

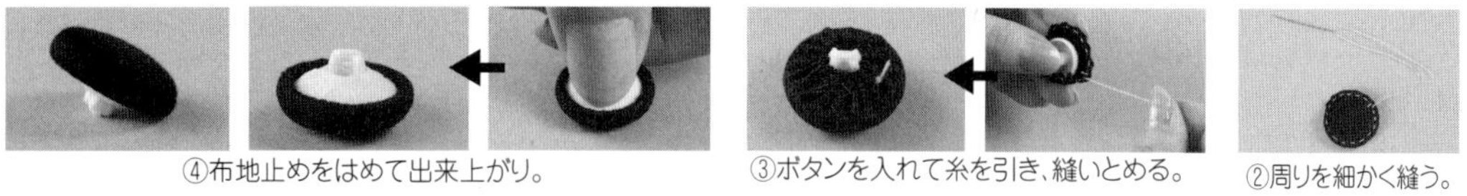

④布地止めをはめて出来上がり。
③ボタンを入れて糸を引き、縫いとめる。
②周りを細かく縫う。
①布をカットする。

使い方

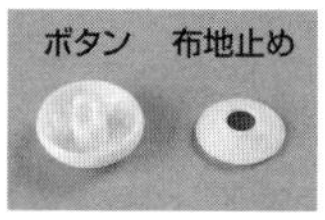

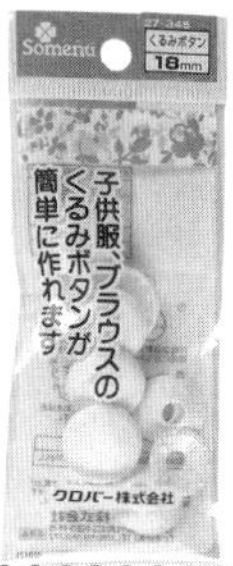

くるみボタン
提供＝クロバー

14ページ13 ミニハットの実物大の型紙
※作り方は112ページ参照。

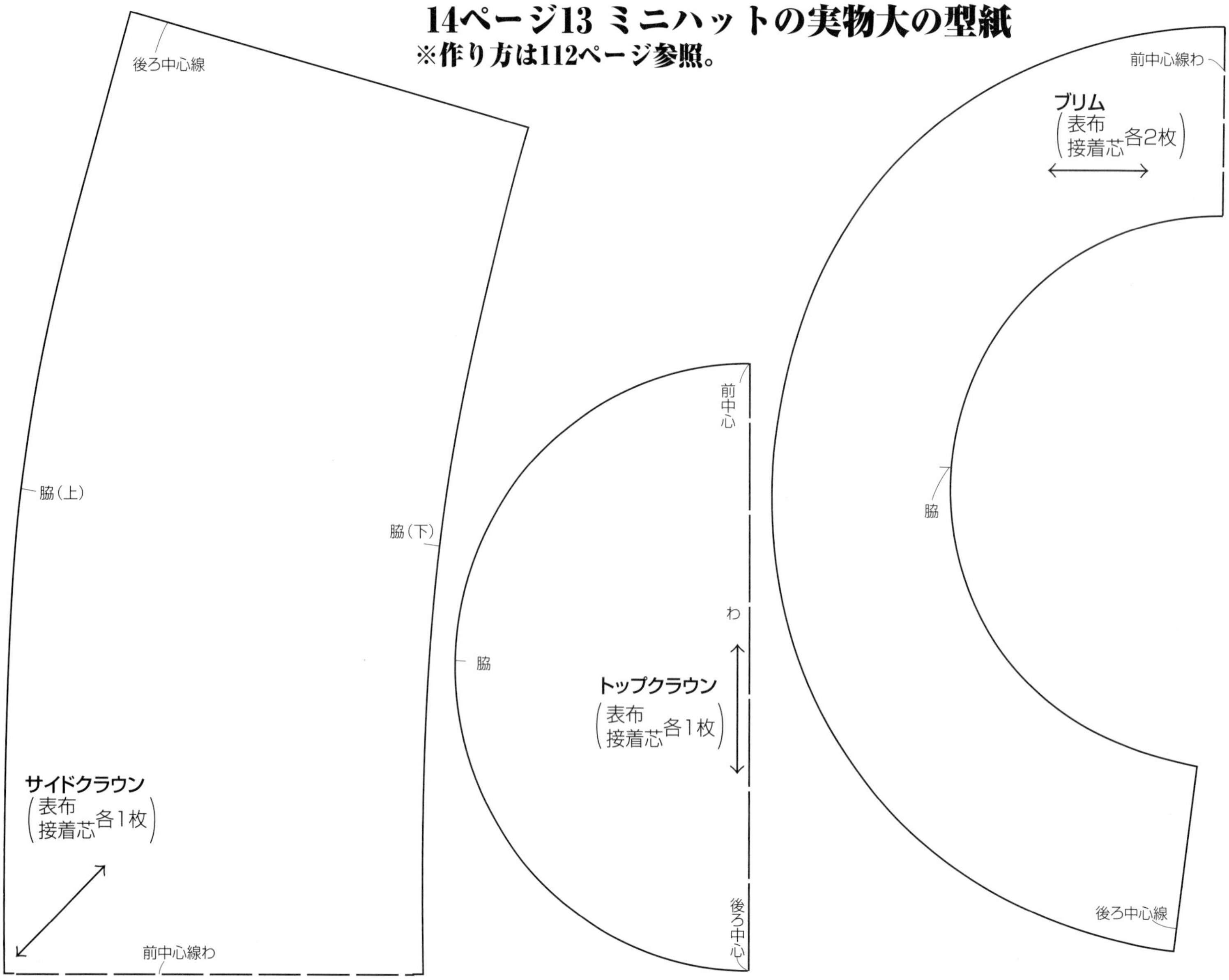

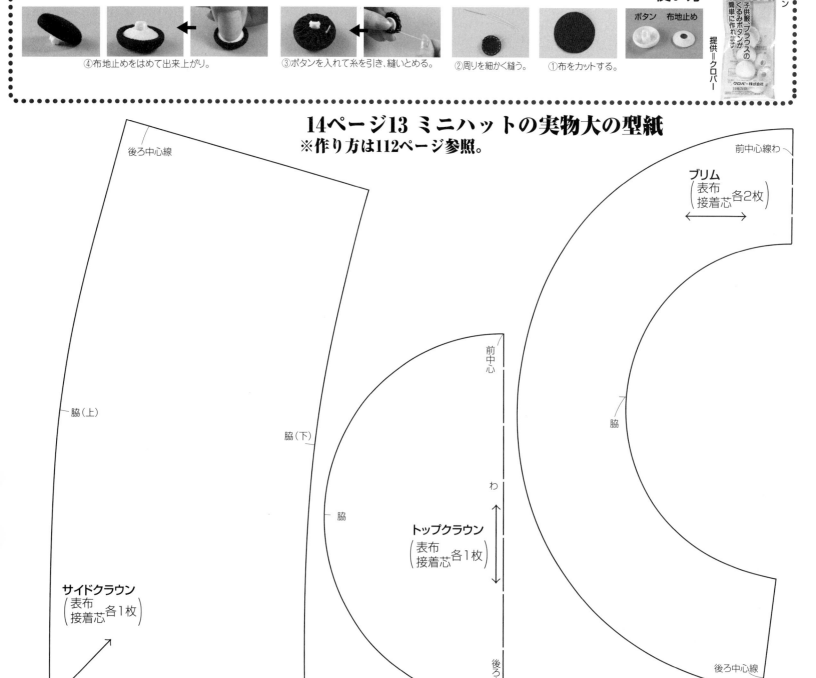

布の裁ち方
フリルフォトスタンド

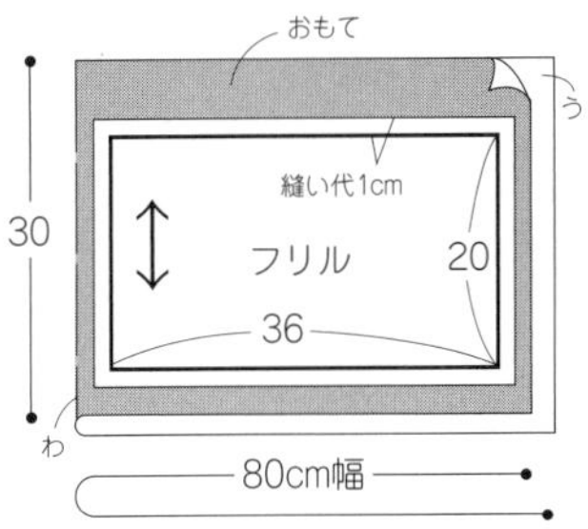

おもて
うら
縫い代1cm
フリル
30
20
36
わ
80cm幅

フリルフォトスタンドの材料		
表布（綿：コットン小林KSP4702）	80cm幅	30cm
レースA（トーションタックレース）	25mm幅	80cm
レースB（トーションレース）	15mm幅	80cm
レースC（綿タックレース）	30mm幅	80cm
レースD（綿タックレース）	30mm幅	90cm
ブレード	6mm幅	90cm
薔薇の造花（ワイヤー入り）		6～8本
フォトスタンド	（タテ×ヨコ）22.5×17.5cm	1個

型紙はついていません

53ページ34・35

フリルフォトスタンドの作り方

1.フリルを作る。

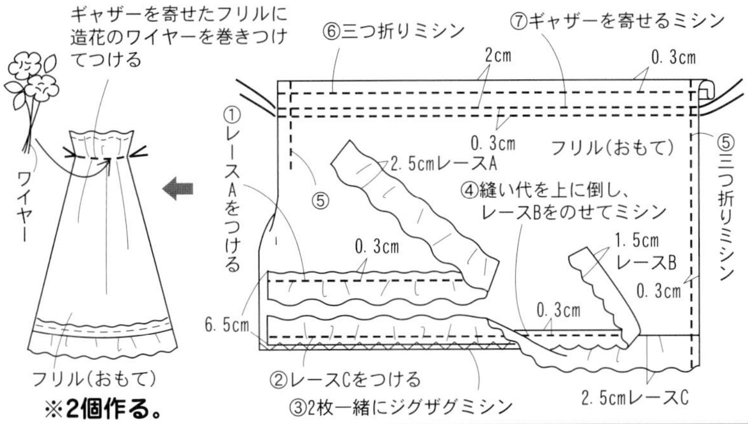

ギャザーを寄せたフリルに造花のワイヤーを巻きつけてつける
ワイヤー
フリル(おもて)
⑥三つ折りミシン
⑦ギャザーを寄せるミシン
2cm
0.3cm
①レースAをつける
0.3cm
フリル(おもて)
⑤三つ折りミシン
⑤
2.5cmレースA
④縫い代を上に倒し、レースBをのせてミシン
0.3cm
1.5cm レースB
0.3cm
0.3cm
6.5cm
②レースCをつける
③2枚一緒にジグザグミシン
2.5cmレースC

※2個作る。

2.フォトフレームにレースとブレードをつける。

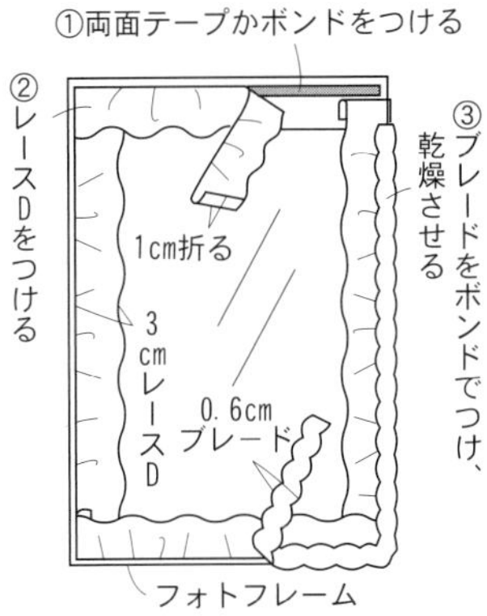

①両面テープかボンドをつける
②レースDをつける
③ブレードをボンドでつけ、乾燥させる
1cm折る
3cm レースD
0.6cm ブレード
フォトフレーム

3.フォトフレームにフリルをつけて出来上がり。

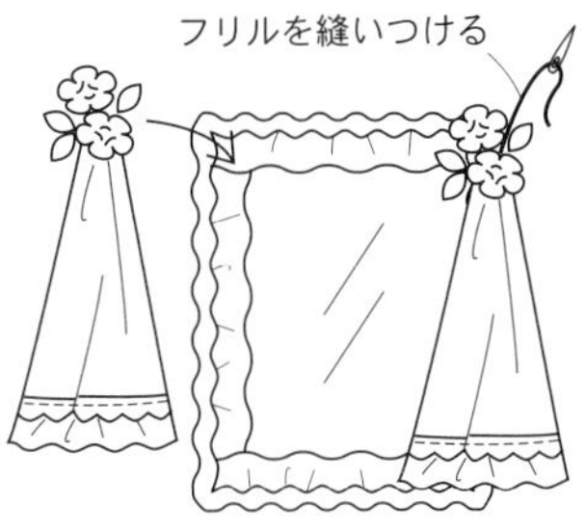

フリルを縫いつける

使用したボックスのサイズ（1段分）

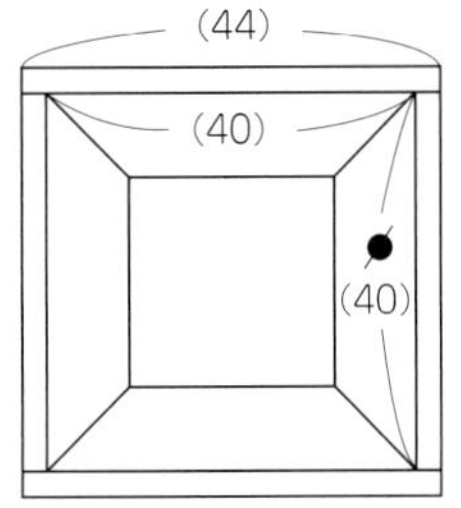

(44)
(40)
(40)

カラーBOXの材料（1個分）		
表布（綿：コットン小林KSP4748）	60cm幅	80cm
レースA（綿タックレース）	20mm幅	50cm
レースB（綿タックレース）	50mm幅	60cm
レースC（綿はしごレース）	15mm幅	1m50cm
リボン（サテンリボン）	3mm幅	2m70cm
薔薇の造花（ワイヤー入り）		9本
突っ張り棒	太さ10mm	1本
ボックス	（タテ×ヨコ）44×44cm	1個

布の裁ち方
ボックスカーテン

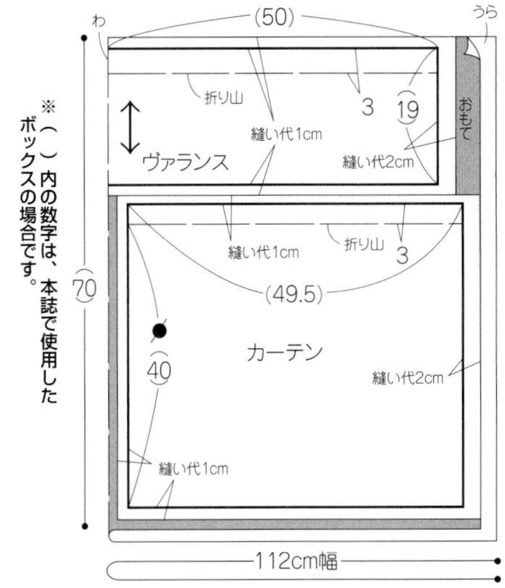

わ
(50)
うら
おもて
折り山
3
19
縫い代1cm
ヴァランス
縫い代2cm
縫い代1cm
折り山
3
(49.5)
70
40
カーテン
縫い代2cm
縫い代1cm
112cm幅

※（ ）内の数字は、本誌で使用したボックスの場合です。

ボックスカーテンの作り方

1.ヴァランスを作る。

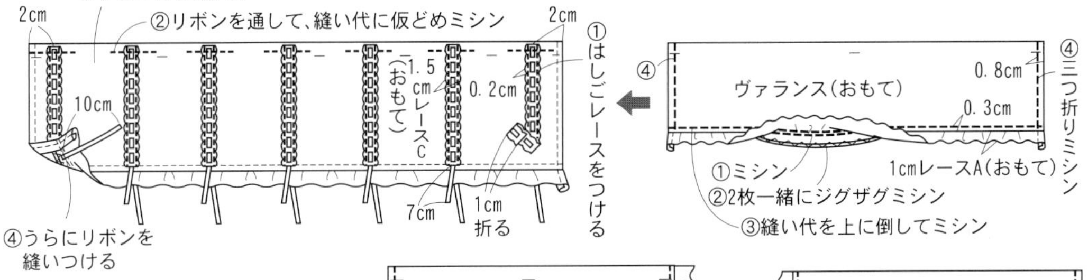

ヴァランス(おもて)
2cm
②リボンを通して、縫い代に仮どめミシン
2cm
①はしごレースをつける
1.5cm レースC (おもて)
0.2cm
10cm
7cm
1cm 折る
④うらにリボンを縫いつける
④
ヴァランス(おもて)
0.8cm
④三つ折りミシン
0.3cm
①ミシン
②2枚一緒にジグザグミシン
③縫い代を上に倒してミシン
1cmレースA(おもて)

2.カーテンを作る。

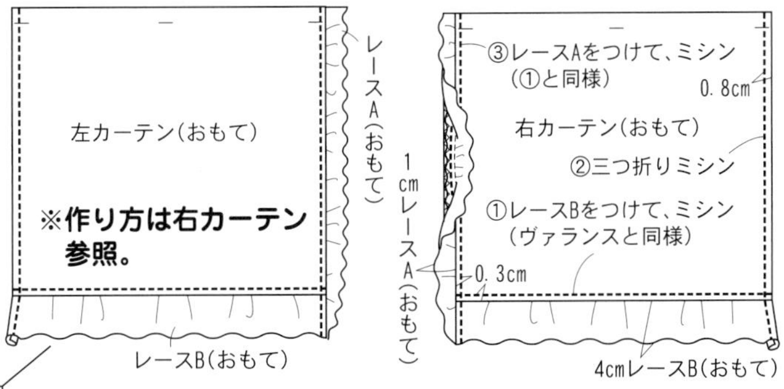

左カーテン(おもて)
※作り方は右カーテン参照。
レースA(おもて)
レースB(おもて)
③レースAをつけて、ミシン（①と同様）
0.8cm
右カーテン(おもて)
②三つ折りミシン
①レースBをつけて、ミシン（ヴァランスと同様）
1cm レースA(おもて)
0.3cm
4cmレースB(おもて)

3.ヴァランスとカーテンを縫い合わせる。

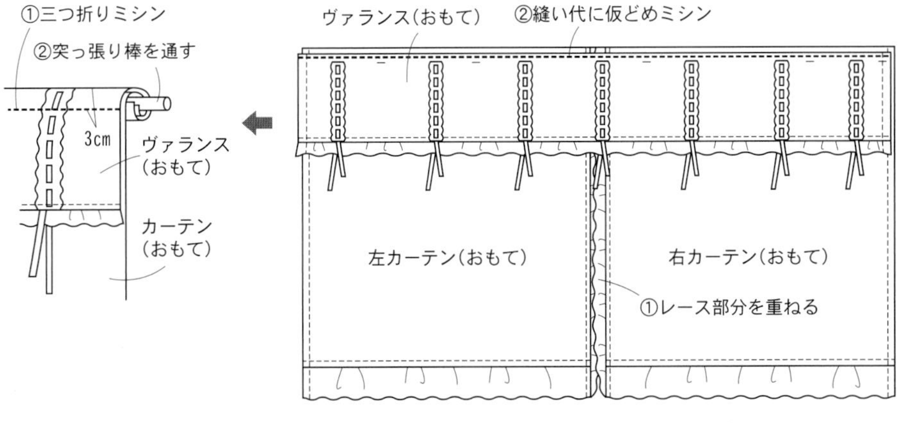

①三つ折りミシン
②突っ張り棒を通す
3cm
ヴァランス(おもて)
カーテン(おもて)
ヴァランス(おもて)
②縫い代に仮どめミシン
左カーテン(おもて)
右カーテン(おもて)
①レース部分を重ねる

4.ボックスに取りつけて、出来上がり。

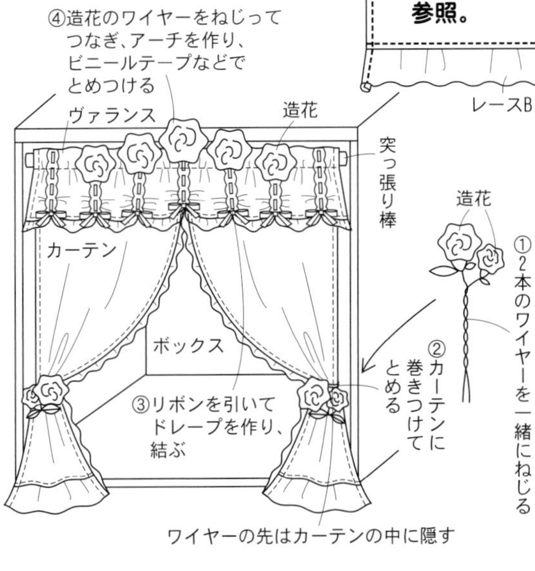

④造花のワイヤーをねじってつなぎ、アーチを作り、ビニールテープなどでとめつける
ヴァランス
造花
突っ張り棒
カーテン
ボックス
③リボンを引いてドレープを作り、結ぶ
造花
①2本のワイヤーを一緒にねじる
②カーテンに巻きつけてとめる
ワイヤーの先はカーテンの中に隠す

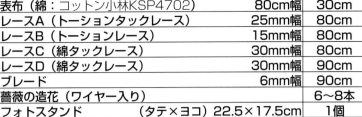

カゴフリルの材料		
表布（綿：コットン小林KSP4702）	100cm幅	50cm
レースA（綿タックレース）	60mm幅	190cm
レースB（トーションレース）	10mm幅	270cm
レースC（綿タックレース）	30mm幅	50cm
リボン（グログランリボン：赤・ピンク）	9mm幅	各70cm
ゴムテープ	6mm幅	70cm
バラの造花（ワイヤー入り）		4〜5本
カゴ	外径27cm	1個

53ページ
36

作り方

1.カバーを作る。

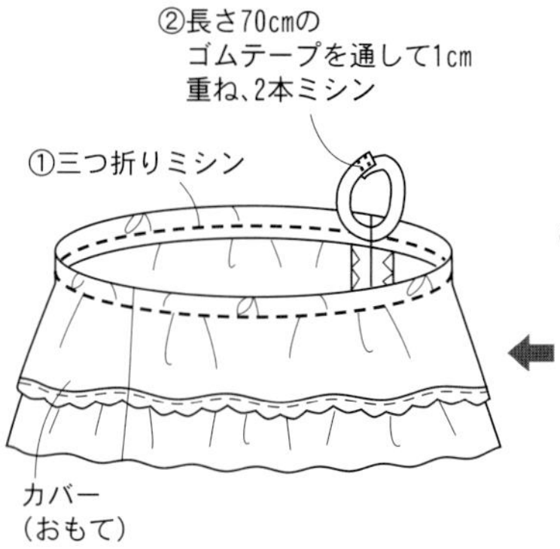
②長さ70cmの
ゴムテープを通して1cm
重ね、2本ミシン
①三つ折りミシン
カバー
（おもて）

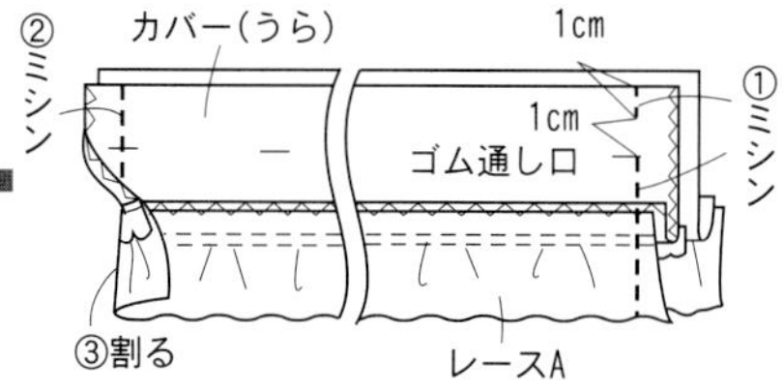
②ミシン
カバー（うら）
1cm
1cm
①ミシン
ゴム通し口
③割る
レースA

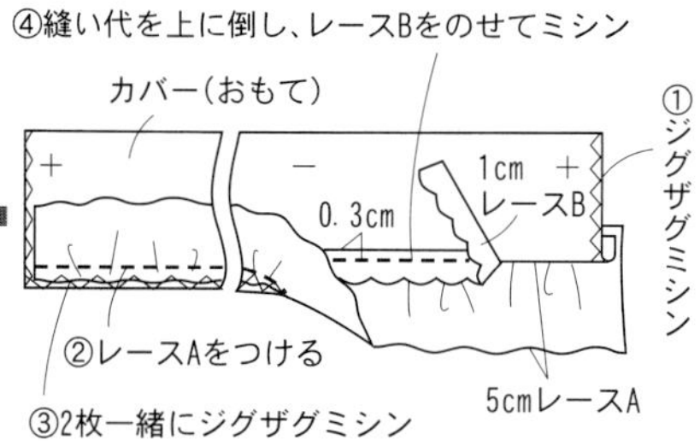
④縫い代を上に倒し、レースBをのせてミシン
カバー（おもて）
①ジグザグミシン
1cm
レースB
0.3cm
②レースAをつける
③2枚一緒にジグザグミシン
5cmレースA

布の裁ち方

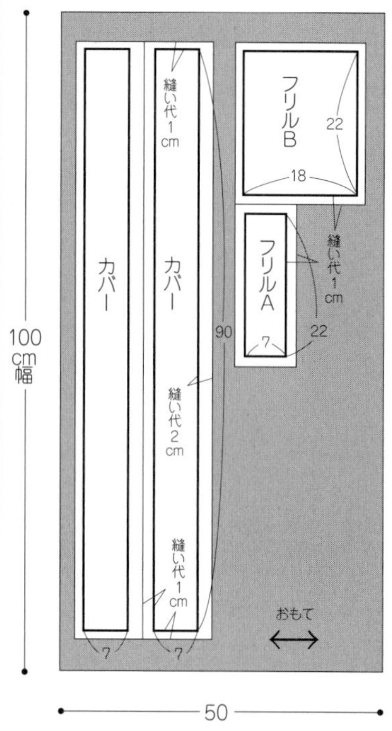
カバー
カバー
縫い代1cm
縫い代2cm
縫い代1cm
フリルB
22
18
縫い代1cm
フリルA
7
22
90
100cm幅
7
7
おもて
50

2.フリルA、フリルBを作り、縫い合わせる。

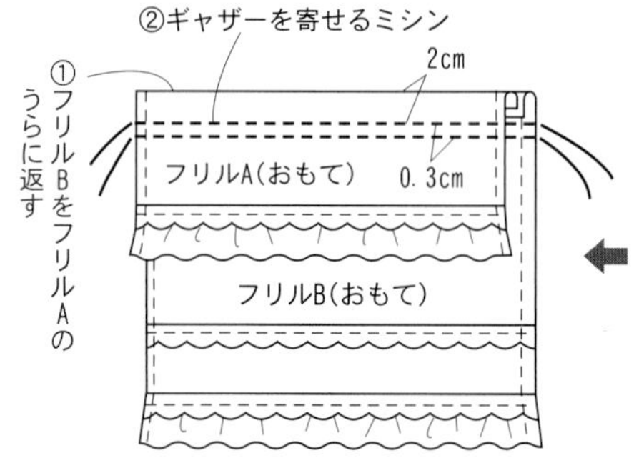
②ギャザーを寄せるミシン
2cm
①フリルBをフリルAのうらに返す
フリルA(おもて)
0.3cm
フリルB(おもて)

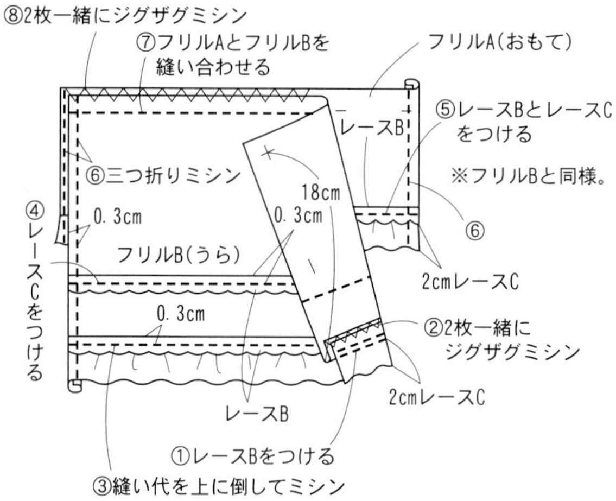
⑧2枚一緒にジグザグミシン
⑦フリルAとフリルBを縫い合わせる
フリルA(おもて)
レースB
⑤レースBとレースCをつける
※フリルBと同様。
⑥三つ折りミシン
④レースCをつける
0.3cm
18cm
0.3cm
⑥
フリルB(うら)
2cmレースC
0.3cm
②2枚一緒にジグザグミシン
レースB
2cmレースC
①レースBをつける
③縫い代を上に倒してミシン

3.フリルに造花をつける。

①造花のワイヤーをねじってまとめる
②リボンを2本一緒に、ワイヤーに結びつける
③ギャザーを寄せたフリルに花のワイヤーを巻きつけてつける
ワイヤー
70cmのリボンを2本

4.カバーとフリルをカゴにつけて、出来上がり。

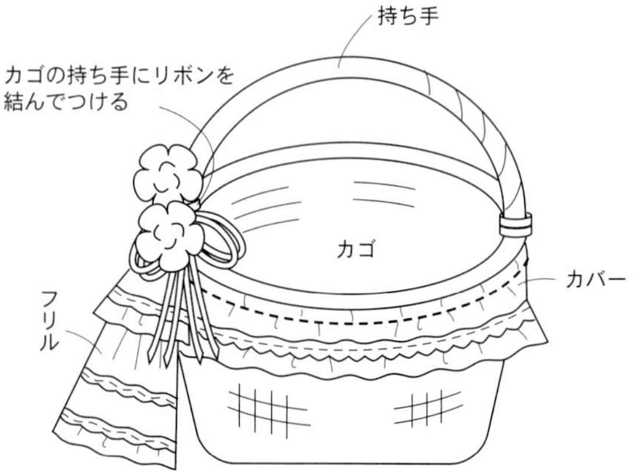
持ち手
カゴの持ち手にリボンを結んでつける
カゴ
カバー
フリル

※飾りはキャンドル本体には直接つけないでください。

※表示した材料の用尺は、外径6cmのキャンドルホルダーの場合です。

材料		
ホルダーつきキャンドル	外径6cm	3個
好みのレース	各種	20.5cm
好みの飾り　サテンリボン	6mm幅	50cm
ブレスレット		1個
花のモチーフなど		4個

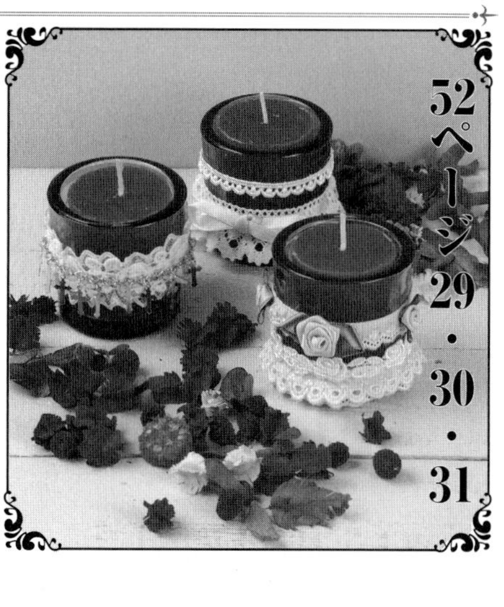
52ページ
29・30・31

作り方

2.飾りをキャンドルホルダーにかぶせる。

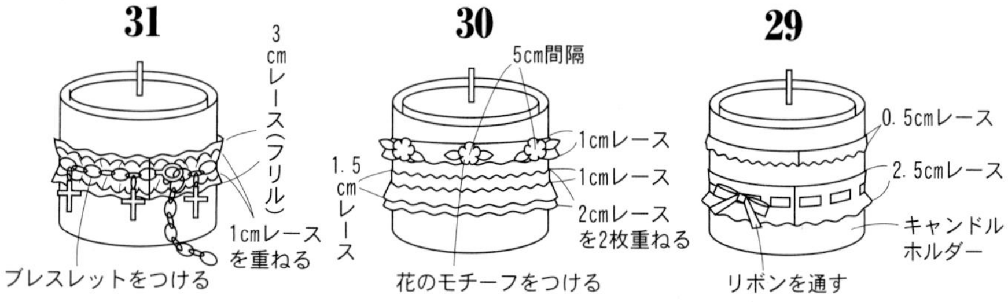
31
3cmレース(フリル)
1cmレースを重ねる
ブレスレットをつける
30
5cm間隔
1cmレース
1cmレース
2cmレースを2枚重ねる
1.5cmレース
花のモチーフをつける
29
0.5cmレース
2.5cmレース
キャンドルホルダー
リボンを通す

1.飾りを作る。

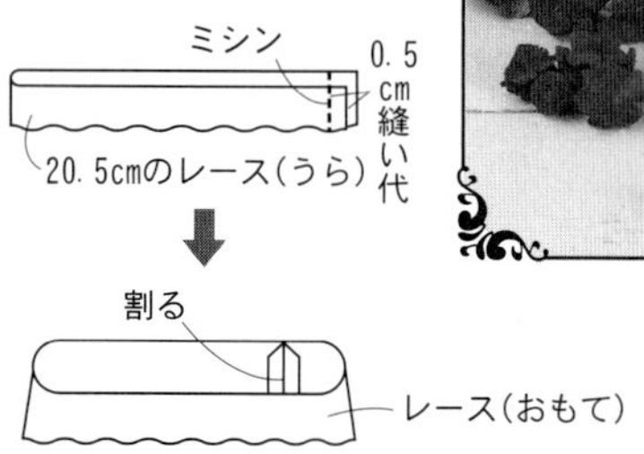
ミシン
0.5cm縫い代
20.5cmのレース(うら)
割る
レース(おもて)

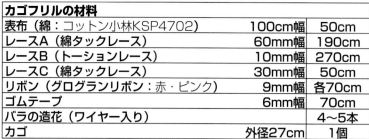

布の裁ち方

A布

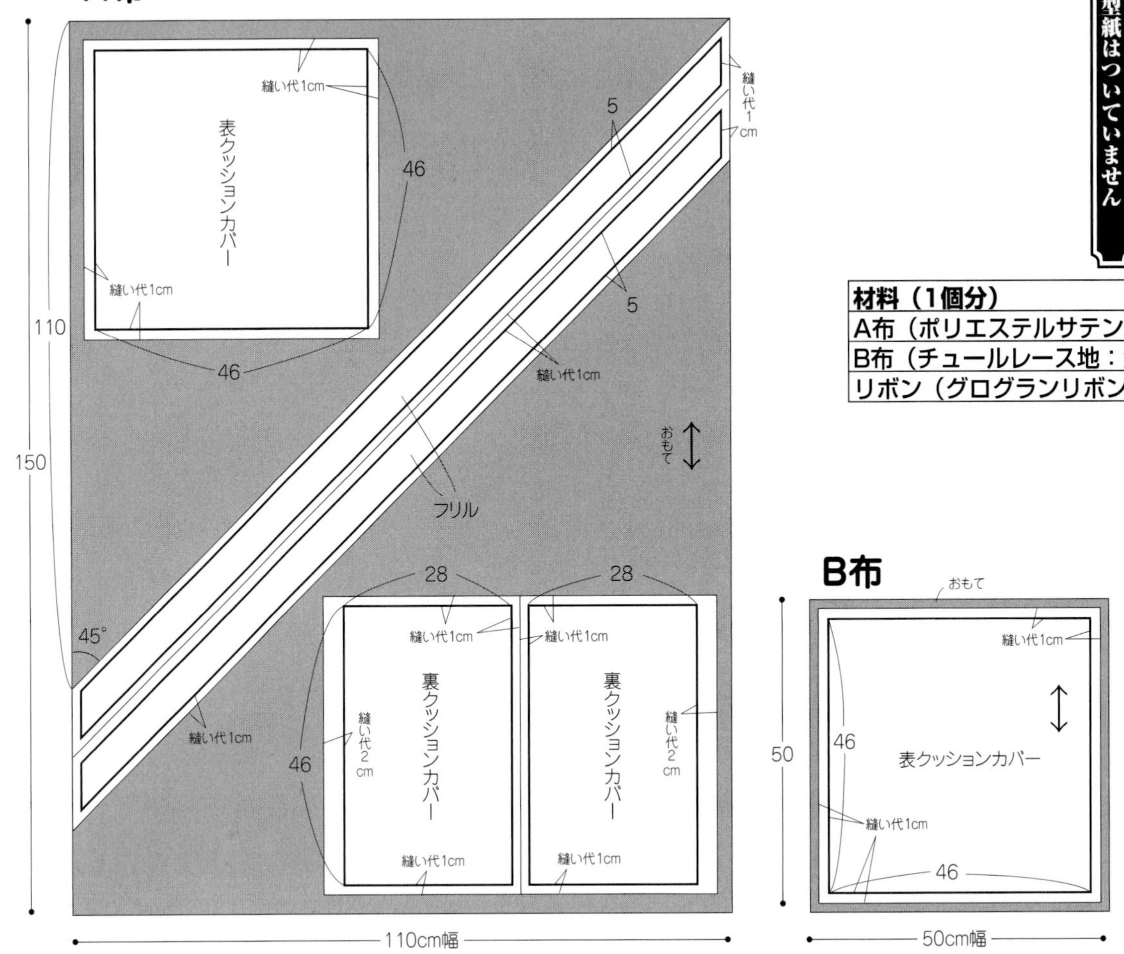

縫い代1cm
表クッションカバー
46
縫い代1cm
46
110
150
5
縫い代1cm
5
縫い代1cm
おもて
フリル
45°
縫い代1cm
28
28
縫い代1cm
縫い代1cm
46
縫い代2cm
裏クッションカバー
裏クッションカバー
縫い代2cm
縫い代1cm
縫い代1cm
110cm幅
B布
おもて
縫い代1cm
50
46
表クッションカバー
縫い代1cm
46
50cm幅

型紙はついていません

52ページ32・33

材料（1個分）		
A布（ポリエステルサテン）	110cm幅	150cm
B布（チュールレース地：大喜#-2204）	50cm幅	50cm
リボン（グログランリボン）	25mm幅	140cm

作り方

1.フリルを作る。

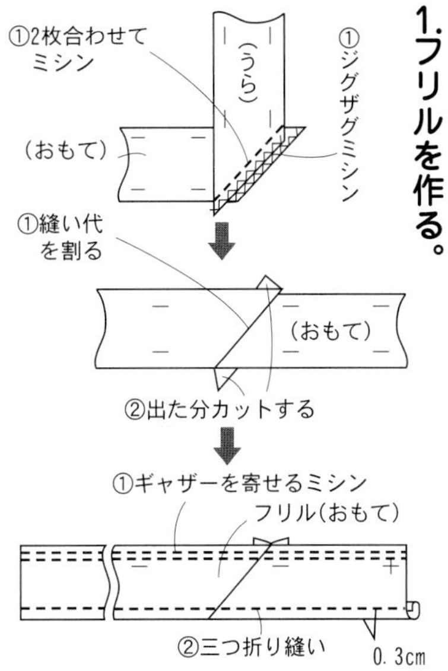

①2枚合わせてミシン
(うら)
①ジグザグミシン
(おもて)
①縫い代を割る
(おもて)
②出た分カットする
①ギャザーを寄せるミシン
フリル(おもて)
②三つ折り縫い
0.3cm

2.表クッションカバーにフリルをつける。

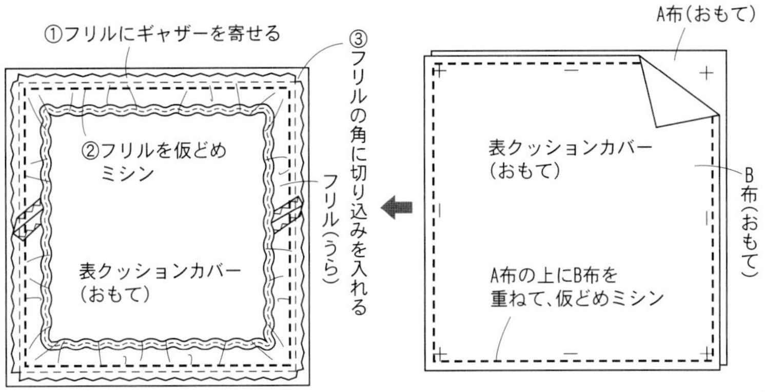

A布(おもて)
表クッションカバー(おもて)
B布(おもて)
A布の上にB布を重ねて、仮どめミシン
①フリルにギャザーを寄せる
③フリルの角に切り込みを入れる
②フリルを仮どめミシン
フリル(うら)
表クッションカバー(おもて)

3.表クッションカバーと裏クッションカバーを縫い合わせる。

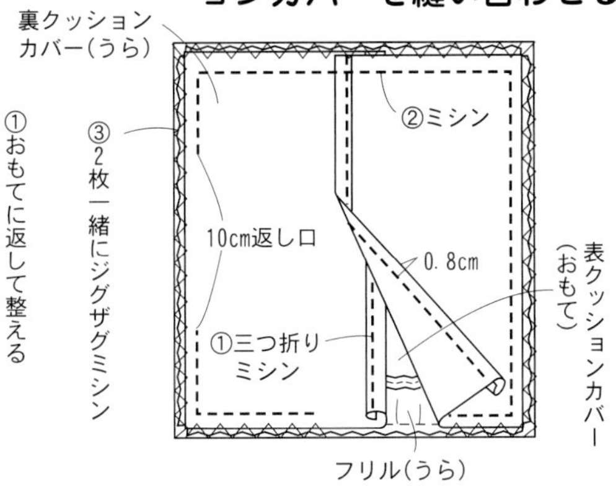

裏クッションカバー(うら)
②ミシン
③2枚一緒にジグザグミシン
10cm返し口
0.8cm
表クッションカバー(おもて)
①三つ折りミシン
フリル(うら)

4.おもてに返して、リボンをつけて出来上がり。

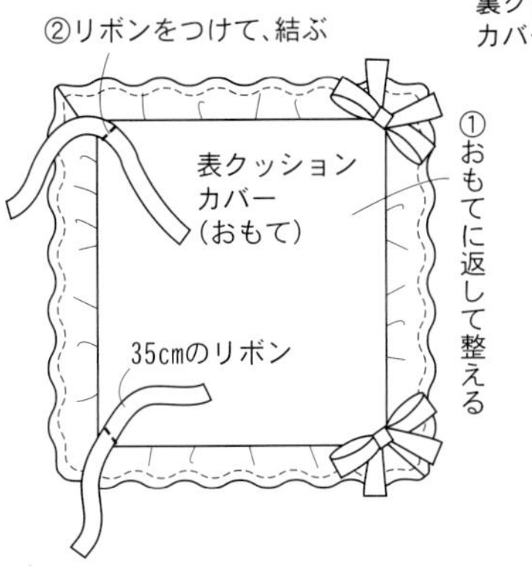

②リボンをつけて、結ぶ
表クッションカバー(おもて)
①おもてに返して整える
35cmのリボン

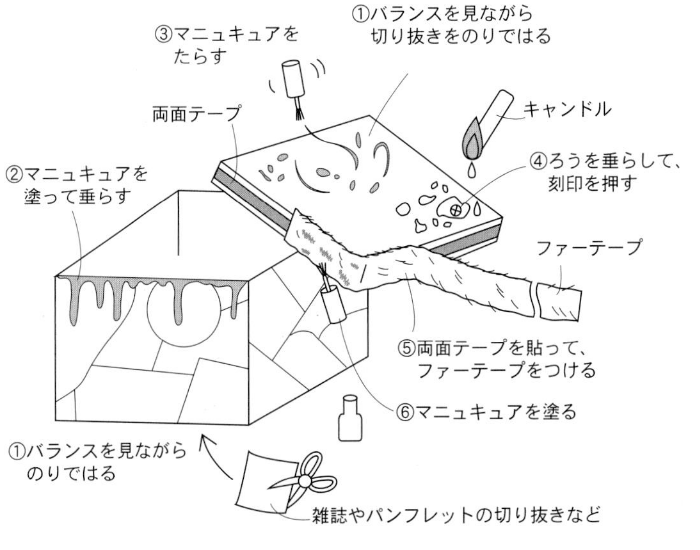

③マニュキュアをたらす
①バランスを見ながら切り抜きをのりではる
キャンドル
両面テープ
②マニュキュアを塗って垂らす
④ろうを垂らして、刻印を押す
ファーテープ
⑤両面テープを貼って、ファーテープをつける
⑥マニュキュアを塗る
①バランスを見ながらのりではる
雑誌やパンフレットの切り抜きなど

55ページ41・42

材料		
ふたつきの空き箱		2個
切り抜き（雑誌やパンフレットなど）		適宜
ファーテープ	25cm幅	適宜
マニキュア（赤・黒）		各1本
キャンドル（赤）		1本
両面テープ		適宜
刻印のスタンプ		

布の裁ち方

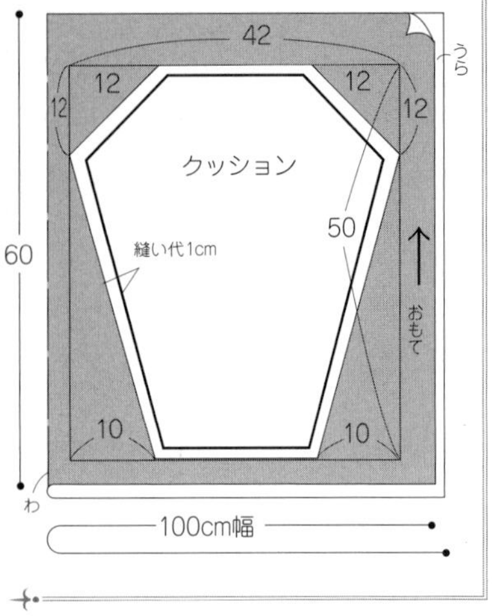

42
12
12
12
12
うら
クッション
60
50
縫い代1cm
おもて
10
10
わ
100cm幅

材料（1個分）		
表布（ビロード）	100cm幅	60cm
フェルト	15cm幅	20cm
わた（ポリウレタン）		590g

54ページ39・40

作り方

1.クッションにアップリケをつける。

2.おもて同士を合わせて、ミシン。

3.わたを入れて整え、返し口を縫う。

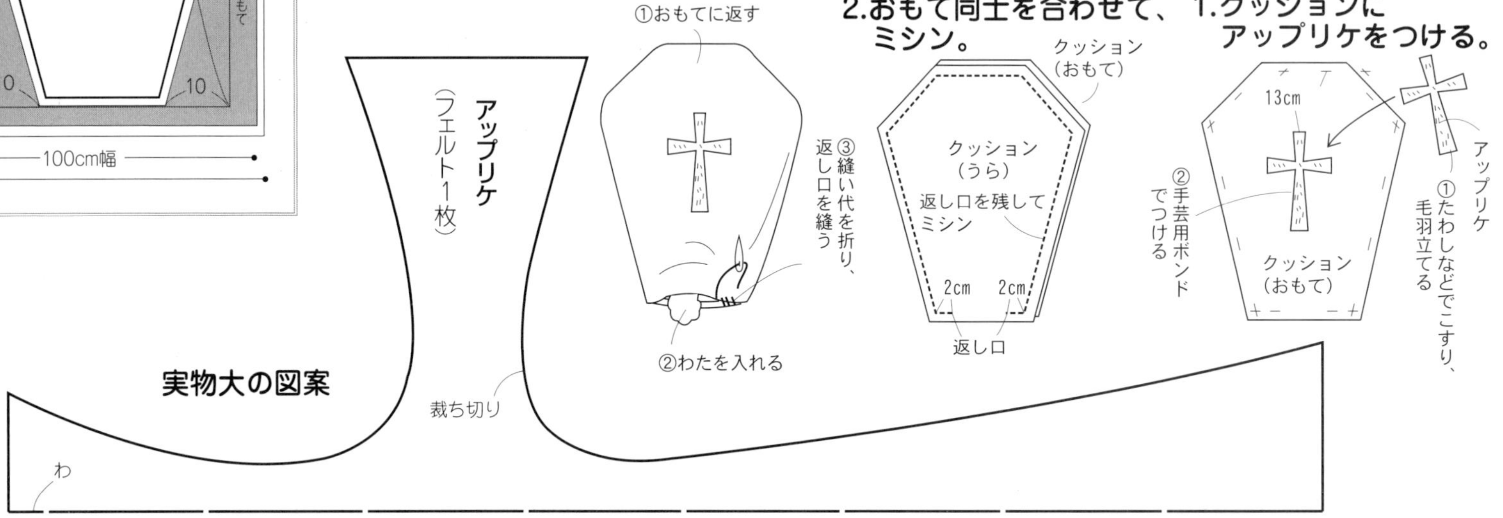

①おもてに返す
③縫い代を折り、返し口を縫う
②わたを入れる
クッション（おもて）
クッション（うら）
返し口を残してミシン
2cm
2cm
返し口
13cm
②手芸用ボンドでつける
アップリケ
①たわしなどでこすり、毛羽立てる
クッション（おもて）
実物大の図案
アップリケ（フェルト1枚）
裁ち切り
わ

ゴシックミラーの材料		
フレームつきの鏡	（タテ×ヨコ）16×26cm	1個
鏡	9.5×13.5cm	1個
スプレー式のペンキ（ゴールド）		1本
マニキュアかアクリル絵の具（黒）		1本
わた		適宜
飾り（蜘蛛など）		1個

バラ飾りの材料	
造花のリース（ワイヤー入り）	1個
スプレー式のペンキ（ゴールド・グレーの2色）	各1個

54ページ37・38

バラ飾りの作り方

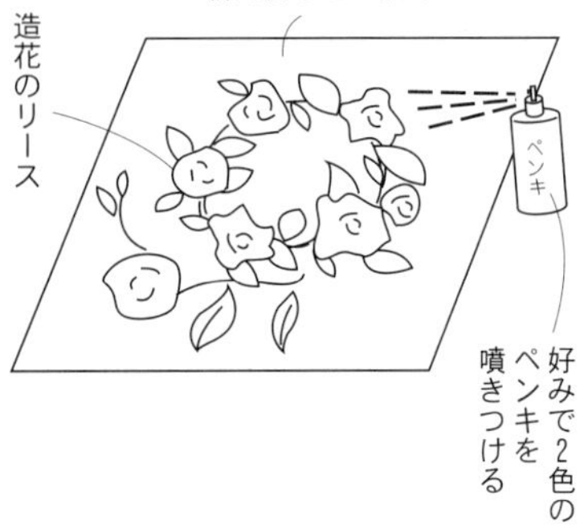

新聞紙などを敷く
造花のリース
ペンキ
好みで2色のペンキを噴きつける

※スプレーする時は周囲を汚さないよう、新聞紙などを下に敷いてください。

ゴシックミラー作り方

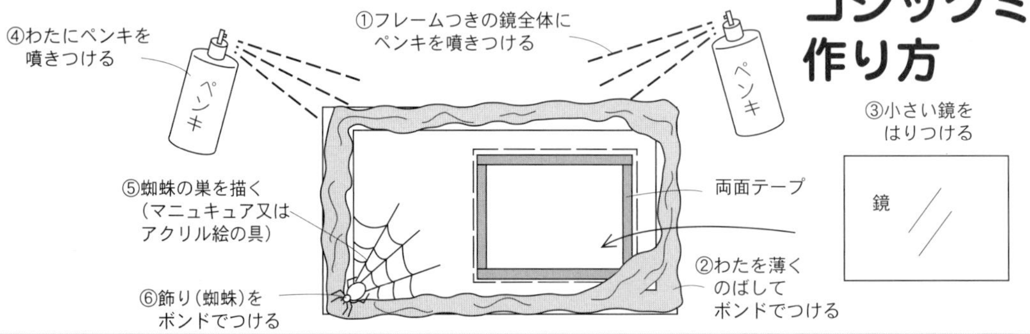

④わたにペンキを噴きつける
①フレームつきの鏡全体にペンキを噴きつける
ペンキ
ペンキ
③小さい鏡をはりつける
鏡
両面テープ
⑤蜘蛛の巣を描く（マニュキュア又はアクリル絵の具）
②わたを薄くのばしてボンドでつける
⑥飾り（蜘蛛）をボンドでつける

材料		
ふたつきのびん	高さ 10cm・16cm	各1個
スプレー式のペンキ（グレー）		1本
キャンドル（赤・白）		各1本
切り抜き（英字新聞など）		適宜
マニキュア（赤）		各1本
飾り（蜘蛛や十字架）		1個

55ページ43・44

作り方

⑤ろうを垂らして刻印を押す
④ふたにマニキュアを塗る
ふた
⑤飾り（蜘蛛など）をつける
キャンドル
③ろうをたらす
①切り抜き（英字新聞など）を両面テープではる
②マニキュアを塗ってたらす
底にペンキを噴きつけ、乾かす
ペンキ
びん
新聞紙などを敷く

※スプレーする時は周囲を汚さないよう、新聞紙などを下に敷いてください。

材料		S	M	L	LL
A布（綿ツイル：コットンこばやしKSP3462）	112cm幅	6m40cm	6m50cm	6m60cm	6m70cm
B布（綿サテン）	106cm幅	60cm	60cm	60cm	60cm
接着芯	90cm幅	80cm	80cm	80cm	80cm
厚手接着芯	20cm幅	20cm	20cm	20cm	20cm
ボタン	13mm	4個	4個	4個	4個
レースA（トーションフリルレース：ハマナカ923）	30mm幅	6m40cm	6m50cm	6m60cm	6m70cm
レースB（トーションフリルレース：ハマナカ951）	45mm幅	6m40cm	6m60cm	6m80cm	7m10cm
レースC（トーションレース：ハマナカ816）	20mm幅	1m50cm	1m50cm	1m50cm	1m50cm
リボン（ベルベットリボン：ハマナカ3000）	12mm幅	2m70cm	2m80cm	2m90cm	3m
バイアステープ	12mm幅	1m30cm	1m30cm	1m30cm	1m30cm
コンシールファスナー	56cm	1本	1本	1本	1本
ゴムテープ	5mm幅	40cm	40cm	40cm	40cm
カギホック（小）		2個	2個	2個	2個

ワンピース　実物大の型紙B面

ボンネット　実物大の型紙B面

2ページ1

数字の見方
上から順に
Sサイズ
Mサイズ
Lサイズ
LLサイズ
1つしかない
数字は共通

ワンピースの製図

▒＝実物大の型紙
（23ページ17　製図118ページ）

※パニエ（16ページ）を使用します。

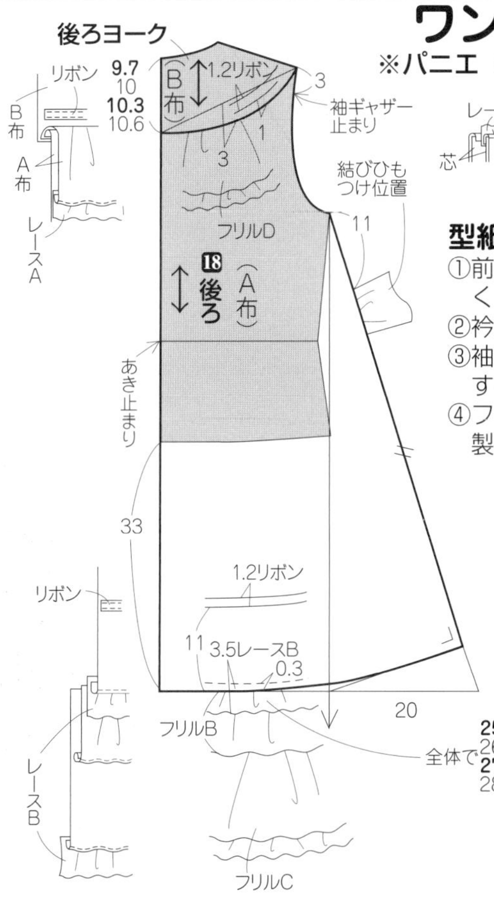

後ろヨーク
リボン
9.7
10
10.3
10.6
B布
A布
レースA
1.2リボン
3
袖ギャザー止まり
1
結びひもつけ位置
フリルD
11
18 後ろ（A布）
あき止まり
33
1.2リボン
3.5レースB
0.3
フリルB
レースB
フリルC
20
全体で250 260 270 280cmのレースBにギャザーを寄せてつける

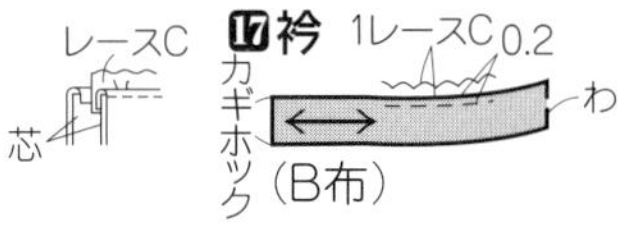

レースC
17 衿
1レースC
0.2
わ
芯
カギホック
（B布）

型紙のアレンジ方法

①前身頃と後ろ身頃の丈を長くして、裾幅を広くする。
②衿はそのまま使用する。
③袖下線のカーブを緩やかにする。
④フリルA～D、結びひもは製図する。

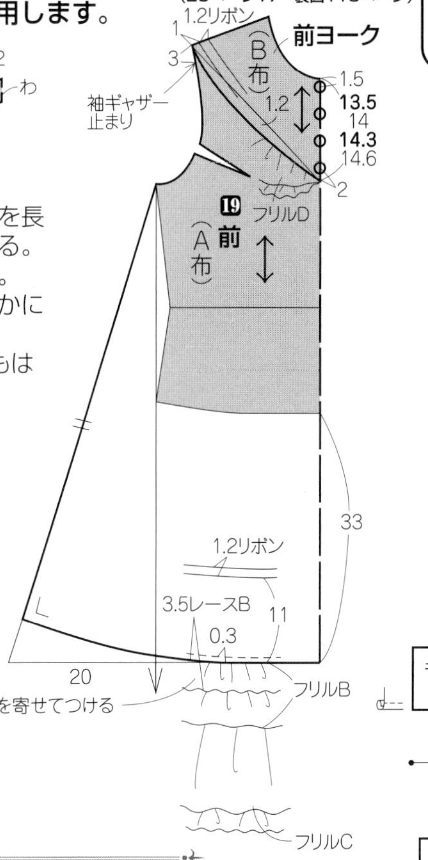

1.2リボン
1
3
前ヨーク
B布
袖ギャザー止まり
1.5
1.2
13.5
14
14.3
14.6
2
19 前（A布）
フリルD
33
1.2リボン
3.5レースB
0.3
11
20
フリルB
フリルC

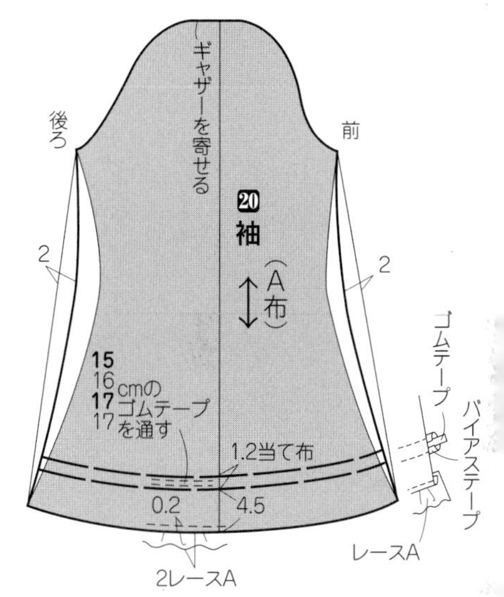

後ろ
前
ギャザーを寄せる
20 袖（A布）
2
2
ゴムテープ
バイアステープ
15
16
17
17
cmのゴムテープを通す
1.2当て布
0.2
4.5
レースA
2レースA

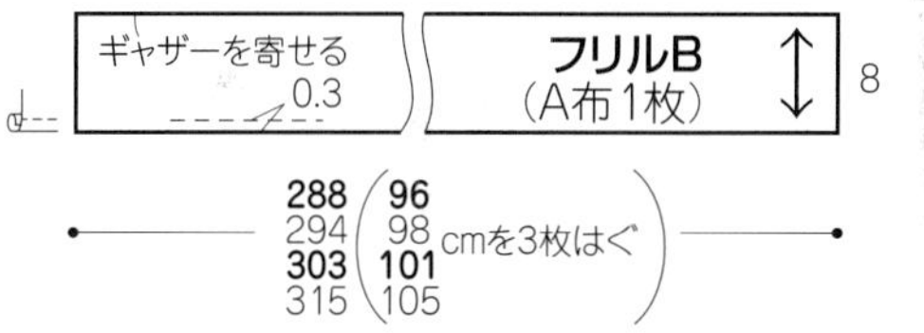

ギャザーを寄せる
0.3
フリルB（A布1枚）
8
288 294 303 315（96 98 101 105）cmを3枚はぐ

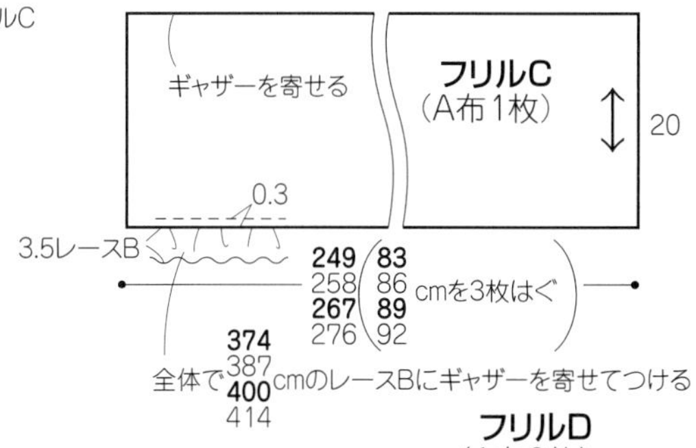

ギャザーを寄せる
フリルC（A布1枚）
20
0.3
3.5レースB
249 258 267 276（83 86 89 92）cmを3枚はぐ
全体で374 387 400 414cmのレースBにギャザーを寄せてつける

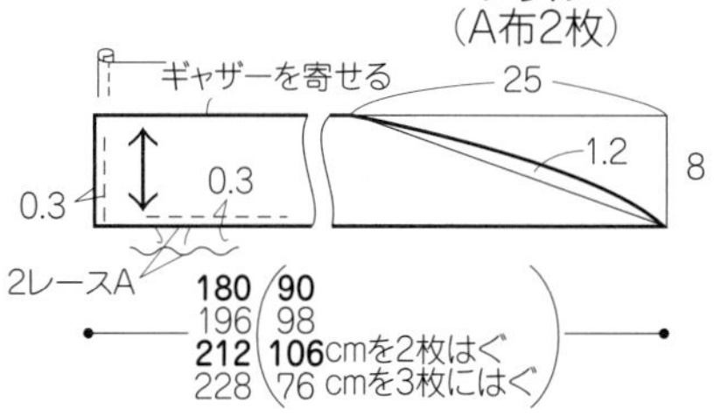

フリルD（A布2枚）
ギャザーを寄せる
25
1.2
8
0.3
0.3
2レースA
180 196 212 228（90 98 106 76）cmを2枚はぐ cmを3枚にはぐ

ボンネットの製図

▒＝実物大の型紙
（12ページ11　製図134ページ）

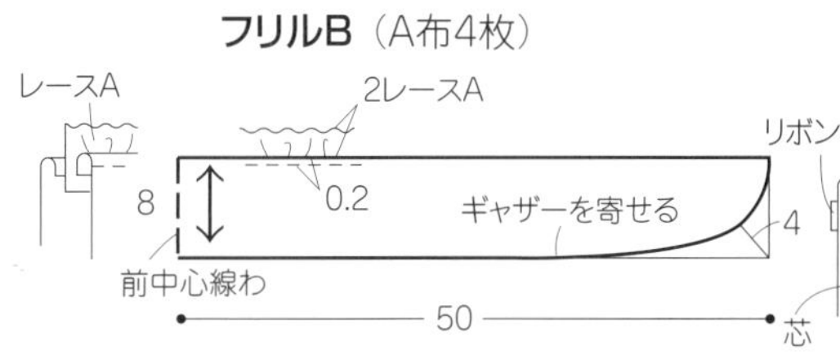

フリルB（A布4枚）
レースA
2レースA
リボン
8
0.2
ギャザーを寄せる
4
前中心線わ
50
芯

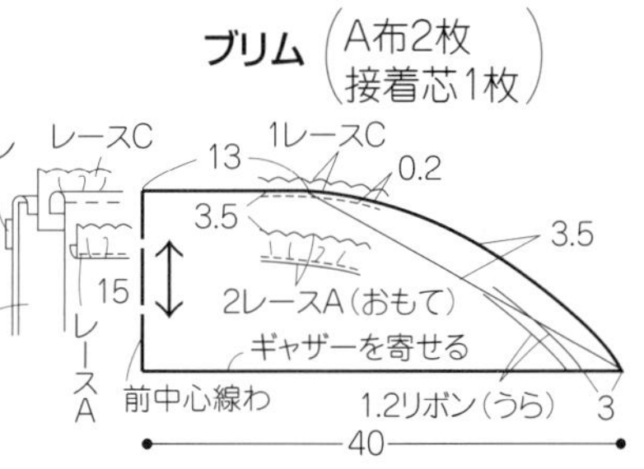

ブリム（A布2枚 接着芯1枚）
レースC
13
1レースC
0.2
3.5
3.5
15
2レースA（おもて）
ギャザーを寄せる
レースA
前中心線わ
1.2リボン（うら）
3
40

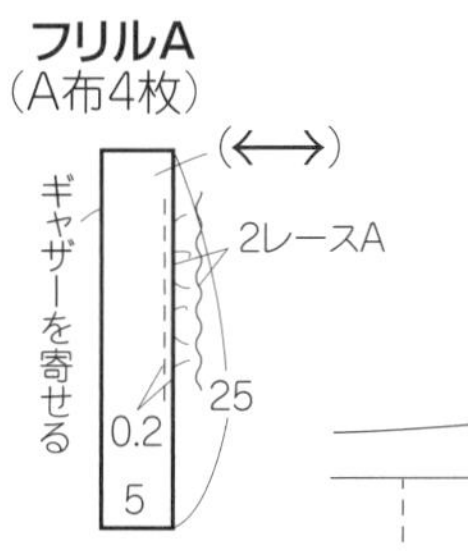

フリルA（A布4枚）
ギャザーを寄せる
2レースA
25
0.2
5

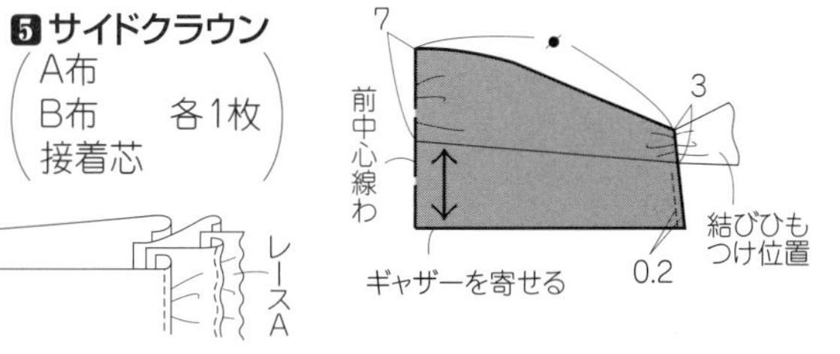

5 サイドクラウン
A布
B布　各1枚
接着芯
7
前中心線わ
3
結びひもつけ位置
ギャザーを寄せる
0.2
レースA

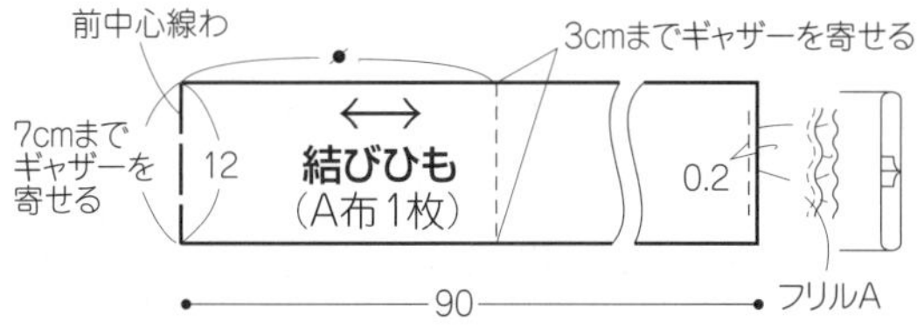

前中心線わ
3cmまでギャザーを寄せる
7cmまでギャザーを寄せる
12
結びひも（A布1枚）
0.2
90
フリルA

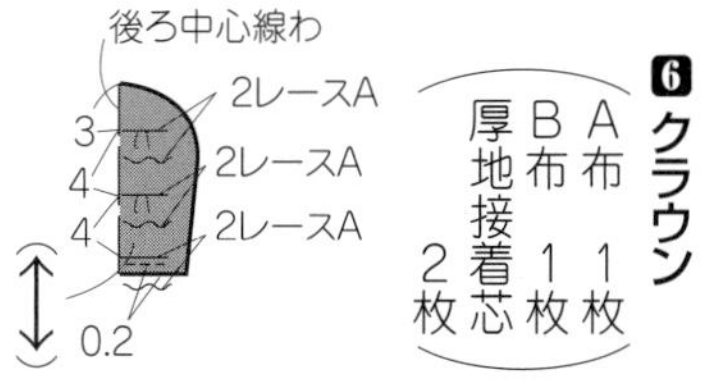

後ろ中心線わ
2レースA
2レースA
2レースA
3
4
4
0.2
6 クラウン
A布 1枚
B布 1枚
厚地接着芯 2枚

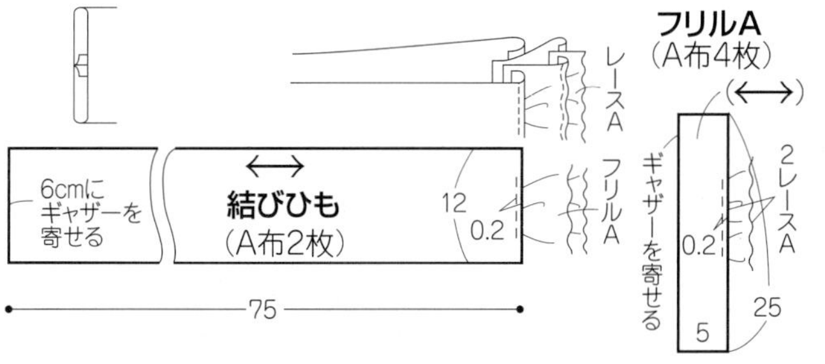

6cmにギャザーを寄せる
結びひも（A布2枚）
12
0.2
75
レースA
フリルA
フリルA（A布4枚）
ギャザーを寄せる
2レースA
0.2
25
5

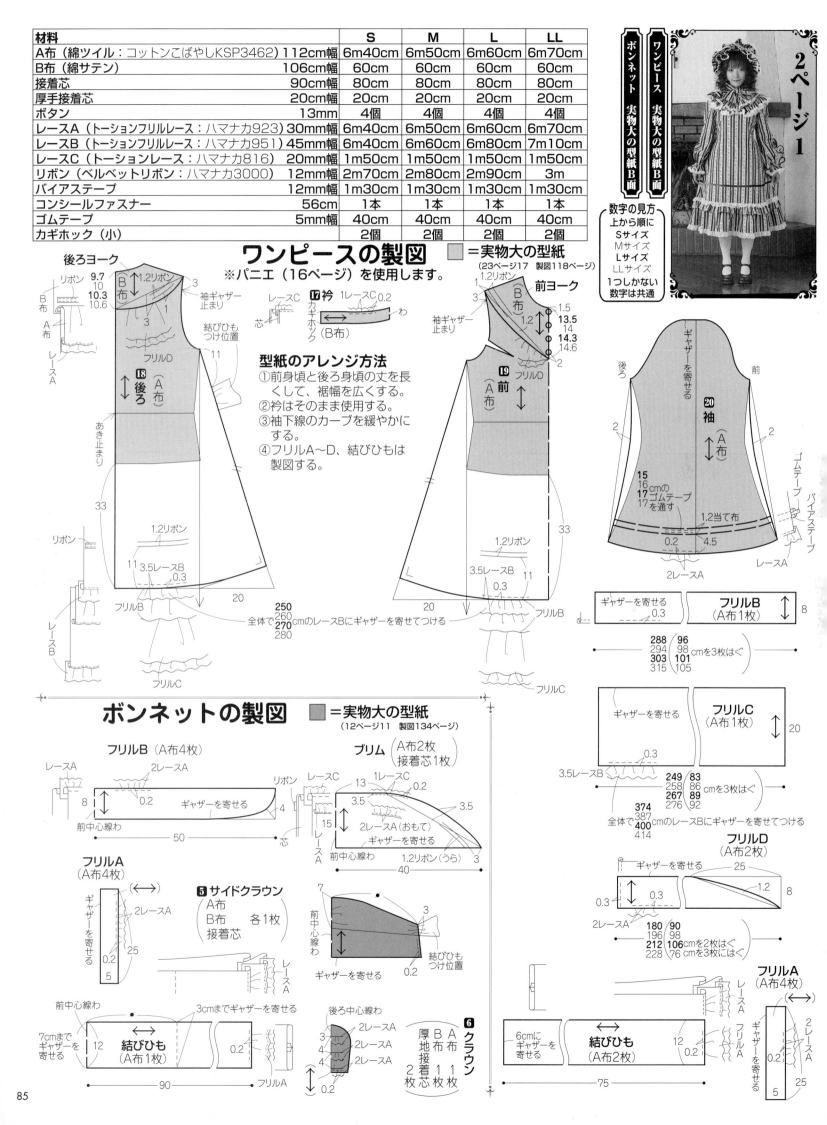

布の裁ち方

□＝接着芯をはる位置

数字のないところは1cmの縫い代をつけます。

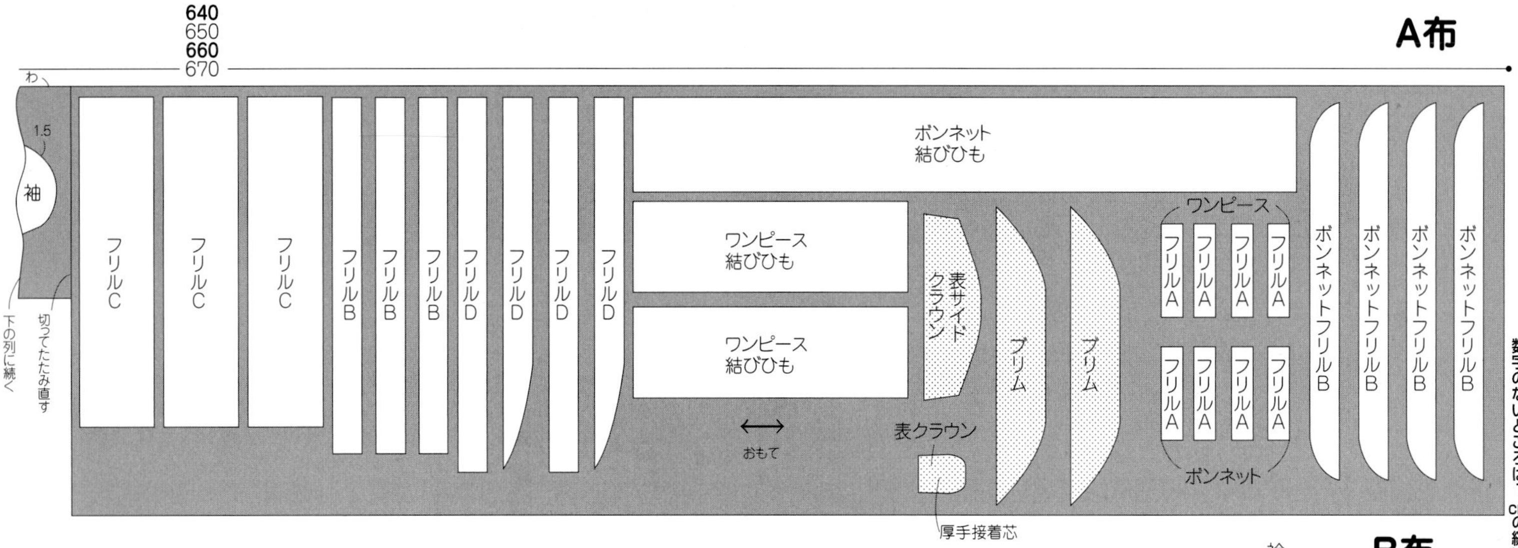
A布
640
650
660
670
わ
1.5
袖
下の列に続く
切ってたたみ直す
フリルC
フリルC
フリルC
フリルB
フリルB
フリルB
フリルD
フリルD
フリルD
フリルD
ボンネット結びひも
ワンピース結びひも
ワンピース結びひも
おもて
表サイドクラウン
表クラウン
厚手接着芯
ブリム
ブリム
ワンピース
フリルA
フリルA
フリルA
フリルA
フリルA
フリルA
フリルA
フリルA
ボンネット
ボンネットフリルB
ボンネットフリルB
ボンネットフリルB
ボンネットフリルB

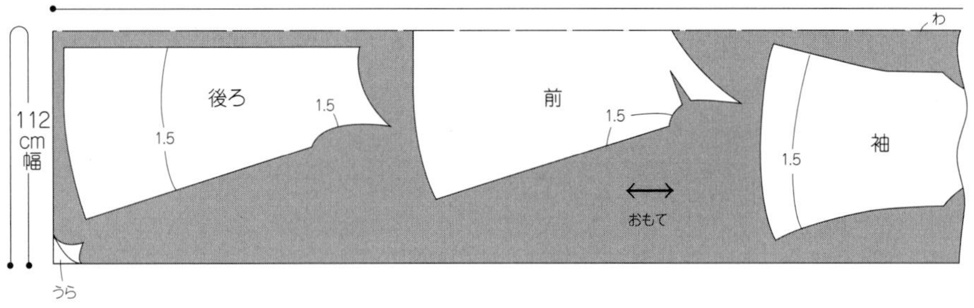
わ
112cm幅
後ろ
1.5
1.5
前
1.5
袖
1.5
おもて
うら

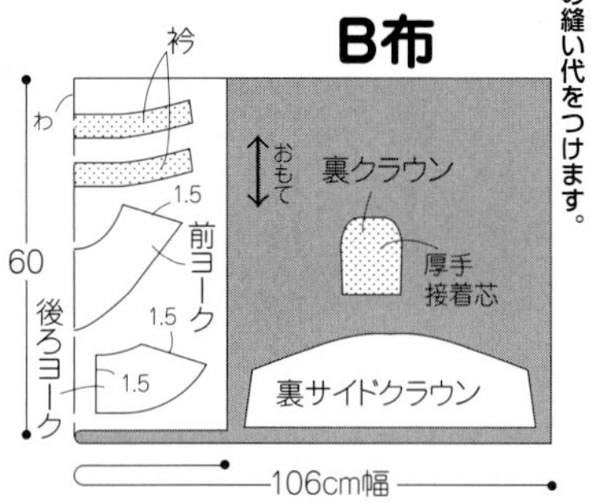
B布
衿
わ
60
おもて
裏クラウン
厚手接着芯
1.5
前ヨーク
後ろヨーク
1.5
1.5
裏サイドクラウン
106cm幅

ボンネットの作り方

1.フリルBを作る。

※同様にもう1枚作る。

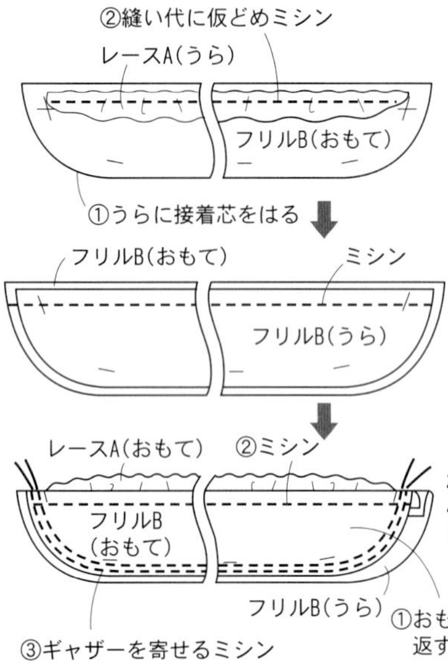
②縫い代に仮どめミシン
レースA(うら)
フリルB(おもて)
①うらに接着芯をはる
フリルB(おもて)
ミシン
フリルB(うら)
レースA(おもて)
②ミシン
フリルB
(おもて)
フリルB(うら)
①おもてに返す
③ギャザーを寄せるミシン

2.ブリムを作る。

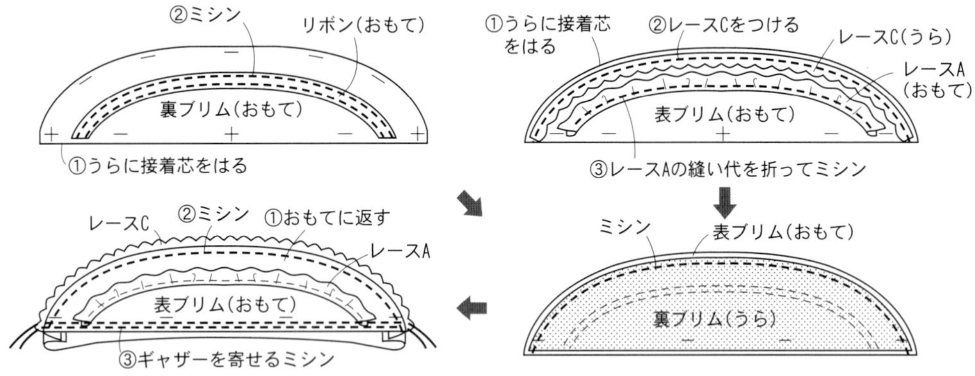
②ミシン
リボン(おもて)
裏ブリム(おもて)
①うらに接着芯をはる
①うらに接着芯をはる
②レースCをつける
レースC(うら)
レースA
(おもて)
表ブリム(おもて)
③レースAの縫い代を折ってミシン
ミシン
表ブリム(おもて)
裏ブリム(うら)
レースC
②ミシン
①おもてに返す
レースA
表ブリム(おもて)
③ギャザーを寄せるミシン

3.表クラウンにレースをつける。

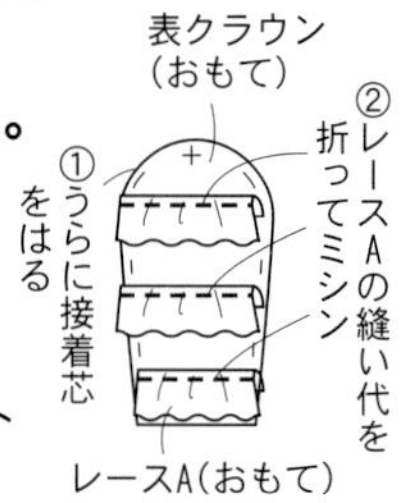
表クラウン
(おもて)
①うらに接着芯をはる
②レースAの縫い代を折ってミシン
レースA(おもて)

※同様に裏クラウンと裏サイドクラウンを縫い合わせる。(裏サイドクラウンには接着芯をはらない)

4.表クラウンと表サイドクラウンを縫い合わせる。

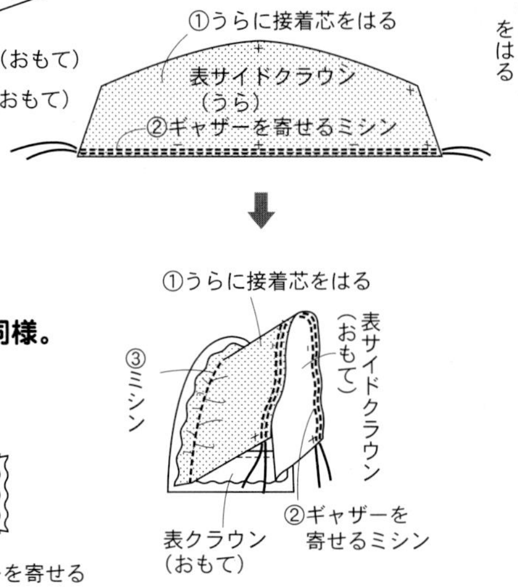
①うらに接着芯をはる
表サイドクラウン
(うら)
②ギャザーを寄せるミシン
①うらに接着芯をはる
表サイドクラウン
(おもて)
③ミシン
②ギャザーを寄せるミシン
表クラウン
(おもて)

5.表サイドクラウンとフリルBを縫い合わせる。

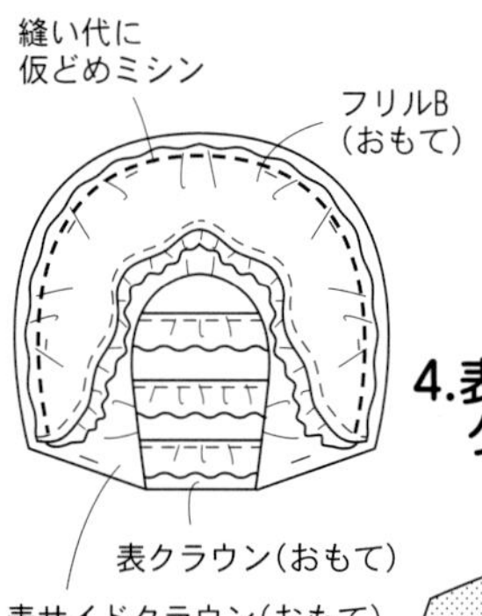
縫い代に
仮どめミシン
フリルB
(おもて)
表クラウン(おもて)
表サイドクラウン(おもて)

6.裏サイドクラウンとフリルBを縫い合わせ、ブリムをつける。

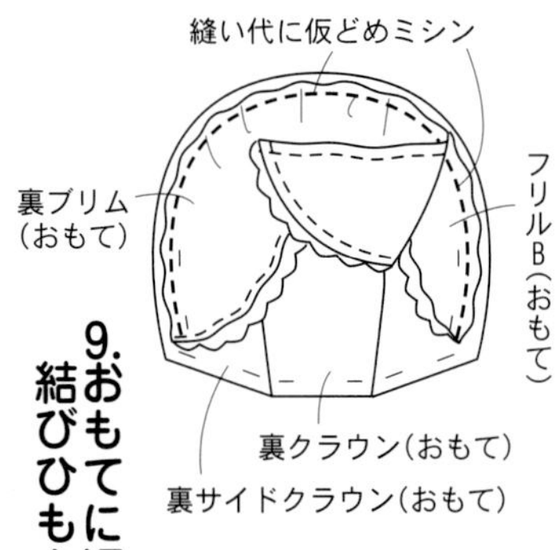
縫い代に仮どめミシン
裏ブリム
(おもて)
フリルB(おもて)
裏クラウン(おもて)
裏サイドクラウン(おもて)

7.表サイドクラウンとブリム・裏クラウンを縫い合わせる。

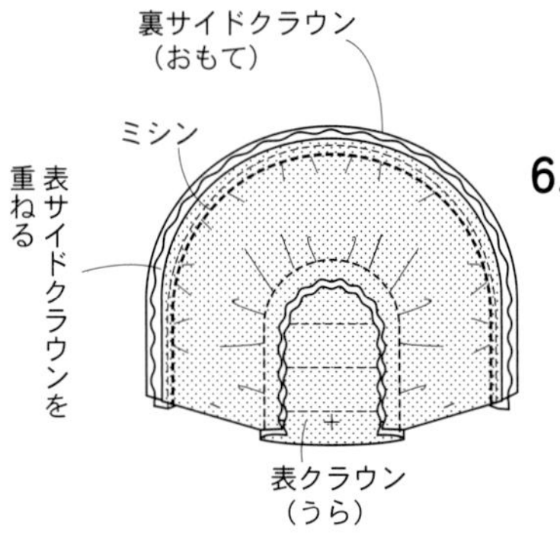
裏サイドクラウン
(おもて)
ミシン
表サイドクラウンを重ねる
表クラウン
(うら)

8.結びひもを作る。

※作り方は87ページの結びひもと同様。

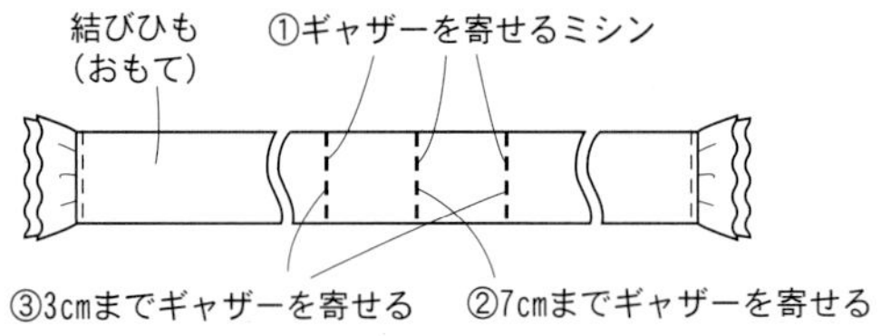
結びひも
(おもて)
①ギャザーを寄せるミシン
③3cmまでギャザーを寄せる
②7cmまでギャザーを寄せる

9.おもてに返し、結びひもをつける。

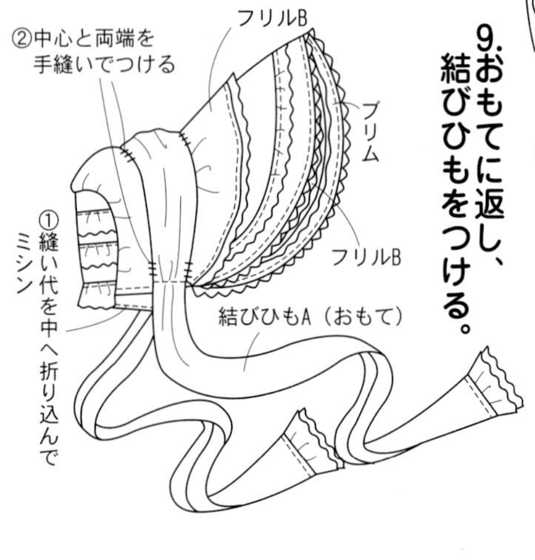
フリルB
②中心と両端を手縫いでつける
ブリム
フリルB
①縫い代を中へ折り込んでミシン
結びひもA（おもて）

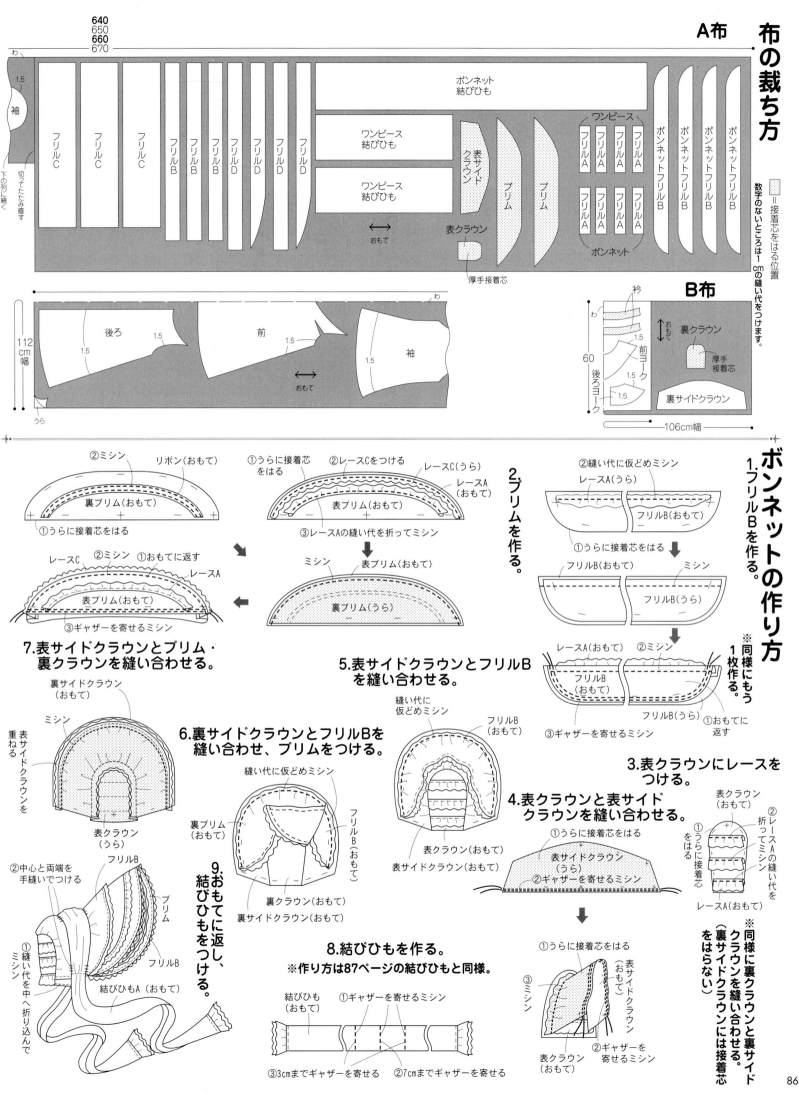

ワンピースの作り方

1.結びひもを作る。

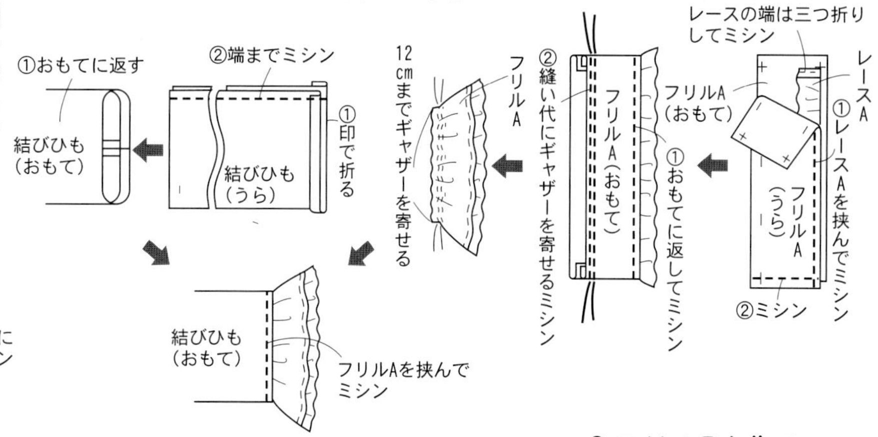

レースの端は三つ折りしてミシン
レースA
フリルA(おもて)
①レースAを挟んでミシン
フリルA(うら)
フリルA
②ミシン
①おもてに返してミシン
フリルA(おもて)
②縫い代にギャザーを寄せるミシン
フリルA
12cmまでギャザーを寄せる
①印で折る
②端までミシン
結びひも(うら)
①おもてに返す
結びひも(おもて)
結びひも(おもて)
フリルAを挟んでミシン

2.袖を作る。

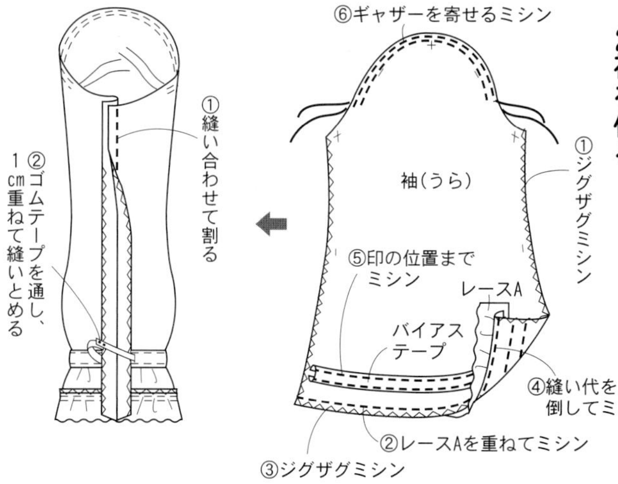

⑥ギャザーを寄せるミシン
①ジグザグミシン
袖(うら)
⑤印の位置までミシン
レースA
バイアステープ
④縫い代を上に倒してミシン
②レースAを重ねてミシン
③ジグザグミシン
①縫い合わせて割る
②ゴムテープを通し、1cm重ねて縫いとめる

3.フリルBを作る。

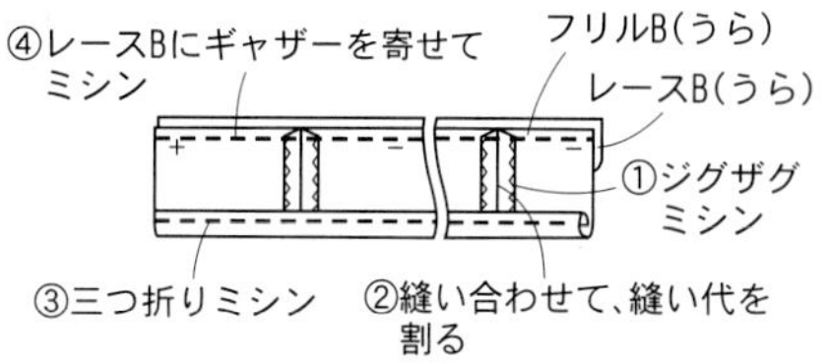

④レースBにギャザーを寄せてミシン
フリルB(うら)
レースB(うら)
①ジグザグミシン
③三つ折りミシン
②縫い合わせて、縫い代を割る

4.フリルCを作る。

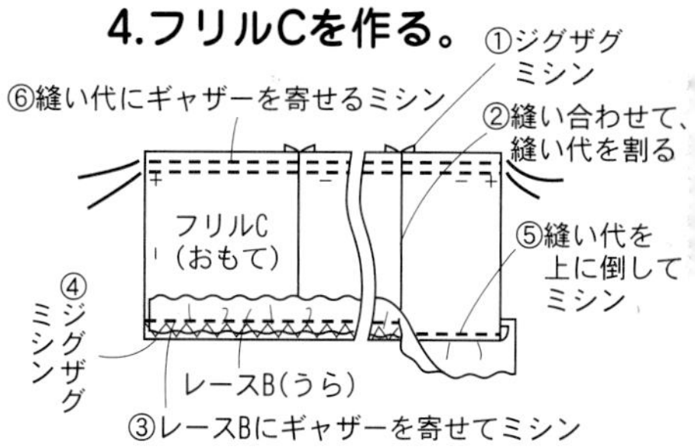

①ジグザグミシン
⑥縫い代にギャザーを寄せるミシン
②縫い合わせて、縫い代を割る
フリルC(おもて)
⑤縫い代を上に倒してミシン
④ジグザグミシン
レースB(うら)
③レースBにギャザーを寄せてミシン

5.フリルDを作る。

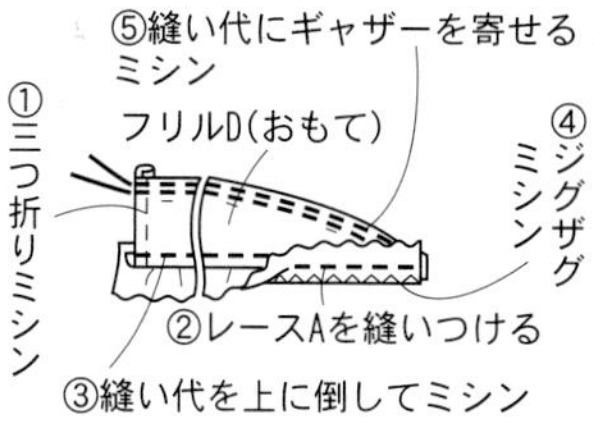

⑤縫い代にギャザーを寄せるミシン
①三つ折りミシン
フリルD(おもて)
④ジグザグミシン
②レースAを縫いつける
③縫い代を上に倒してミシン

6.ヨークを作る。

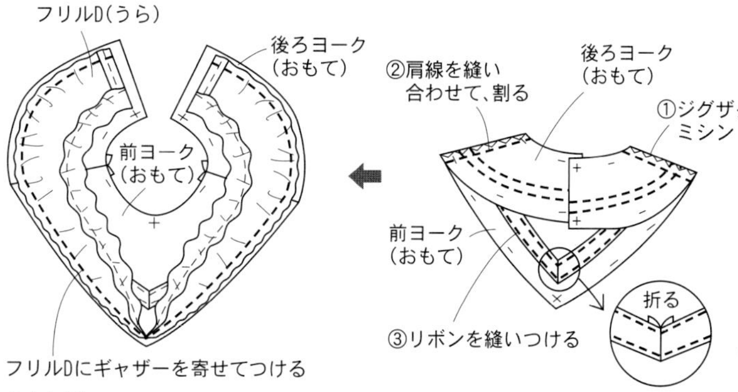

フリルD(うら)
後ろヨーク(おもて)
前ヨーク(おもて)
フリルDにギャザーを寄せてつける
②肩線を縫い合わせて、割る
後ろヨーク(おもて)
①ジグザグミシン
前ヨーク(おもて)
折る
③リボンを縫いつける

7.身頃を作る。

後ろ(おもて)
③肩を縫い合わせ割る
①
①ジグザグミシン
②ダーツを縫い、縫い代を上へ倒す
前(うら)
④結びひもBをはさみ、脇線を縫い合わせ、割る
結びひも

8.身頃にヨークをつける。

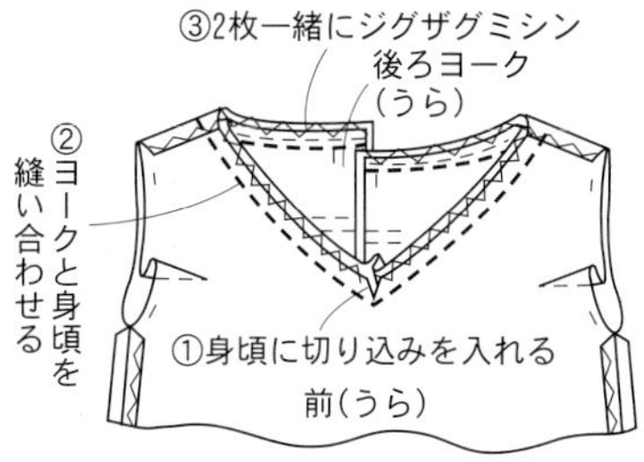

③2枚一緒にジグザグミシン
後ろヨーク(うら)
②ヨークと身頃を縫い合わせる
①身頃に切り込みを入れる
前(うら)

9.コンシールファスナーと袖をつける。

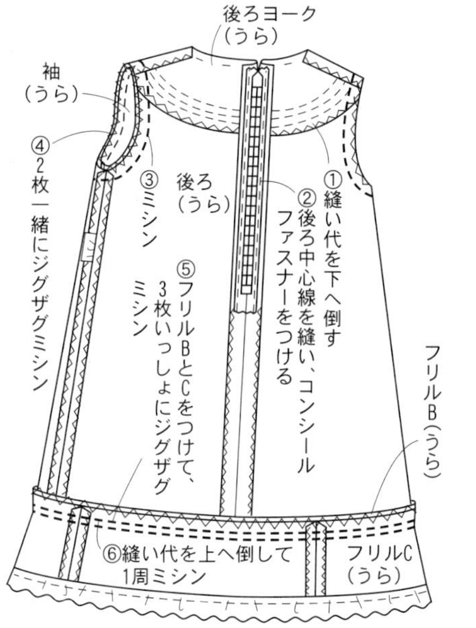

後ろヨーク(うら)
袖(うら)
④2枚一緒にジグザグミシン
③ミシン
後ろ(うら)
①縫い代を下へ倒す
②後ろ中心線を縫い、コンシールファスナーをつける
⑤フリルBとCをつけて、3枚いっしょにジグザグミシン
フリルB(うら)
⑥縫い代を上へ倒して1周ミシン
フリルC(うら)

※コンシールファスナーのつけ方は47・48ページ参照。

10.衿を作る。

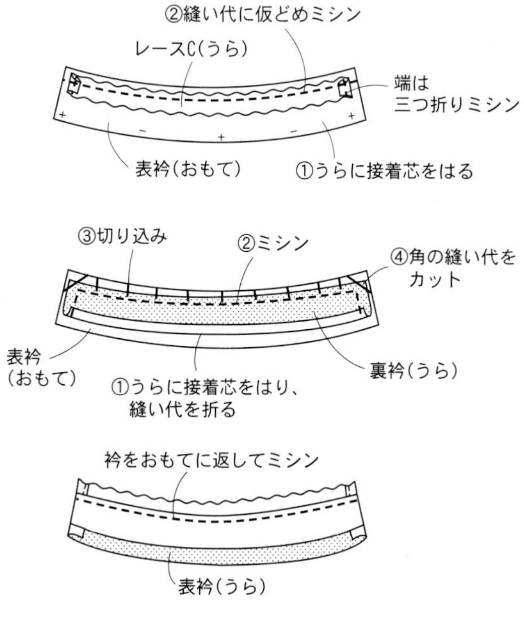

②縫い代に仮どめミシン
レースC(うら)
端は三つ折りミシン
表衿(おもて)
①うらに接着芯をはる
③切り込み
②ミシン
④角の縫い代をカット
表衿(おもて)
①うらに接着芯をはり、縫い代を折る
裏衿(うら)
衿をおもてに返してミシン
表衿(うら)

11.身頃に衿をつける。

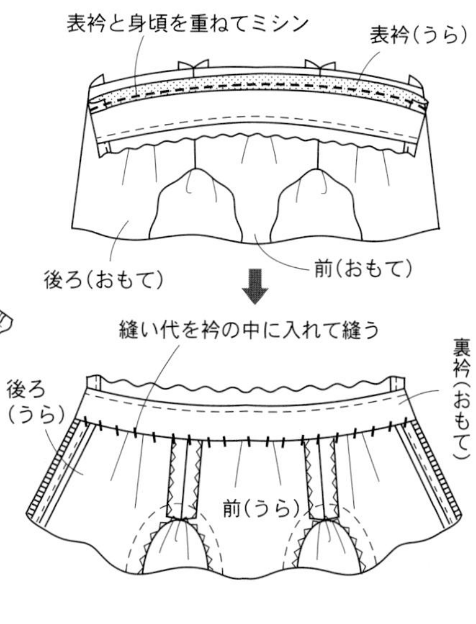

表衿と身頃を重ねてミシン
表衿(うら)
後ろ(おもて)
前(おもて)
縫い代を衿の中に入れて縫う
後ろ(うら)
裏衿(おもて)
前(うら)

12.出来上がり。

③カギホックをつける
②飾りボタンをつける
①リボンを1周つける

材料		S	M	L	LL
A布（綿サテン：クラボウSH9480）	106cm幅	4m70cm	4m70cm	4m80cm	4m90cm
B布（チュールレース：大喜＃D−2204）	112cm幅	3m50cm	3m60cm	3m70cm	3m80cm
接着芯	90cm幅	20cm	20cm	20cm	20cm
ボタン	12mm	6個	6個	6個	6個
裏ボタン	10mm	10個	10個	10個	10個
レースA（綿レース：ハマナカ1541）	30mm幅	2m70cm	2m70cm	2m80cm	2m80cm
レースB（綿レース：ハマナカ119）	15mm幅	1m50cm	1m50cm	1m60cm	1m60cm
レースC（綿タックレース：ハマナカT-1698）	23mm幅	2m20cm	2m30cm	2m40cm	2m40cm
レースD（綿タックレース：ハマナカT-1631）	40mm幅	3m90cm	4m10cm	4m20cm	4m30cm
リボン（サテンリボン：ハマナカ花風車）	6mm幅	1m30cm	1m30cm	1m30cm	1m30cm
連パール	パールの直径2mm	1m30cm	1m30cm	1m30cm	1m30cm
造花（薔薇の花）	45mm	3個	3個	3個	3個
丸ひも	太さ0.2cm	50cm	50cm	50cm	50cm
コンシールファスナー	56cm	1本	1本	1本	1本
カギホック（小）		1組	1組	1組	1組
ゴムテープ	5mm幅	1m30cm	1m40cm	1m60cm	1m70cm
	15mm幅	1m20cm	1m20cm	1m40cm	1m50cm
ブローチピン（大）		1個	1個	1個	1個
Uピン		2個	2個	2個	2個

ブラウス　実物大の型紙A面

チョーカー・リボンの型紙はついていません

スカート・アンダースカートの型紙はついていません

6ページ5

数字の見方
上から順に
Sサイズ
Mサイズ
Lサイズ
LLサイズ
1つしかない数字は共通

■＝実物大の型紙（3ページ2　製図94ページ）

チョーカーの製図と作り方

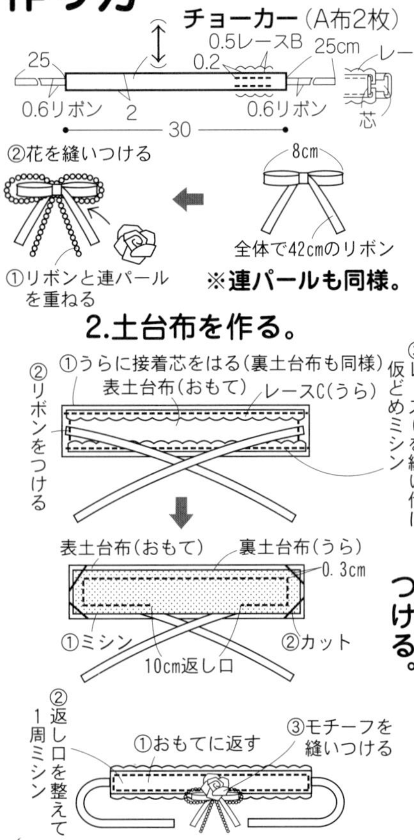

チョーカー（A布2枚）
0.5レースB
25
0.2
25cm
レースB
0.6リボン
2
0.6リボン
30
芯
②花を縫いつける
8cm
全体で42cmのリボン
①リボンと連パールを重ねる
※連パールも同様。
①うらに接着芯をはる（裏土台布も同様）
表土台布（おもて）
レースC（うら）
②リボンをつける
③レースCを縫い代に仮どめミシン
表土台布（おもて）
裏土台布（うら）
0.3cm
①ミシン
②カット
10cm返し口
②返し口を整えて1周ミシン
①おもてに返す
③モチーフを縫いつける

1.モチーフを作る。

2.土台布を作る。

3.土台布にモチーフをつける。

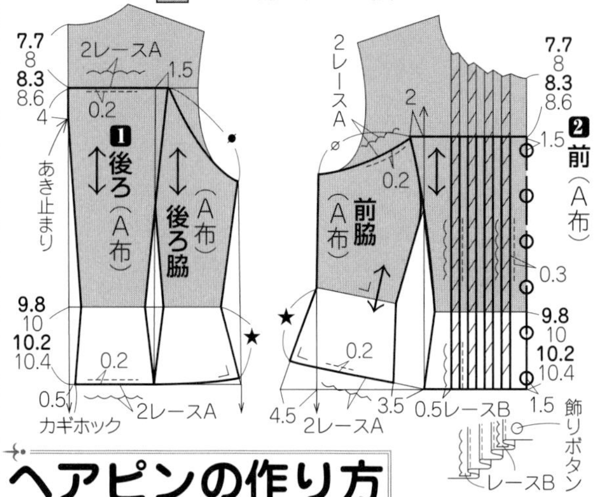

7.7
8
8.3
8.6
2レースA
1.5
0.2
4
❶後ろ（A布）
後ろ脇（A布）
あき止まり
9.8
10
10.2
10.4
0.2
0.5
カギホック
2レースA
2レースA
2
0.2
前脇（A布）
1.5
❷前（A布）
0.3
0.2
4.5
2レースA
3.5
0.5レースB
1.5
飾りボタン
レースB

ヘアピンの作り方

1.モチーフを作る。
※作り方は上記参照。
2.Uピンにモチーフをつける。

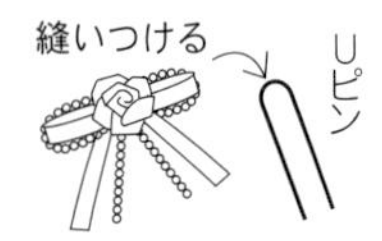

縫いつける
Uピン

型紙のアレンジ方法

①身頃の上をカットして、丈を長くする。
②身頃に切り替え線を入れる。
③下袖・下袖見返しはそのまま使用する。
④上袖は製図する。

ブラウスの製図

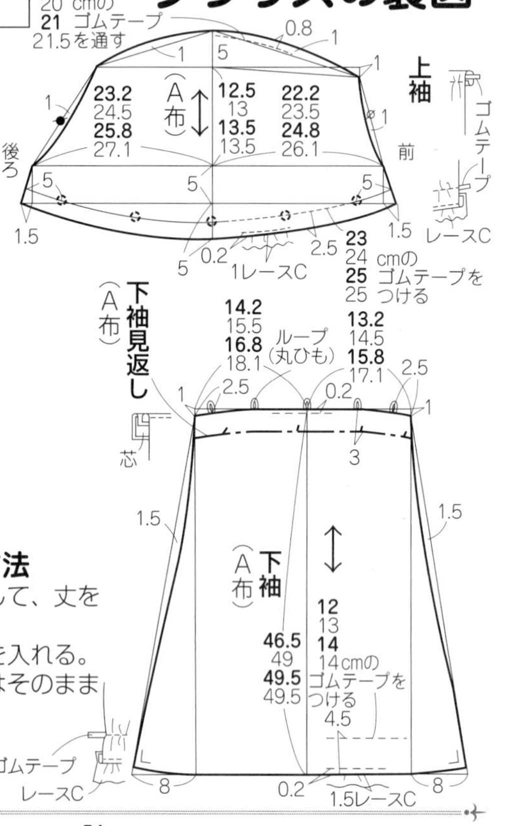

19
20
21
21.5
cmのゴムテープを通す
0.8
1
5
1
上袖
(A布)
23.2
24.5
25.8
27.1
12.5
13
13.5
13.5
22.2
23.5
24.8
26.1
後ろ
前
ゴムテープ
5
5
5
1.5
1.5
0.2
2.5
1レースC
レースC
23
24
25
25
cmのゴムテープをつける
下袖見返し（A布）
14.2
15.5
16.8
18.1
ループ（丸ひも）
13.2
14.5
15.8
17.1
2.5
2.5
0.2
1
1
芯
3
1.5
1.5
下袖（A布）
12
13
14
14cmのゴムテープをつける
46.5
49
49.5
49.5
4.5
ゴムテープ
レースC
8
0.2
8
1.5レースC

リボンの製図

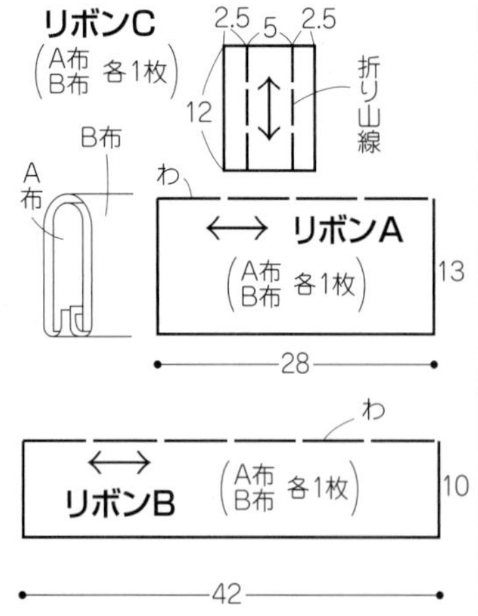

リボンC（A布 B布 各1枚）
2.5
5
2.5
12
折り山線
B布
A布
わ
リボンA（A布 B布 各1枚）
13
28
わ
リボンB（A布 B布 各1枚）
10
42

リボンの作り方

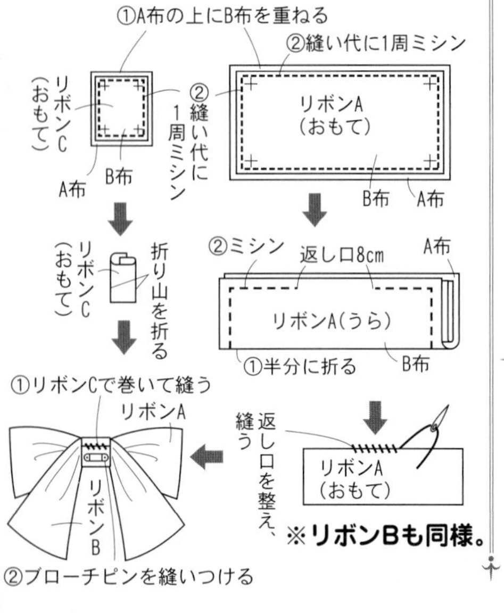

①A布の上にB布を重ねる
②縫い代に1周ミシン
リボンC（おもて）
②縫い代に1周ミシン
リボンA（おもて）
A布
B布
B布
A布
リボンC（おもて）
折り山を折る
②ミシン
返し口8cm
A布
リボンA（うら）
①半分に折る
B布
①リボンCで巻いて縫う
リボンA
リボンB
返し口を整え、縫う
リボンA（おもて）
※リボンBも同様。
②ブローチピンを縫いつける

スカート・ペチコートの製図

※パニエ（16ページ）を使用します。

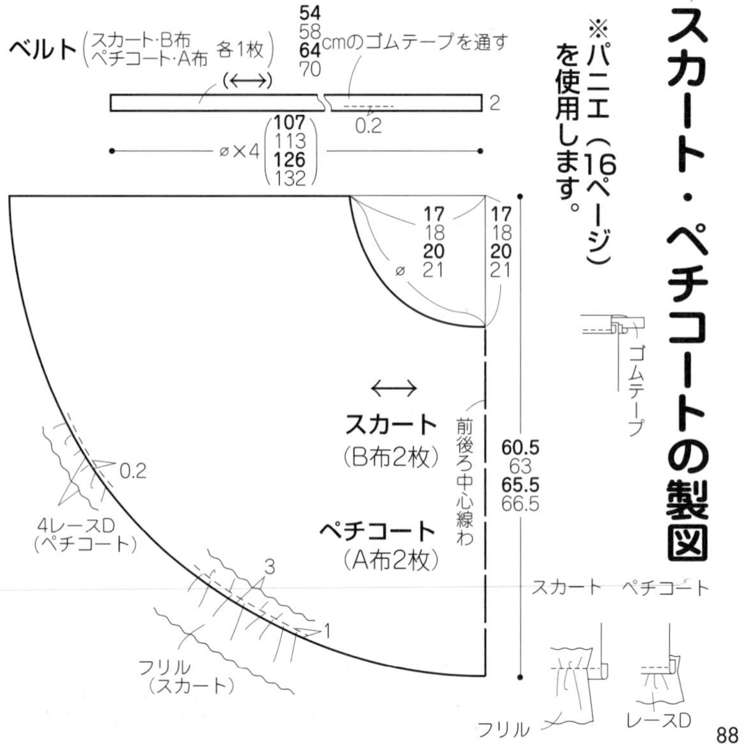

ベルト（スカート・B布 ペチコート・A布 各1枚）
54
58
64
70
cmのゴムテープを通す
2
0.2
⌀×4
107
113
126
132
17
18
20
21
17
18
20
21
⌀
スカート（B布2枚）
ペチコート（A布2枚）
前後ろ中心線わ
60.5
63
65.5
66.5
0.2
4レースD（ペチコート）
3
1
フリル（スカート）
ゴムテープ
スカート
ペチコート
フリル
レースD
ギャザーを寄せる
2
裁ち切り（B布1枚）
フリル
10
658
684
710
720
329
342
355
360
を2枚はぐ

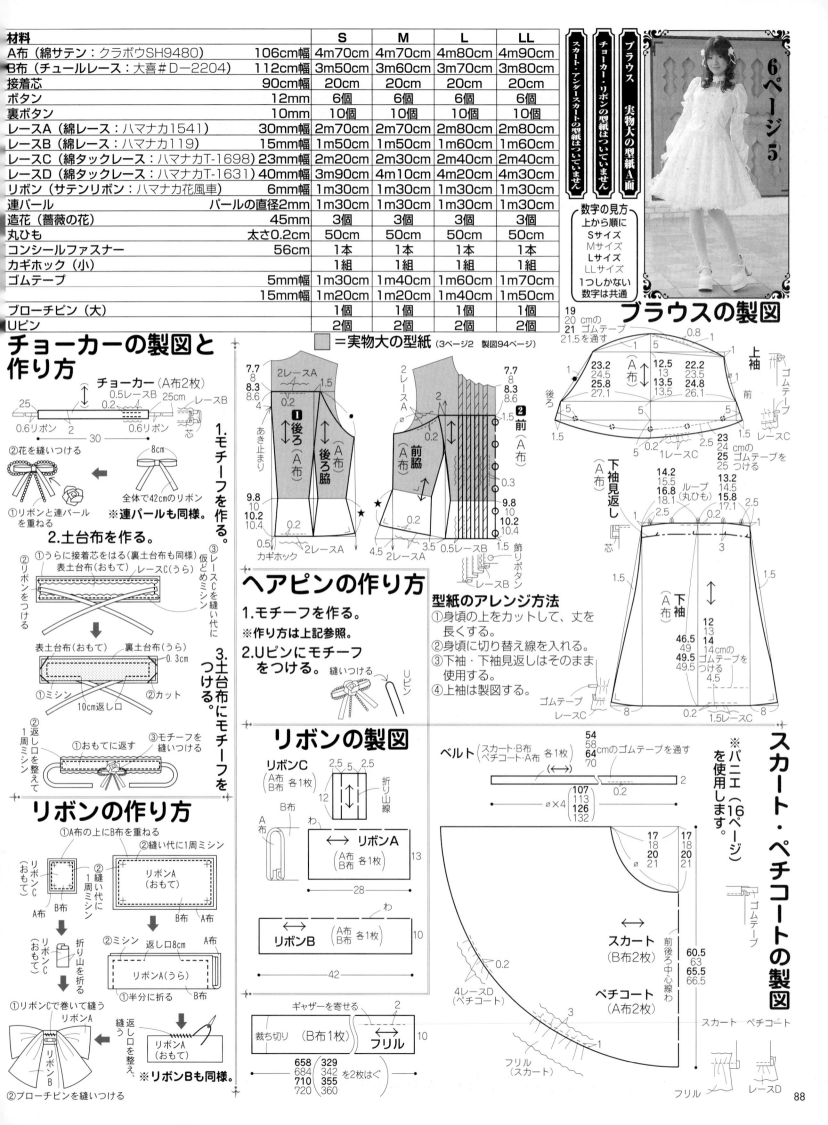

ブラウスの作り方

1.上衿を作る。

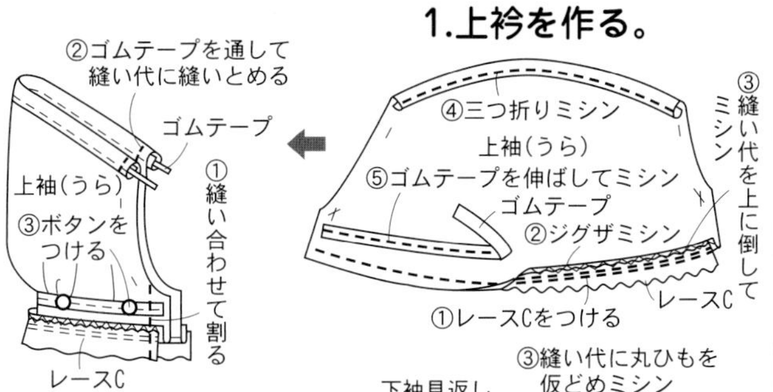

②ゴムテープを通して縫い代に縫いとめる
ゴムテープ
上袖(うら)
③ボタンをつける
①縫い合わせて割る
レースC
③縫い代を上に倒してミシン
④三つ折りミシン
上袖(うら)
⑤ゴムテープを伸ばしてミシン
ゴムテープ
②ジグザグミシン
レースC
①レースCをつける

2.下衿を作る。

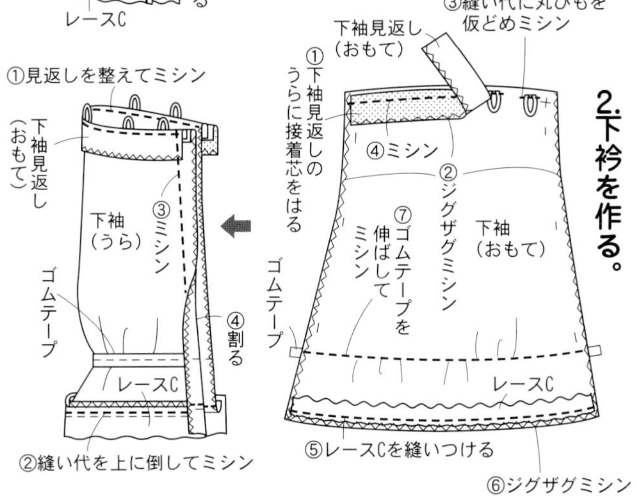

①見返しを整えてミシン
下袖見返し(おもて)
下袖(うら)
③ミシン
ゴムテープ
④割る
レースC
②縫い代を上に倒してミシン
下袖見返し(おもて)
③縫い代に丸ひもを仮どめミシン
①下袖見返しのうらに接着芯をはる
④ミシン
②ジグザグミシン
⑦ゴムテープを伸ばしてミシン
下袖(おもて)
ゴムテープ
レースC
⑤レースCを縫いつける
⑥ジグザグミシン

3.身頃を作る。

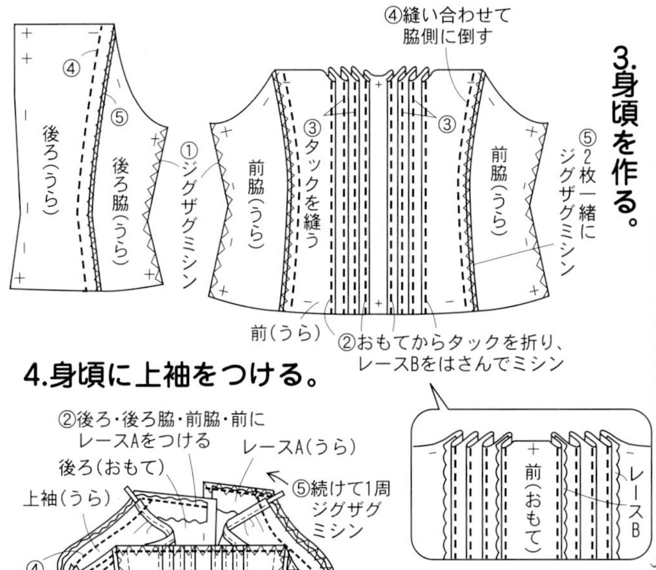

④
⑤
後ろ(うら)
後ろ脇(うら)
①ジグザグミシン
④縫い合わせて脇側に倒す
③
③タックを縫う
前脇(うら)
前脇(うら)
⑤2枚一緒にジグザグミシン
前(うら)
②おもてからタックを折り、レースBをはさんでミシン
前(おもて)
レースB

4.身頃に上袖をつける。

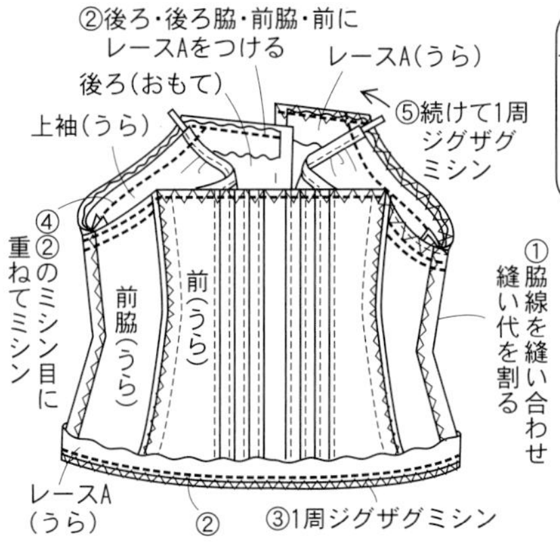

②後ろ・後ろ脇・前脇・前にレースAをつける
レースA(うら)
後ろ(おもて)
⑤続けて1周ジグザグミシン
上袖(うら)
④②のミシン目に重ねてミシン
①脇線を縫い合わせ縫い代を割る
前脇(うら)
前(うら)
レースA(うら)
②
③1周ジグザグミシン

5.コンシールファスナーをつけて出来上がり。

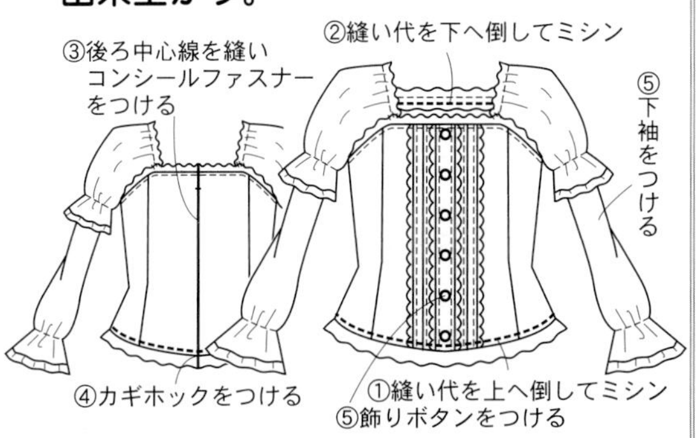

③後ろ中心線を縫いコンシールファスナーをつける
②縫い代を下へ倒してミシン
⑤下袖をつける
④カギホックをつける
①縫い代を上へ倒してミシン
⑤飾りボタンをつける

※コンシールファスナーのつけ方は 47・48ページ参照。

布の裁ち方

A布
B布
▒=接着芯をはる位置
数字のないところは1cmの縫い代をつけます。

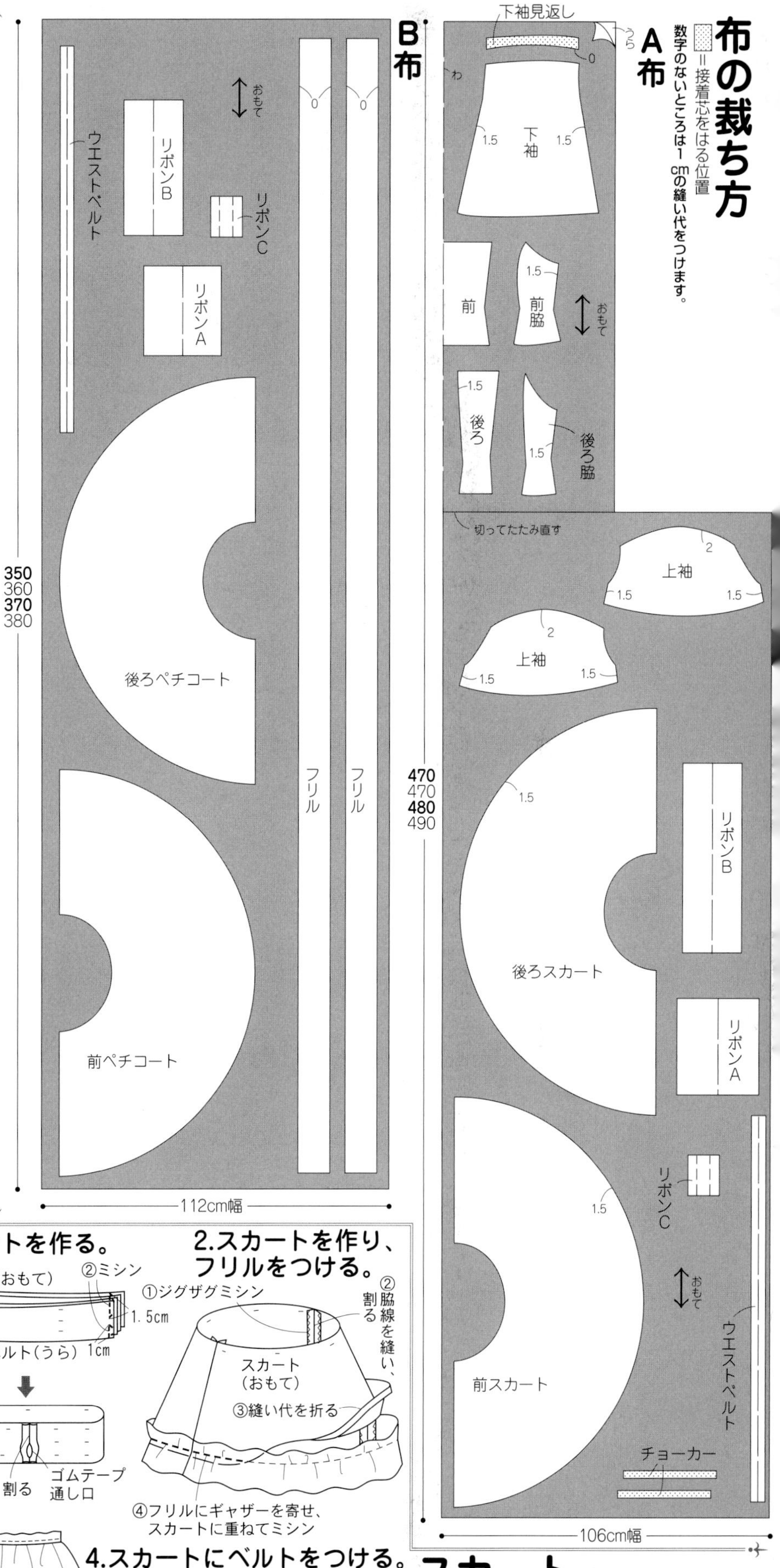

ウエストベルト
リボンB
リボンC
リボンA
おもて
後ろペチコート
前ペチコート
フリル
フリル
350
360
370
380
112cm幅
下袖見返し
うら
わ
0
1.5
下袖
前
前脇
後ろ
後ろ脇
切ってたたみ直す
上袖
上袖
2
後ろスカート
リボンB
リボンA
リボンC
前スカート
ウエストベルト
チョーカー
470
470
480
490
106cm幅

スカート・ペチコートの作り方

1.フリルを作る。

①ジグザグミシン
②縫い合わせて割る
フリル(おもて)
③ギャザーを寄せるミシン

2.スカートを作り、フリルをつける。

3.ベルトを作る。

4.スカートにベルトをつける。

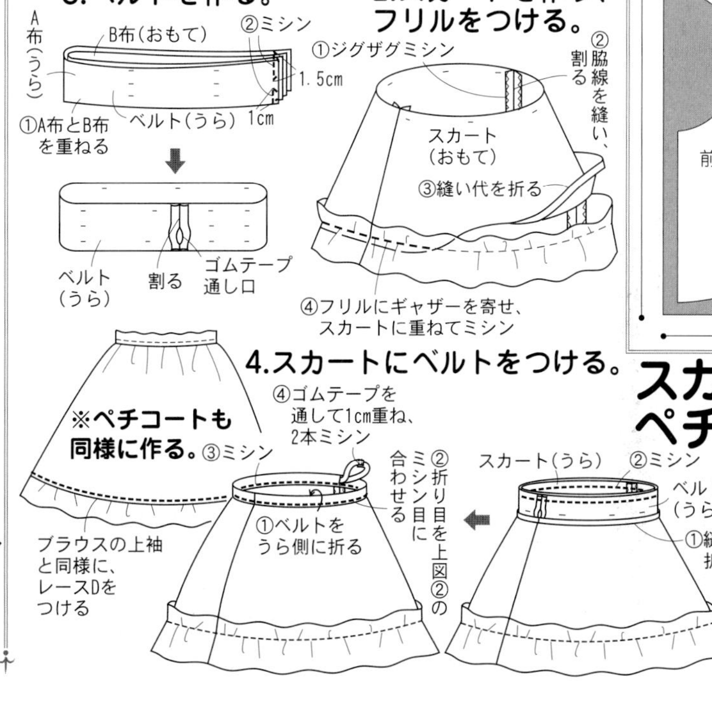

A布(うら)
B布(おもて)
②ミシン
1.5cm
1cm
①A布とB布を重ねる
ベルト(うら)
ベルト(うら)
割る
ゴムテープ通し口
①ジグザグミシン
②脇線を縫い、割る
スカート(おもて)
③縫い代を折る
④フリルにギャザーを寄せ、スカートに重ねてミシン
※ペチコートも同様に作る。
③ミシン
ブラウスの上袖と同様に、レースDをつける
④ゴムテープを通して1cm重ね、2本ミシン
①ベルトをうら側に折る
②折り目を上図②のミシン目に合わせる
スカート(うら)
②ミシン
ベルト(うら)
①縫い代を折る

材料		S	M	L	LL
表布（綿サテン：クラボウSH9480）	106cm幅	4m	4m10cm	4m20cm	4m30cm
接着芯	90cm幅	40cm	40cm	40cm	40cm
裏ボタン	10mm	5個	5個	5個	5個
レースA（綿タックレース：ハマナカT-1650）	30mm幅	5m70cm	5m70cm	5m90cm	6m
レースB（綿タックレース：ハマナカST1508）	50mm幅	80cm	80cm	80cm	80cm
レースC（トーションレース：ハマナカ948）	38mm幅	30cm	30cm	30cm	30cm
リボンA（サテンリボン：ハマナカ101-W）	15mm幅	25m70cm	26m30cm	27m20cm	27m60cm
リボンB（サテンリボン：ハマナカ101-W）	6mm幅	1m	1m	1m	1m
丸ひも	太さ2mm	30cm	30cm	30cm	30cm
コンシールファスナー	56cm	1本	1本	1本	1本
カギホック（小）		1組	1組	1組	1組

ワンピース　実物大の型紙A面

つけ衿　実物大の型紙A面

スカート部分のの型紙はついていません

ヘッドドレス
実物大の型紙

※作り方は17ページ。

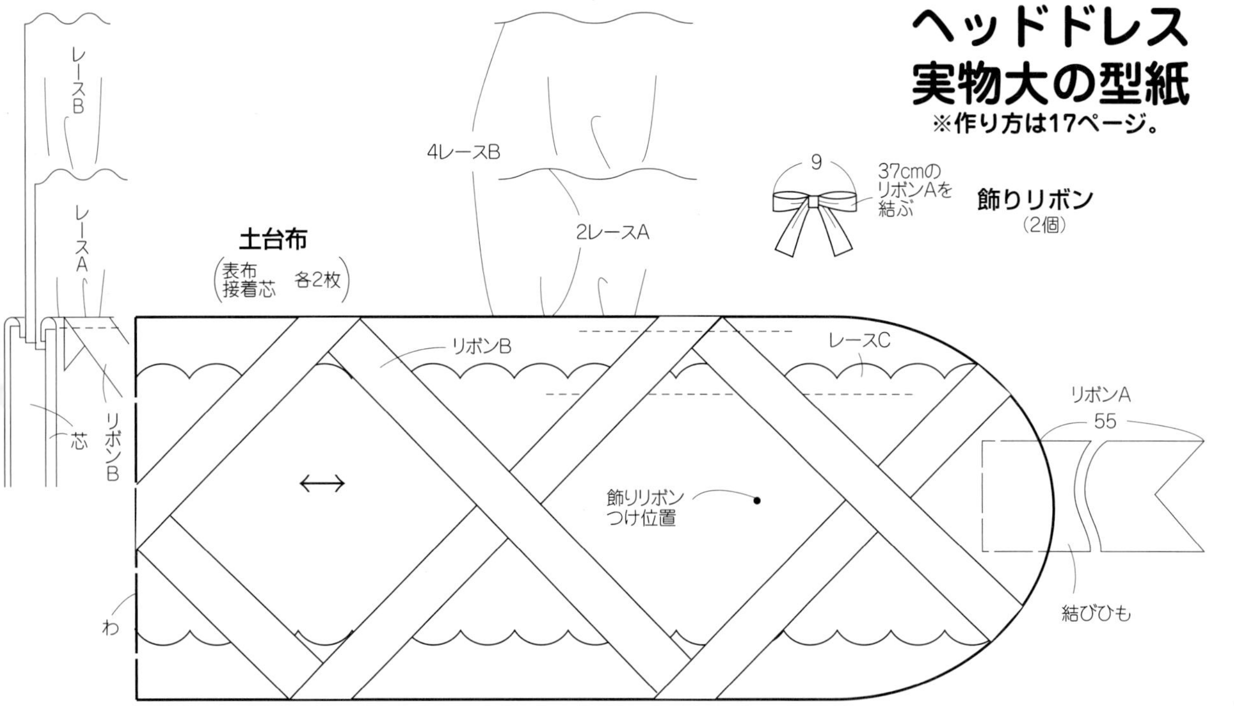

つけ衿の製図

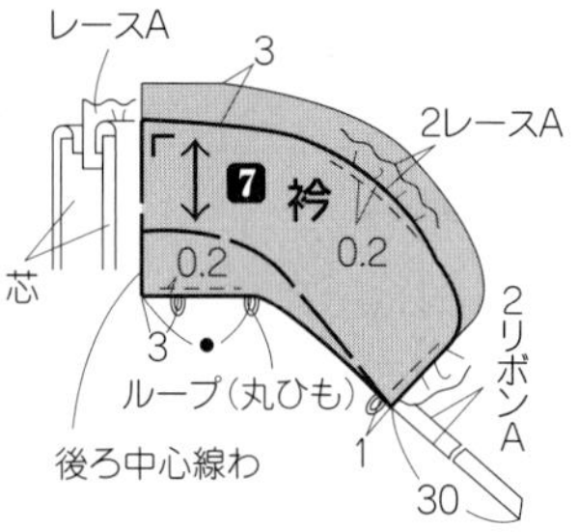

ワンピースの製図

※パニエ（16ページ）を使用します。

＝実物大の型紙
（3ページ2　製図194ページ）

＝実物大の型紙
（12ページ11　製図133ページ）

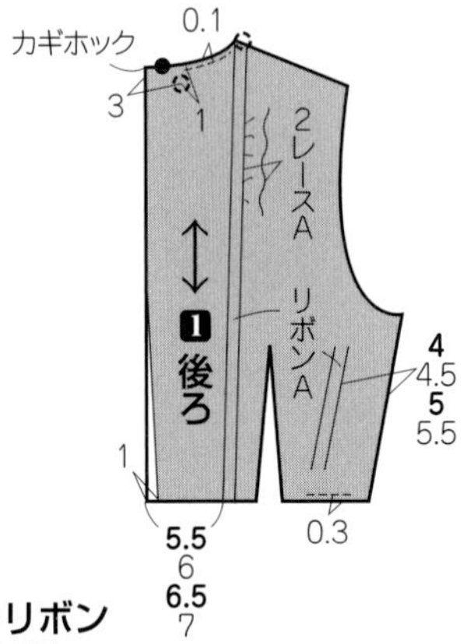

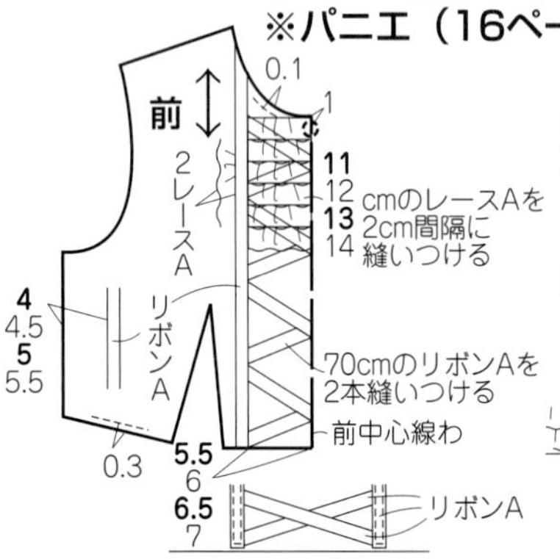

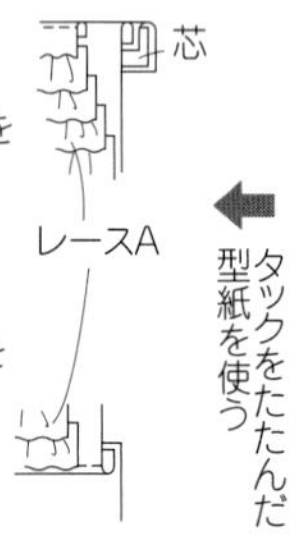

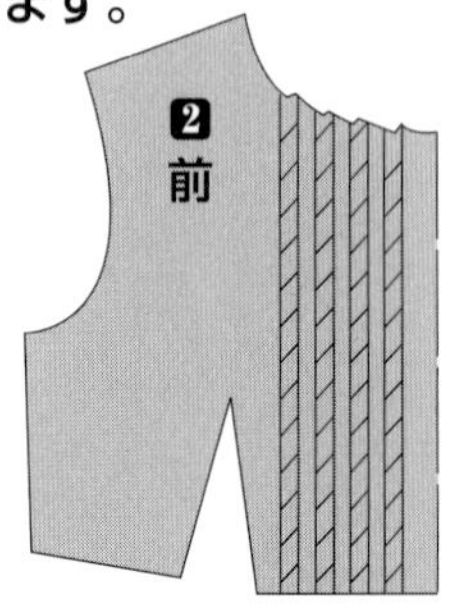

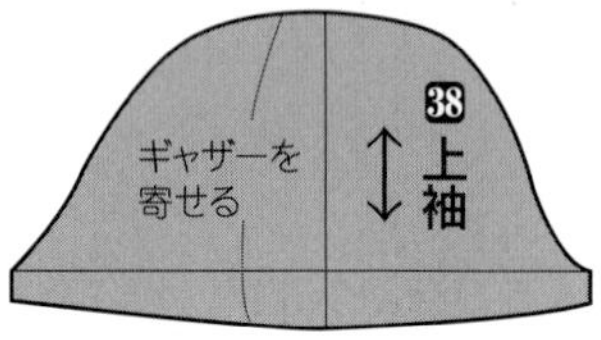

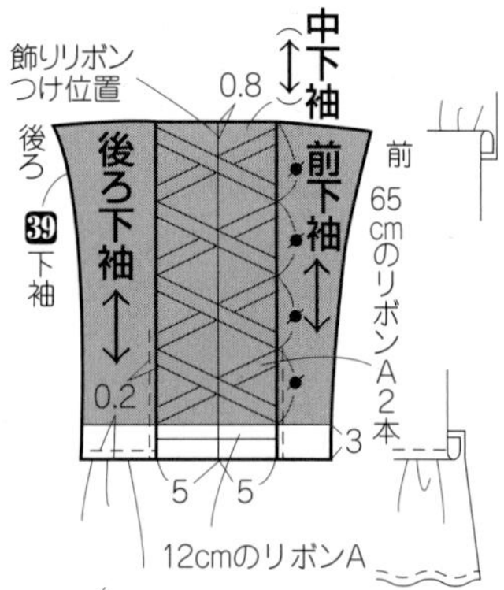

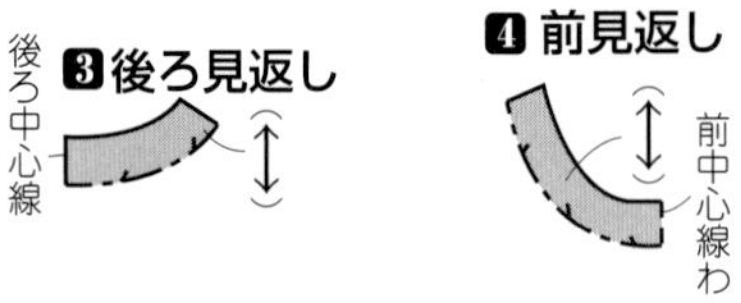

飾りリボン
（18個）

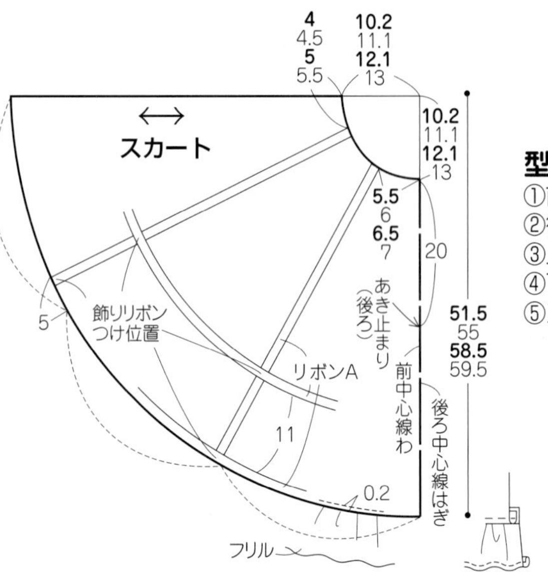

数字の見方
上から順に
Sサイズ
Mサイズ
Lサイズ
LLサイズ
1つしかない数字は共通

型紙のアレンジ方法

①前身頃はタックをたたんだ型紙を使用する。
②後ろ身頃は後ろ中心線を1cm出す。
③上袖・前見返し・後ろ見返しはそのまま使用する。
④下袖は縦に切り離して使用する。
⑤スカート・袖口フリル・フリルは製図する。

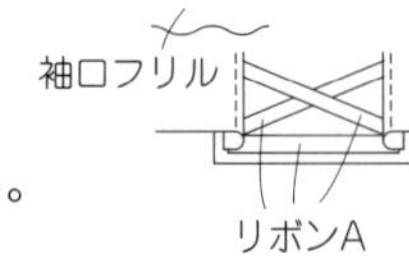

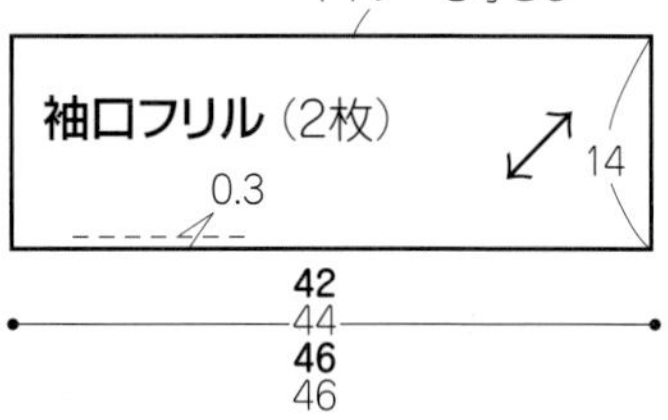

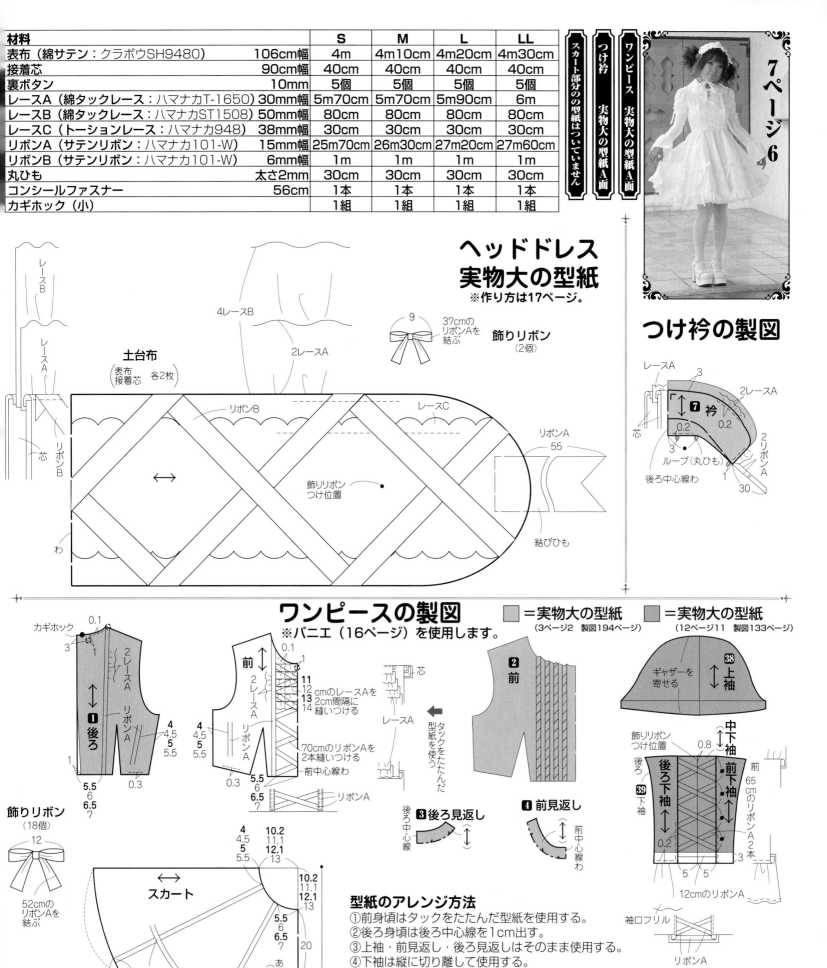

布の裁ち方

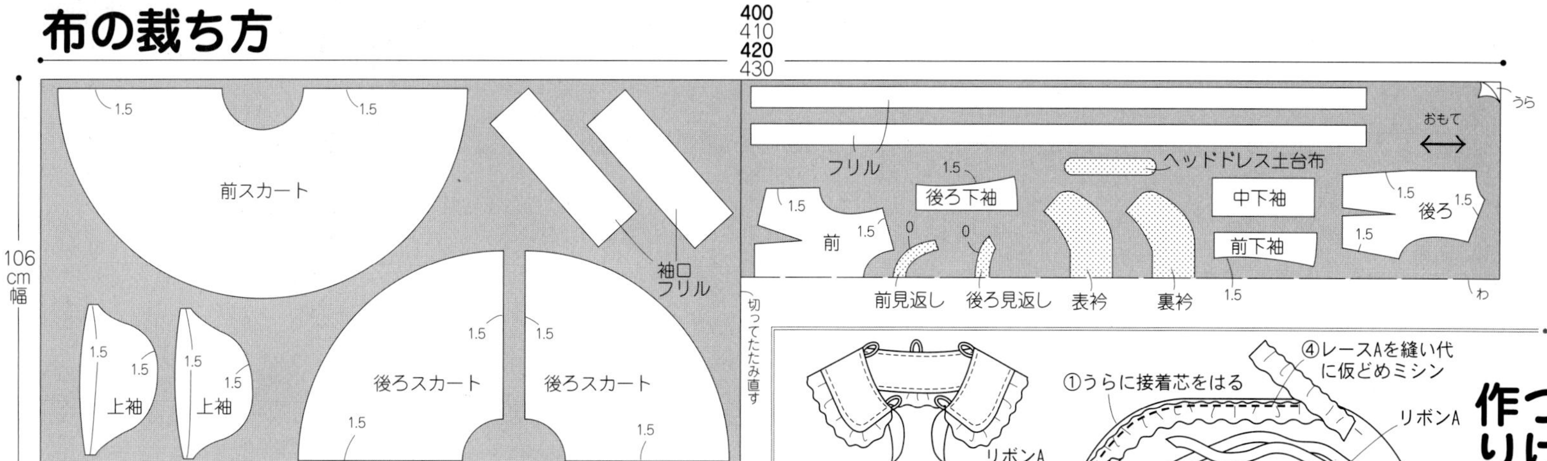

400
410
420
430
106cm幅
前スカート
袖口フリル
上袖
上袖
後ろスカート
後ろスカート
1.5
切ってたたみ直す
フリル
ヘッドドレス土台布
後ろ下袖
中下袖
前下袖
前
後ろ
前見返し
後ろ見返し
表衿
裏衿
おもて
うら
わ
0

▨=接着芯をはる位置

数字のないところは1cmの縫い代をつけます。

つけ衿の作り方

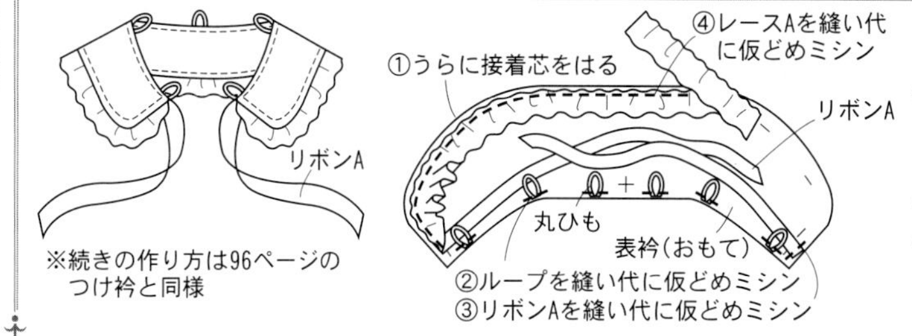

リボンA
※続きの作り方は96ページのつけ衿と同様
①うらに接着芯をはる
④レースAを縫い代に仮どめミシン
リボンA
丸ひも
表衿(おもて)
②ループを縫い代に仮どめミシン
③リボンAを縫い代に仮どめミシン

ワンピースの作り方

1.下袖を作る。

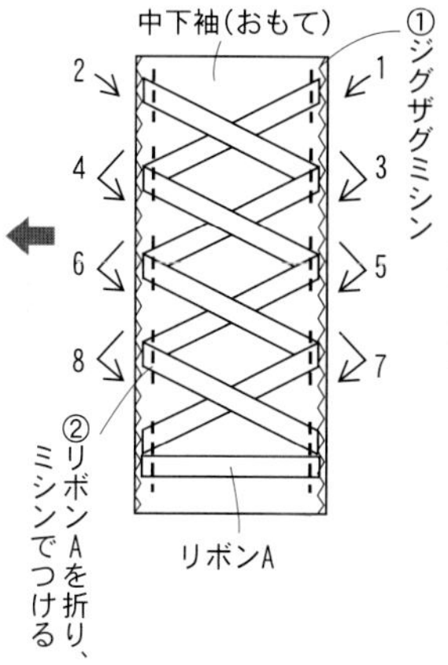

中下袖(おもて)
①ジグザグミシン
1
2
3
4
5
6
7
8
②リボンAを折り、ミシンでつける
リボンA

2.袖口フリルを作り、下袖につける。

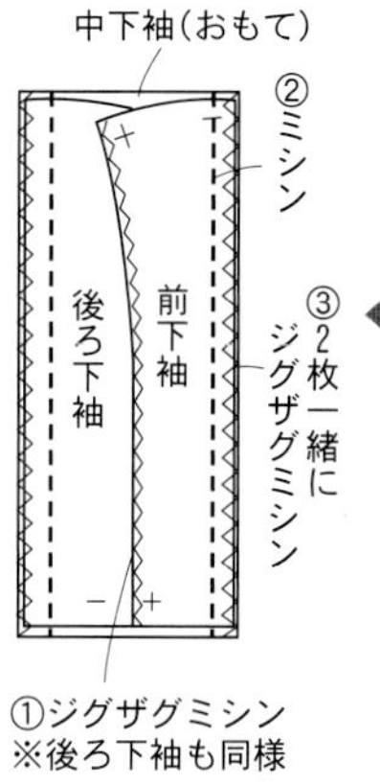

中下袖(おもて)
②ミシン
③2枚一緒にジグザグミシン
後ろ下袖
前下袖
①ジグザグミシン
※後ろ下袖も同様

3.上袖と下袖を縫い合わせ、袖を作る。

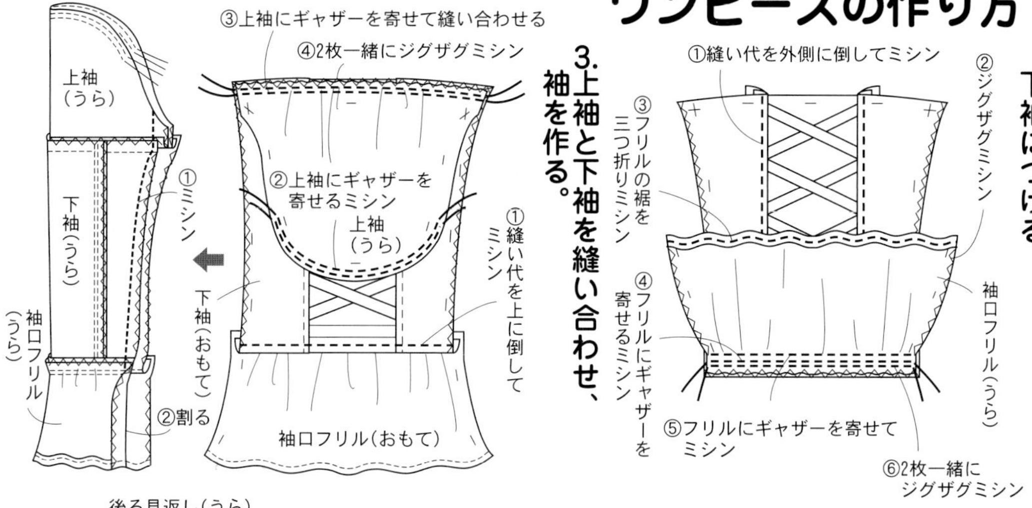

上袖(うら)
下袖(うら)
①ミシン
袖口フリル(うら)
②割る
③上袖にギャザーを寄せて縫い合わせる
④2枚一緒にジグザグミシン
②上袖にギャザーを寄せるミシン
上袖(うら)
下袖(おもて)
①縫い代を上に倒してミシン
袖口フリル(おもて)
①縫い代を外側に倒してミシン
③フリルの裾を三つ折りミシン
②ジグザグミシン
④フリルにギャザーを寄せるミシン
袖口フリル(うら)
⑤フリルにギャザーを寄せてミシン
⑥2枚一緒にジグザグミシン

4.身頃を作る。

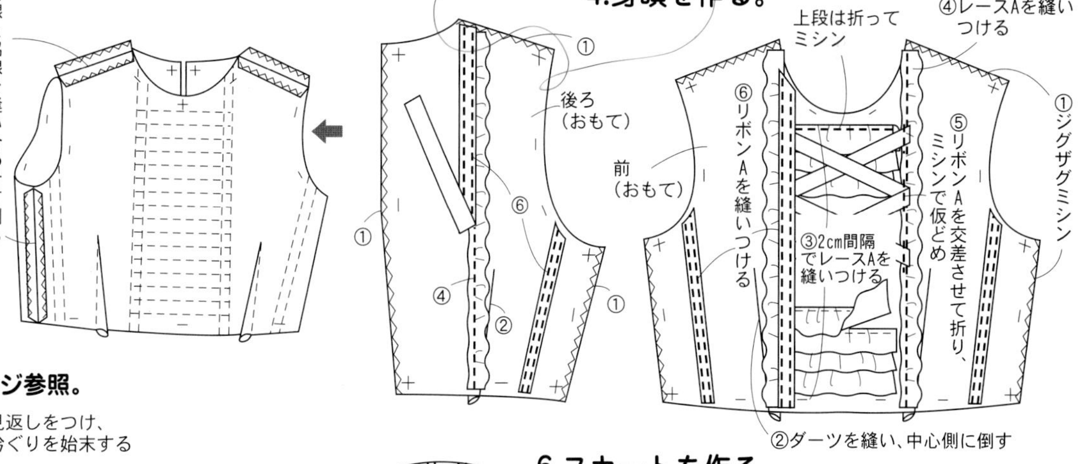

肩線と脇線を縫い合わせて割る
①
後ろ(おもて)
⑥
①
④
②
①
上段は折ってミシン
④レースAを縫いつける
①ジグザグミシン
⑥リボンAを縫いつける
前(おもて)
⑤リボンAを交差させて折り、ミシンで仮どめ
③2cm間隔でレースAを縫いつける
②ダーツを縫い、中心側に倒す

5.見返しを作る。

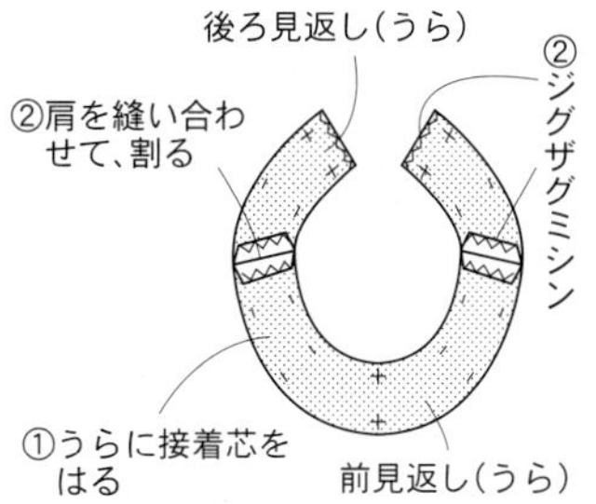

後ろ見返し(うら)
②肩を縫い合わせて、割る
②ジグザグミシン
①うらに接着芯をはる
前見返し(うら)

6.スカートを作る。

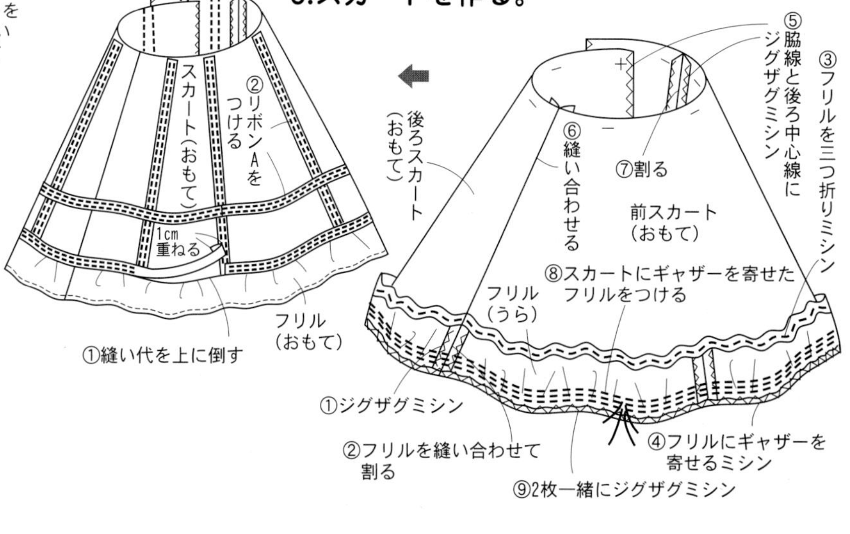

スカート(おもて)
②リボンAをつける
1cm重ねる
①縫い代を上に倒す
フリル(おもて)
後ろスカート(おもて)
⑥縫い合わせる
⑦割る
⑤脇線と後ろ中心線にジグザグミシン
③フリルを三つ折りミシン
前スカート(おもて)
⑧スカートにギャザーを寄せたフリルをつける
フリル(うら)
①ジグザグミシン
②フリルを縫い合わせて割る
④フリルにギャザーを寄せるミシン
⑨2枚一緒にジグザグミシン

7.身頃とスカートを縫い合わせて、袖・見返し・コンシールファスナーをつける。

※コンシールファスナーのつけ方は47・48ページ参照。

※①③④は96ページ参照。

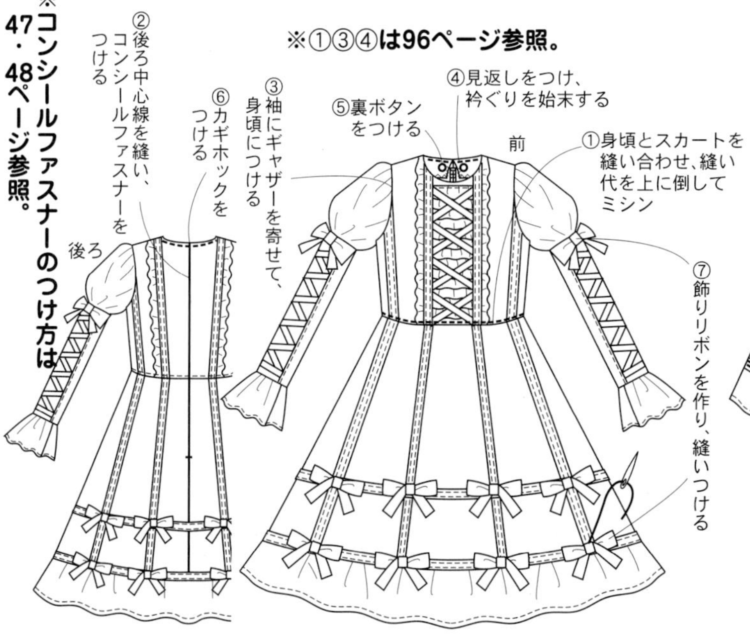

②後ろ中心線を縫い、コンシールファスナーをつける
⑥カギホックをつける
後ろ
③袖にギャザーを寄せて、身頃につける
⑤裏ボタンをつける
④見返しをつけ、衿ぐりを始末する
前
①身頃とスカートを縫い合わせ、縫い代を上に倒してミシン
⑦飾りリボンを作り、縫いつける

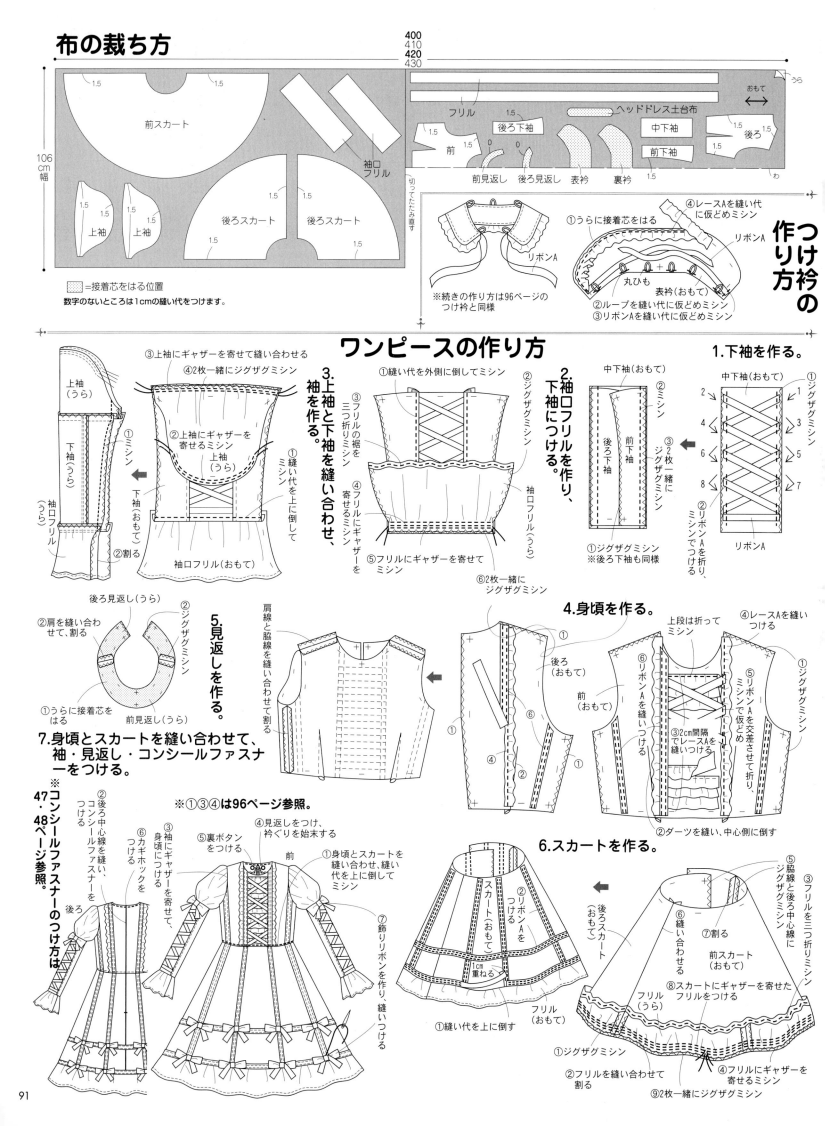

材料		S	M	L	LL
A布（コーマーブロード：クラボウH4040）	92cm幅	4m50cm	4m70cm	5m	5m40cm
B布（コーマーブロード：クラボウH4040）	92cm幅	3m40cm	3m50cm	3m70cm	3m80cm
接着芯	90cm幅	1m	1m	1m	1m
ボタン	20mm	1個	1個	1個	1個
裏ボタン	10mm	5個	5個	5個	5個
レースA（トーションレース：ハマナカ825）	48mm幅	6m60cm	6m90cm	7m30cm	7m70cm
レースB（モチーフレース：ハマナカ445）	22mm幅	1m80cm	1m80cm	1m80cm	1m80cm
レースC（綿タックレース：ハマナカT-1698）	15mm幅	70cm	70cm	70cm	70cm
リボン（ベルベットリボン：ハマナカ3005）	9mm幅	1m50cm	1m50cm	1m50cm	1m50cm
造花（薔薇の花）	直径8cm	2個	2個	2個	2個
丸ひも	太さ0.2cm	30cm	30cm	30cm	30cm
コンシールファスナー	22cm	1本	1本	1本	1本
コンシールファスナー	56cm	1本	1本	1本	1本
カギホック（小）		1組	1組	1組	1組
ゴムテープ	15mm幅	60cm	60cm	70cm	70cm

ブラウス　実物大の型紙A面

ヘッドドレス　実物大の型紙90ページ

スカート・アンダースカートの型紙はついていません

5ページ4

数字の見方
上から順に
Sサイズ
Mサイズ
Lサイズ
LLサイズ
1つしかない
数字は共通

■＝実物大の型紙
（9ページ8　製図100ページ）

布の裁ち方

B布

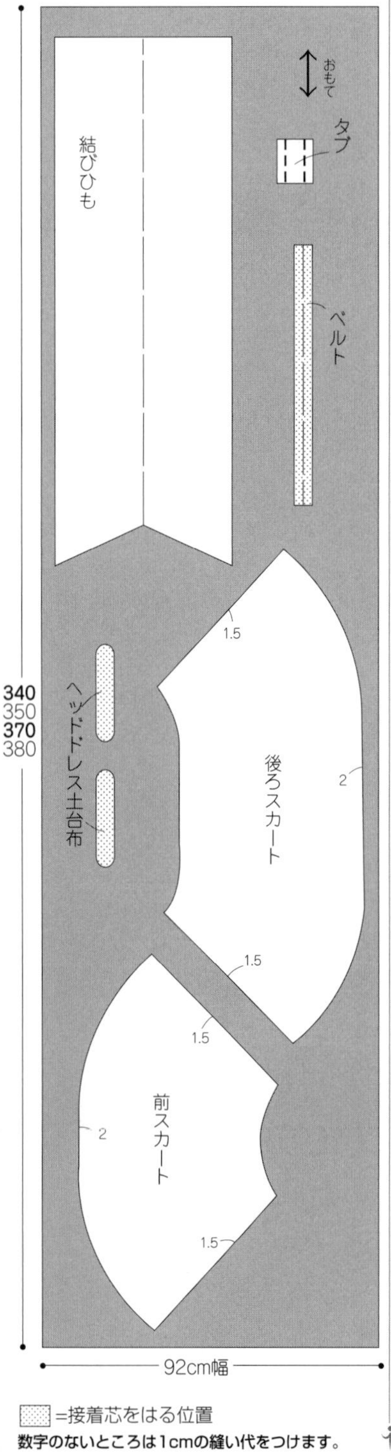

おもて
タブ
結びひも
ベルト
1.5
後ろスカート
2
1.5
ヘッドドレス土台布
1.5
前スカート
2
1.5
340
350
370
380
92cm幅

▒＝接着芯をはる位置

数字のないところは1cmの縫い代をつけます。

ヘッドドレスの製図

土台布（B布 接着芯 各2枚）

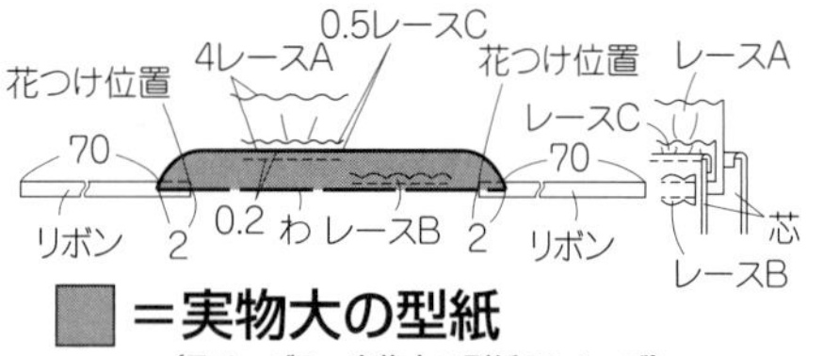

0.5レースC
4レースA
花つけ位置
花つけ位置
レースA
レースC
70
70
リボン
2
0.2
わ
レースB
2
リボン
芯
レースB

■＝実物大の型紙
（7ページ6　実物大の型紙90ページ）

ブラウスの製図

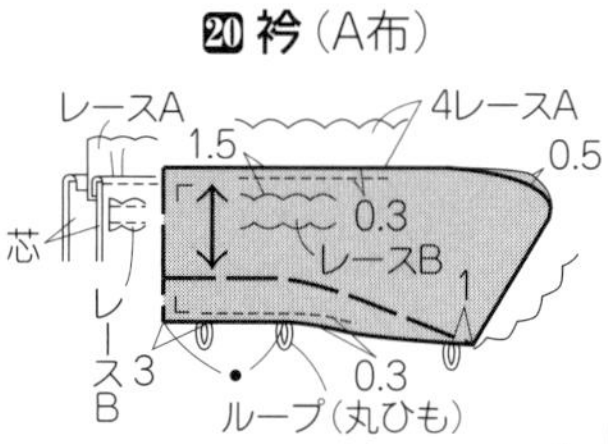

⑳衿（A布）
レースA
4レースA
1.5
0.5
0.3
レースB
1
芯
芯
レースB
0.3
ループ（丸ひも）

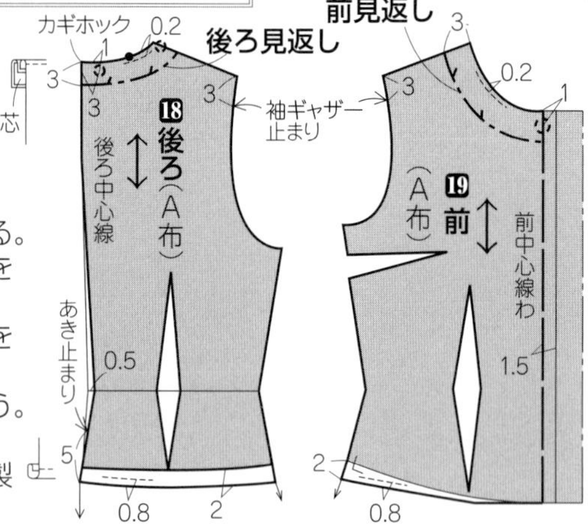

カギホック
0.2
後ろ見返し
3
3
芯
⑱後ろ（A布）
後ろ中心線
袖ギャザー止まり
あき止まり
0.5
5
0.8
2
前見返し
3
0.2
1
⑲前（A布）
前中心線わ
1.5
2
0.8

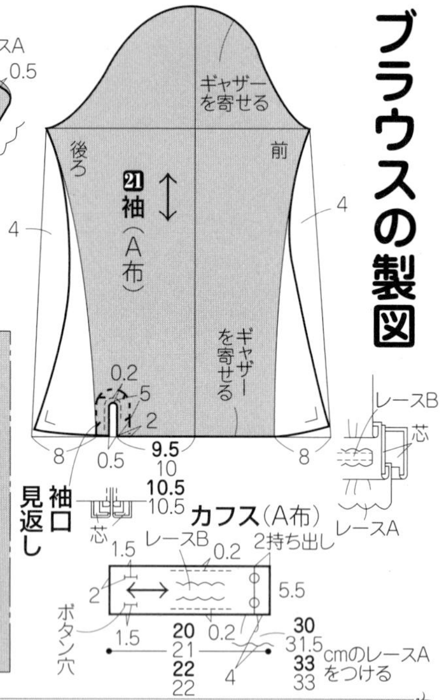

ギャザーを寄せる
後ろ
前
㉑袖（A布）
4
4
ギャザーを寄せる
0.2
5
2
8
0.5
8
9.5
10
10.5
10.5
袖口見返し
芯
レースB
芯
レースA
カフス（A布）
1.5
レースB
0.2
2持ち出し
2
5.5
ボタン穴
1.5
20
21
22
22
0.2
30
31.5
33
33
cmのレースAをつける
4

型紙のアレンジ方法

①前中心線を「わ」にする。
②前身頃、後ろ身頃の丈を長くする。
③袖口幅を広げ、袖下線をカーブさせる。
④衿の型紙はそのまま使う。
⑤前見返し、後ろ見返し、カフス、袖口見返しは製図する。

スカートの製図

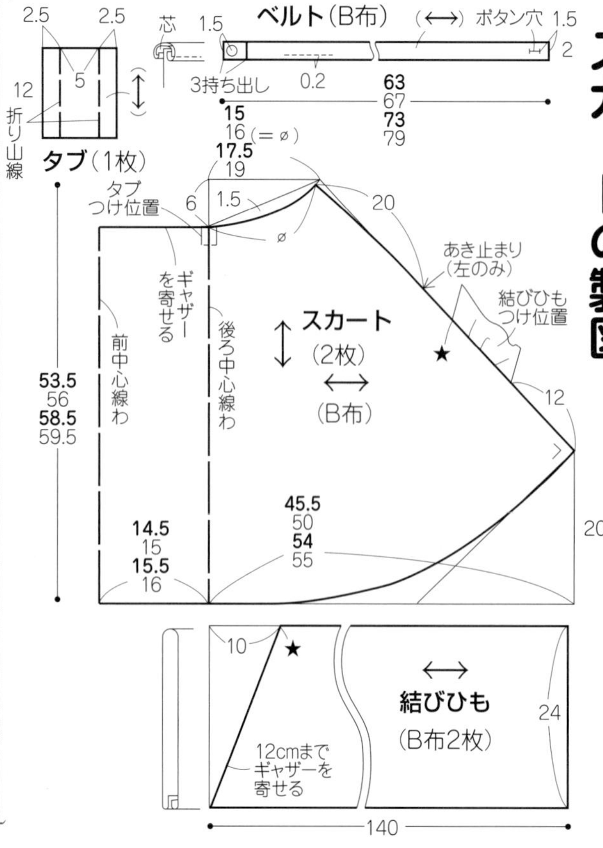

2.5
2.5
5
12
折り山線
タブ（1枚）
芯
1.5
ベルト（B布）
ボタン穴
1.5
2
3持ち出し
0.2
63
67
73
79
15
16（＝ø）
17.5
19
タブつけ位置
6
1.5
ø
20
あき止まり（左のみ）
結びひもつけ位置
ギャザーを寄せる
前中心線わ
後ろ中心線わ
スカート（2枚）
（B布）
★
12
53.5
56
58.5
59.5
45.5
50
54
55
14.5
15
15.5
16
20
10
★
結びひも（B布2枚）
24
12cmまでギャザーを寄せる
140

アンダースカートの製図

※パニエ（16ページ）を使用します。

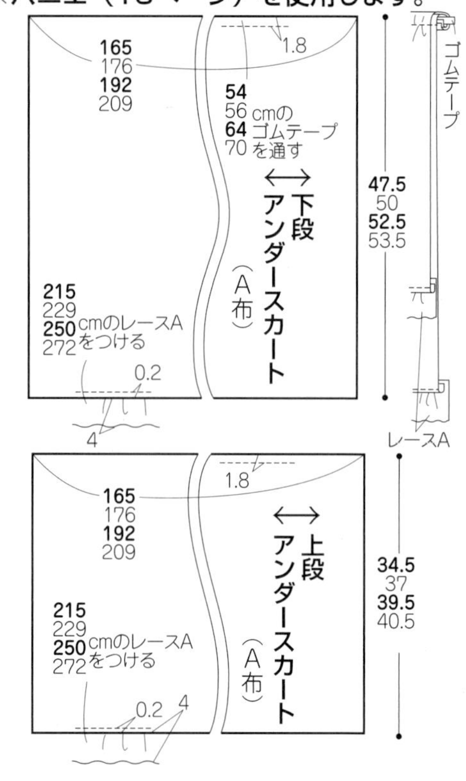

165
176
192
209
1.8
54
56
64
70
cmのゴムテープを通す
下段アンダースカート（A布）
215
229
250
272
cmのレースAをつける
0.2
4
47.5
50
52.5
53.5
ゴムテープ
レースA
1.8
165
176
192
209
上段アンダースカート（A布）
215
229
250
272
cmのレースAをつける
0.2
4
34.5
37
39.5
40.5

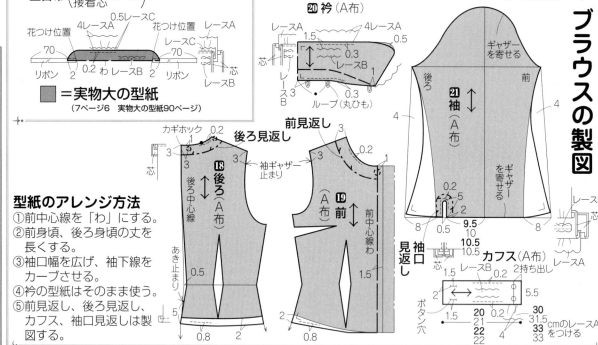

ブラウスの作り方

1.カフスを作る。

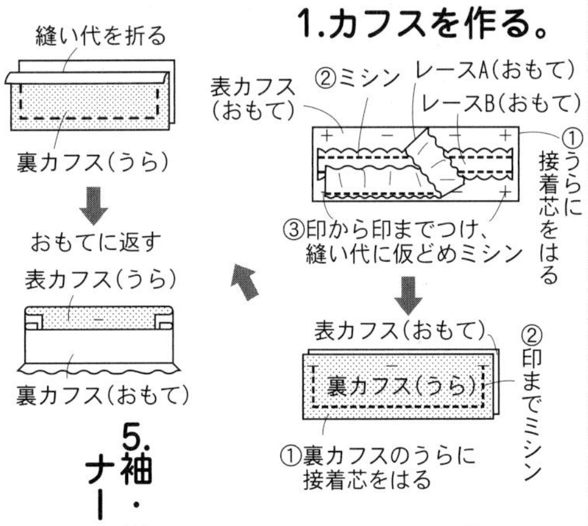
縫い代を折る
裏カフス(うら)
おもてに返す
表カフス(うら)
裏カフス(おもて)
表カフス(おもて)
②ミシン
レースA(おもて)
レースB(おもて)
①うらに接着芯をはる
③印から印までつけ、縫い代に仮どめミシン
表カフス(おもて)
②印までミシン
裏カフス(うら)
①裏カフスのうらに接着芯をはる

2.袖を作る。

※作り方は96ページと同様。

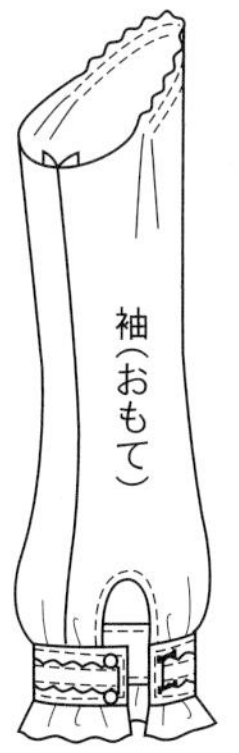
袖(おもて)

3.身頃を作る。

①肩線・脇線・後ろ中心線にジグザグミシン
後ろ(おもて)
④肩線・脇線を縫い、割る
前(おもて)
②ダーツを縫い、上に倒す
③ダーツを縫い、中心側に倒す

※後ろ身頃も同様。

4.見返しを作る。

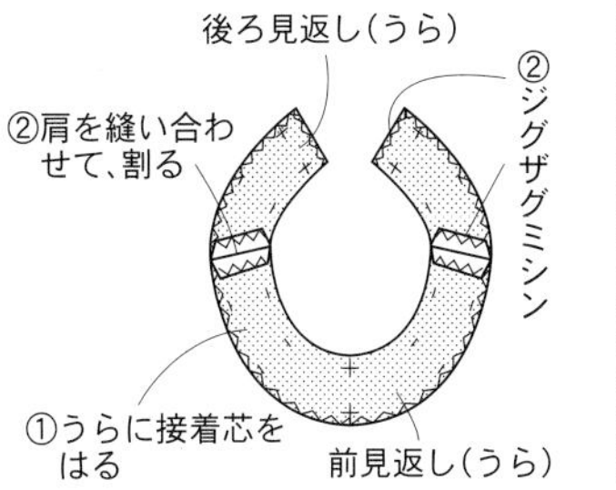
後ろ見返し(うら)
②肩を縫い合わせて、割る
②ジグザグミシン
①うらに接着芯をはる
前見返し(うら)

5.袖・コンシールファスナー・見返しをつける。

※①④は96ページ参照。

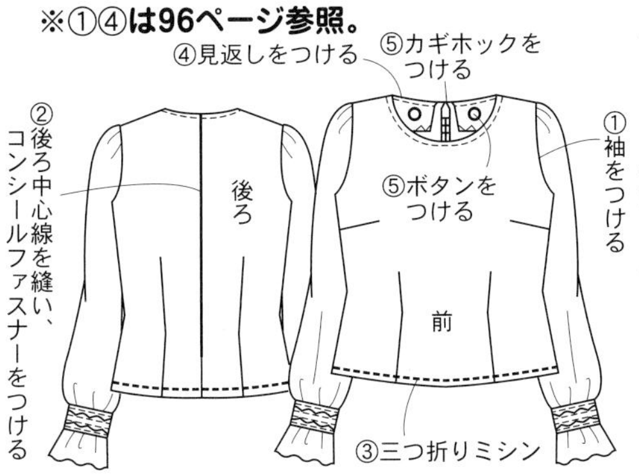
④見返しをつける
⑤カギホックをつける
②後ろ中心線を縫い、コンシールファスナーをつける
後ろ
⑤ボタンをつける
①袖をつける
前
③三つ折りミシン

※コンシールファスナーのつけ方は47・48ページ参照。

つけ衿の作り方

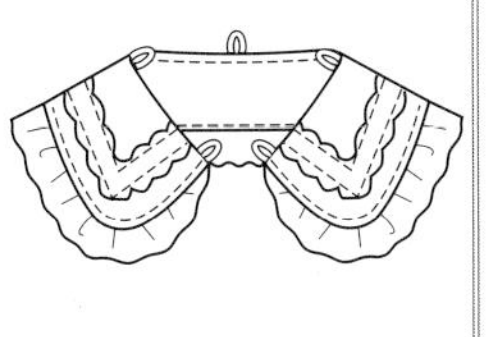

※作り方は96ページと同様。

A布

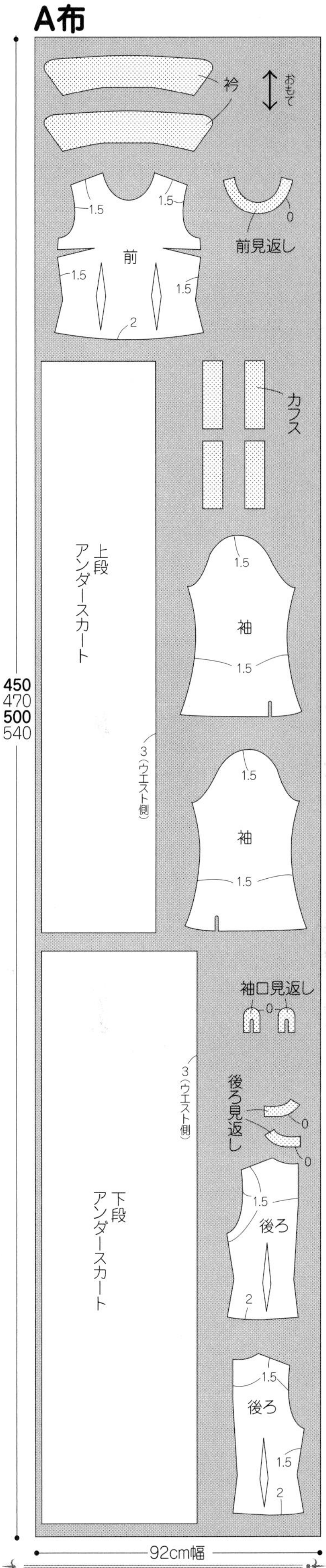
衿
おもて
1.5
前
前見返し
0
2
カフス
上段アンダースカート
3(ウエスト側)
袖
袖口見返し
後ろ見返し
下段アンダースカート
後ろ
450
470
500
540
92cm幅

スカートの作り方

1.結びひもを作る。

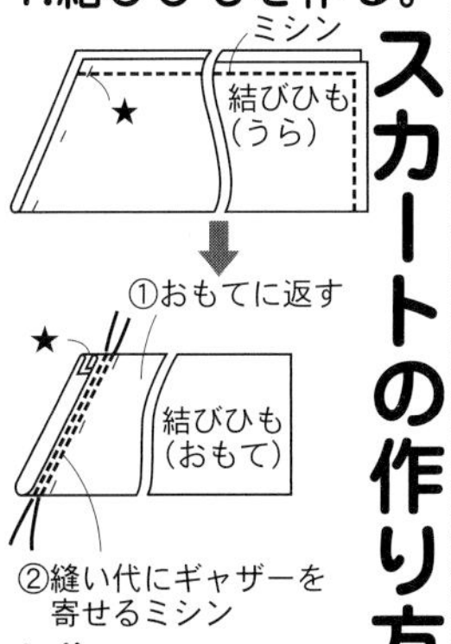
ミシン
★
結びひも(うら)
①おもてに返す
結びひも(おもて)
②縫い代にギャザーを寄せるミシン

2.スカートを作る。

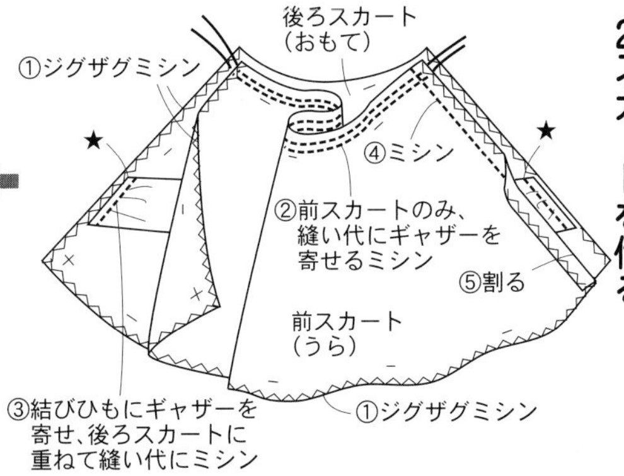
後ろスカート(おもて)
①ジグザグミシン
★
④ミシン
②前スカートのみ、縫い代にギャザーを寄せるミシン
⑤割る
前スカート(うら)
③結びひもにギャザーを寄せ、後ろスカートに重ねて縫い代にミシン
①ジグザグミシン

3.タブを作る。

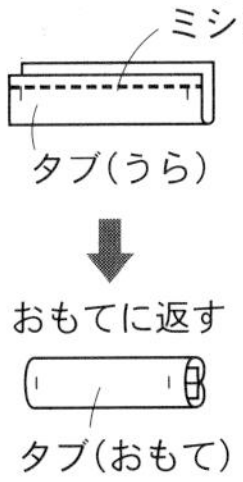
ミシン
タブ(うら)
おもてに返す
タブ(おもて)

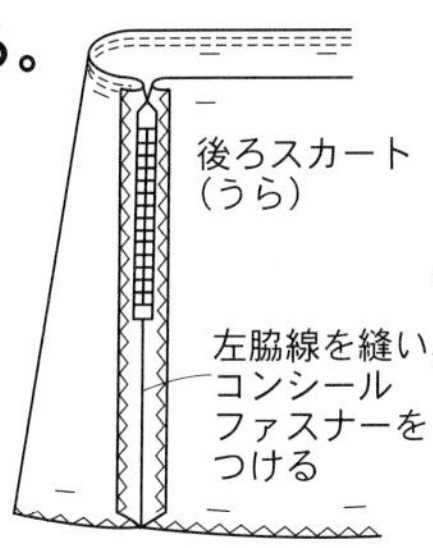
後ろスカート(うら)
左脇線を縫い、コンシールファスナーをつける

※コンシールファスナーのつけ方は47・48ページ参照。

4.ベルトを作る。

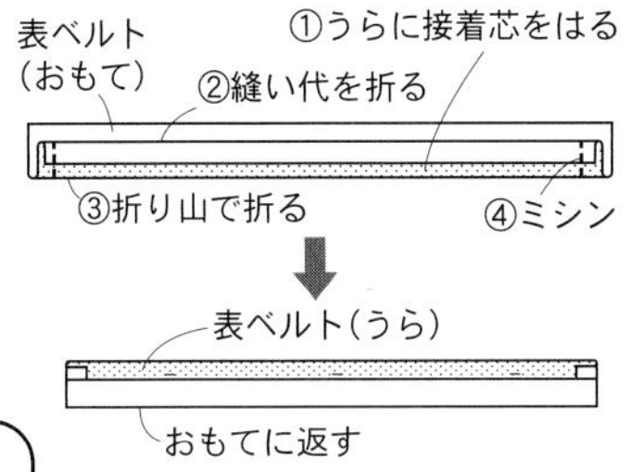
表ベルト(おもて)
①うらに接着芯をはる
②縫い代を折る
③折り山で折る
④ミシン
表ベルト(うら)
おもてに返す

5.ベルトをつける。

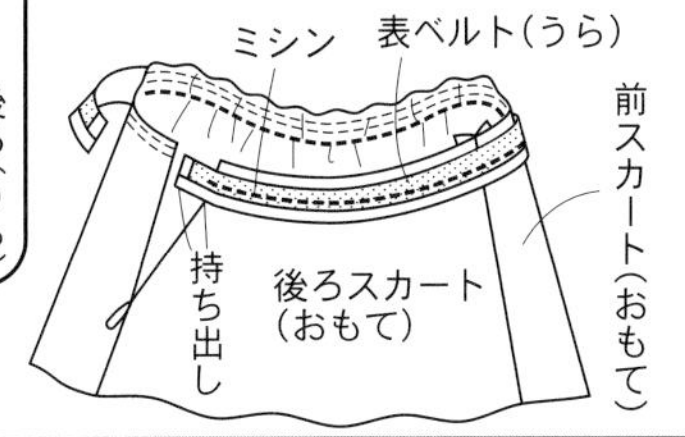
ミシン
表ベルト(うら)
前スカート(おもて)
持ち出し
後ろスカート(おもて)

6.タブをつけて、裾をまつる。

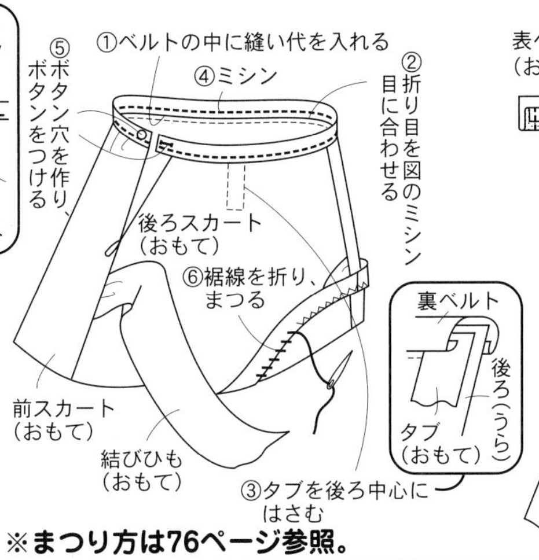
①ベルトの中に縫い代を入れる
⑤ボタン穴を作り、ボタンをつける
④ミシン
②折り目を図のミシン目に合わせる
後ろスカート(おもて)
⑥裾線を折り、まつる
裏ベルト
後ろ(うら)
タブ(おもて)
前スカート(おもて)
結びひも(おもて)
③タブを後ろ中心にはさむ

※まつり方は76ページ参照。

7.後ろスカートを整え、タブを縫いつける。

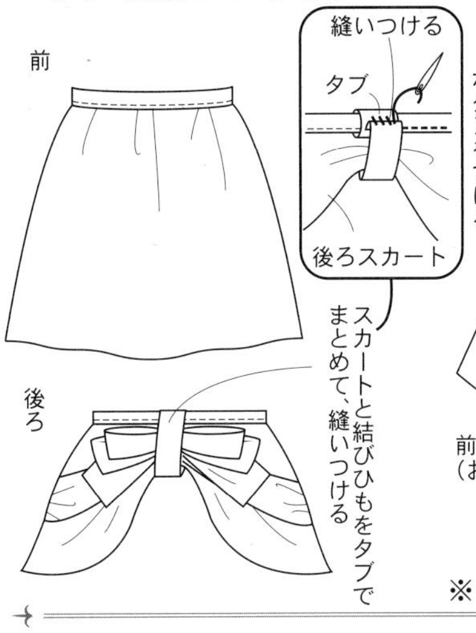
前
縫いつける
タブ
後ろスカート
スカートと結びひもをタブでまとめて縫いつける
後ろ

アンダースカートの作り方

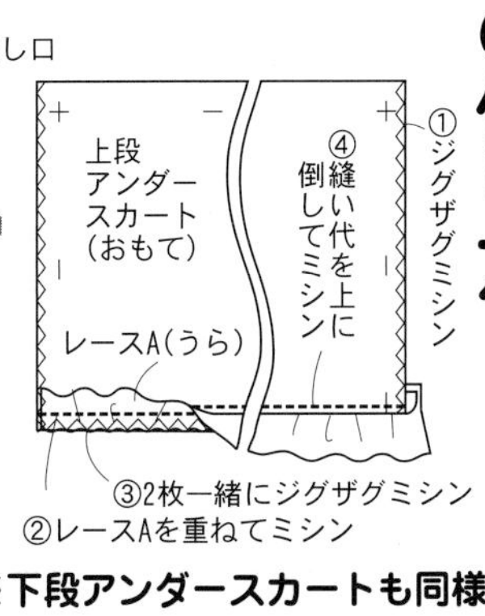
①ジグザグミシン
④縫い代を上に倒してミシン
上段アンダースカート(おもて)
レースA(うら)
③2枚一緒にジグザグミシン
②レースAを重ねてミシン

※下段アンダースカートも同様。

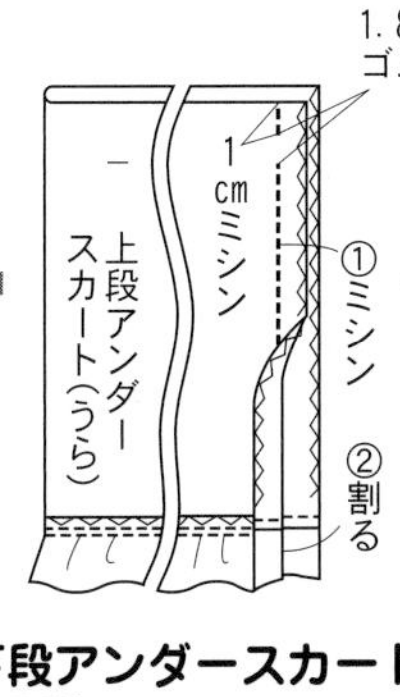
1.8cm
ゴム返し口
1cmミシン
①ミシン
上段アンダースカート(うら)
②割る

※下段アンダースカートも同様。

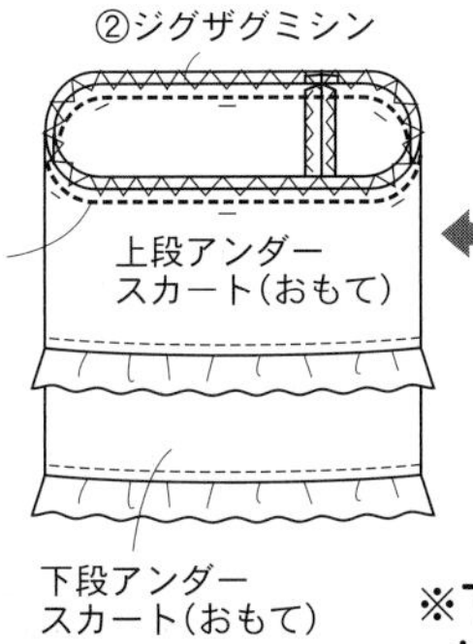
②ジグザグミシン
①2枚を重ねて縫い代にミシン
上段アンダースカート(おもて)
下段アンダースカート(おもて)

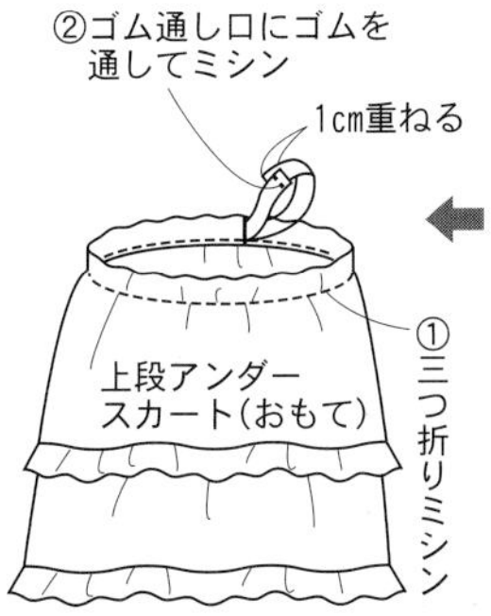
②ゴム通し口にゴムを通してミシン
1cm重ねる
上段アンダースカート(おもて)
①三つ折りミシン

ヘッドドレスの作り方

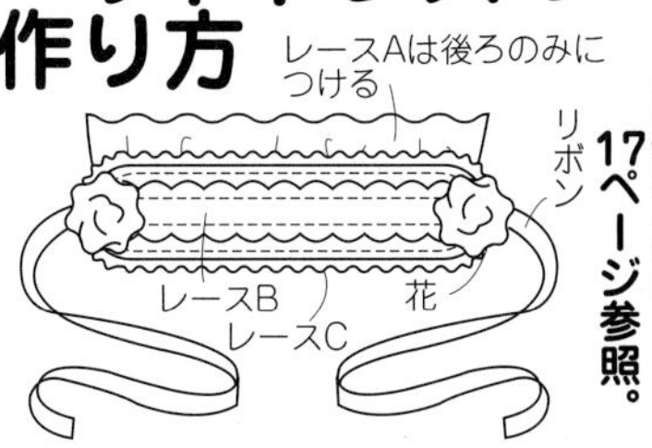
レースAは後ろのみにつける
リボン
レースB
花
レースC

※作り方は17ページ参照。

材料		S	M	L	LL
A布（綿ツイル：コットン小林KSP3462）	112cm幅	4m80cm	4m90cm	5m30cm	5m40cm
B布（綿サテン：クラボウSH9480）	106cm幅	3m20cm	3m30cm	3m80cm	3m80cm
接着芯	90cm幅	1m	1m	1m	1m
厚手接着芯	20cm幅	20cm	20cm	20cm	20cm
ボタン	15mm	11個	11個	11個	11個
裏ボタン	10mm	5個	5個	5個	5個
レースA（トーションレース：ハマナカ948）	38mm幅	6m10cm	6m50cm	7m	8m
レースB（トーションレース：ハマナカ949）	23mm幅	11m80cm	11m90cm	12m10cm	12m30cm
レースC（トーションレース：ハマナカ837）	25mm幅	2m80cm	2m90cm	3m30cm	3m50cm
レースD（トーションレース：ハマナカ951）	45mm幅	4m80cm	5m10cm	5m70cm	6m60cm
丸ひも	太さ0.2cm	30cm	30cm	30cm	30cm
コンシールファスナー	56cm	1本	1本	1本	1本
ゴムテープ	15mm幅	60cm	65cm	70cm	70cm
ブローチピン（大）		1個	1個	1個	1個

ワンピース　実物大の型紙A面
帽子の型紙はついていません
スカート・アンダースカートの型紙はついていません

3ページ2

数字の見方
上から順に
Sサイズ
Mサイズ
Lサイズ
LLサイズ
1つしかない数字は共通

ワンピースの製図

■＝実物大の型紙

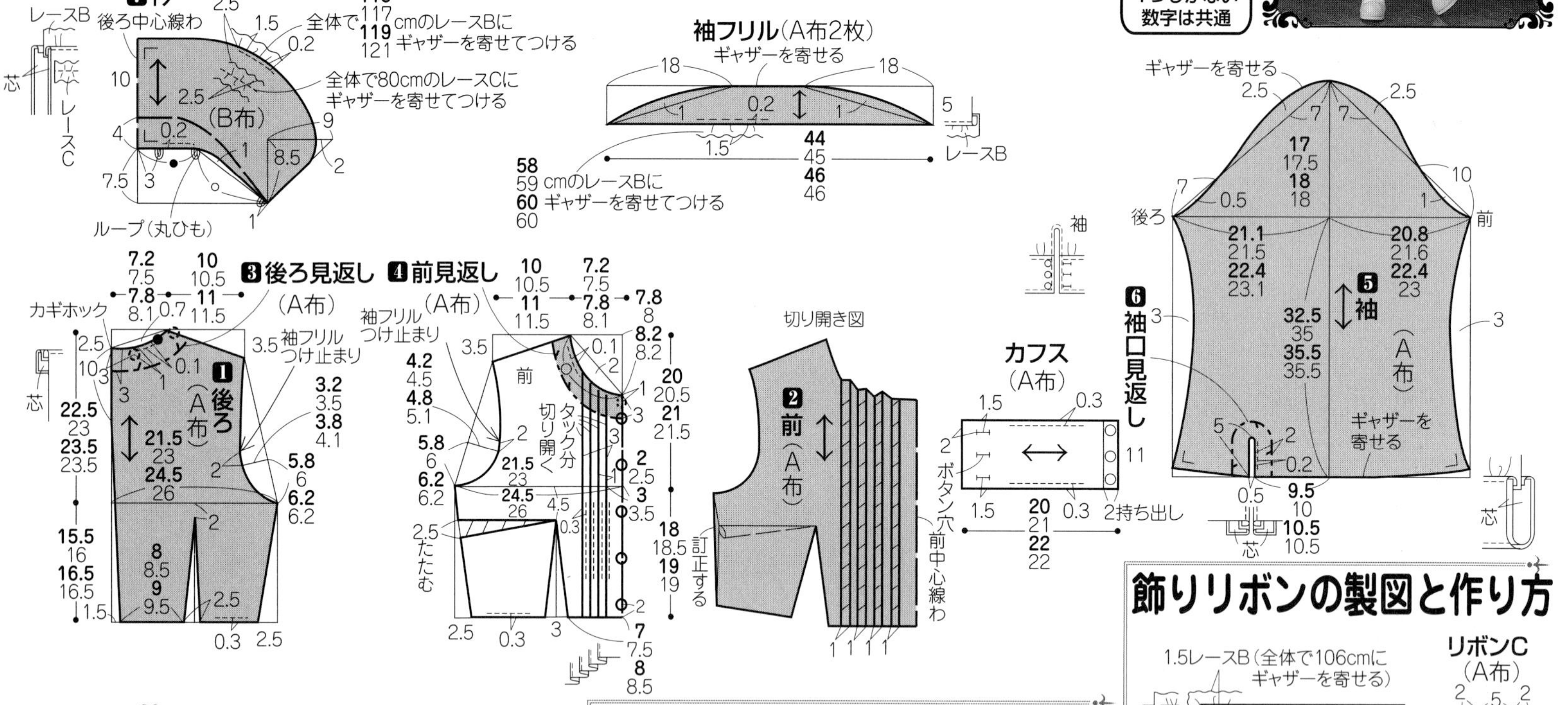

アンダースカートの製図

※パニエ（16ページ）を使用します。

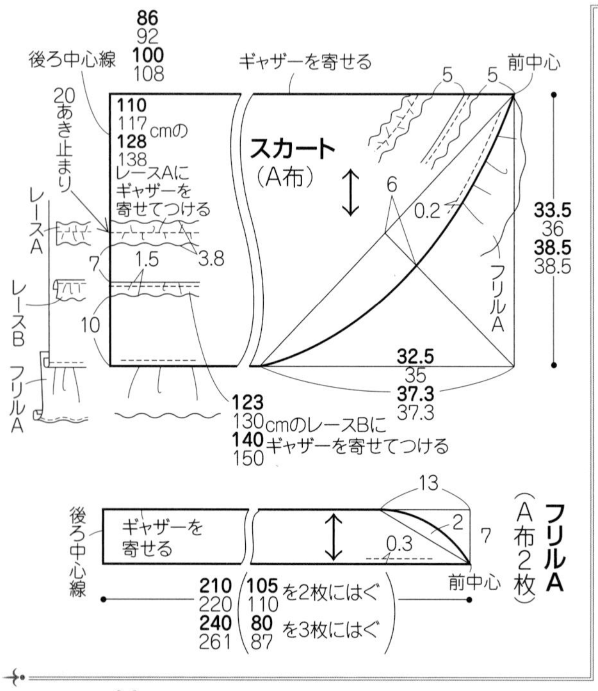

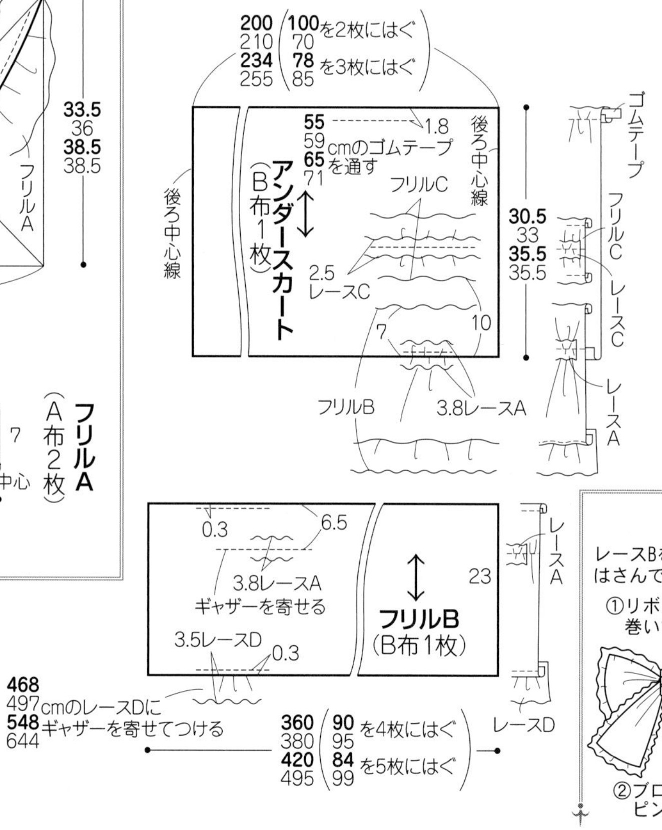

飾りリボンの製図と作り方

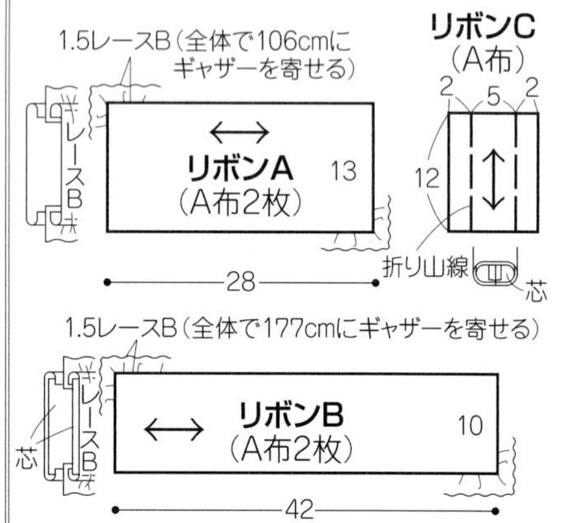

1.リボンAとBを作る。

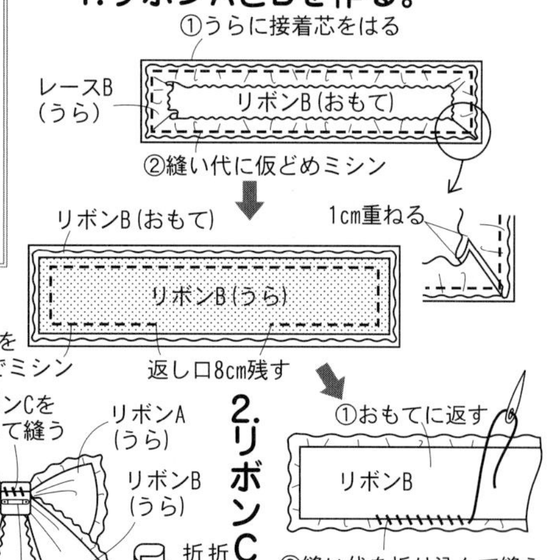
レースBをはさんでミシン

2.リボンCを作る。

①リボンCを巻いて縫う

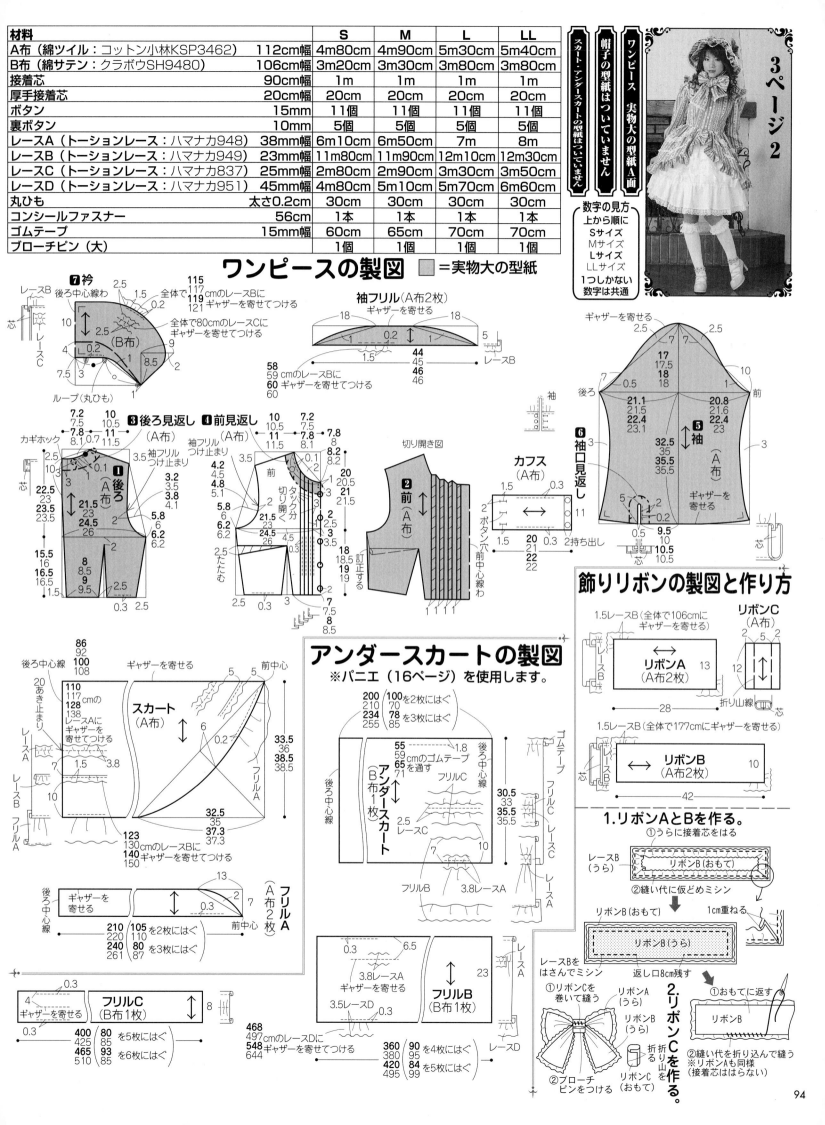

布の裁ち方

▒=接着芯をはる位置

数字のないところは1cmの縫い代をつけます。

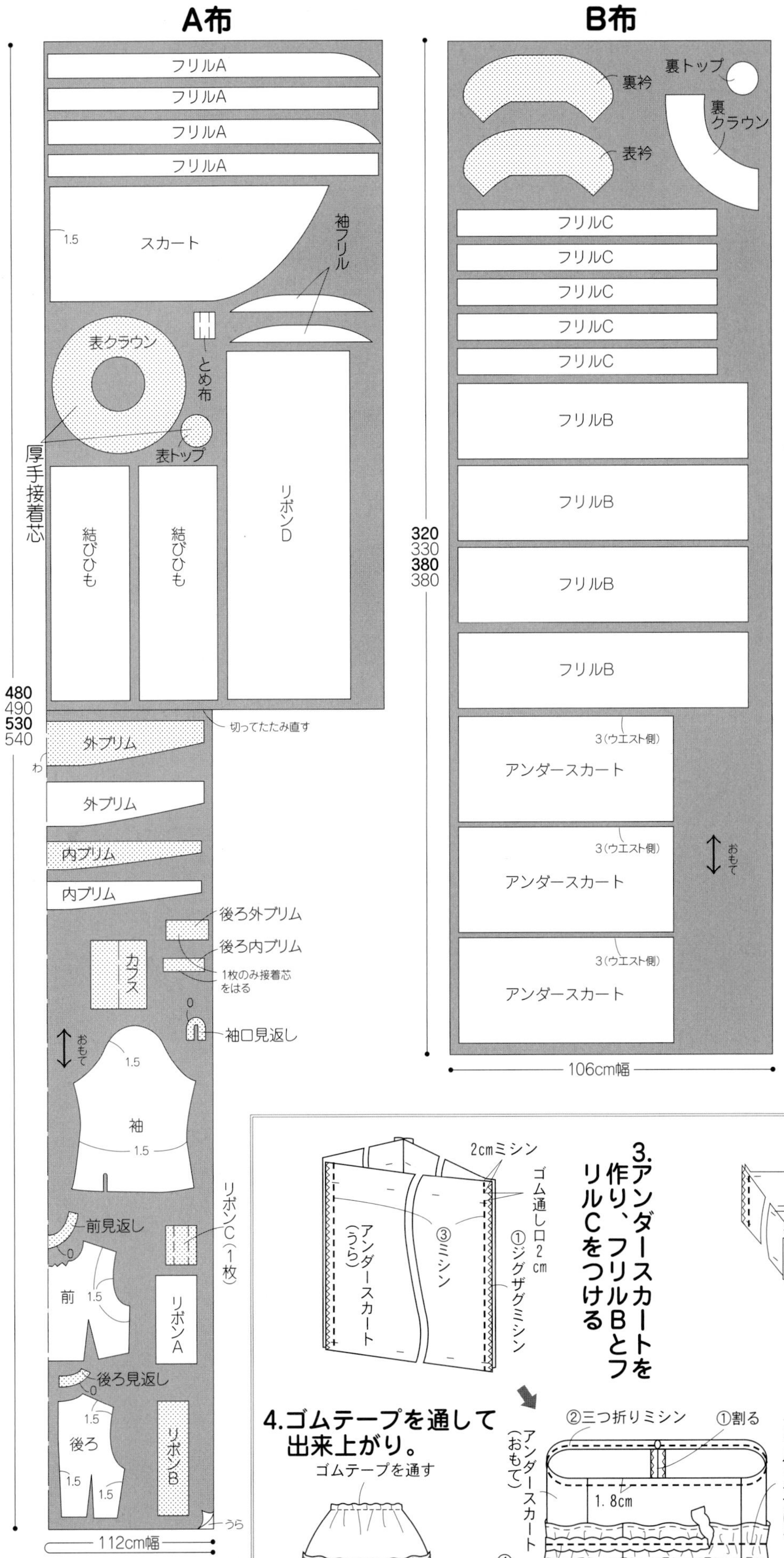
A布
フリルA
フリルA
フリルA
フリルA
スカート
1.5
袖フリル
表クラウン
とめ布
表トップ
厚手接着芯
結びひも
結びひも
リボンD
480
490
530
540
切ってたたみ直す
外ブリム
わ
外ブリム
内ブリム
内ブリム
後ろ外ブリム
後ろ内ブリム
1枚のみ接着芯をはる
カフス
袖口見返し
おもて
袖
1.5
前見返し
リボンC（1枚）
前
リボンA
後ろ見返し
後ろ
リボンB
うら
112cm幅
B布
裏トップ
裏衿
裏クラウン
表衿
フリルC
フリルC
フリルC
フリルC
フリルC
フリルB
フリルB
フリルB
フリルB
320
330
380
380
3（ウエスト側）
アンダースカート
3（ウエスト側）
アンダースカート
おもて
3（ウエスト側）
アンダースカート
106cm幅

帽子の製図

頭回りサイズ…57cm

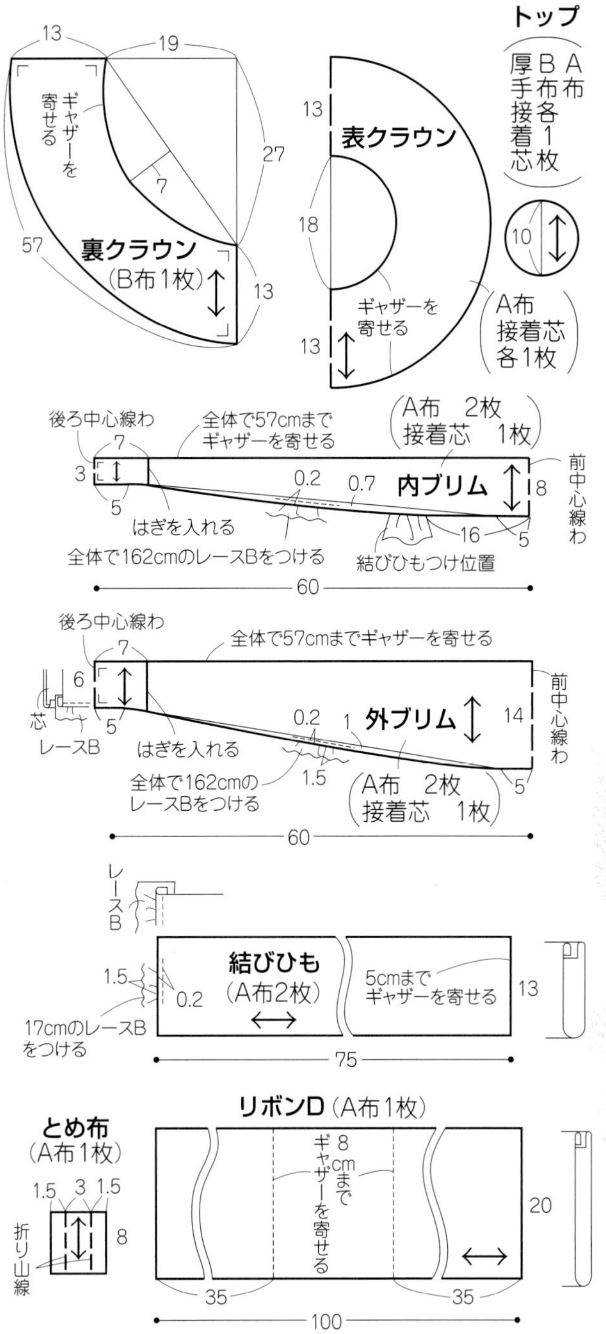
トップ
厚手接着芯
B布
A布
各1枚
13
19
ギャザーを寄せる
27
7
57
裏クラウン
（B布1枚）
13
表クラウン
18
ギャザーを寄せる
A布
接着芯
各1枚
10
後ろ中心線わ
全体で57cmまでギャザーを寄せる
A布 2枚
接着芯 1枚
内ブリム
前中心線わ
はぎを入れる
全体で162cmのレースBをつける
結びひもつけ位置
60
後ろ中心線わ
全体で57cmまでギャザーを寄せる
外ブリム
芯
レースB
はぎを入れる
全体で162cmのレースBをつける
A布 2枚
接着芯 1枚
60
レースB
結びひも
（A布2枚）
5cmまでギャザーを寄せる
17cmのレースBをつける
75
とめ布
（A布1枚）
折り山線
リボンD（A布1枚）
8cmまでギャザーを寄せる
35
35
100
20

アンダースカートの作り方

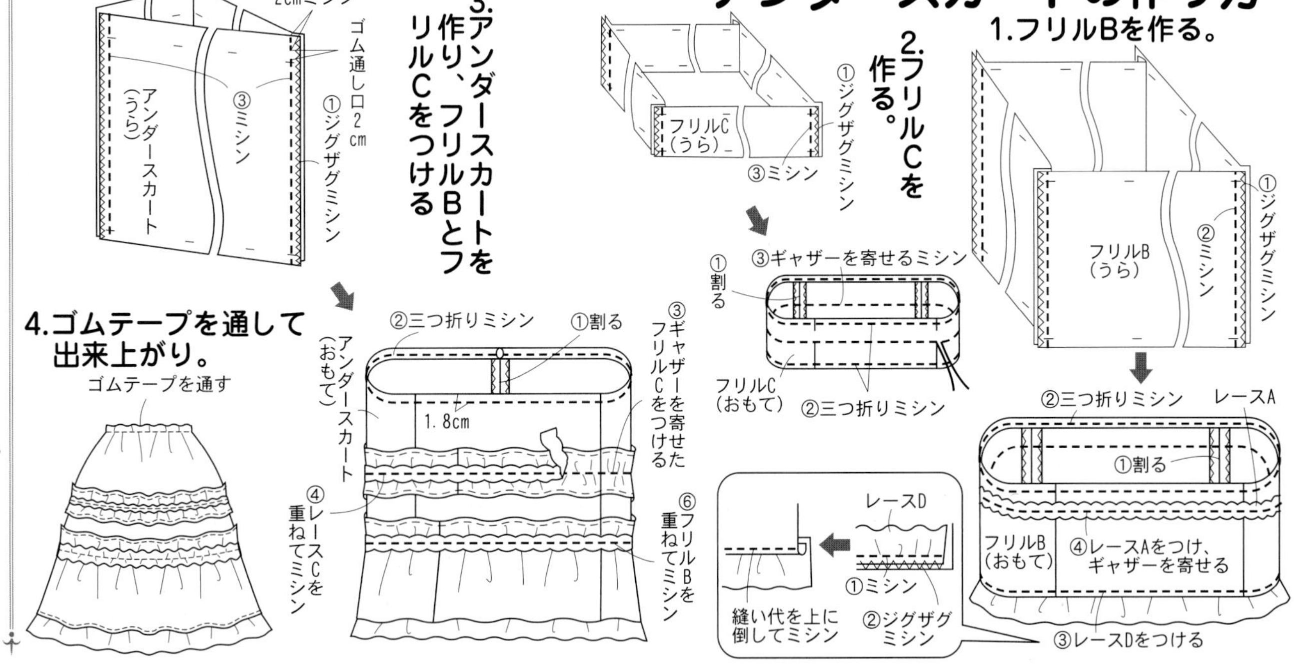
1.フリルBを作る。
①ジグザグミシン
②ミシン
フリルB
（うら）
②三つ折りミシン
レースA
①割る
フリルB
（おもて）
④レースAをつけ、ギャザーを寄せる
③レースDをつける
レースD
①ミシン
②ジグザグミシン
縫い代を上に倒してミシン
2.フリルCを作る。
①ジグザグミシン
フリルC
（うら）
③ミシン
①割る
③ギャザーを寄せるミシン
フリルC
（おもて）
②三つ折りミシン
3.アンダースカートを作り、フリルBとフリルCをつける
2cmミシン
ゴム通し口2cm
①ジグザグミシン
③ミシン
アンダースカート
（うら）
②三つ折りミシン
①割る
アンダースカート
（おもて）
1.8cm
③ギャザーを寄せたフリルCをつける
④レースCを重ねてミシン
⑥フリルBを重ねてミシン
4.ゴムテープを通して出来上がり。
ゴムテープを通す

つけ衿の作り方

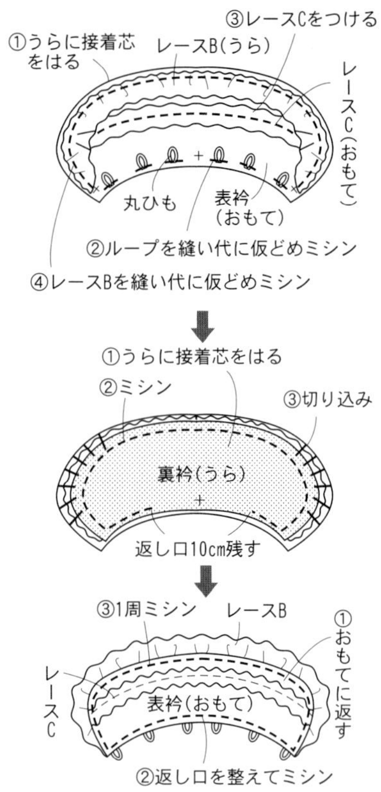
①うらに接着芯をはる
レースB(うら)
③レースCをつける
レースC(おもて)
丸ひも
表衿(おもて)
②ループを縫い代に仮どめミシン
④レースBを縫い代に仮どめミシン
①うらに接着芯をはる
②ミシン
③切り込み
裏衿(うら)
返し口10cm残す
③1周ミシン
レースB
①おもてに返す
レースC
表衿(おもて)
②返し口を整えてミシン

ワンピースの作り方

1.カフスを作る。

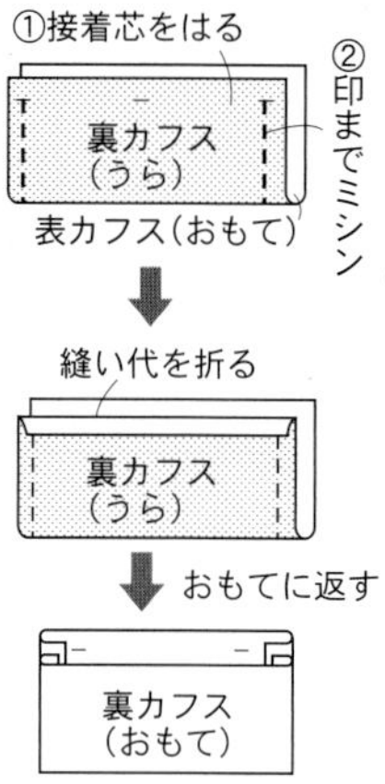
①接着芯をはる
②印までミシン
裏カフス(うら)
表カフス(おもて)
縫い代を折る
裏カフス(うら)
おもてに返す
裏カフス(おもて)

2.カフスをつけ、袖を作る。

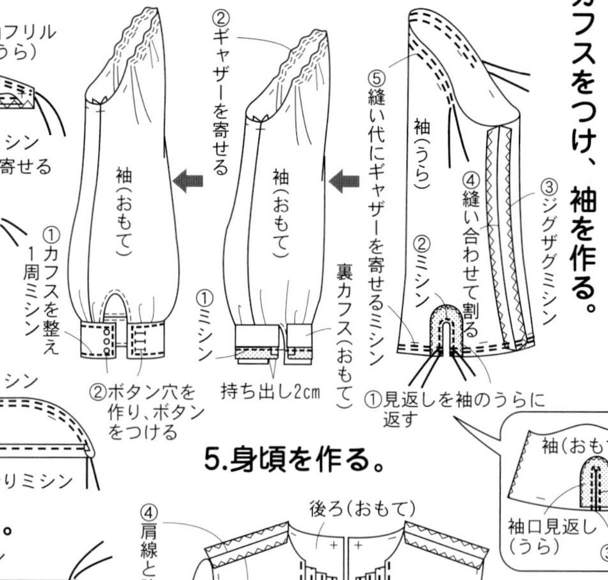
③ジグザグミシン
④縫い合わせて割る
②ミシン
袖(うら)
⑤縫い代にギャザーを寄せるミシン
裏カフス(おもて)
①見返しを袖のうらに返す
②ギャザーを寄せる
袖(おもて)
①ミシン
持ち出し2cm
①カフスを整え1周ミシン
②ボタン穴を作り、ボタンをつける
袖(おもて)
袖口見返し(うら)
①うらに接着芯をはる
②ジグザグミシン
②ミシン
③切り込み

3.袖フリルを作る。

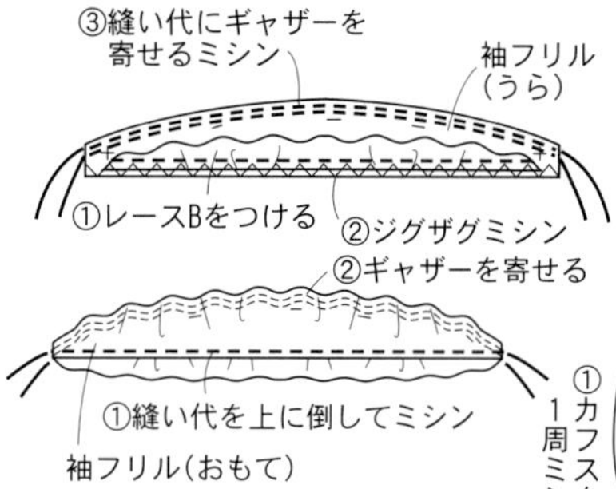
③縫い代にギャザーを寄せるミシン
袖フリル(うら)
①レースBをつける
②ジグザグミシン
②ギャザーを寄せる
①縫い代を上に倒してミシン
袖フリル(おもて)

4.見返しを作る。

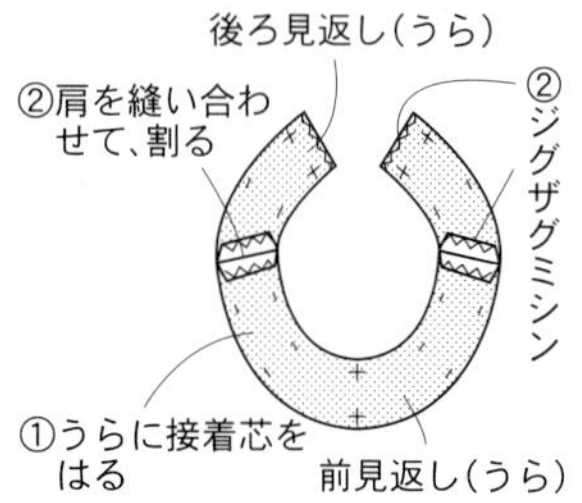
後ろ見返し(うら)
②肩を縫い合わせて、割る
②ジグザグミシン
①うらに接着芯をはる
前見返し(うら)

5.身頃を作る。

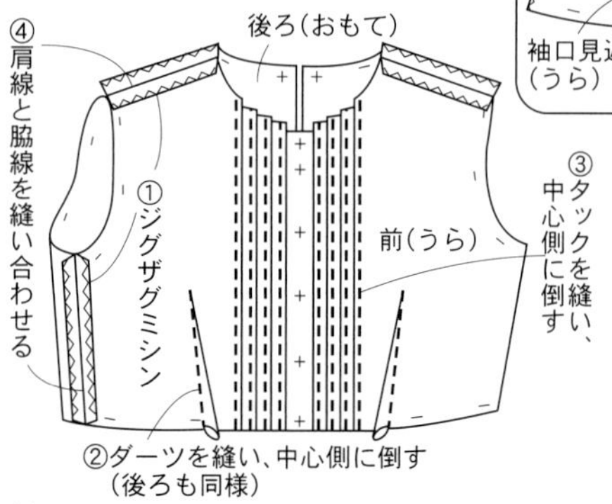
後ろ(おもて)
④肩線と脇線を縫い合わせる
①ジグザグミシン
前(うら)
③タックを中心側に縫い、倒す
②ダーツを縫い、中心側に倒す(後ろも同様)

6.フリルAを作る。

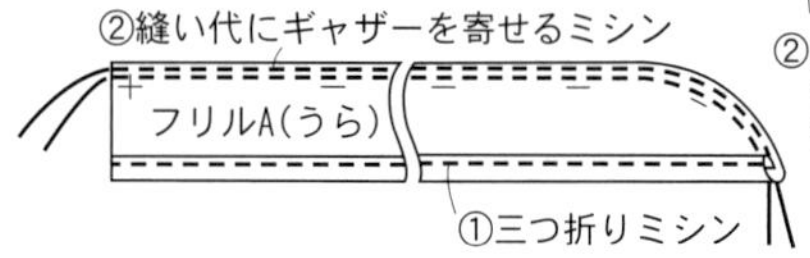
②縫い代にギャザーを寄せるミシン
フリルA(うら)
①三つ折りミシン

7.スカートを作る。

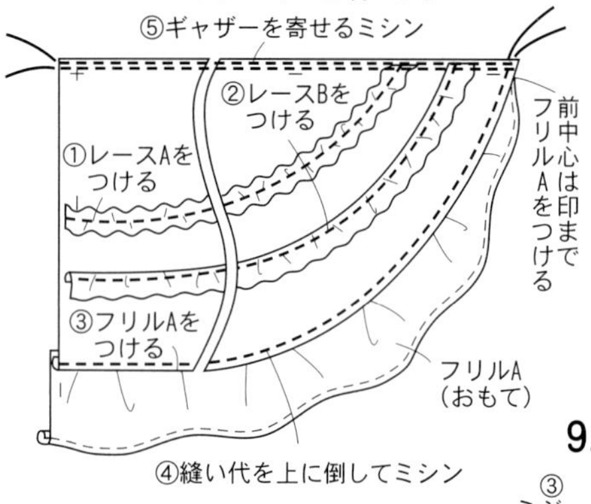
⑤ギャザーを寄せるミシン
②レースBをつける
①レースAをつける
前中心は印までフリルAをつける
③フリルAをつける
フリルA(おもて)
④縫い代を上に倒してミシン

10.出来上がり。

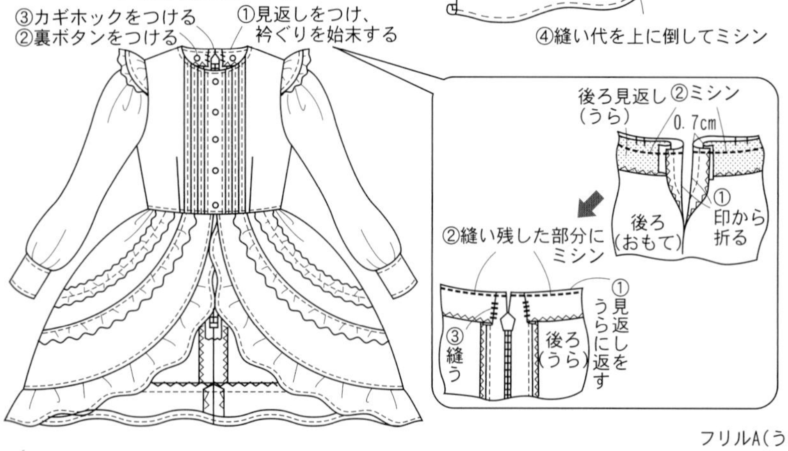
③カギホックをつける
②裏ボタンをつける
①見返しをつけ、衿ぐりを始末する
後ろ見返し(うら)
②ミシン
0.7cm
①印から折る
後ろ(おもて)
②縫い残した部分にミシン
①見返しをうらに返す
③縫う
後ろ(うら)

9.袖とコンシールファスナーをつける。

③ジグザグミシン
袖(おもて)
②袖にギャザーを寄せてミシン
①縫い代を上に倒してミシン
後ろ(うら)
後ろスカート(うら)
①後ろ中心線を縫い、コンシールファスナーをつける
フリルA(うら)

※コンシールファスナーのつけ方は47・48ページ参照。

8.身頃とスカートを縫い合わせる

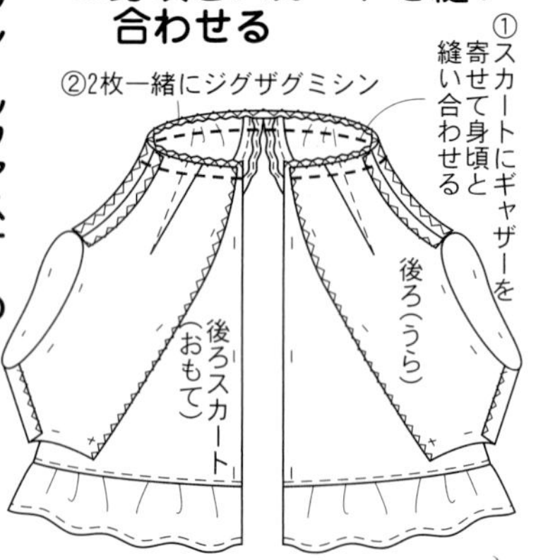
②2枚一緒にジグザグミシン
①スカートにギャザーを寄せて身頃と縫い合わせる
後ろ(うら)
後ろスカート(おもて)

帽子の作り方

1.リボンDを作る。

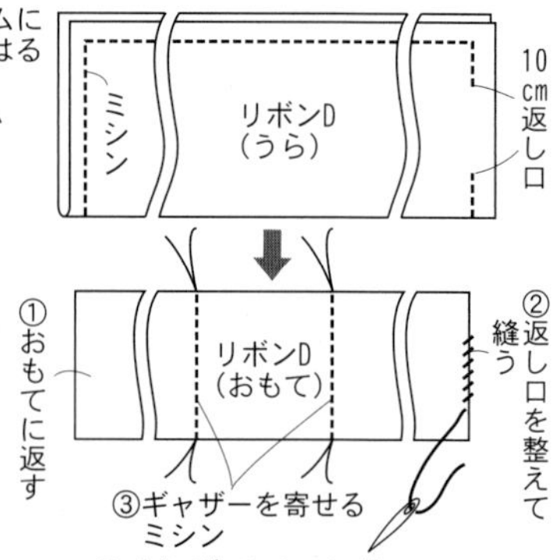
ミシン
リボンD(うら)
10cm返し口
①おもてに返す
リボンD(おもて)
②返し口を整えて縫う
③ギャザーを寄せるミシン

2.結びひもを作る。

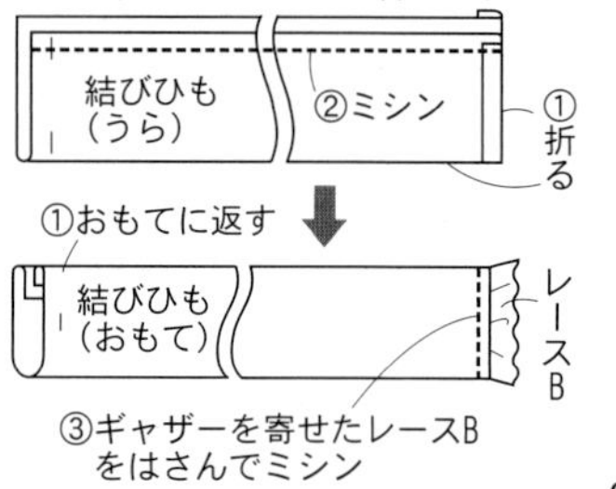
結びひも(うら)
②ミシン
①折る
①おもてに返す
結びひも(おもて)
レースB
③ギャザーを寄せたレースBをはさんでミシン

3.ブリムを作る。

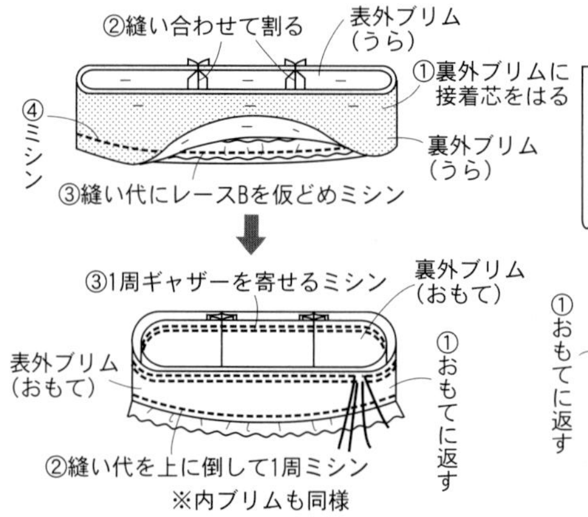
②縫い合わせて割る
表外ブリム(うら)
①裏外ブリムに接着芯をはる
④ミシン
裏外ブリム(うら)
③縫い代にレースBを仮どめミシン
③1周ギャザーを寄せるミシン
裏外ブリム(おもて)
表外ブリム(おもて)
①おもてに返す
②縫い代を上に倒して1周ミシン
※内ブリムも同様

4.裏クラウンを作る。

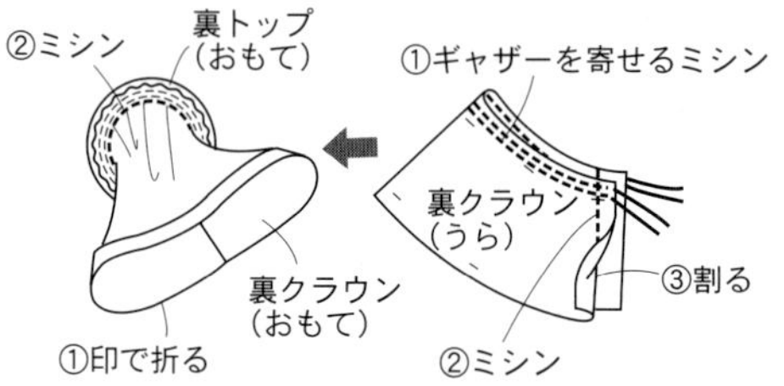
②ミシン
裏トップ(おもて)
①ギャザーを寄せるミシン
裏クラウン(うら)
③割る
裏クラウン(おもて)
①印で折る
②ミシン

5.表クラウンを作る。

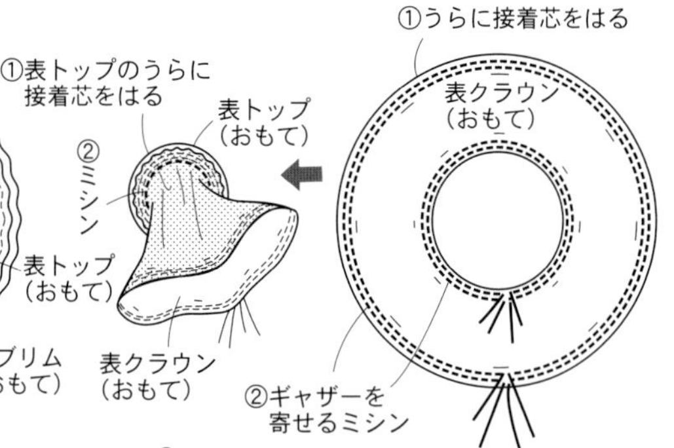
①うらに接着芯をはる
表クラウン(おもて)
②ギャザーを寄せるミシン
①表トップのうらに接着芯をはる
表トップ(おもて)
②ミシン
表クラウン(おもて)

6.表クラウンとブリムを縫い合わせる。

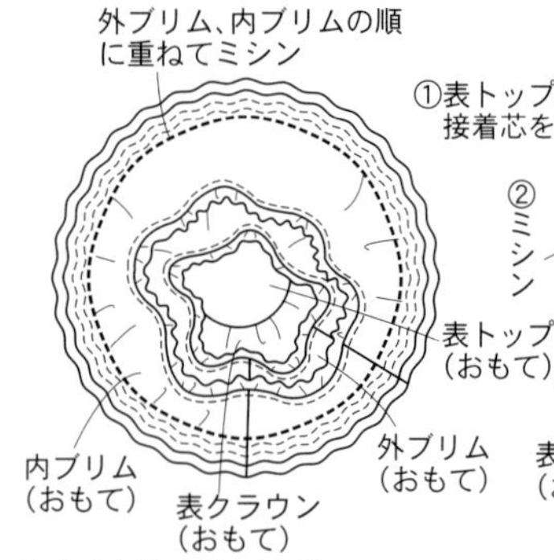
外ブリム、内ブリムの順に重ねてミシン
表トップ(おもて)
外ブリム(おもて)
内ブリム(おもて)
表クラウン(おもて)

7.表クラウンに結びひもをつける。

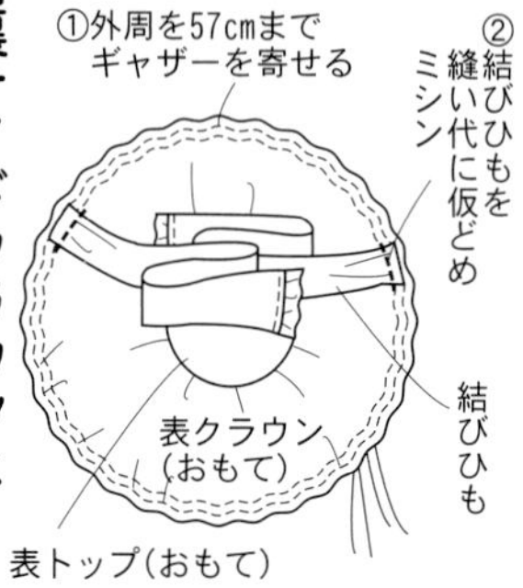
①外周を57cmまでギャザーを寄せる
②結びひもを縫い代に仮どめミシン
表クラウン(おもて)
結びひも
表トップ(おもて)

8.裏サイドクラウンとリボンDをつける

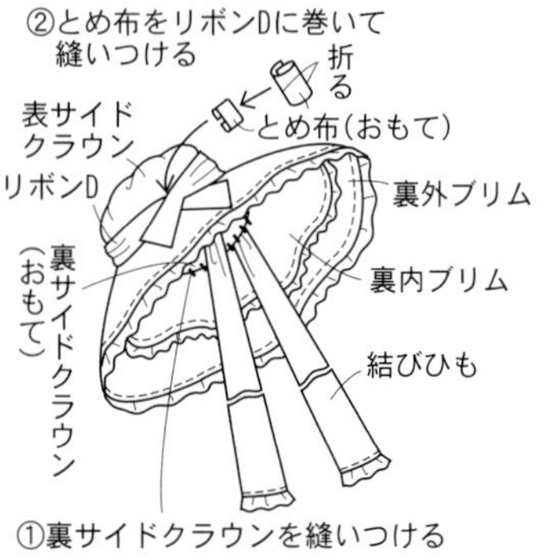
②とめ布をリボンDに巻いて縫いつける
折る
とめ布(おもて)
表サイドクラウン
リボンD
裏外ブリム
裏サイドクラウン(おもて)
裏内ブリム
結びひも
①裏サイドクラウンを縫いつける

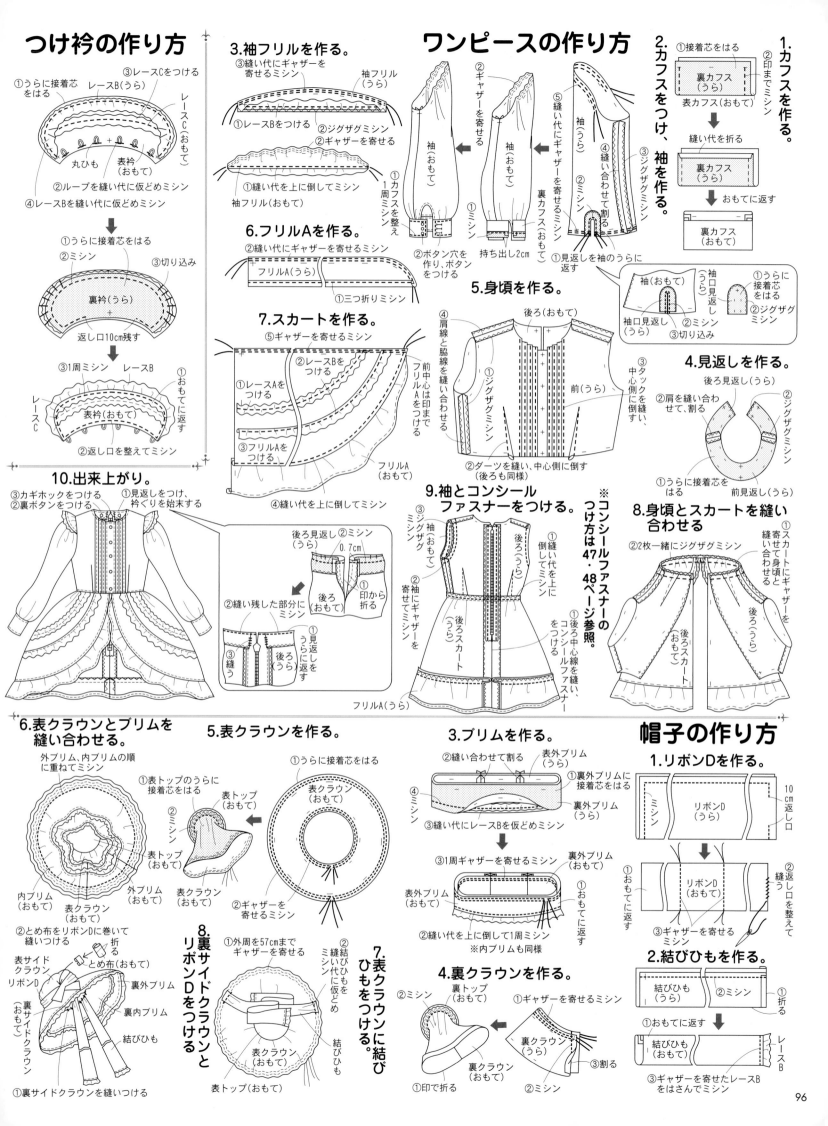

材料		S	M	L	LL
A布（コーマーブロード：クラボウH4040）	92cm幅	4m10cm	4m10cm	4m20cm	4m40cm
B布（コーマーバーバリー：ユザワヤ）	112cm幅	2m80cm	2m80cm	3m	3m10cm
接着芯	90cm幅	60cm	60cm	60cm	60cm
くるみボタン	12mm	9個	9個	9個	9個
レースA（トーションレース：ハマナカ924）	28mm幅	4m	4m20cm	4m30cm	4m50cm
レースB（綿タックレース：ハマナカT-1634）	60mm幅	2m40cm	2m20cm	2m60cm	2m60cm
レースC（ケミカルレース：ハマナカ458）	12mm幅	2m	2m	2m10cm	2m20cm
レースD（ケミカルレース：ハマナカ444）	22mm幅	4m80cm	4m90cm	5m	5m20cm
リボン（サテンリボン：ハマナカ101-W）	9mm幅	14m60cm	14m80cm	15m10cm	15m30cm
丸ひも	太さ0.2cm	2m	2m	2m	2m
コンシールファスナー	56cm	1本	1本	1本	1本
カギホック（小）		1組	1組	1組	1組
ゴムテープ	15mm幅	60cm	60cm	70cm	70cm
スナップ（小）		2組	2組	2組	2組
カチューシャ		1個	1個	1個	1個

ブラウス　実物大の型紙A面

スカート・オーバースカートの型紙はついていません

カチューシャ・アンダースカートの型紙はついていません

数字の見方
上から順に
Sサイズ
Mサイズ
Lサイズ
LLサイズ
1つしかない数字は共通

スカートの製図

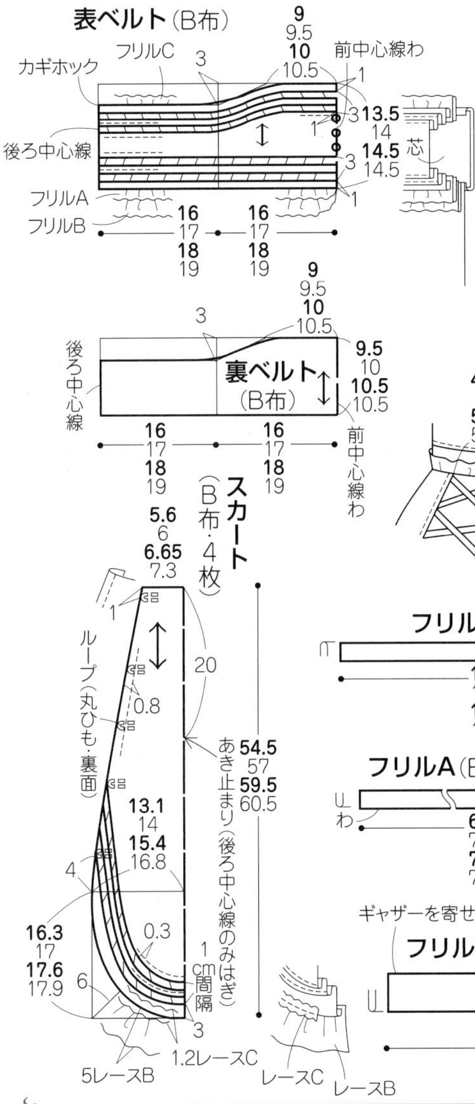

ジャボの製図

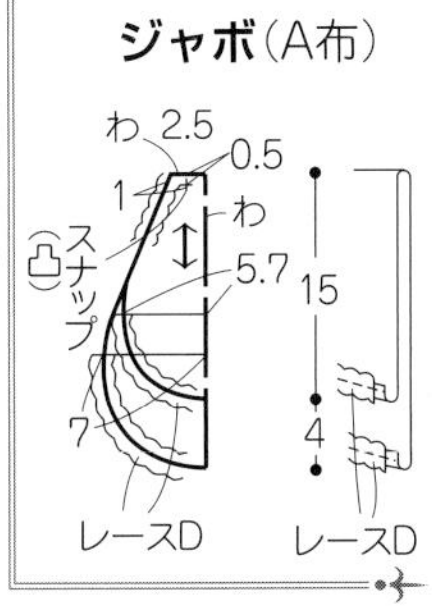

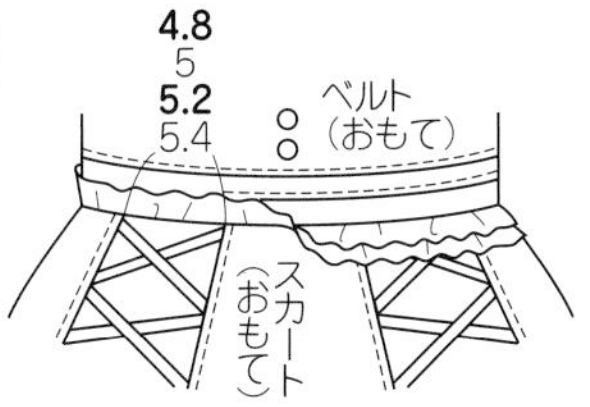

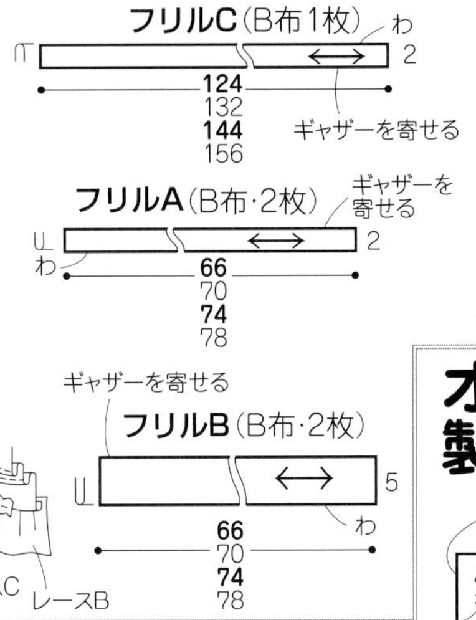

ブラウスの製図

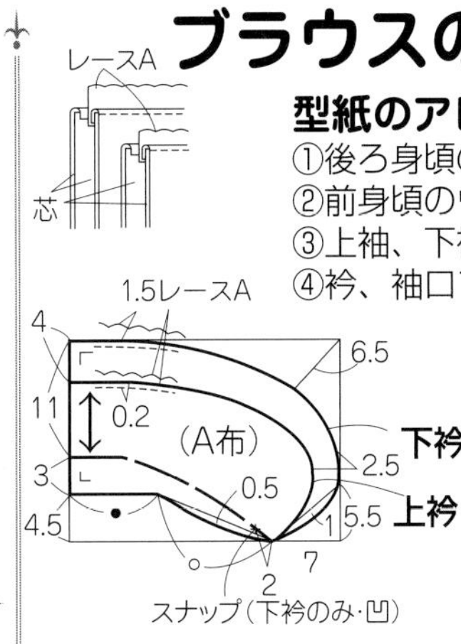

型紙のアレンジ方法

①後ろ身頃の中心線を直線につなげる。
②前身頃のウエストのダーツは使用しない。
③上袖、下袖の丈を延長する。
④衿、袖口フリルは製図する。

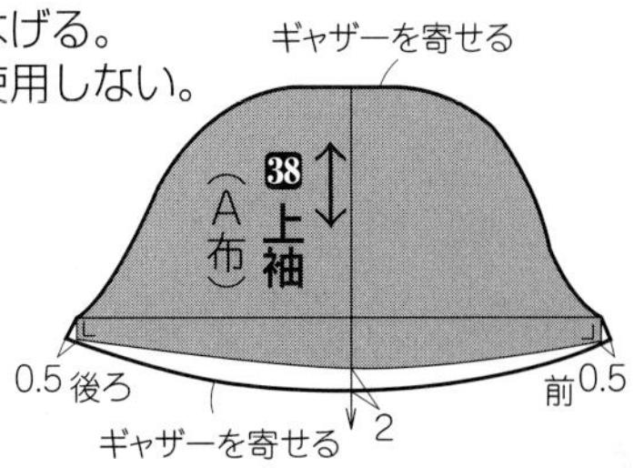

＝実物大の型紙
（12ページ11　製図133ページ）

＝実物大の型紙
（9ページ8　製図100ページ）

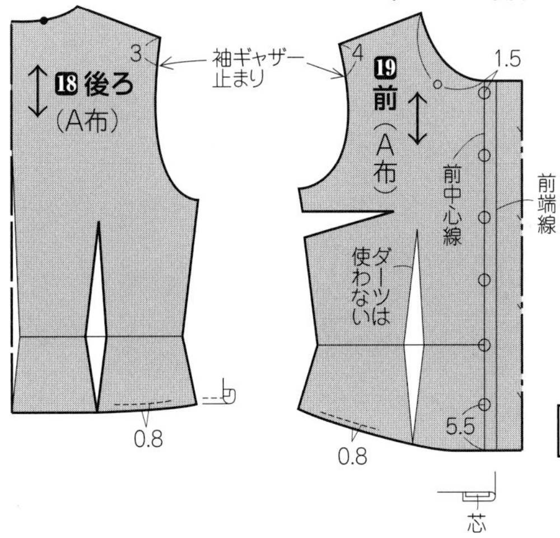

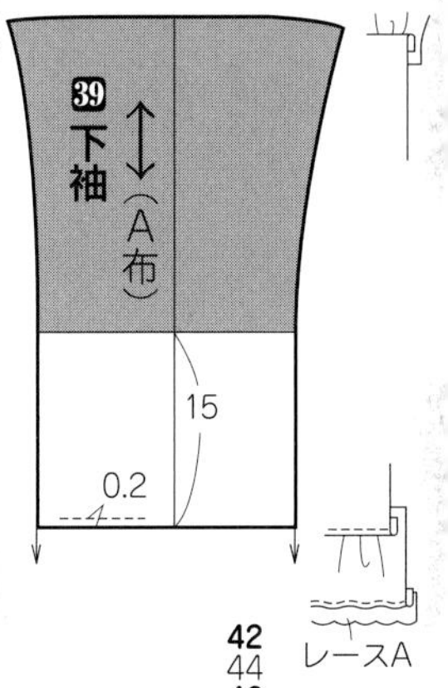

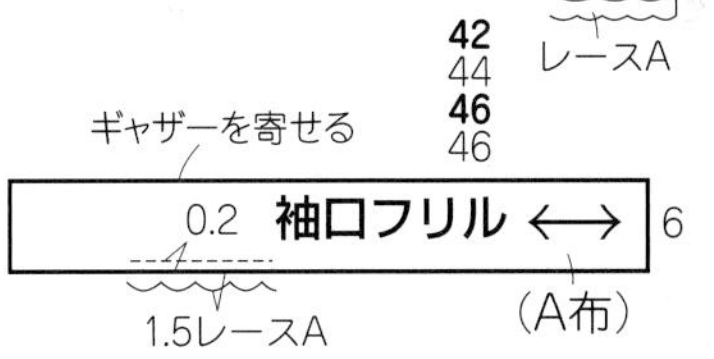

オーバースカートの製図

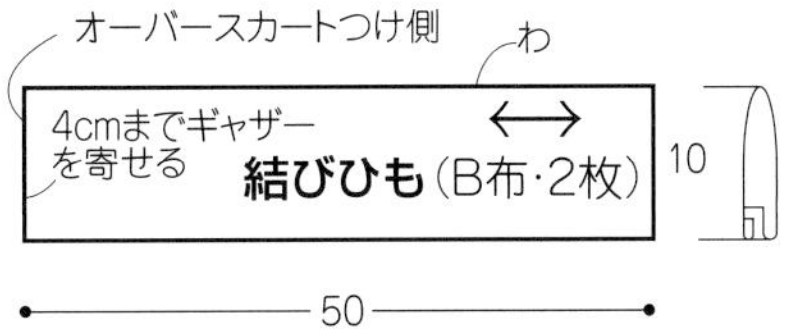

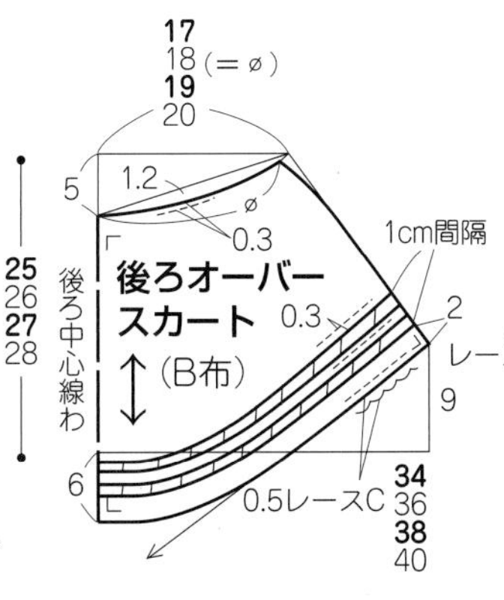

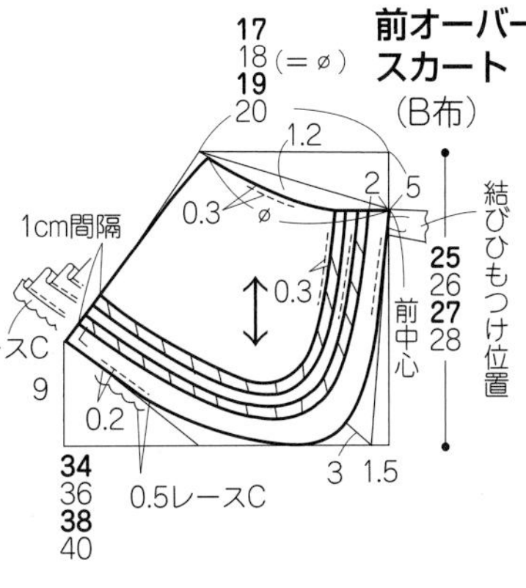

アンダースカートの製図

※パニエB（78ページ）を使用します。

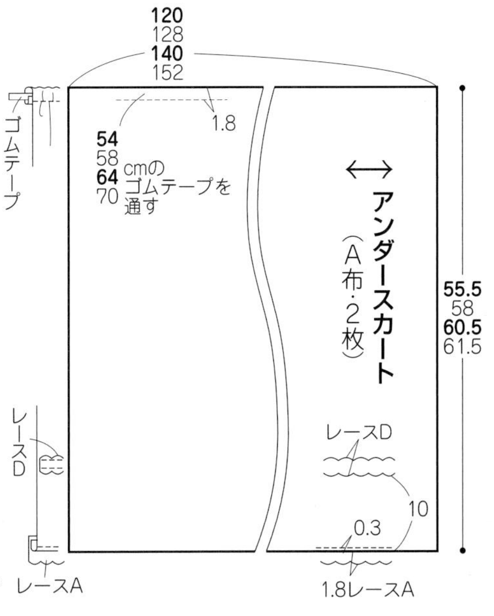

カチューシャの製図

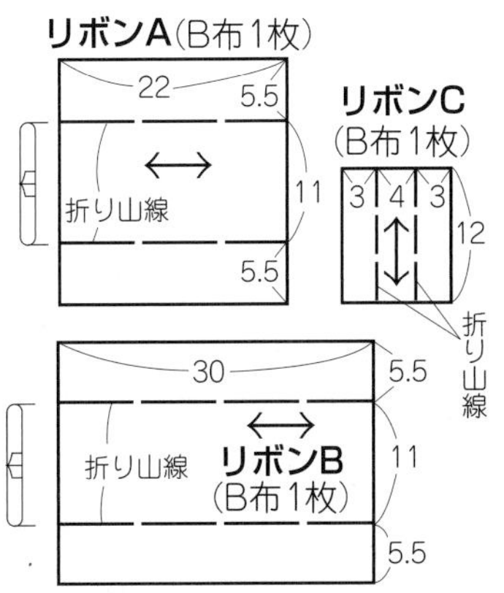

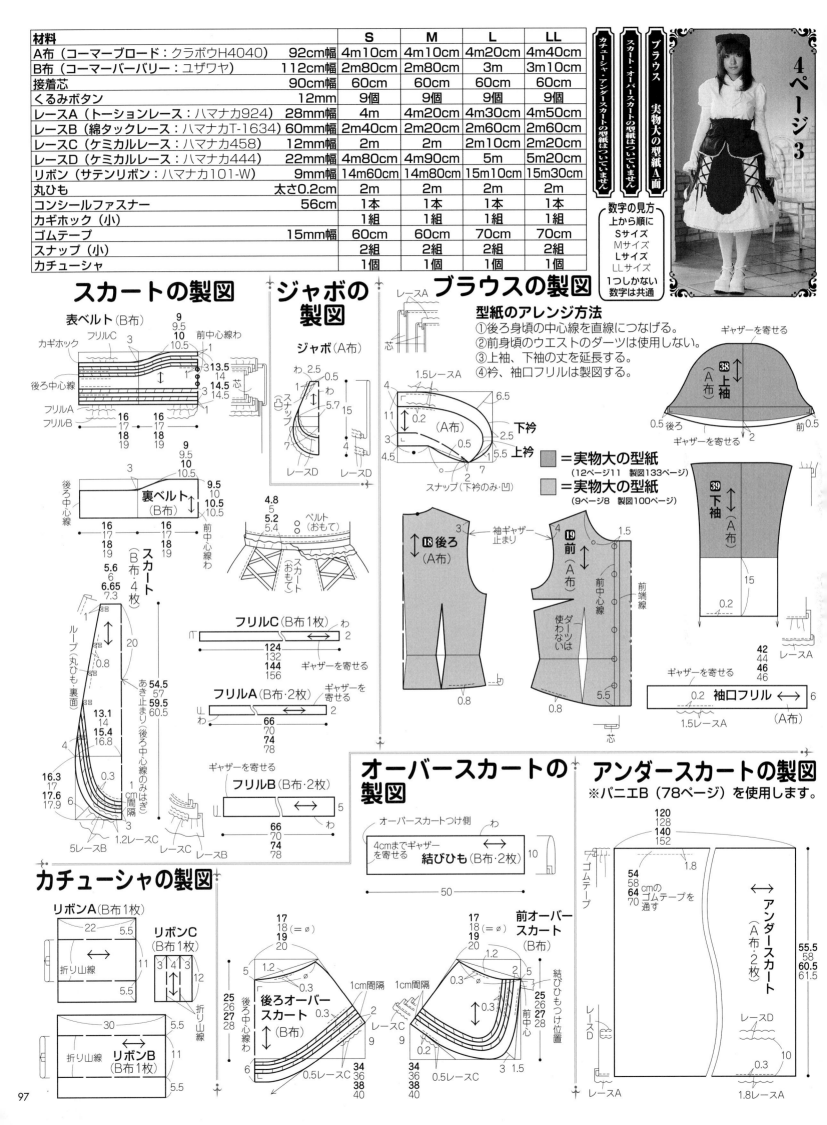

布の裁ち方

▒=接着芯をはる位置

数字のないところは1cmの縫い代をつけます。

A布

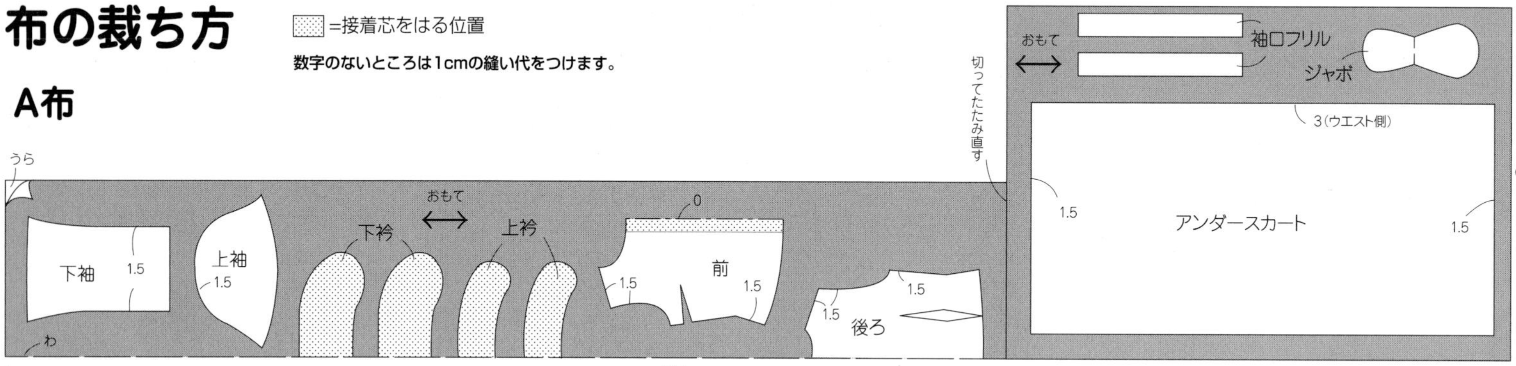

うら
おもて
下袖
1.5
上袖
1.5
下衿
上衿
0
前
1.5
1.5
1.5
1.5
後ろ
わ
切ってたたみ直す
おもて
袖口フリル
ジャボ
3(ウエスト側)
1.5
アンダースカート
1.5
92cm幅

410
410
420
440

B布

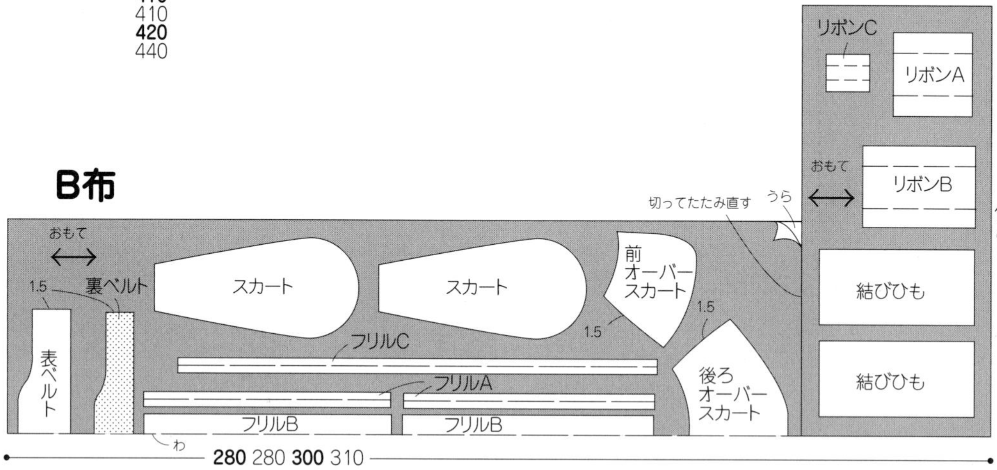

おもて
1.5
裏ベルト
表ベルト
スカート
スカート
前オーバースカート
1.5
1.5
後ろオーバースカート
フリルC
フリルA
フリルB
フリルB
わ
切ってたたみ直す
うら
リボンC
リボンA
おもて
リボンB
結びひも
結びひも
112cm幅

280 280 300 310

カチューシャの作り方

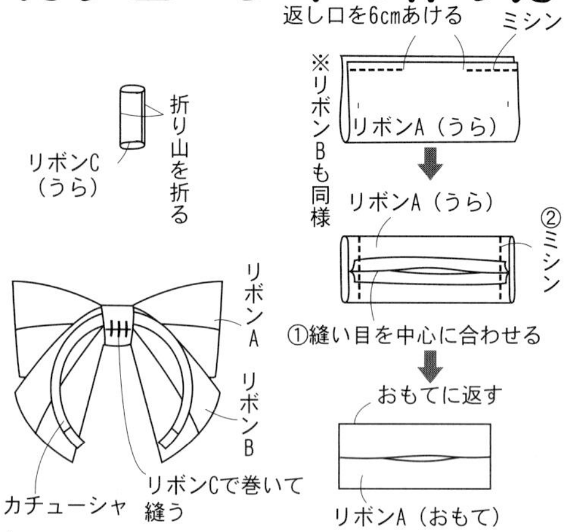

折り山を折る
リボンC(うら)
リボンA
リボンB
カチューシャ
リボンCで巻いて縫う
返し口を6cmあける
ミシン
※リボンBも同様
リボンA(うら)
リボンA(うら)
②ミシン
①縫い目を中心に合わせる
おもてに返す
リボンA(おもて)

ブラウスの作り方

1.袖を作る。

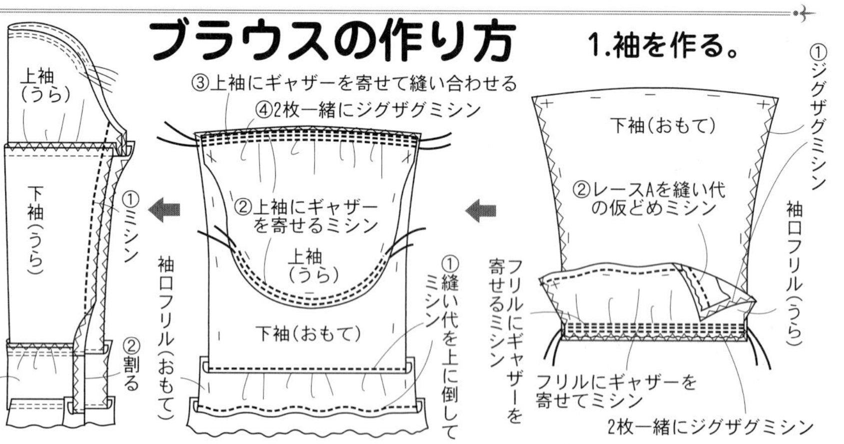

上袖(うら)
下袖(うら)
①ミシン
②割る
袖口フリル(うら)
③上袖にギャザーを寄せて縫い合わせる
④2枚一緒にジグザグミシン
②上袖にギャザーを寄せるミシン
上袖(うら)
下袖(おもて)
袖口フリル(おもて)
①縫い代を上に倒してミシン
フリルにギャザーを寄せるミシン
①ジグザグミシン
下袖(おもて)
②レースAを縫い代の仮どめミシン
袖口フリル(うら)
フリルにギャザーを寄せてミシン
2枚一緒にジグザグミシン

2.衿を作る。

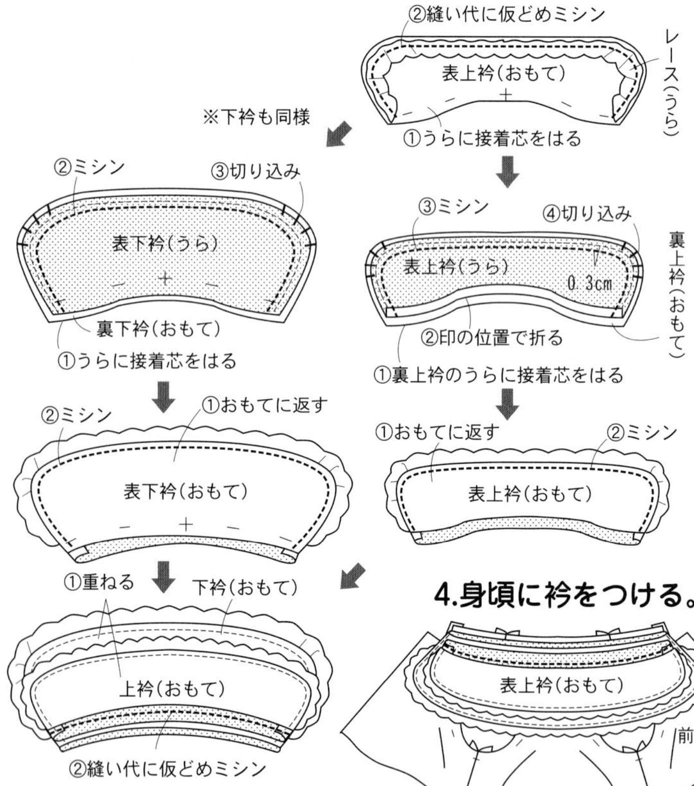

②縫い代に仮どめミシン
表上衿(おもて)
レース(うら)
①うらに接着芯をはる
※下衿も同様
②ミシン
③切り込み
表下衿(うら)
裏下衿(おもて)
①うらに接着芯をはる
③ミシン
④切り込み
表上衿(うら)
0.3cm
裏上衿(おもて)
②印の位置で折る
①裏上衿のうらに接着芯をはる
②ミシン
①おもてに返す
表下衿(おもて)
①おもてに返す
②ミシン
表上衿(おもて)
①重ねる
下衿(おもて)
上衿(おもて)
②縫い代に仮どめミシン

3.身頃を作る。

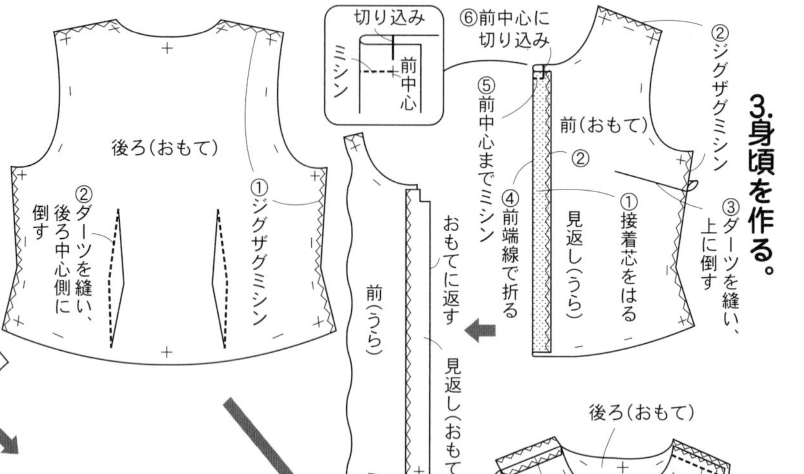

後ろ(おもて)
②ダーツを縫い、後ろ中心側に倒す
①ジグザグミシン
切り込み
ミシン
前中心
⑥前中心に切り込み
⑤前中心までミシン
④前端線で折る
②
前(おもて)
見返し(うら)
①接着芯をはる
②ジグザグミシン
③ダーツを縫い、上に倒す
前(うら)
おもてに返す
見返し(おもて)

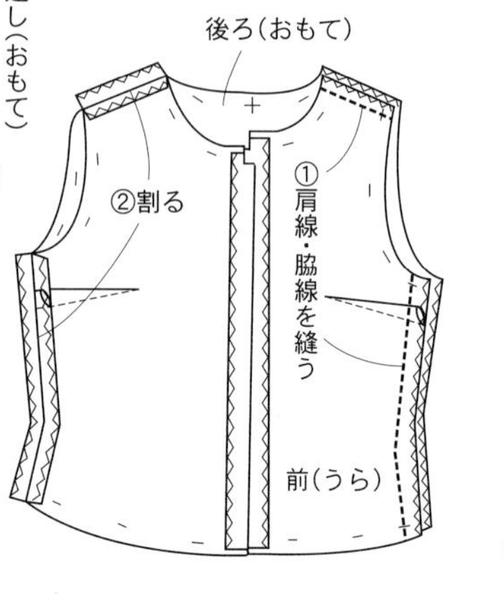

後ろ(おもて)
②割る
①肩線・脇線を縫う
前(うら)

4.身頃に衿をつける。

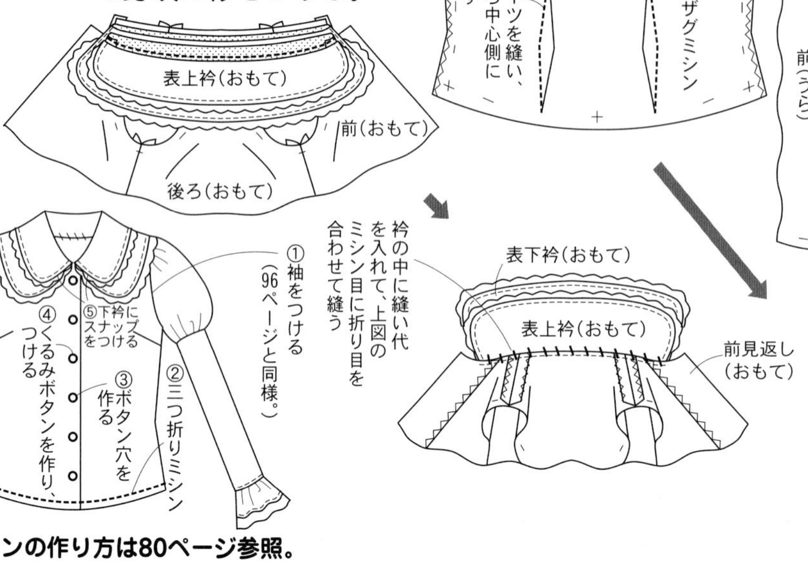

表上衿(おもて)
前(おもて)
後ろ(おもて)
衿の中に縫い代を入れて、上図のミシン目に折り目を合わせて縫う
表下衿(おもて)
表上衿(おもて)
前見返し(おもて)

5.袖とボタンをつけて、出来上がり。

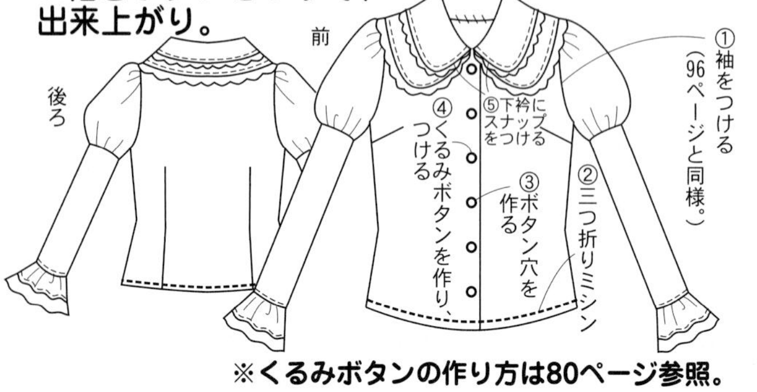

後ろ
前
⑤下衿にスナップをつける
④くるみボタンを作りつける
③ボタン穴を作る
②三つ折りミシン
①袖をつける(96ページと同様。)

※くるみボタンの作り方は80ページ参照。

スカートの作り方

1.フリルAを作る。

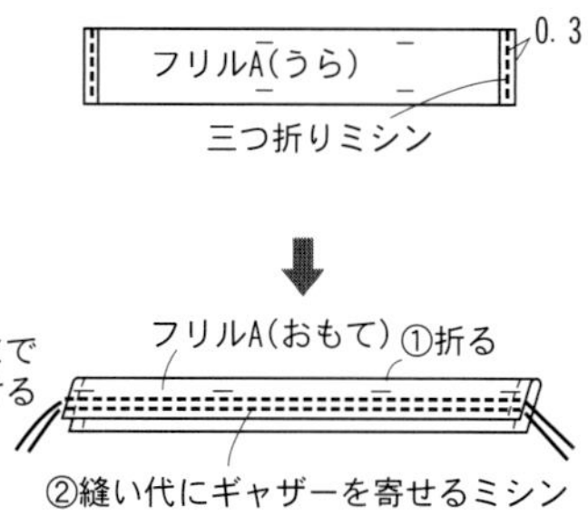
フリルA(うら)
0.3
三つ折りミシン
フリルA(おもて)
①折る
②縫い代にギャザーを寄せるミシン

※フリルB・フリルCも同様に作る。

2.ベルトを作る。

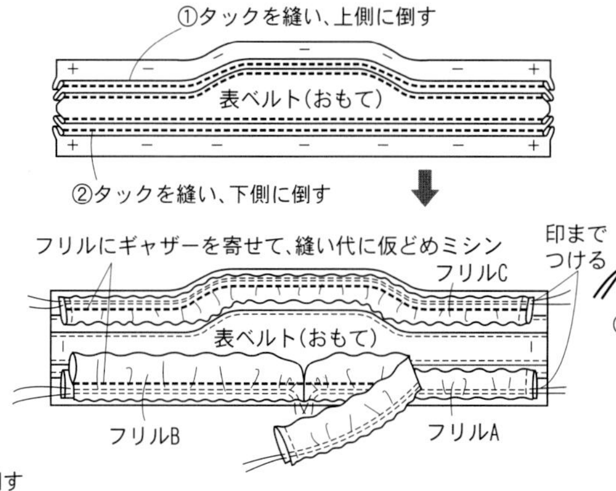
①タックを縫い、上側に倒す
表ベルト(おもて)
②タックを縫い、下側に倒す
フリルにギャザーを寄せて、縫い代に仮どめミシン
印までつける
フリルC
表ベルト(おもて)
フリルB
フリルA

3.スカートを作る。

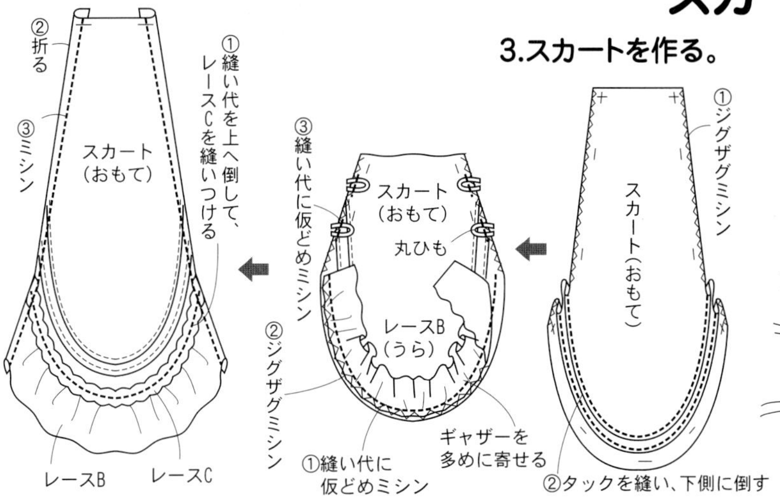
①ジグザグミシン
スカート(おもて)
②タックを縫い、下側に倒す
③縫い代に仮どめミシン
スカート(おもて)
丸ひも
レースB(うら)
②ジグザグミシン
①縫い代に仮どめミシン
ギャザーを多めに寄せる
②折る
①縫い代を上へ倒して、レースCを縫いつける
③ミシン
スカート(おもて)
レースB
レースC

4.スカートと表ベルトを縫い合わせる。

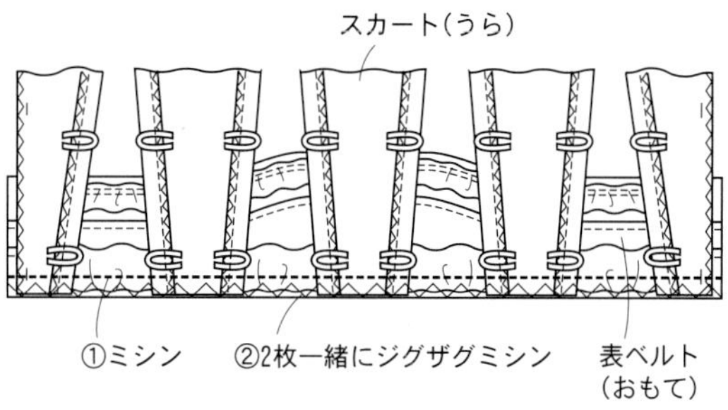
スカート(うら)
①ミシン
②2枚一緒にジグザグミシン
表ベルト(おもて)

5.コンシールファスナーをつけ、裏ベルトを縫い合わせる。

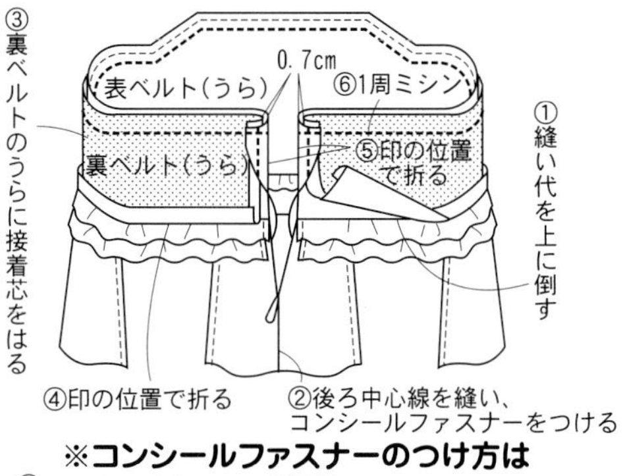
③裏ベルトのうらに接着芯をはる
表ベルト(うら)
0.7cm
⑥1周ミシン
裏ベルト(うら)
⑤印の位置で折る
①縫い代を上に倒す
④印の位置で折る
②後ろ中心線を縫い、コンシールファスナーをつける

※コンシールファスナーのつけ方は47・48ページ参照。

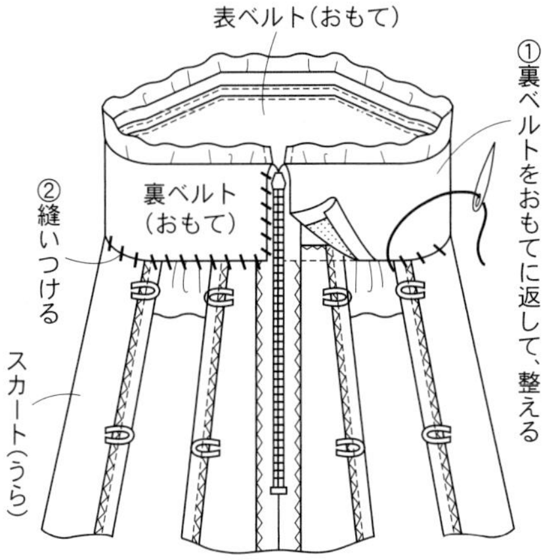
表ベルト(おもて)
裏ベルト(おもて)
①裏ベルトをおもてに返して、整える
②縫いつける
スカート(うら)

6.出来上がり。

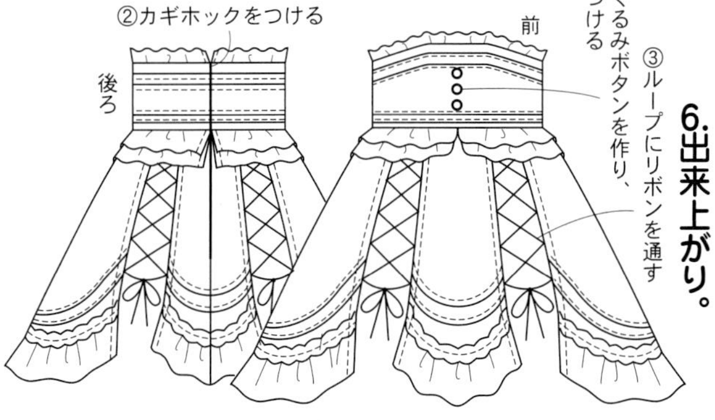
②カギホックをつける
後ろ
前
①くるみボタンを作り、つける
③ループにリボンを通す

※くるみボタンの作り方は80ページ参照。

オーバースカートの作り方

1.タックを縫い、レースをつける。

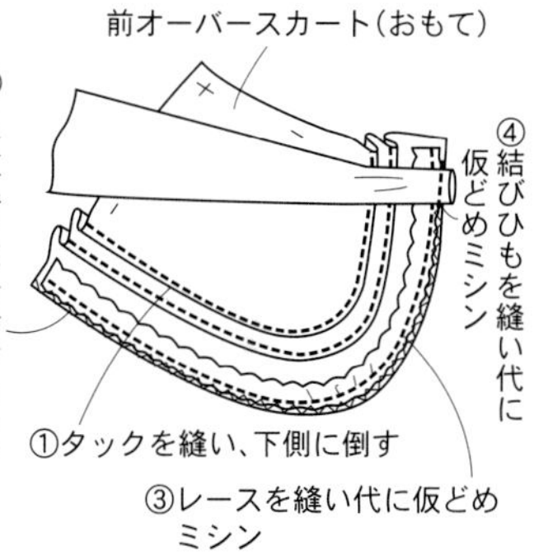
前オーバースカート(おもて)
④結びひもを縫い代に仮どめミシン
⑤2枚一緒にジグザグミシン
①タックを縫い、下側に倒す
③レースを縫い代に仮どめミシン

※後ろオーバースカートも同様にタックを縫い、レースをつける。

2.脇線を縫い合わせる。

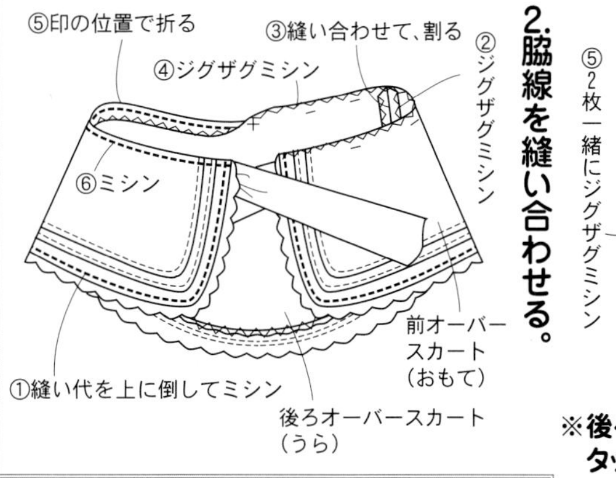
⑤印の位置で折る
③縫い合わせて、割る
④ジグザグミシン
②ジグザグミシン
⑥ミシン
前オーバースカート(おもて)
①縫い代を上に倒してミシン
後ろオーバースカート(うら)

3.出来上がり。

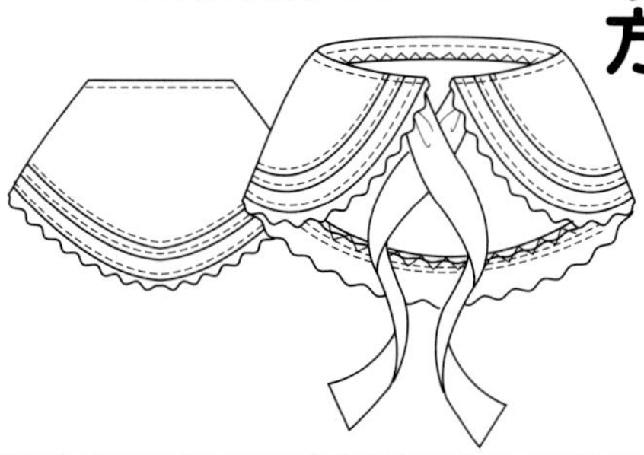

アンダースカートの作り方

1.縫い代を始末し、レースをつける。

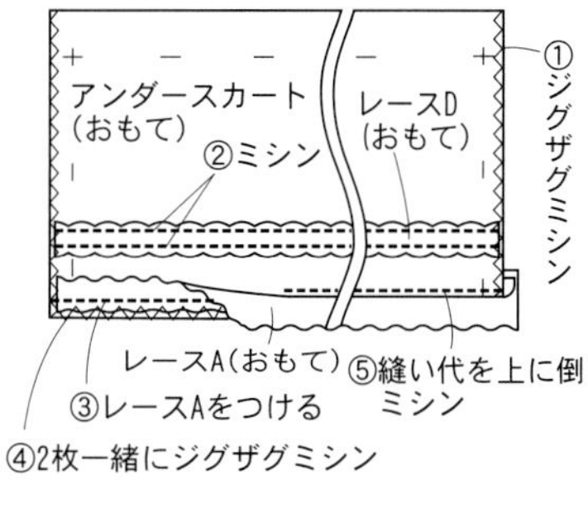
アンダースカート(おもて)
レースD(おもて)
①ジグザグミシン
②ミシン
レースA(おもて)
⑤縫い代を上に倒してミシン
③レースAをつける
④2枚一緒にジグザグミシン

2.脇線を縫い合わせる。

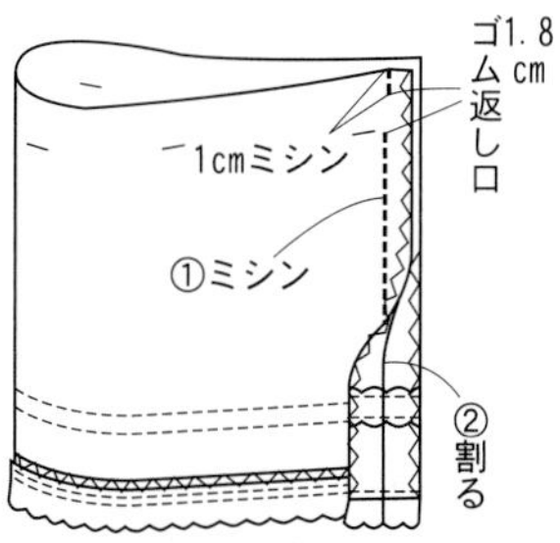
ゴム返し口
1.8cm
1cmミシン
①ミシン
②割る

3.ゴムテープを通して、出来上がり。

②ゴムテープを通す
①三つ折りミシン
アンダースカート(おもて)

ジャボの作り方

1.縫い代を始末して、切り込みを入れる。

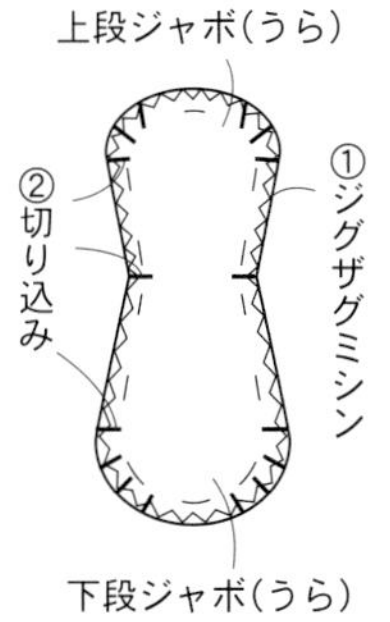
上段ジャボ(うら)
①ジグザグミシン
②切り込み
下段ジャボ(うら)

2.レースDをつける。

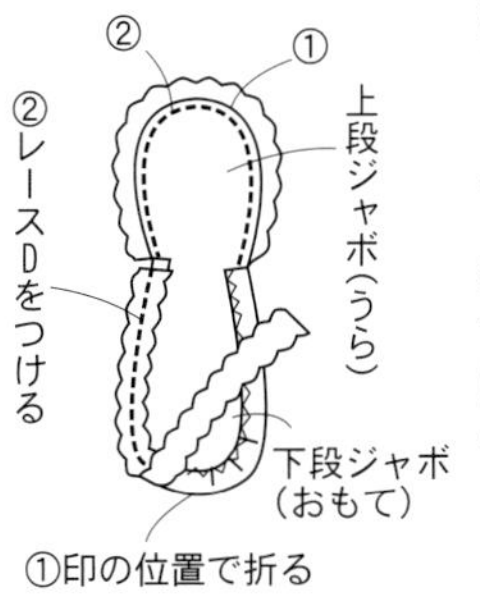
②
①
上段ジャボ(うら)
②レースDをつける
下段ジャボ(おもて)
①印の位置で折る

3.スナップをつける。

①スナップをつける
下段ジャボ(うら)
②折る

4.出来上がり。

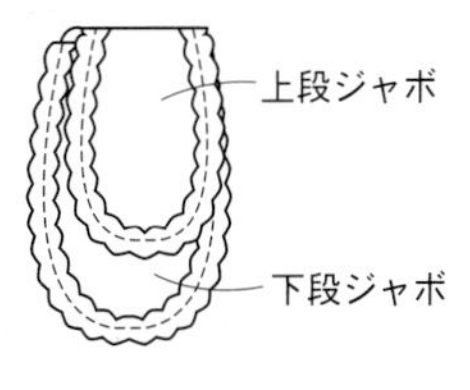
上段ジャボ
下段ジャボ

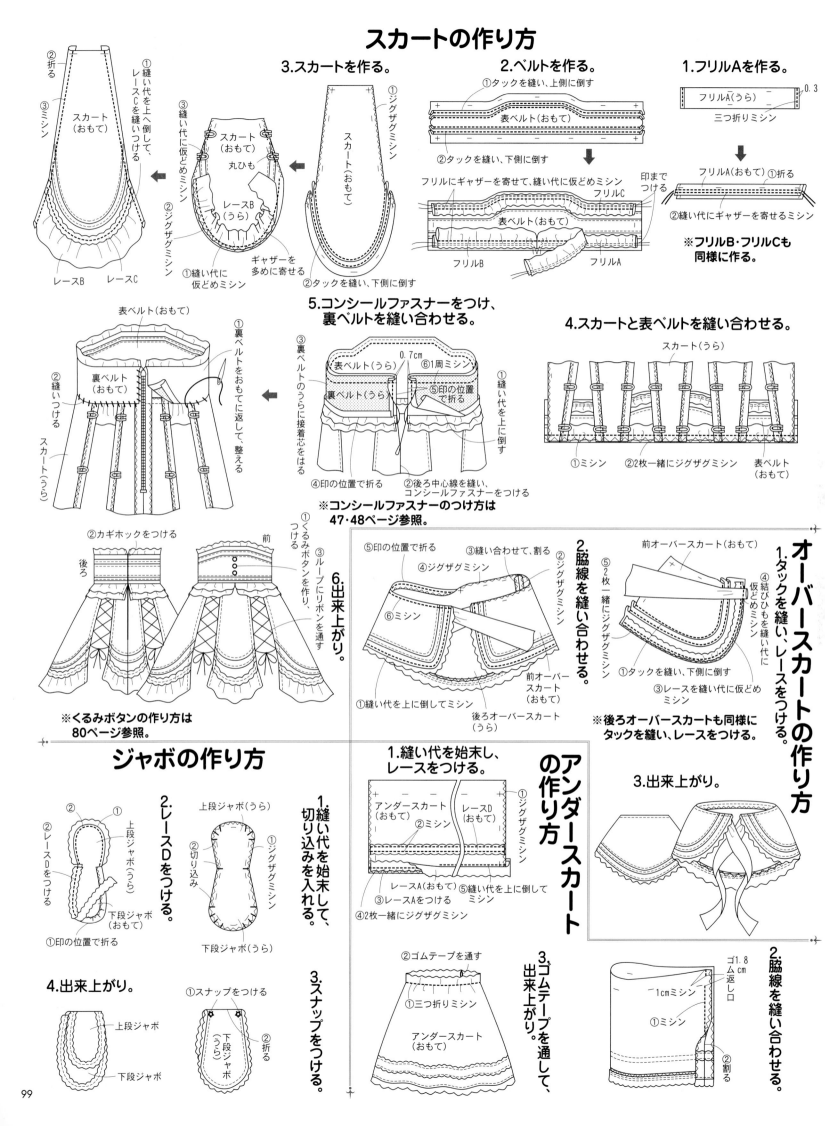

材料		S	M	L	LL
A布（ソフトデニム：ユザワヤ）	110cm幅	3m50cm	3m50cm	3m60cm	3m70cm
B布（別珍）	90cm幅	40cm	40cm	40cm	40cm
C布（綿サテン：クラボウSH9480）	106cm幅	3m	3m	3m10cm	3m10cm
接着芯	90cm幅	1m	1m	1m	1m
ボタン（ブラウス用）	10mm	10個	10個	10個	10個
くるみボタン	17mm	6個	6個	6個	6個
くるみボタン	28mm	10個	10個	10個	10個
コンシールファスナー	22cm	1本	1本	1本	1本
スナップ	6mm	2組	2組	2組	2組
カギホック	（小）	1組	1組	1組	1組

ジャケット 実物大の型紙B面
ブラウス 実物大の型紙A面
パンツ 実物大の型紙A面

数字の見方
上から順に
Sサイズ
Mサイズ
Lサイズ
LLサイズ
1つしかない
数字は共通

ブラウスの製図

■＝実物大の型紙

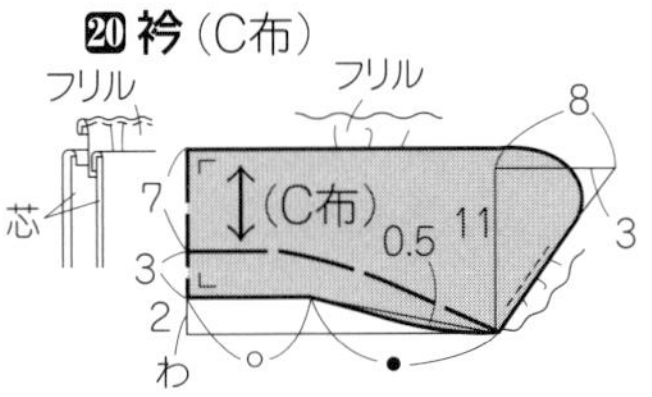

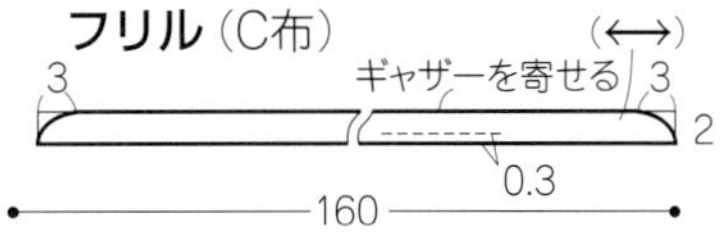

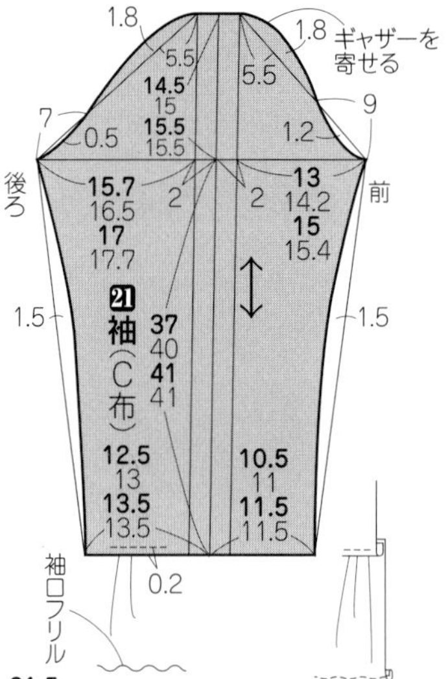

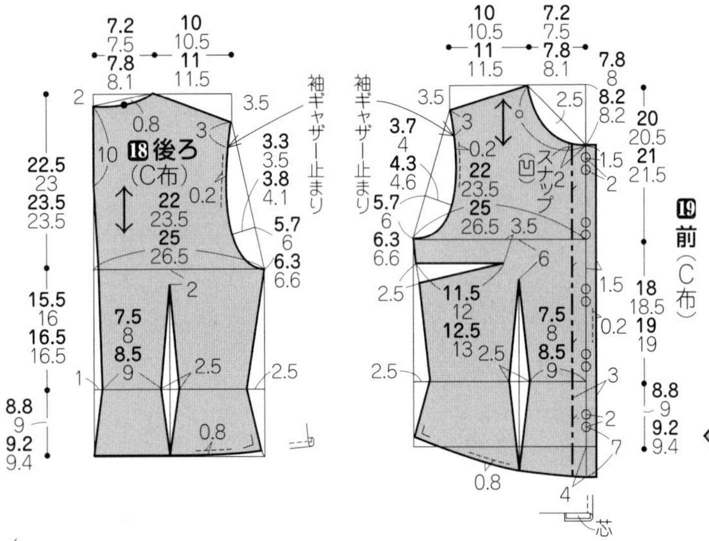

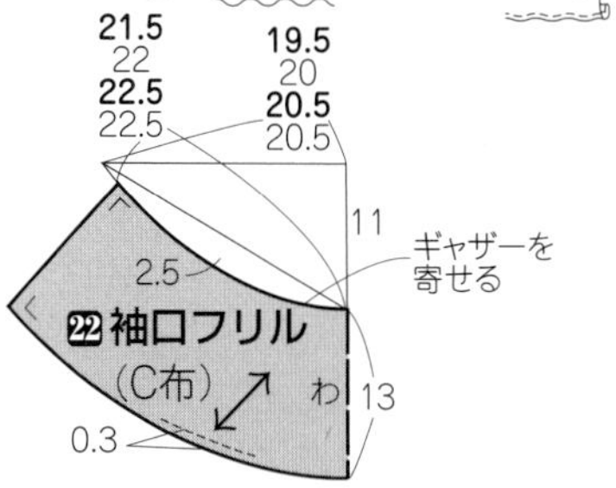

ジャボの製図

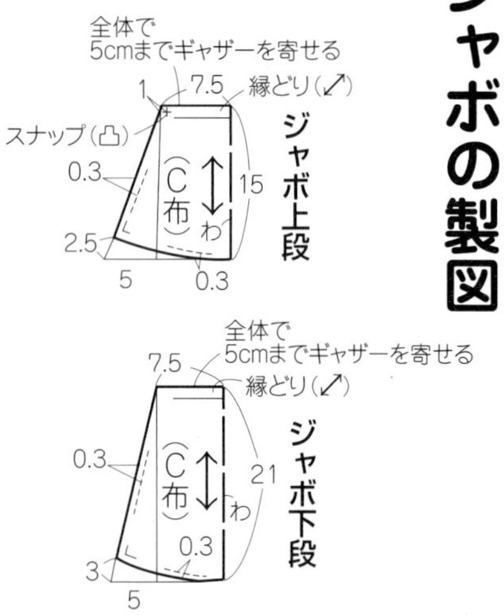

■＝実物大の型紙
（9ページ8　製図104ページ）

パンツの製図

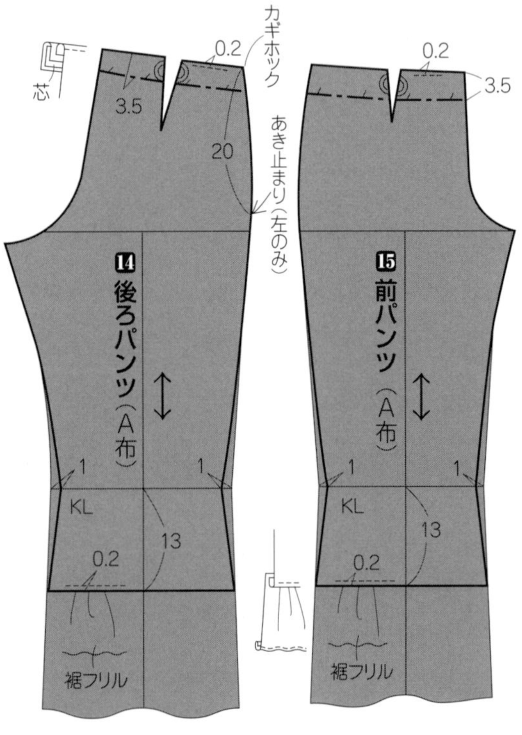

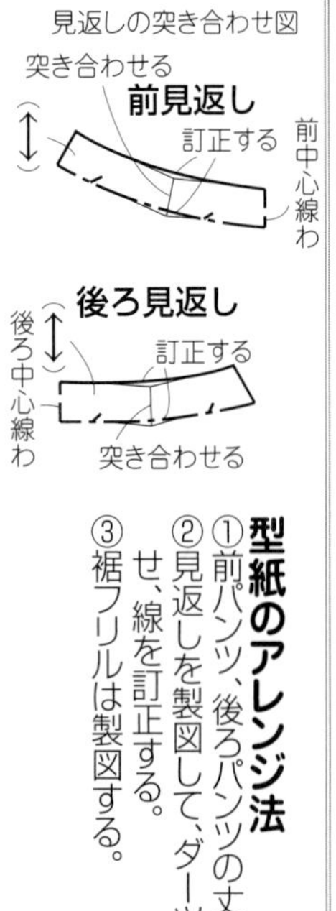

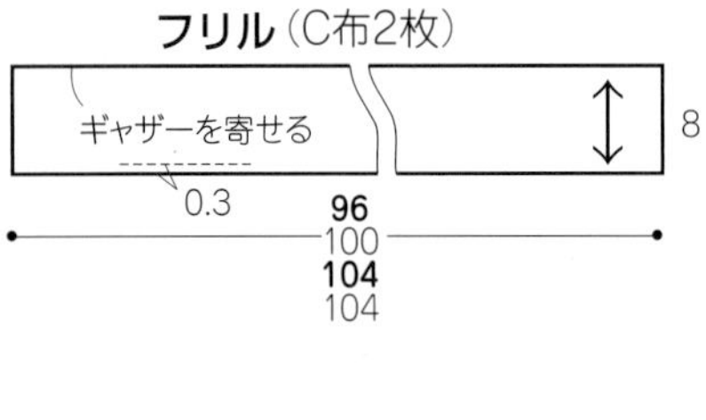

型紙のアレンジ法

①前パンツ、後ろパンツの丈を短くする。
②見返しを製図して、ダーツ部分を突き合わせ、線を訂正する。
③裾フリルは製図する。

型紙のアレンジ方法

①後ろ身頃のウエストを細くする。
②前身頃の前端線を引き直し、見返し線をはぎにする。
③前身頃、前脇、後ろ身頃、後ろ脇の丈を伸ばす。
④衿と袖は製図する。

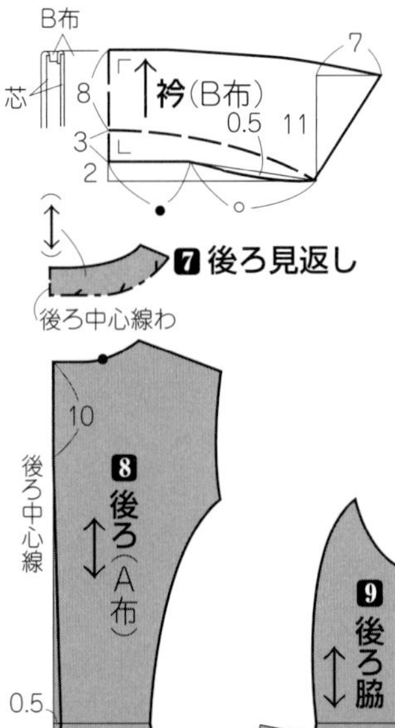

■＝実物大の型紙
（14ページ13　製図111ページ）

ジャケットの製図

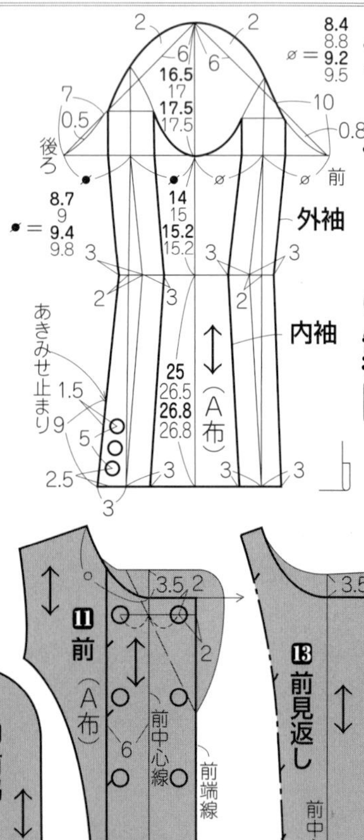

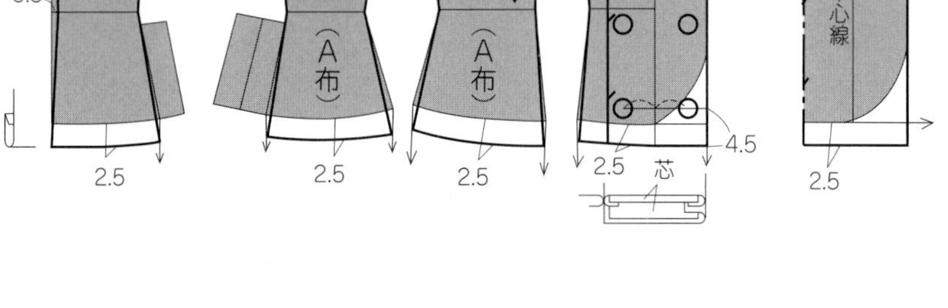

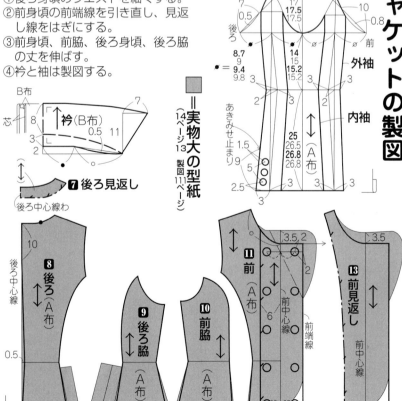

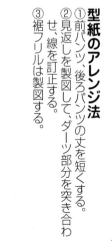

布の裁ち方

▒＝接着芯をはる位置
数字のないところは1cmの縫い代をつけます。

A布

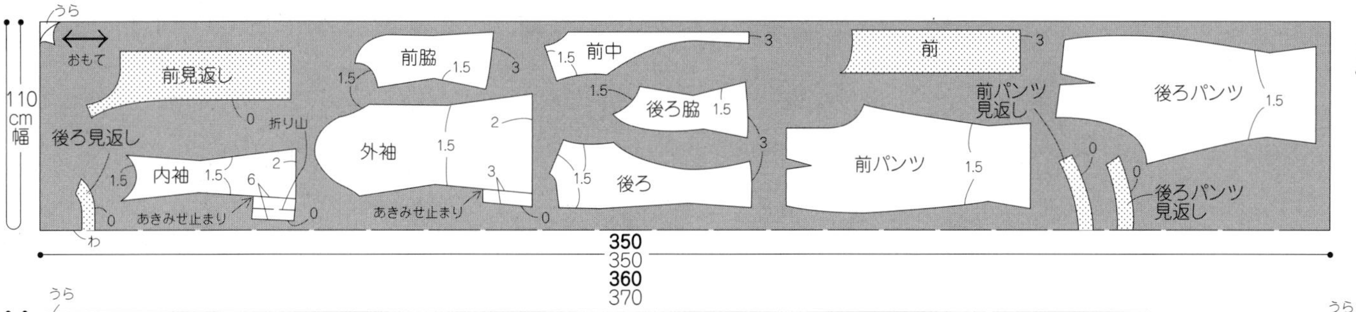

うら
おもて
110cm幅
前見返し
後ろ見返し
わ
内袖
1.5
6
2
0
折り山
あきみせ止まり
外袖
3
前脇
前中
後ろ脇
後ろ
あきみせ止まり
前
前パンツ見返し
前パンツ
後ろパンツ
後ろパンツ見返し
350
350
360
370

C布

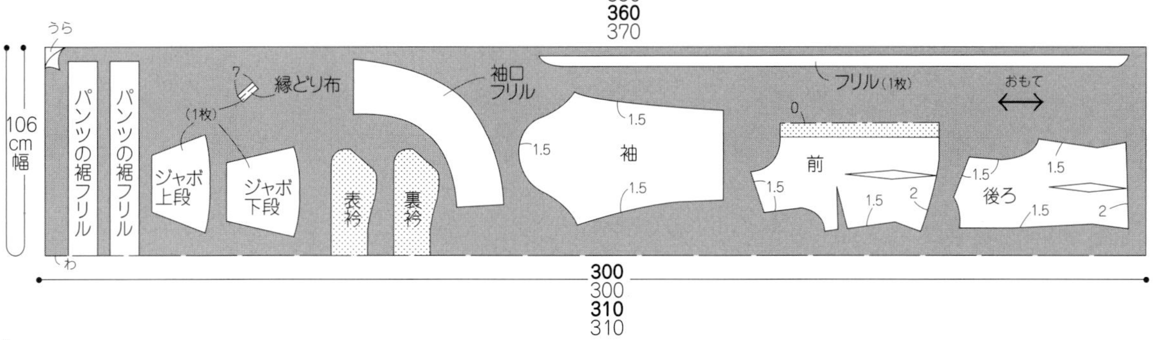

うら
106cm幅
わ
パンツの裾フリル
パンツの裾フリル
縁どり布
(1枚)
ジャボ上段
ジャボ下段
表衿
裏衿
袖口フリル
袖
フリル(1枚)
おもて
前
後ろ
1.5
2
0
300
300
310
310

B布

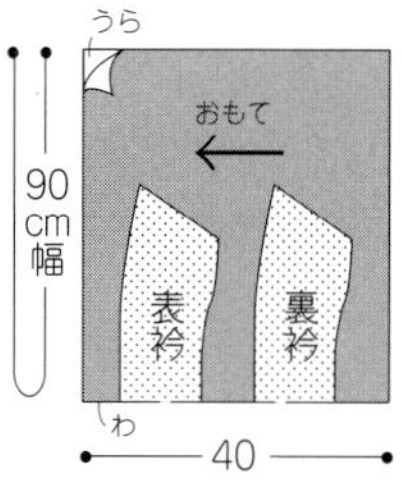

うら
おもて
90cm幅
表衿
裏衿
わ
40

ジャケットの作り方

1.身頃を作る。

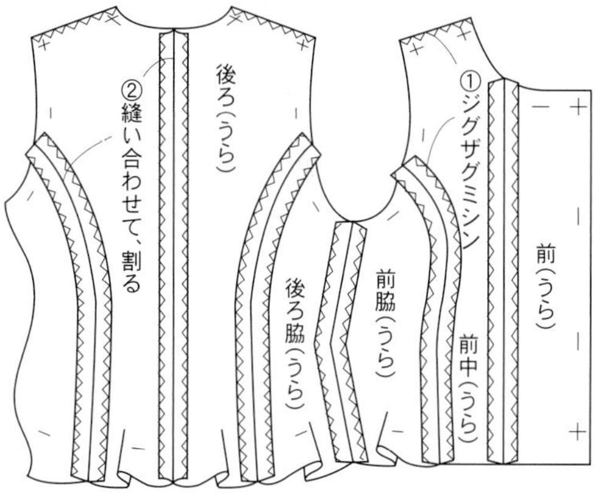

②縫い合わせて、割る
後ろ(うら)
①ジグザグミシン
後ろ脇(うら)
前脇(うら)
前中(うら)
前(うら)

2.見返しを作る。

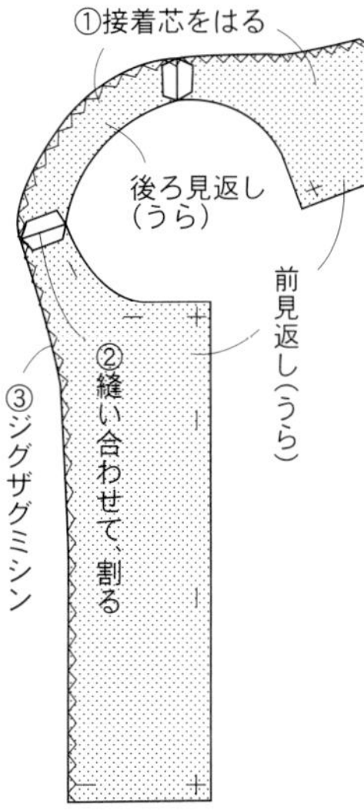

①接着芯をはる
後ろ見返し(うら)
前見返し(うら)
②縫い合わせて、割る
③ジグザグミシン

3.身頃に見返しをつける。

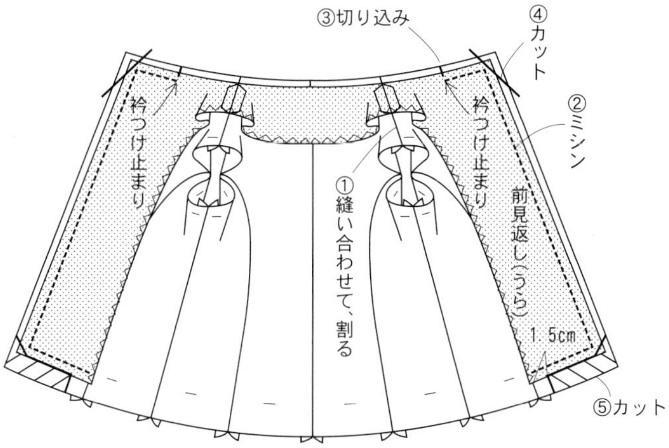

③切り込み
④カット
衿つけ止まり
衿つけ止まり
②ミシン
①縫い合わせて、割る
前見返し(うら)
1.5cm
⑤カット

4.衿を作る。

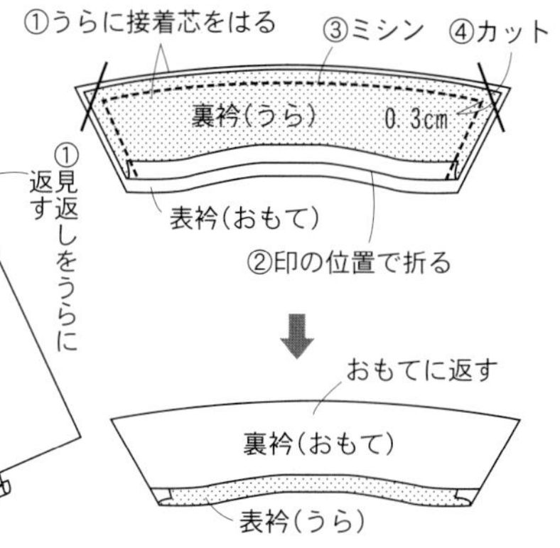

①うらに接着芯をはる
③ミシン
④カット
裏衿(うら)
0.3cm
表衿(おもて)
②印の位置で折る
おもてに返す
裏衿(おもて)
表衿(うら)

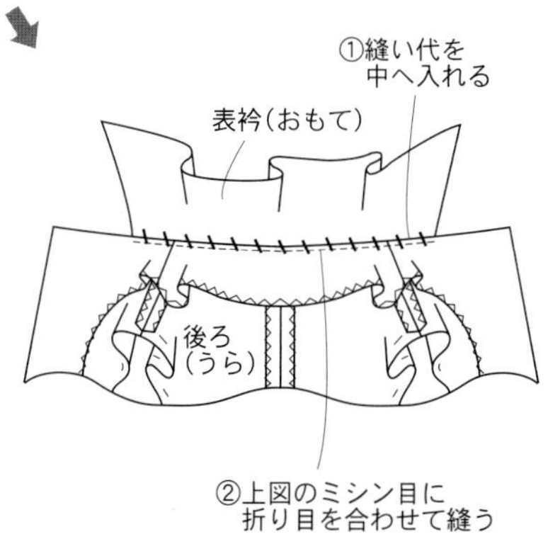

①縫い代を中へ入れる
表衿(おもて)
後ろ(うら)
②上図のミシン目に折り目を合わせて縫う

5.身頃に衿をつける。

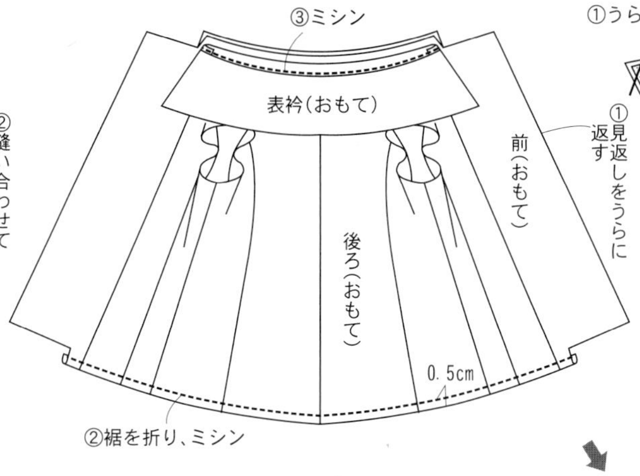

③ミシン
表衿(おもて)
①見返しをうらに返す
前(おもて)
後ろ(おもて)
0.5cm
②裾を折り、ミシン

6.袖を作る。

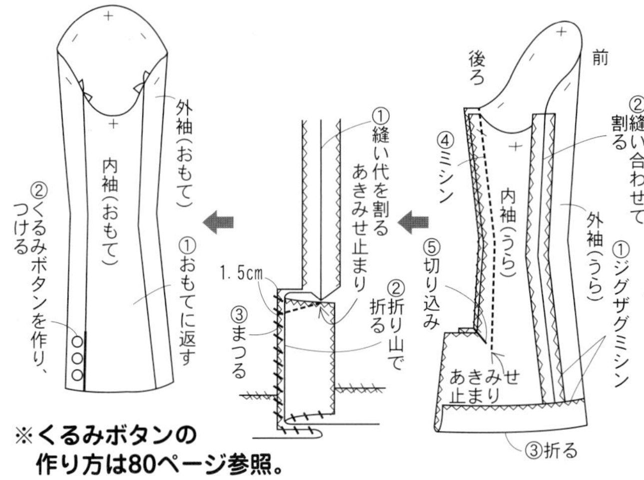

後ろ
前
②縫い合わせて割る
④ミシン
内袖(うら)
外袖(うら)
①ジグザグミシン
⑤切り込み
あきみせ止まり
③折る
①縫い代を割るあきみせ止まり
1.5cm
②折り山で折る
③まつる
外袖(おもて)
内袖(おもて)
①おもてに返す
②くるみボタンを作り、つける

※くるみボタンの作り方は80ページ参照。

7.袖をつける。

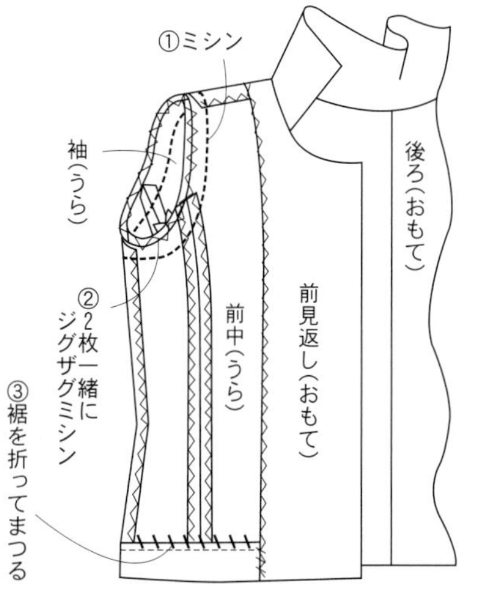

①ミシン
袖(うら)
②2枚一緒にジグザグミシン
③裾を折ってまつる
前中(うら)
前見返し(おもて)
後ろ(おもて)

8.出来上がり。

前
①ボタン穴を作る
後ろ
②くるみボタンを作り、つける

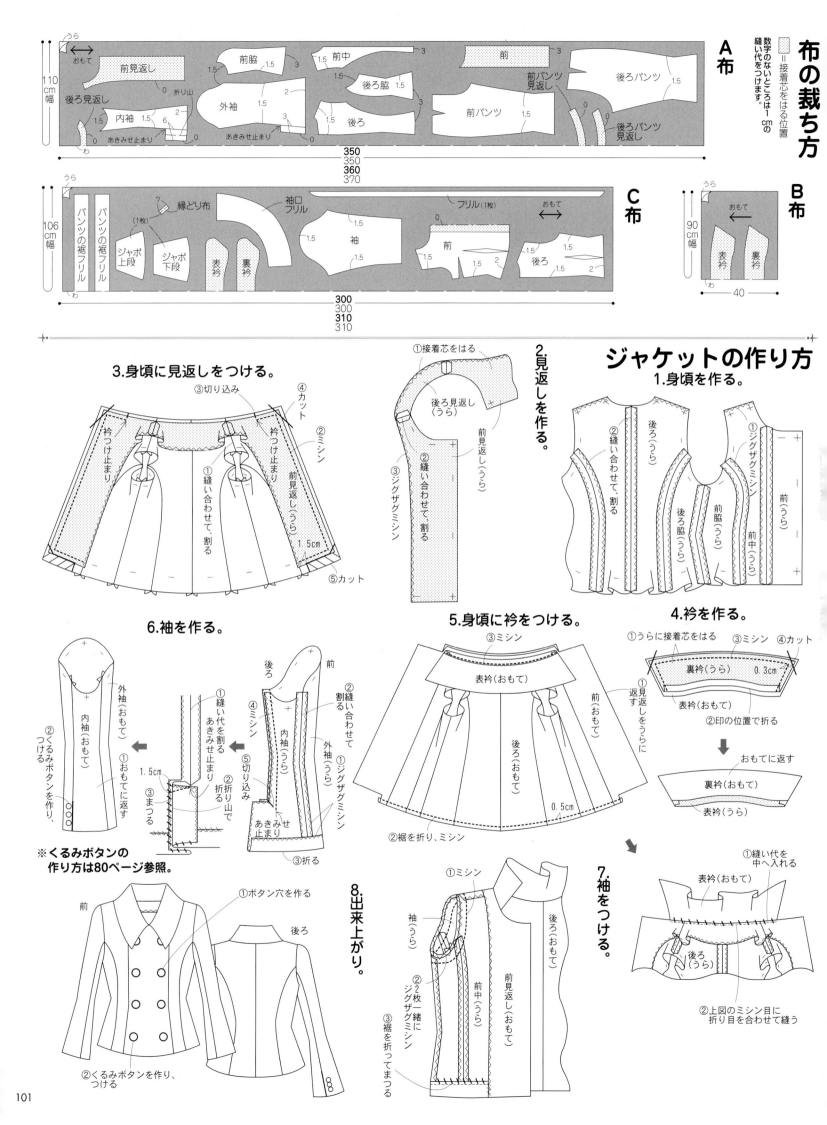

ブラウスの作り方

1.袖を作る。

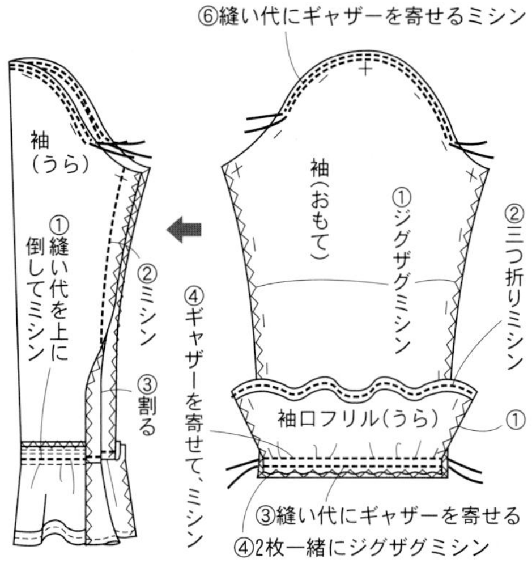

⑥縫い代にギャザーを寄せるミシン
袖(うら)
袖(おもて)
①ジグザグミシン
②三つ折りミシン
①縫い代を上に倒してミシン
②ミシン
③割る
④ギャザーを寄せて、ミシン
袖口フリル(うら)
①
③縫い代にギャザーを寄せる
④2枚一緒にジグザグミシン

2.フリルを作る。

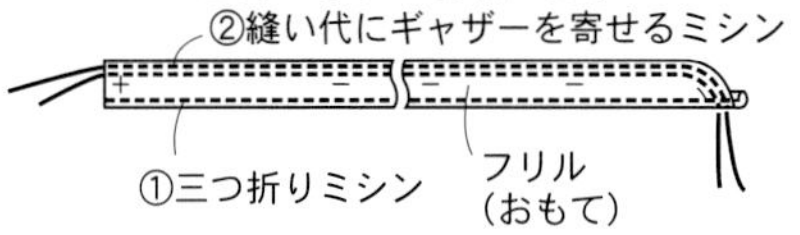

②縫い代にギャザーを寄せるミシン
①三つ折りミシン
フリル(おもて)

3.衿を作る。

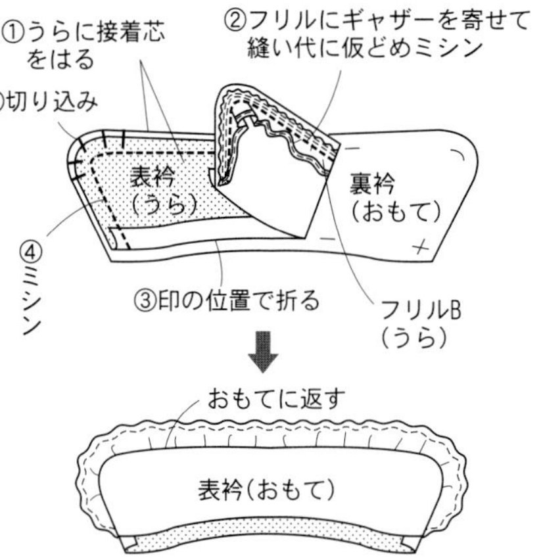

①うらに接着芯をはる
②フリルにギャザーを寄せて縫い代に仮どめミシン
⑤切り込み
表衿(うら)
裏衿(おもて)
④ミシン
③印の位置で折る
フリルB(うら)
おもてに返す
表衿(おもて)

4.身頃を作り、衿をつける。

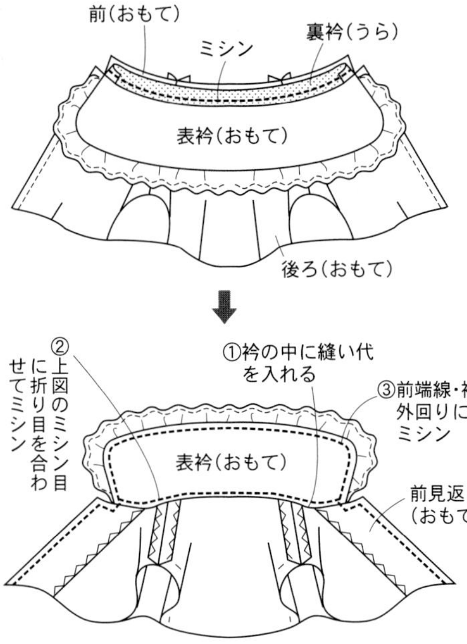

前(おもて)
ミシン
裏衿(うら)
表衿(おもて)
後ろ(おもて)
①衿の中に縫い代を入れる
②上図のミシン目に折り目を合わせてミシン
③前端線・衿外回りに1周ミシン
表衿(おもて)
前見返し(おもて)

※身頃の作り方は98ページ参照。

5.袖をつけて、出来上がり。

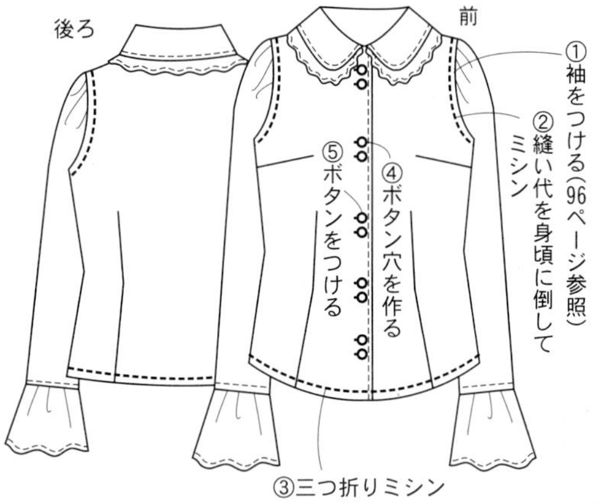

後ろ
前
①袖をつける(96ページ参照)
②縫い代を身頃に倒してミシン
⑤ボタンをつける
④ボタン穴を作る
③三つ折りミシン

ジャボの作り方

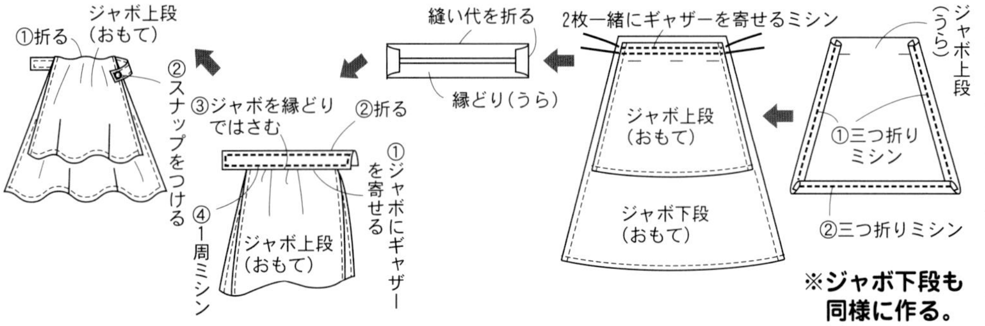

ジャボ上段(うら)
①三つ折りミシン
②三つ折りミシン
2枚一緒にギャザーを寄せるミシン
ジャボ上段(おもて)
ジャボ下段(おもて)
縫い代を折る
縁どり(うら)
②折る
③ジャボを縁どりではさむ
①ジャボにギャザーを寄せる
ジャボ上段(おもて)
④1周ミシン
①折る
ジャボ上段(おもて)
②スナップをつける

※ジャボ下段も同様に作る。

パンツの作り方

1.脇線を縫い合わせる。

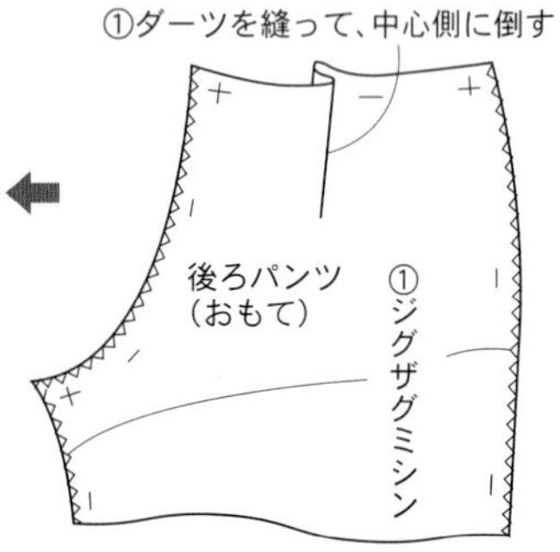

①ダーツを縫って、中心側に倒す
後ろパンツ(おもて)
①ジグザグミシン

※前パンツも同様。

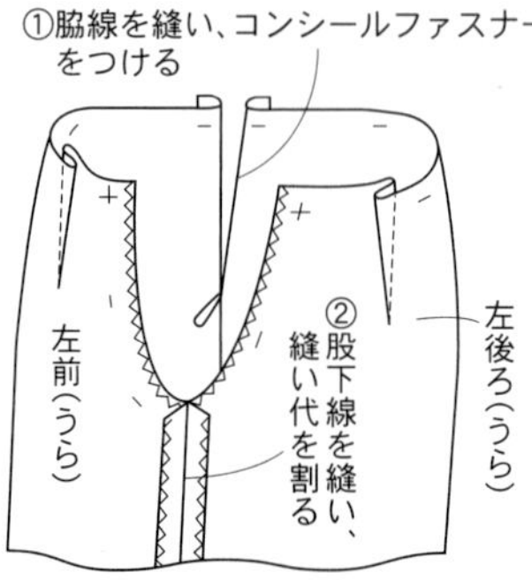

①脇線を縫い、コンシールファスナーをつける
左前(うら)
左後ろ(うら)
②股下線を縫い、縫い代を割る

※右パンツも同様。
(コンシールファスナーはつけずに、端まで縫う。)

※コンシールファスナーのつけ方は47・48ページ参照。

2.見返しを作る。

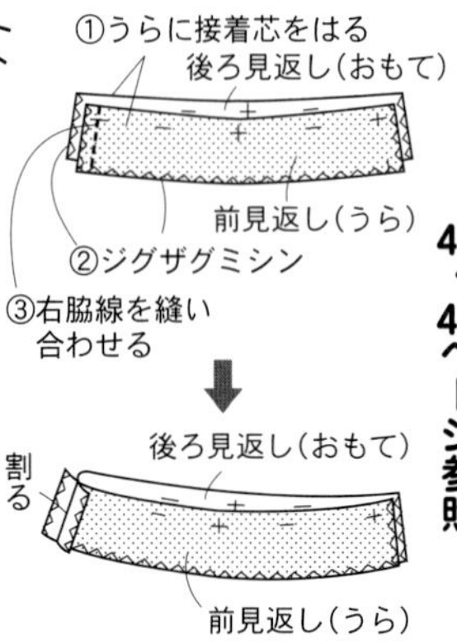

①うらに接着芯をはる
後ろ見返し(おもて)
前見返し(うら)
②ジグザグミシン
③右脇線を縫い合わせる
後ろ見返し(おもて)
割る
前見返し(うら)

3.裾フリルを作る。

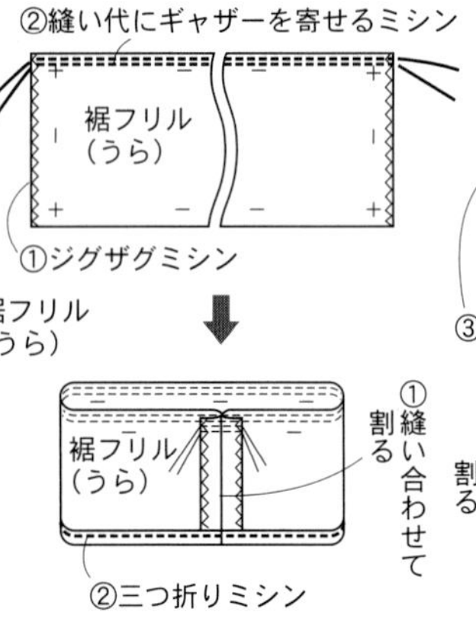

②縫い代にギャザーを寄せるミシン
裾フリル(うら)
①ジグザグミシン
裾フリル(うら)
①縫い合わせて割る
②三つ折りミシン

4.裾フリルをつける。

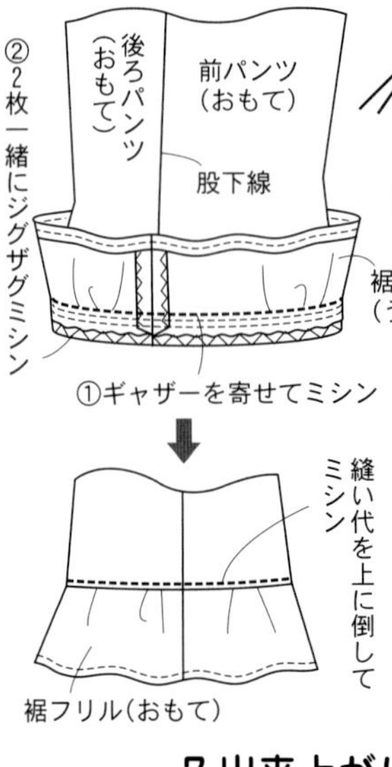

②2枚一緒にジグザグミシン
後ろパンツ(おもて)
前パンツ(おもて)
股下線
裾フリル(うら)
①ギャザーを寄せてミシン
縫い代を上に倒してミシン
裾フリル(おもて)

5.股ぐり線を縫う。

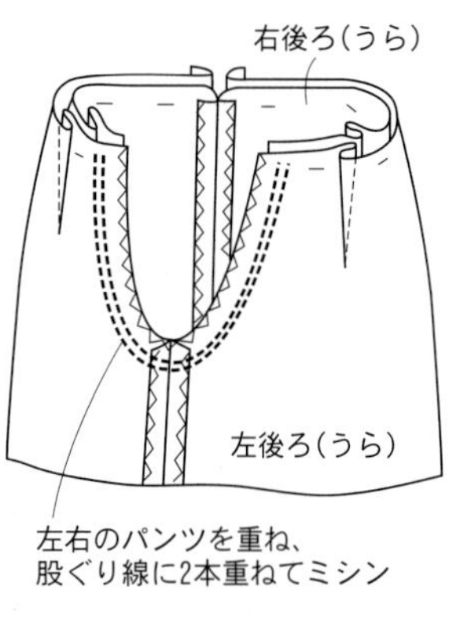

右後ろ(うら)
左後ろ(うら)
左右のパンツを重ね、股ぐり線に2本重ねてミシン

6.見返しをつける。

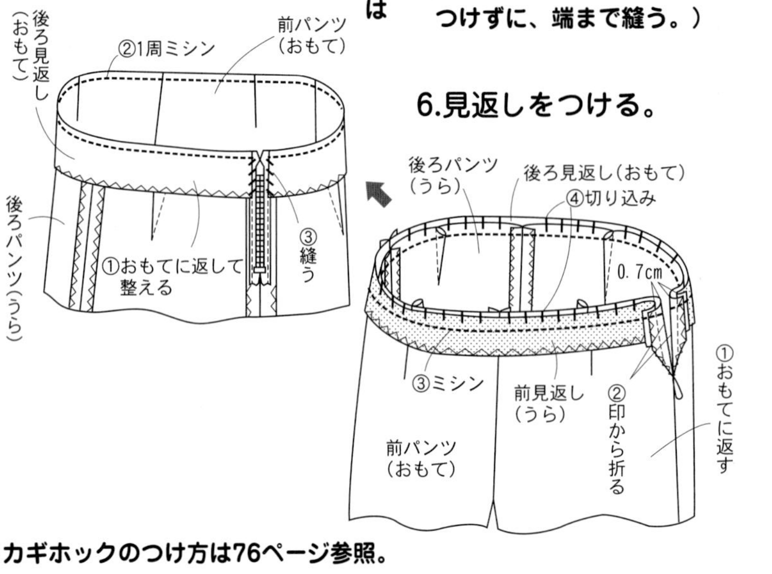

後ろパンツ(うら)
後ろ見返し(おもて)
④切り込み
0.7cm
③ミシン
前見返し(うら)
②印から折る
①おもてに返す
前パンツ(おもて)
後ろ見返し(おもて)
②1周ミシン
前パンツ(おもて)
後ろパンツ(うら)
①おもてに返して整える
③縫う

7.出来上がり。

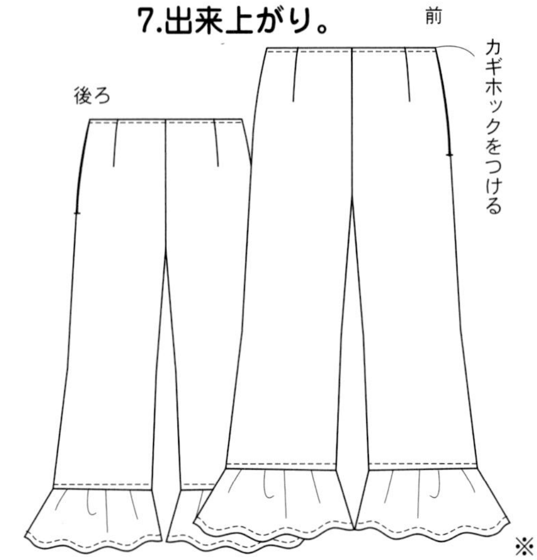

後ろ
前
カギホックをつける

※カギホックのつけ方は76ページ参照。

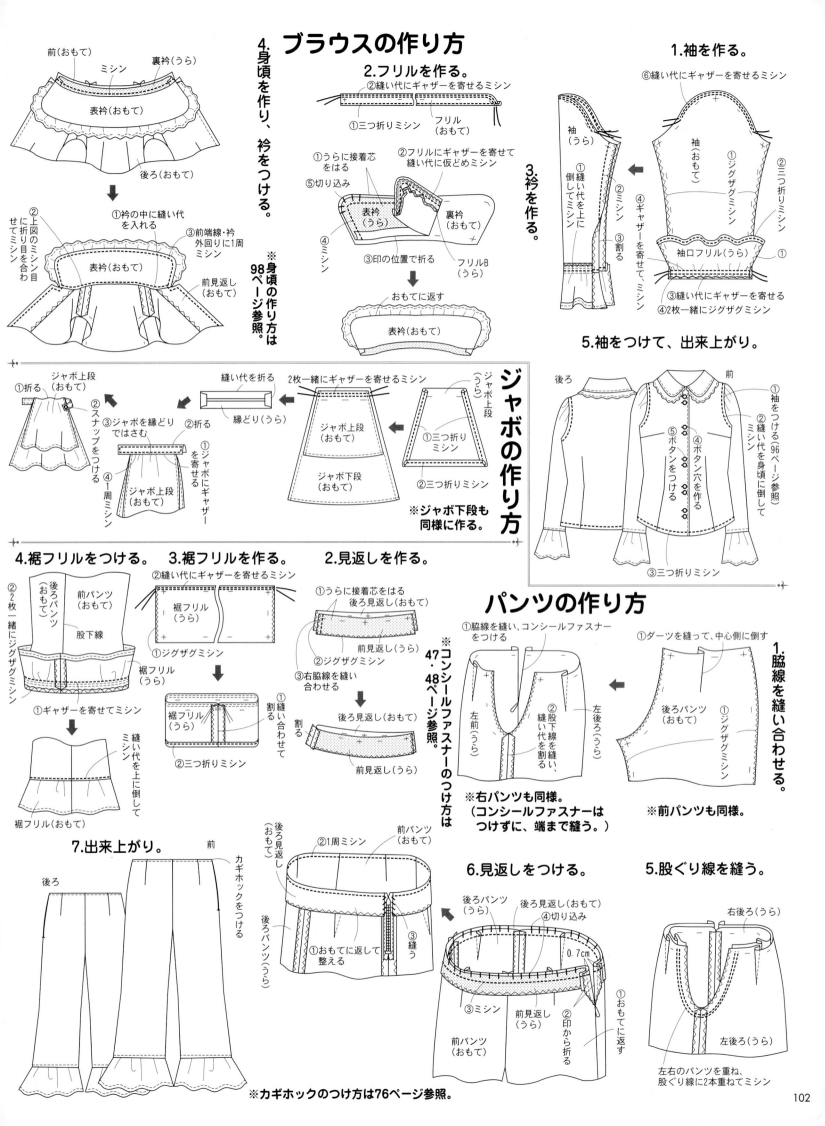

ジャケットの材料		S	M	L	LL
表布（綿ツイル：ユザワヤ）	112cm幅	2m20cm	2m20cm	2m30cm	2m30cm
接着芯	90cm幅	80cm	80cm	80cm	80cm
綿タックレース	48mm幅	1m	1m	1m	1m
スナップ	10mm	4組	4組	4組	4組
バックル	内径20mm	3個	3個	3個	3個
ボタン（クロスパーツ）	12mm	4個	4個	4個	4個
ハトメリング	内径5mm	11個	11個	11個	11個
ブラウスの材料		**S**	**M**	**L**	**LL**
表布（コーマーブロード：クラボウH4040）	90cm幅	2m	2m10cm	2m20cm	2m20cm
接着芯	90cm幅	70cm	70cm	70cm	70cm
ボタン	12mm	13個	13個	13個	13個
オーバースカート・パンツ・ジャボの材料		**S**	**M**	**L**	**LL**
表布（T/Rタータン：クラボウ28-0002）	118cm幅	2m80cm	2m90cm	3m10cm	3m20cm
接着芯	90cm幅	90cm	90cm	90cm	90cm
ファスナー	20cm	1本	1本	1本	1本
ボタン	20cm	1個	1個	1個	1個
四角カン	内径20mm	2個	2個	2個	2個
ナスカン		4個	4個	4個	4個

ジャケット 実物大の型紙B面

ブラウス・パンツ 実物大の型紙A面

オーバースカートの型紙はついていません

数字の見方
上から順に
Sサイズ
Mサイズ
Lサイズ
LLサイズ
1つしかない数字は共通

型紙のアレンジ方法

①前身頃の前端線と裾線を引き直し、衿を製図する。
②後ろ身頃のウエストを細くして、裾線を引き直す。
③前脇、後ろ脇の裾線を引き直す。
④左右の後ろパターンを合わせて、当て布を製図する。
⑤前パターンと前脇パターン、後ろパターンと後ろ脇パターンを突き合わせて、見返しを製図する。
⑥袖、カフス、ベルトを製図する。
⑦後ろ見返しは型紙のまま使用する。

ジャケットの製図

▇＝実物大の型紙
（14ページ13　製図111ページ）

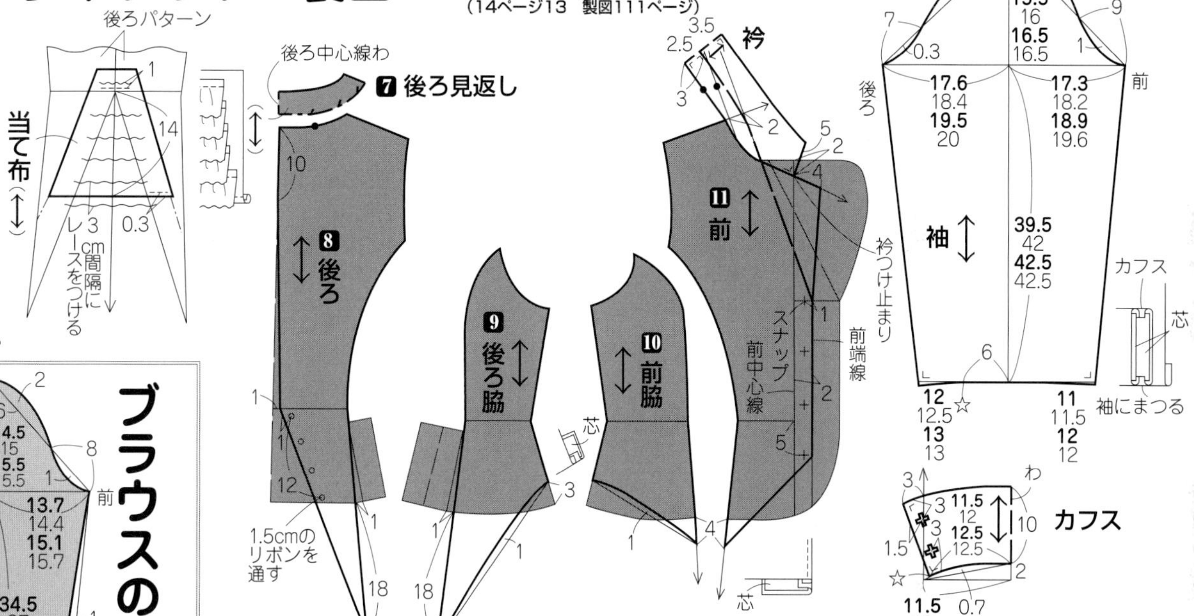

ブラウスの製図

▇＝実物大の型紙

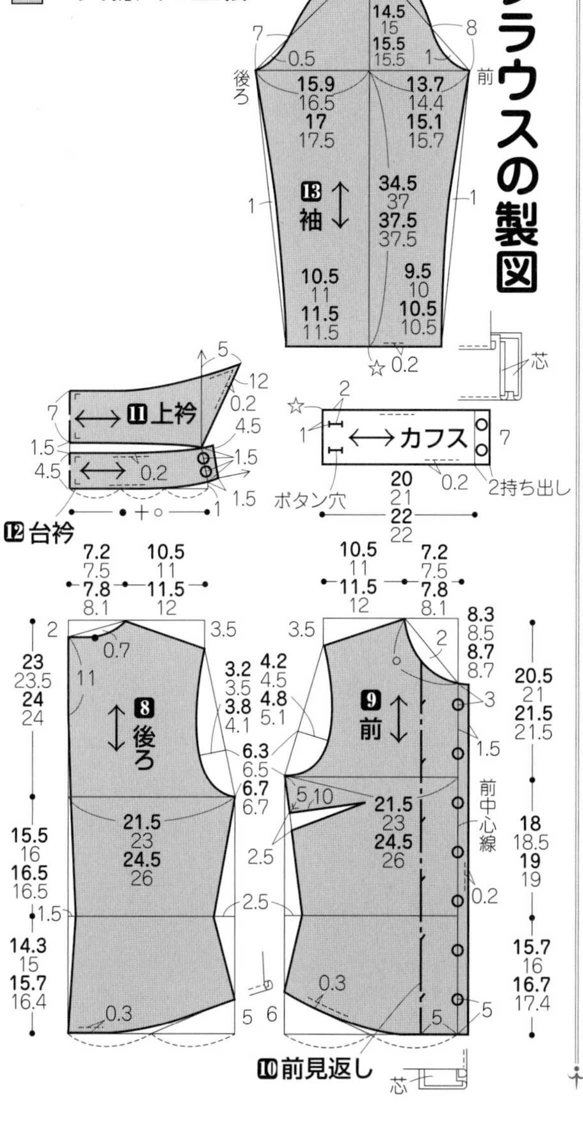

オーバースカートの製図

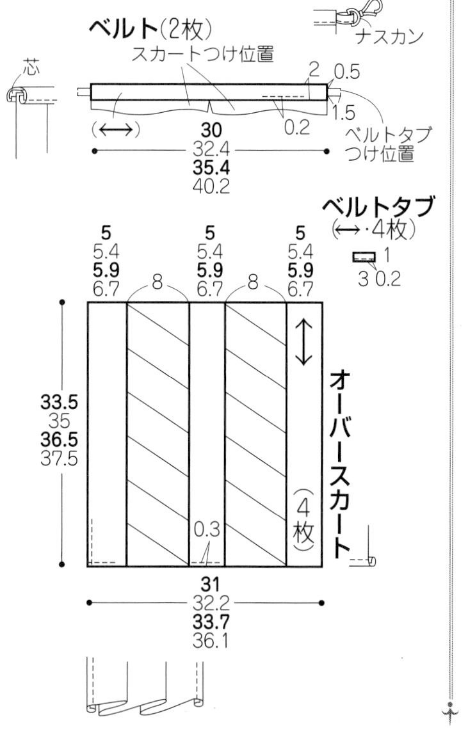

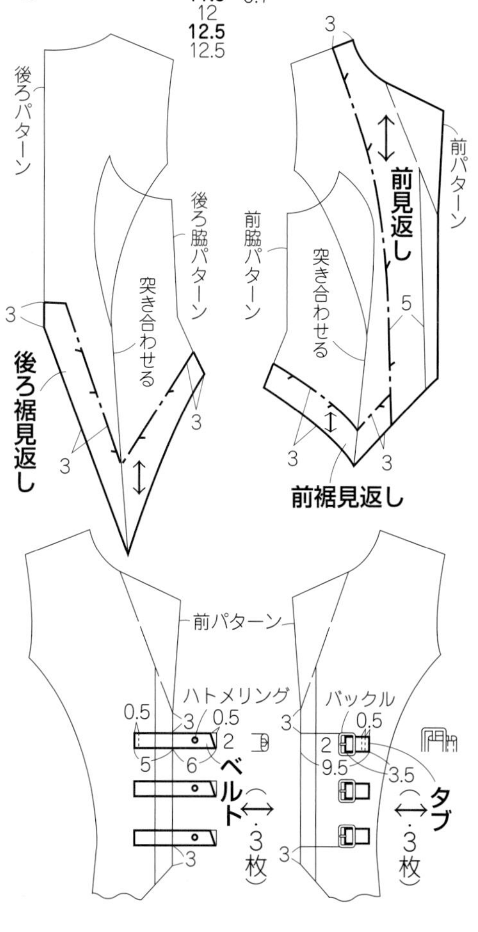

布の裁ち方

オーバースカート パンツ・ジャボ

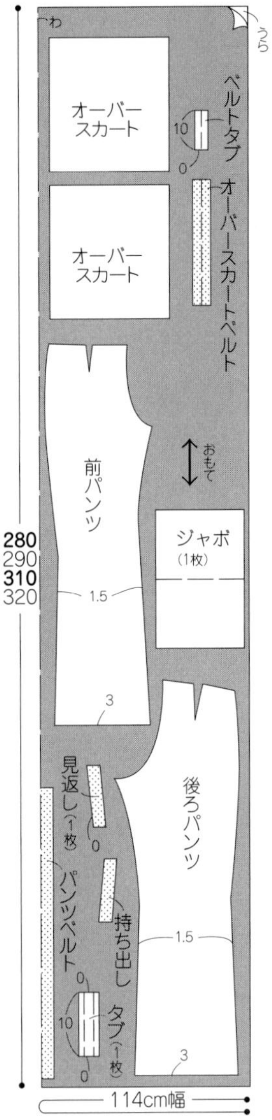

ジャケット

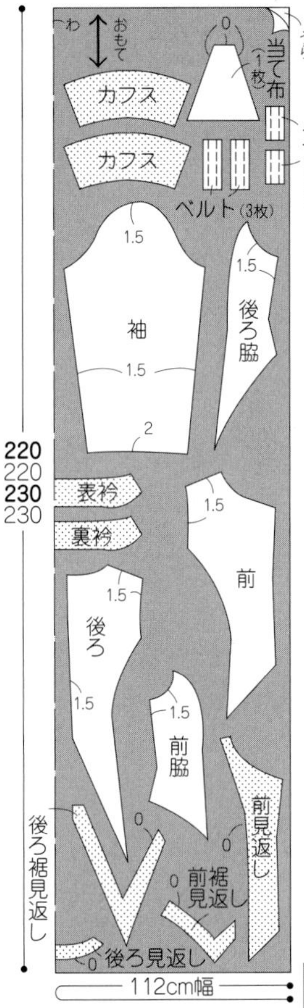

ブラウス

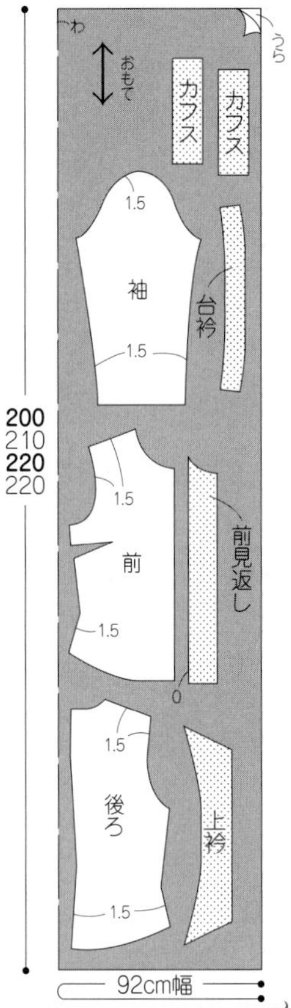

▨＝接着芯をはる位置

数字のないところは
1cmの縫い代をつけます。

パンツの製図

■＝実物大の型紙

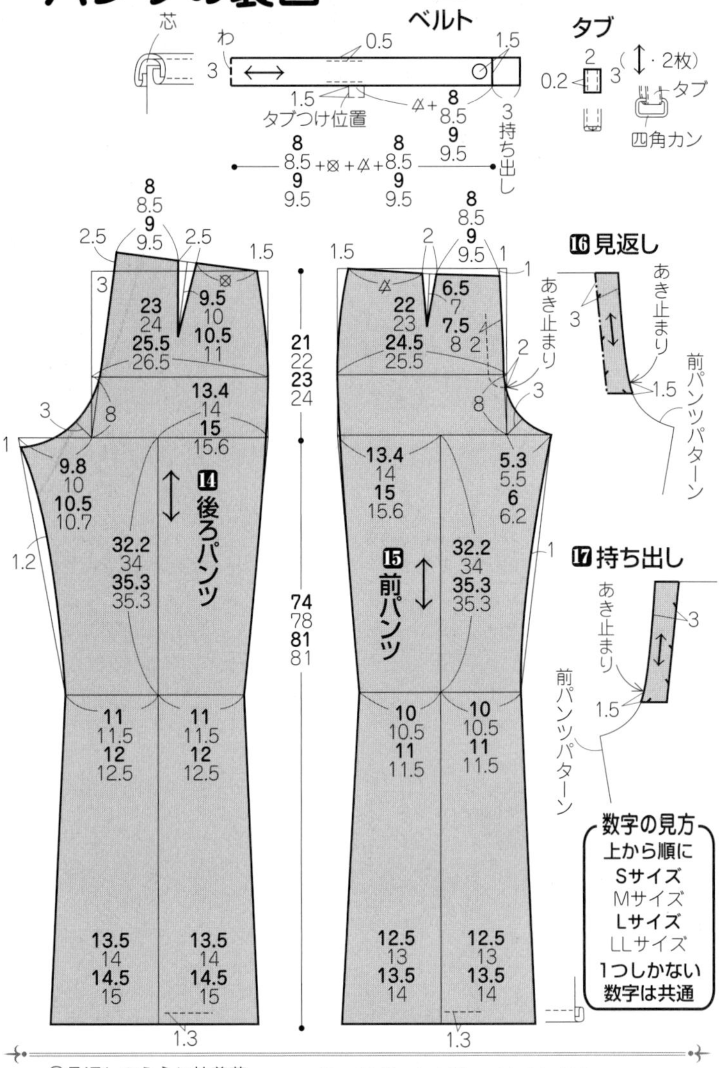

ジャボの製図

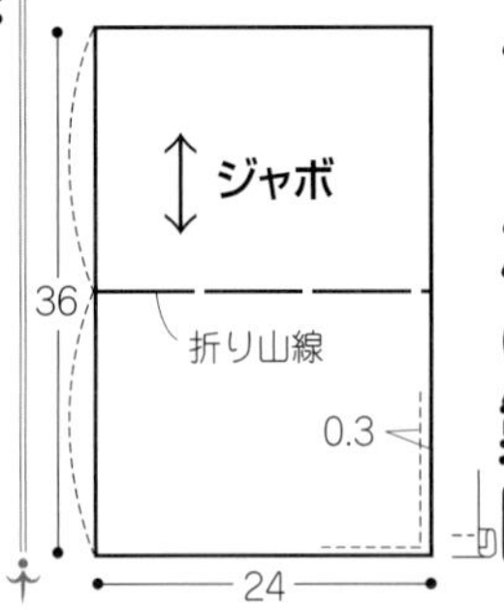

パンツの作り方

1.後ろパンツのダーツを縫う。

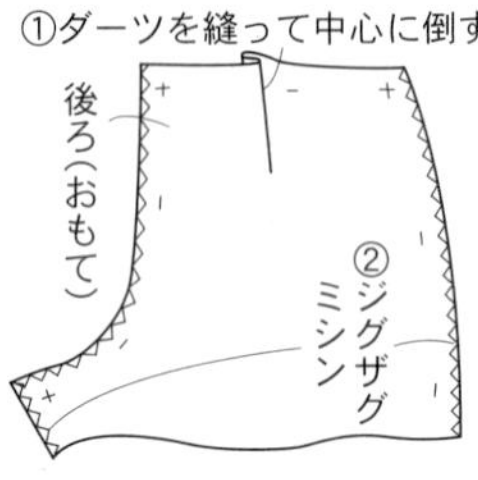

2.左前に見返しをつける。

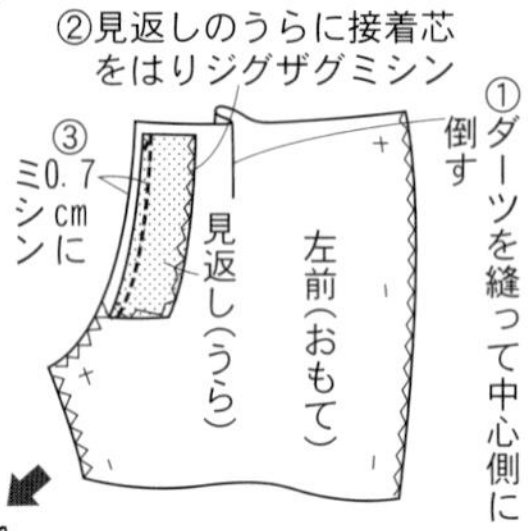

3.前パンツと後ろパンツを縫い合わせる。

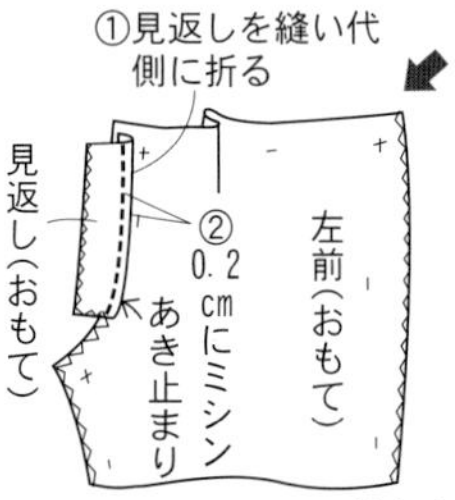

4.左右のパンツを縫い合わせる。

※右パンツも同様

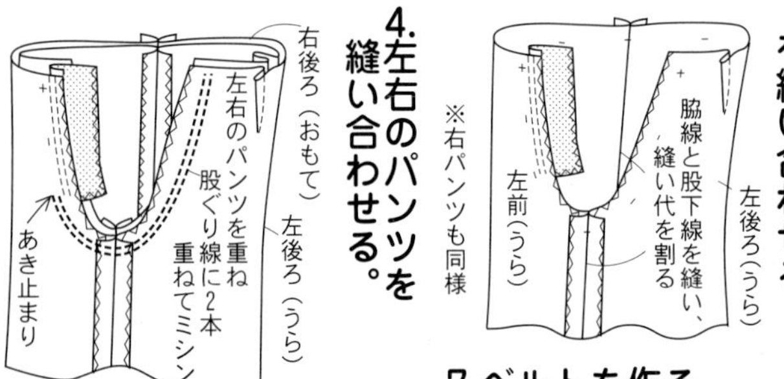

5.持ち出しを作る。

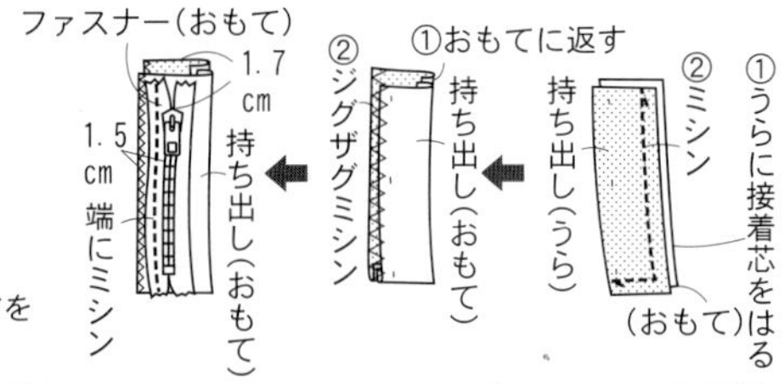

6.持ち出しをつける。

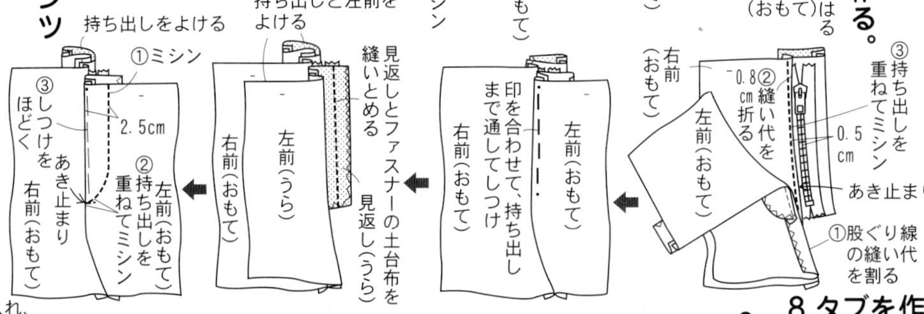

7.ベルトを作る。

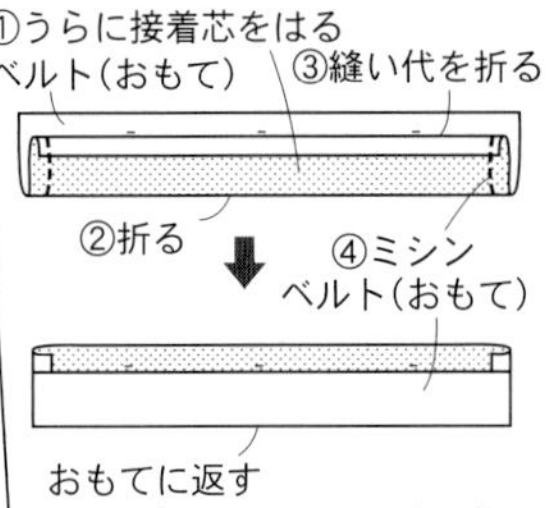

8.タブを作る。

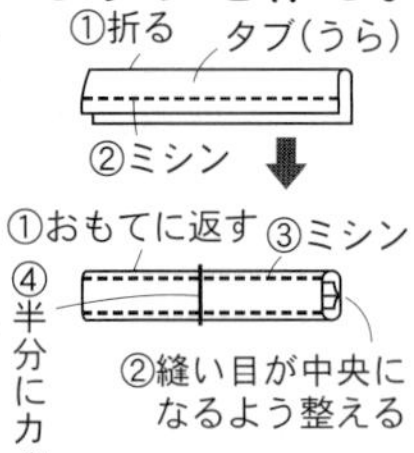

9.パンツにタブをつける。

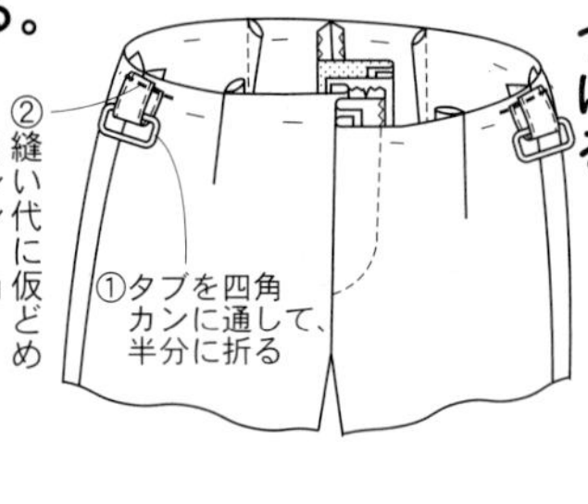

10.パンツにベルトをつける。

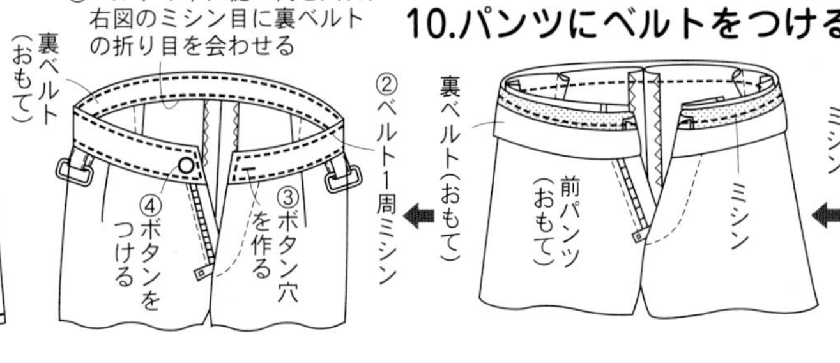

11.出来上がり。

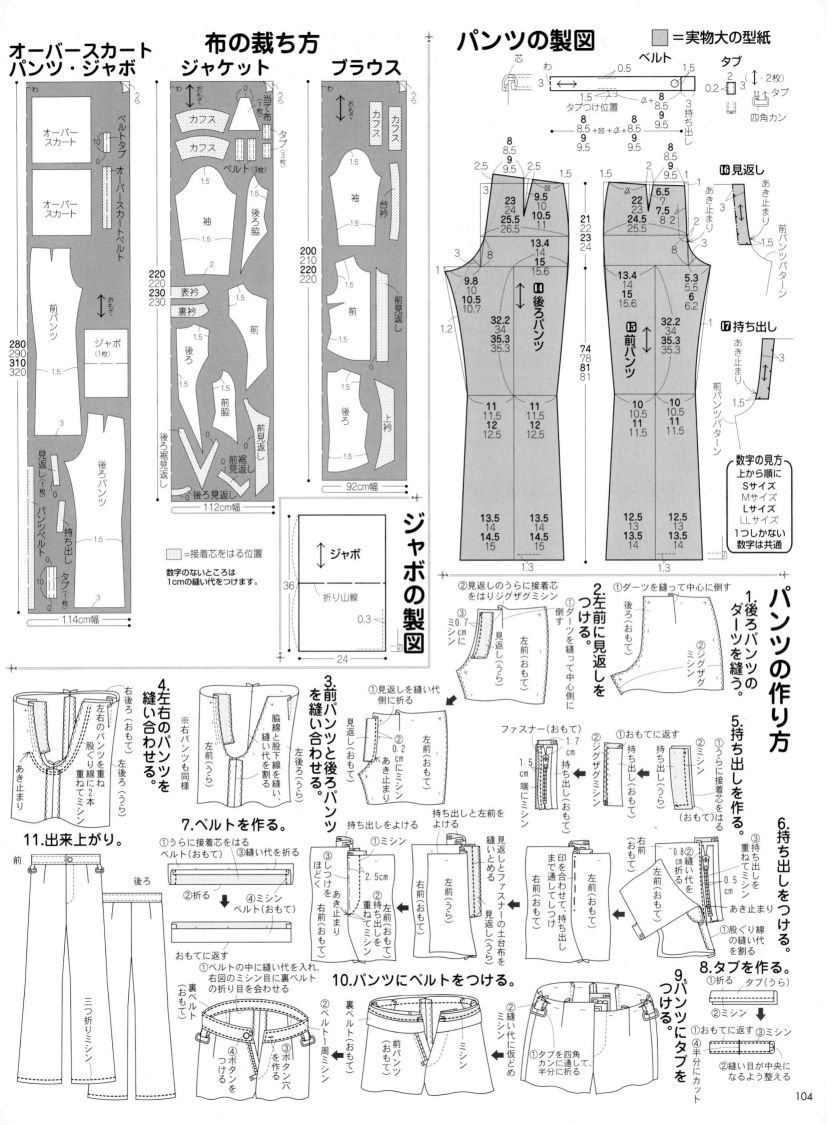

ジャケットの作り方

1.身頃を作る。

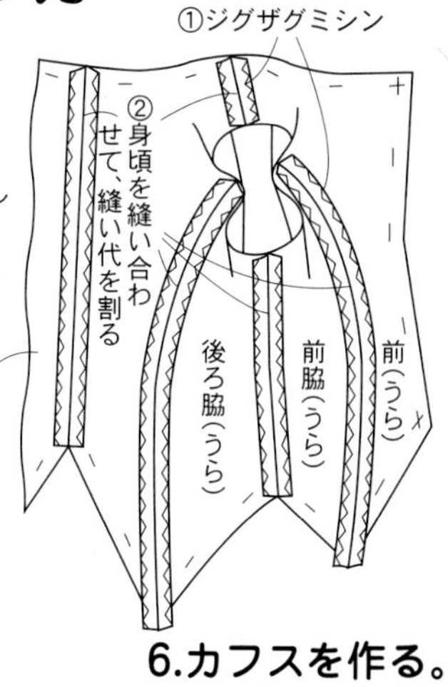
①ジグザグミシン
②身頃を縫い合わせて、縫い代を割る
後ろ(うら)
後ろ脇(うら)
前脇(うら)
前(うら)

2.裾見返しを作る。

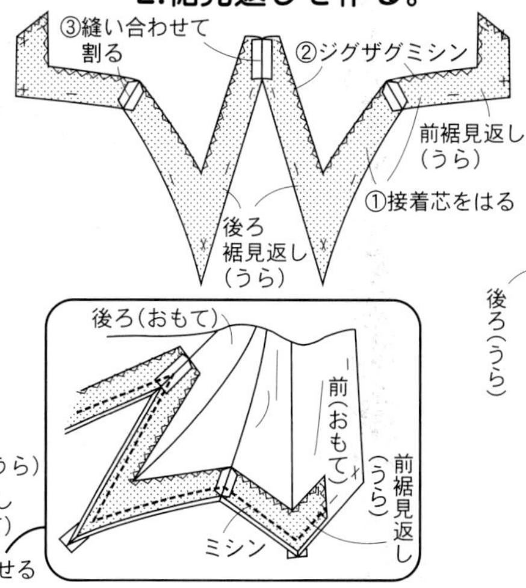
③縫い合わせて割る
②ジグザグミシン
前裾見返し(うら)
①接着芯をはる
後ろ裾見返し(うら)
後ろ(おもて)
前(おもて)
前裾見返し(うら)
ミシン

3.見返しと衿を縫い合わせ、身頃につける。

※113ページと参照。

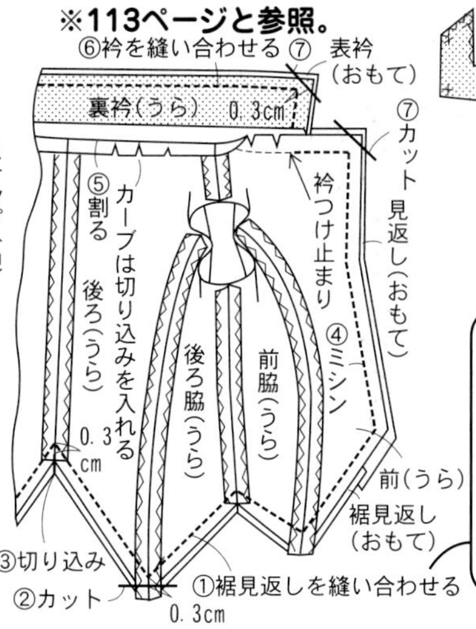
⑥衿を縫い合わせる
⑦
表衿(おもて)
裏衿(うら)
0.3cm
⑦カット
⑤割る
カーブは切り込みを入れる
衿つけ止まり
見返し(おもて)
後ろ(うら)
後ろ脇(うら)
前脇(うら)
④ミシン
0.3cm
前(うら)
裾見返し(おもて)
③切り込み
②カット
0.3cm
①裾見返しを縫い合わせる

4.ハトメリングとスナップをつける。

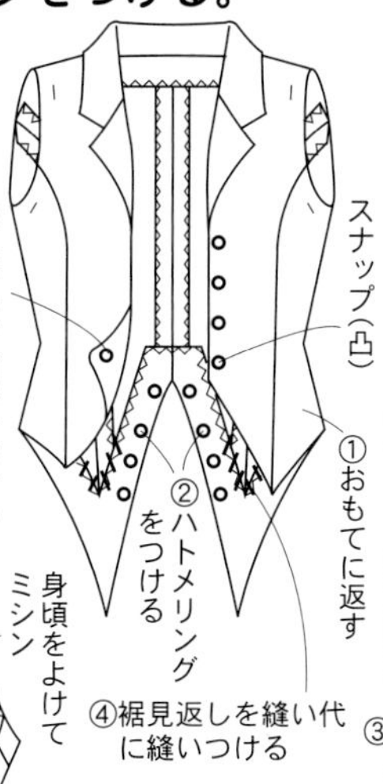
③スナップ(凹)をつける
スナップ(凸)
②ハトメリングをつける
①おもてに返す
④裾見返しを縫い代に縫いつける

5.当て布を作り、身頃につける。

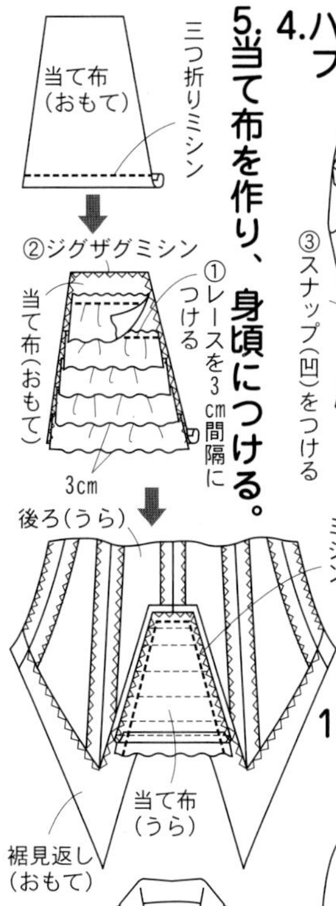
当て布(おもて)
三つ折りミシン
②ジグザグミシン
当て布(おもて)
①レースを3cm間隔につける
3cm
後ろ(うら)
身頃をよけてミシン
当て布(うら)
裾見返し(おもて)

6.カフスを作る。

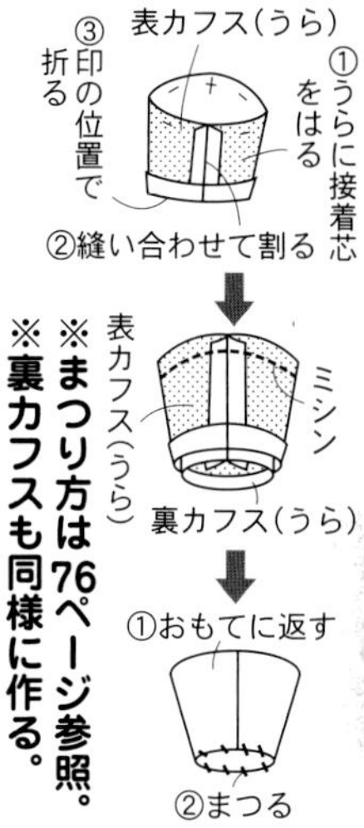
表カフス(うら)
③印の位置で折る
①うらに接着芯をはる
②縫い合わせて割る
表カフス(うら)
ミシン
裏カフス(うら)
①おもてに返す
②まつる

※まつり方は76ページ参照。
※裏カフスも同様に作る。

7.袖を作る。

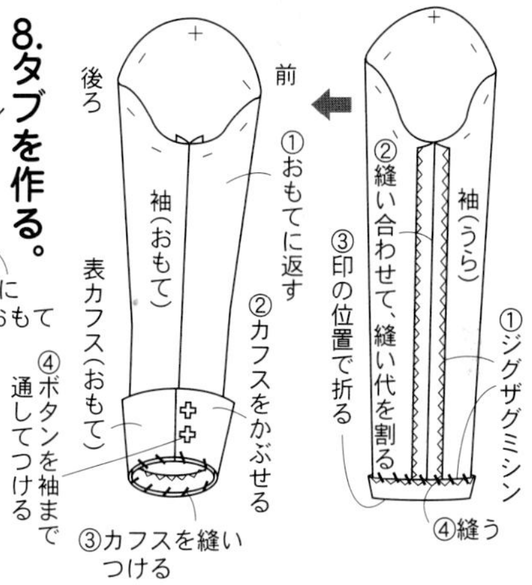
後ろ
前
袖(おもて)
①おもてに返す
表カフス(おもて)
②カフスをかぶせる
④ボタンを袖まで通してつける
③カフスを縫いつける
袖(うら)
②縫い合わせて、縫い代を割る
③印の位置で折る
①ジグザグミシン
④縫う

8.タブを作る。

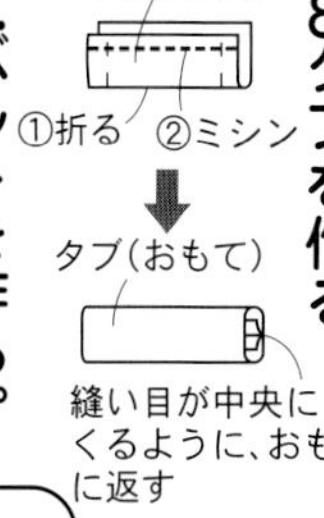
タブ(うら)
①折る
②ミシン
タブ(おもて)
縫い目が中央にくるように、おもてに返す

9.ベルトを作る。

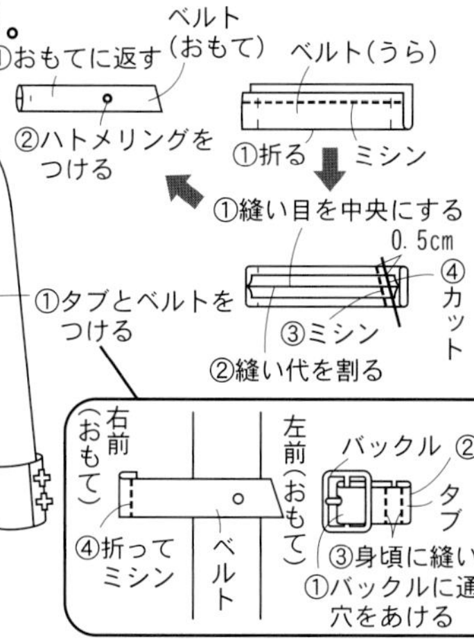
ベルト(おもて)
①おもてに返す
②ハトメリングをつける
ベルト(うら)
①折る
ミシン
①縫い目を中央にする
0.5cm
④カット
③ミシン
②縫い代を割る
右前(おもて)
左前(おもて)
バックル
②折る
タブ
④折ってミシン
ベルト
③身頃に縫いつける
①バックルに通して穴をあける

10.出来上がり。

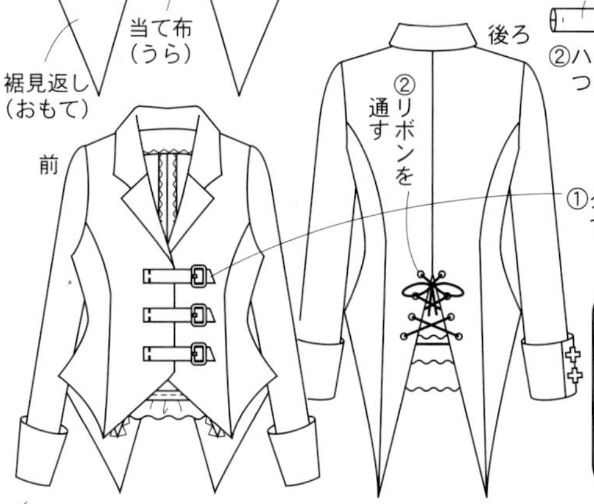
前
後ろ
②リボンを通す
①タブとベルトをつける

ブラウスの作り方

1.衿を作る。

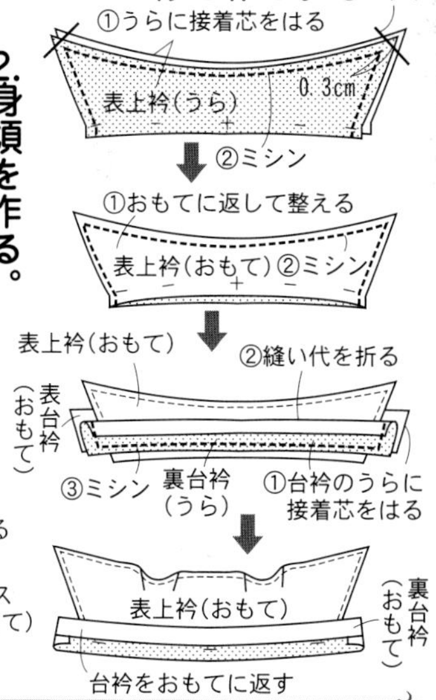
①うらに接着芯をはる
③カット
表上衿(うら)
0.3cm
②ミシン
①おもてに返して整える
表上衿(おもて)
②ミシン
表上衿(おもて)
②縫い代を折る
表台衿(おもて)
③ミシン
裏台衿(うら)
①台衿のうらに接着芯をはる
表上衿(おもて)
裏台衿(おもて)
台衿をおもてに返す

2.身頃を作る。

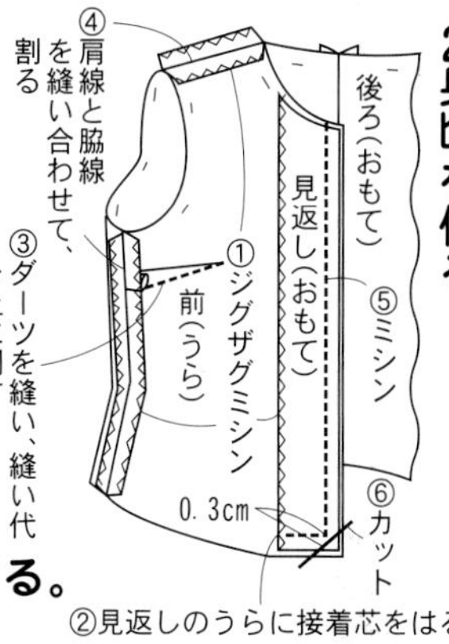
④肩線と脇線を縫い合わせて、割る
後ろ(おもて)
見返し(おもて)
③ダーツを縫い、縫い代を上に倒す
①ジグザグミシン
前(うら)
⑤ミシン
0.3cm
⑥カット
②見返しのうらに接着芯をはる

3.身頃に衿をつける。

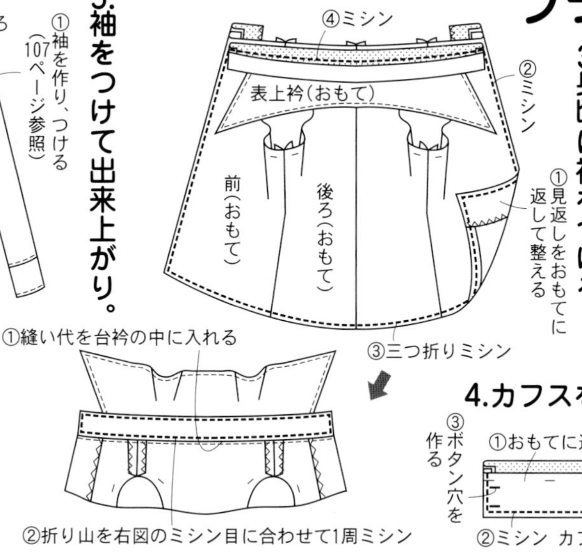
④ミシン
表上衿(おもて)
②ミシン
前(おもて)
後ろ(おもて)
①見返しをおもてに返して整える
③三つ折りミシン
①縫い代を台衿の中に入れる
②折り山を右図のミシン目に合わせて1周ミシン

4.カフスを作る。

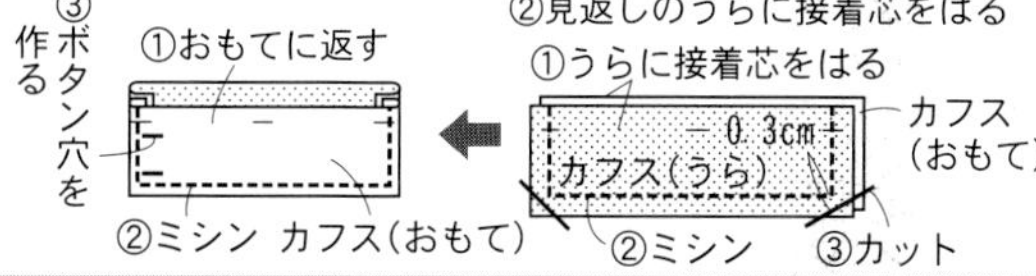
①うらに接着芯をはる
0.3cm
カフス(おもて)
カフス(うら)
②ミシン
③カット
①おもてに返す
③ボタン穴を作る
②ミシン
カフス(おもて)

5.袖をつけて出来上がり。

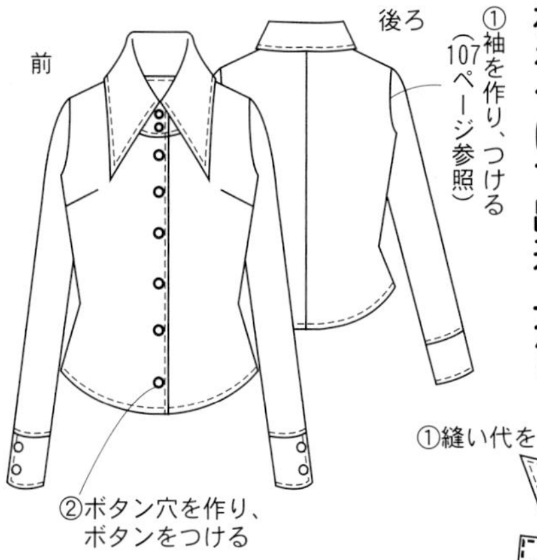
前
後ろ
①袖を作り、つける
107ページ参照
②ボタン穴を作り、ボタンをつける

オーバースカートの作り方

※続きの作り方は104ページと同様。

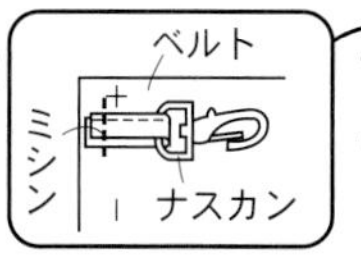
ベルト
ミシン
ナスカン

1.ベルトとタブを作る。

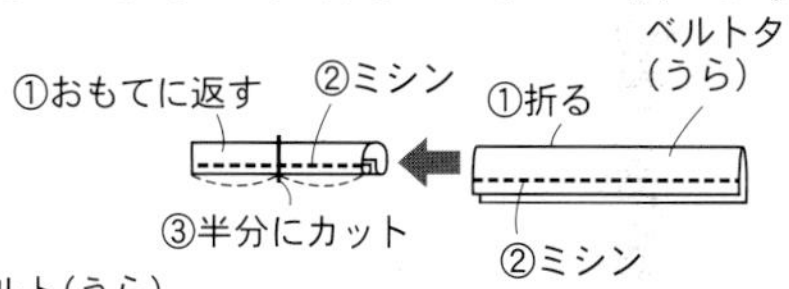
①おもてに返す
②ミシン
①折る
ベルトタブ(うら)
③半分にカット
②ミシン

2.ベルトを作る。

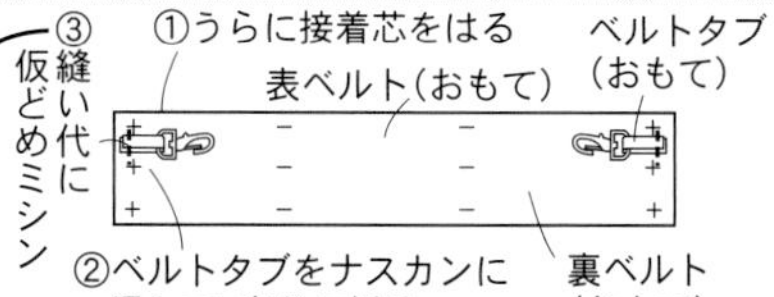
③縫い代に仮どめミシン
①うらに接着芯をはる
ベルトタブ(おもて)
表ベルト(おもて)
②ベルトタブをナスカンに通して、半分に折る
裏ベルト(おもて)

3.スカートを作る。

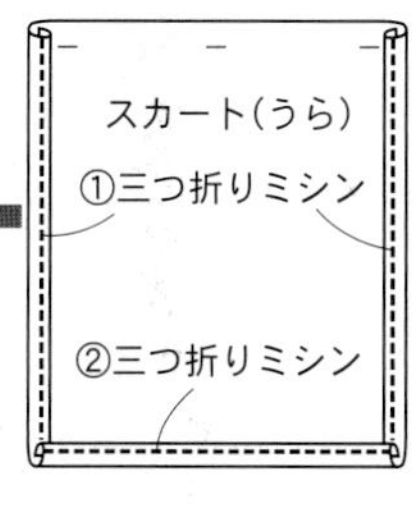
スカート(うら)
①三つ折りミシン
②三つ折りミシン

4.ベルトをつける。

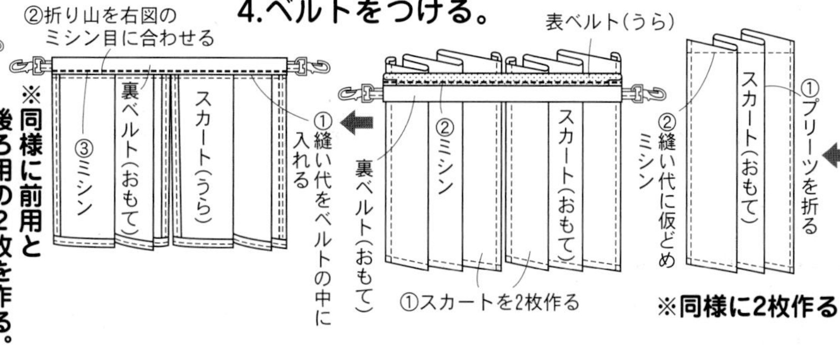
②折り山を右図のミシン目に合わせる
裏ベルト(おもて)
スカート(うら)
③ミシン
①縫い代をベルトの中に入れる
表ベルト(うら)
裏ベルト(おもて)
②ミシン
スカート(おもて)
①スカートを2枚作る
②縫い代に仮どめミシン
スカート(おもて)
①プリーツを折る

※同様に前用と後ろ用の2枚を作る。
※同様に2枚作る

5.出来上がり。

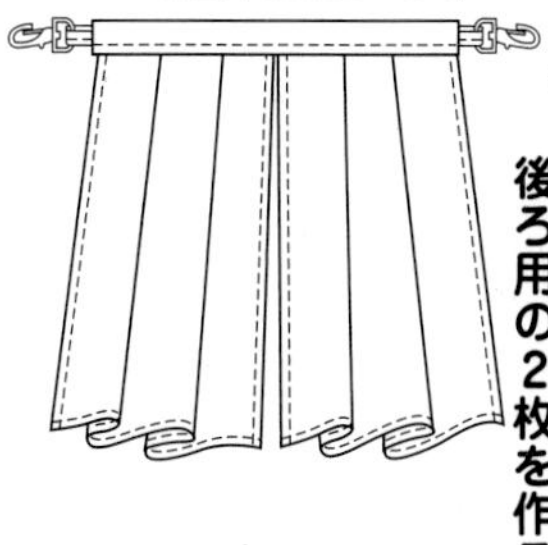

ジャボの作り方

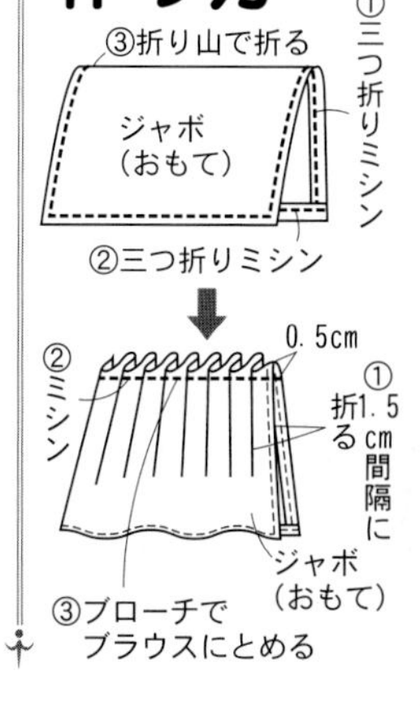
①三つ折りミシン
③折り山で折る
ジャボ(おもて)
②三つ折りミシン
②ミシン
0.5cm
①1.5cm間隔に折る
ジャボ(おもて)
③ブローチでブラウスにとめる

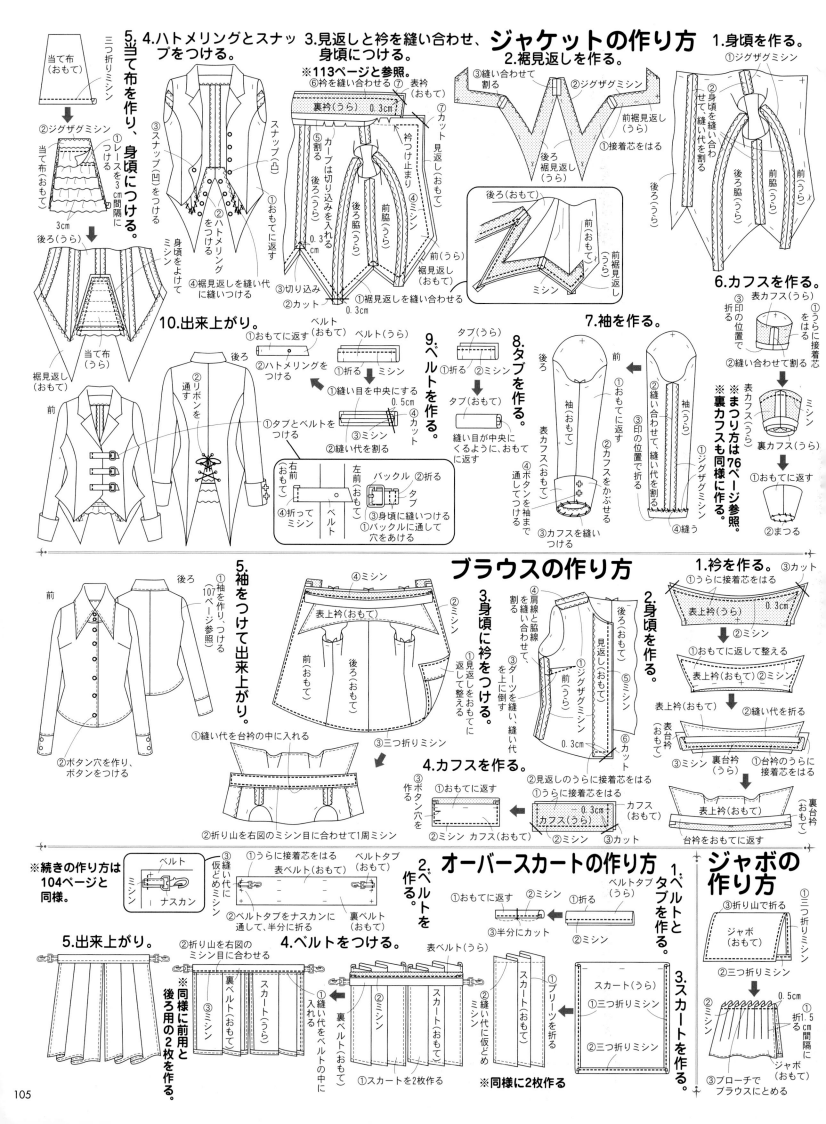

ブラウスの材料		S	M	L	LL
表布（ダブルガーゼ：大喜17ー0013）	108cm幅	2m30cm	2m30cm	2m40cm	2m50cm
接着芯	90cm幅	60cm	60cm	60cm	60cm
ボタン	10mm	14個	14個	14個	14個
リボン（サテンリボン：ハマナカ　花風車）	6mm幅	2m60cm	2m60cm	2m60cm	2m60cm
スカート・ネクタイの材料		**S**	**M**	**L**	**LL**
表布（綿シーチング：大喜6060）	92cm幅	3m10cm	3m20cm	3m40cm	3m50cm
接着芯	90cm幅	60cm	60cm	60cm	60cm
ゴムテープ	15mm幅	60cm	60cm	70cm	70cm

ブラウス　実物大の型紙A面

スカートの型紙はついていません

ネクタイの型紙はついていません

数字の見方
上から順に
Sサイズ
Mサイズ
Lサイズ
LLサイズ
1つしかない数字は共通

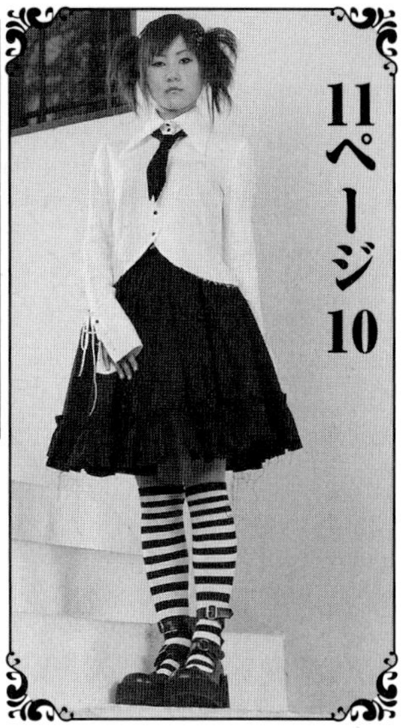
11ページ 10

ネクタイの製図

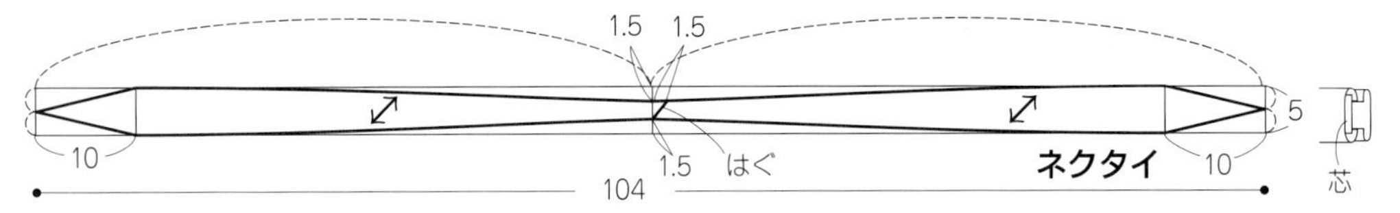
1.5 1.5
10
1.5
はぐ
ネクタイ
10
104
5
芯

スカートの製図

※パニエA（78ページ）を使用します。

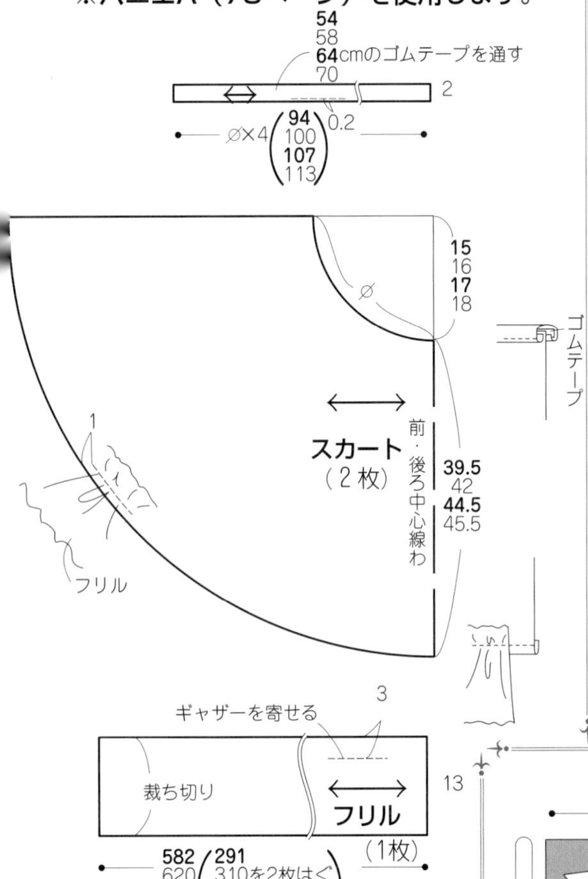
54
58
64cmのゴムテープを通す
70
2
0.2
⌀×4
94
100
107
113
15
16
17
18
ゴムテープ
1
スカート
（2枚）
前・後ろ中心線わ
39.5
42
44.5
45.5
フリル
ギャザーを寄せる
3
13
裁ち切り
フリル
（1枚）
582
620
656
678
291
310を2枚はぐ
328
339

型紙のアレンジ方法

①身頃の丈を長くして、裾線を変更する。
②袖口線を広げる。
③上衿の衿先を延長する。
④台衿はそのまま使用する。
⑤カフスと見返しは製図する。

ブラウスの製図

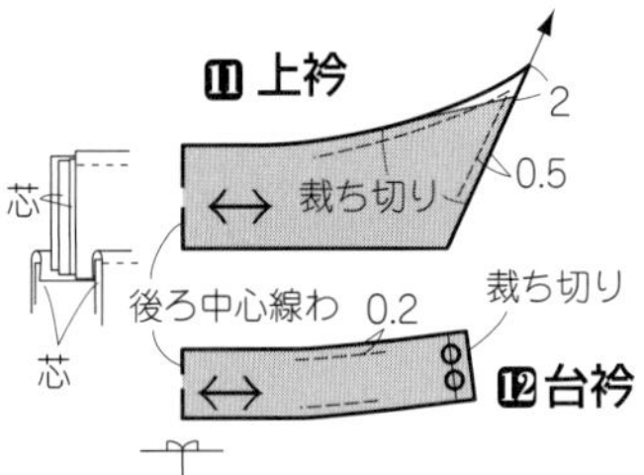
11 上衿
2
0.5
芯
裁ち切り
後ろ中心線わ
0.2
裁ち切り
芯
12 台衿

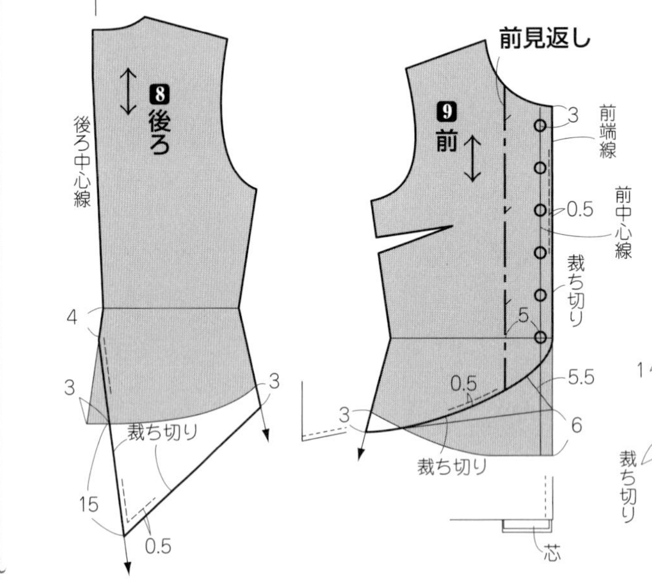
8 後ろ
後ろ中心線
4
3
3
裁ち切り
15
0.5
前見返し
9 前
3
前端線
前中心線
0.5
裁ち切り
5
0.5
5.5
3
6
裁ち切り
芯

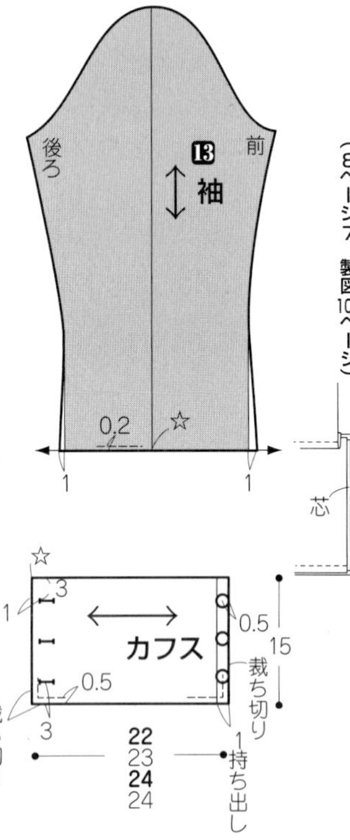
後ろ
13 袖
前
0.2
1
1
芯
カフス
3
0.5
1
0.5
3
15
裁ち切り
裁ち切り
1
持ち出し
22
23
24
24

■＝実物大の型紙（8ページ7　製図103ページ）

布の裁ち方

ブラウス

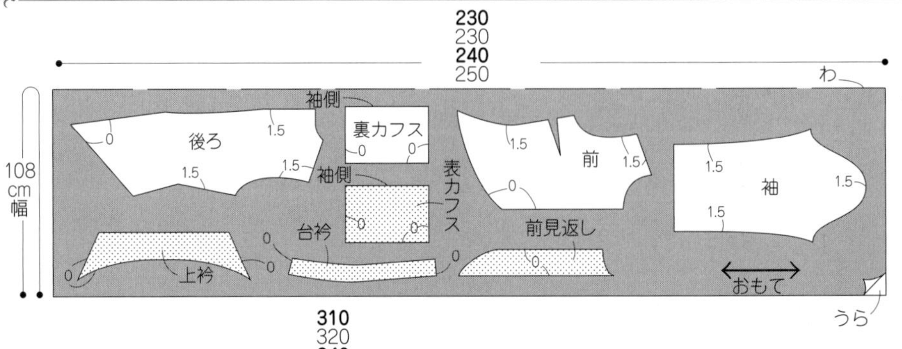
230
230
240
250
わ
袖側
裏カフス
後ろ
袖側
表カフス
前
袖
108cm幅
台衿
前見返し
上衿
おもて
うら

スカート・ネクタイ

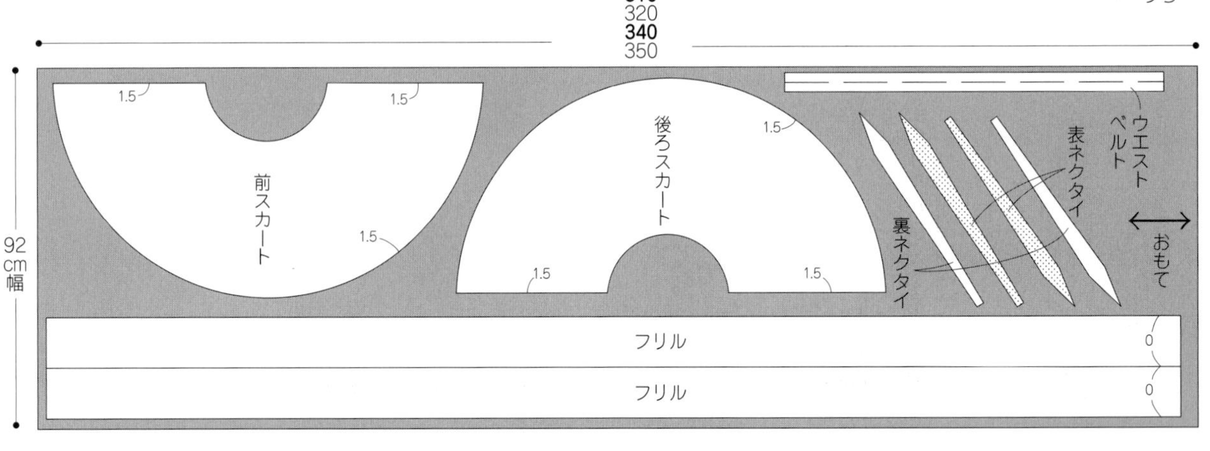
310
320
340
350
前スカート
後ろスカート
ウエストベルト
表ネクタイ
裏ネクタイ
おもて
92cm幅
フリル
フリル

▒＝接着芯をはる位置
数字のないところは1cmの縫い代をつけます。

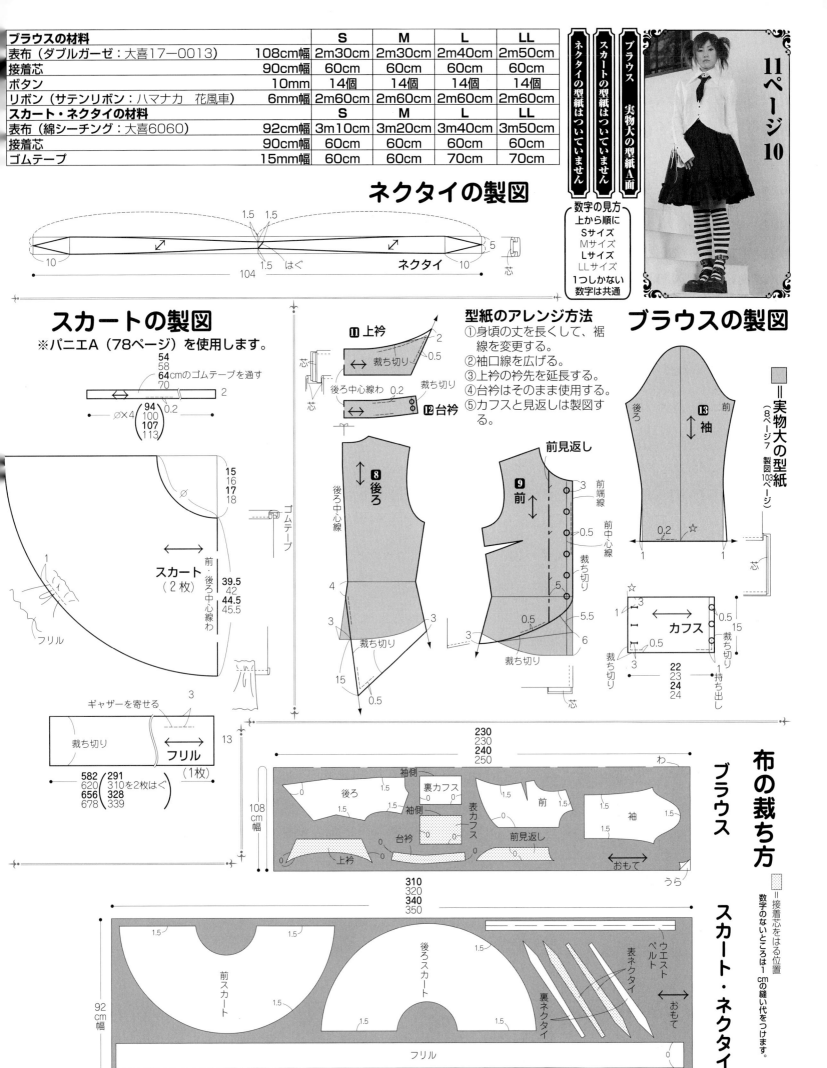

ブラウスの作り方

1.衿を作る。

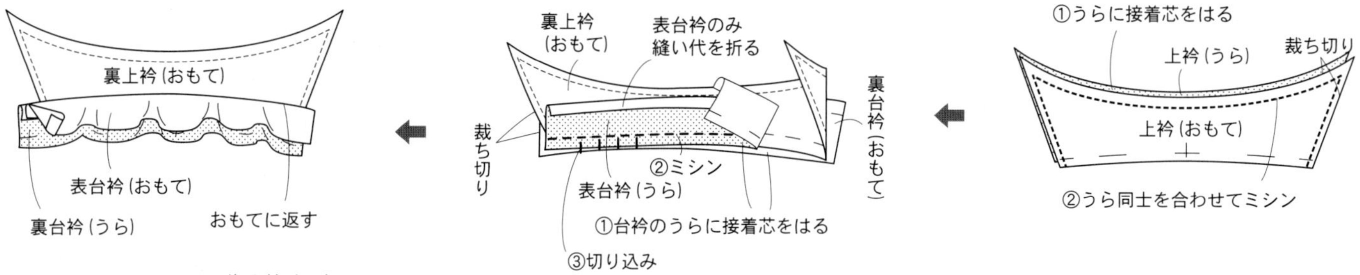
①うらに接着芯をはる
上衿（うら）
裁ち切り
上衿（おもて）
②うら同士を合わせてミシン
裏上衿（おもて）
表台衿のみ縫い代を折る
裏台衿（おもて）
裁ち切り
②ミシン
表台衿（うら）
①台衿のうらに接着芯をはる
③切り込み
裏上衿（おもて）
表台衿（おもて）
裏台衿（うら）
おもてに返す

2.前見返しを作る。

3.身頃を作る。

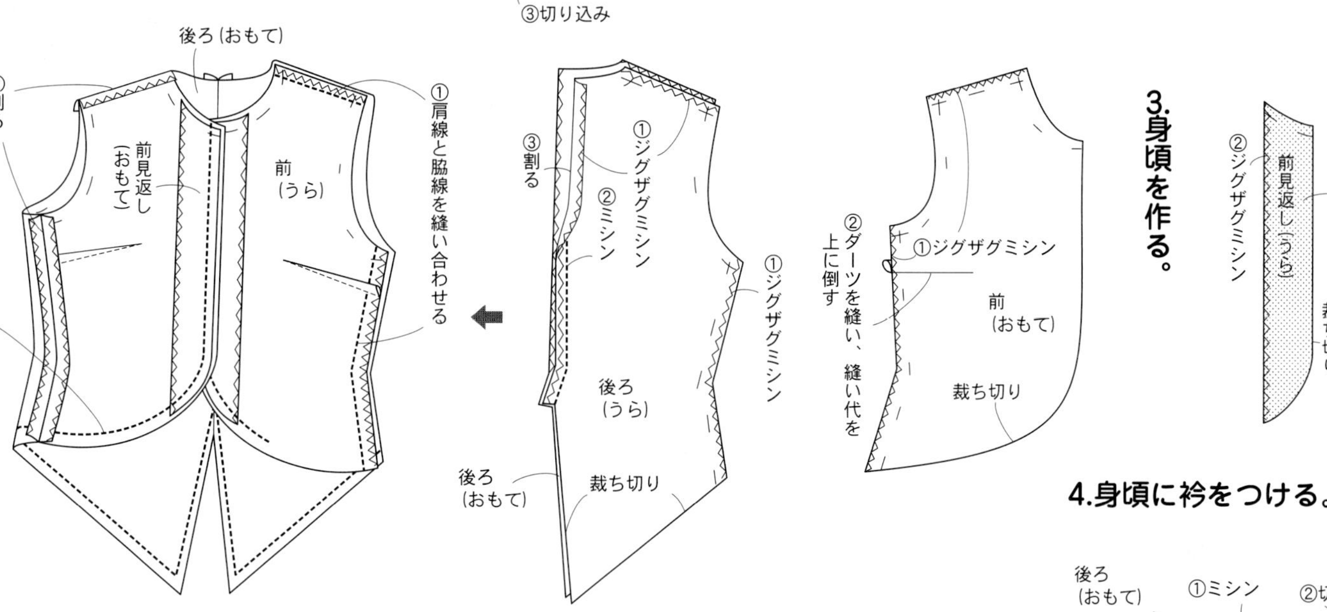
①うらに接着芯をはる
②ジグザグミシン
前見返し（うら）
裁ち切り
②ダーツを縫い、縫い代を上に倒す
①ジグザグミシン
前（おもて）
裁ち切り
①ジグザグミシン
③割る
②ミシン
①ジグザグミシン
後ろ（うら）
後ろ（おもて）
裁ち切り
後ろ（おもて）
②割る
①肩線と脇線を縫い合わせる
前見返し（おもて）
前（うら）
③前見返しを合わせて、前端から裾まで続けて一周ミシン

4.身頃に衿をつける。

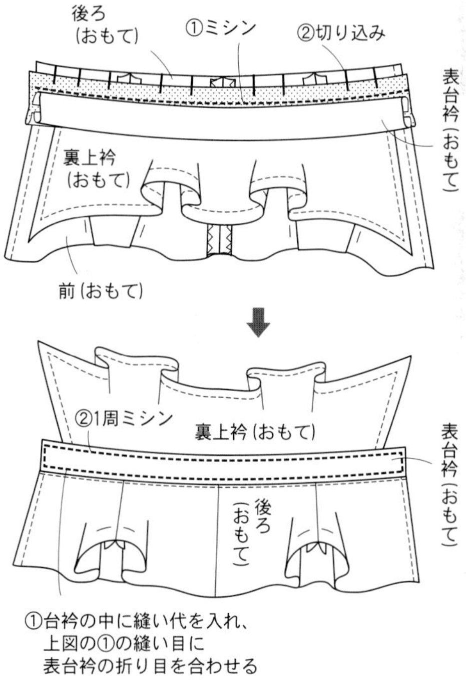
後ろ（おもて）
①ミシン
②切り込み
表台衿（おもて）
裏上衿（おもて）
前（おもて）
②1周ミシン
裏上衿（おもて）
表台衿（おもて）
後ろ（おもて）
①台衿の中に縫い代を入れ、上図の①の縫い目に表台衿の折り目を合わせる

5.カフスを作る。

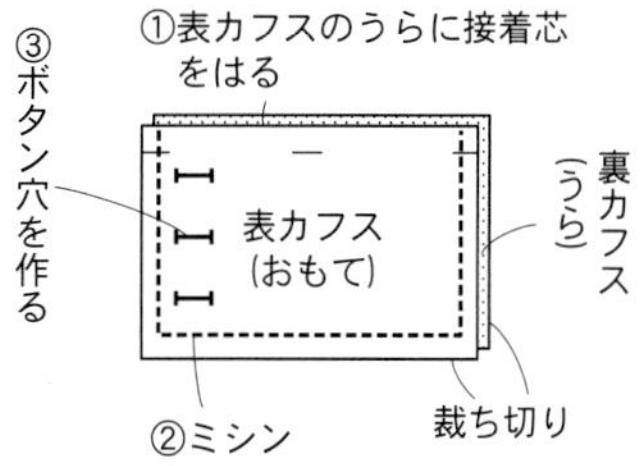
①表カフスのうらに接着芯をはる
③ボタン穴を作る
表カフス（おもて）
裏カフス（うら）
②ミシン
裁ち切り

6.袖を作る。

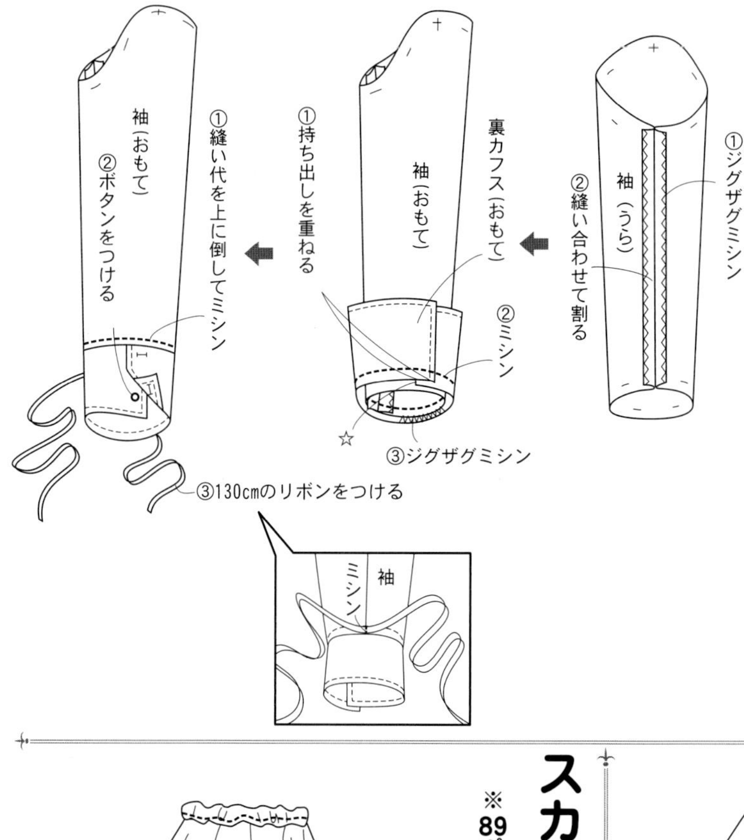
①ジグザグミシン
②縫い合わせて割る
袖（うら）
裏カフス（おもて）
袖（おもて）
①持ち出しを重ねる
②ミシン
③ジグザグミシン
袖（おもて）
①縫い代を上に倒してミシン
②ボタンをつける
③130㎝のリボンをつける
袖
ミシン

7.身頃に袖とボタンをつけて、出来上がり。

※袖のつけ方は87ページと同様。

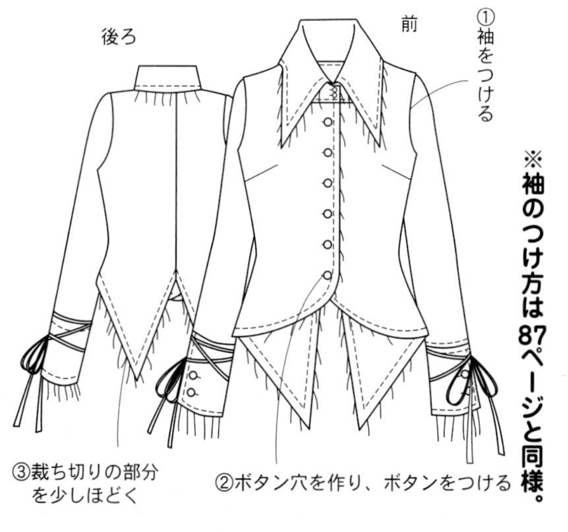
後ろ
前
①袖をつける
③裁ち切りの部分を少しほどく
②ボタン穴を作り、ボタンをつける

ネクタイの作り方

※50ページと同様。（接着芯は表ネクタイにのみ、はります。）

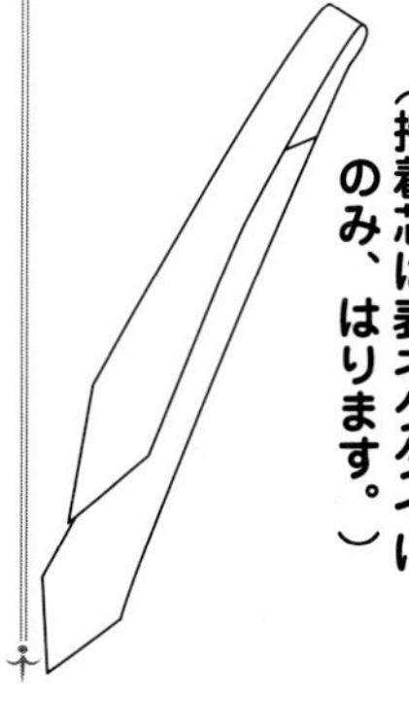

スカートの作り方

※89ページのスカートと同様。

材料		S	M	L	LL
シャツ用表布（綿シーチング：クラボウH6060）	92cm幅	1m70cm	1m70cm	1m80cm	1m90cm
パンツ用表布（綿）	114cm幅	2m80cm	2m90cm	3m20cm	3m40cm
アームカバー用布（綿のリブニット）	50cm幅	50cm	50cm	50cm	50cm
接着芯	90cm幅	90cm	90cm	1m	1m
オープンファスナー		40cm1本	41cm1本	42cm1本	42cm1本
ファスナー	20cm	1本	1本	1本	1本
ボタン	18mm	2個	2個	2個	2個
スナップ	8mm	1組	1組	1組	1組
皮テープ	20mm幅	8m60cm	8m60cm	6m70cm	6m70cm
バックル	内径20mm	13個	13個	13個	13個
サスペンダー金具		8個	8個	8個	8個
サスペンダー金具セット		1セット	1セット	1セット	1セット

シャツ 実物大の型紙A面

パンツ 実物大の型紙A面

スカート・アームカバーの型紙はついていません

数字の見方
上から順に
Sサイズ
Mサイズ
Lサイズ
LLサイズ
1つしかない数字は共通

型紙のアレンジ方法
①前パンツと後ろパンツの幅をせまくする。
②上と下に分ける。
③ベルトとベルト通しを製図する。

パンツの製図

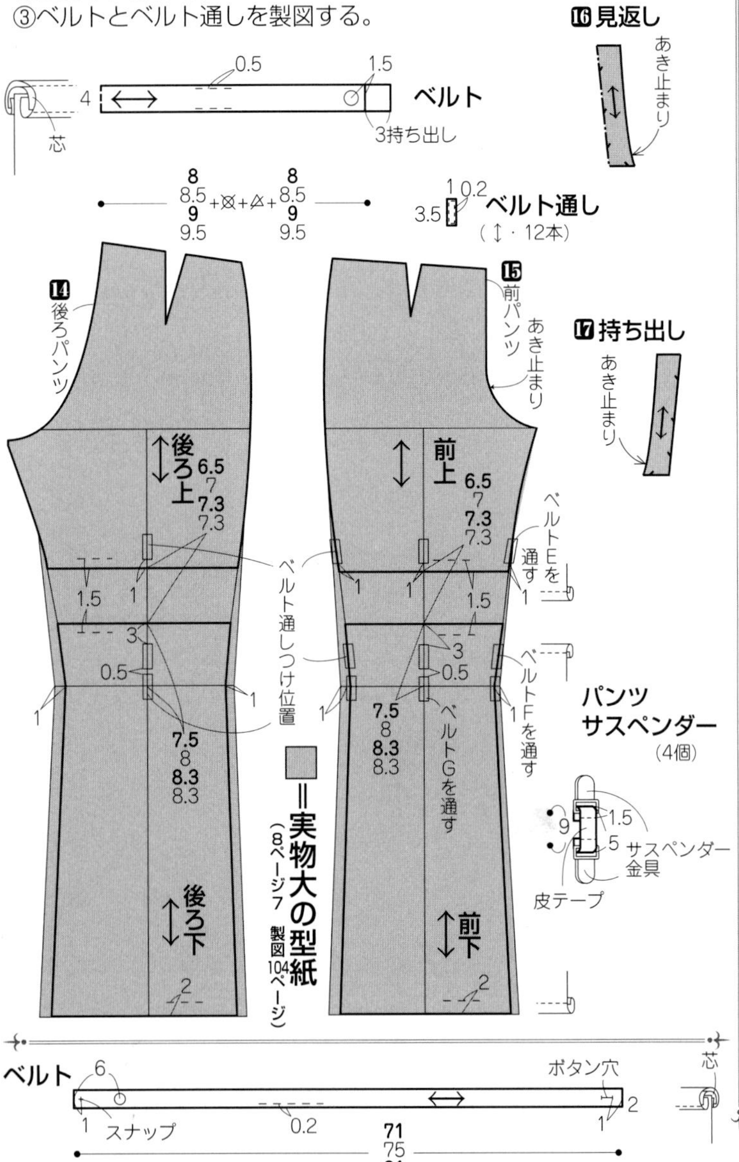

シャツの製図

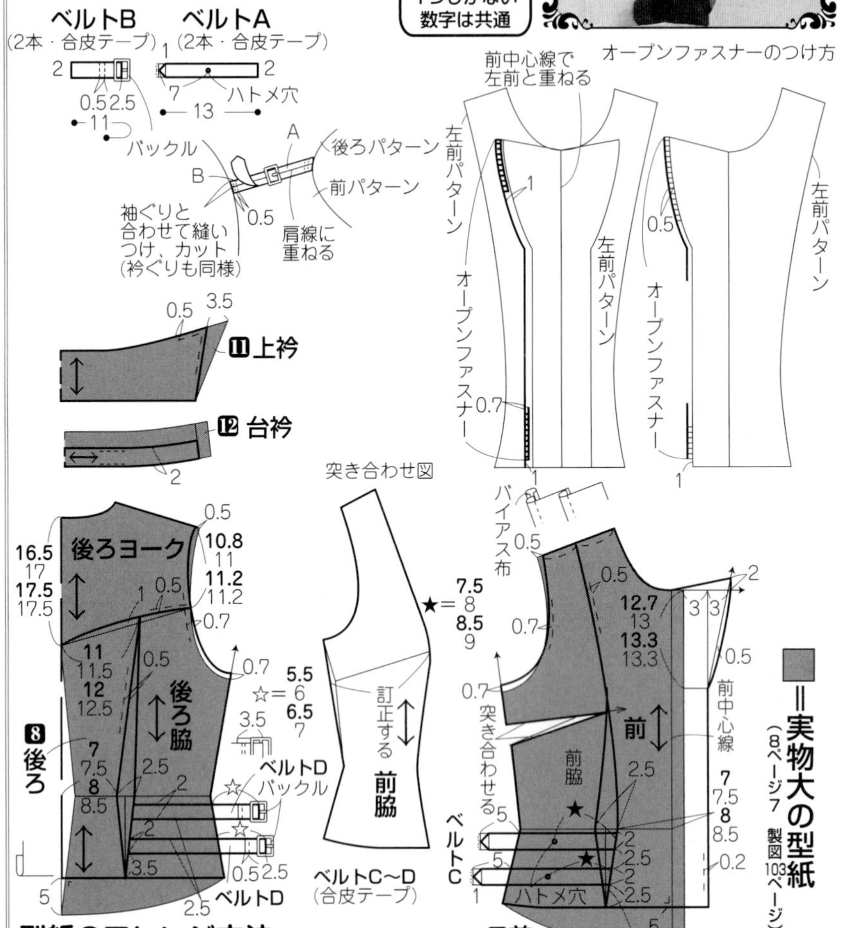

型紙のアレンジ方法
①後ろと前の裾をカットし、袖ぐり線を引き直す。
②後ろ中心線を直線で引き、切り替え線を製図する。
③前の前端を製図し、切り替え線を引く。ダーツ部分を突き合わせる。
④上衿の角をカットする。台衿の幅をせまくして前中心線でカットする。
⑤オープンファスナーの位置を決める。

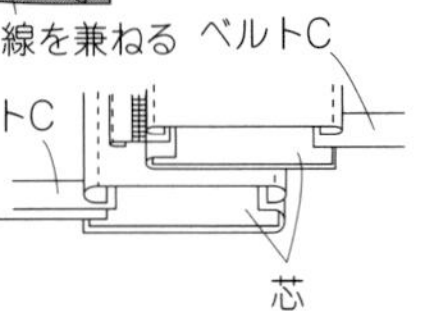

スカートの製図

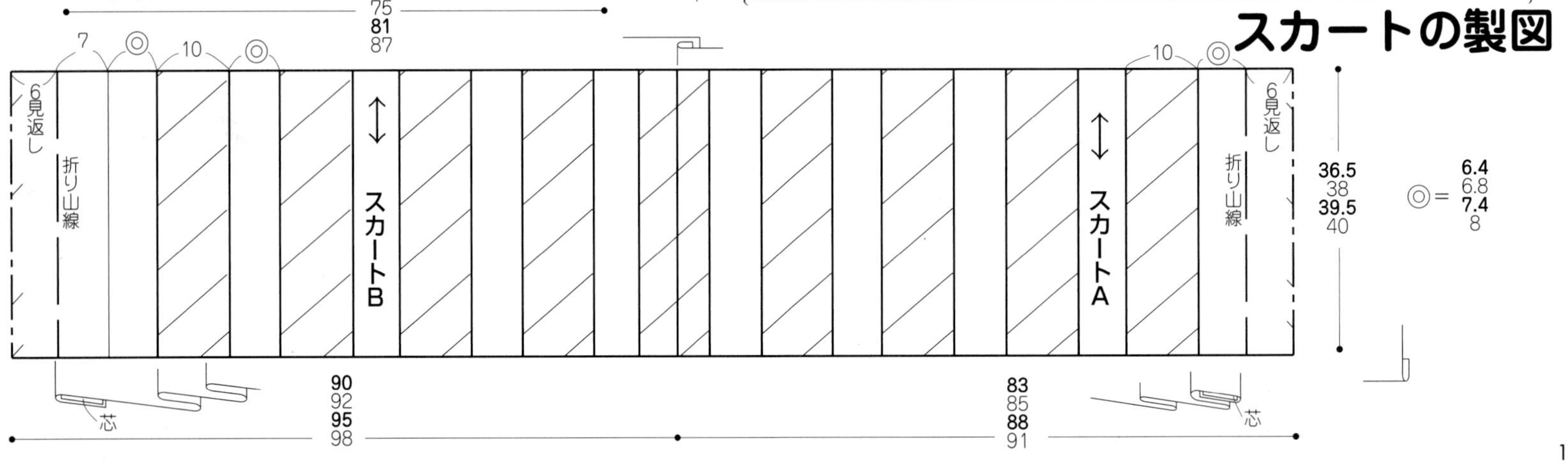

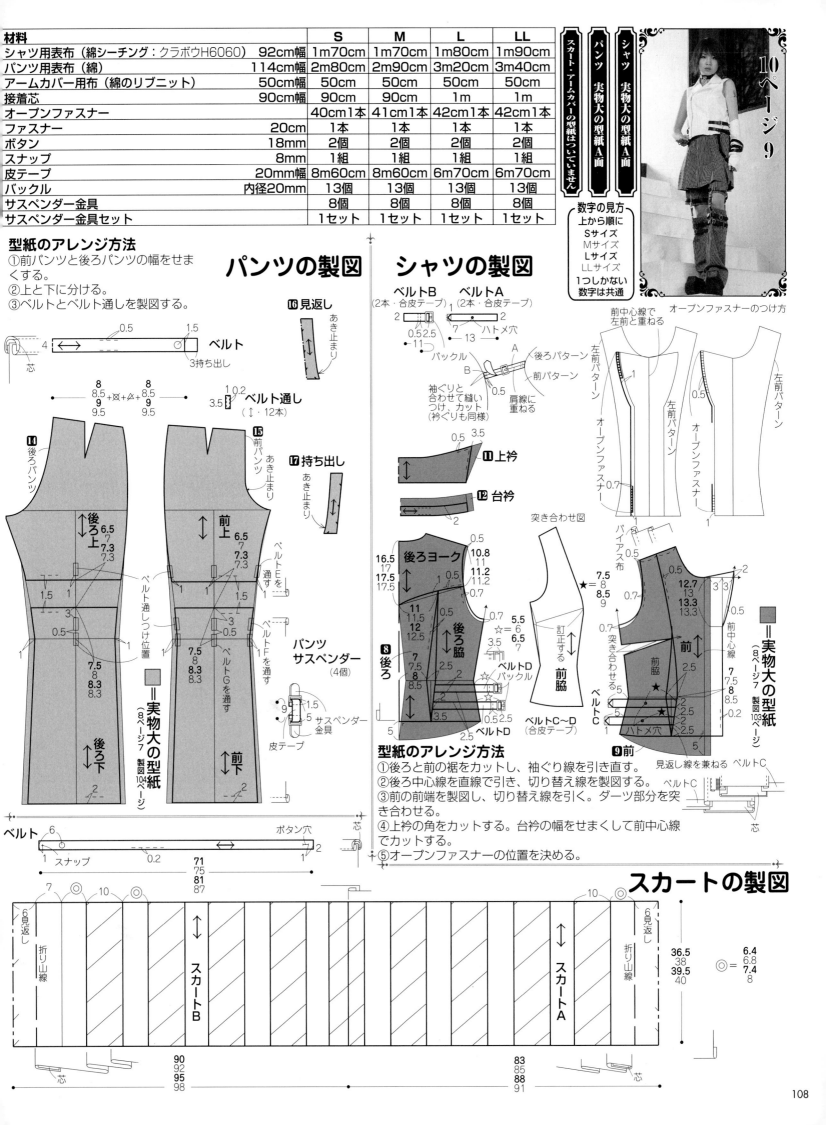

布の裁ち方

パンツ・スカートの表布

シャツの表布

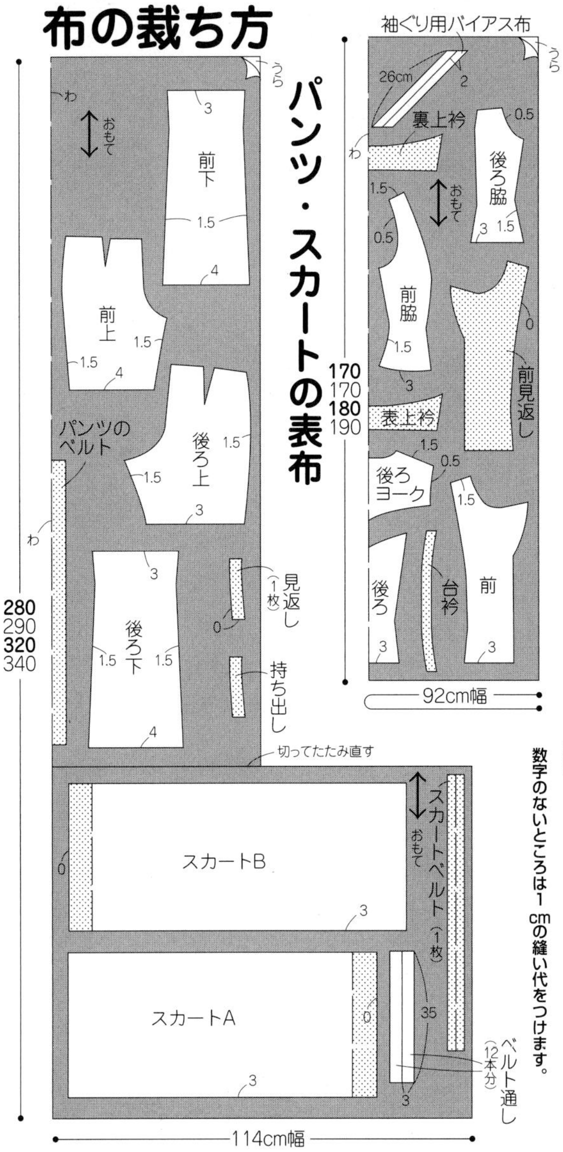

袖ぐり用バイアス布
26cm
2
うら
わ
裏上衿
後ろ脇
0.5
1.5
おもて
前脇
前見返し
表上衿
後ろヨーク
台衿
前
後ろ
3
1.5
170
170
180
190
92cm幅
おもて
前下
前上
パンツのベルト
後ろ上
後ろ下
見返し（1枚）
持ち出し
4
280
290
320
340
切ってたたみ直す
スカートB
スカートA
スカートベルト（1枚）
ベルト通し（12本分）
35
114cm幅

▢＝接着芯をはる位置

数字のないところは1cmの縫い代をつけます。

ベルトE〜Hの作り方

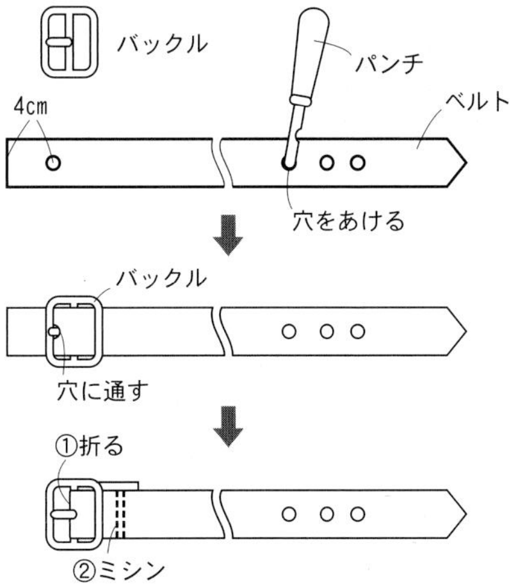

バックル
パンチ
4cm
ベルト
穴をあける
バックル
穴に通す
①折る
②ミシン

ベルトH（1本・皮テープ・腕用）　ベルトE〜G（各2本・皮テープ）

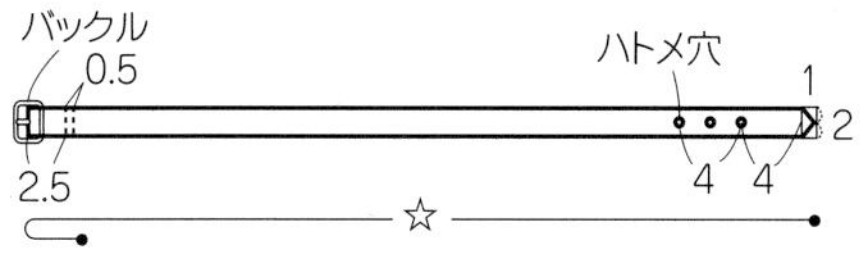

バックル
0.5
2.5
ハトメ穴
1
2
4
4
☆

Hの☆	Gの☆	Fの☆	Eの☆
84	**47**	**47**	**58**
	51	51	62
	55	**55**	**66**
	55	55	66

スカートの作り方

1.2枚を縫い合わせる。

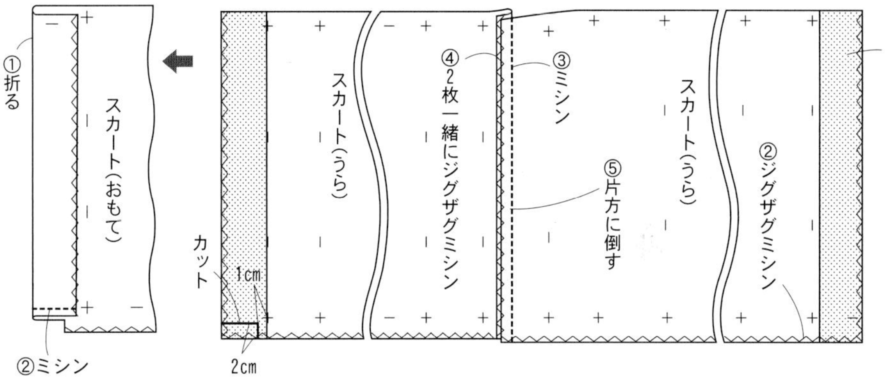

①折る
スカート（おもて）
②ミシン
カット
1cm
2cm
スカート（うら）
④2枚一緒にジグザグミシン
③ミシン
⑤片方に倒す
②ジグザグミシン
①接着芯をはる

2.裾と見返しを折る。

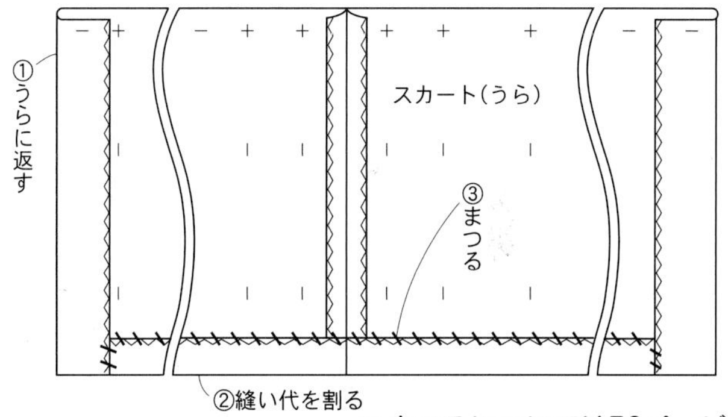

①うらに返す
スカート（うら）
③まつる
②縫い代を割る

※まつるについては76ページ参照。

3.プリーツを折る。

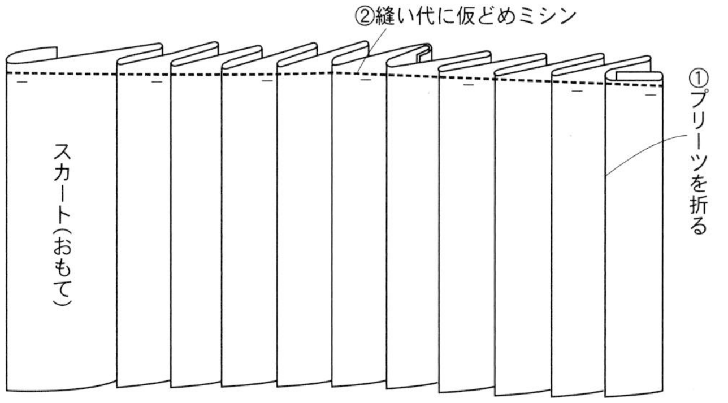

②縫い代に仮どめミシン
①プリーツを折る
スカート（おもて）

4.出来上がり。

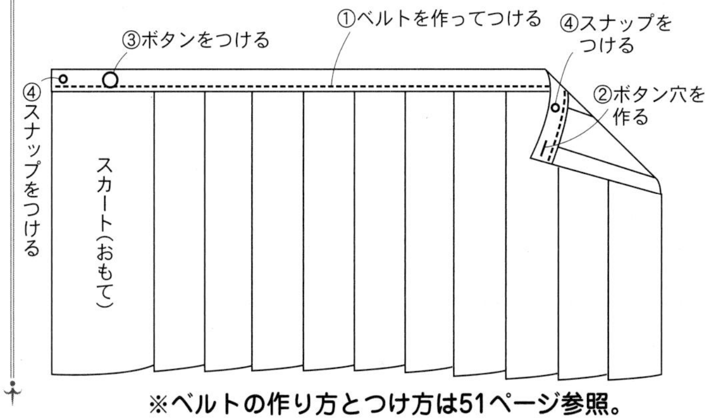

①ベルトを作ってつける
③ボタンをつける
④スナップをつける
②ボタン穴を作る
④スナップをつける
スカート（おもて）

※ベルトの作り方とつけ方は51ページ参照。

アームカバーの作り方

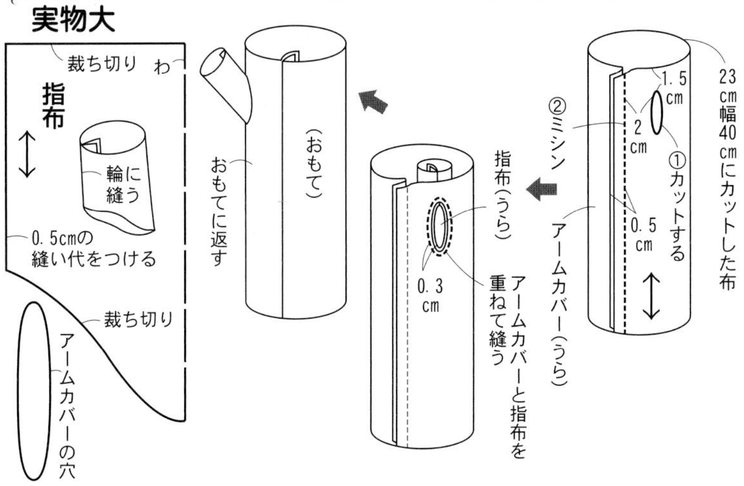

実物大
裁ち切り
わ
指布
輪に縫う
0.5cmの縫い代をつける
裁ち切り
アームカバーの穴
（おもて）
おもてに返す
指布（うら）
0.3cm
アームカバーと指布を重ねて縫う
アームカバー（うら）
②ミシン
1.5cm
2cm
0.5cm
①カットする
23cm幅40cmにカットした布

サスペンダーの作り方

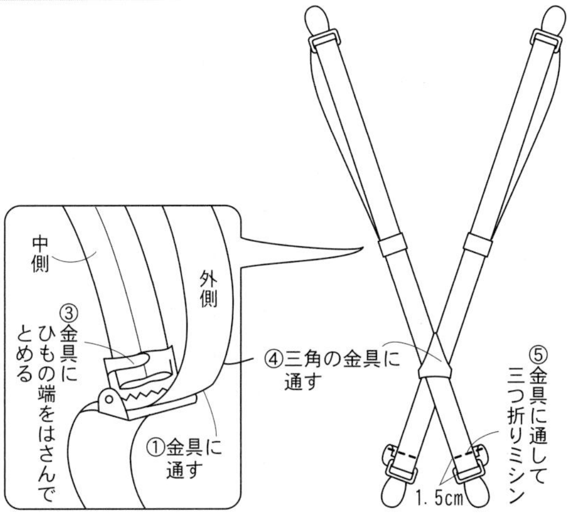

中側
外側
③金具にひもの端をはさんでとめる
④三角の金具に通す
①金具に通す
⑤金具に通して三つ折りミシン
1.5cm

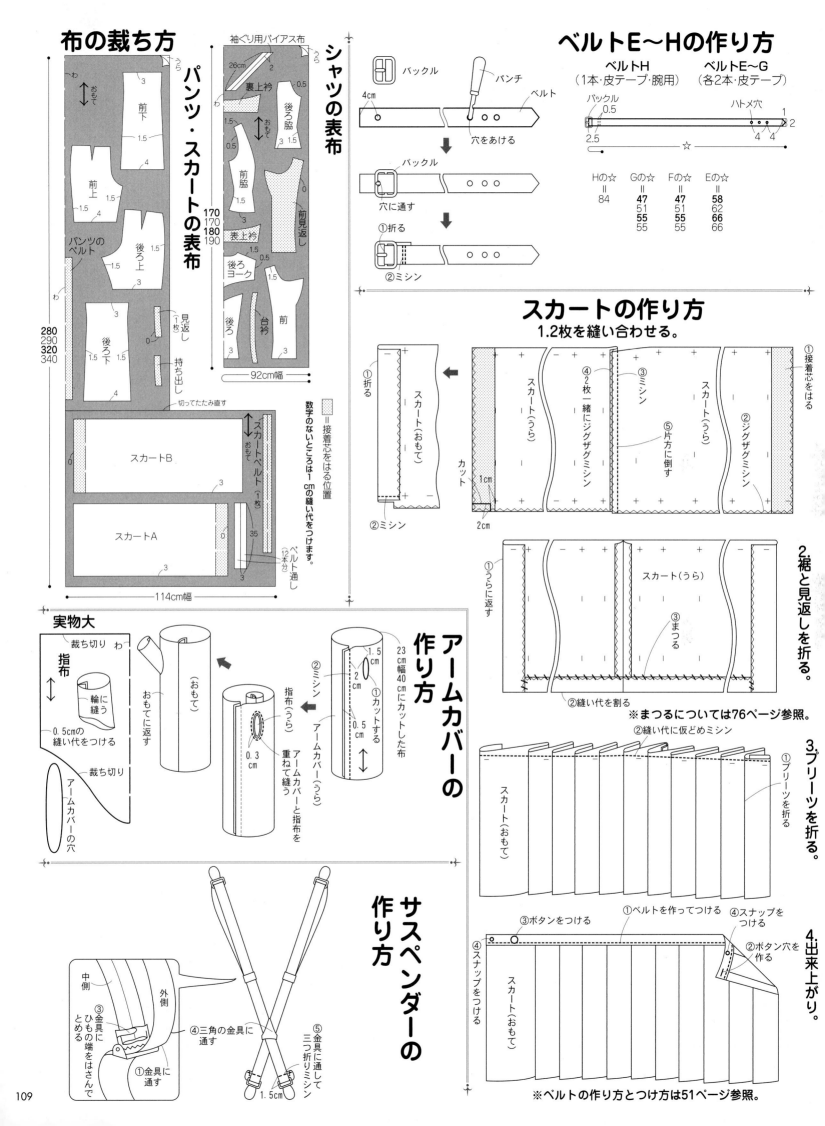

シャツの作り方

1.前脇と後ろ脇を作る。

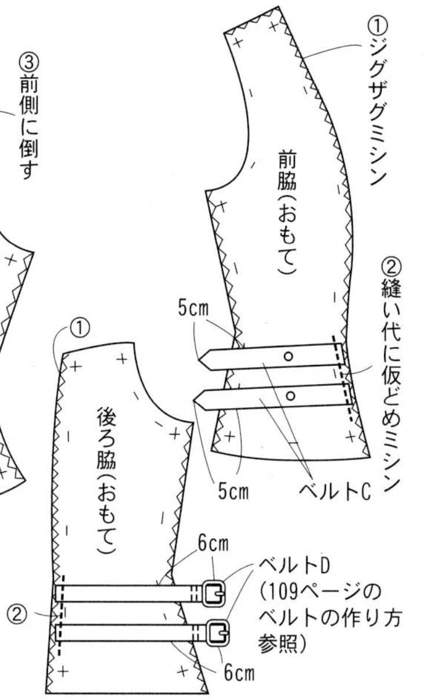

2.右前を作る。

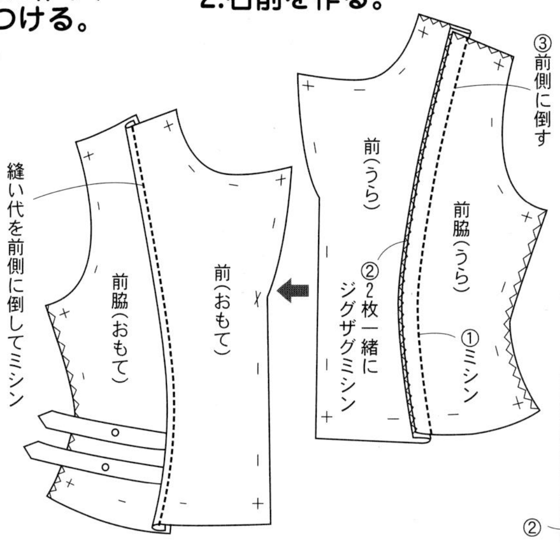

3.左前を2と同様に作り、ファスナーをつける。

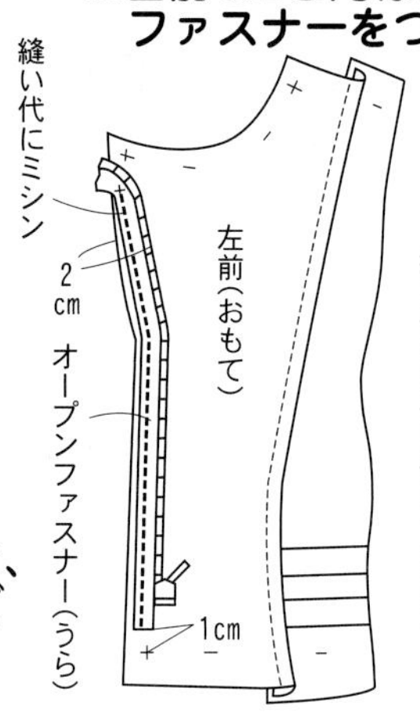

4.2と同様に後ろも作る。

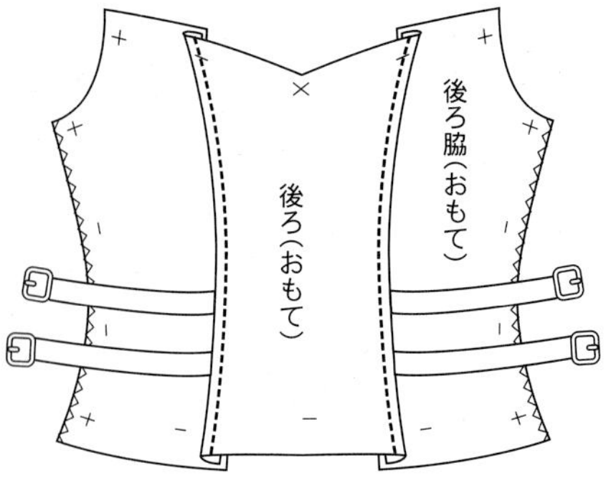

5.後ろヨークと4を縫い合わせる。

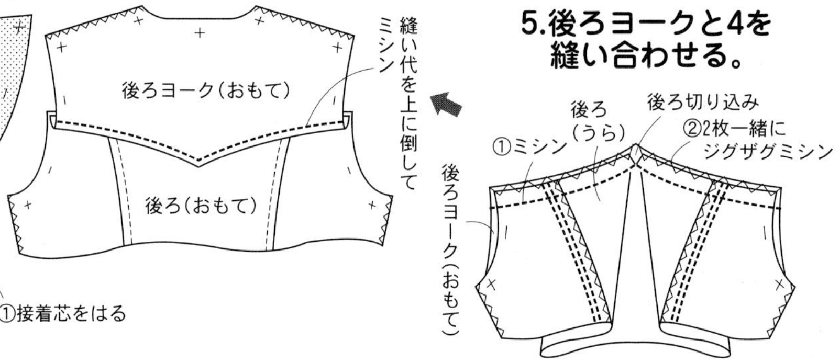

6.前見返しを作る。

7.前と後ろを縫い合わせ、見返しをつける。袖ぐりを始末する。

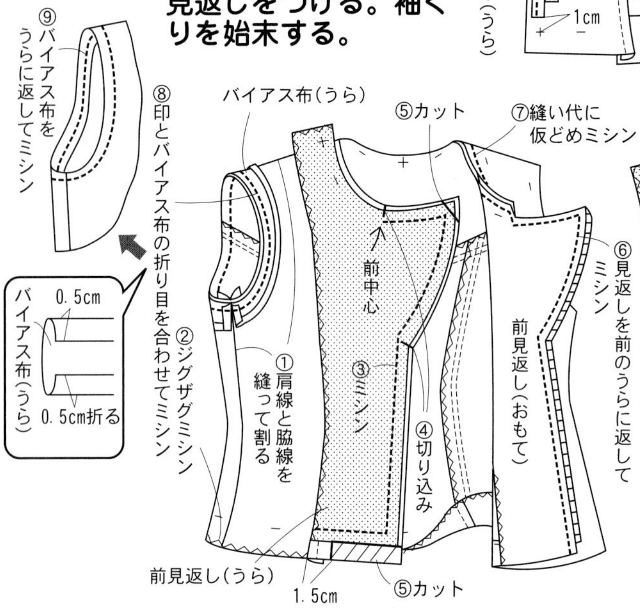

8.上衿、台衿をつける。

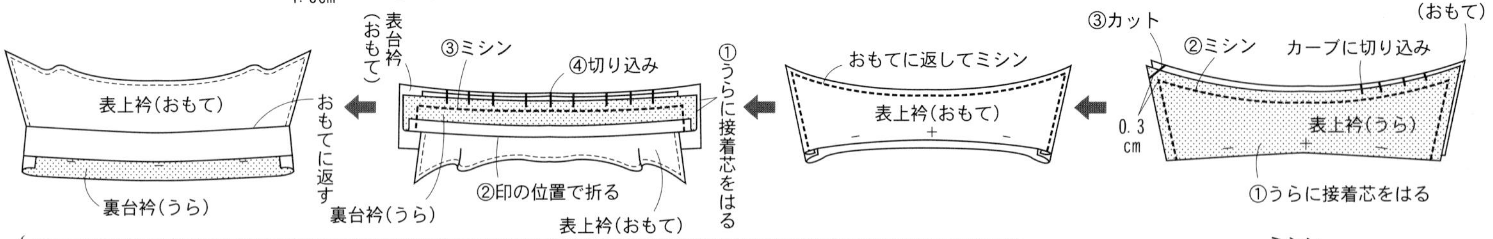

9.身頃に衿をつける。

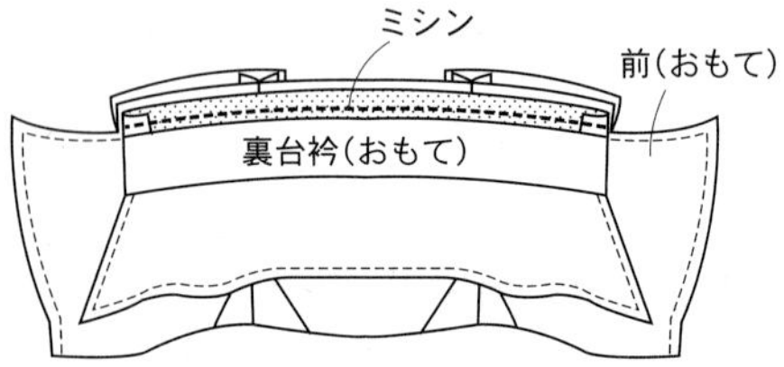

10.出来上がり。

パンツの作り方

1.ベルト通しを作る。

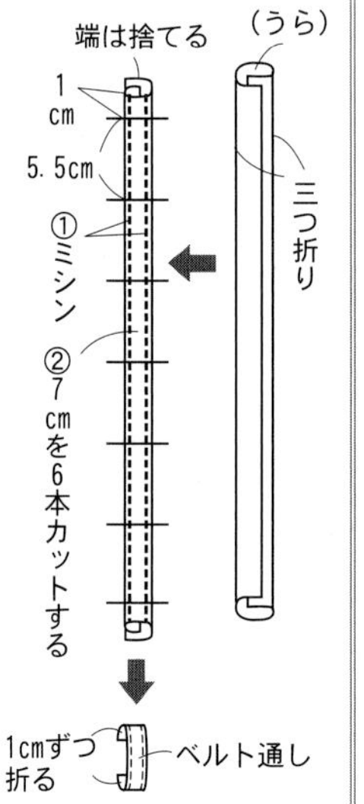

2.サスペンダーを作る。

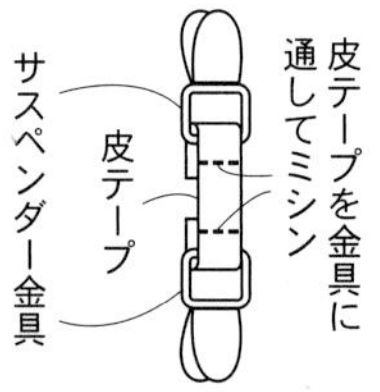

3.パンツの下部分を作る。

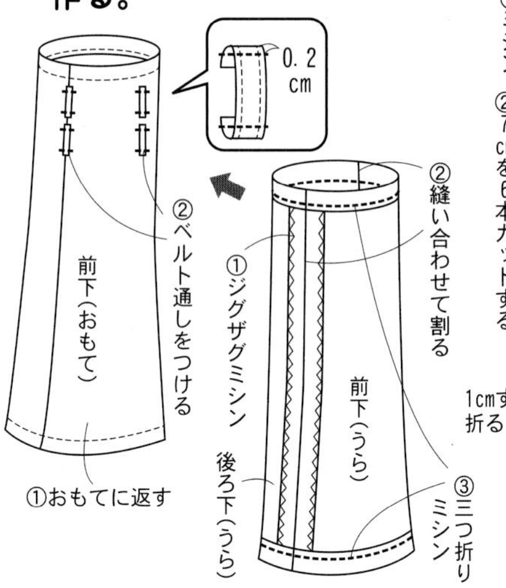

4.パンツの上部分を作ってつなぐ。

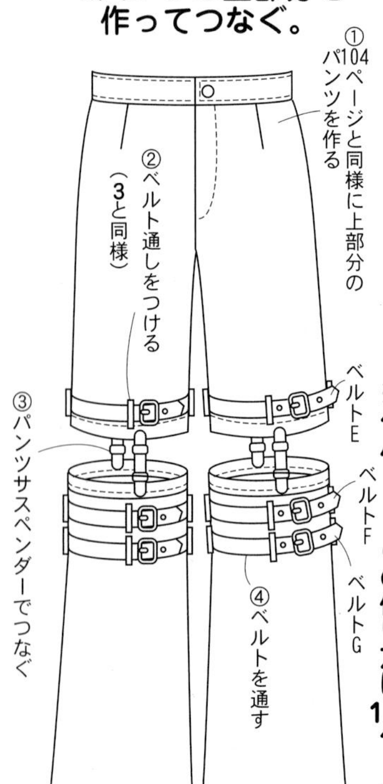

※ベルトE～Gの作り方は109ページ参照。

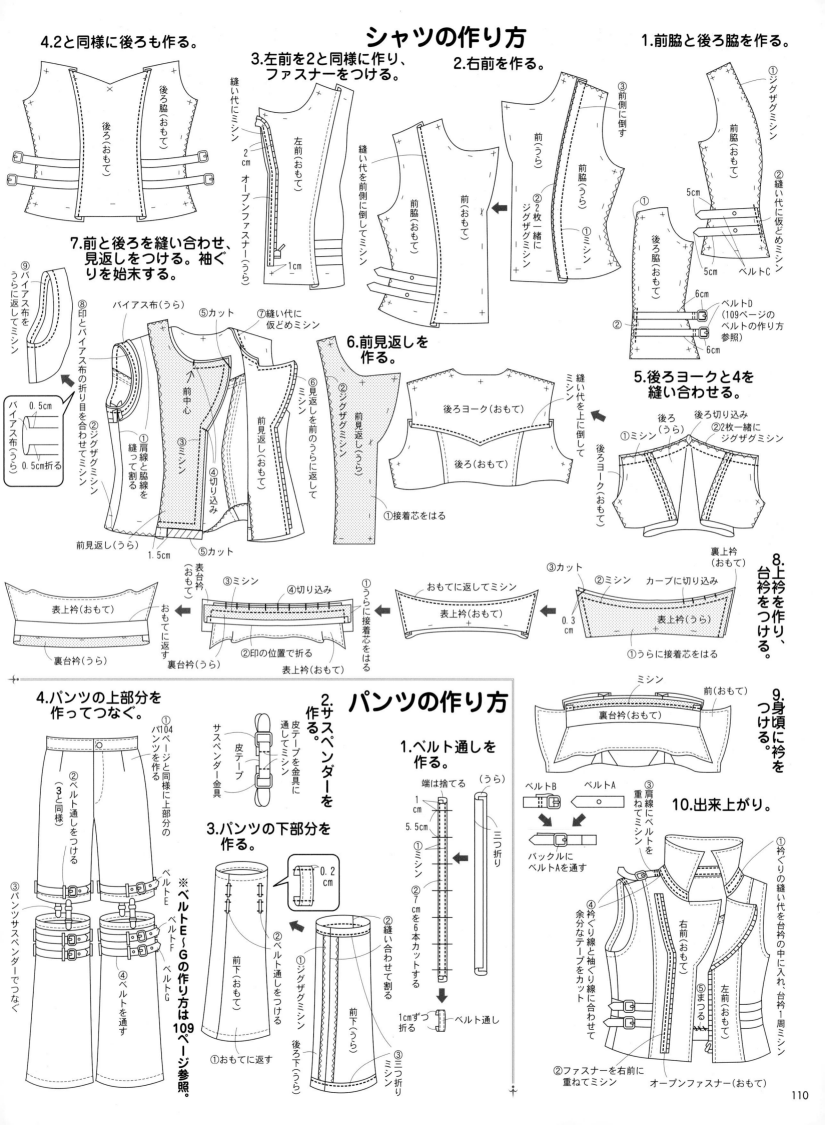

ジャケット・スカート・ミニハット材料		S	M	L	LL
表布（コーマーバーバリー：ユザワヤ）	112cm幅	5m30cm	5m50cm	5m80cm	6m20cm
接着芯	90cm	80cm	80cm	90cm	1m
くるみボタン	18mm	12個	12個	12個	12個
ボタン	15mm	1個	1個	1個	1個
カギホック	（大）	1組	1組	1組	1組
コンシールファスナー	22cm	1本	1本	1本	1本
サイズテープ	30mm	35cm	35cm	35cm	35cm
コーム		2個	2個	2個	2個
サテンリボン	20mm	80cm	80cm	80cm	80cm
ブラウスの材料		**S**	**M**	**L**	**LL**
表布（綿サテン：クラボウSH9480）	106cm幅	1m90cm	2m	2m10cm	2m20cm
接着芯	90cm幅	50cm	50cm	50cm	50cm
ボタン	12mm	11個	11個	11個	11個
綿タックレース	30mm幅	90cm	90cm	90cm	90cm

ジャケット　実物大の型紙B面

ブラウス　実物大の型紙B面

スカートの型紙はついていません

数字の見方
上から順に
Sサイズ
Mサイズ
Lサイズ
LLサイズ
1つしかない
数字は共通

14ページ 13

ジャケットの製図

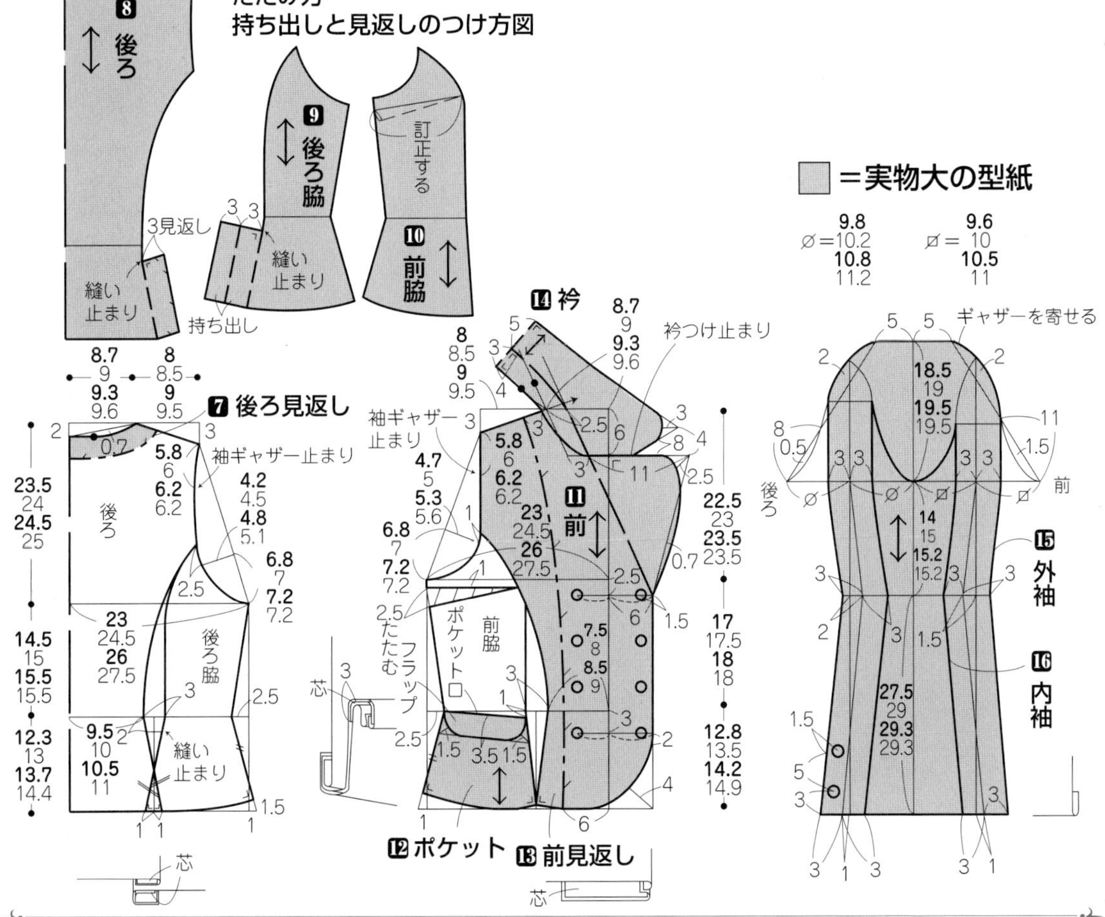

ブラウスの製図

型紙のアレンジ方法

①前身頃の前中心線に前立てを製図する。
②衿の前中心線に持ち出しをつける。
③袖の丈をカットし、袖口見返しを製図する。
④カフスを製図する。
⑤後ろは型紙のまま使用する。

■＝実物大の型紙
（23ページ17　製図118ページ）

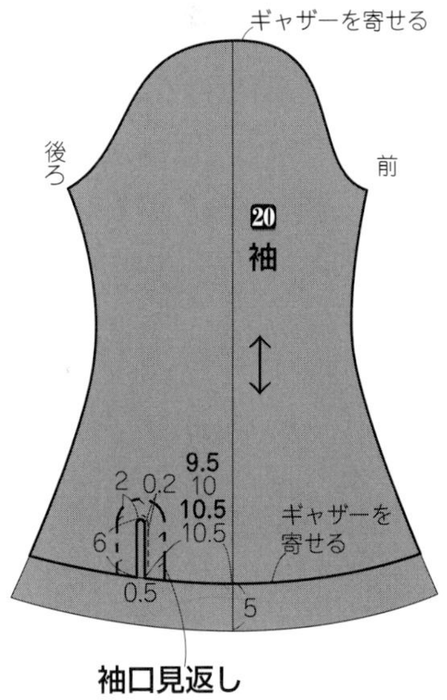

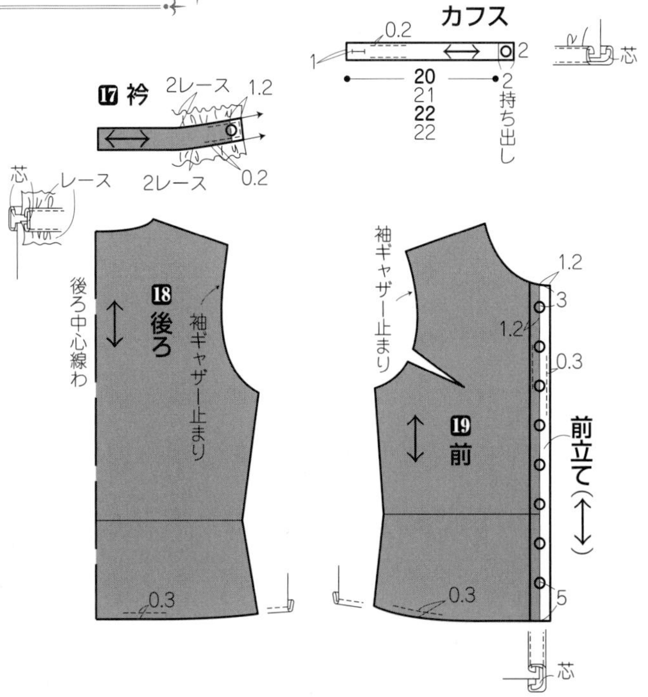

※パニエD（79ページ）を使用します。

スカートの製図

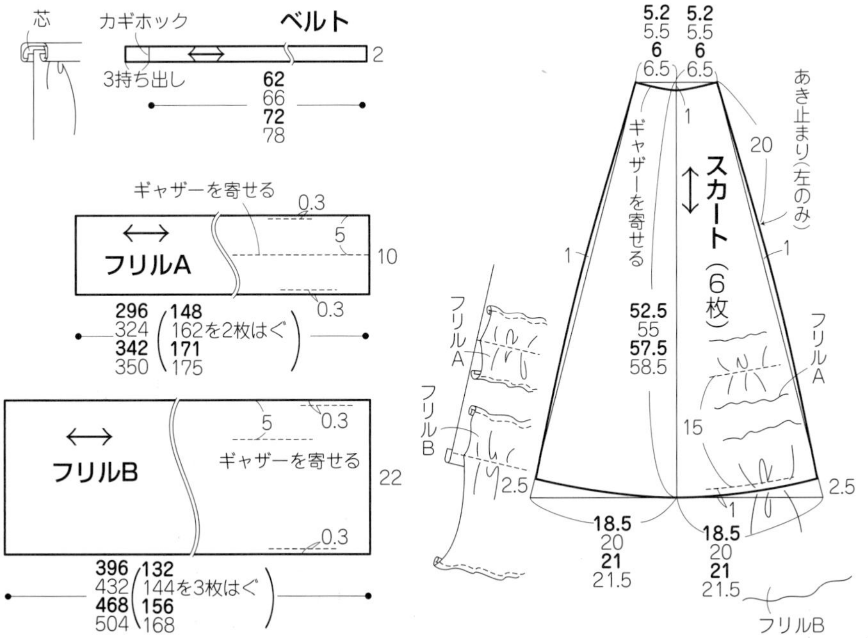

ミニハットの作り方

※実物大の型紙は80ページにあります。

1.布のうらにすべて接着芯をはる。

2.クラウンを作る。

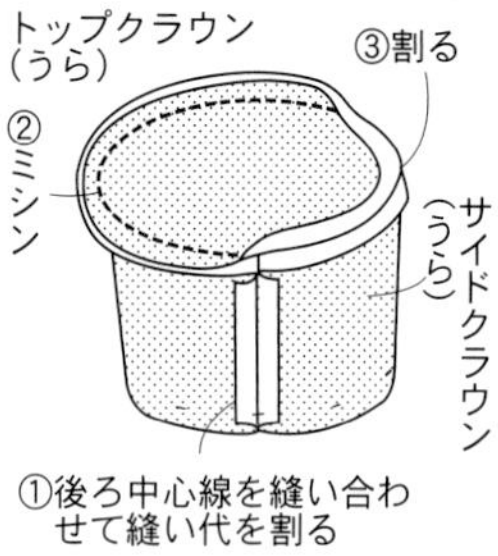

トップクラウン（うら）
③割る
②ミシン
サイドクラウン（うら）
①後ろ中心線を縫い合わせて縫い代を割る

3.ブリムを作る。

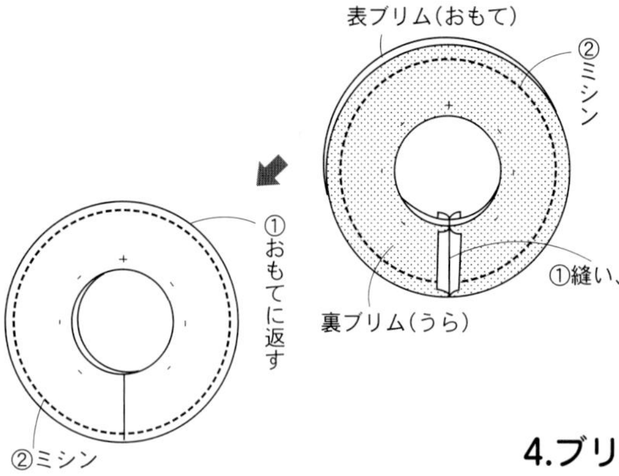

表ブリム（おもて）
②ミシン
①縫い、割る
裏ブリム（うら）
①おもてに返す
②ミシン

4.ブリムとクラウンを縫い合わせる。

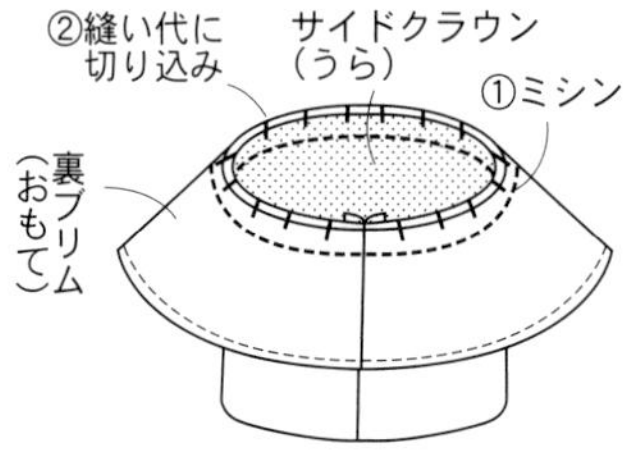

②縫い代に切り込み
サイドクラウン（うら）
①ミシン
裏ブリム（おもて）

5.サイズテープをつける。

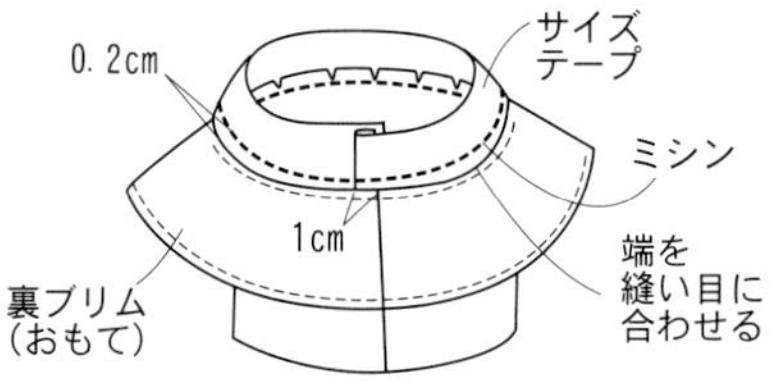

0.2cm
サイズテープ
ミシン
1cm
裏ブリム（おもて）
端を縫い目に合わせる

6.出来上がり。

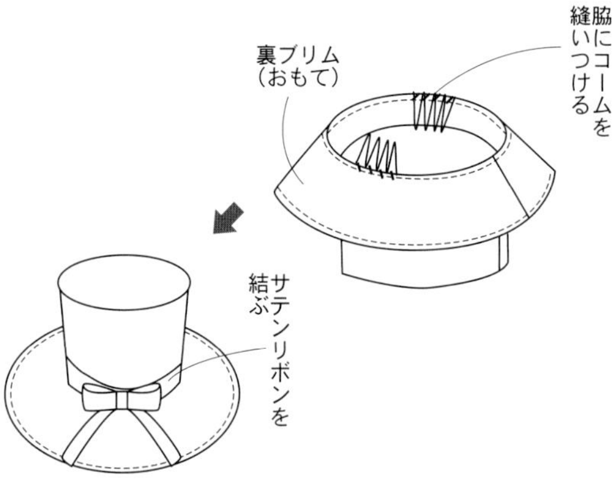

裏ブリム（おもて）
縫い脇にコームをつける
サテンリボンを結ぶ

ブラウスの作り方

1.衿を作る。

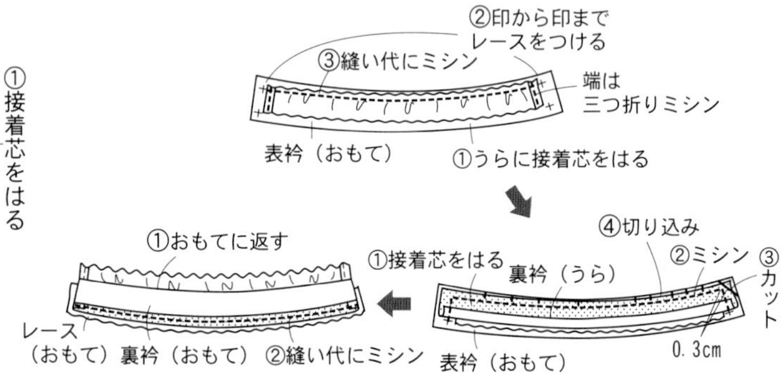

②印から印までレースをつける
③縫い代にミシン
端は三つ折りミシン
表衿（おもて）
①うらに接着芯をはる
④切り込み
①おもてに返す
①接着芯をはる
裏衿（うら）
②ミシン
③カット
レース（おもて）
裏衿（おもて）
②縫い代にミシン
表衿（おもて）
0.3cm

2.前立てを作る。

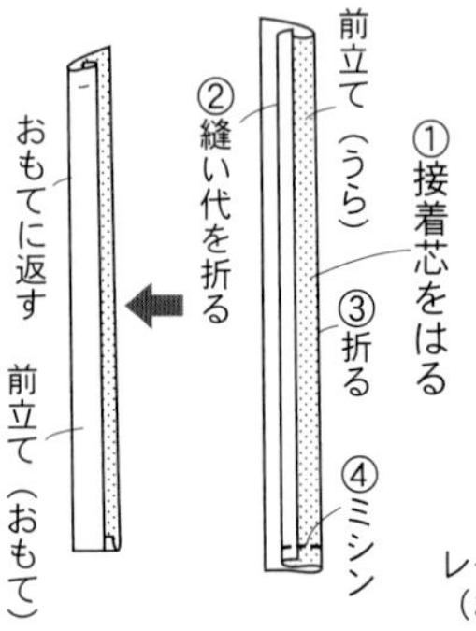

前立て（うら）
②縫い代を折る
①接着芯をはる
③折る
④ミシン
おもてに返す
前立て（おもて）

3.身頃を作って前立てをつける。

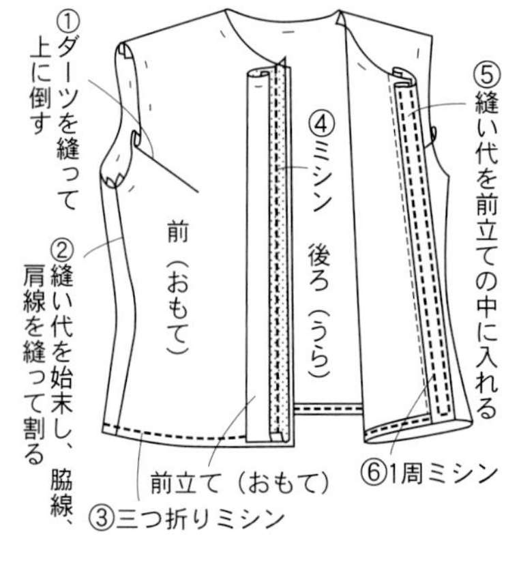

①ダーツを縫って上に倒す
②縫い代を始末し、脇線、肩線を縫って割る
④ミシン
⑤縫い代を前立ての中に入れる
前（おもて）
後ろ（うら）
前立て（おもて）
③三つ折りミシン
⑥1周ミシン

4.出来上がり。

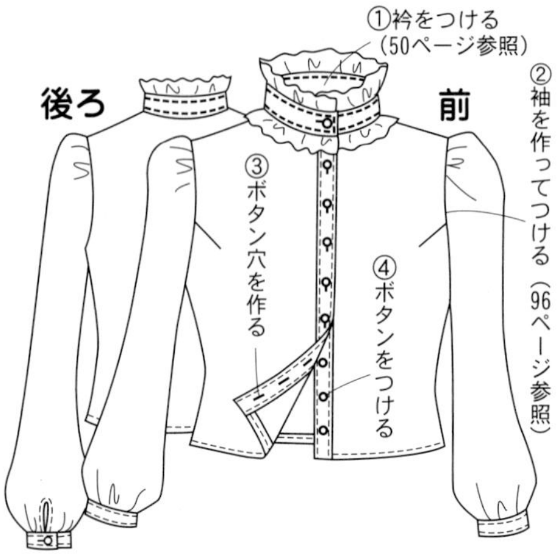

①衿をつける（50ページ参照）
後ろ
前
②袖を作ってつける（96ページ参照）
③ボタン穴を作る
④ボタンをつける

布の裁ち方

▨＝接着芯をはる位置

数字のないところは1cmの縫い代をつけます。

ジャケット・スカート・ミニハットの表布

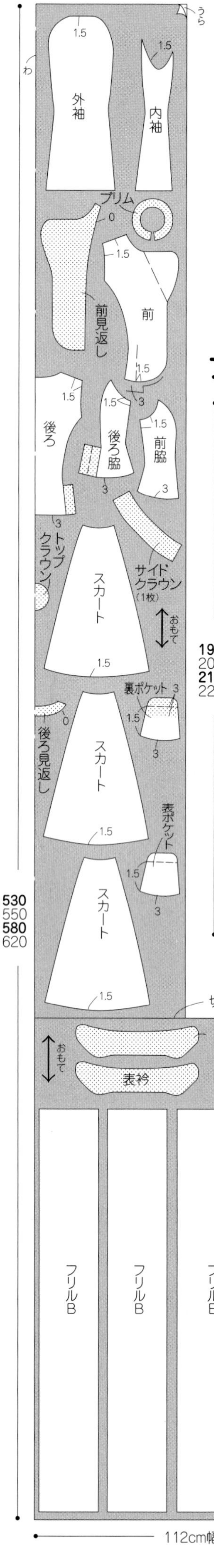

うら
わ
外袖
内袖
1.5
ブリム
0
前見返し
前
後ろ
後ろ脇
前脇
3
トップクラウン
サイドクラウン（1枚）
スカート
おもて
裏ポケット
後ろ見返し
表ポケット
530
550
580
620
切ってたたみ直す
裏衿
表衿
フリルB
フリルA
ベルト
112cm幅

ブラウスの表布

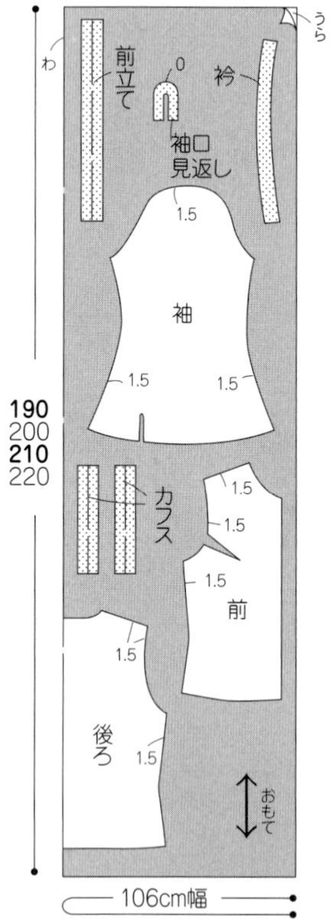

うら
わ
前立て
0
衿
袖口見返し
袖
1.5
190
200
210
220
カフス
前
後ろ
おもて
106cm幅

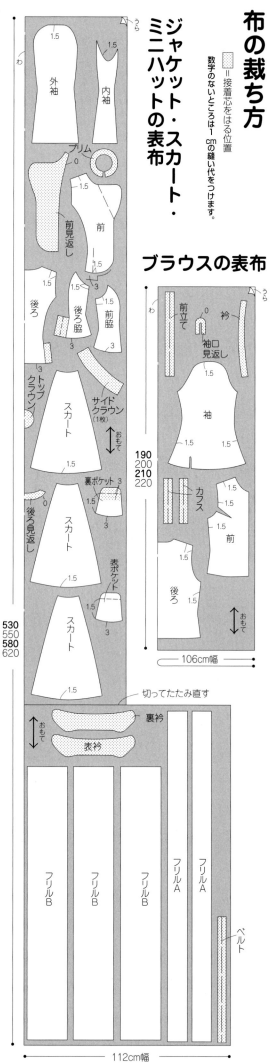

ジャケットの作り方

1.前脇のポケットを作る。

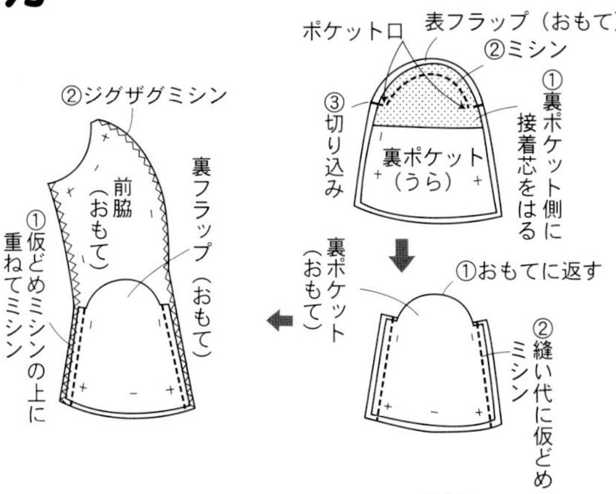
ポケット口
表フラップ（おもて）
②ミシン
①裏ポケット側に接着芯をはる
③切り込み
裏ポケット（うら）
裏ポケット（おもて）
①おもてに返す
②縫い代に仮どめミシン
②ジグザグミシン
前脇（おもて）
裏フラップ（おもて）
①仮どめミシンの上に重ねてミシン

2.後ろのベンツを作る。

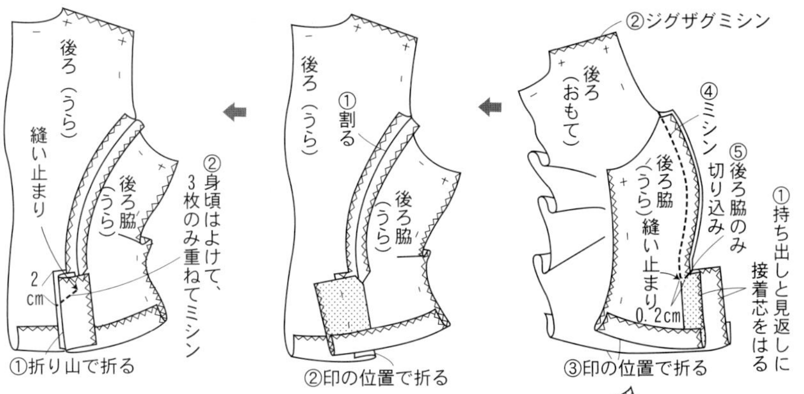
②ジグザグミシン
後ろ（おもて）
④ミシン
⑤後ろ脇のみ切り込み
後ろ脇（うら）縫い止まり
0.2cm
①持ち出しと見返しに接着芯をはる
③印の位置で折る
後ろ（うら）
①割る
後ろ脇（うら）
②印の位置で折る
後ろ（うら）
縫い止まり
後ろ脇（うら）
②身頃はよけて、3枚のみ重ねてミシン
2cm
①折り山で折る

3.見返しを作って表衿と縫い合わせる。

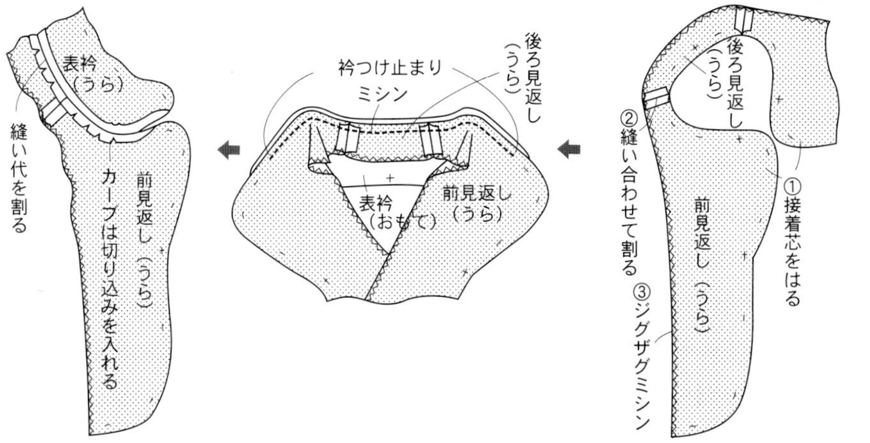
後ろ見返し（うら）
①接着芯をはる
②縫い合わせて割る
前見返し（うら）
③ジグザグミシン
衿つけ止まり
ミシン
後ろ見返し（うら）
表衿（おもて）
前見返し（うら）
表衿（うら）
縫い代を割る
前見返し（うら）
カーブは切り込みを入れる

4.身頃と裏衿を縫い合わせて3と縫い合わせる。

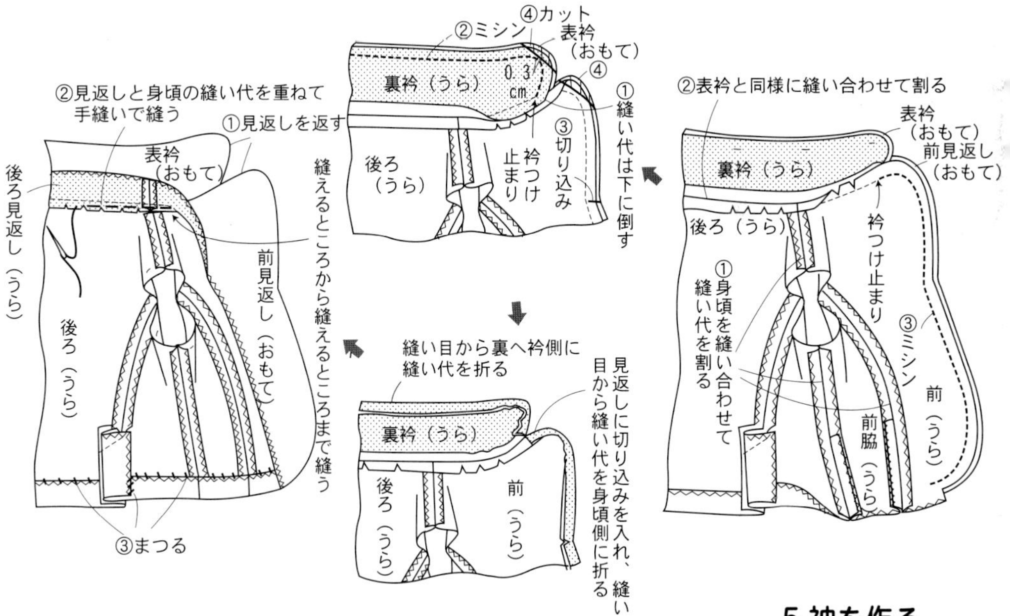
②表衿と同様に縫い合わせて割る
表衿（おもて）
前見返し（おもて）
裏衿（うら）
後ろ（うら）
衿つけ止まり
①身頃を縫い合わせて縫い代を割る
③ミシン
前（うら）
前脇（うら）
②ミシン
④カット
表衿（おもて）
④
0.3cm
①縫い代は下に倒す
③切り込み
衿つけ止まり
縫い目から裏へ衿側に縫い代を折る
見返しに切り込みを入れ、縫い目から縫い代を身頃側に折る
裏衿（うら）
後ろ（うら）
前（うら）
②見返しと身頃の縫い代を重ねて手縫いで縫う
①見返しを返す
表衿（おもて）
後ろ見返し（うら）
縫えるところから縫えるところまで縫う
前見返し（おもて）
後ろ（うら）
③まつる

5.袖を作る。

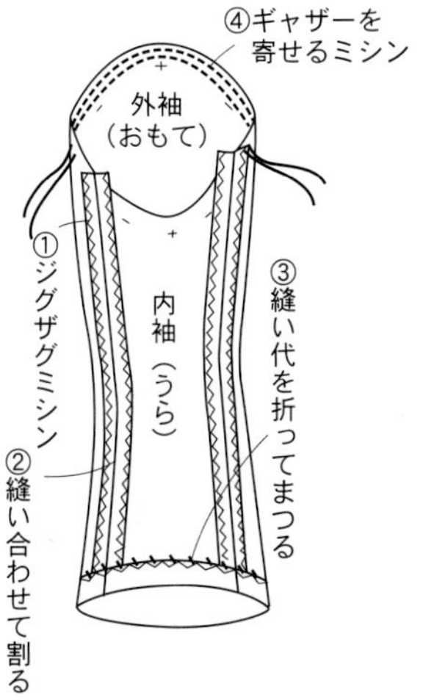
④ギャザーを寄せるミシン
外袖（おもて）
①ジグザグミシン
内袖（うら）
③縫い代を折ってまつる
②縫い合わせて割る

6.袖をつけて出来上がり。

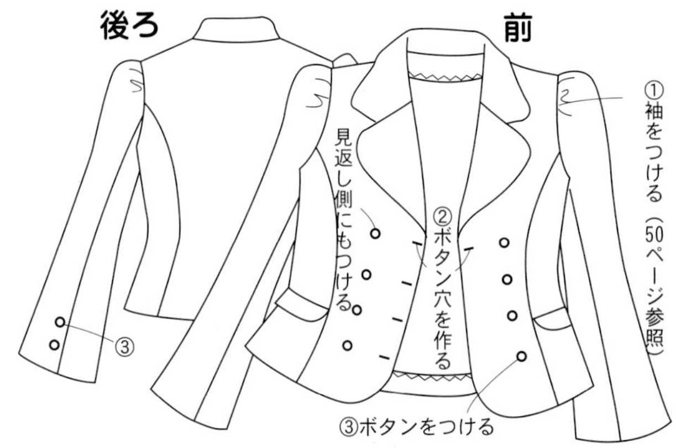
後ろ
前
見返し側にもつける。
②ボタン穴を作る
①袖をつける（50ページ参照）
③
③ボタンをつける

スカートの作り方

1.フリルを作る。

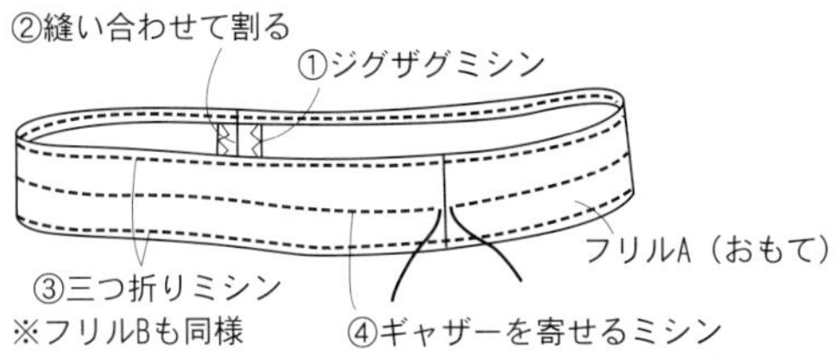
②縫い合わせて割る
①ジグザグミシン
フリルA（おもて）
③三つ折りミシン
※フリルBも同様
④ギャザーを寄せるミシン

2.スカートを6枚縫い合わせる。

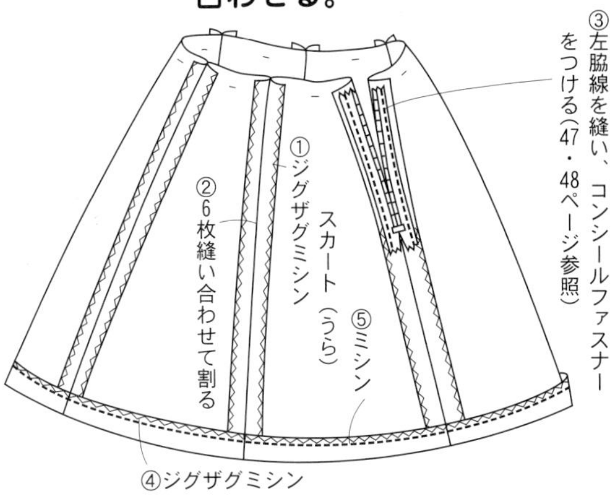
③左脇線を縫い、コンシールファスナーをつける（47・48ページ参照）
①ジグザグミシン
②6枚縫い合わせて割る
スカート（うら）
⑤ミシン
④ジグザグミシン

3.ベルトとフリルをつけて出来上がり。

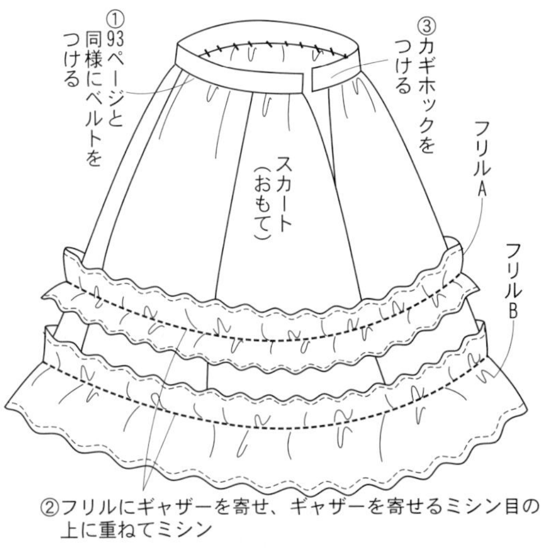
①93ページと同様にベルトをつける
③カギホックをつける
スカート（おもて）
フリルA
フリルB
②フリルにギャザーを寄せ、ギャザーを寄せるミシン目の上に重ねてミシン

■＝実物大の型紙

カチューシャとリボンの製図

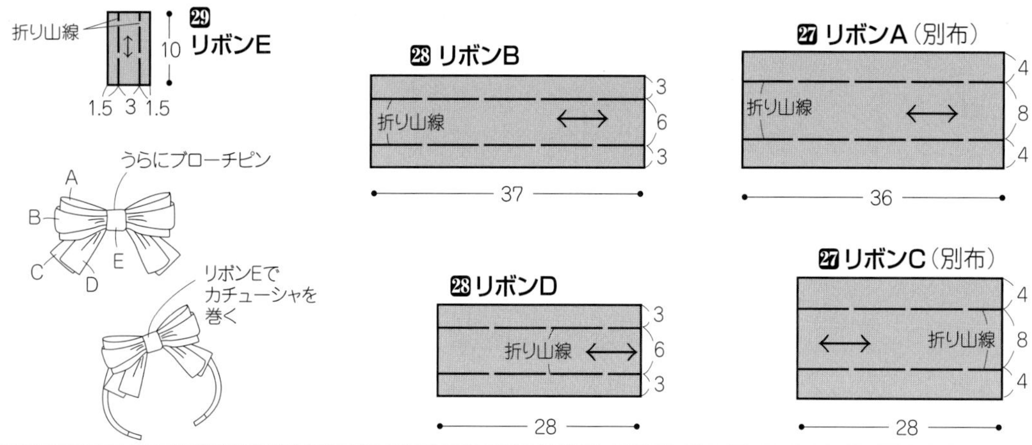

リボン　実物大の型紙B面

ジャンパースカート　実物大の型紙B面

44ページ 27

数字の見方
上から順に
Sサイズ
Mサイズ
Lサイズ
LLサイズ
1つしかない
数字は共通

※布の裁ち方・作り方・材料は46ページ参照。

ジャンパースカートの製図

※パニエA（78ページ）を使用します。

■＝実物大の型紙

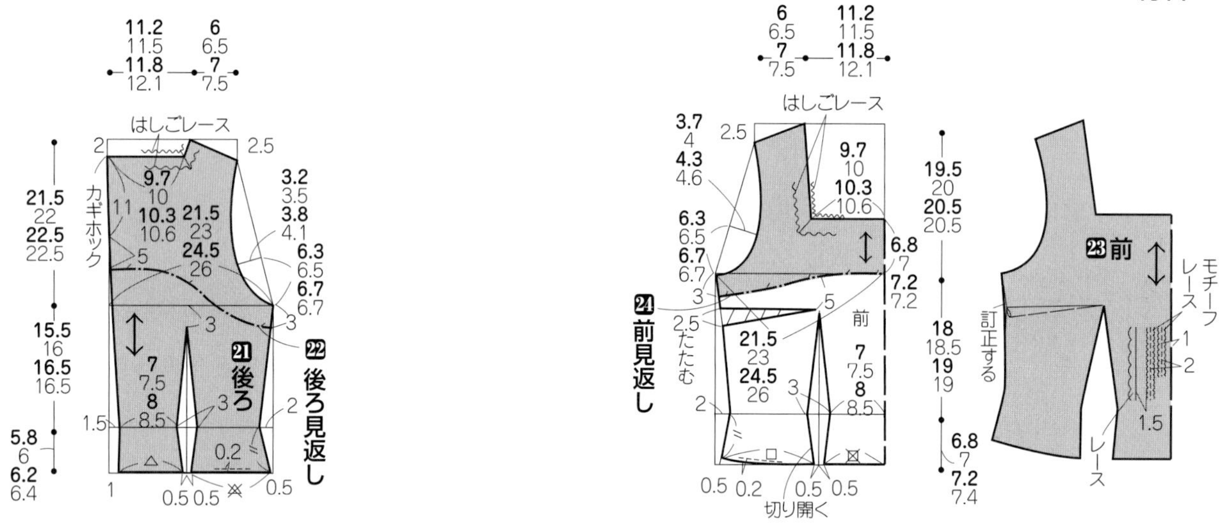

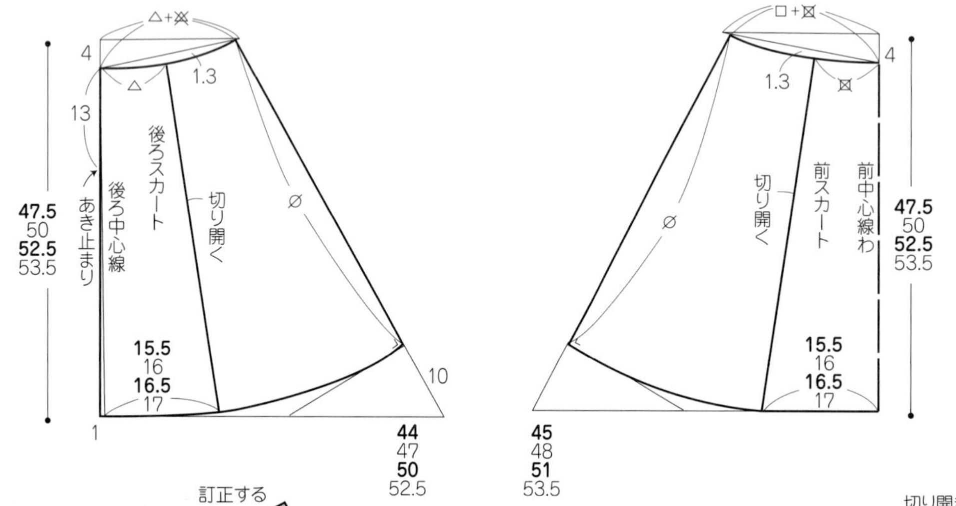

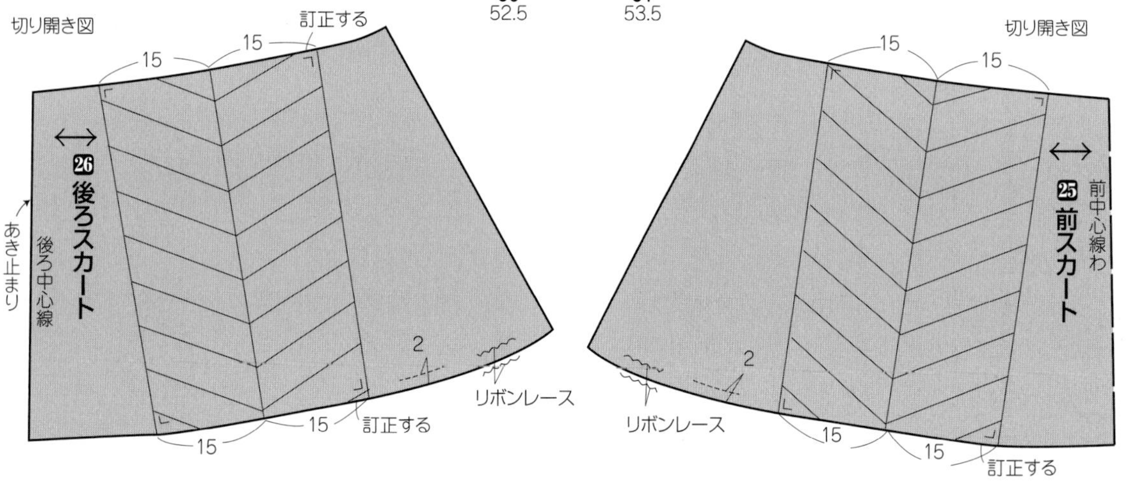

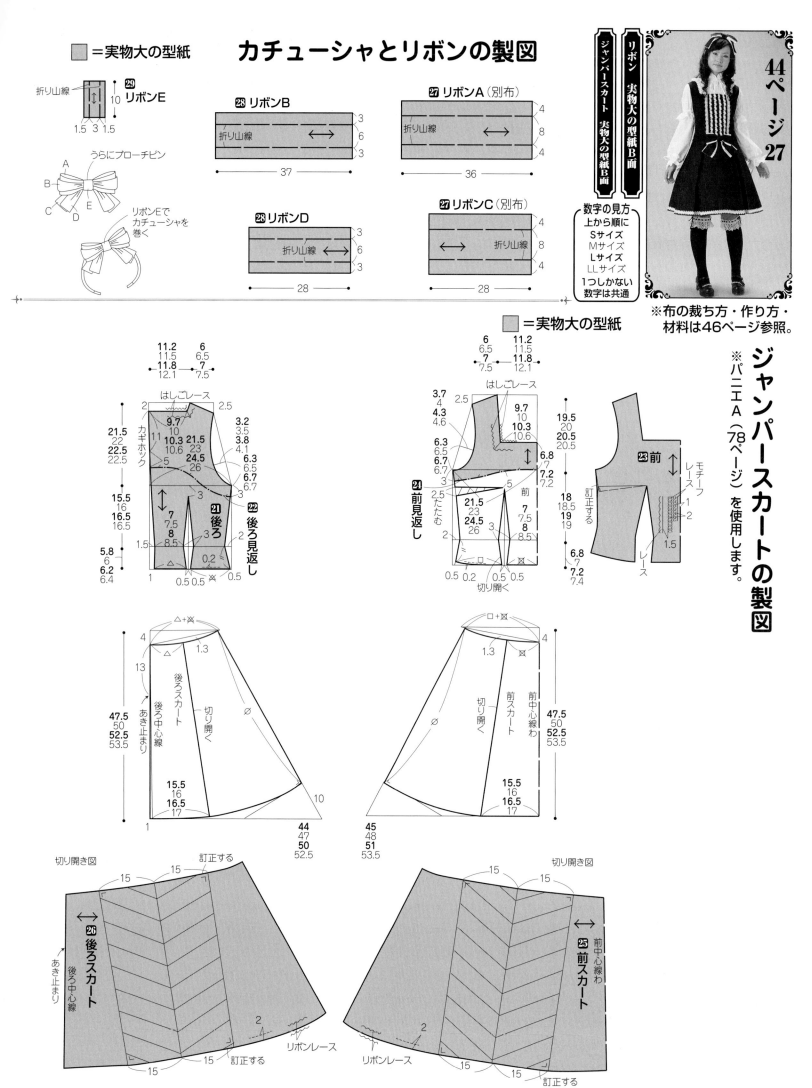

シャツの製図

※布の裁ち方・作り方・材料は49ページ参照。

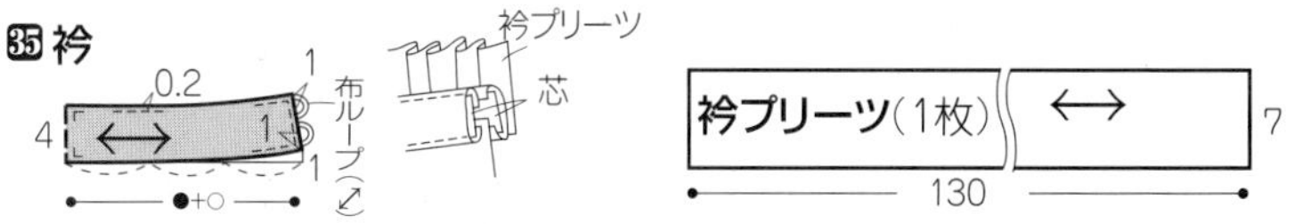

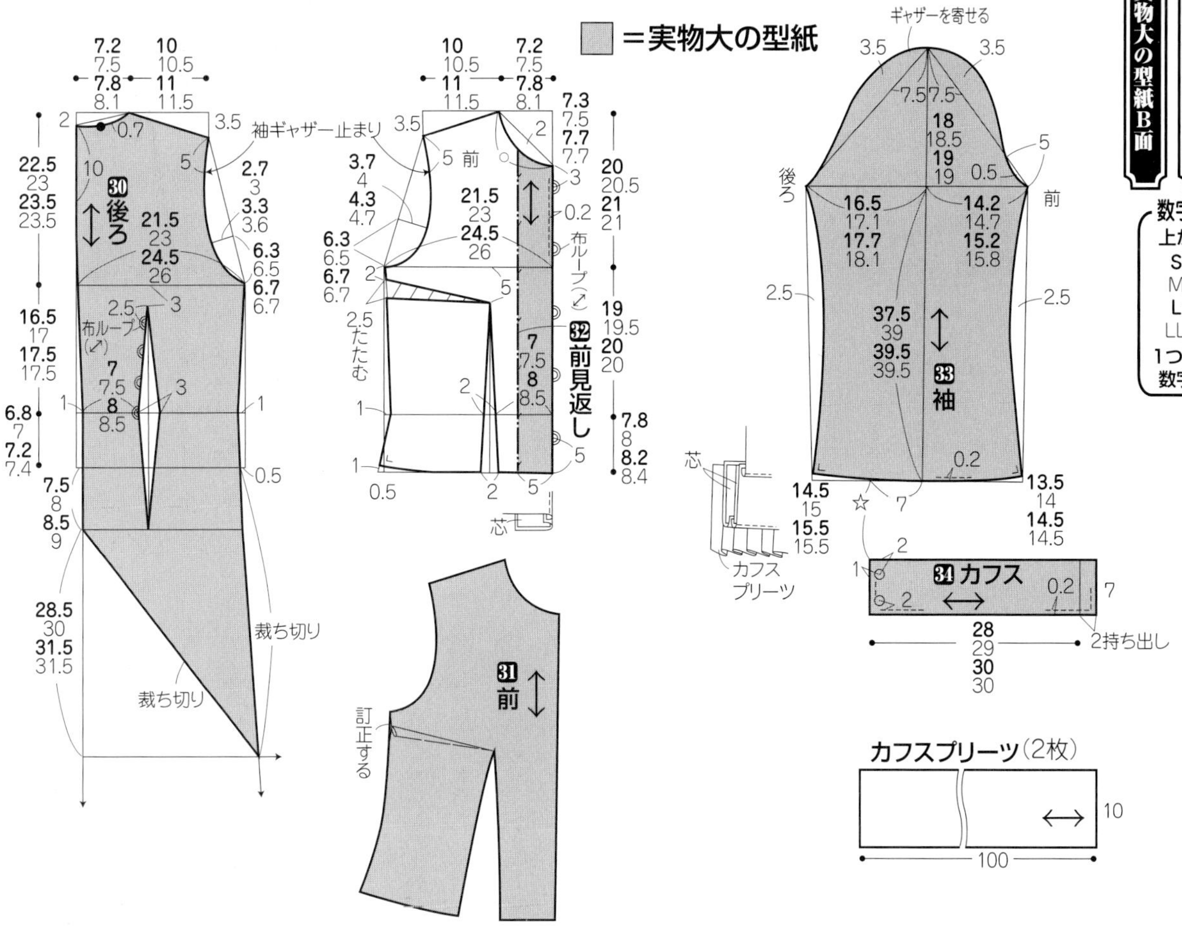

シャツ　実物大の型紙B面

スカート　実物大の型紙B面

ネクタイ　実物大の型紙B面

45ページ 28

数字の見方
上から順に
Sサイズ
Mサイズ
Lサイズ
LLサイズ
1つしかない
数字は共通

ネクタイの製図

※布の裁ち方・作り方・材料は50ページ参照。

＝実物大の型紙

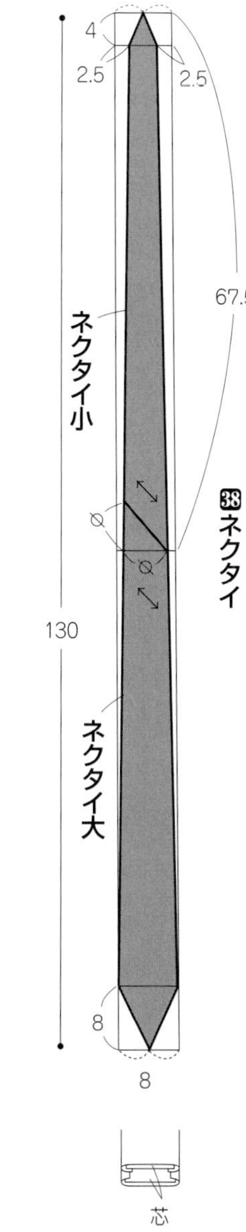

スカートの製図

※布の裁ち方・作り方・材料は51ページ参照。

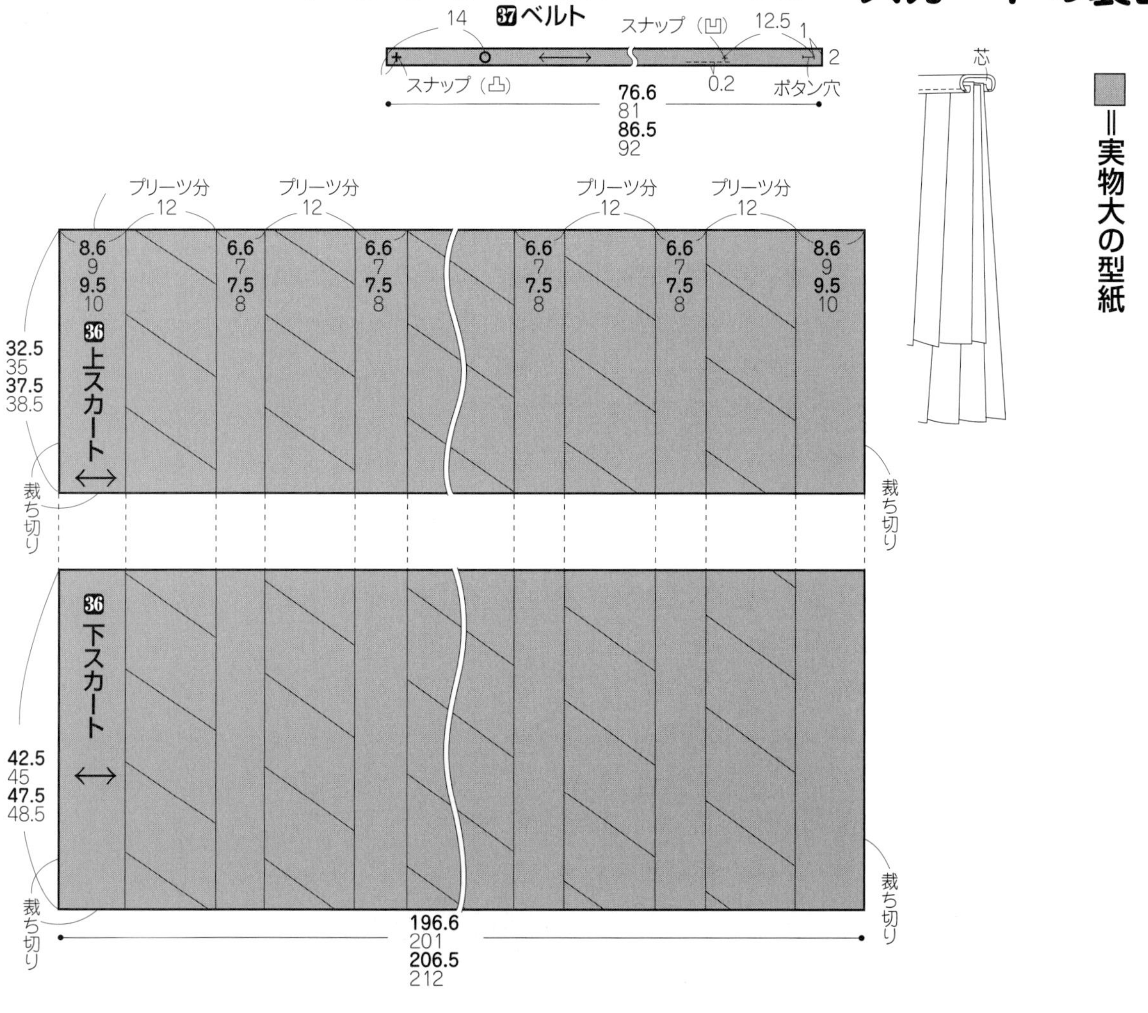

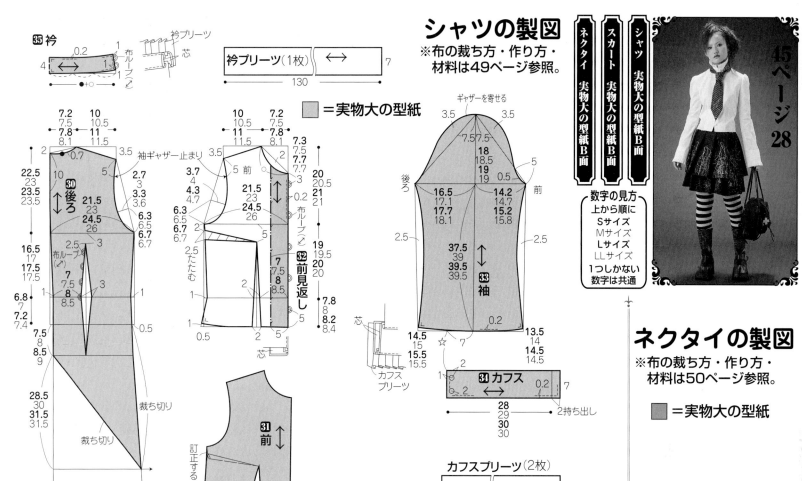

材料		S	M	L	LL
表布（綿コーマーブロード：クラボウH4040-132）	92cm幅	2m70cm	2m80cm	3m10cm	3m30cm
別布A（綿）	50cm幅	50cm	50cm	50cm	50cm
別布B（ポリエステルオーガンジー）	50cm幅	60cm	60cm	60cm	60cm
スカーフ用布（ポリエステルジョーゼット）	110cm幅	2m	2m	2m	2m
接着芯	10cm幅	70cm	70cm	80cm	80cm
バイアステープ（両折）	18mm幅	5m60cm	5m80cm	6m40cm	6m80cm
レースA（綿タックレース：ハマナカT-1571）	22mm幅	4m10cm	4m30cm	4m50cm	4m60cm
レースB（綿タックレース：ハマナカT-1650）	35mm幅	3m70cm	3m70cm	4m30cm	4m60cm
コンシールファスナー	22cm	1本	1本	1本	1本
コンシールファスナー	56cm	1本	1本	1本	1本
カギホック	（大）	1組	1組	1組	1組
カギホック	（小）	1組	1組	1組	1組
ゴムテープ（6コール）	約6.5mm幅	80cm	80cm	90cm	90cm
コーム		1個	1個	1個	1個

ワンピース　実物大の型紙A面

スカートの型紙はついていません

スカーフ・コームの型紙はついていません

13ページ12

数字の見方
上から順に
Sサイズ
Mサイズ
Lサイズ
LLサイズ
1つしかない数字は共通

布の裁ち方

表布

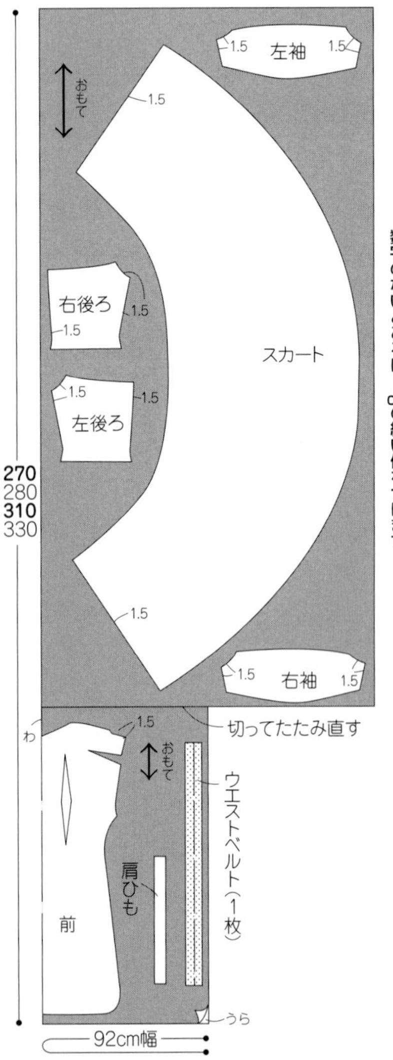

左袖
おもて
右後ろ
スカート
左後ろ
右袖
270
280
310
330
切ってたたみ直す
ウエストベルト（1枚）
肩ひも
前
わ
うら
92cm幅

▒＝接着芯をはる位置
数字のないところは1cmの縫い代をつけます。

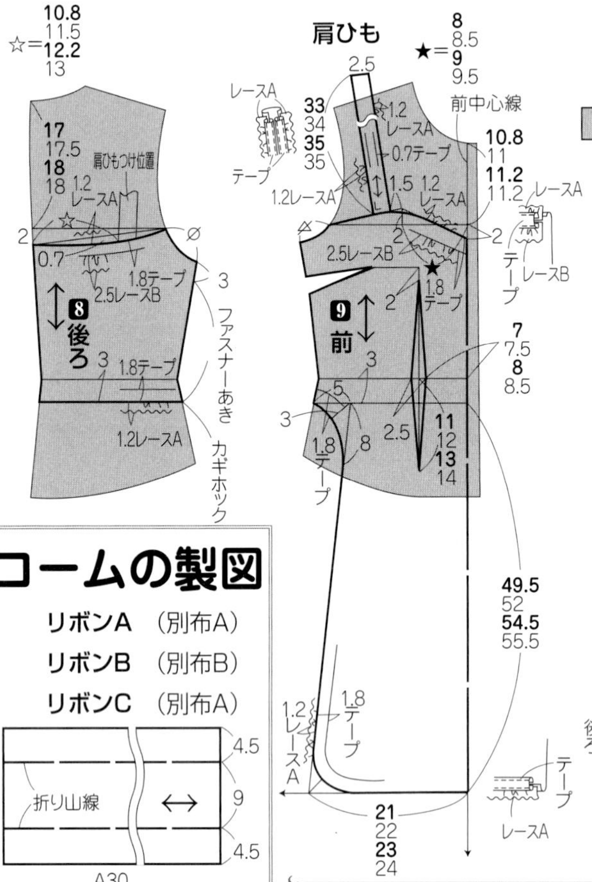

☆＝10.8 11.5 12.2 13
肩ひもつけ位置
1.2レースA
8 後ろ
1.8テープ
2.5レースB
ファスナーあき
1.2レースA
カギホック
肩ひも
★＝8 8.5 9 9.5
レースA
テープ
前中心線
0.7テープ
2.5レースB
9 前
1.8テープ
49.5 52 54.5 55.5
21 22 23 24

ワンピースの製図

▒＝実物大の型紙
（8ページ7　製図103ページ）

型紙のアレンジ方法
①後ろの上と下をカットする。
②前の前中心線をわにして上をカットする。
③前の丈を長くして　ダーツを作る。
④肩ひもを製図する。
⑤袖の上と下をカットし、袖山線で切り開いて製図する。

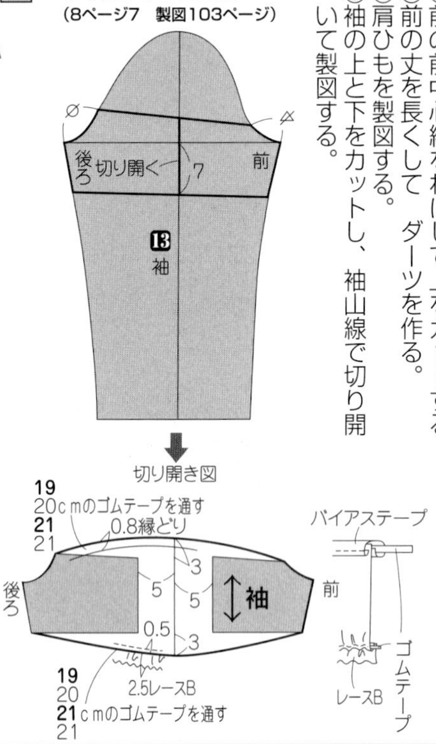

後ろ
切り開く
前
13 袖
切り開き図
20cmのゴムテープを通す
0.8縁どり
袖
バイアステープ
2.5レースB
21cmのゴムテープを通す
ゴムテープ
レースB

コームの製図

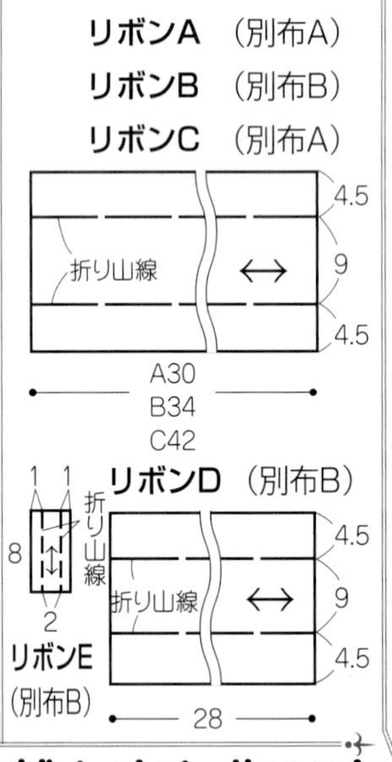

リボンA（別布A）
リボンB（別布B）
リボンC（別布A）
折り山線
A30
B34
C42
リボンD（別布B）
リボンE（別布B）
28

※パニエA（78ページ）を使用します。

スカートの製図

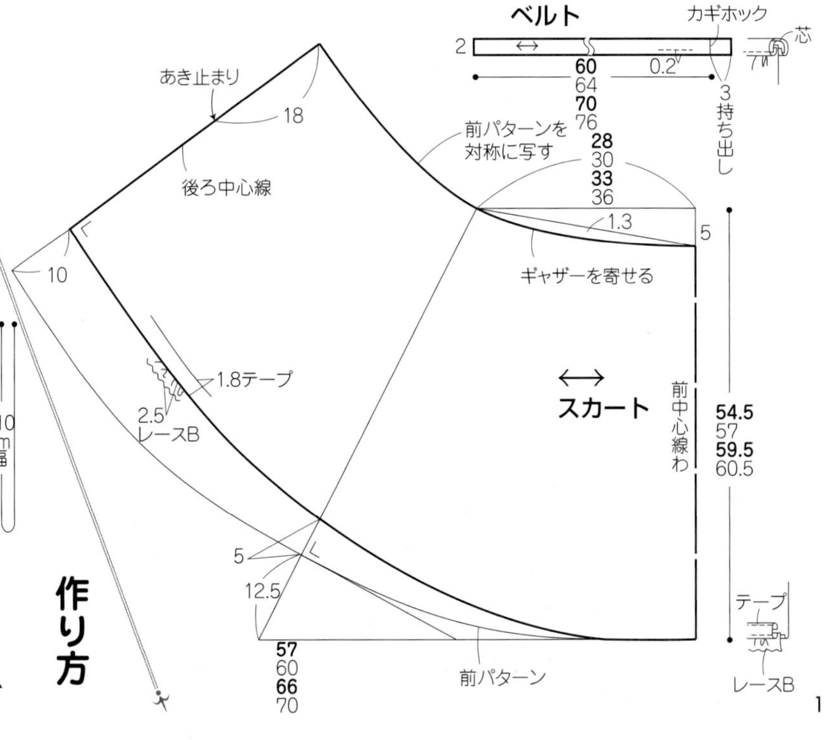

ベルト
カギホック
芯
60 64 70 76
3持ち出し
あき止まり
前パターンを対称に写す
28 30 33 36
後ろ中心線
ギャザーを寄せる
1.8テープ
2.5レースB
スカート
前中心線わ
54.5 57 59.5 60.5
57 60 66 70
前パターン
テープ
レースB

スカーフの布の裁ち方と作り方

布の裁ち方

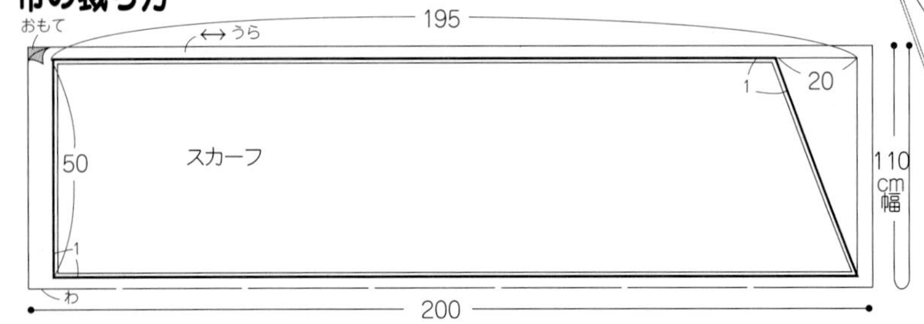

おもて
うら
195
スカーフ
110cm幅
200
わ

作り方

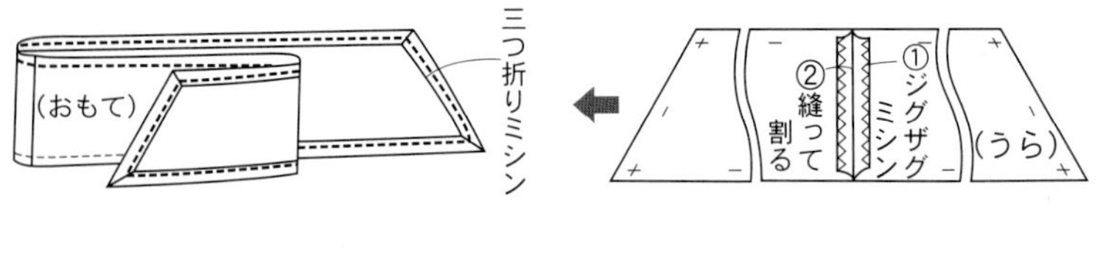

（おもて）
三つ折りミシン
①ジグザグミシン
②縫って割る
（うら）

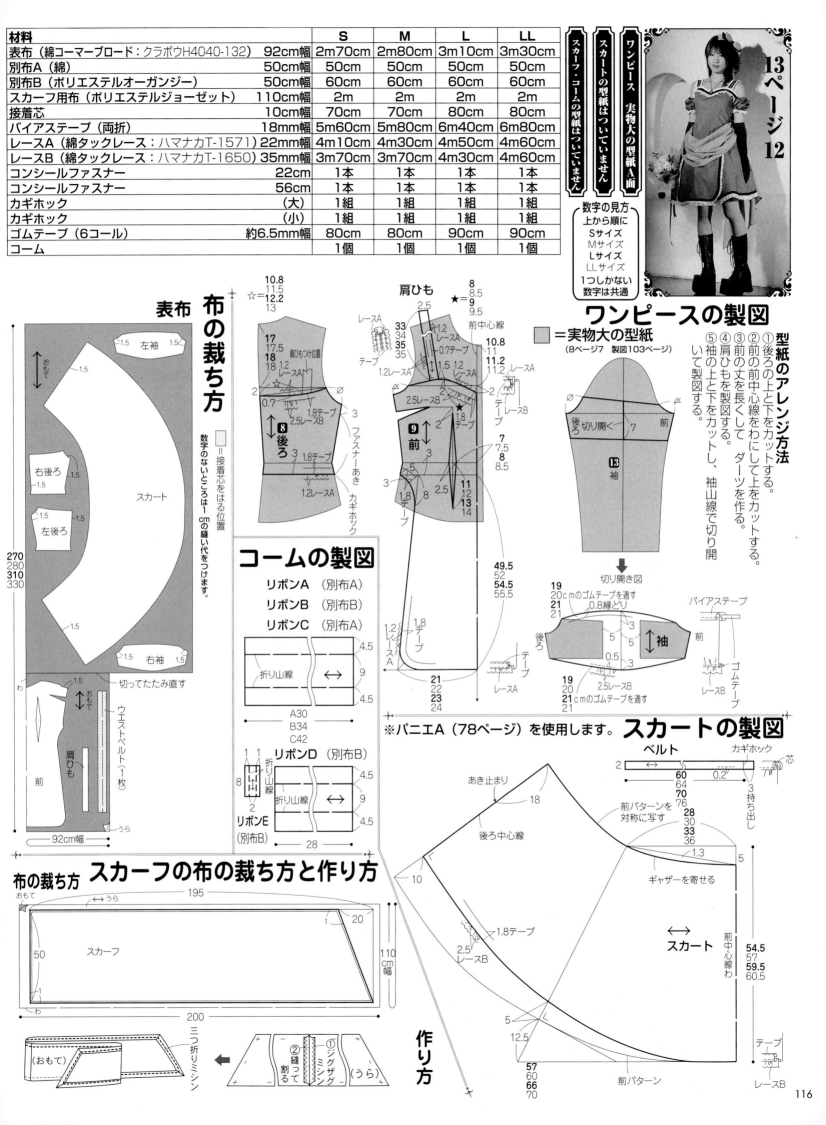

作り方

1.リボンDを作る。

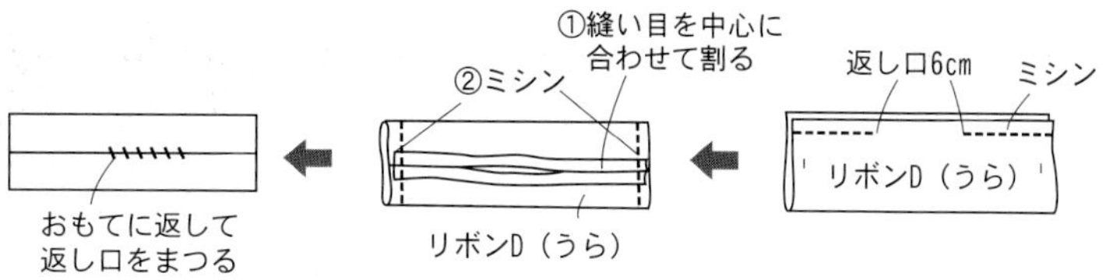
返し口6cm
ミシン
リボンD（うら）
①縫い目を中心に合わせて割る
②ミシン
リボンD（うら）
おもてに返して返し口をまつる

2.リボンA〜Cを作る。

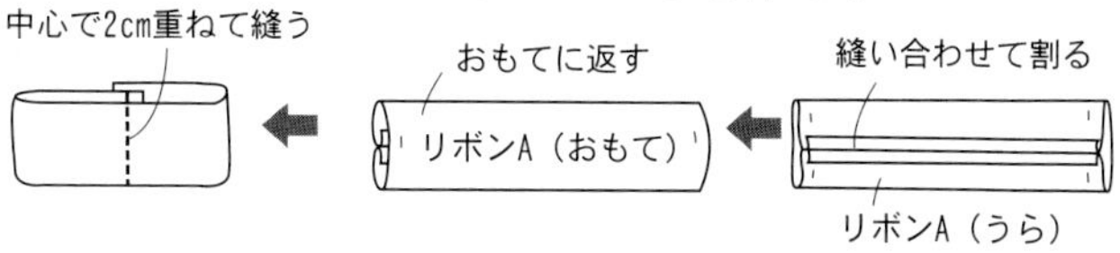
縫い合わせて割る
リボンA（うら）
おもてに返す
リボンA（おもて）
中心で2cm重ねて縫う

3.リボンA〜Eをまとめる。

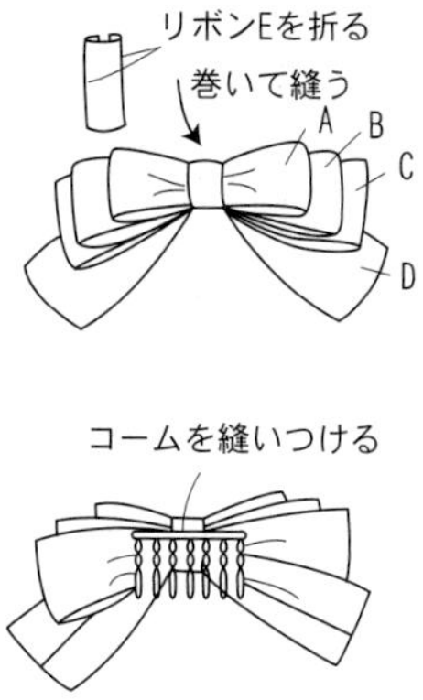
リボンEを折る
巻いて縫う
A
B
C
D
コームを縫いつける

コームの作り方
布の裁ち方

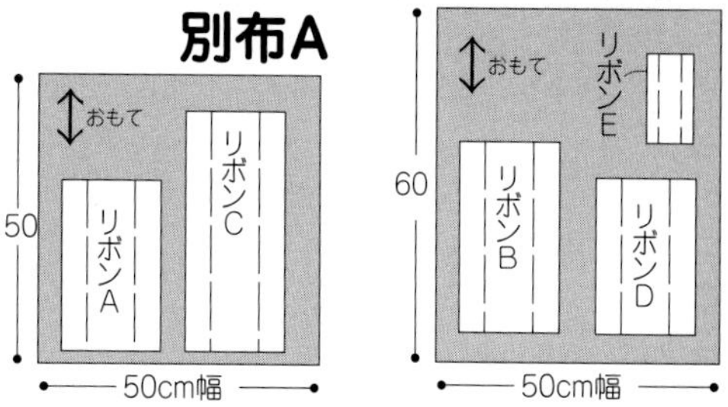
別布A
おもて
50
リボンA
リボンC
50cm幅
別布B
おもて
リボンE
60
リボンB
リボンD
50cm幅

数字のないところは1cmの縫い代をつけます。

ワンピースの作り方

1.肩ひもを作る。

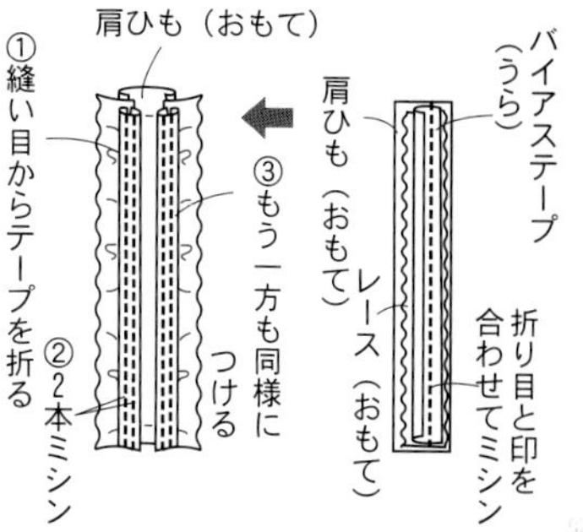
バイアステープ（うら）
肩ひも（おもて）
折り目と印を合わせてミシン
レース（おもて）
肩ひも（おもて）
①縫い目からテープを折る
②2本ミシン
③もう一方も同様につける

2.袖を作る。

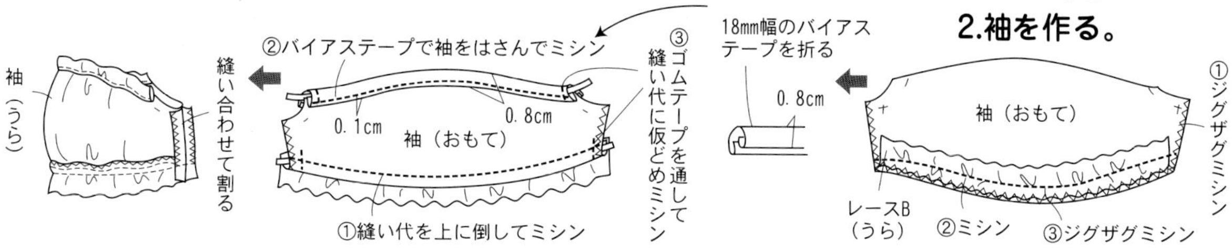
①ジグザグミシン
袖（おもて）
レースB（うら）
②ミシン
③ジグザグミシン
18mm幅のバイアステープを折る
0.8cm
②バイアステープで袖をはさんでミシン
③ゴムテープを通して縫い代に仮どめミシン
0.1cm
0.8cm
袖（おもて）
①縫い代を上に倒してミシン
縫い合わせて割る
袖（うら）

3.身頃を縫い合わせ、肩ひもをつける。

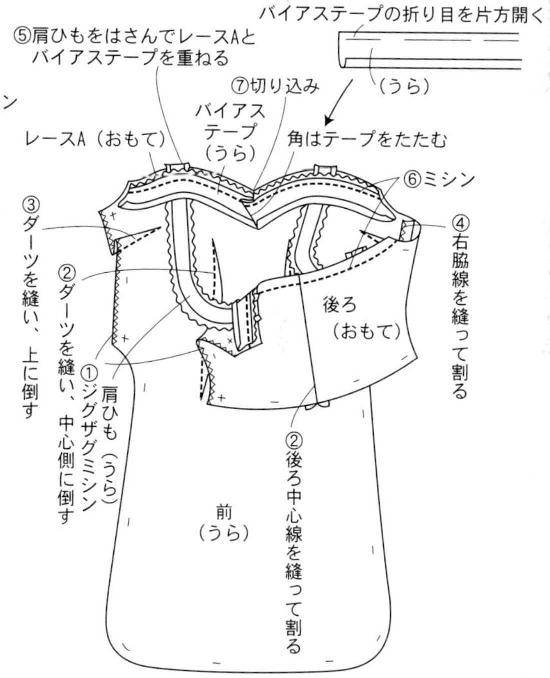
バイアステープの折り目を片方開く
（うら）
⑤肩ひもをはさんでレースAとバイアステープを重ねる
⑦切り込み
バイアステープ（うら）
角はテープをたたむ
レースA（おもて）
⑥ミシン
④右脇線を縫って割る
後ろ（おもて）
③ダーツを縫い、上に倒す
②ダーツを縫い、中心側に倒す
①ジグザグミシン
肩ひも（うら）
②後ろ中心線を縫って割る
前（うら）

4.袖をつけ、裾にレースAとテープをつける。

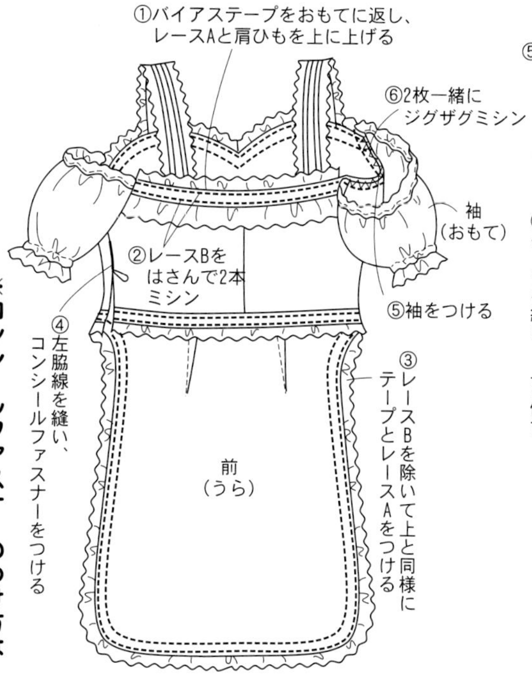
①バイアステープをおもてに返し、レースAと肩ひもを上に上げる
⑥2枚一緒にジグザグミシン
袖（おもて）
②レースBをはさんで2本ミシン
⑤袖をつける
④左脇線を縫い、コンシールファスナーをつける
③レースBを除いて上と同様にテープとレースAをつける
前（うら）

5.出来上がり。

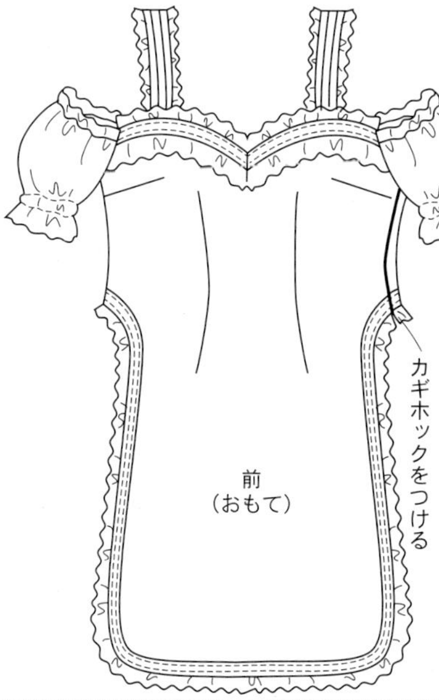
カギホックをつける
前（おもて）

※コンシールファスナーのつけ方は47・48ページ参照。

スカートの作り方

1.スカートを縫い、裾にレースとテープをつける。

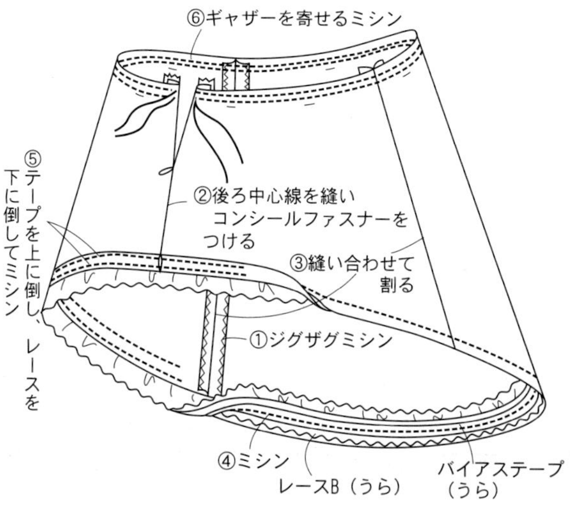
⑥ギャザーを寄せるミシン
⑤テープを上に倒し、レースを下に倒してミシン
②後ろ中心線を縫いコンシールファスナーをつける
③縫い合わせて割る
①ジグザグミシン
④ミシン
レースB（うら）
バイアステープ（うら）

2.ベルトを作る。

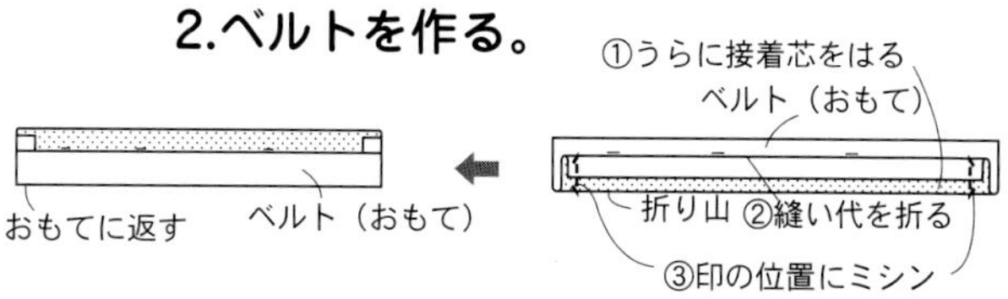
①うらに接着芯をはる
ベルト（おもて）
折り山
②縫い代を折る
③印の位置にミシン
おもてに返す
ベルト（おもて）

3.スカートのウエストにベルトをつける。

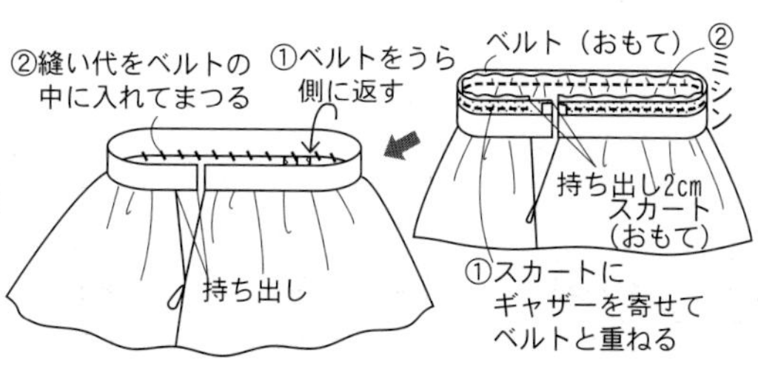
ベルト（おもて）
②ミシン
持ち出し2cm
スカート（おもて）
①スカートにギャザーを寄せてベルトと重ねる
②縫い代をベルトの中に入れてまつる
①ベルトをうら側に返す
持ち出し

4.出来上がり。

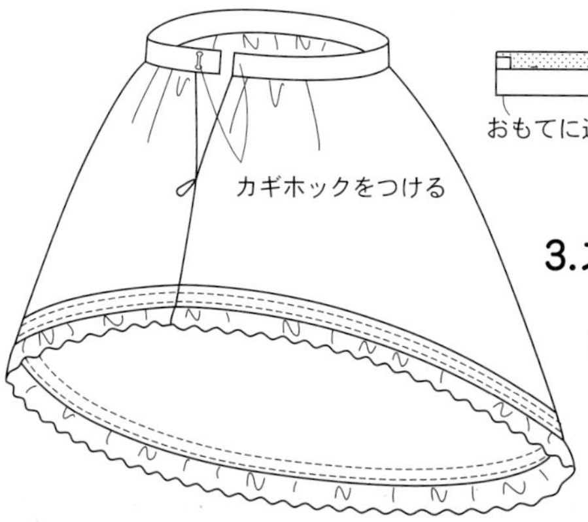
カギホックをつける

※コンシールファスナーのつけ方は47・48ページ参照。

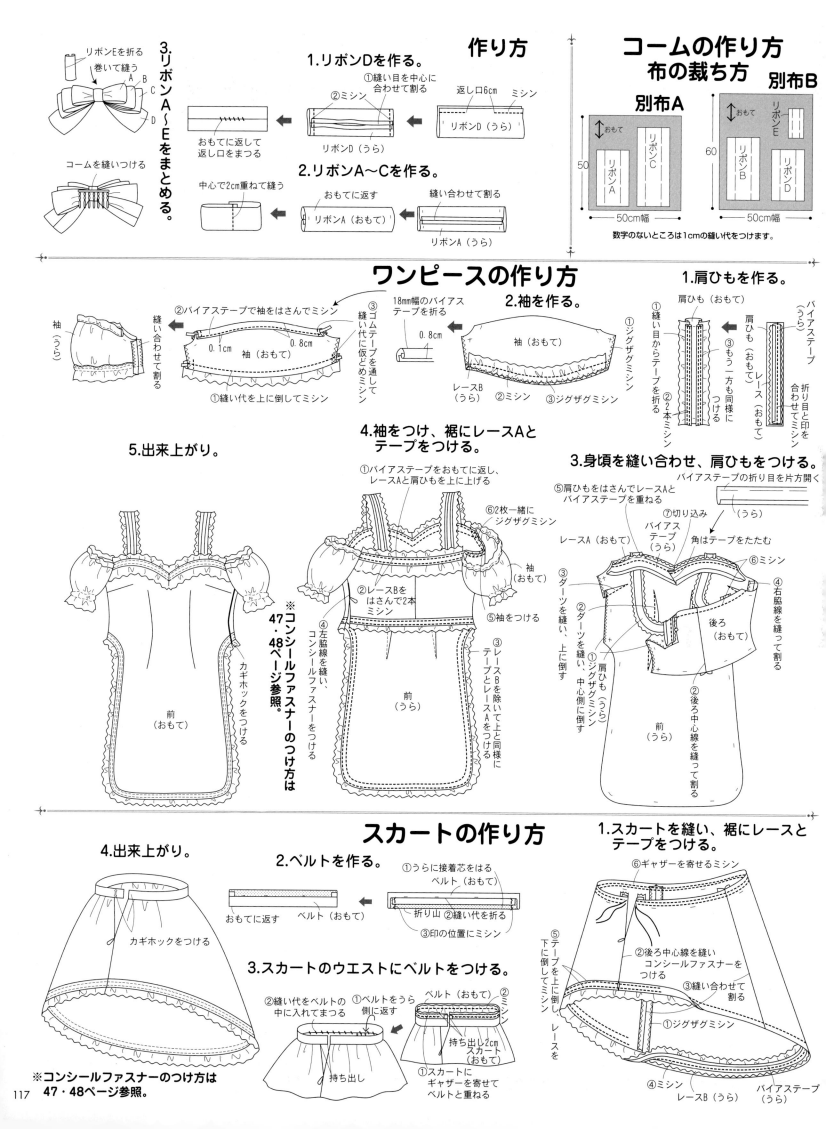

ジャンパースカート・ヘッドドレス材料		S	M	L	LL
表布（綿オリエンタルクロス：大喜18-8714-1-B）	110cm幅	3m30cm	3m40cm	3m60cm	3m80cm
接着芯	90cm幅	1m	1m	1m10cm	1m10cm
レースA	33mm幅	2m30cm	2m40cm	2m40cm	2m50cm
レースB	50mm幅	3m70cm	3m70cm	3m80cm	3m80cm
ボタン	18mm	8個	8個	8個	8個
スナップ	10mm	2組	2組	2組	2組
花びら用布	30cm幅	30cm	30cm	30cm	30cm
ソフトチュール	20cm幅	20cm	20cm	20cm	20cm
フェルト	10cm幅	20cm	20cm	20cm	20cm
グログランリボン	10mm幅	60cm	60cm	60cm	60cm
コーム・ブローチピン		1個	1個	1個	1個
ブラウス材料		**S**	**M**	**L**	**LL**
表布（綿ブロードクロス：クラボウ5500-17）	92cm幅	2m10cm	2m10cm	2m30cm	2m50cm
接着芯	20cm幅	50cm	50cm	50cm	50cm
コンシールファスナー	56cm	1本	1本	1本	1本
カギホック	（小）	2組	2組	2組	2組
サテンリボン	10mm幅	1m50cm	1m50cm	1m50cm	1m50cm

ジャンパースカート　実物大の型紙A面

ブラウス　実物大の型紙B面

ヘッドドレスの型紙はついていません

23ページ17

数字の見方
上から順に
Sサイズ
Mサイズ
Lサイズ
LLサイズ
1つしかない
数字は共通

ヘッドドレスの製図

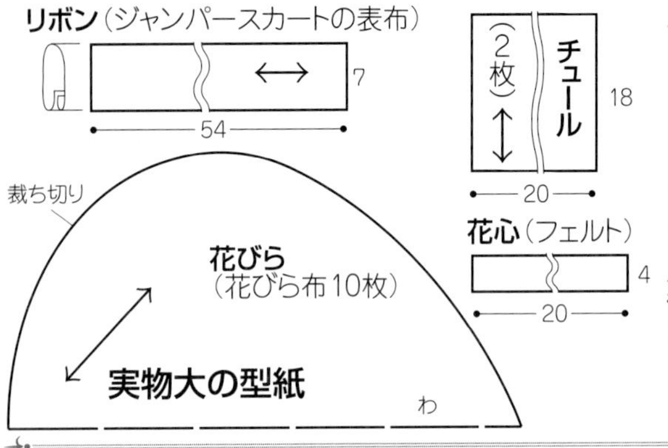

リボン（ジャンパースカートの表布）
7
54
チュール
（2枚）
18
20
花心（フェルト）
4
20
裁ち切り
花びら
（花びら布10枚）
実物大の型紙
わ

ジャンパースカートの製図

※パニエA（78ページ）を使用します。

型紙のアレンジ方法

①後ろの衿ぐり・袖ぐり・裾をカットする。
②後ろ脇と前脇の袖ぐり・裾をカットする。
③前の袖ぐりと裾をカットする。
④前中心線に持ち出しを追加し、衿ぐりを引き直す。
⑤新しく出来た後ろと後ろ脇から後ろ見返しを製図する。
⑥新しく出来た前と前見返しを突き合わせて前見返しを製図する。
⑦飾りリボンを製図する。

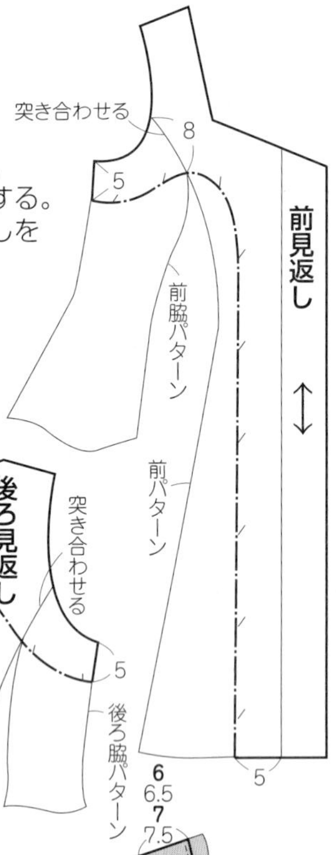

突き合わせる
8
5
前見返し
前脇パターン
前パターン
5

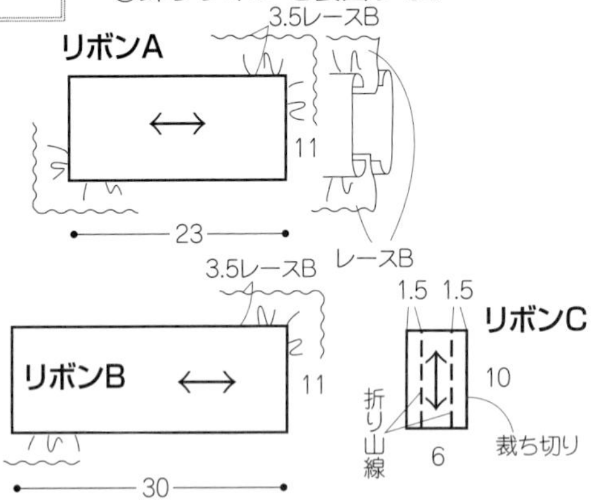

3.5レースB
リボンA
11
23
レースB
3.5レースB
リボンB
11
30
1.5
1.5
リボンC
10
折り山線
6
裁ち切り

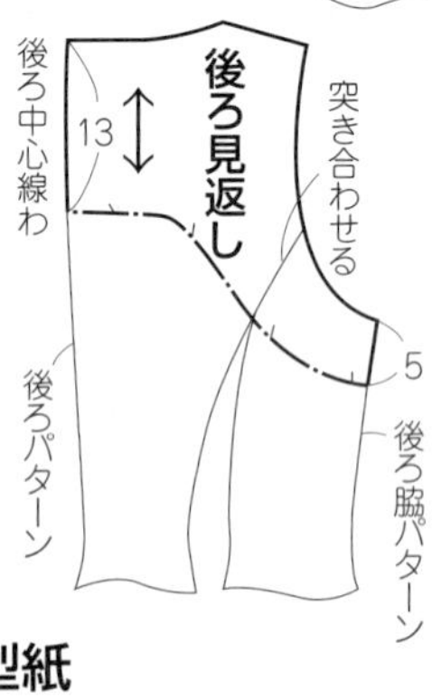

後ろ中心線わ
13
後ろ見返し
突き合わせる
5
後ろパターン
後ろ脇パターン

■＝実物大の型紙
（12ページ11　製図133ページ）

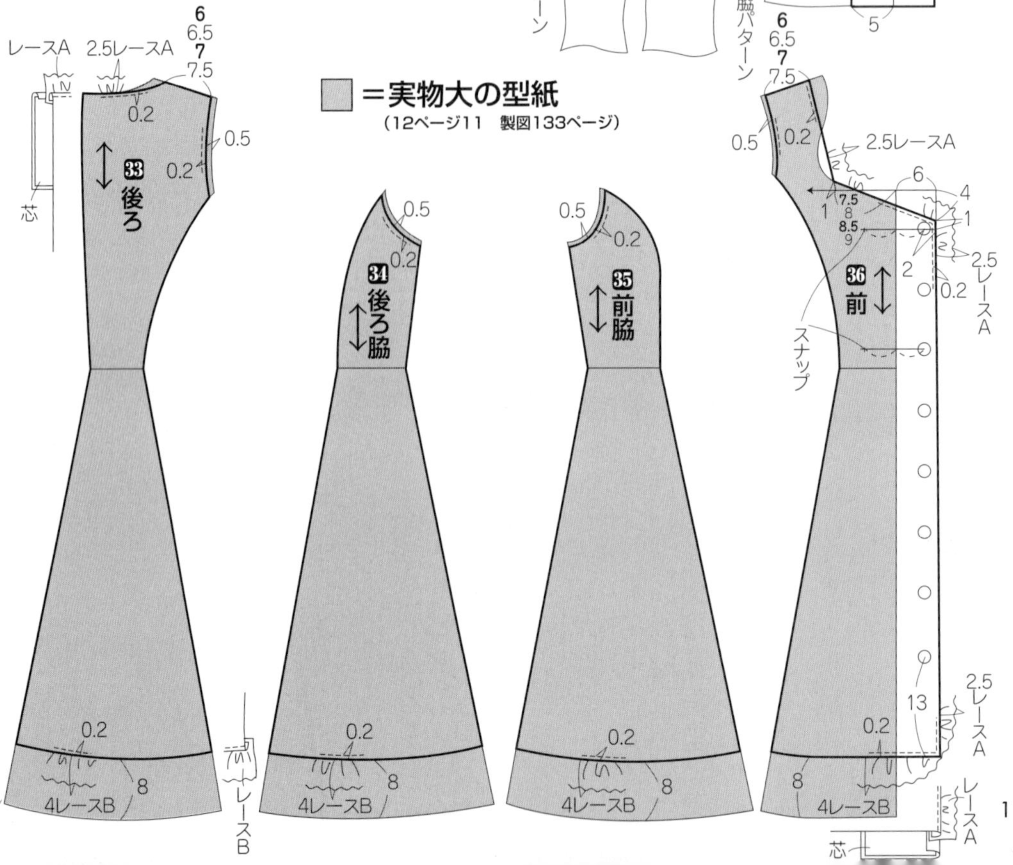

6
6.5
7
7.5
レースA
2.5レースA
0.2
0.5
0.2
33 後ろ
芯
0.5
0.2
34 後ろ脇
0.5
0.2
35 前脇
6
6.5
7
7.5
0.5
0.2
2.5レースA
6
4
1
7.5
8
8.5
9
2
2.5レースA
0.2
36 前
スナップ
13
2.5レースA
0.2
8
4レースB
レースB
レースA
芯

ブラウスの製図

■＝実物大の型紙

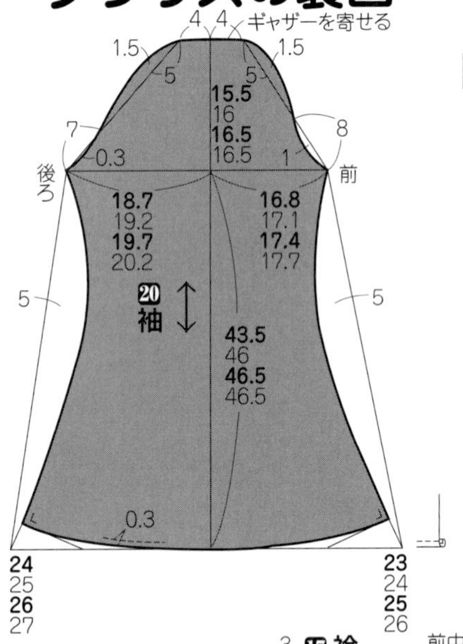

4
4
ギャザーを寄せる
1.5
1.5
5
5
15.5
16
16.5
16.5
7
8
0.3
1
後ろ
前
18.7
19.2
19.7
20.2
16.8
17.1
17.4
17.7
5
5
20 袖
43.5
46
46.5
46.5
0.3
24
25
26
27
23
24
25
26

※衿ぐりに1m50cmのサテンリボンを巻いて結ぶ

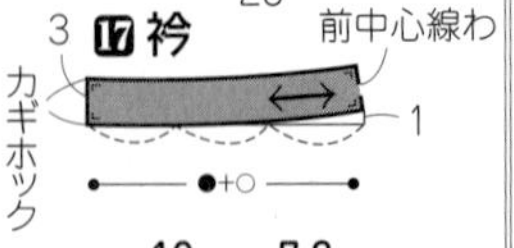

3
17 衿
前中心線わ
カギホック
1

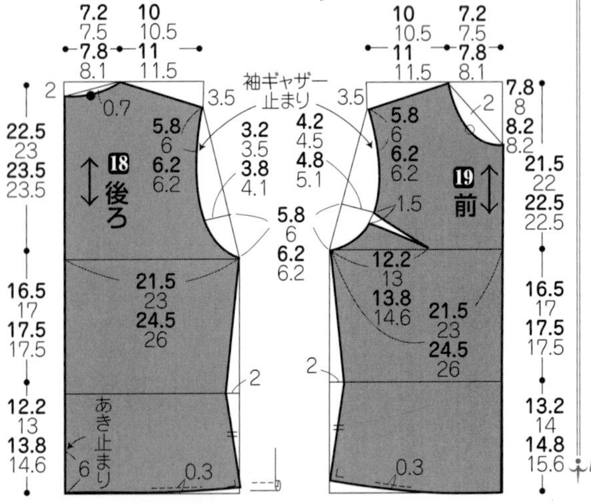

7.2
7.5
7.8
8.1
10
10.5
11
11.5
2
0.7
3.5
5.8
6
6.2
6.2
袖ギャザー止まり
3.2
3.5
3.8
4.1
4.2
4.5
4.8
5.1
22.5
23
23.5
23.5
18 後ろ
5.8
6
6.2
6.2
21.5
23
24.5
26
16.5
17
17.5
17.5
2
12.2
13
13.8
14.6
あき止まり
6
0.3
10
10.5
11
11.5
7.2
7.5
7.8
8.1
3.5
5.8
6
6.2
6.2
2
7.8
8
8.2
8.2
19 前
1.5
21.5
22
22.5
22.5
12.2
13
13.8
14.6
21.5
23
24.5
26
16.5
17
17.5
17.5
2
0.3
13.2
14
14.8
15.6

布の裁ち方

ブラウスの表布

▨＝接着芯をはる位置

数字のないところは1cmの縫い代をつけます。

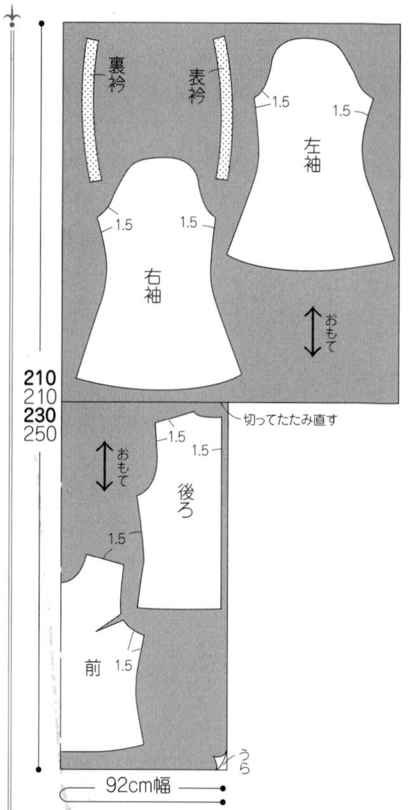

裏衿
表衿
1.5
左袖
右袖
おもて
210
210
230
250
切ってたたみ直す
後ろ
前
うら
92cm幅

ジャンパースカートの表布

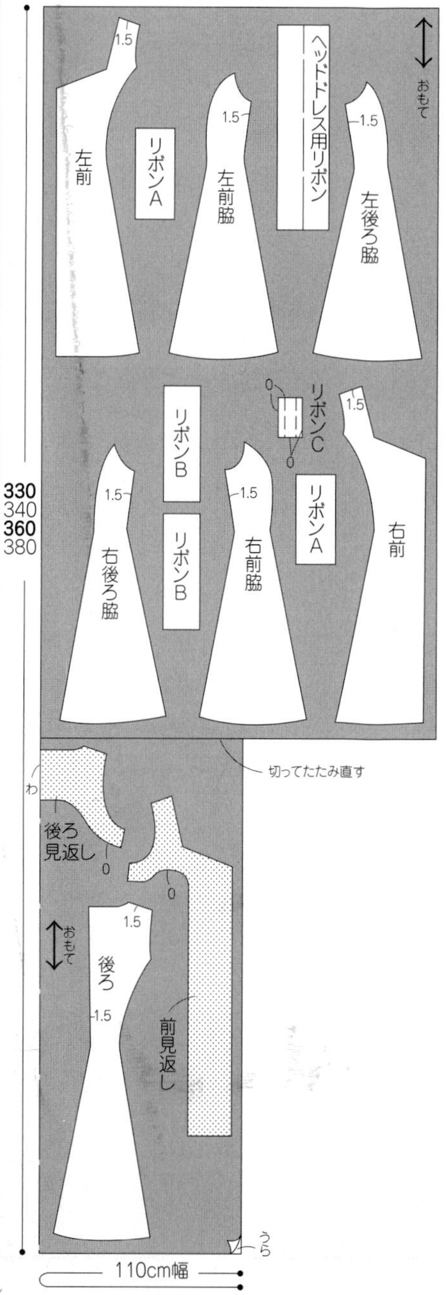

おもて
1.5
左前
リボンA
左前脇
ヘッドドレス用リボン
左後ろ脇
リボンB
リボンC
0
右後ろ脇
右前脇
右前
330
340
360
380
切ってたたみ直す
わ
後ろ見返し
後ろ
前見返し
うら
110cm幅

ジャンパースカートの作り方

1.見返しを作る。

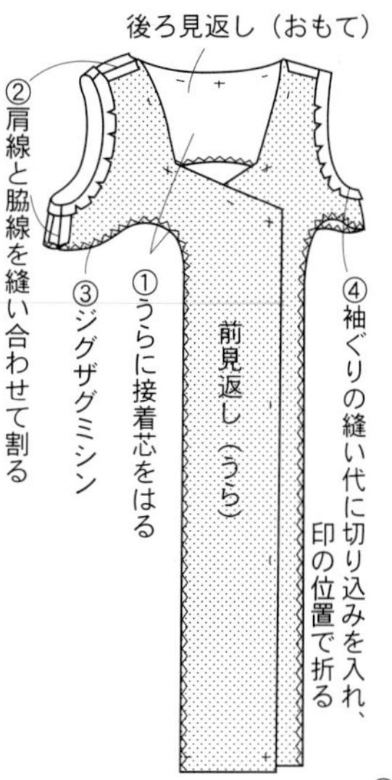

後ろ見返し（おもて）
②肩線と脇線を縫い合わせて割る
①うらに接着芯をはる
③ジグザグミシン
前見返し（うら）
④袖ぐりの縫い代に切り込みを入れ、印の位置で折る

2.身頃を作り、レースをつける。

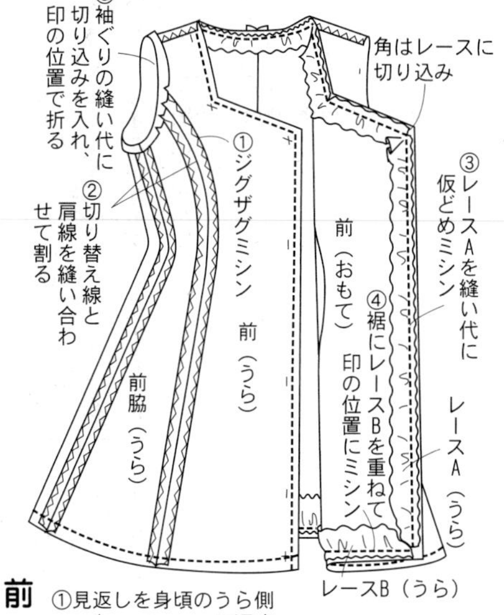

角はレースに切り込み
③レースAを縫い代に仮どめミシン
④裾にレースBを重ねて印の位置にミシン
前（おもて）
レースA（うら）
レースB（うら）
⑤袖ぐりの縫い代に切り込みを入れ、印の位置で折る
①ジグザグミシン
②切り替え線と肩線を縫い合わせて割る
前（うら）
前脇（うら）

3.身頃と見返しを縫い合わせる。

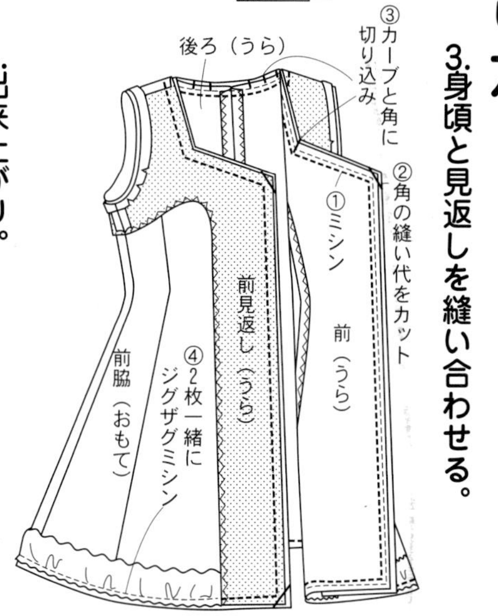

後ろ（うら）
③カーブと角に切り込み
②角の縫い代をカット
①ミシン
前（うら）
前見返し（うら）
④2枚一緒にジグザグミシン
前脇（おもて）

4.出来上がり。

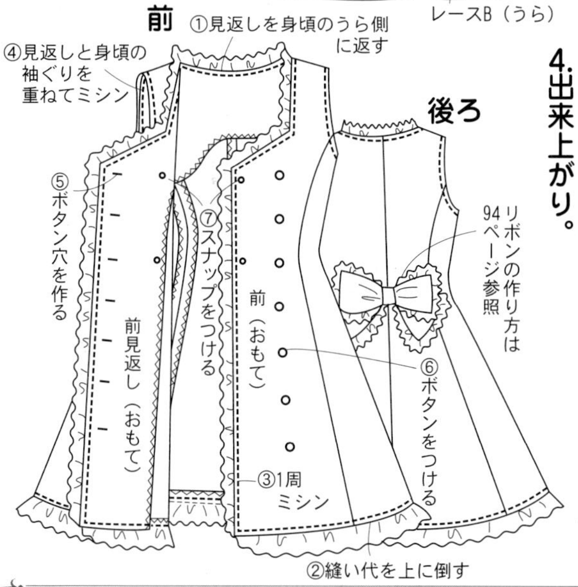

前
①見返しを身頃のうら側に返す
④見返しと身頃の袖ぐりを重ねてミシン
⑤ボタン穴を作る
⑦スナップをつける
前見返し（おもて）
前（おもて）
③1周ミシン
⑥ボタンをつける
後ろ
リボンの作り方は94ページ参照
②縫い代を上に倒す

ブラウスの作り方

1.袖を作る。

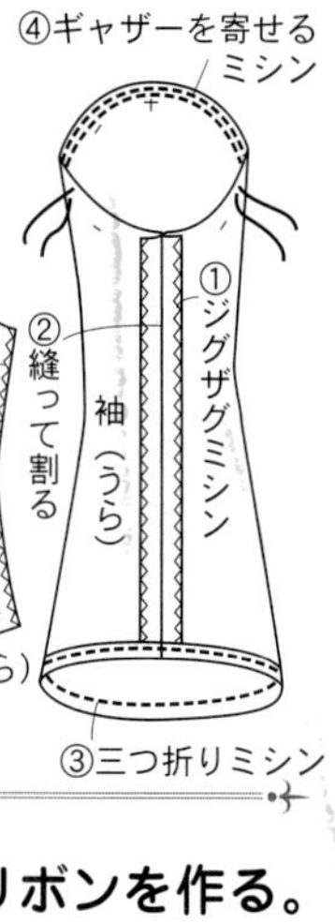

④ギャザーを寄せるミシン
①ジグザグミシン
②縫って割る
袖（うら）
③三つ折りミシン

2.後ろを作る。

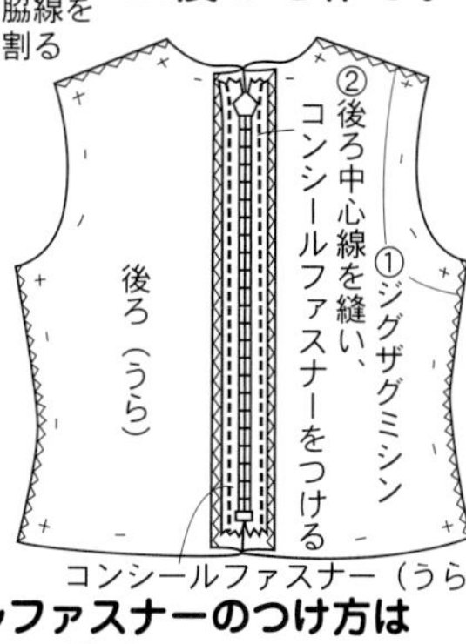

②後ろ中心線を縫い、コンシールファスナーをつける
①ジグザグミシン
後ろ（うら）
コンシールファスナー（うら）

3.前と後ろを縫い合わせて袖をつける。

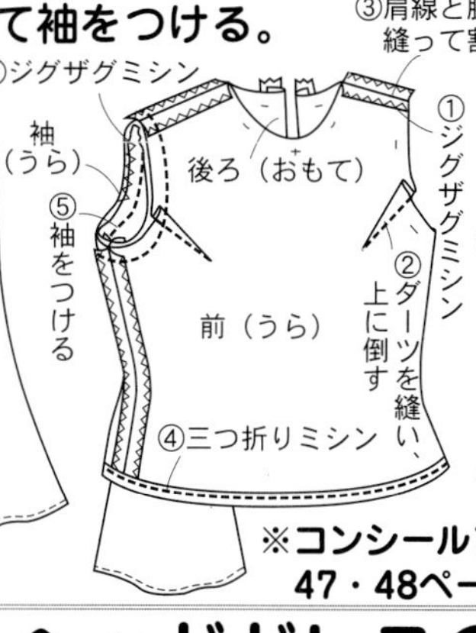

③肩線と脇線を縫って割る
⑥ジグザグミシン
①ジグザグミシン
袖（うら）
⑤袖をつける
後ろ（おもて）
②ダーツを縫い、上に倒す
前（うら）
④三つ折りミシン

4.出来上がり。

②まつる
前
後ろ
①衿の作り方とつけ方は布ループを除いて49・50ページ参照
③カギホックをつける

※衿ぐりに1m50cmのサテンリボンを巻いて結ぶ

※コンシールファスナーのつけ方は47・48ページ参照。

ヘッドドレスの作り方

1.リボンを作る。

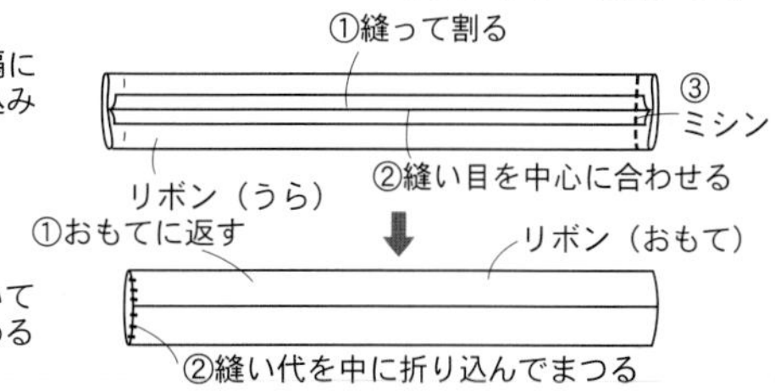

①縫って割る
③ミシン
リボン（うら）
②縫い目を中心に合わせる
①おもてに返す
リボン（おもて）
②縫い代を中に折り込んでまつる

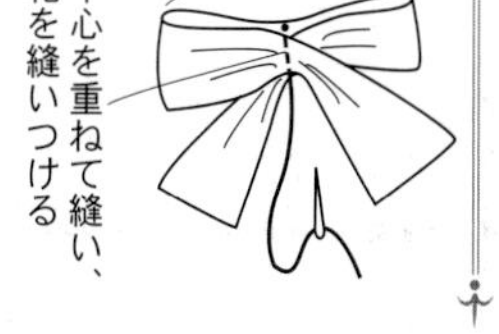

16cm
中心を重ねて縫い、花を縫いつける

2.花心を作る。

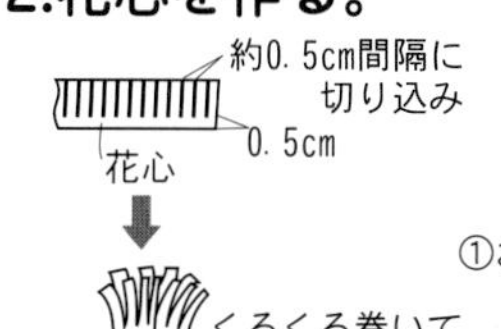

約0.5cm間隔に切り込み
花心
0.5cm
くるくる巻いてボンドでとめる

3.花を作る。

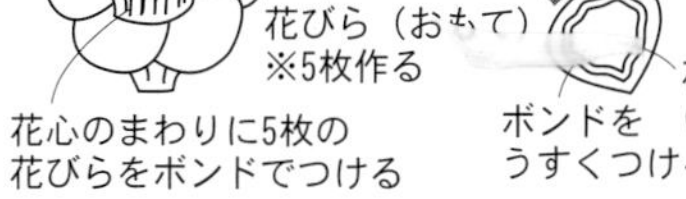

2枚をはり合わせる
花びら（おもて）
※5枚作る
花びら（うら）
ボンドをうすくつける
花心のまわりに5枚の花びらをボンドでつける

4.コームに飾りをつける。

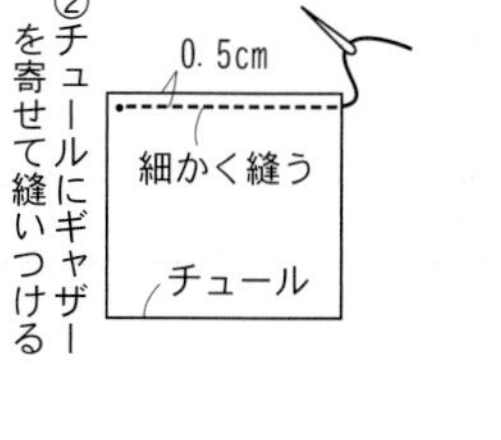

①60cmのグログランリボンの中心をコームに縫いつける
コーム
②チュールにギャザーを寄せて縫いつける
0.5cm
細かく縫う
チュール

5.出来上がり。

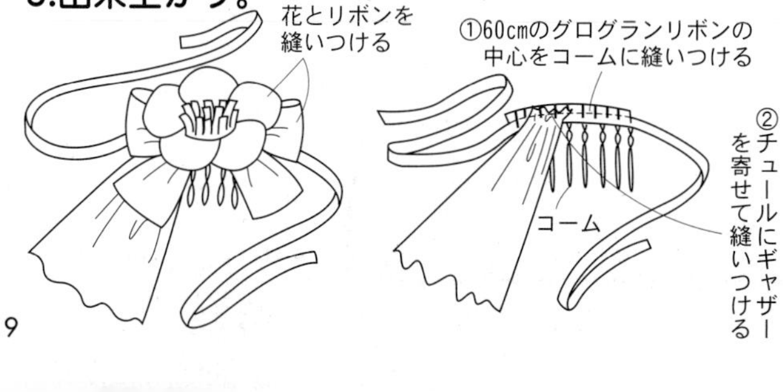

花とリボンを縫いつける

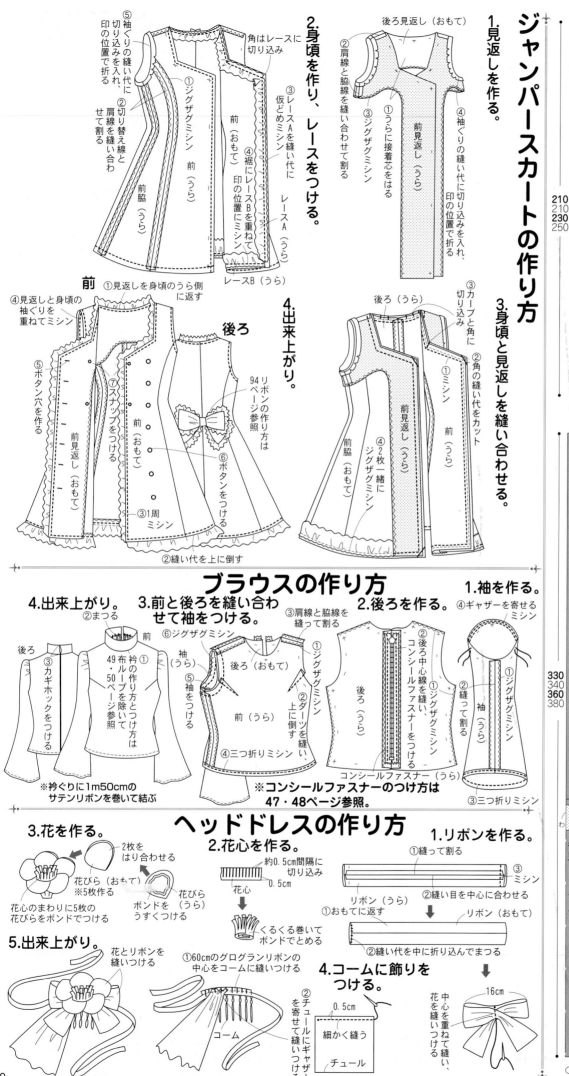

		S	M	L	LL
ボレロ表布（エステルツイル）	148cm幅	2m50cm	2m60cm	2m80cm	3m
ワンピース表布（エステルツイル）	148cm幅	1m80cm	1m90cm	2m10cm	2m20cm
接着芯	90cm幅	80cm	80cm	1m	1m
はしごレース	25mm幅	3m80cm	3m90cm	4m20cm	4m30cm
リボンA（サテンリボン：ハマナカ花風車-101）	9mm幅	7m	7m10cm	7m40cm	7m50cm
リボンB（サテンリボン：ハマナカ花風車-41）	36mm幅	1m	1m	1m	1m
リボン刺しゅう用リボン	3mm幅	3m	3m	3m	3m
丸ひも	太さ2mm	50cm	50cm	50cm	50cm
ボタン	10mm	10個	10個	10個	10個
コンシールファスナー	56cm	1本	1本	1本	1本
カギホック	（小）	1組	1組	1組	1組

ワンピース　実物大の型紙A面

ボレロ　実物大の型紙A面

数字の見方
上から順に
Sサイズ
Mサイズ
Lサイズ
LLサイズ
1つしかない数字は共通

ボレロの製図

■＝実物大の型紙
（3ページ2　製図94ページ）

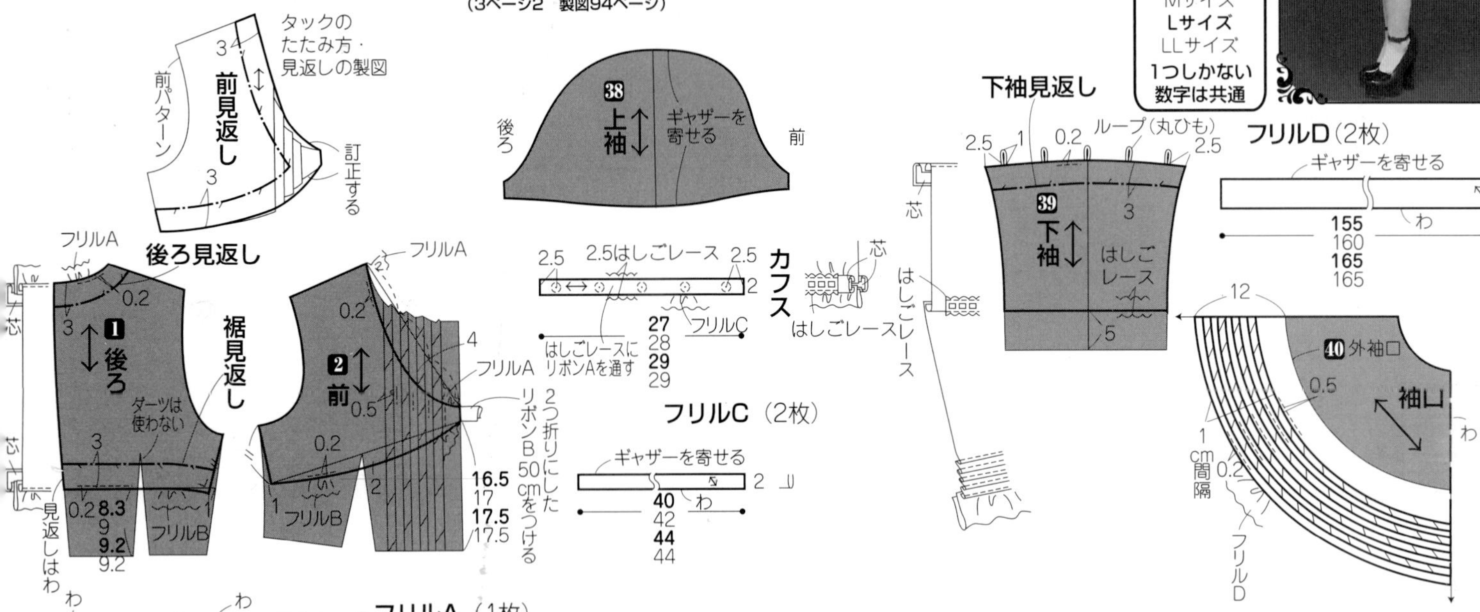

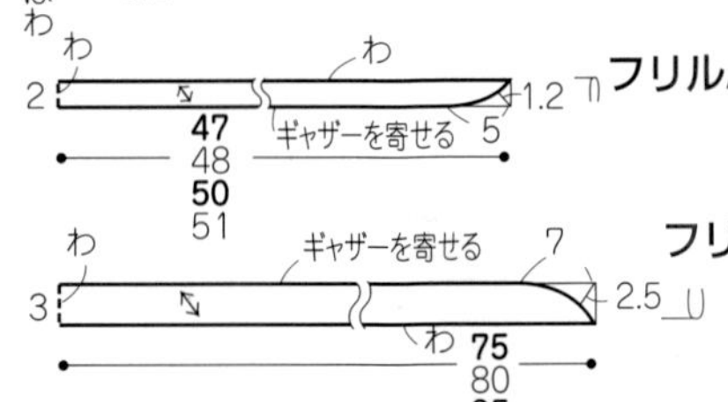

型紙のアレンジ方法

①後ろの裾をカットして、衿ぐりと裾に見返しを製図する。
②前の衿ぐりと裾をカットする。
③前のタックをたたんで、パターン訂正をし、前見返しを製図する。
④上袖は型紙のまま使用し、下袖は丈をカットする。
⑤外袖口は丈を伸ばしてタックを製図する。
⑥カフスとフリルを製図する。

ワンピースの製図

※パニエA（78ページ）を使用します。

■＝実物大の型紙
（12ページ11　製図133ページ）

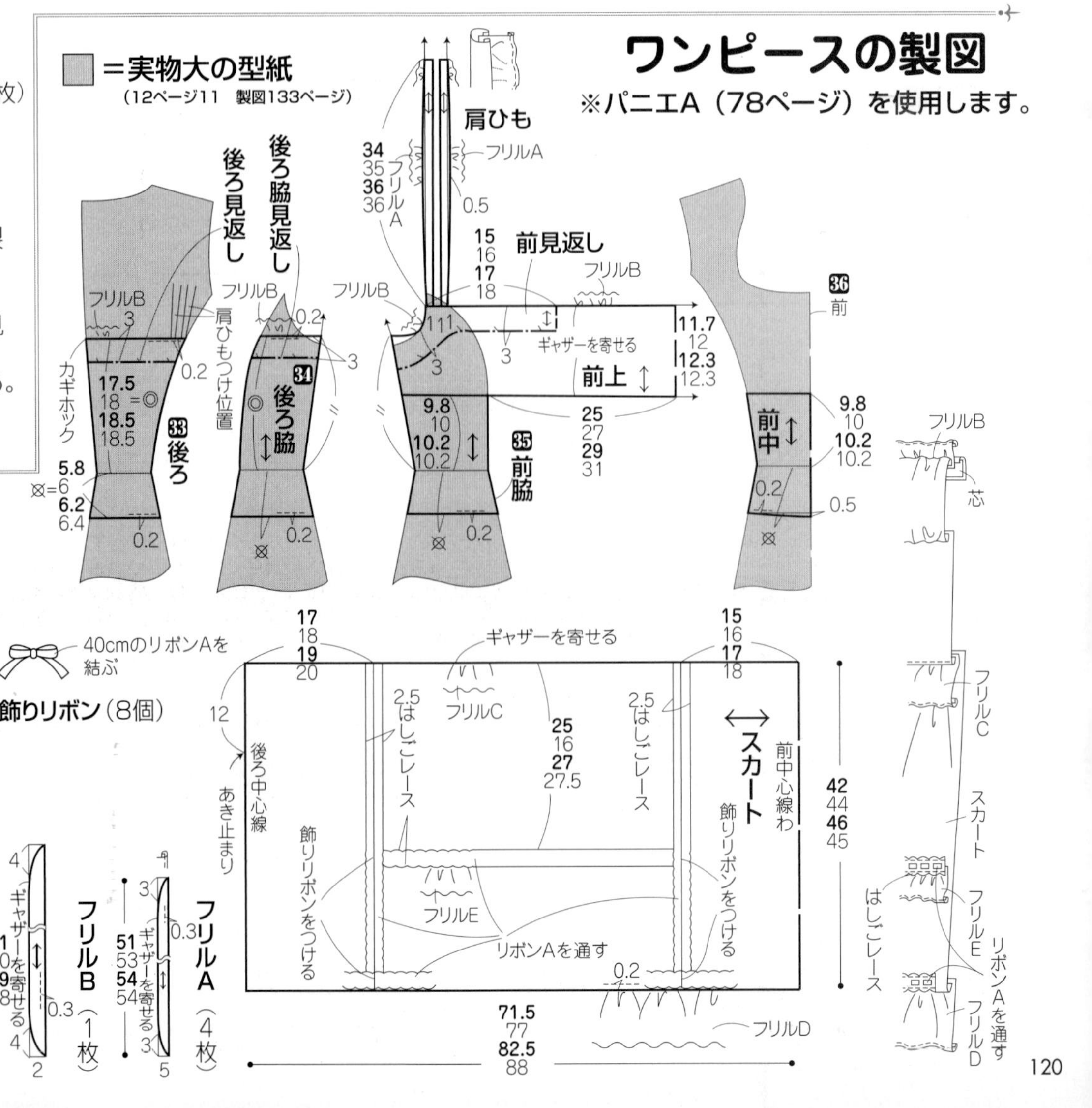

型紙のアレンジ方法

①後ろと後ろ脇のウエストラインから上下にそれぞれの寸法をとる。脇の長さを測り、前脇線に当てはめる。
②前と前脇のウエストラインから下にそれぞれの寸法をとる。
③前脇の上の部分の製図をする。
④見返しと肩ひもを製図する。
⑤スカートとフリルを製図する。

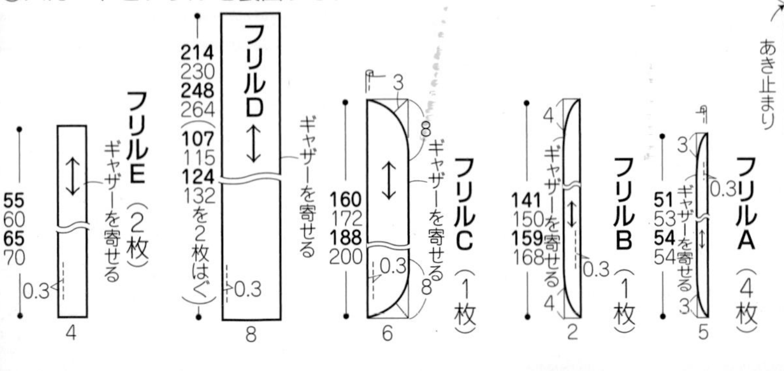

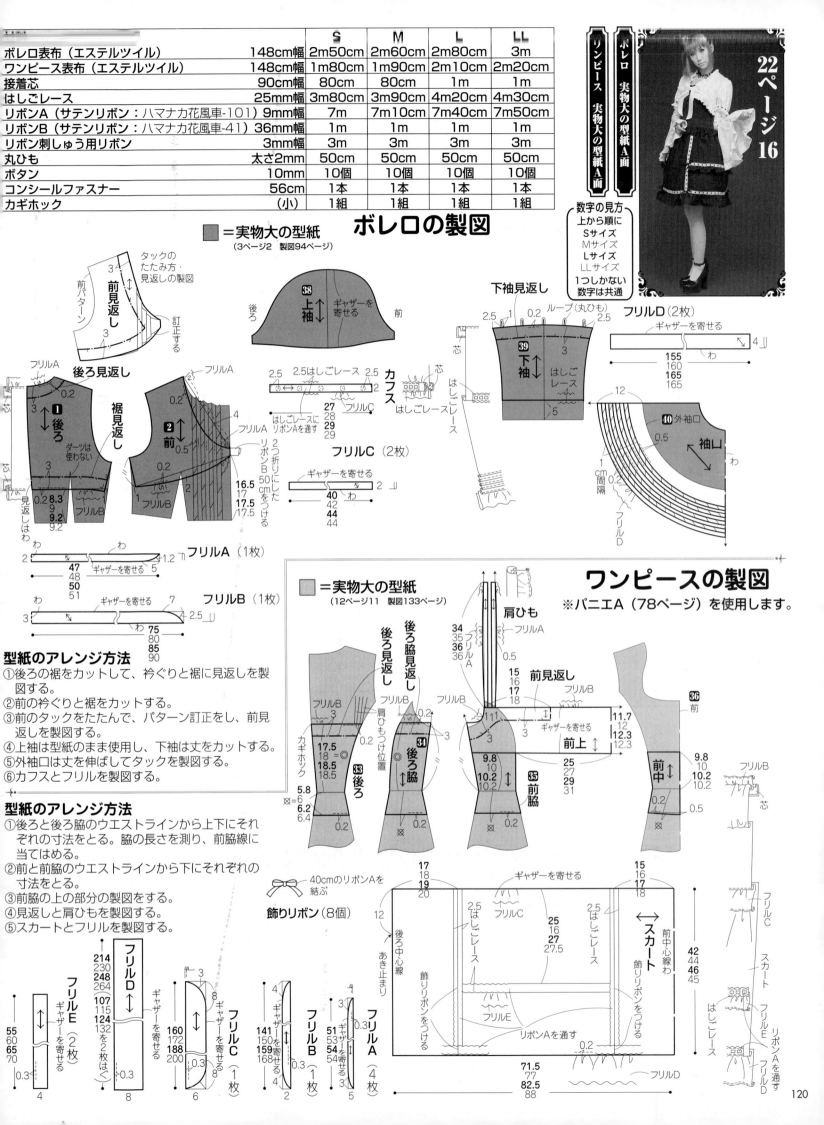

布の裁ち方

▒=接着芯をはる位置

数字のないところは1cmの縫い代をつけます。

ワンピースの表布

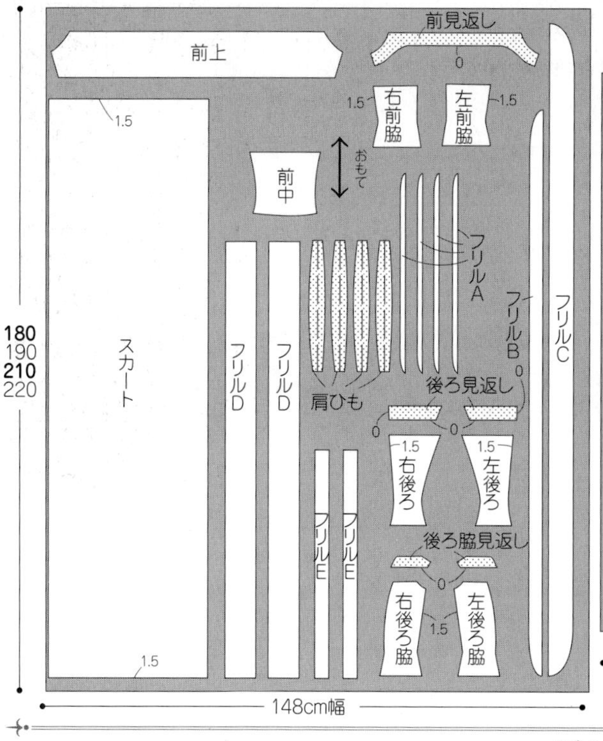

前上
前見返し
0
右前脇
左前脇
1.5
1.5
1.5
おもて
前中
フリルA
フリルB
フリルC
スカート
フリルD
フリルD
肩ひも
後ろ見返し
0
右後ろ
左後ろ
1.5
1.5
フリルE
フリルE
後ろ脇見返し
0
右後ろ脇
左後ろ脇
1.5
1.5
180
190
210
220
148cm幅

ボレロの表布

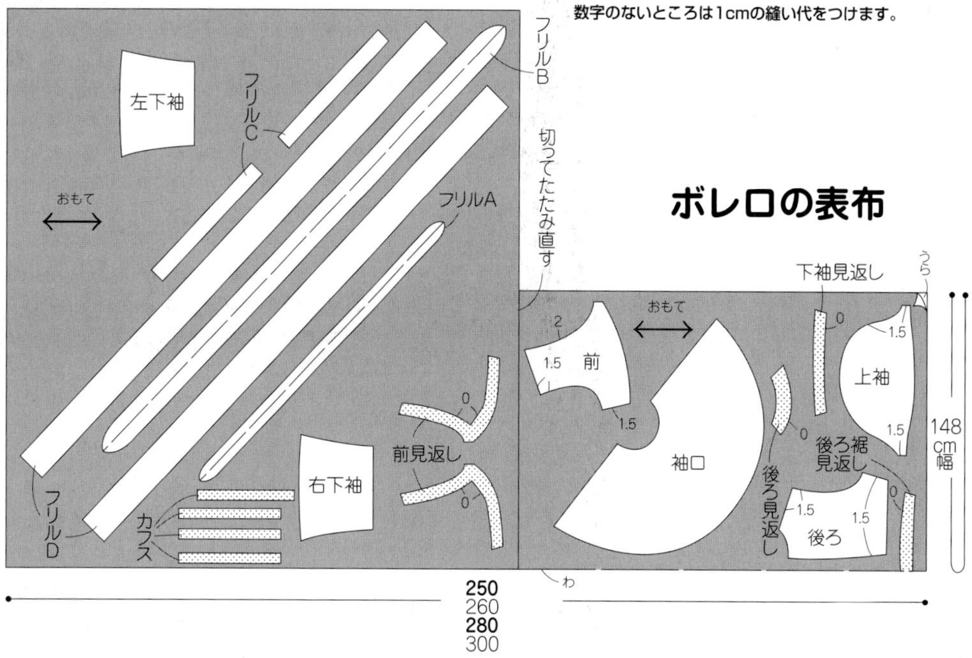

左下袖
フリルC
フリルB
おもて
フリルA
切ってたたみ直す
フリルD
カフス
右下袖
前見返し
0
0
下袖見返し
うら
おもて
2
1.5
前
1.5
袖口
0
後ろ見返し
1.5
上袖
1.5
後ろ裾見返し
0
1.5
後ろ
1.5
148cm幅
わ
250
260
280
300

ボレロの作り方

1.フリルC・Dを同様に作る。

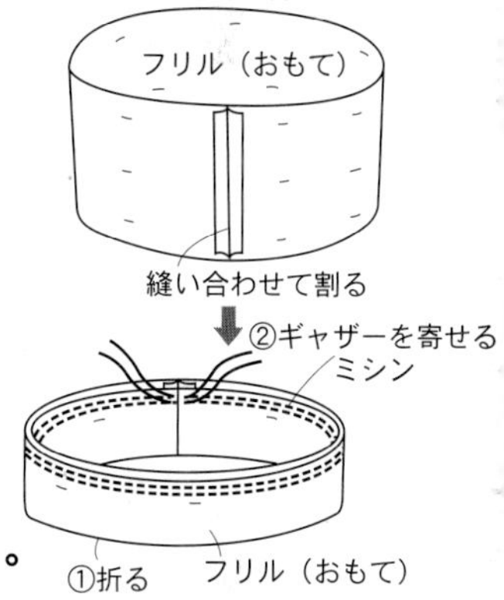

フリル（おもて）
縫い合わせて割る
②ギャザーを寄せるミシン
①折る
フリル（おもて）

2.カフスを作る。

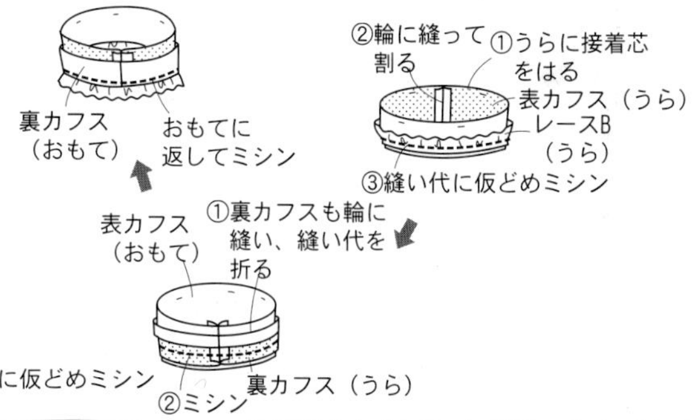

②輪に縫って割る
①うらに接着芯をはる
表カフス（うら）
レースB（うら）
③縫い代に仮どめミシン
①裏カフスも輪に縫い、縫い代を折る
表カフス（おもて）
裏カフス（うら）
②ミシン
裏カフス（おもて）
おもてに返してミシン

3.上袖を作ってカフスをつける。

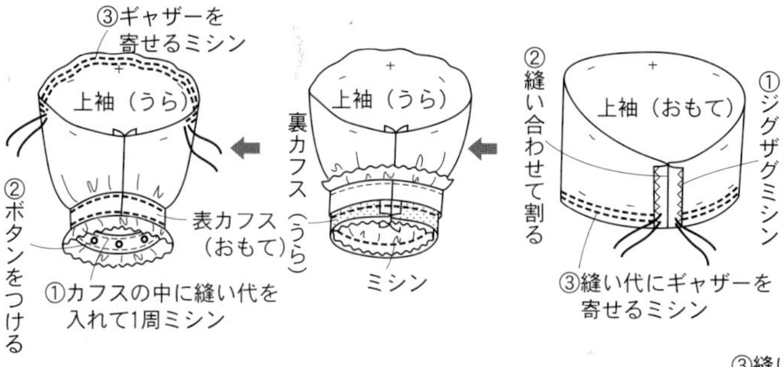

上袖（おもて）
①ジグザグミシン
②縫い合わせて割る
③縫い代にギャザーを寄せるミシン
上袖（うら）
裏カフス（うら）
ミシン
③ギャザーを寄せるミシン
上袖（うら）
表カフス（おもて）
②ボタンをつける
①カフスの中に縫い代を入れて1周ミシン

4.下袖見返しを作る。

①接着芯をはる
②縫い合わせて割る
③ジグザグミシン

5.下袖と袖口を縫い合わせる。

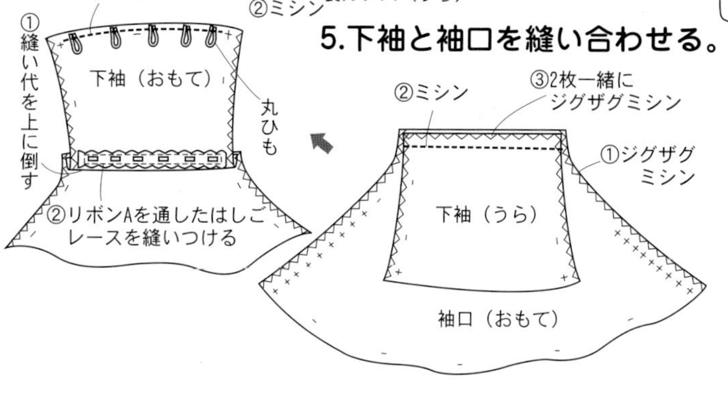

②ミシン
③2枚一緒にジグザグミシン
①ジグザグミシン
下袖（うら）
袖口（おもて）
③縫い代に仮どめミシン
①縫い代を上に倒す
下袖（おもて）
丸ひも
②リボンAを通したはしごレースを縫いつける

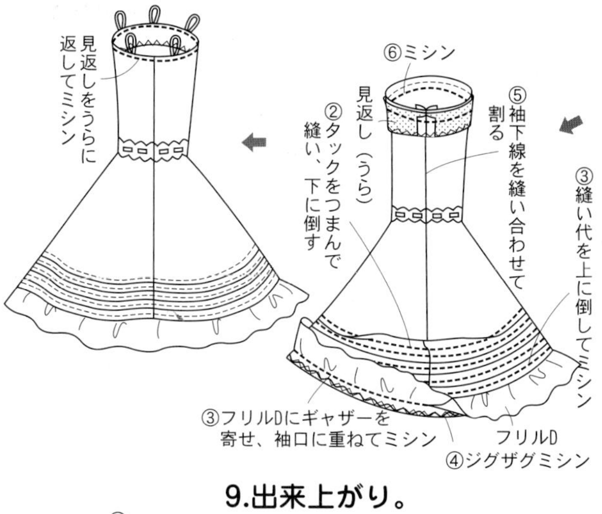

⑥ミシン
見返し（うら）
②タックをつまんで縫い、下に倒す
⑤袖下線を縫い合わせて割る
③縫い代を上に倒してミシン
③フリルDにギャザーを寄せ、袖口に重ねてミシン
フリルD
④ジグザグミシン
見返しをうらに返してミシン

6.フリルA・Bを同様に作る。

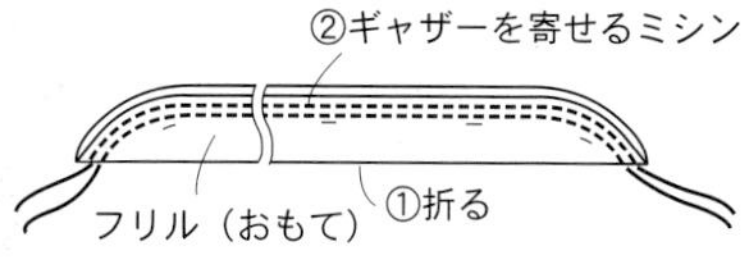

②ギャザーを寄せるミシン
フリル（おもて）
①折る

7.見返しを作る。

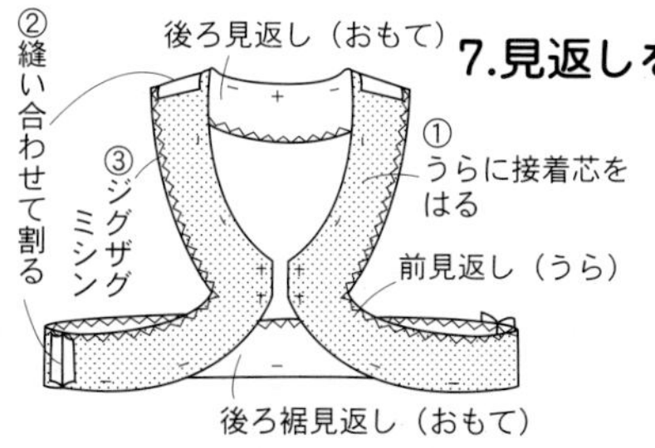

後ろ見返し（おもて）
①うらに接着芯をはる
②縫い合わせて割る
③ジグザグミシン
前見返し（うら）
後ろ裾見返し（おもて）

8.身頃を作る

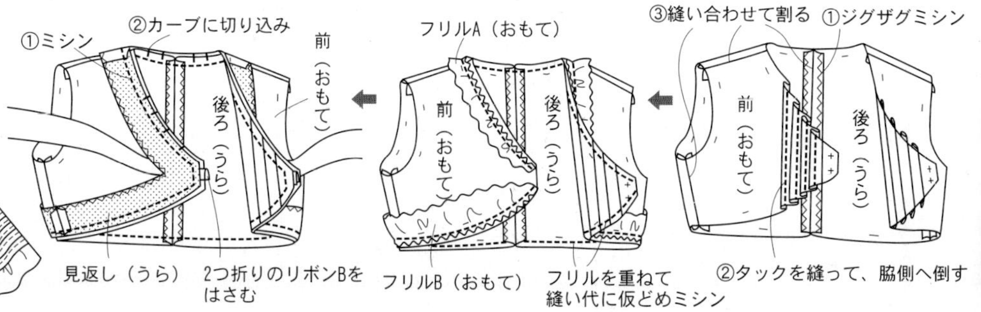

③縫い合わせて割る
①ジグザグミシン
前（おもて）
後ろ（うら）
②タックを縫って、脇側へ倒す
フリルA（おもて）
前（おもて）
後ろ（うら）
フリルB（おもて）
フリルを重ねて縫い代に仮どめミシン
①ミシン
②カーブに切り込み
前（おもて）
後ろ（うら）
見返し（うら）
2つ折りのリボンBをはさむ

9.出来上がり。

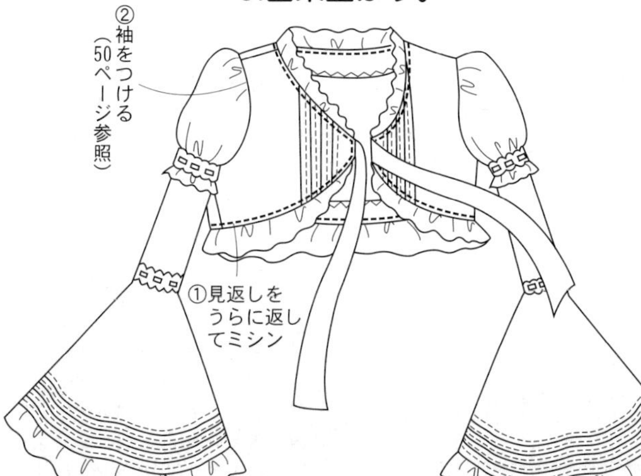

②袖をつける（50ページ参照）
①見返しをうらに返してミシン

ワンピースの作り方

1.フリルA・B・Cを作る。

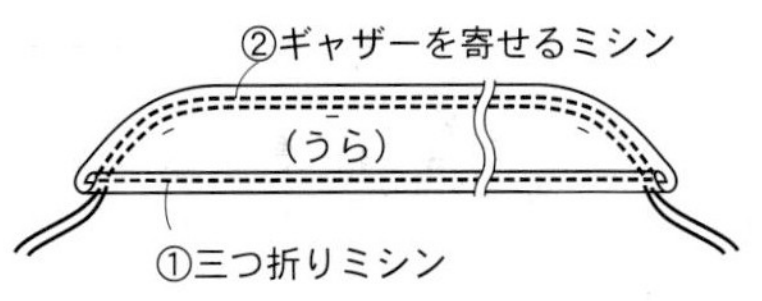
②ギャザーを寄せるミシン
（うら）
①三つ折りミシン

2.フリルEを作る。

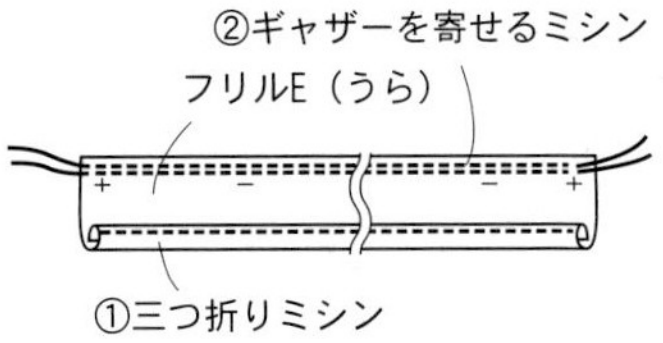
②ギャザーを寄せるミシン
フリルE（うら）
①三つ折りミシン

3.肩ひもを作る。

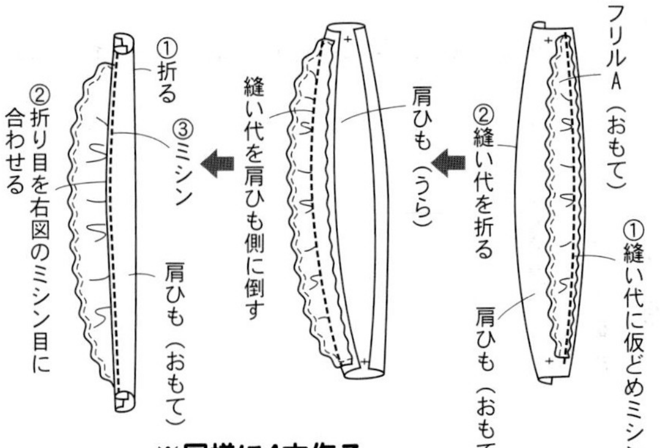
フリルA（おもて）
①縫い代に仮どめミシン
②縫い代を折る
肩ひも（おもて）
肩ひも（うら）
縫い代を肩ひも側に倒す
③ミシン
①折る
②折り目を右図のミシン目に合わせる
肩ひも（おもて）

※同様に4本作る。

4.見返しを作る。

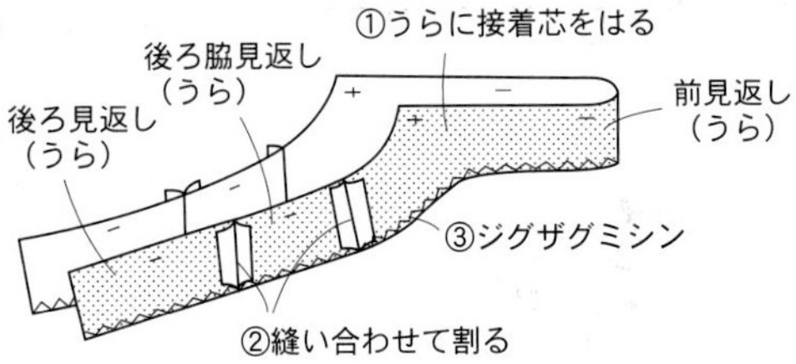
①うらに接着芯をはる
後ろ脇見返し（うら）
前見返し（うら）
後ろ見返し（うら）
③ジグザグミシン
②縫い合わせて割る

5.身頃を作る。

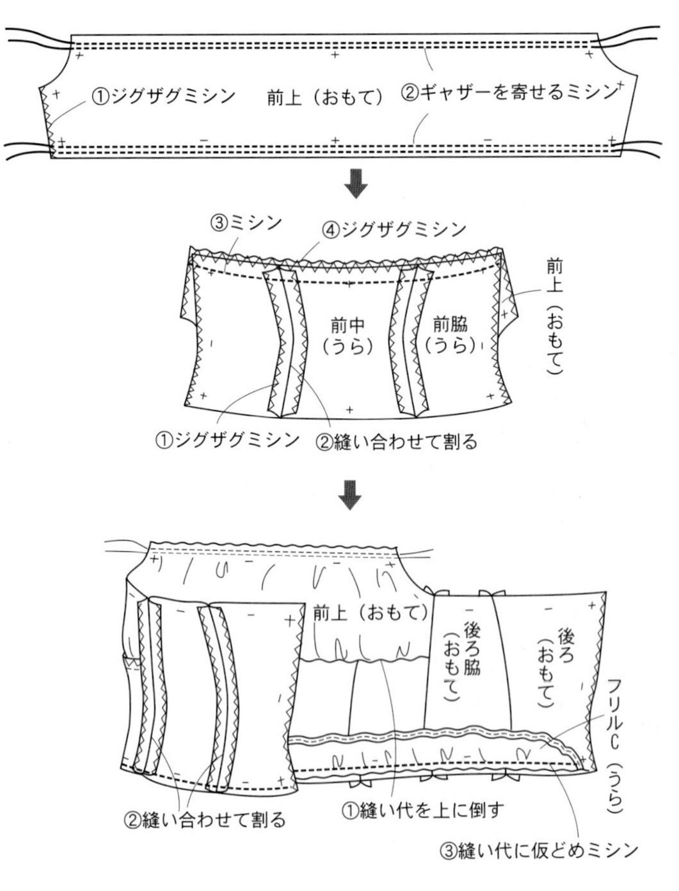
①ジグザグミシン
前上（おもて）
②ギャザーを寄せるミシン
③ミシン
④ジグザグミシン
前上（おもて）
前中（うら）
前脇（うら）
①ジグザグミシン
②縫い合わせて割る
前上（おもて）
後ろ脇（おもて）
後ろ（おもて）
フリルC（うら）
②縫い合わせて割る
①縫い代を上に倒す
③縫い代に仮どめミシン

6.スカートを作る。

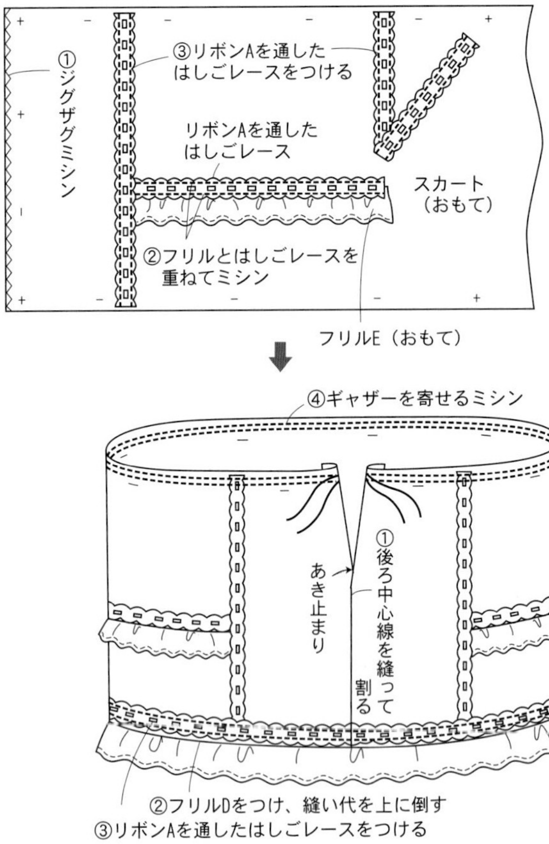
①ジグザグミシン
③リボンAを通したはしごレースをつける
リボンAを通したはしごレース
スカート（おもて）
②フリルとはしごレースを重ねてミシン
フリルE（おもて）
④ギャザーを寄せるミシン
①後ろ中心線を縫って割る
あき止まり
②フリルDをつけ、縫い代を上に倒す
③リボンAを通したはしごレースをつける

※フリルDの作り方とつけ方は134ページ参照。

7.スカートと身頃を縫い合わせる。

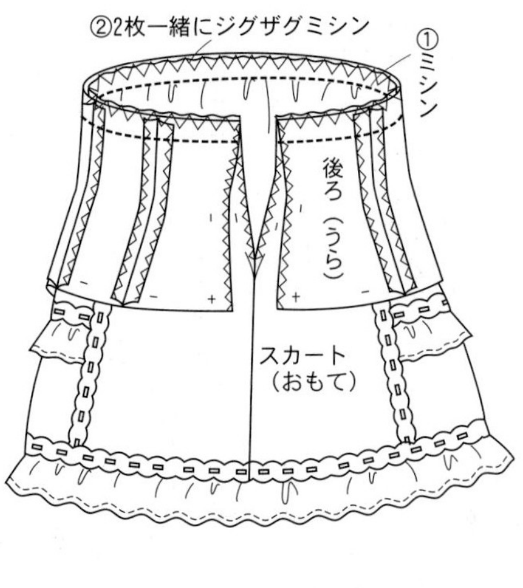
②2枚一緒にジグザグミシン
①ミシン
後ろ（うら）
スカート（おもて）

8.見返しと肩ひもをつける。

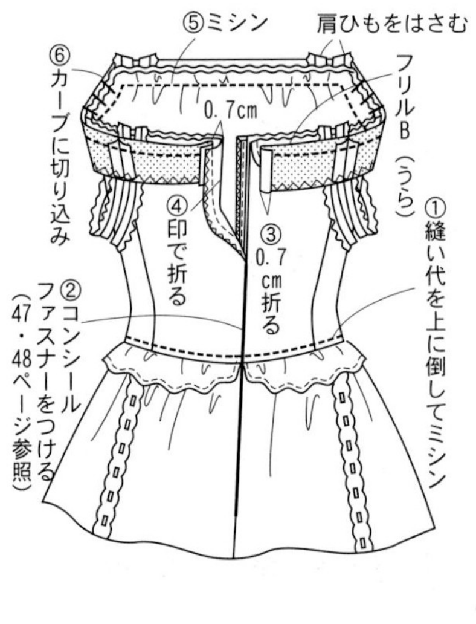
⑤ミシン
肩ひもをはさむ
⑥カーブに切り込み
0.7cm
フリルB（うら）
④印で折る
③0.7cm折る
①縫い代を上に倒してミシン
②コンシールファスナーをつける（47・48ページ参照）

9.出来上がり。

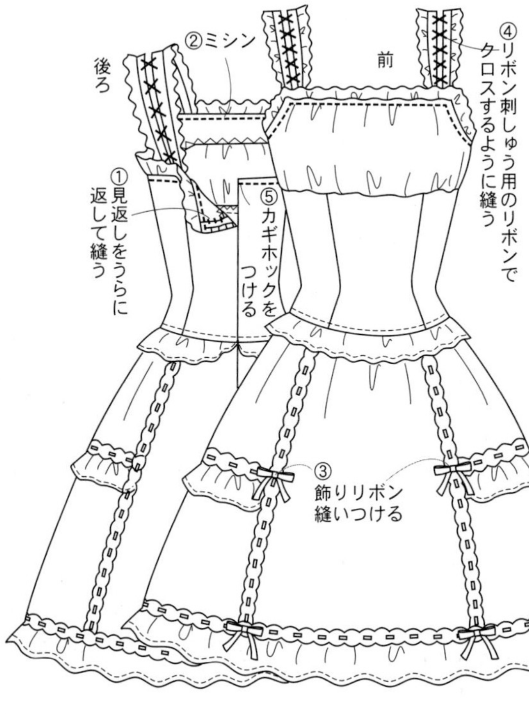
後ろ
②ミシン
前
④リボン刺しゅう用のリボンでクロスするように縫う
①見返しをうらに返して縫う
⑤カギホックをつける
③飾りリボン縫いつける

材料	S	M	L	LL
表布（ベンベルグ®：ニクルスKH2015-2D）110cm幅	3m50cm	3m60cm	3m70cm	3m90cm
接着芯 90cm幅	20cm	20cm	20cm	20cm
グログランリボン 9mm幅	1m20cm	1m20cm	1m20cm	1m20cm
サテンリボン 12mm幅	3m	3m	3m	3m
Dカン 内径12mm	10個	10個	10個	10個
コンシールファスナー 56cm	1本	1本	1本	1本
カギホック （小）	1組	1組	1組	1組

ワンピース　実物大の型紙A面

31ページ
23

数字の見方
上から順に
Sサイズ
Mサイズ
Lサイズ
LLサイズ
1つしかない数字は共通

布の裁ち方

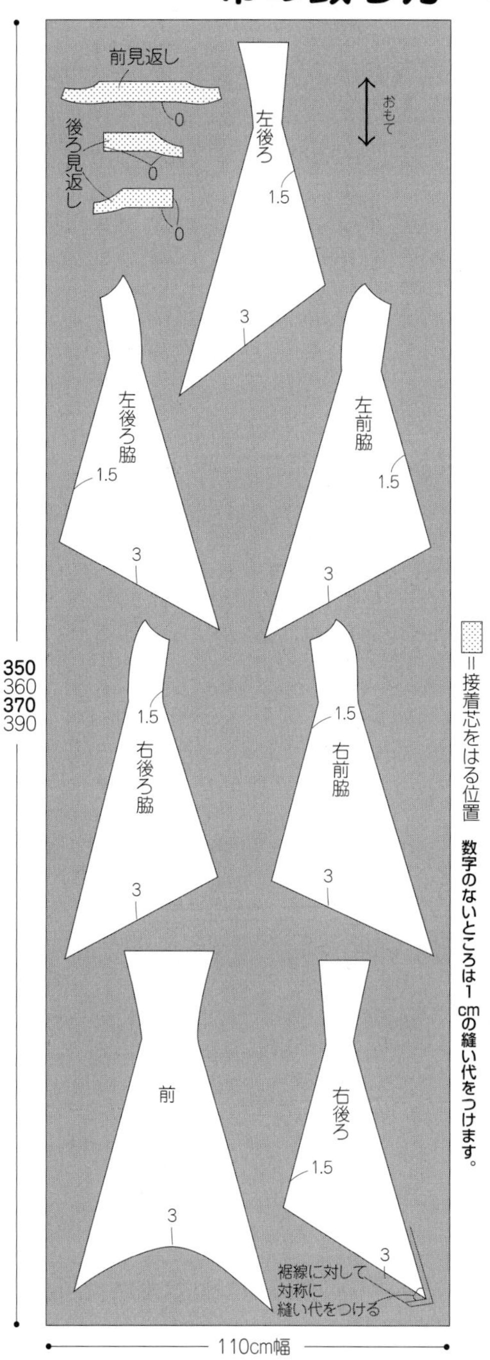

前見返し
後ろ見返し
左後ろ
おもて
左後ろ脇
左前脇
右後ろ脇
右前脇
前
右後ろ
1.5
3
0
350
360
370
390
110cm幅
裾線に対して対称に縫い代をつける
=接着芯をはる位置
数字のないところは1cmの縫い代をつけます。

ワンピースの製図

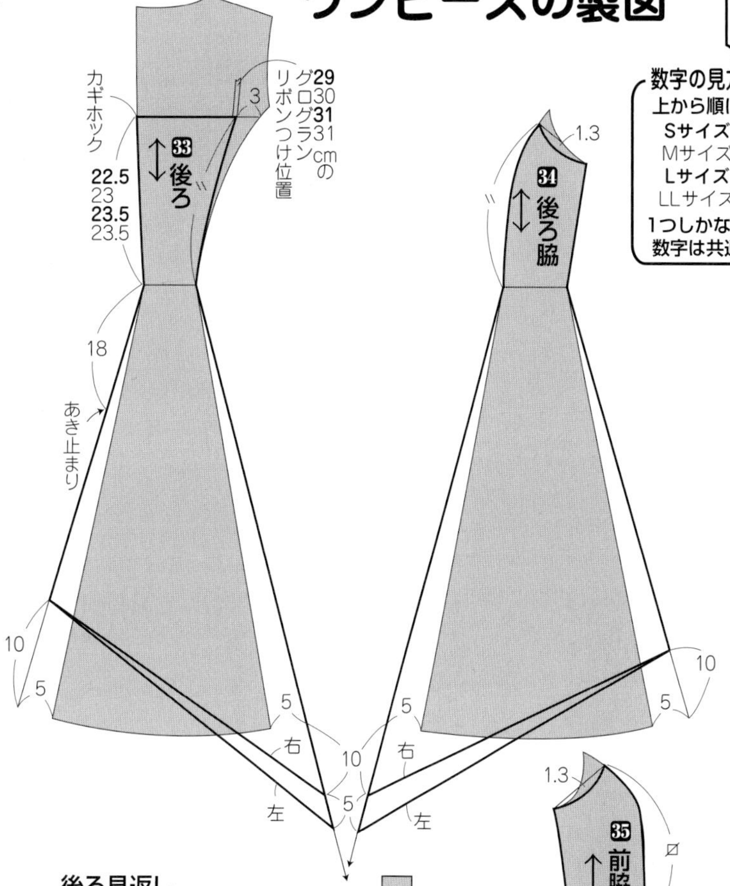

カギホック
29
30
31
31cmのグログランリボンつけ位置
33 後ろ
22.5
23
23.5
23.5
18
あき止まり
34 後ろ脇
1.3
10
5
右
左

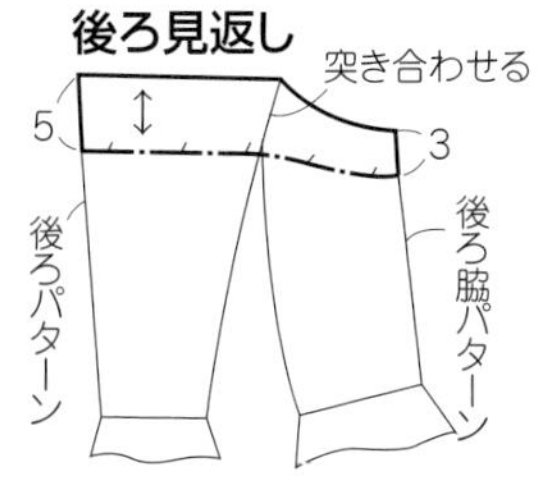

後ろ見返し
突き合わせる
5
3
後ろパターン
後ろ脇パターン

=実物大の型紙（12ページ11　製図133ページ）

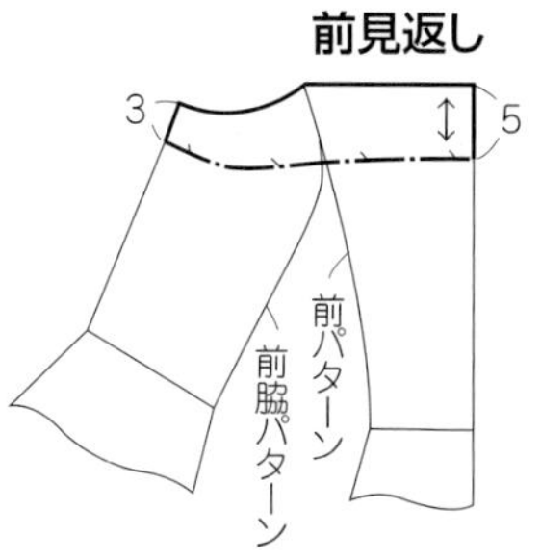

前見返し
3
5
前パターン
前脇パターン

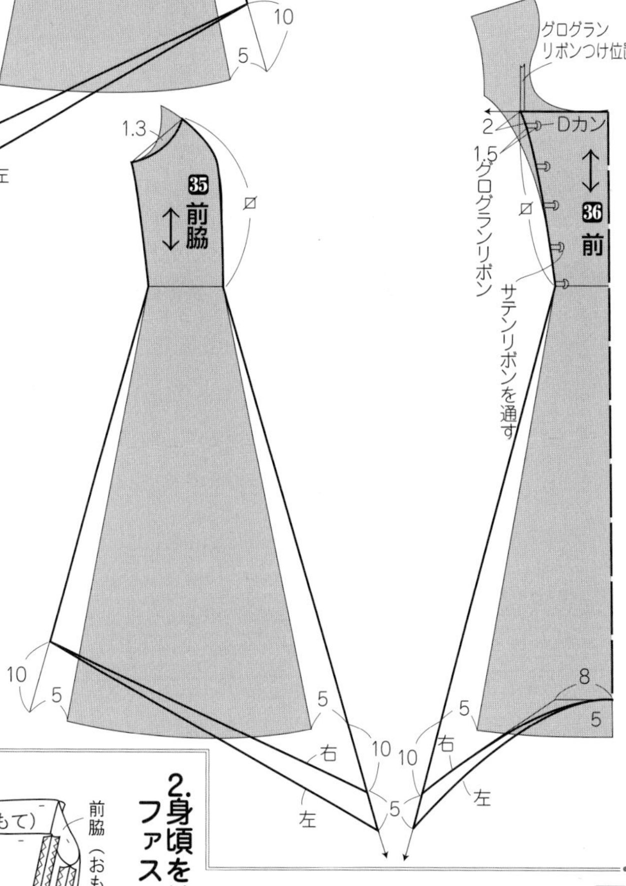

グログランリボンつけ位置
Dカン
2
1.5
グログランリボン
36 前
35 前脇
1.3
サテンリボンを通す
10
5
8
右
左

型紙のアレンジ方法

①後ろ・後ろ脇・前脇・前の上をカットする。裾幅を広げて裾線を引き直す。
②後ろと後ろ脇、前と前脇をそれぞれ突き合わせて見返しを製図する。

ワンピースの作り方

1.前身頃にグログランリボンをつける。

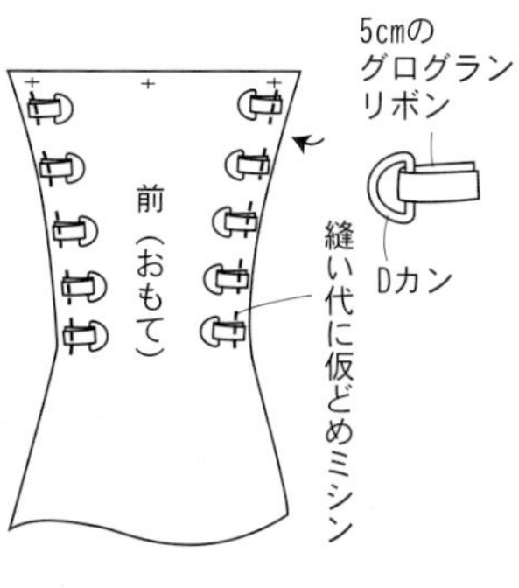

5cmのグログランリボン
Dカン
前（おもて）
縫い代に仮どめミシン

2.身頃を縫い合わせ、コンシールファスナーをつける。

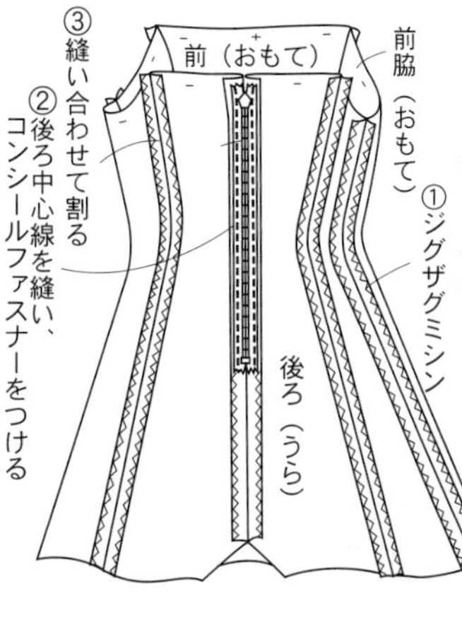

前（おもて）
前脇（おもて）
①ジグザグミシン
②後ろ中心線を縫い、コンシールファスナーをつける（47・48ページ参照）
③縫い合わせて割る
後ろ（うら）

3.見返しを作る。

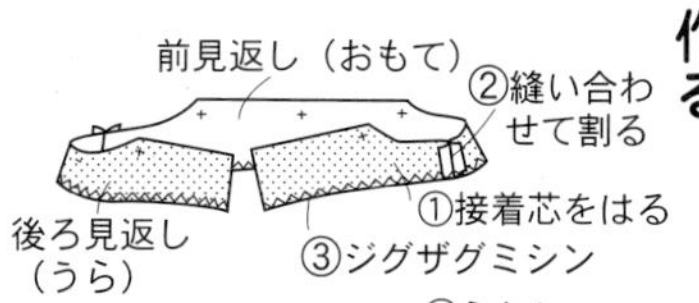

前見返し（おもて）
②縫い合わせて割る
①接着芯をはる
後ろ見返し（うら）
③ジグザグミシン

4.肩ひもと見返しをつける。

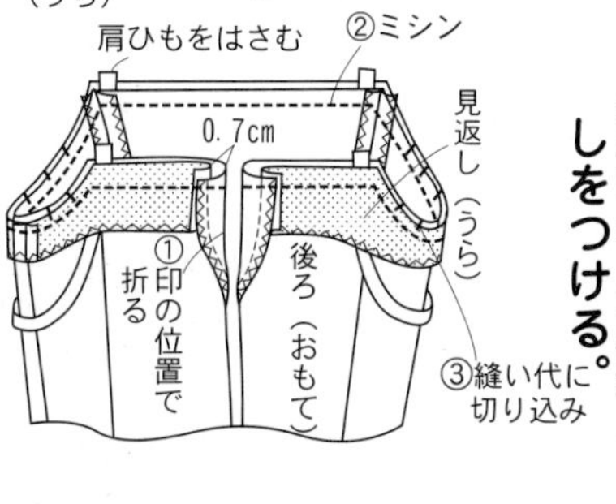

肩ひもをはさむ
②ミシン
0.7cm
見返し（うら）
①印の位置で折る
後ろ（おもて）
③縫い代に切り込み

5.出来上がり。

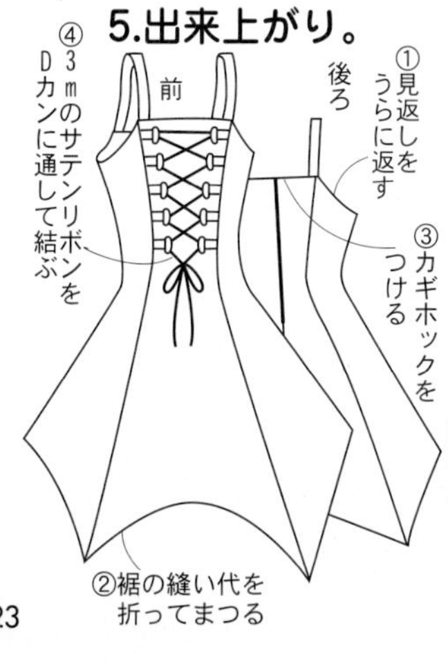

前
後ろ
①見返しをうらに返す
②裾の縫い代を折ってまつる
③カギホックをつける
④3mのサテンリボンをDカンに通して結ぶ

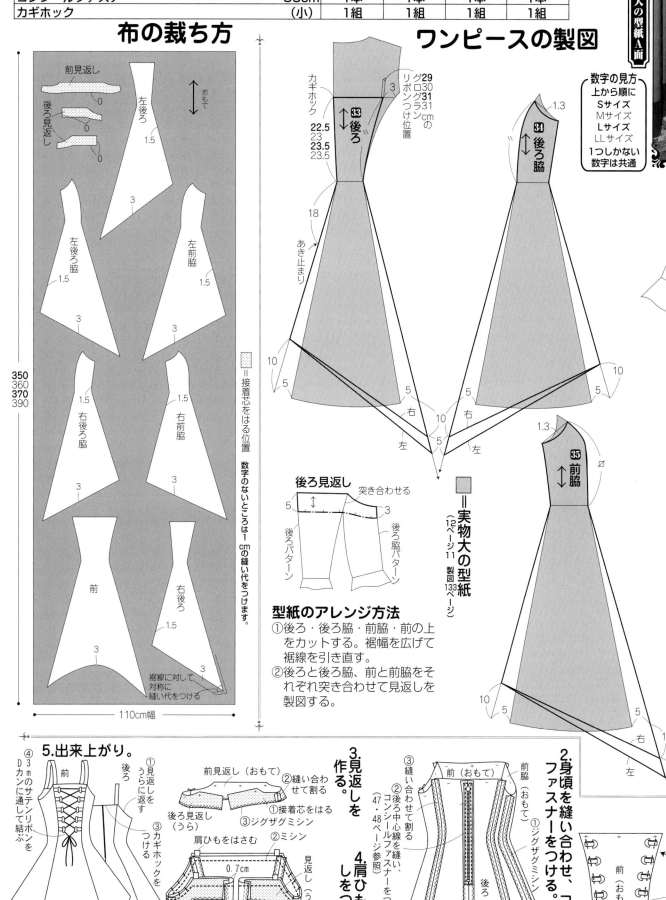

材料		S	M	L	LL
表布（綿ギャバジン）	112cm幅	6m	6m20cm	6m40cm	6m60cm
ジャボ用チュールレース地	60cm幅	30cm	30cm	30cm	30cm
接着芯	90cm幅	2m50cm	2m50cm	2m60cm	2m60cm
ボタン	22mm	18個	18個	18個	18個
裏ボタン	20mm	2個	2個	2個	2個
丸カン	5mm	2個	2個	2個	2個
チェーン		40cm	40cm	40cm	40cm
Cカン	5mm	4個	4個	4個	4個
グログランリボン（ハマナカNo.140-24）	9mm幅	4m90cm	5m	5m20cm	5m30cm

コート　実物大の型紙B面

数字の見方
上から順に
Sサイズ
Mサイズ
Lサイズ
LLサイズ
1つしかない数字は共通

布の裁ち方

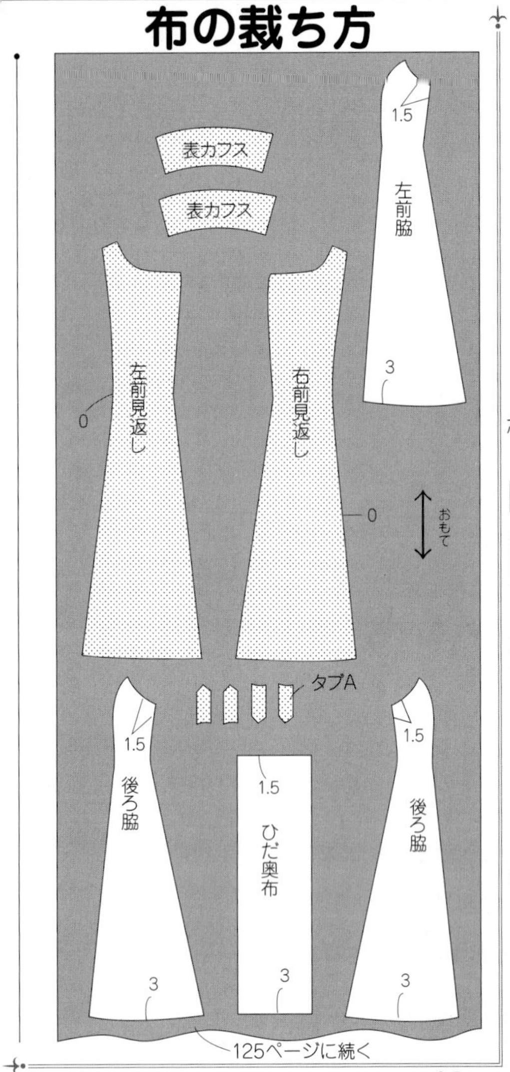

□＝接着芯をはる位置

数字のないところは1cmの縫い代をつけます。

コートの製図

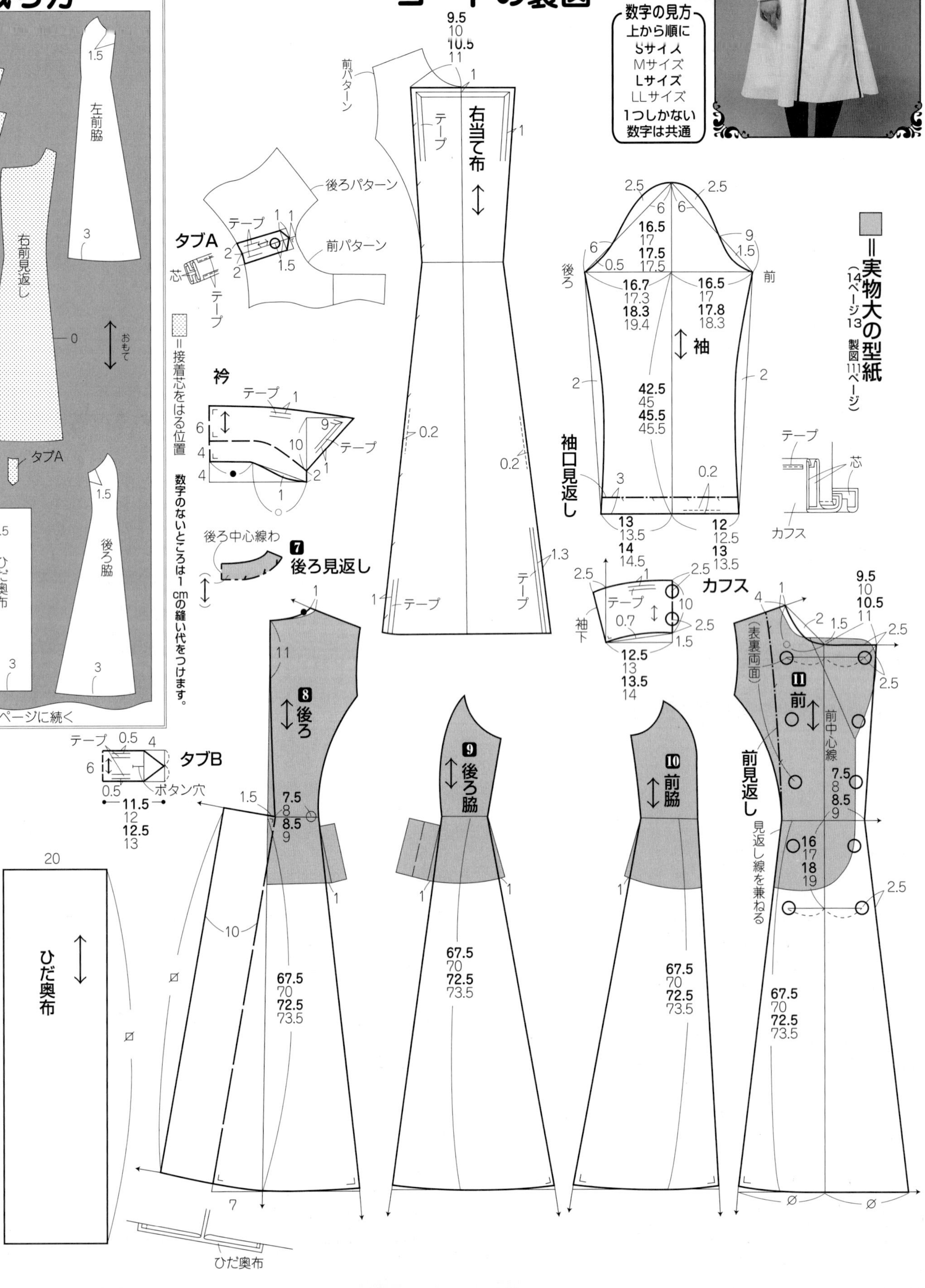

■＝実物大の型紙（14ページ13 製図111ページ）

型紙のアレンジ方法

①後ろの衿ぐりを狭くする。ウエストをカットし、ウエストラインから下の製図をする。⌀／□の長さを測り、ひだ奥布を製図する。

②後ろ脇と前脇のウエストラインより下を製図する。

③前の衿ぐり・前端・ウエストラインより下を製図する。

④前パターンを元にして右当て布を製図する。

⑤袖・カフス・衿・タブA・タブBを製図する。

コートの作り方

4.タブを作る。

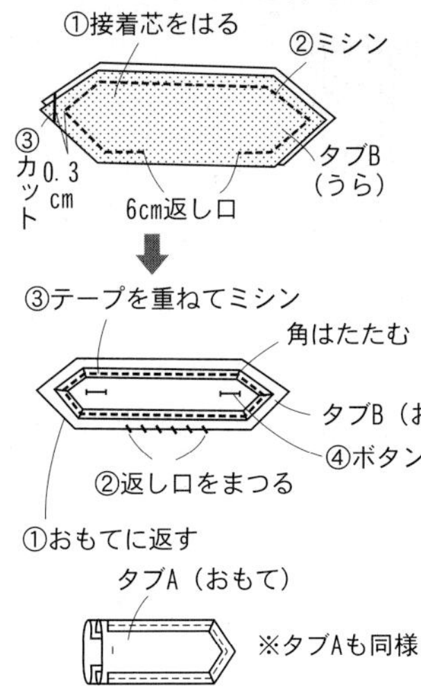

①接着芯をはる
②ミシン
③カット
0.3cm
タブB（うら）
6cm返し口
③テープを重ねてミシン
角はたたむ
タブB（おもて）
④ボタン穴を作る
②返し口をまつる
①おもてに返す
タブA（おもて）
※タブAも同様に作る

3.袖を作る。

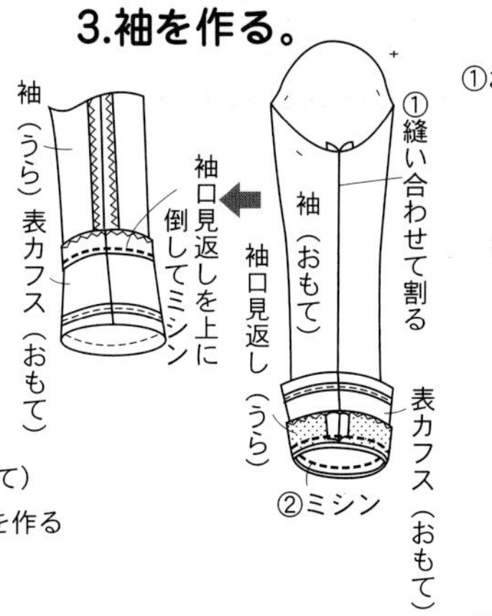

袖（うら）
表カフス（おもて）
袖口見返しを上に倒してミシン
①縫い合わせて割る
袖（おもて）
袖口見返し（うら）
表カフス（おもて）
②ミシン

1.カフスを作る。

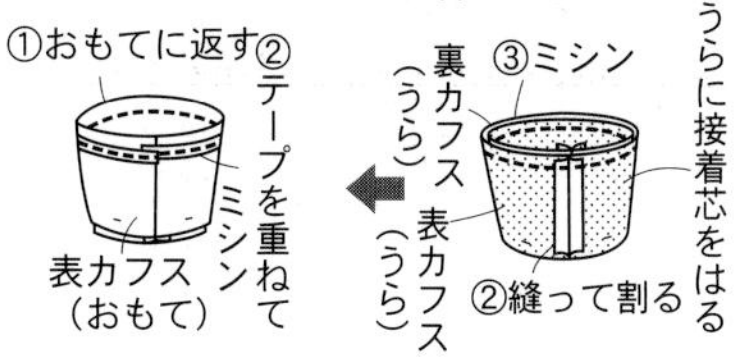

①おもてに返す
②テープを重ねてミシン
表カフス（おもて）
裏カフス（うら）
③ミシン
表カフス（うら）
①うらに接着芯をはる
②縫って割る

2.袖口見返しを作る。

③縫って割る
②ジグザグミシン
袖口見返し（うら）
①接着芯をはる

5.身頃を作って袖をつける。

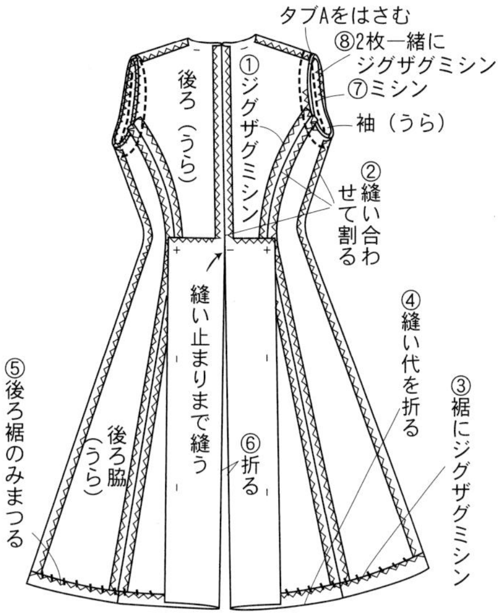

タブAをはさむ
⑧2枚一緒にジグザグミシン
⑦ミシン
袖（うら）
後ろ（うら）
①ジグザグミシン
②縫い合わせて割る
縫い止まりまで縫う
⑥折る
④縫い代を折る
③裾にジグザグミシン
⑤後ろ裾のみまつる
後ろ脇（うら）

7.ひだ奥布をつける。

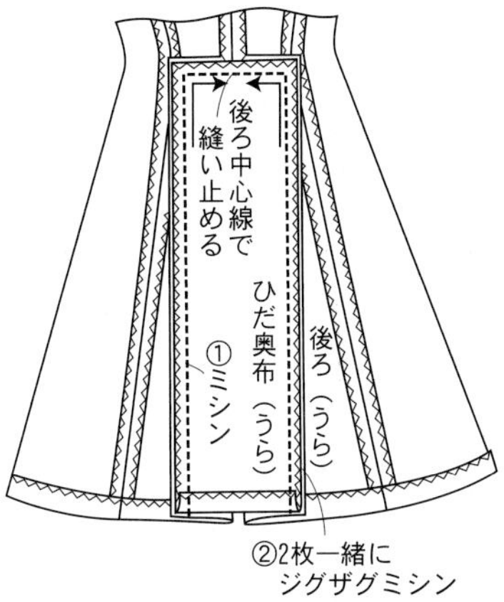

後ろ中心線で縫い止める
ひだ奥布（うら）
①ミシン
後ろ（うら）
②2枚一緒にジグザグミシン

6.ひだ奥布を作る。

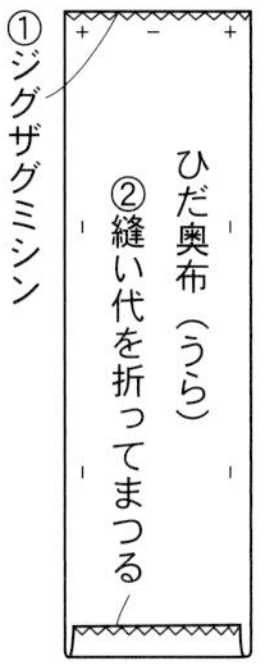

①ジグザグミシン
ひだ奥布（うら）
②縫い代を折ってまつる

8.衿を作る。

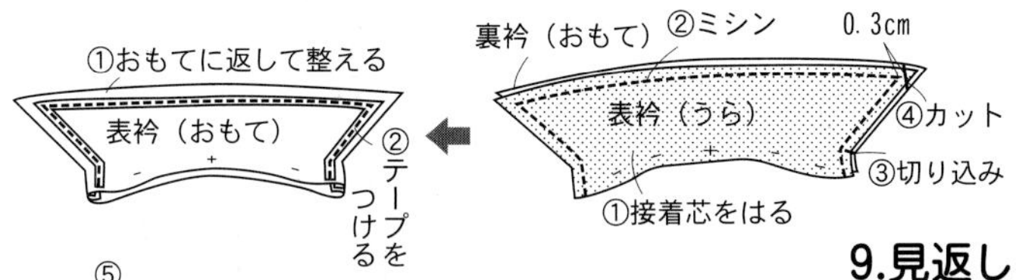

①おもてに返して整える
表衿（おもて）
②テープをつける
裏衿（おもて）
②ミシン
0.3cm
表衿（うら）
④カット
③切り込み
①接着芯をはる

9.見返しを作り、衿と見返しを身頃につける。

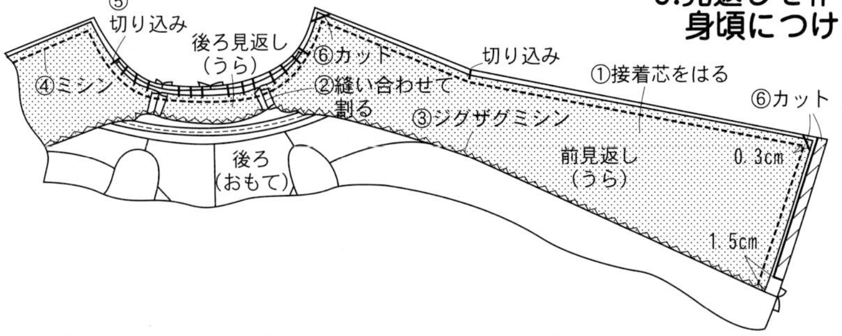

⑤切り込み
後ろ見返し（うら）
⑥カット
切り込み
①接着芯をはる
④ミシン
②縫い合わせて割る
③ジグザグミシン
⑥カット
後ろ（おもて）
前見返し（うら）
0.3cm
1.5cm

124ページから続く

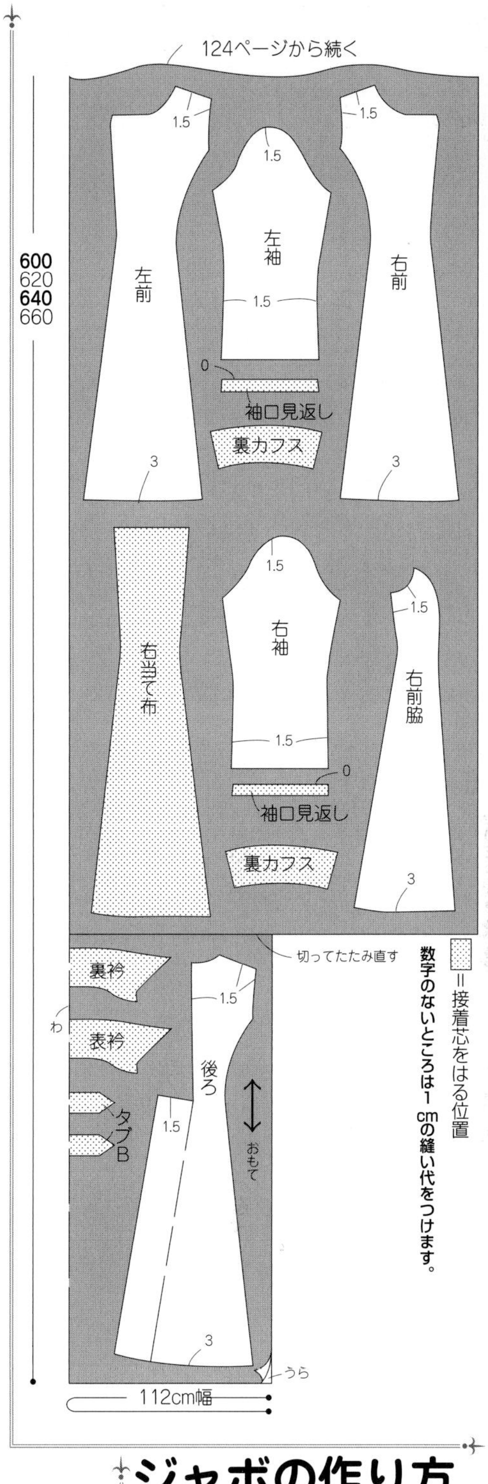

600
620
640
660
1.5
左前
左袖
右前
0
袖口見返し
裏カフス
3
右当て布
右袖
右前脇
袖口見返し
裏カフス
切ってたたみ直す
裏衿
わ
表衿
タブB
後ろ
おもて
うら
112cm幅

▨＝接着芯をはる位置

数字のないところは1cmの縫い代をつけます。

12.ボタンをつけて出来上がり。

前
後ろ
①ボタン穴を作る
②ボタンをつける
②ボタンをつける
ボタンの足にCカンを通すチェーン20cm
③後ろにボタンをつけてタブBをつける

※チェーンのカットの仕方は80ページ参照

11.見返しを身頃のうらに返して当て布をつける。

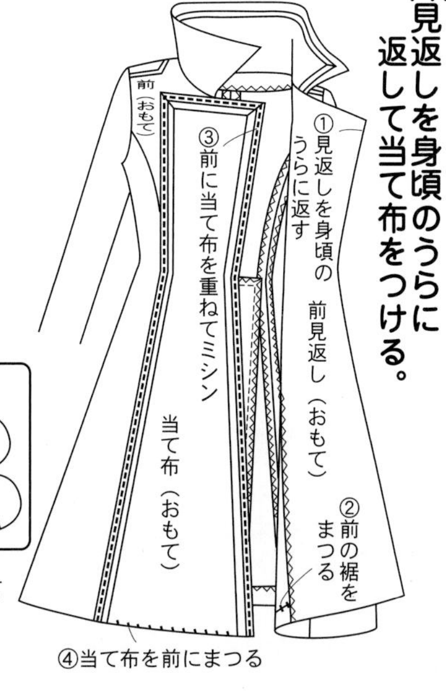

前（おもて）
③前に当て布を重ねてミシン
①見返しを身頃のうらに返す
前見返し（おもて）
当て布（おもて）
②前の裾をまつる
④当て布を前にまつる

10.当て布を作る。

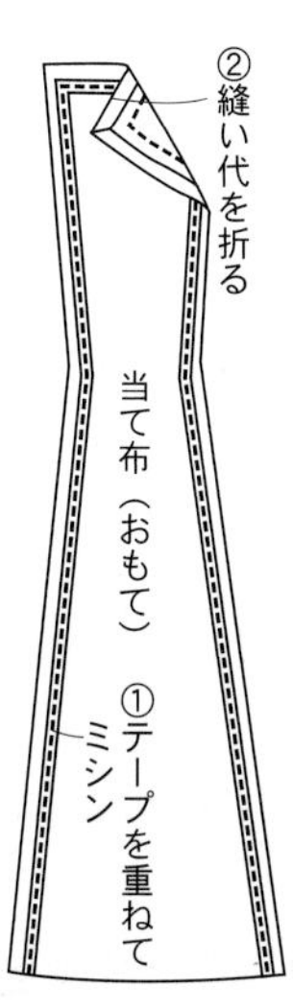

②縫い代を折る
当て布（おもて）
①テープを重ねてミシン

ジャボの作り方

布の裁ち方

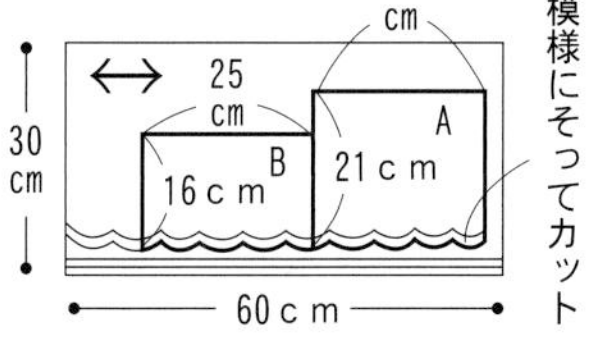

25cm
25cm
A
B
30cm
16cm
21cm
60cm
模様にそってカット

作り方

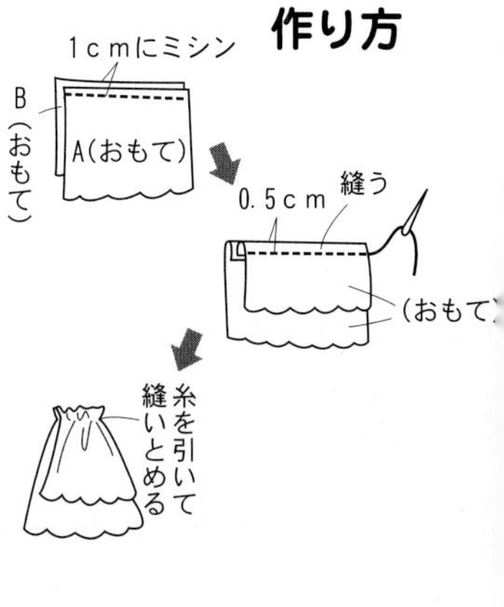

1cmにミシン
B（おもて）
A(おもて)
0.5cm
縫う
（おもて）
糸を引いて縫いとめる

ワンピースの材料		S	M	L	LL
表布（キュプラ：ニクルスKH2004）	112cm幅	5m10cm	5m20cm	5m40cm	5m70cm
別布（ポリエステルサテン）	110cm幅	4m	4m10cm	4m30cm	4m30cm
接着芯		40cm	40cm	40cm	40cm
ワイヤー	#28	3m50cm	3m50cm	3m60cm	3m60cm
コルセットの材料		**S**	**M**	**L**	**LL**
表布（古着の名古屋帯）	30cm幅	1m20cm	1m20cm	1m20cm	1m20cm
裏布（帯の裏側の布）	30cm幅	70cm	70cm	70cm	70cm
厚手接着芯	90cm幅	1m	1m	1m	1m
ハトメリング	内径5mm	8組	8組	8組	8組
グログランリボン	9mm幅	1m50cm	1m50cm	1m50cm	1m50cm

ワンピース 実物大の型紙A面

コルセット 実物大の型紙A面

数字の見方
上から順に
Sサイズ
Mサイズ
Lサイズ
LLサイズ
1つしかない数字は共通

ワンピースの製図

■＝実物大の型紙
（8ページ7　製図103ページ）

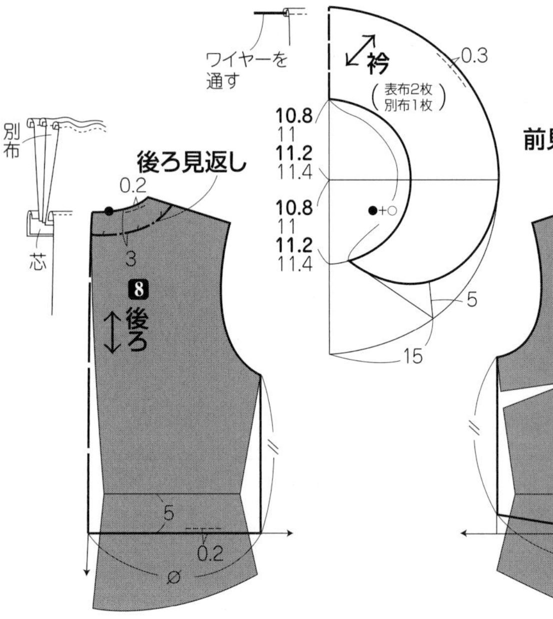

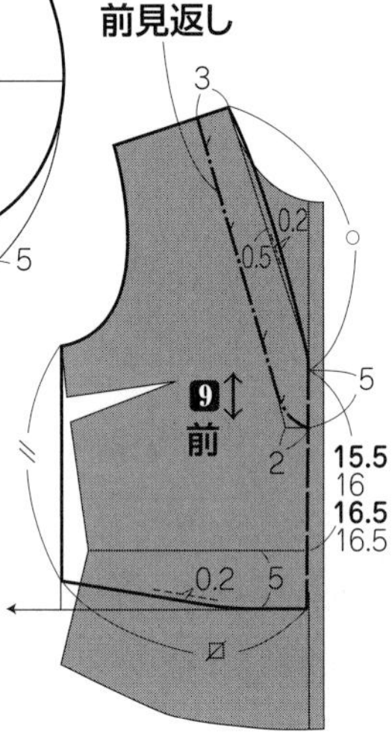

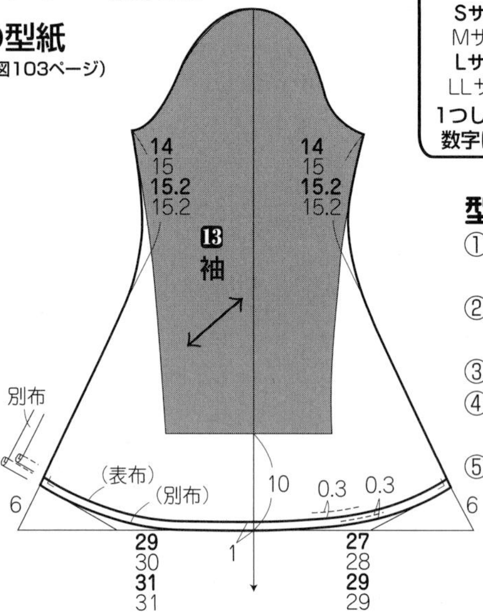

型紙のアレンジ方法

①後ろの後ろ中心線・裾線・脇線の順に線を引き直す。
②前の前中心線をわにし、衿ぐり・裾線・脇線の順に線を引き直す。
③袖の袖口を広げて丈を長くする。
④後ろ衿ぐりと前衿ぐりに見返しを製図する。
⑤衿とスカートを製図する。

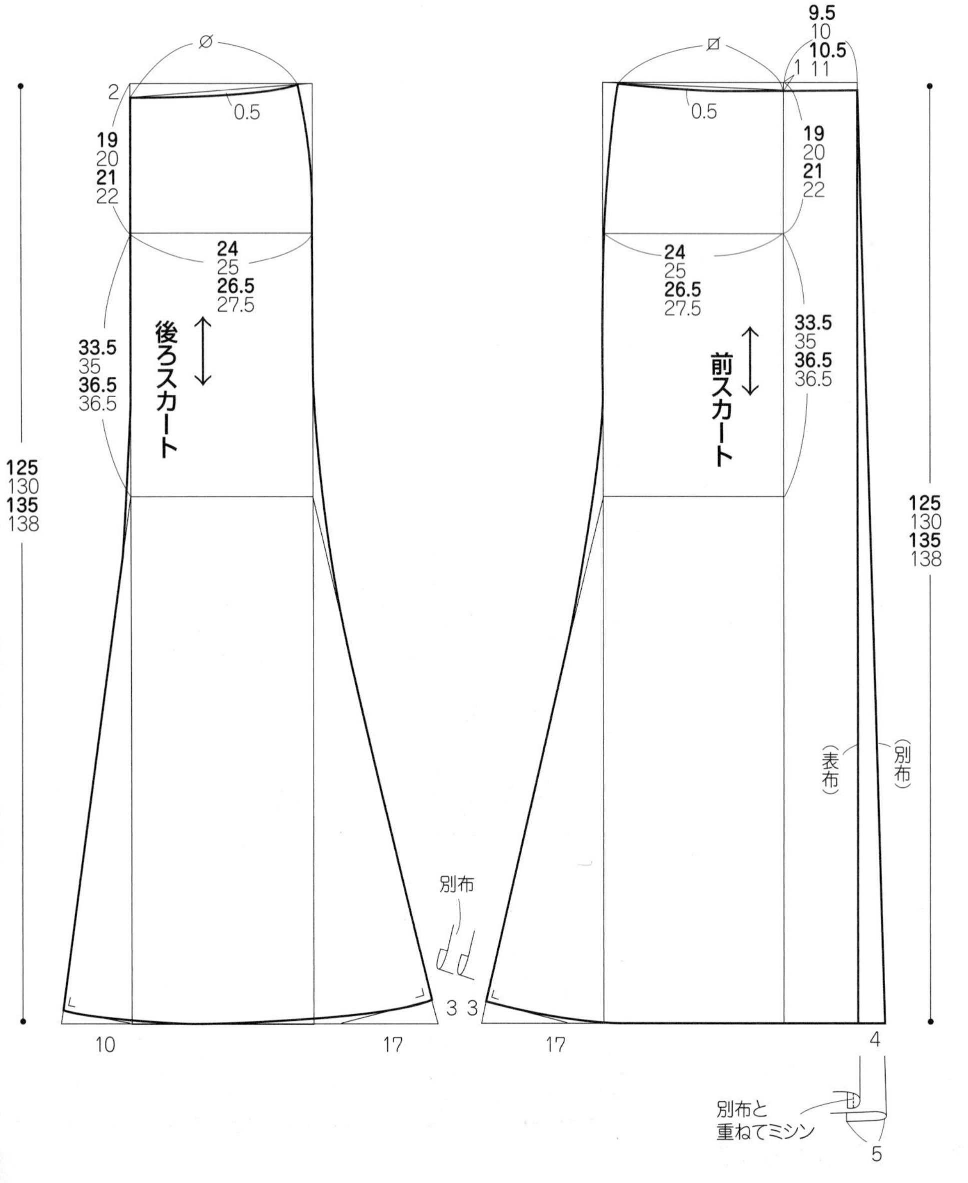

コルセットの製図

■＝実物大の型紙
（12ページ11　製図133ページ）

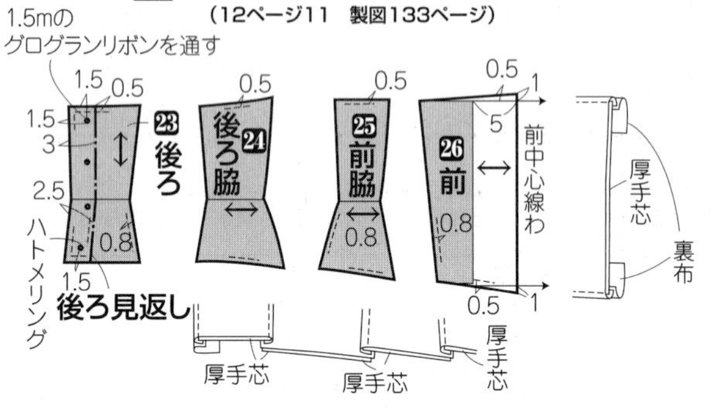

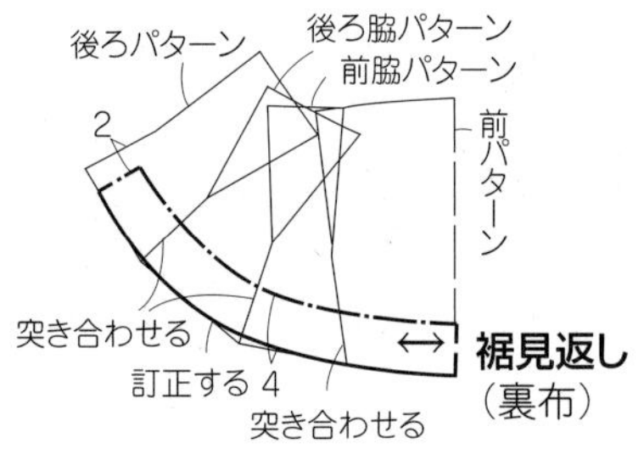

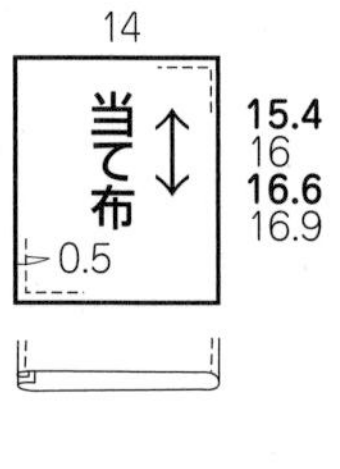

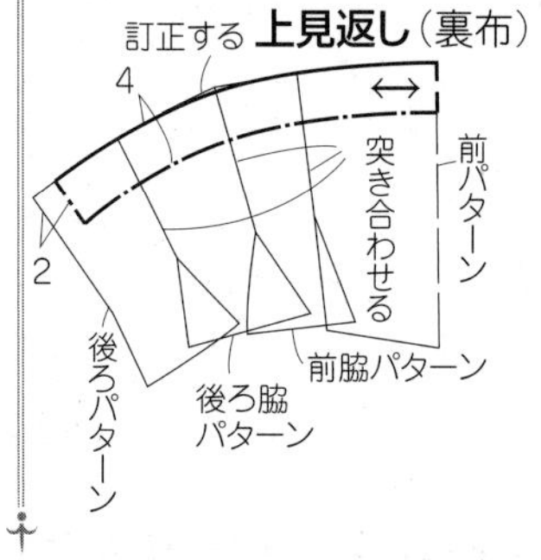

型紙のアレンジ方法

①前中心線を平行に移動し、上と下を1cmずつ出す。
②後ろに見返しを製図する。
③切り替え線をを突き合わせて裾見返しと上見返しを製図する。
④当て布を製図する。

ワンピースの作り方

1.スカート作る。

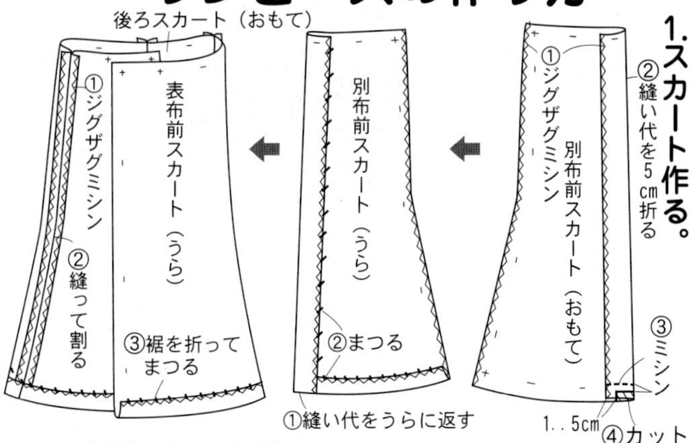

後ろスカート（おもて）
①ジグザグミシン
②縫って割る
表布前スカート（うら）
③裾を折ってまつる
別布前スカート（うら）
②まつる
①縫い代をうらに返す
①ジグザグミシン
②縫い代を5cm折る
別布前スカート（おもて）
③ミシン
1．5cm
④カット

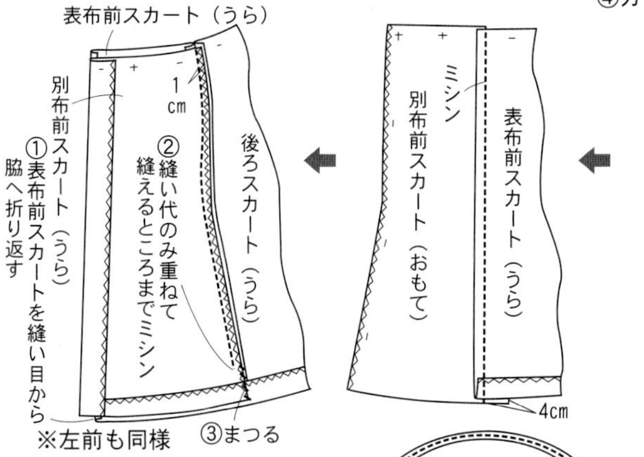

表布前スカート（うら）
別布前スカート
①表布前スカート（うら）脇へ折り返す
1cm
②縫い代のみ重ねて縫えるところまでミシン
後ろスカート（うら）
縫い目から
※左前も同様
③まつる
ミシン
別布前スカート（おもて）
表布前スカート（うら）
4cm

2.衿を作る。

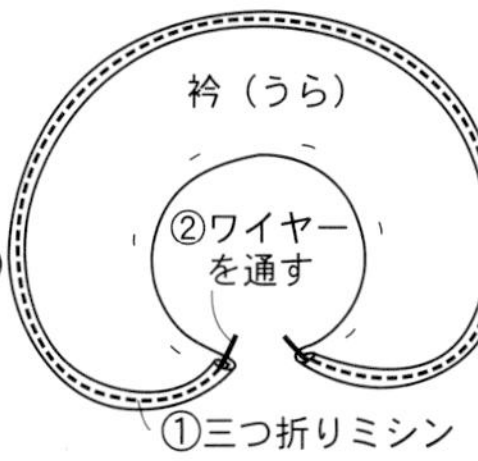

衿（うら）
②ワイヤーを通す
①三つ折りミシン

3.見返しを作る。

※3枚共同様に作る

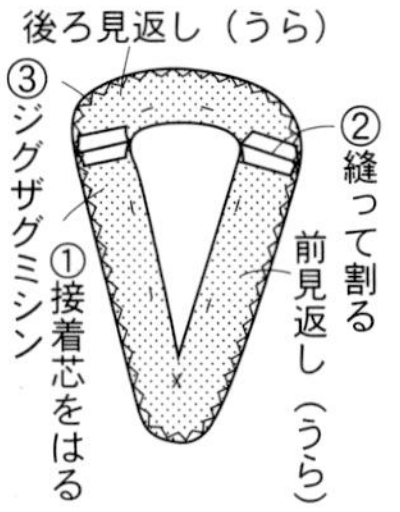

後ろ見返し（うら）
③ジグザグミシン
②縫って割る
①接着芯をはる
前見返し（うら）

4.身頃を作って、衿と見返しをつける。

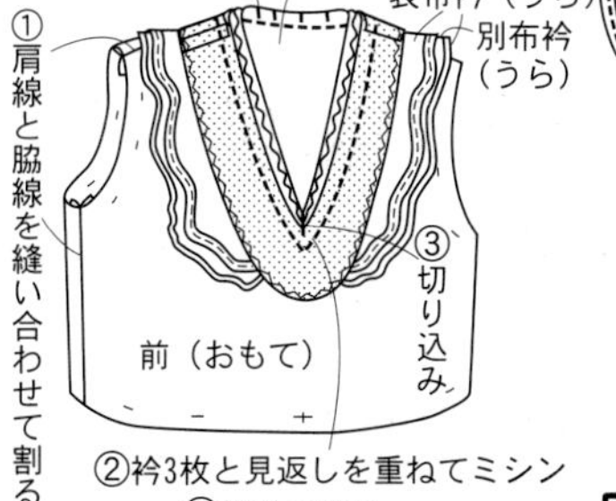

③切り込み
後ろ（うら）
表布衿（うら）
別布衿（うら）
①肩線と脇線を縫い合わせて割る
③切り込み
前（おもて）
②衿3枚と見返しを重ねてミシン

5.身頃とスカートを縫い合わせる。

後ろ（うら）
③ジグザグミシン
②ミシン
①スカートの前中心・前身頃の前中心を合わせる
別布前スカート（うら）

6.袖を作る。

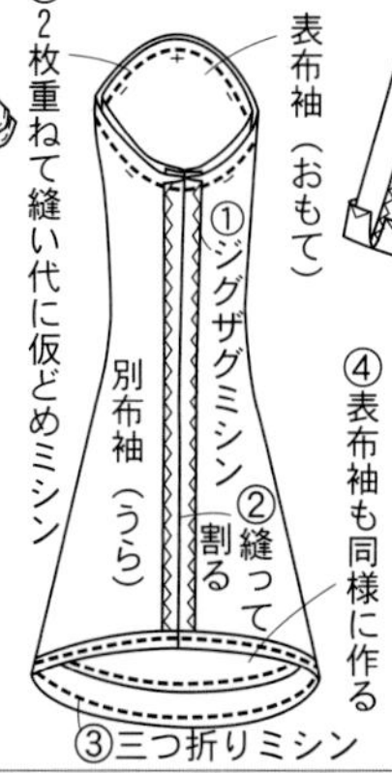

⑤2枚重ねて縫い代に仮どめミシン
表布袖（おもて）
①ジグザグミシン
別布袖（うら）
②縫って割る
④表布袖も同様に作る
③三つ折りミシン

7.出来上がり。

③袖をつける（51ページ参照）
④衿のワイヤーの形を整える
②見返しを身頃のうらに返してミシン
①縫い代を上に倒してミシン
前
後ろ

コルセットの作り方

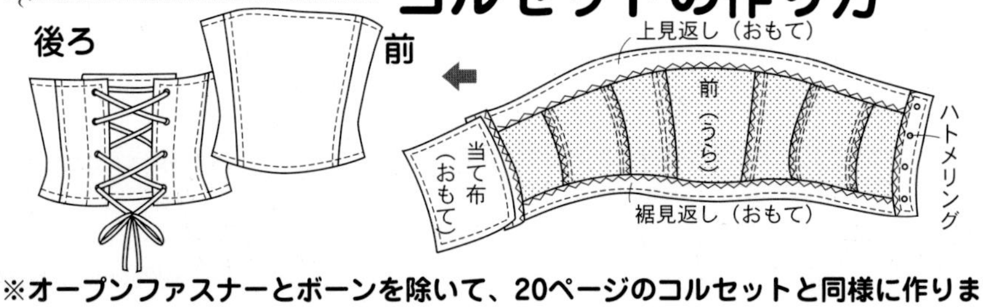

後ろ
前
上見返し（おもて）
前（うら）
当て布（おもて）
ハトメリング
裾見返し（おもて）

※オープンファスナーとボーンを除いて、20ページのコルセットと同様に作ります。

布の裁ち方

▢＝接着芯をはる位置

数字のないところは1cmの縫い代をつけます。

別布

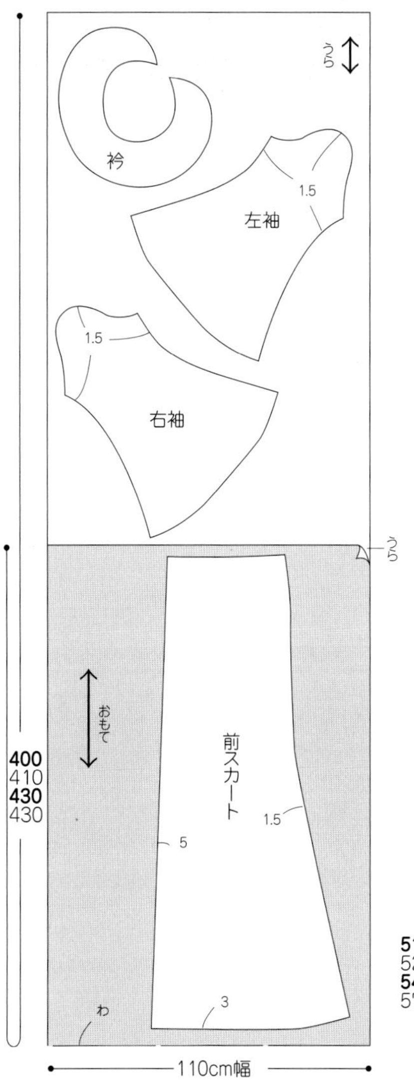

うら
衿
左袖
1.5
右袖
うら
おもて
前スカート
1.5
5
3
わ
400
410
430
430
110cm幅

表布

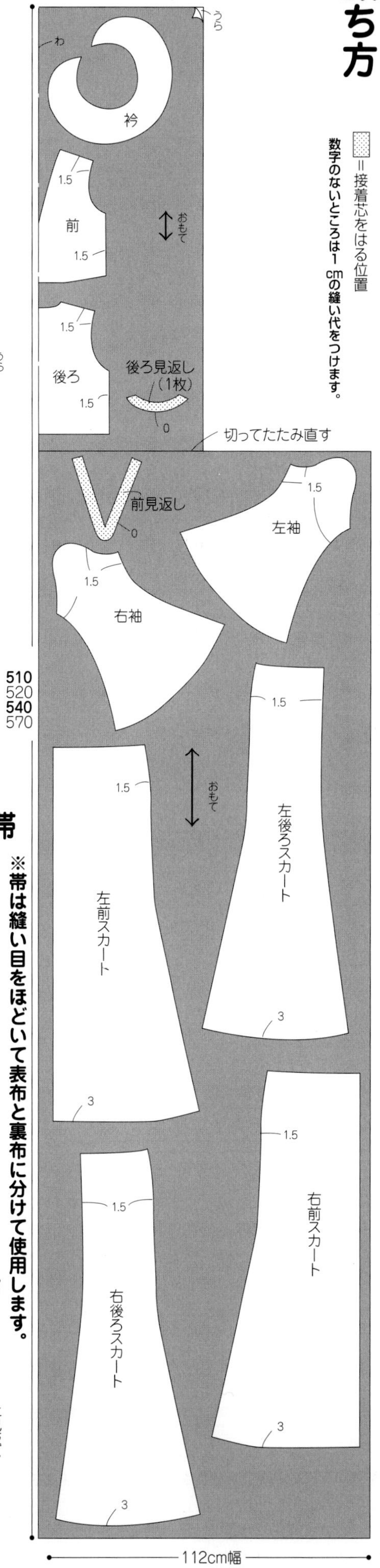

うら
わ
衿
1.5
前
おもて
後ろ
後ろ見返し（1枚）
0
切ってたたみ直す
前見返し
左袖
右袖
510
520
540
570
左後ろスカート
左前スカート
右前スカート
右後ろスカート
3
112cm幅

コルセット用帯

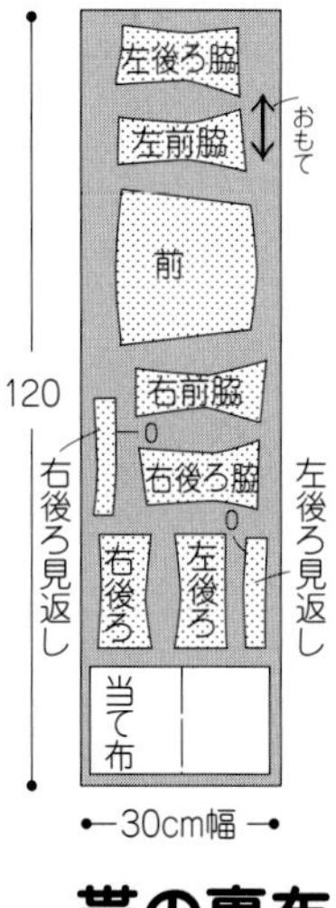

左後ろ脇
左前脇
おもて
前
右前脇
右後ろ脇
右後ろ見返し
左後ろ見返し
右後ろ
左後ろ
当て布
0
120
30cm幅

※帯は縫い目をほどいて表布と裏布に分けて使用します。

帯の裏布

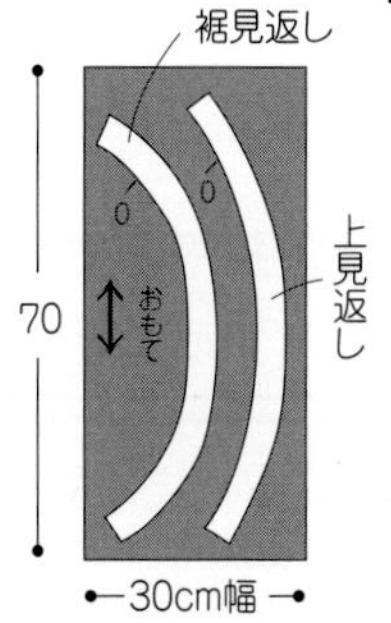

裾見返し
上見返し
おもて
0
70
30cm幅

材料		S	M	L	LL
表布（綿：大喜18-0015）	110cm幅	5m40cm	5m60cm	5m80cm	6m10cm
接着芯	90cm幅	80cm	80cm	90cm	90cm
レースA（ラッセルカラータックレース：ハマナカCT9008-15）	27mm幅	10m	10m40cm	10m80cm	11m20cm
レースB（ラッセルカラータックレース：ハマナカCT9011-15）	43mm幅	9m	9m40cm	10m20cm	10m90cm
リボンA（グログランリボン）	15mm幅	1m30cm	1m30cm	1m30cm	1m30cm
リボンB（サテンリボン）	6mm幅	30cm	30cm	30cm	30cm
リボンC（サテンリボン）	25mm幅	60cm	60cm	60cm	60cm
コンシールファスナー	22cm	1本	1本	1本	1本
カギホック	（大）	1組	1組	1組	1組
ボタン	13mm	6個	6個	6個	6個

ブラウス　実物大の型紙A面

ヘッドドレス　実物大の型紙90ページ

スカートの型紙はついていません

数字の見方
上から順に
Sサイズ
Mサイズ
Lサイズ
LLサイズ
1つしかない
数字は共通

ブラウスの製図

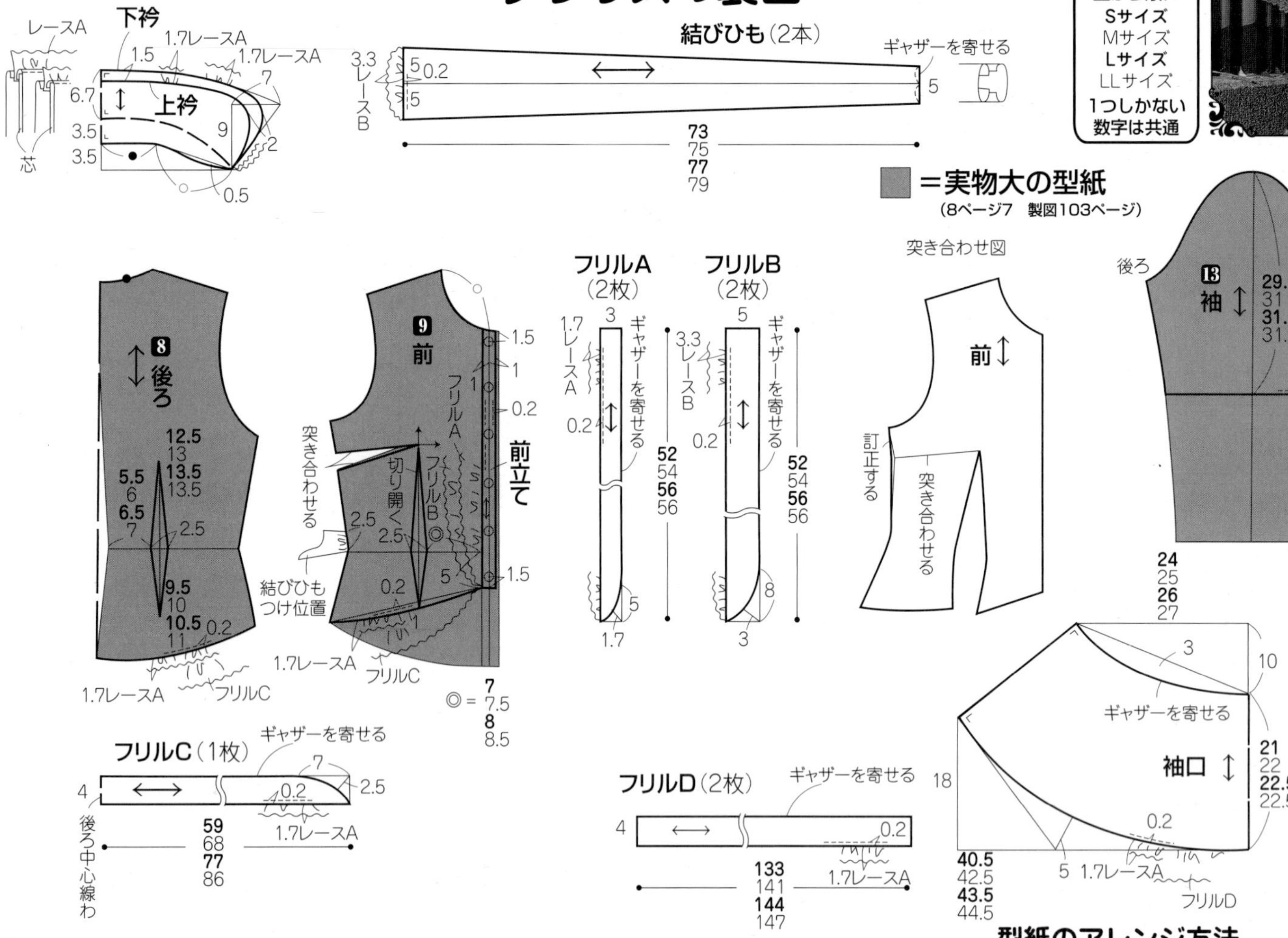

型紙のアレンジ方法

①後ろの後ろ中心線をわにしてダーツを作る。
②前立てを製図して前裾を引き直し、ダーツを作る。脇のダーツをたたんで新しく作ったダーツを切り開く。
③袖の袖丈を短くする。
④衿・結びひも・袖口・フリルを製図する。

※パニエA（78ページ）を使用します。

スカートの製図

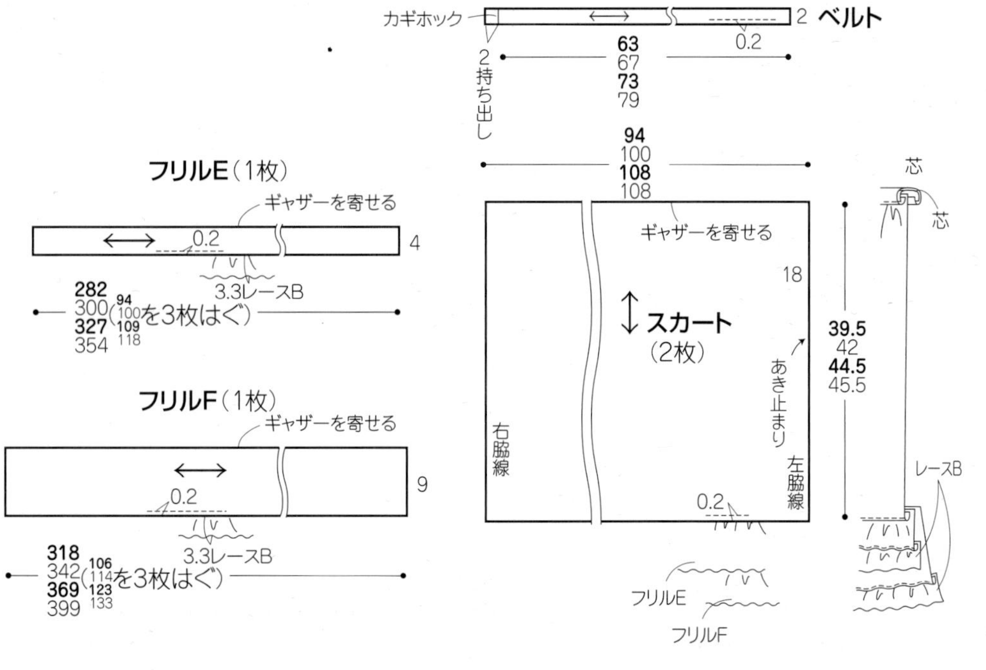

ヘッドドレスの製図

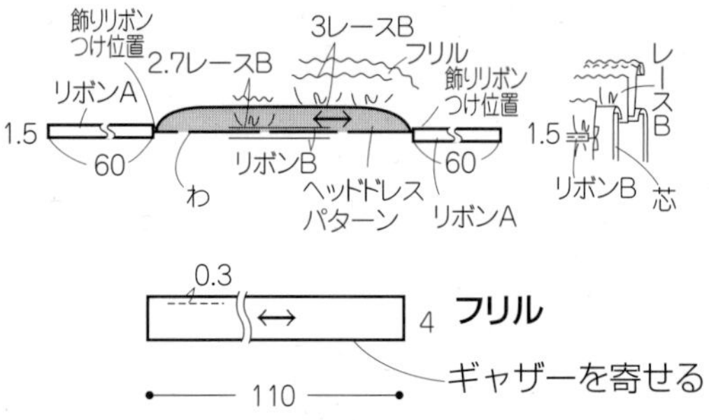

＝実物大の型紙
（7ページ6　製図90ページ）

ヘッドドレスの作り方

1.フリルを作る。

①ジグザグミシン
②縫って割る
③三つ折りミシン
フリル（うら）

2.土台布を作って、レースとリボンをつける。

レースB（うら） 2.7cm
ミシン
レースBを開いて重ね、上にリボンBを重ねてミシン
フリルB（おもて）
縫いつける
フリル
レースB
リボンA

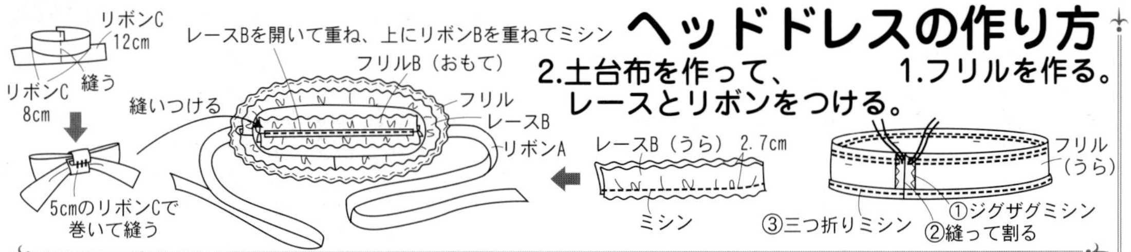

リボンC 12cm
リボンC 8cm
縫う
5cmのリボンCで巻いて縫う

ブラウスの作り方

1.結びひもを作る。

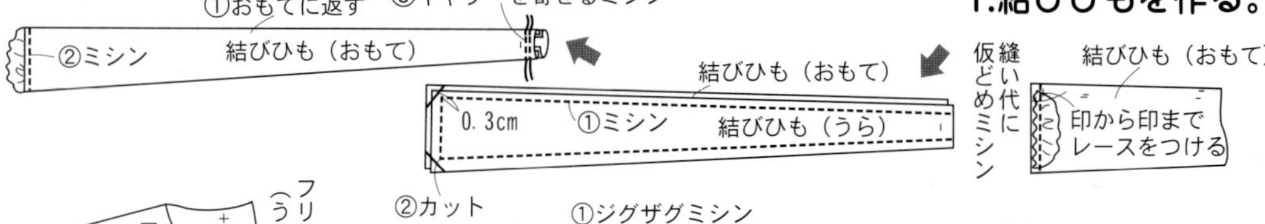

①おもてに返す
③ギャザーを寄せるミシン
②ミシン
結びひも（おもて）
結びひも（おもて）
0.3cm
①ミシン
結びひも（うら）
②カット
縫い代に仮どめミシン
結びひも（おもて）
印から印までレースをつける

2.フリルA～Cを作る。

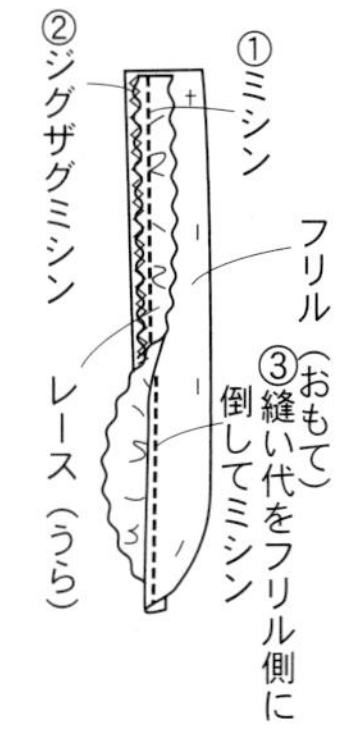

②ジグザグミシン
①ミシン
フリル（おもて）
③縫い代をフリル側に倒してミシン
レース（うら）

3.身頃を作る。

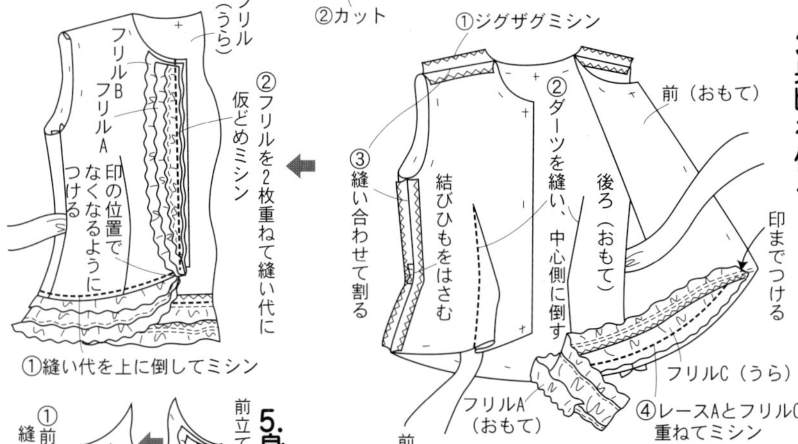

①ジグザグミシン
前（おもて）
②ダーツを縫い、中心側に倒す
後ろ（おもて）
結びひもをはさむ
③縫い合わせて割る
印までつける
フリルC（うら）
フリルA（おもて）
④レースAとフリルCを重ねてミシン
フリル（うら）
フリルB
フリルA
印の位置でなくなるようにつける
②フリルを2枚重ねて縫い代に仮どめミシン
①縫い代を上に倒してミシン

4.前立てを作る。

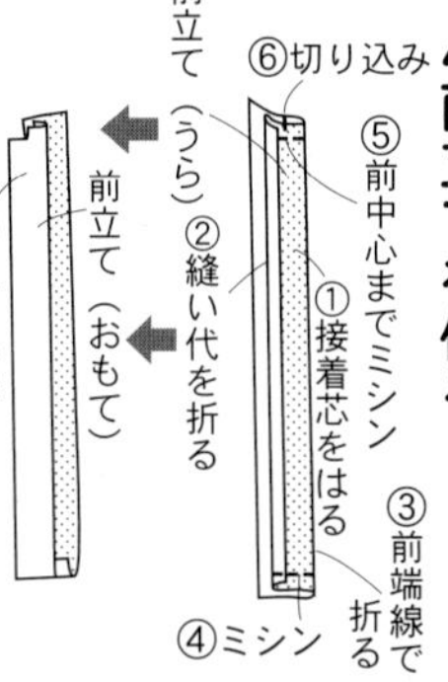

前立て（うら）
⑥切り込み
⑤前中心までミシン
②縫い代を折る
①接着芯をはる
③前端線で折る
④ミシン
前立て（おもて）
おもてに返す

5.身頃に前立てをつける。

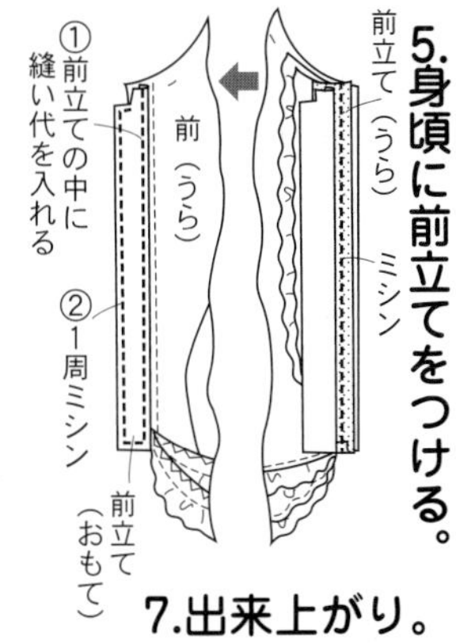

①前立ての中に縫い代を入れる
前（うら）
②1周ミシン
前立て（おもて）
前立て（うら）
ミシン

6.袖を作る。

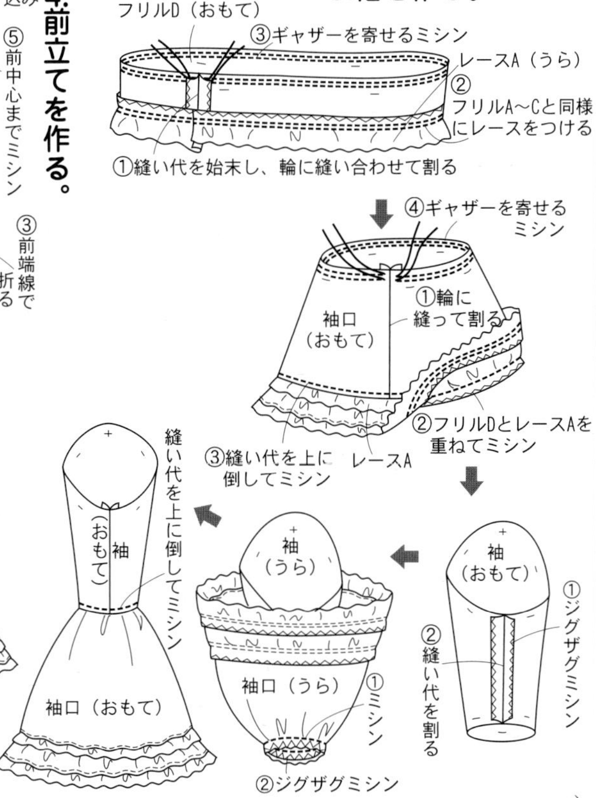

フリルD（おもて）
③ギャザーを寄せるミシン
レースA（うら）
②フリルA～Cと同様にレースをつける
①縫い代を始末し、輪に縫い合わせて割る
④ギャザーを寄せるミシン
袖口（おもて）
①輪に縫って割る
②フリルDとレースAを重ねてミシン
③縫い代を上に倒してミシン
レースA
袖（おもて）
①ジグザグミシン
②縫い代を割る
袖（うら）
袖口（うら）
①ミシン
②ジグザグミシン
袖（おもて）
縫い代を上に倒してミシン
袖口（おもて）

7.出来上がり。

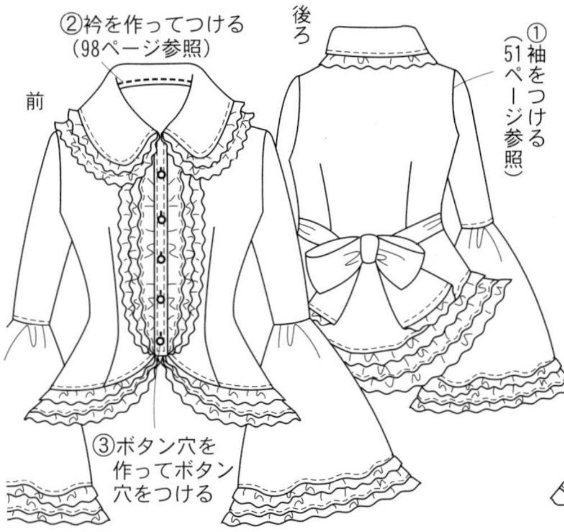

②衿を作ってつける（98ページ参照）
前
後ろ
①袖をつける（51ページ参照）
③ボタン穴を作ってボタン穴をつける

スカートの作り方

※フリルE・Fの作り方は上図6のフリルDと同様。

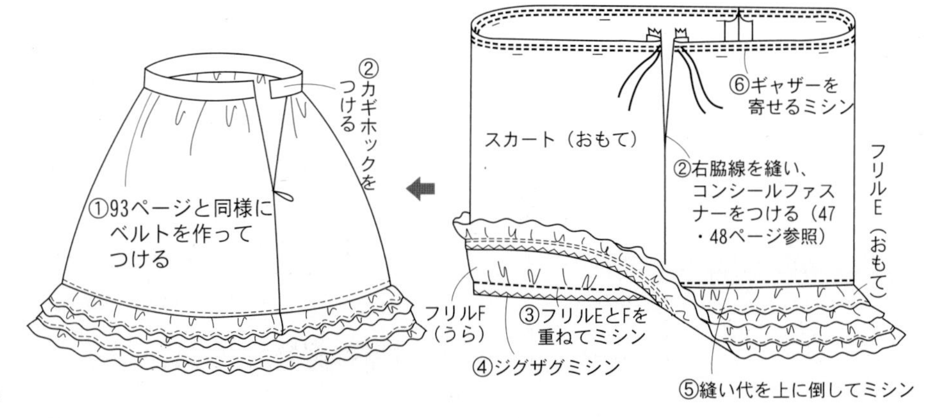

②カギホックをつける
①93ページと同様にベルトを作ってつける
スカート（おもて）
⑥ギャザーを寄せるミシン
②右脇線を縫い、コンシールファスナーをつける（47・48ページ参照）
フリルE（おもて）
フリルF（うら）
③フリルEとFを重ねてミシン
④ジグザグミシン
⑤縫い代を上に倒してミシン

布の裁ち方

▨＝接着芯をはる位置

数字のないところは1cmの縫い代をつけます。

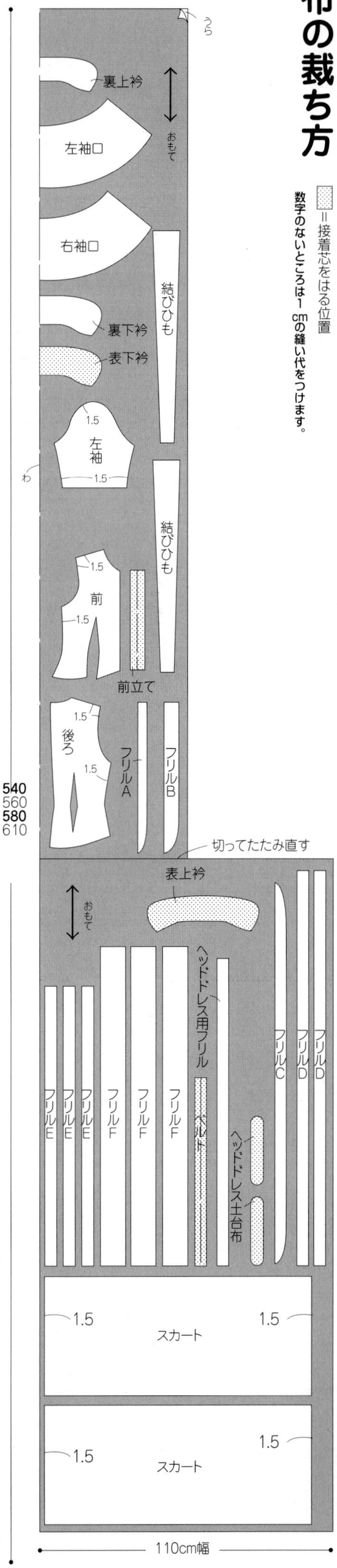

うら
裏上衿
おもて
左袖口
右袖口
結びひも
裏下衿
表下衿
1.5
左袖
わ
前
前立て
後ろ
フリルA
フリルB
540
560
580
610
切ってたたみ直す
表上衿
ヘッドドレス用フリル
ベルト
ヘッドドレス土台布
フリルC
フリルD
フリルE
フリルF
スカート
110cm幅

材料		S	M	L	LL
ブラウス表布（綿コーマーブロード：クラボウH4040-200）	92cm幅	2m	2m10cm	2m20cm	2m30cm
ブラウス以外の表布（綿ツイル：ユザワヤ）	112cm幅	4m40cm	4m50cm	4m70cm	4m90cm
接着芯	90cm幅	60cm	60cm	60cm	60cm
バッグ用厚手芯	90cm幅	80cm	80cm	80cm	80cm
リボンA（サテンリボン：ハマナカ花風車-42）	6mm幅	3m40cm	3m40cm	3m40cm	3m40cm
リボンB（サテンリボン：ハマナカ花風車-101）	6mm幅	90cm	90cm	90cm	90cm
レースA（綿レース：ハマナカ1720）	40mm幅	4m10cm	4m20cm	4m30cm	4m50cm
レースB（綿タックレース：ハマナカT-1701）	22mm幅	3m70cm	3m90cm	4m	4m10cm
レースC（綿レース：ハマナカ438）	7mm幅	2m10cm	2m10cm	2m10cm	2m10cm
はしごレース（ハマナカ1473）	25mm幅	90cm	90cm	90cm	90cm
ジャケットくるみボタン	12mm	6個	6個	6個	6個
ブラウスボタン	12mm	6個	6個	6個	6個
バッグ用ハート形ボタン	25mm	4個	4個	4個	4個
スカート用ゴムテープ	15mm幅	60cm	60cm	70cm	70cm
ネクタイ用ゴムテープ（8コール）	約6.5mm幅	45cm	45cm	45cm	45cm
ヘアリボン用ゴム	太さ2mm	30cm	30cm	30cm	30cm
スナップ	5mm	1組	1組	1組	1組
ファスナー	40cm	1本	1本	1本	1本
フロッキーシール（王冠：イフスタジオ）		1枚	1枚	1枚	1枚

ジャケット 実物大の型紙B面

ブラウス 実物大の型紙A面

スカート・ネクタイ・バッグの型紙はついていません

15ページ 14

数字の見方
上から順に
Sサイズ
Mサイズ
Lサイズ
LLサイズ
1つしかない
数字は共通

型紙のアレンジ方法

①後ろ・後ろ脇・前脇の丈を短くする。
②前の衿・前端・裾を製図し直し、衿を製図する。
③前と前脇を突き合わせてフラップを製図する。
④上袖と下袖を製図する。
⑤後ろ見返しは型紙のまま使用する。

ネクタイの製図

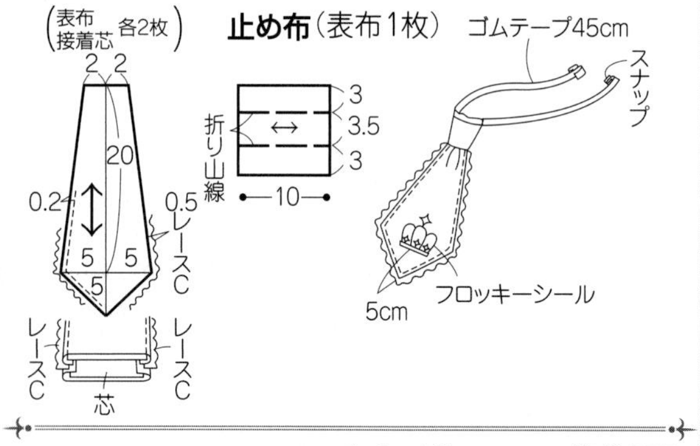

ヘアリボンの製図

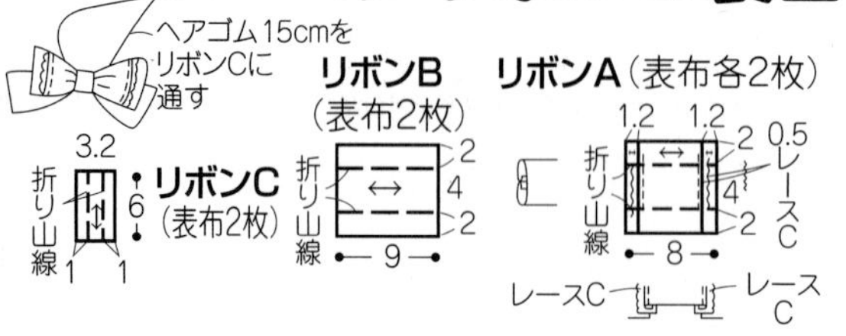

バッグの製図

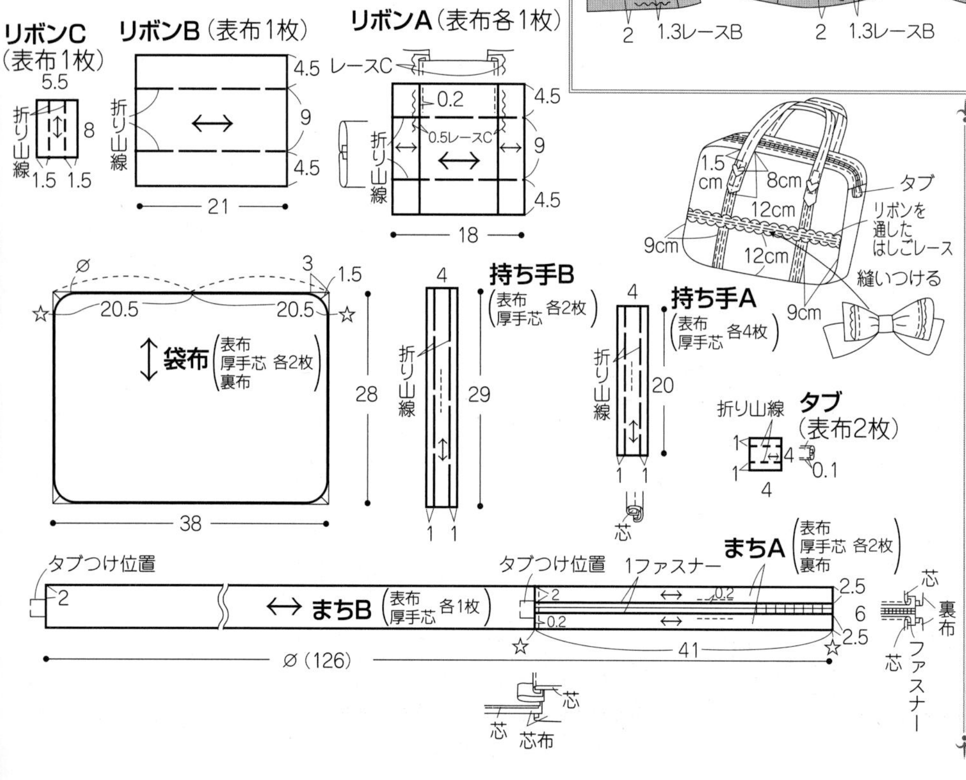

ジャケットの製図

■＝実物大の型紙
（14ページ13　製図111ページ）

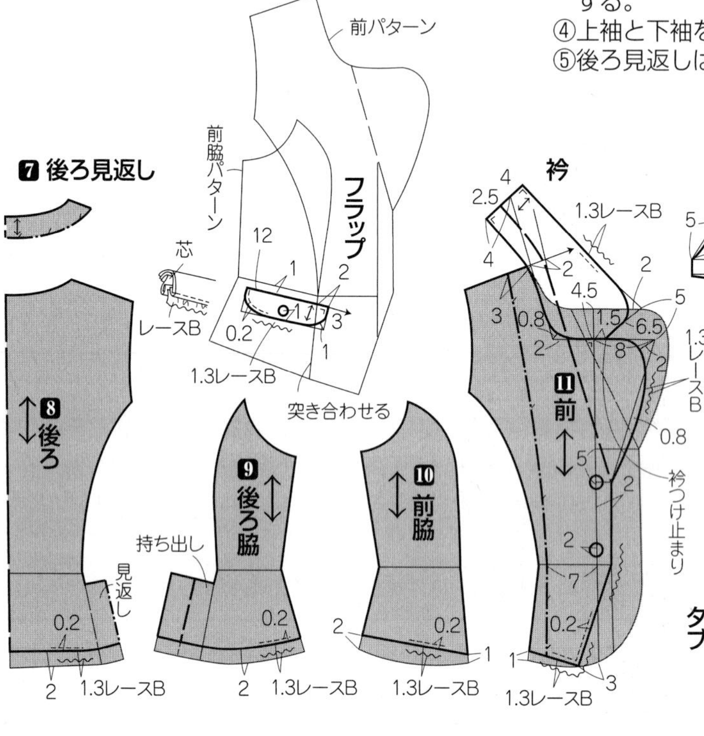

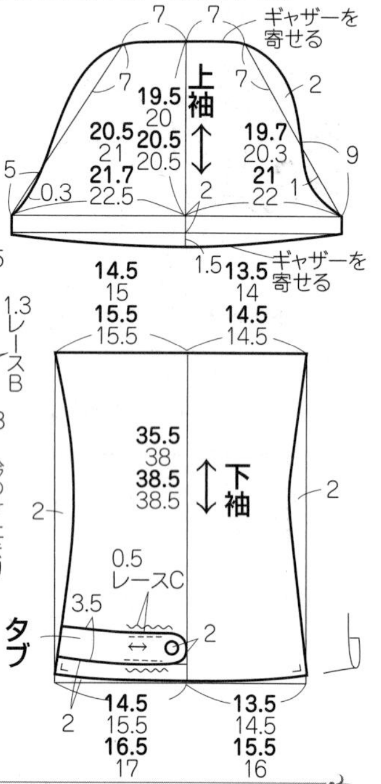

スカートの製図

※パニエA（78ページ）を使用します。

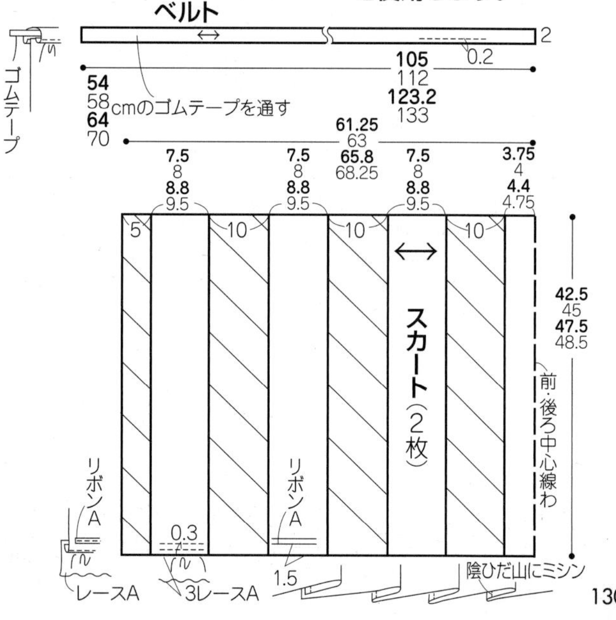

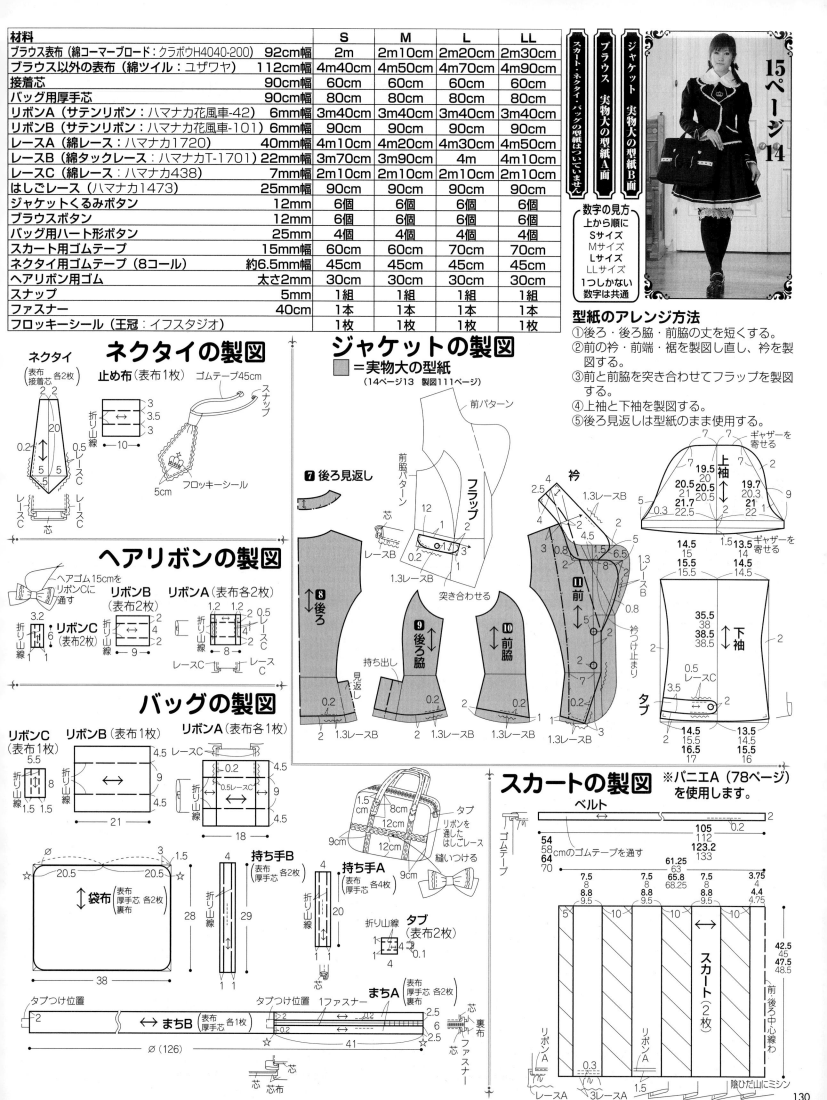

布の裁ち方

ジャケット・スカート・バッグ・ネクタイ・ヘアリボンの表布

□＝接着芯をはる位置（バッグは厚手接着芯）
数字のないところは1cmの縫い代をつけます。

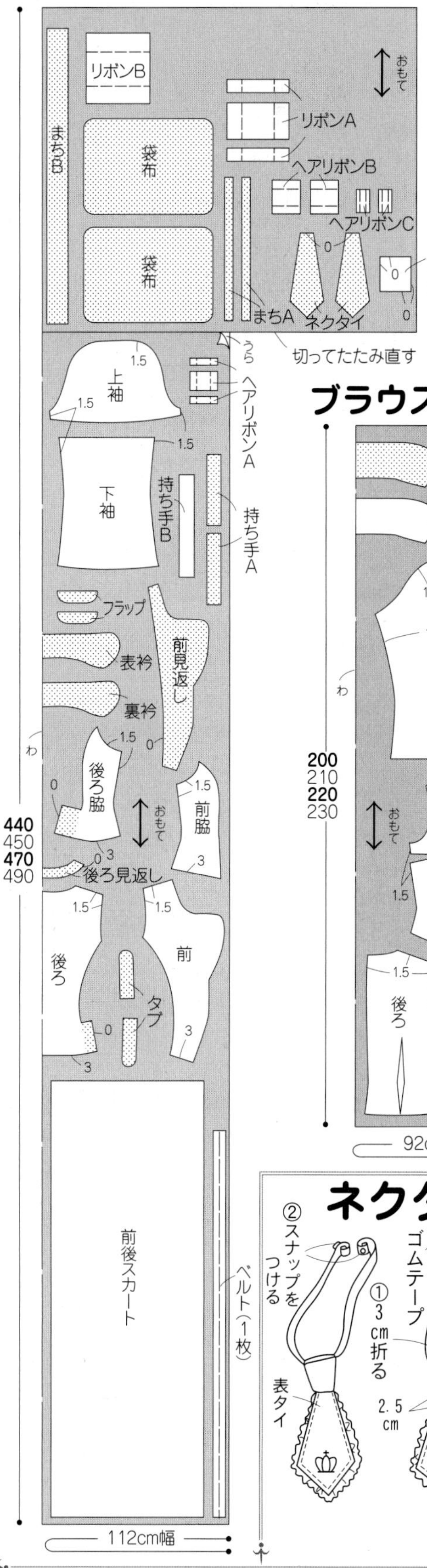

おもて
リボンB
まちB
リボンA
袋布
ヘアリボンB
ヘアリボンC
袋布
止め布
まちA
ネクタイ
うら
切ってたたみ直す
上袖
ヘアリボンA
下袖
持ち手B
持ち手A
フラップ
表衿
前見返し
裏衿
後ろ脇
前脇
後ろ見返し
後ろ
前
タブ
前後スカート
ベルト（1枚）
わ
440
450
470
490
112cm幅

ブラウスの表布

うら
裏衿
表衿
袖
わ
前
後ろ
おもて
200
210
220
230
92cm幅

数字の見方
上から順に
Sサイズ
Mサイズ
Lサイズ
LLサイズ
1つしかない
数字は共通

ブラウスの製図

■＝実物大の型紙
（9ページ8　製図100ページ）

型紙のアレンジ方法
①前と後ろは型紙のまま使用する。
②袖の袖丈を長くして、袖口を広げる。
③衿の衿先をカットする。

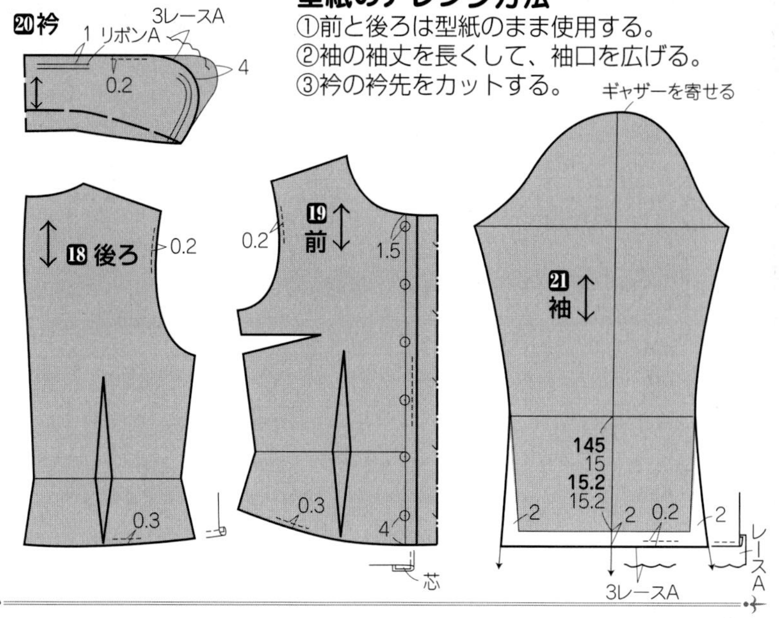

20 衿
1 リボンA
3レースA
4
0.2
18 後ろ
0.2
19 前
1.5
芯
21 袖
ギャザーを寄せる
145
15
15.2
15.2
2
0.2
0.3
3レースA
レースA

ヘアリボンの作り方

1.リボンBを作る。

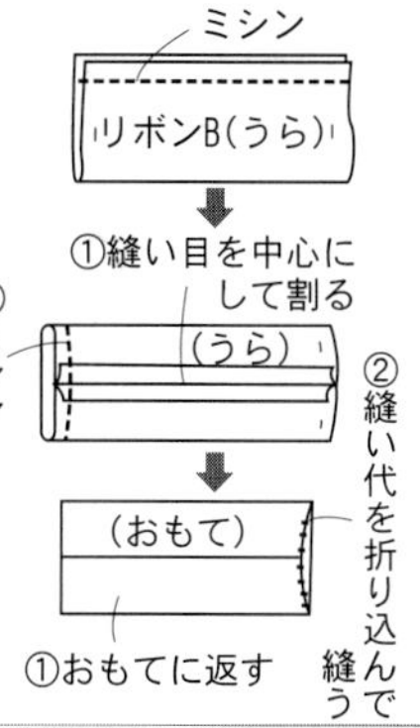

ミシン
リボンB（うら）
①縫い目を中心にして割る
②ミシン
（うら）
②縫い代を折り込んで縫う
（おもて）
①おもてに返す

2.リボンAを作る。

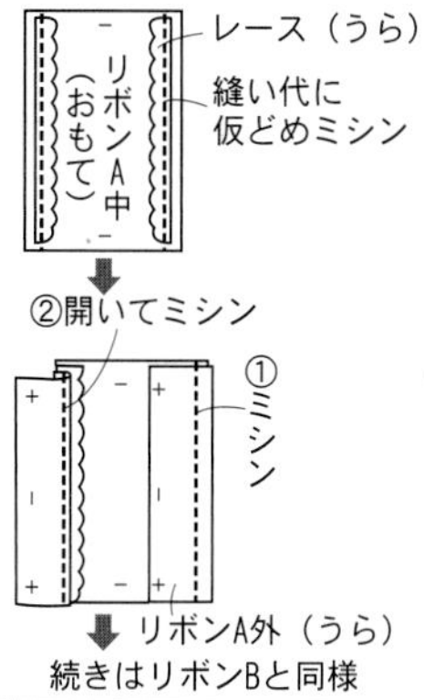

レース（うら）
縫い代に仮どめミシン
リボンA中（おもて）
②開いてミシン
①ミシン
リボンA外（うら）
続きはリボンBと同様

3.リボンCでA・Bを巻き、ヘアゴムをつける。

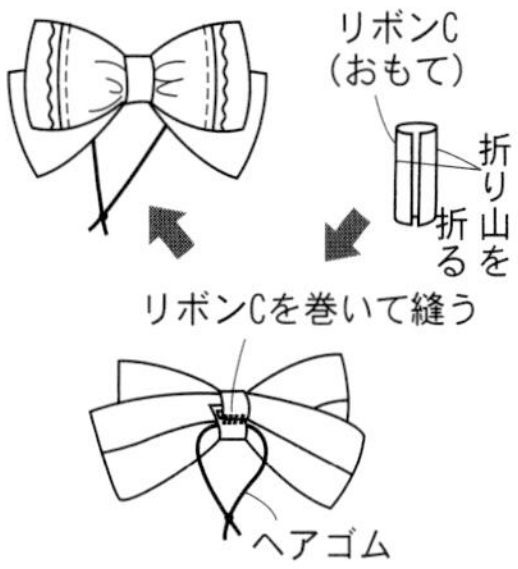

リボンC（おもて）
折り山を折る
リボンCを巻いて縫う
ヘアゴム

ブラウスの作り方

衿のリボンの作り方

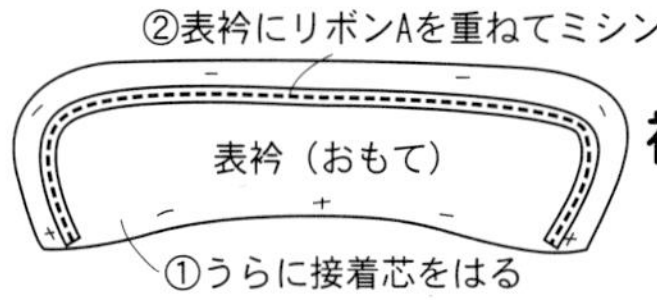

②表衿にリボンAを重ねてミシン
表衿（おもて）
①うらに接着芯をはる

98ページと同様に作る

前
後ろ
袖をつけ、縫い代を身頃側に倒してミシン

袖の作り方

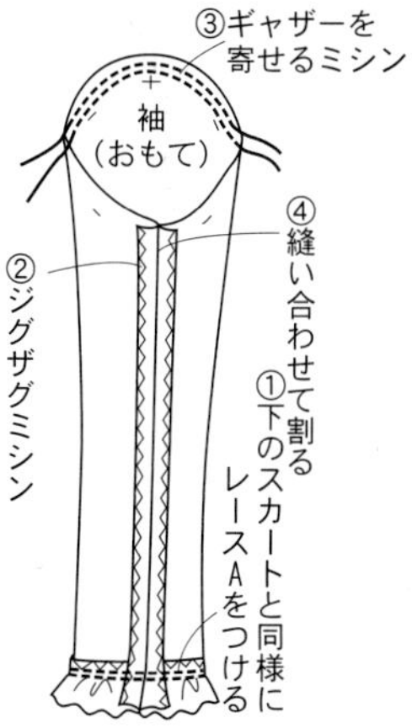

③ギャザーを寄せるミシン
袖（おもて）
④縫い合わせて割る
②ジグザグミシン
①下のスカートと同様にレースAをつける

ネクタイの作り方

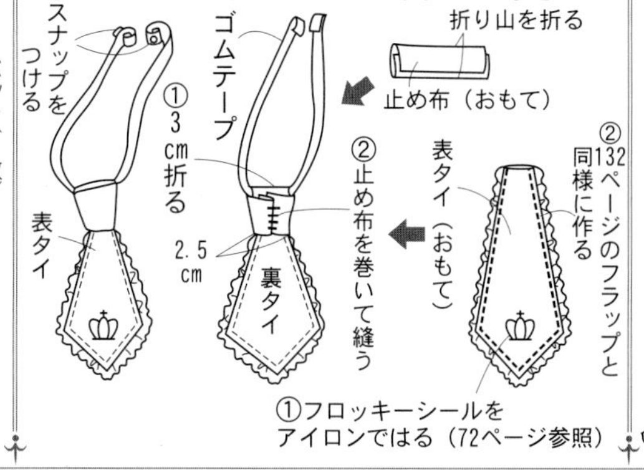

②スナップをつける
①3cm折る
表タイ
ゴムテープ
2.5cm
裏タイ
折り山を折る
止め布（おもて）
②止め布を巻いて縫う
表タイ（おもて）
②132ページのフラップと同様に作る
①フロッキーシールをアイロンではる（72ページ参照）

スカートの作り方

1.スカートにリボンをつける。

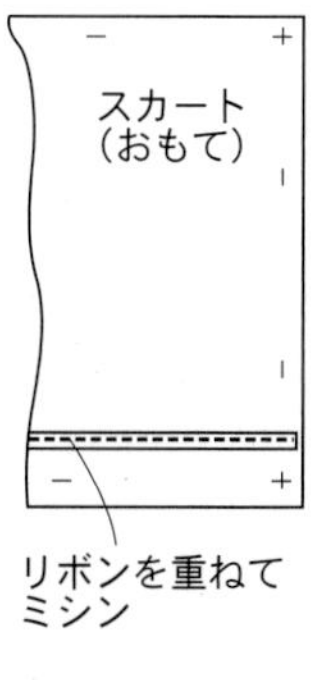

スカート（おもて）
リボンを重ねてミシン

2.スカートを輪に縫い、レースをつける。

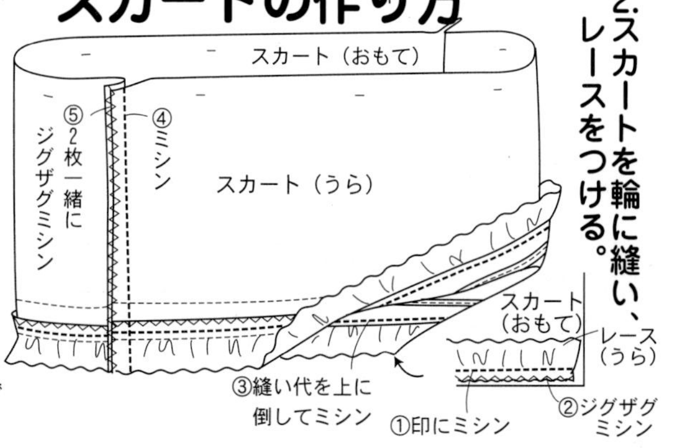

スカート（おもて）
⑤2枚一緒にジグザグミシン
④ミシン
スカート（うら）
スカート（おもて）
レース（うら）
③縫い代を上に倒してミシン
①印にミシン
②ジグザグミシン

3.プリーツを折る。

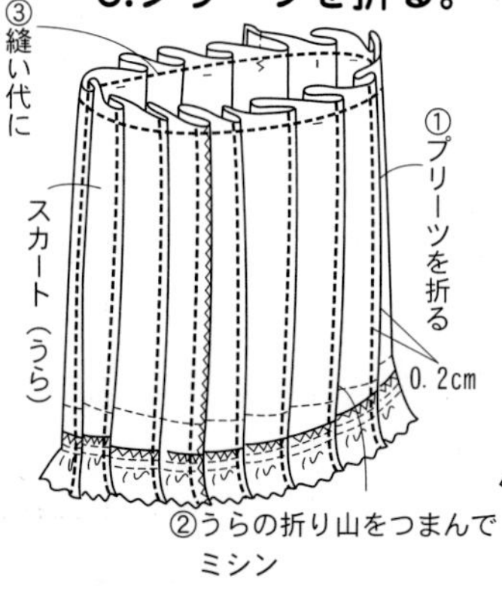

③縫い代に仮どめミシン
①プリーツを折る
スカート（うら）
0.2cm
②うらの折り山をつまんでミシン

4.134ページを参照してベルトをつける。

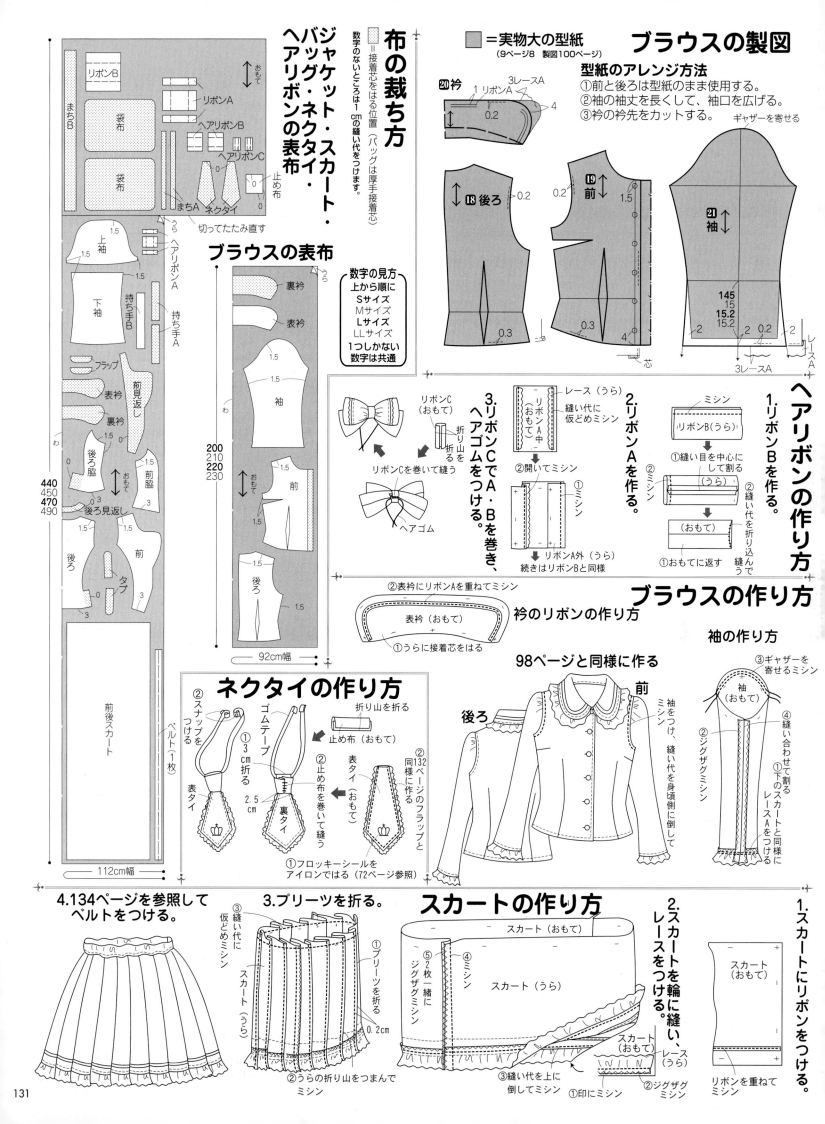

ジャケットの作り方

1.フラップを作る。

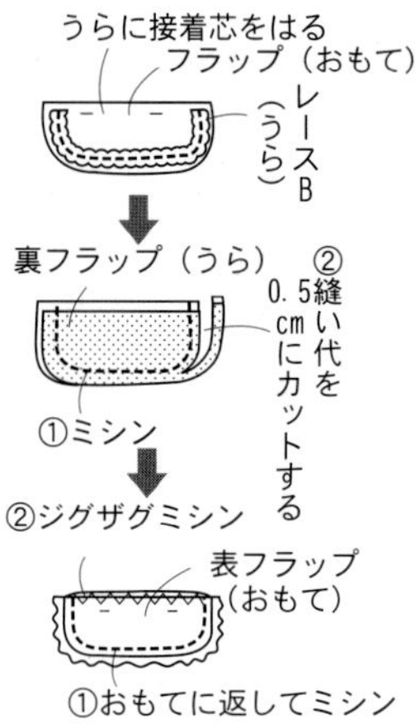
うらに接着芯をはる
フラップ（おもて）
レースB（うら）
裏フラップ（うら）
②縫い代を0.5cmにカットする
①ミシン
②ジグザグミシン
表フラップ（おもて）
①おもてに返してミシン

2.身頃を作る。

②肩線を縫って割る
①切り替え線を縫い、113ページと同様にベンツを縫う
後ろ（おもて）
後ろ脇（おもて）
後ろ（おもて）
①うらに接着芯をはる
②ジグザグミシン
③縫い合わせて割る
後ろ脇（おもて）
前脇（おもて）
前（おもて）
④ミシン
⑤縫い代にミシン
レースB（うら）
衿つけ止まり
レースB（うら）
⑥印の位置にミシン
⑦ジグザグミシン
裏フラップ

後ろ（おもて）
縫い代を上に倒してミシン

3.表衿にレースBをつける。

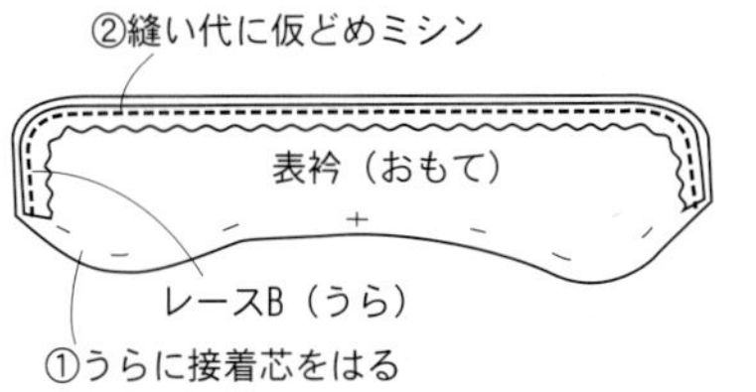
②縫い代に仮どめミシン
表衿（おもて）
レースB（うら）
①うらに接着芯をはる

4.袖を作る。

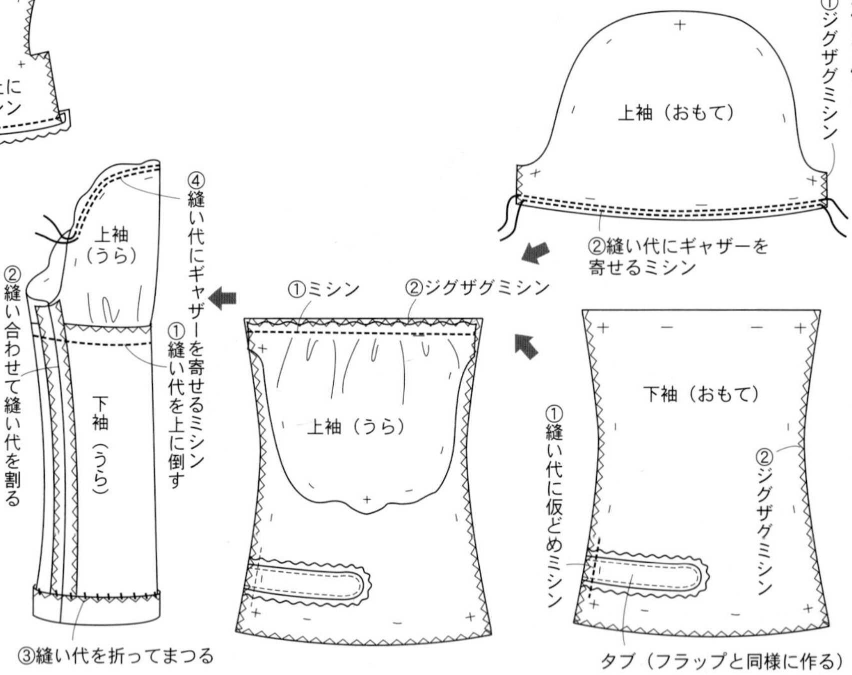
①ジグザグミシン
上袖（おもて）
②縫い代にギャザーを寄せるミシン
下袖（おもて）
①縫い代に仮どめミシン
②ジグザグミシン
タブ（フラップと同様に作る）
①ミシン
②ジグザグミシン
上袖（うら）
④縫い代にギャザーを寄せるミシン
上袖（うら）
②縫い合わせて縫い代を割る
①縫い代を上に倒す
下袖（うら）
③縫い代を折ってまつる

5.出来上がり。

①113ページと同様に衿、見返しをつけ、おもてに返す
②衿、前端、裾を続けてミシン
前
後ろ
③袖をつける（51ページ）
⑦ボタンをつける
⑥ボタン穴を作る
④フラップを作る
⑤ボタンを縫いつける
⑦

バッグの作り方

1.持ち手Bを作る。

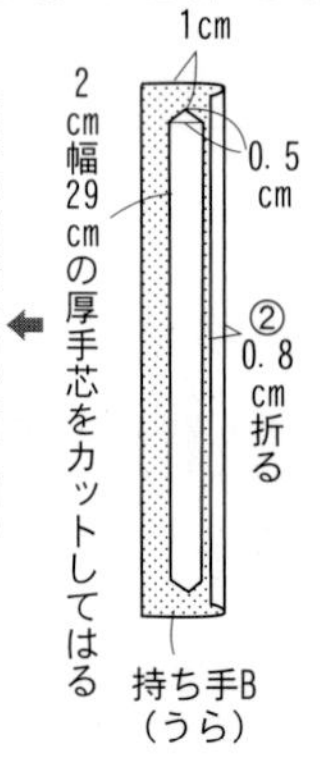
1cm
2cm幅29cmの厚手芯をカットしてはる
0.5cm
②0.8cm折る
持ち手B（うら）
厚手芯の形に合わせて折る
中心にミシン
持ち手B（おもて）

2.持ち手Aを作る。

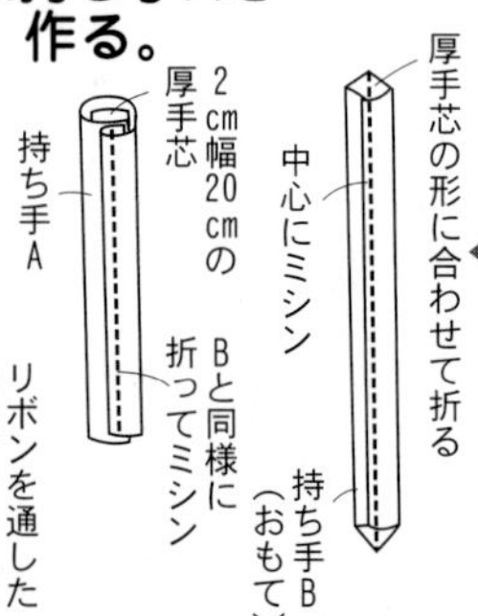
持ち手A
2cm幅20cmの厚手芯
Bと同様に折ってミシン

3.袋布を作る。

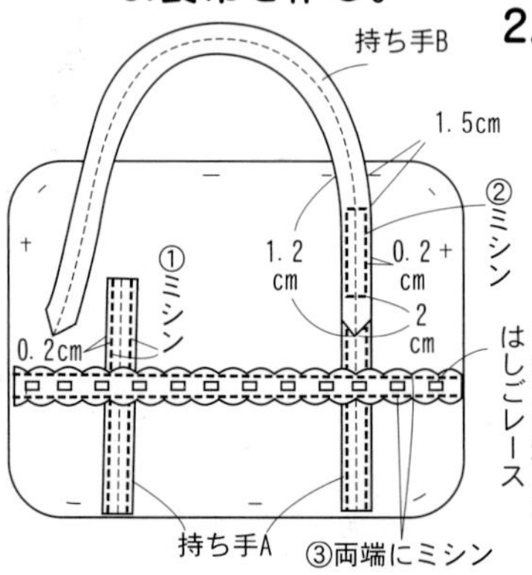
持ち手B
1.5cm
②ミシン
1.2cm
0.2cm
2cm
①ミシン
0.2cm
リボンを通したはしごレース
持ち手A
③両端にミシン

4.タブを作る。

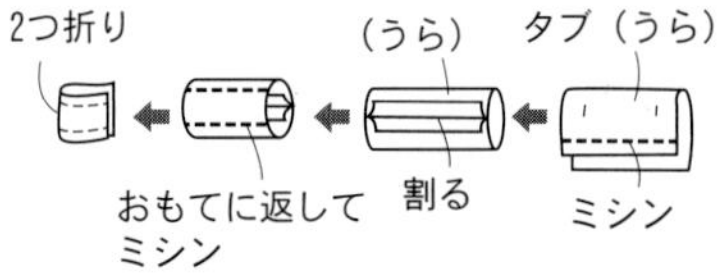
2つ折り
（うら）
タブ（うら）
おもてに返してミシン
割る
ミシン

5.まちAを作る。

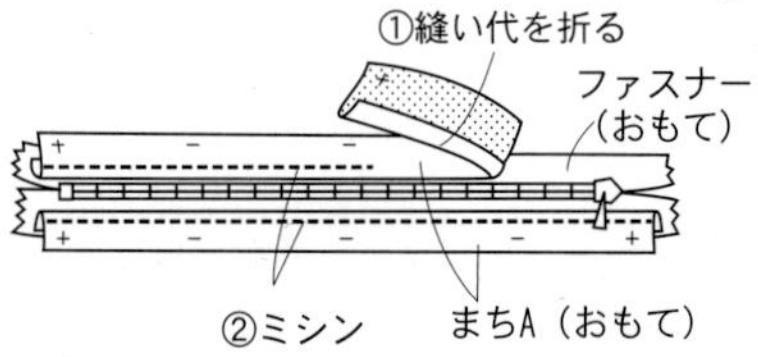
①縫い代を折る
ファスナー（おもて）
②ミシン
まちA（おもて）

6.まちAとBを縫い合わせる。

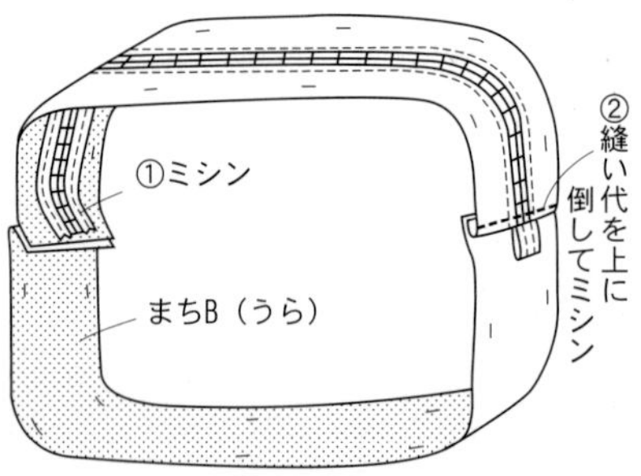
①ミシン
②縫い代を上に倒してミシン
まちB（うら）

7.袋布とまちを縫い合わせる。

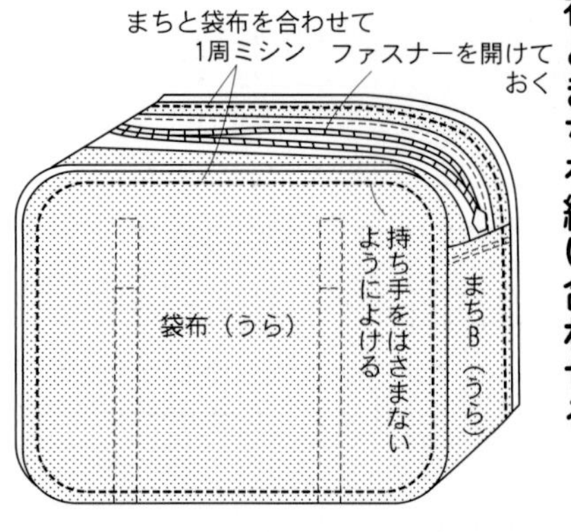
まちと袋布を合わせて1周ミシン
ファスナーを開けておく
袋布（うら）
持ち手をはさまないようによける
まちB（うら）

8.裏袋を作る。

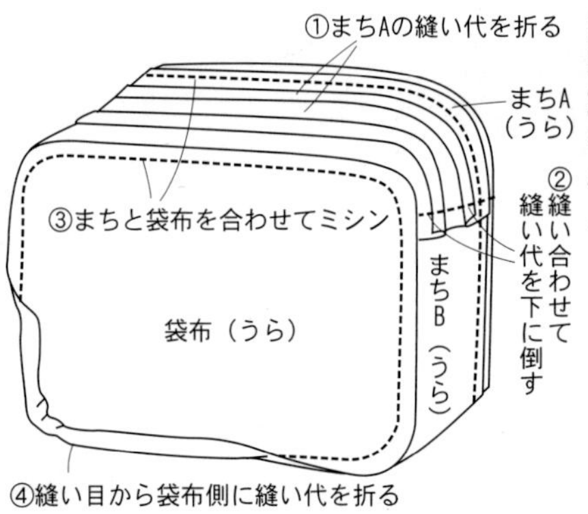
①まちAの縫い代を折る
まちA（うら）
②縫い合わせて縫い代を下に倒す
③まちと袋布を合わせてミシン
袋布（うら）
まちB（うら）
④縫い目から袋布側に縫い代を折る

9.出来上がり。

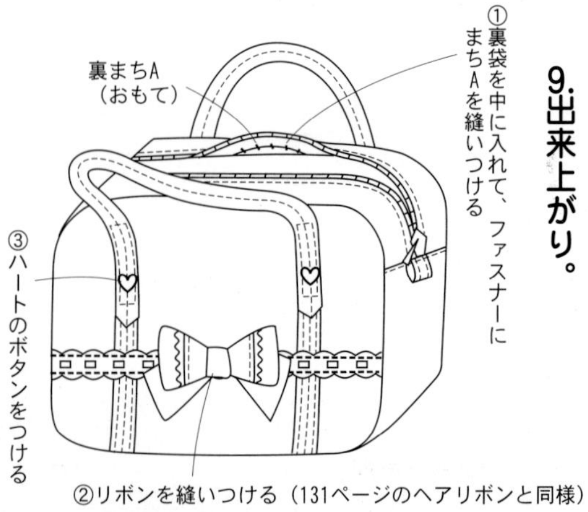
裏まちA（おもて）
①裏袋を中に入れて、ファスナーにまちAを縫いつける
③ハートのボタンをつける
②リボンを縫いつける（131ページのヘアリボンと同様）

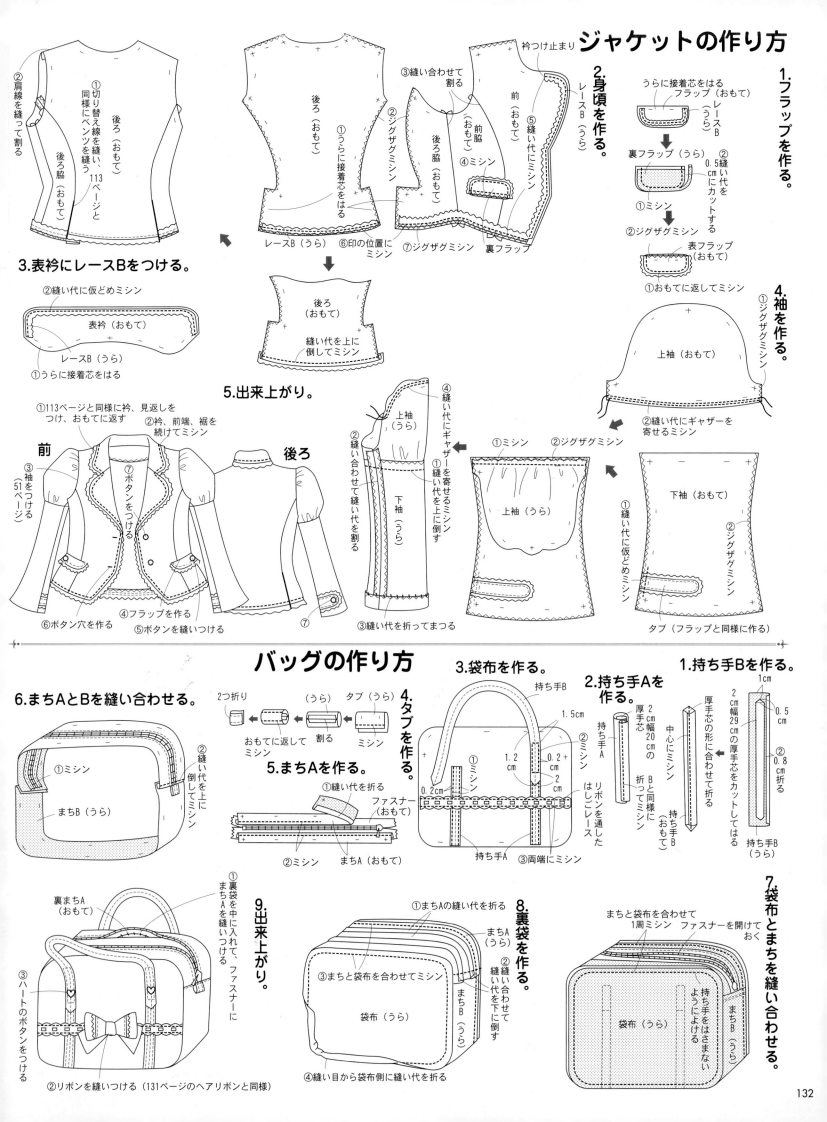

ワンピース・アンダースカートのみの材料		S	M	L	LL
A布（綿サテン：クラボウSH9480-19）	106cm幅	4m60cm	4m80cm	5m	5m20cm
B布（綿サテン：クラボウSH9480-19）	106cm幅	2m60cm	2m70cm	2m70cm	2m80cm
接着芯	90cm幅	30cm	30cm	30cm	30cm
リボンB（サテンリボン：ハマナカ花風車-101）	9mm幅	3m20cm	3m20cm	3m20cm	3m20cm
コンシールファスナー	56cm	1本	1本	1本	1本
カギホック（小）		1組	1組	1組	1組
ゴムテープ	15mm幅	60cm	60cm	60cm	60cm

※コルセットは20ページ・ボンネットは18ページ・ドロワーズは19ページにそれぞれの布の裁ち方・材料・作り方を掲載しています。

ワンピース・コルセット 実物大の型紙A面

ボンネット・ドロワーズ 実物大の型紙B面

アンダースカートの型紙はついていません

数字の見方
上から順に
Sサイズ
Mサイズ
Lサイズ
LLサイズ
1つしかない数字は共通

ワンピースの製図

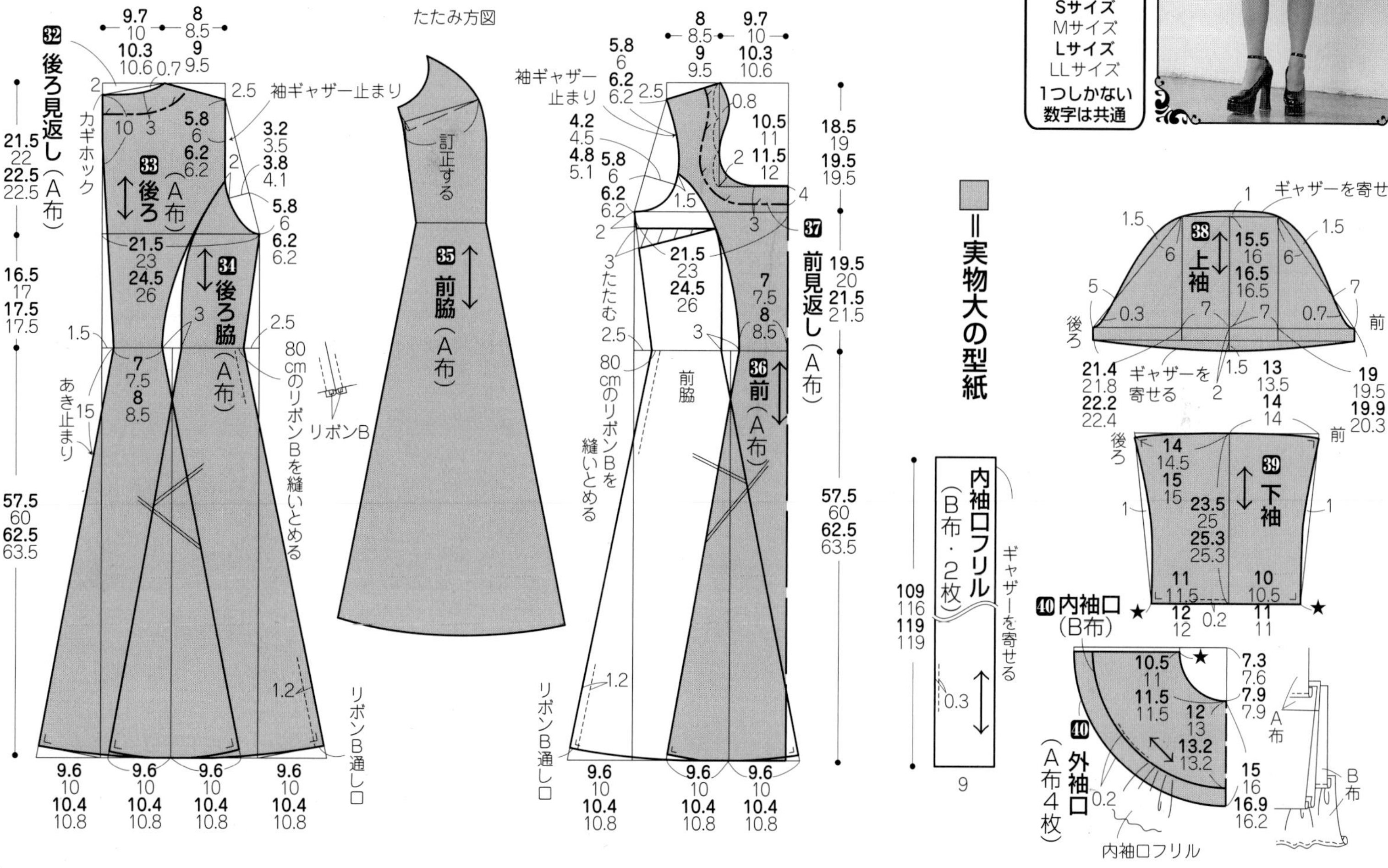

ドロワーズの製図

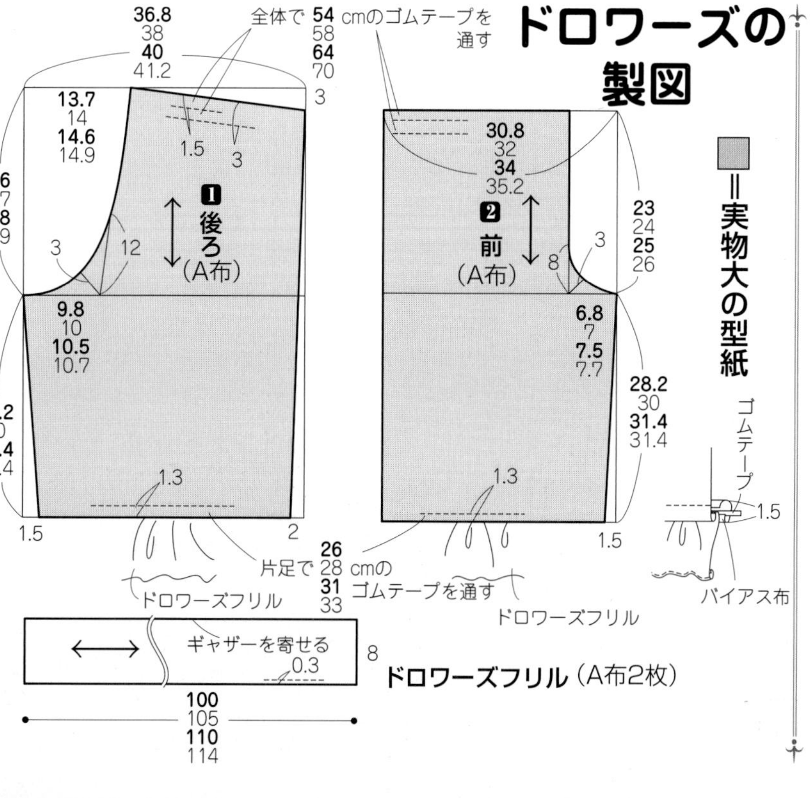

コルセットの製図

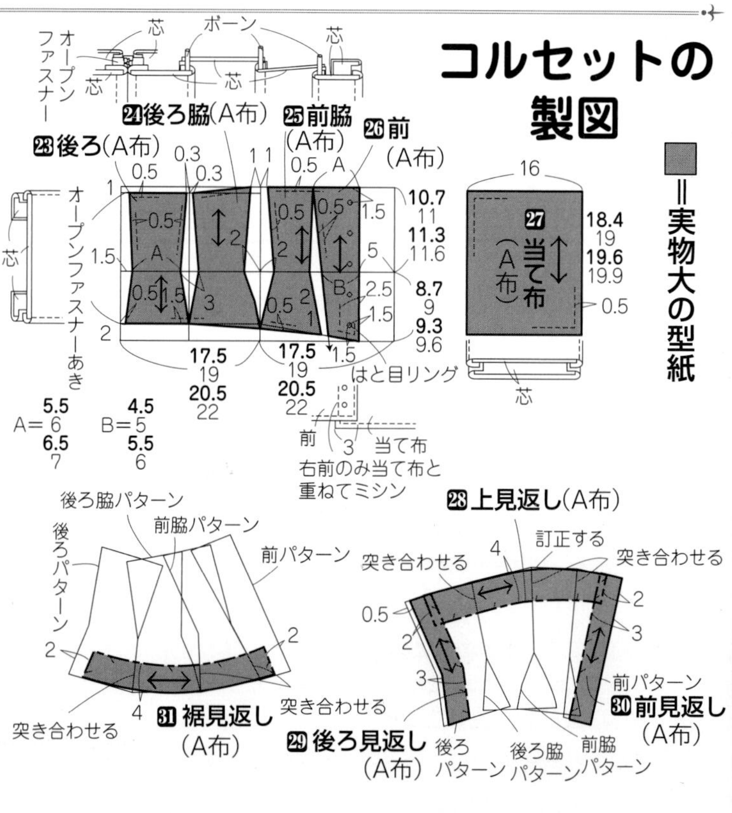

ボンネットの製図

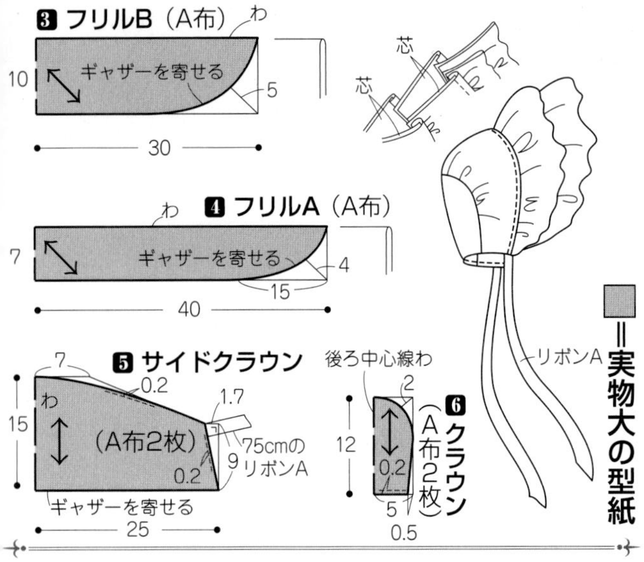

❸ フリルB（A布）
わ
10
ギャザーを寄せる
5
30
❹ フリルA（A布）
わ
7
ギャザーを寄せる
4
15
40
❺ サイドクラウン
7
0.2
わ
1.7
15
（A布2枚）
75cmのリボンA
9
0.2
ギャザーを寄せる
25
後ろ中心線わ
2
12
0.2
5
0.5
❻ クラウン（A布2枚）
芯
芯
リボンA

■＝実物大の型紙

アンダースカートの製図

※パニエ（16ページ）を使用します。

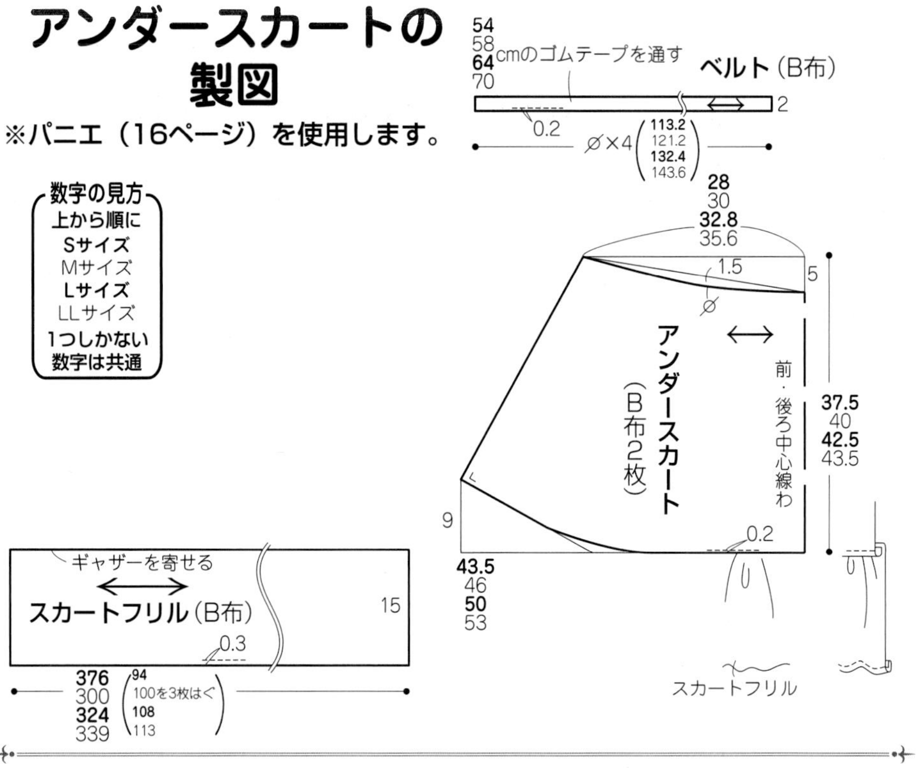

数字の見方
上から順に
Sサイズ
Mサイズ
Lサイズ
LLサイズ
1つしかない数字は共通
54
58
64
70
cmのゴムテープを通す
ベルト（B布）
2
0.2
○×4
113.2
121.2
132.4
143.6
28
30
32.8
35.6
1.5
5
アンダースカート（B布2枚）
前・後ろ中心線わ
37.5
40
42.5
43.5
9
0.2
43.5
46
50
53
ギャザーを寄せる
スカートフリル（B布）
15
0.3
376
300
324
339
94
100を3枚はぐ
108
113
スカートフリル

布の裁ち方

A布

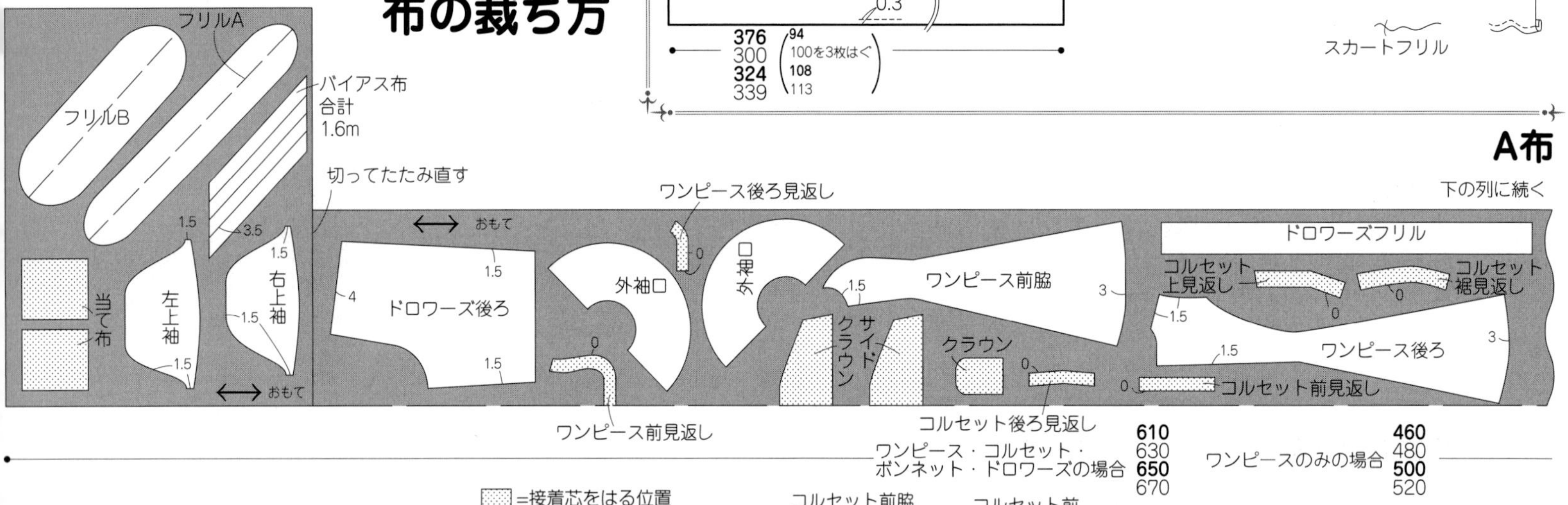

フリルA
フリルB
バイアス布
合計
1.6m
切ってたたみ直す
1.5
3.5
当て布
左上袖
右上袖
おもて
ワンピース後ろ見返し
おもて
ドロワーズ後ろ
4
外袖口
内袖口
ワンピース前脇
3
サイドクラウン
クラウン
ドロワーズフリル
コルセット上見返し
コルセット裾見返し
ワンピース後ろ
コルセット前見返し
ワンピース前見返し
コルセット後ろ見返し
下の列に続く
ワンピース・コルセット・ボンネット・ドロワーズの場合
610
630
650
670
ワンピースのみの場合
460
480
500
520

B布

▒＝接着芯をはる位置

数字のないところは1cmの縫い代をつけます。

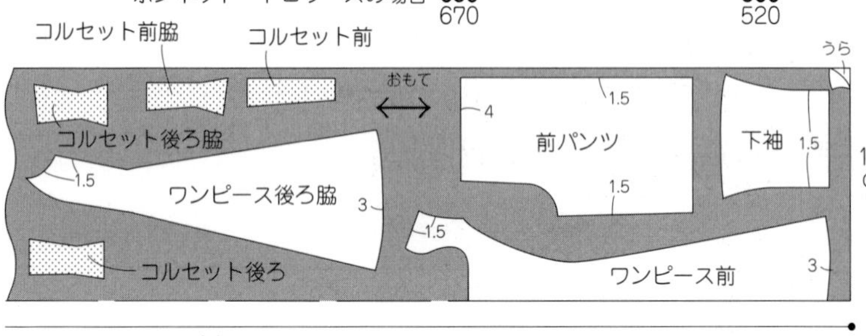

コルセット前脇
コルセット前
おもて
うら
4
1.5
コルセット後ろ脇
前パンツ
下袖
106cm幅
ワンピース後ろ脇
3
コルセット後ろ
ワンピース前

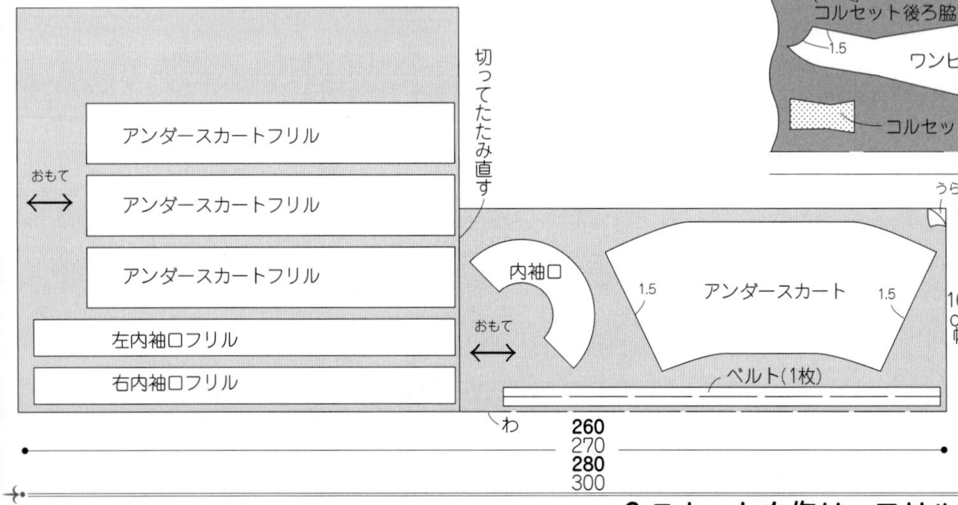

切ってたたみ直す
アンダースカートフリル
おもて
アンダースカートフリル
アンダースカートフリル
左内袖口フリル
右内袖口フリル
内袖口
おもて
アンダースカート
1.5
うら
106cm幅
ベルト（1枚）
わ
260
270
280
300

アンダースカートの作り方

1.フリルを作る。

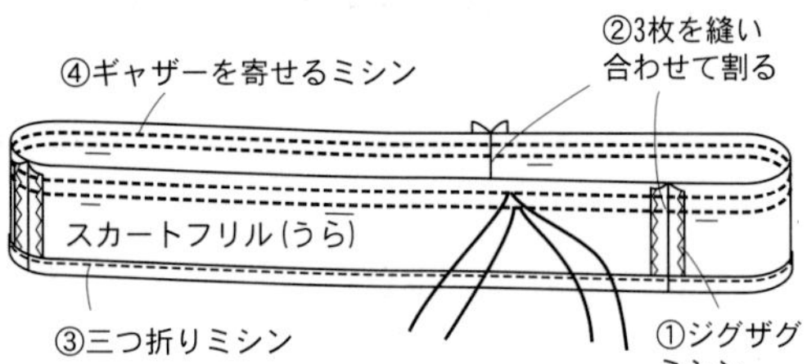

④ギャザーを寄せるミシン
②3枚を縫い合わせて割る
スカートフリル（うら）
③三つ折りミシン
①ジグザグミシン

2.ベルトを作る。

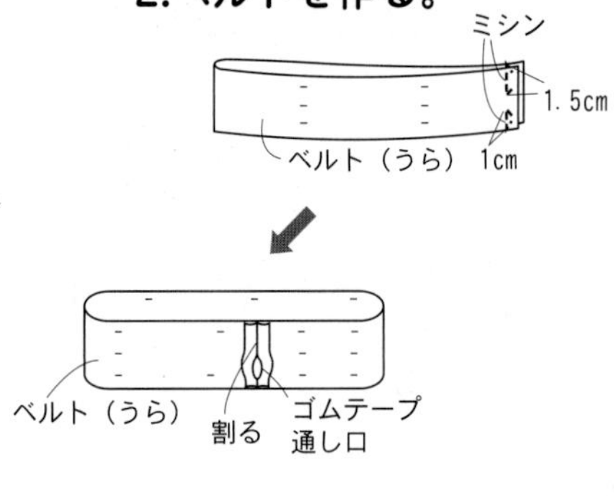

ミシン
1.5cm
ベルト（うら）
1cm
ベルト（うら）
割る
ゴムテープ通し口

3.スカートを作り、フリルとベルトをつける。

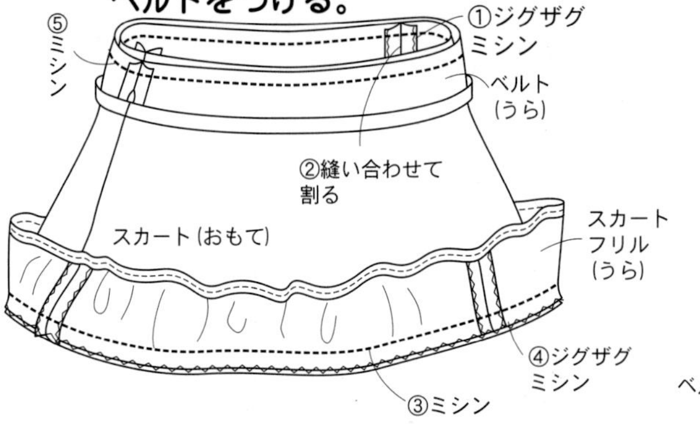

⑤ミシン
①ジグザグミシン
ベルト（うら）
②縫い合わせて割る
スカート（おもて）
スカートフリル（うら）
④ジグザグミシン
③ミシン

4.ゴムテープを通す。

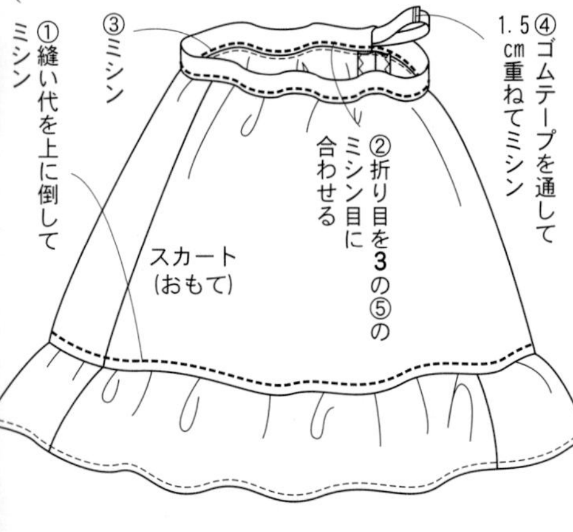

①縫い代を上に倒してミシン
③ミシン
④ゴムテープを通して1.5cm重ねてミシン
②折り目を3の⑤のミシン目に合わせる
スカート（おもて）

ワンピースの作り方

1.外袖口を作る。

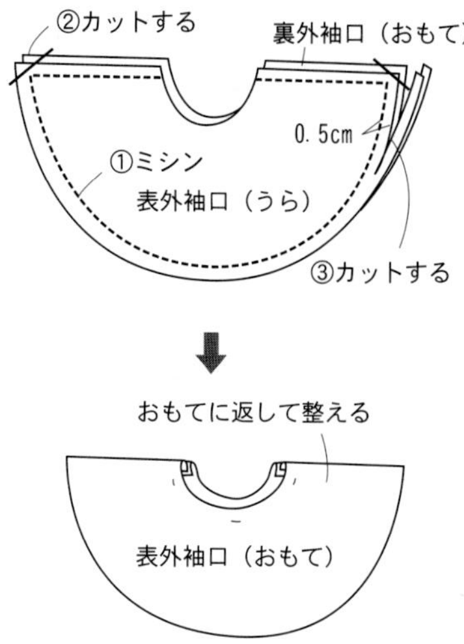

2.内袖口を作る。

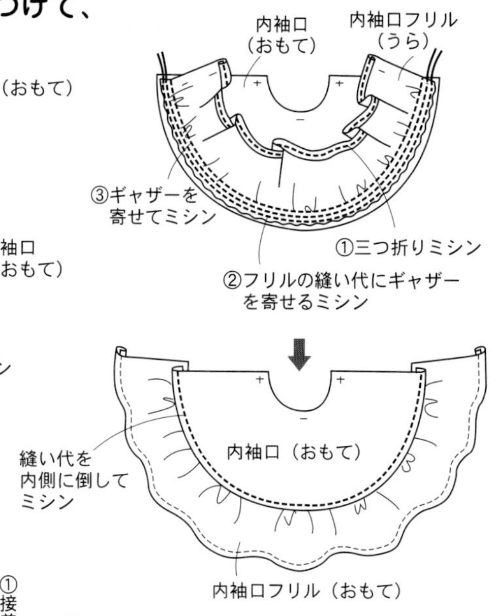

3.外袖口、内袖口を下袖につけて、袖を作る。

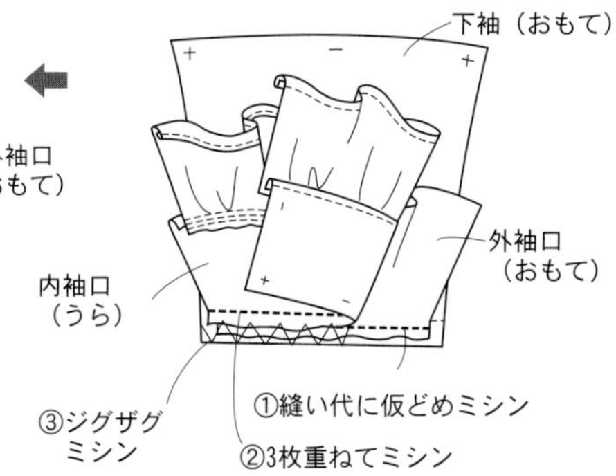

※続きの作り方は98ページ参照。

4.身頃を作る。

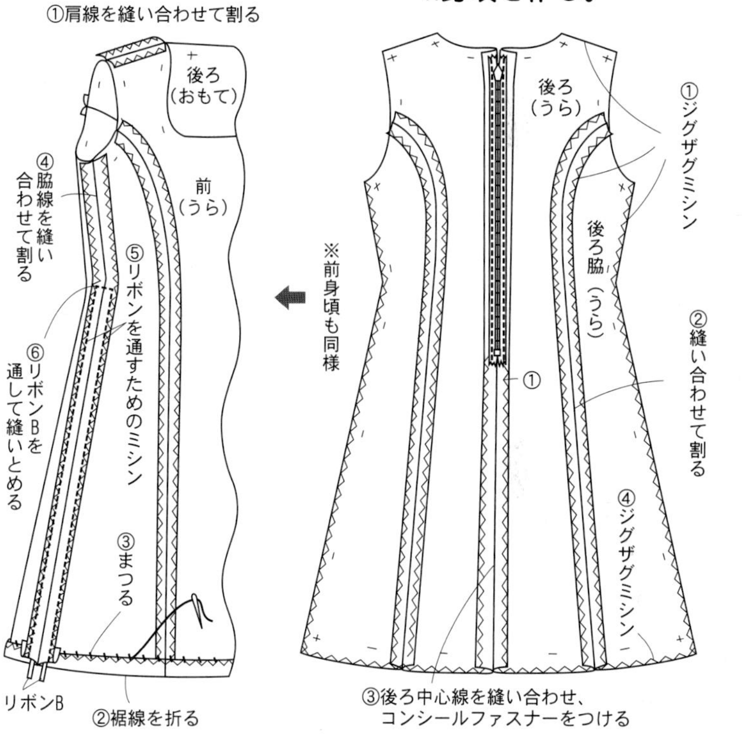

※まつり方は76ページ参照。
※コンシールファスナーのつけ方は47・48ページ参照。

5.見返しを作る。

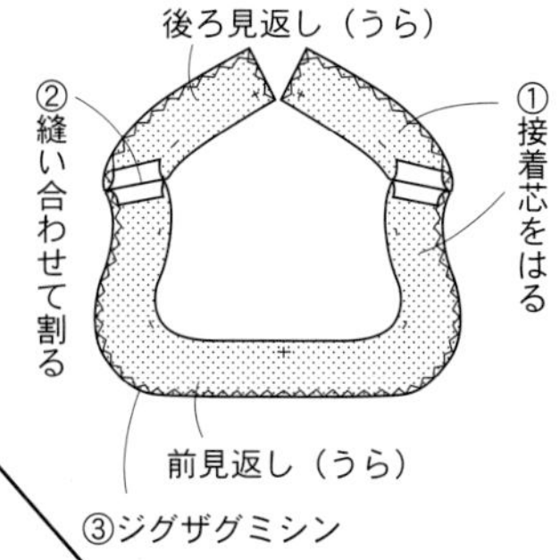

6.見返しをつける。

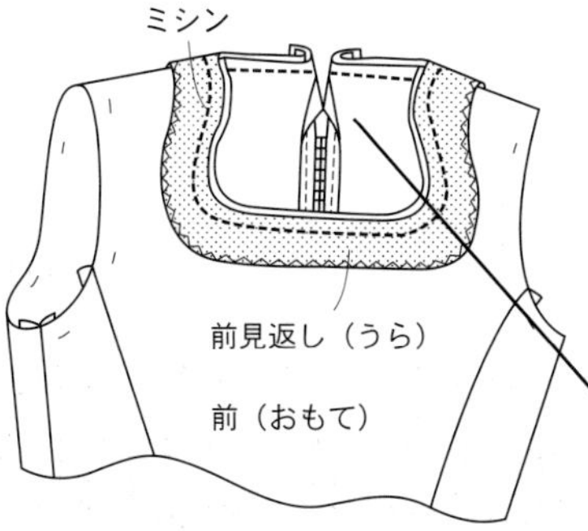

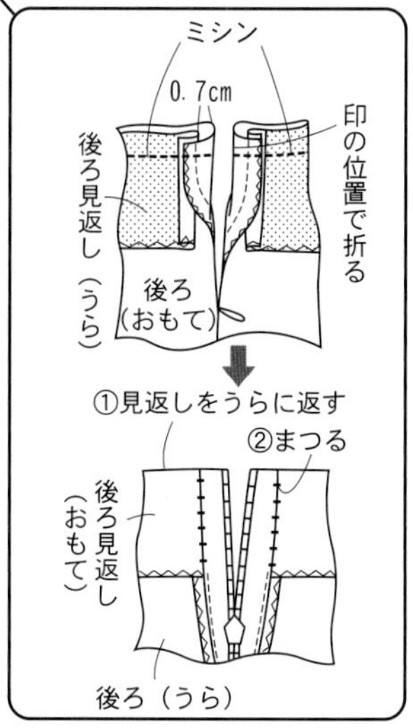

7.袖をつける。

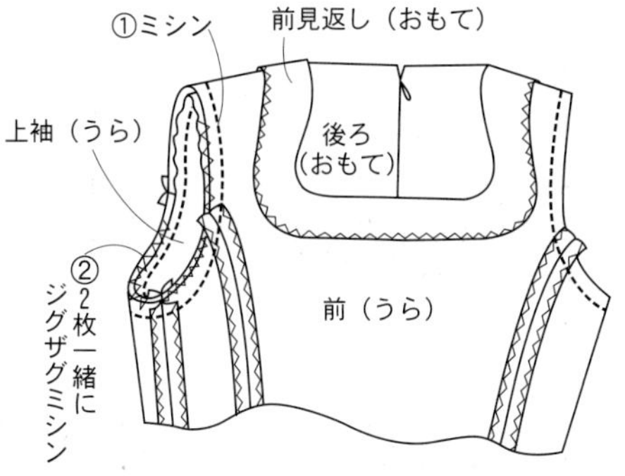

8.出来上がり。

※カギホックのつけ方は76ページ参照。

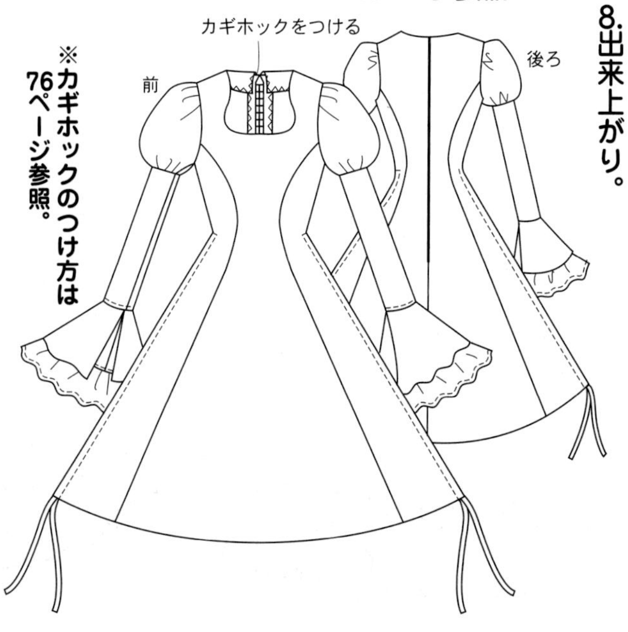

72ページ　実物大の刺しゅう図案

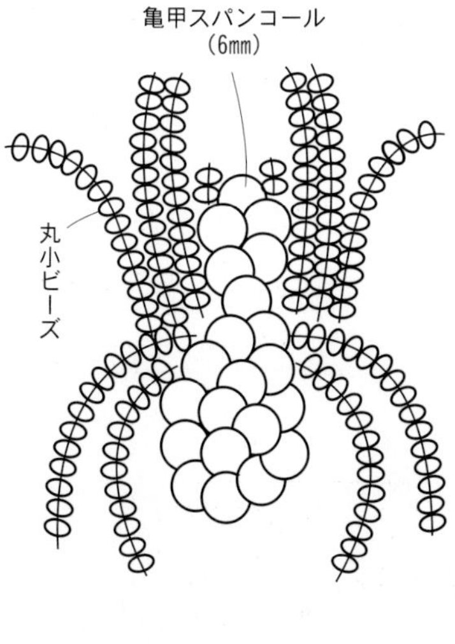

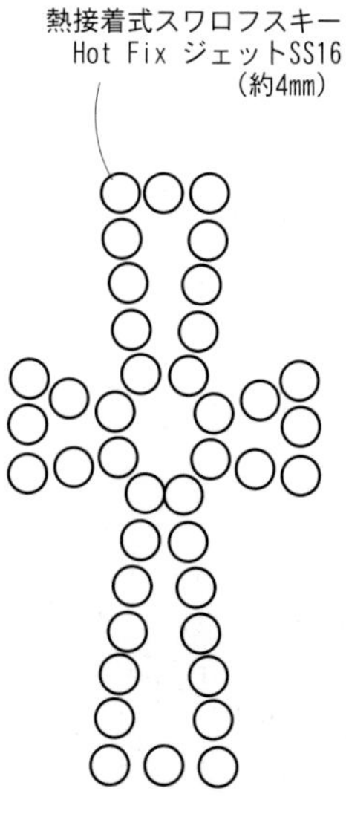

ブラウス・スカート材料（すべてキンカ堂）		S	M	L	LL
A布（ポリエステルジャカード）	112cm幅	2m10cm	2m20cm	2m40cm	2m60cm
B布（ポリエステルシフォン）	122cm幅	3m10cm	3m30cm	4m	4m20cm
C布（ポリエステルサテン）	110cm幅	2m70cm	2m80cm	2m90cm	3m10cm
接着芯	90cm幅	1m50cm	1m50cm	1m70cm	1m80cm
リボンA（サテンリボン）	7mm幅	2m10cm	2m10cm	2m10cm	2m10cm
リボンB（サテンリボン）	6mm幅	1m20cm	1m20cm	1m20cm	1m20cm
レースA（チュールレース）	27mm幅	5m40cm	5m60cm	5m90cm	6m20cm
レースB（チュールレース）	97mm幅	6m20cm	6m30cm	6m50cm	6m70cm
コンシールファスナー	56cm	1本	1本	1本	1本
カギホック	（小）	1組	1組	1組	1組
ゴムテープ（8コール）	約6.5mm幅	50cm	50cm	50cm	50cm
ゴムテープ	15mm幅	60cm	60cm	70cm	70cm
スワロフスキー（2012　1.2mm-クリスタル）		約100個	約100個	約100個	約100個
ヘッドドレス材料（すべてキンカ堂）		**S**	**M**	**L**	**LL**
ソフトチュール	180cm幅	70cm	70cm	70cm	70cm
サテンリボン	5mm幅	4m80cm	4m80cm	4m80cm	4m80cm
コーム		1個	1個	1個	1個
羽根		7枚	7枚	7枚	7枚
花	約7cm	3個	3個	3個	3個

ブラウス　実物大の型紙A面

スカートの型紙はついていません

56ページ45

数字の見方
上から順に
Sサイズ
Mサイズ
Lサイズ
LLサイズ
1つしかない数字は共通

ヘッドドレスの製図

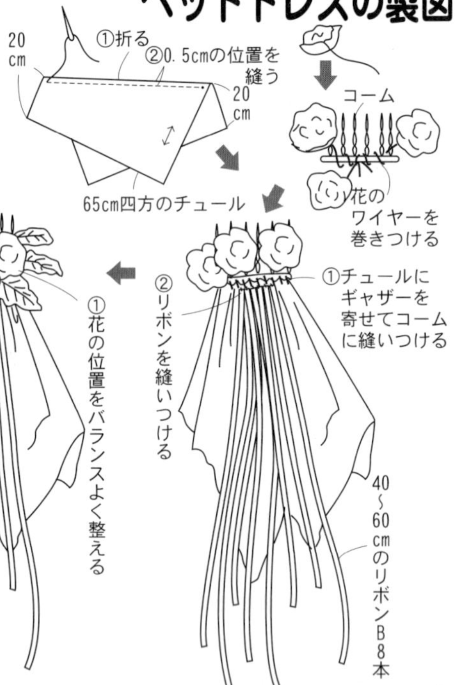

20cm
①折る
②0.5cmの位置を縫う
20cm
65cm四方のチュール
コーム
花のワイヤーを巻きつける
①チュールにギャザーを寄せてコームに縫いつける
②リボンを縫いつける
①花の位置をバランスよく整える
②羽根を花の下に縫いつける
40〜60cmのリボンB8本

カラーの製図

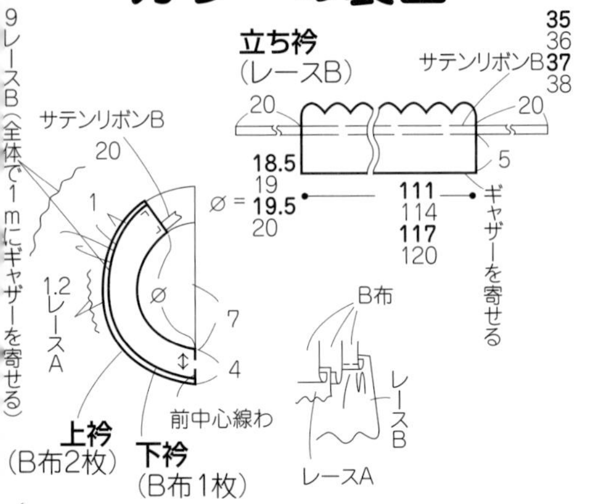

立ち衿
（レースB）
サテンリボンB
35
36
37
38
20
20
18.5
19
19.5
20
∅ =
111
114
117
120
5
ギャザーを寄せる
9
レースB（全体で1mにギャザーを寄せる）
サテンリボンB
20
1
1.2
レースA
7
4
前中心線わ
上衿
（B布2枚）
下衿
（B布1枚）
B布
レースB
レースA

ブラウスの製図

■＝実物大の型紙
（12ページ11　製図133ページ）

型紙のアレンジ方法

①後ろ・後ろ脇・前脇・前の丈を短くする。
②前は衿ぐりを引き直して切り替え線を引く。
③前見返しも衿ぐりを引き直す。
④袖の袖山線を切り開いて訂正する。
⑤後ろ見返しは型紙のママ使用する。
⑥結びひもを製図する。

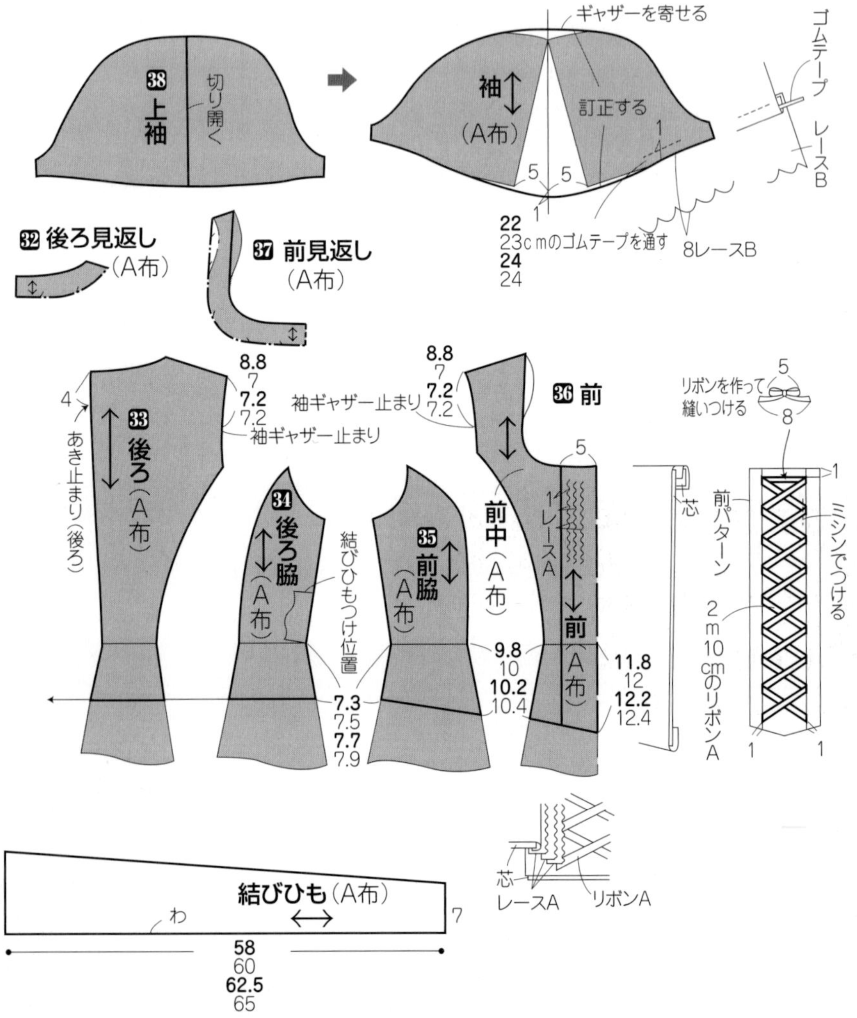

38 上袖
切り開く
ギャザーを寄せる
袖
（A布）
訂正する
1
5
5
1
22
23cmのゴムテープを通す
24
24
8レースB
ゴムテープ
レースB
32 後ろ見返し
（A布）
37 前見返し
（A布）
8.8
7
7.2
7.2
袖ギャザー止まり
袖ギャザー止まり
4
あき止まり（後ろ）
33 後ろ（A布）
34 後ろ脇（A布）
結びひもつけ位置
35 前脇（A布）
36 前
前中（A布）
1 レースA
前（A布）
5
9.8
10
10.2
10.4
7.3
7.5
7.7
7.9
11.8
12
12.2
12.4
芯
リボンを作って縫いつける
5
8
前パターン
ミシンでつける
2m10cmのリボンA
1
1
1
芯
レースA
リボンA
11
結びひも（A布）
わ
7
58
60
62.5
65

※アクセサリー作りの基礎は80ページ参照

チョーカーの作り方

チョーカー材料（すべてキンカ堂）
パール（6mm-白）232個
スワロフスキー
（4527ツメツキS 18×13mm-クリスタル）2個
ボールチップ4個
手芸用ゴム（ミユキH3180）2m
クラスプ1組、カシメ玉4個

首まわり38cm

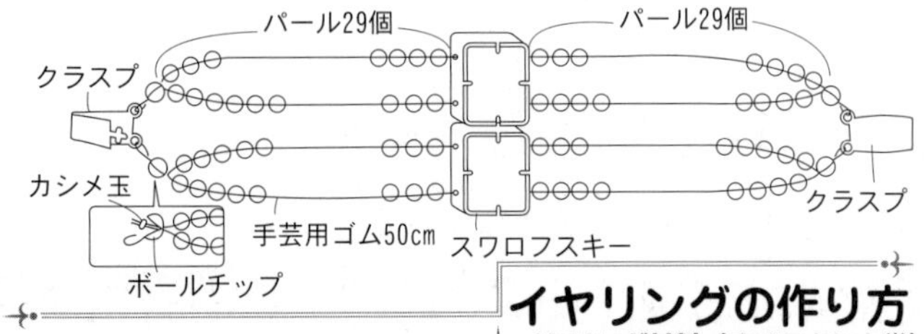

パール29個
パール29個
クラスプ
カシメ玉
手芸用ゴム50cm
スワロフスキー
クラスプ
ボールチップ

ブレスレットの作り方

ブレスレット材料（すべてキンカ堂）
パール（6mm-白）108個
スワロフスキー（4527ツメツキS 18×13mm-クリスタル）2個
手芸用ゴム（ミユキH3180）
2m40cm

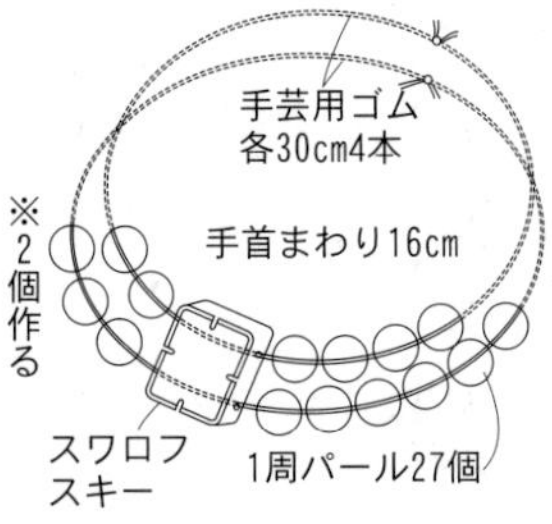

手芸用ゴム
各30cm4本
手首まわり16cm
※2個作る
スワロフスキー
1周パール27個

イヤリングの作り方

イヤリング材料（すべてキンカ堂）
パール（6mm-白）10個
スワロフスキー（8721 28×17mm-クリスタル）2個
丸カン（約6mm）2個
Cカン（3×4mm）10個
9ピン（20mm）7本
イヤリング金具1組

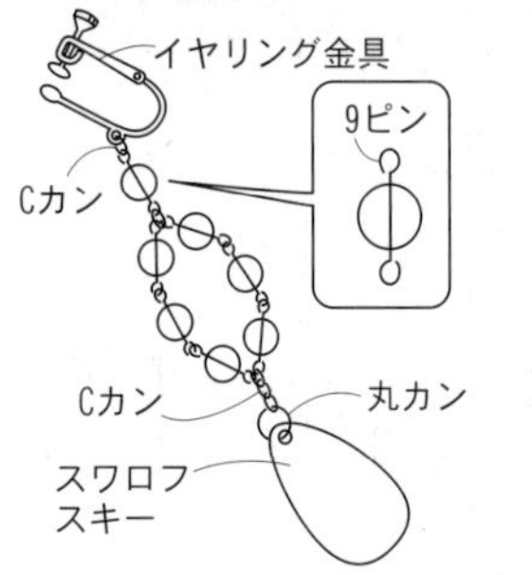

イヤリング金具
9ピン
Cカン
Cカン
丸カン
スワロフスキー

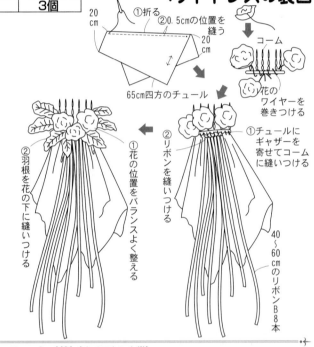

スカートの製図 ※パニエ（16ページ）を使用します。

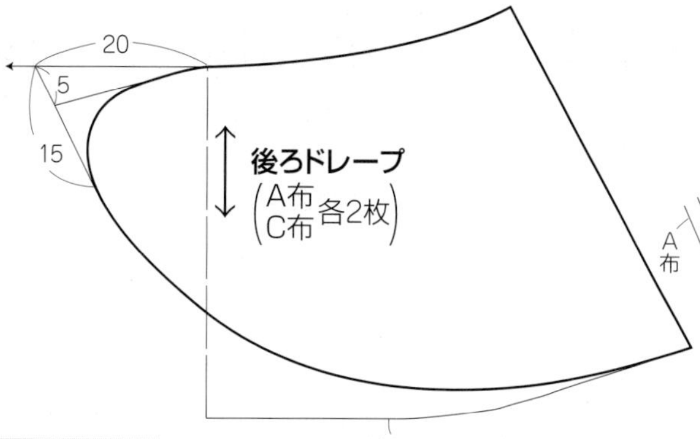

20
5
15
後ろドレープ
(A布 C布 各2枚)
A布
C布
訂正済前スカートパターン

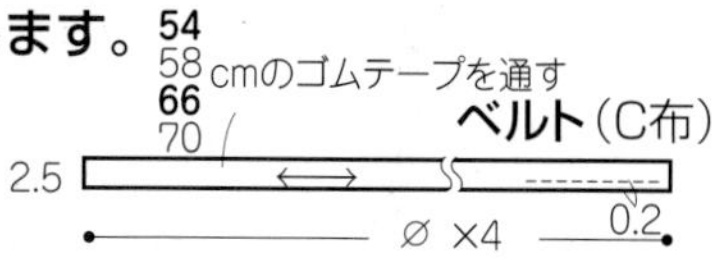

54
58
66
70
cmのゴムテープを通す
ベルト（C布）
2.5
0.2
⌀ ×4

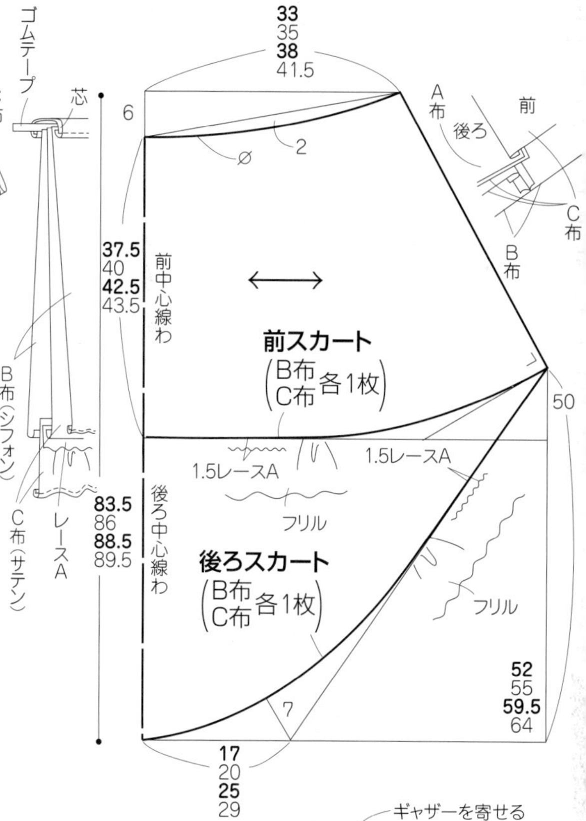

ゴムテープ
芯
B布（シフォン）
C布（サテン）
レースA
33
35
38
41.5
6
2
⌀
A布
後ろ
前
C布
B布
37.5
40
42.5
43.5
前中心線わ
前スカート
(B布 C布 各1枚)
50
1.5レースA
1.5レースA
フリル
83.5
86
88.5
89.5
後ろ中心線わ
後ろスカート
(B布 C布 各1枚)
フリル
7
52
55
59.5
64
17
20
25
29

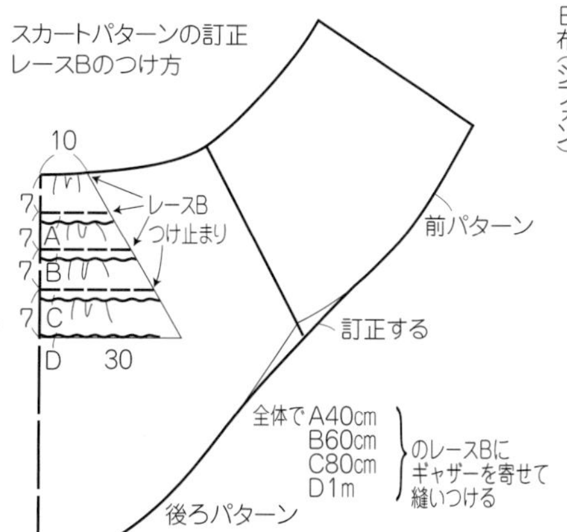

スカートパターンの訂正
レースBのつけ方
10
7
7
7
7
A
B
C
D
30
レースB
つけ止まり
前パターン
訂正する
後ろパターン
全体でA40cm B60cm C80cm D1m のレースBにギャザーを寄せて縫いつける

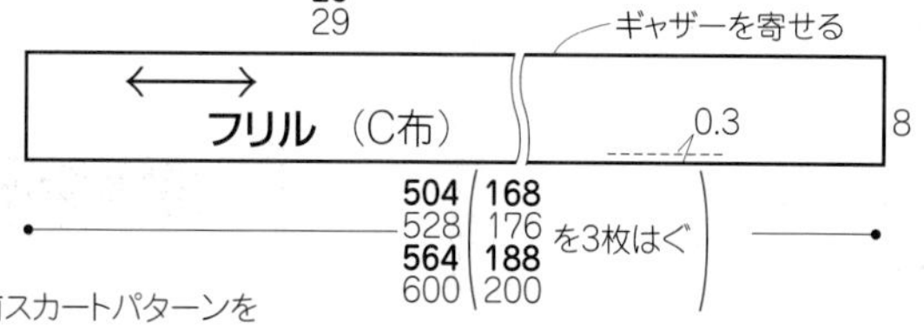

ギャザーを寄せる
フリル（C布）
0.3
8
504
528
564
600
168
176
188
200
を3枚はぐ

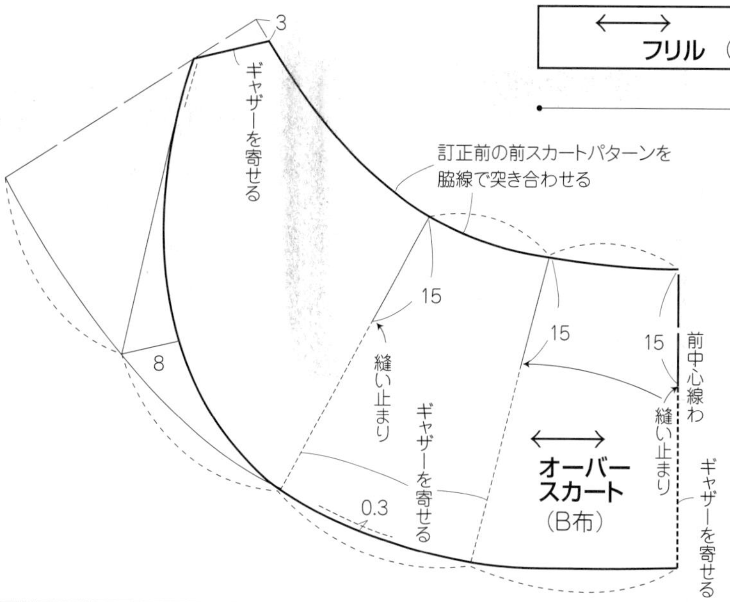

3
ギャザーを寄せる
訂正前の前スカートパターンを脇線で突き合わせる
15
15
15
8
縫い止まり
ギャザーを寄せる
0.3
オーバースカート
（B布）
前中心線わ
縫い止まり
ギャザーを寄せる

数字の見方
上から順に
Sサイズ
Mサイズ
Lサイズ
LLサイズ
1つしかない数字は共通

布の裁ち方

□＝接着芯をはる位置

数字のないところは1cmの縫い代をつけます。

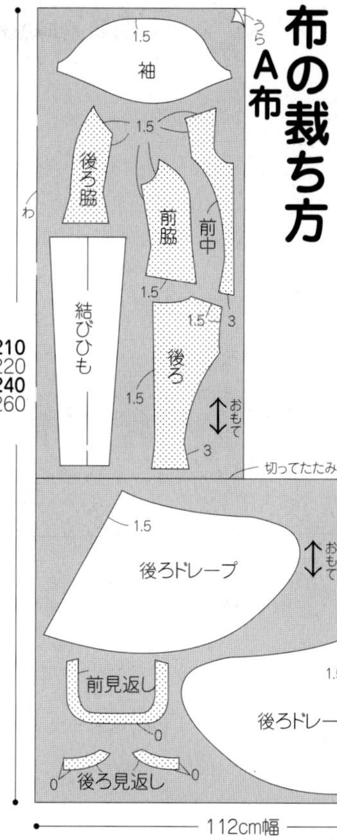

A布
うら
1.5
袖
1.5
後ろ脇
前脇
前中
1.5
1.5
3
結びひも
後ろ
1.5
おもて
3
わ
210
220
240
260
切ってたたみ直す
1.5
後ろドレープ
おもて
前
前見返し
1.5
後ろドレープ
0
0
0
後ろ見返し
112cm幅

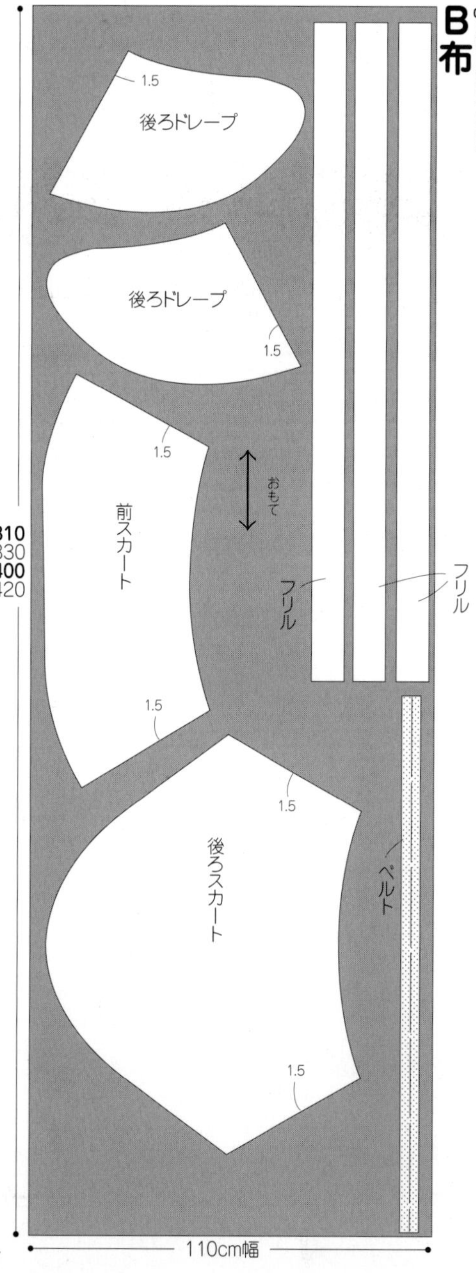

B布
1.5
後ろドレープ
後ろドレープ
1.5
1.5
前スカート
おもて
1.5
フリル
フリル
1.5
後ろスカート
ベルト
1.5
310
330
400
420
110cm幅

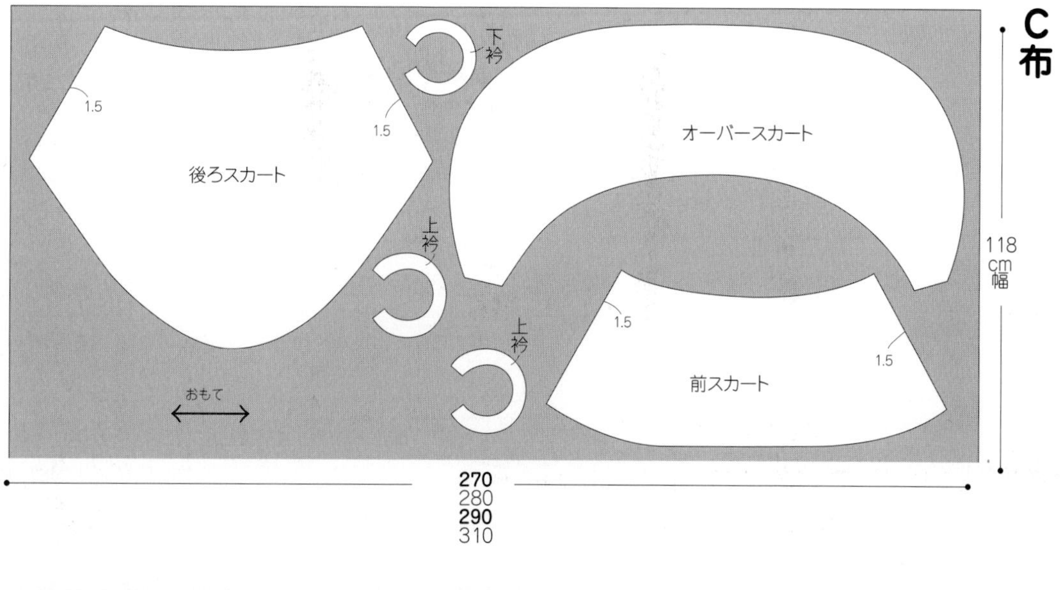

C布
1.5
1.5
後ろスカート
下衿
オーバースカート
上衿
上衿
1.5
1.5
前スカート
おもて
118 cm幅
270
280
290
310

カラーの作り方

1.下衿にレースBをつける。

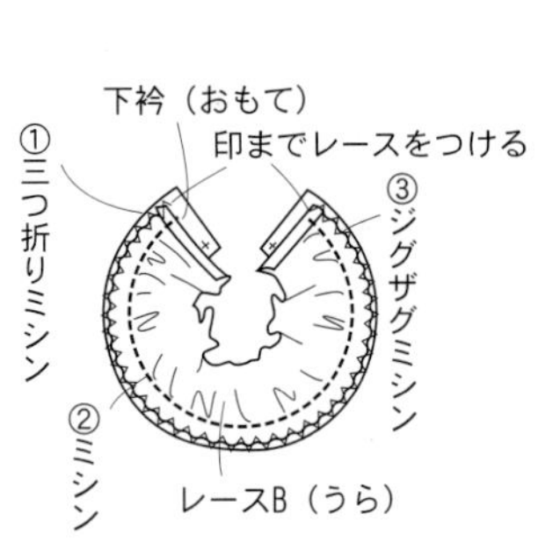

下衿（おもて）
印までレースをつける
①三つ折りミシン
③ジグザグミシン
②ミシン
レースB（うら）

2.下衿にレースAとリボンBをつける。

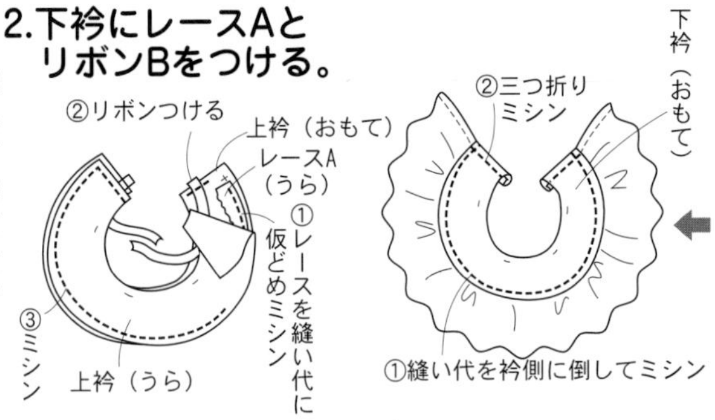

下衿（おもて）
②三つ折りミシン
①縫い代を衿側に倒してミシン
②リボンつける
上衿（おもて）
レースA（うら）
①レースを縫い代に仮どめミシン
③ミシン
上衿（うら）

3.1・2とレースBを縫い合わせる。

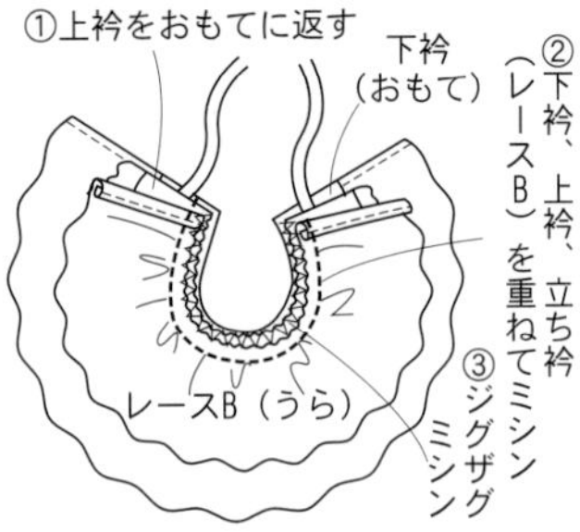

①上衿をおもてに返す
下衿（おもて）
②下衿、上衿、立ち衿（レースB）を重ねてミシン
③ジグザグミシン
レースB（うら）

4.リボンとスワロフスキーをつける。

②リボンに所々レースを縫いつける
①縫い代を上に倒してミシン
前
スワロフスキーをボンドでつける

ブラウスの作り方

1.袖を除いてすべてのパーツのうらに接着芯をはる。

2.前にレースとリボンをつける。

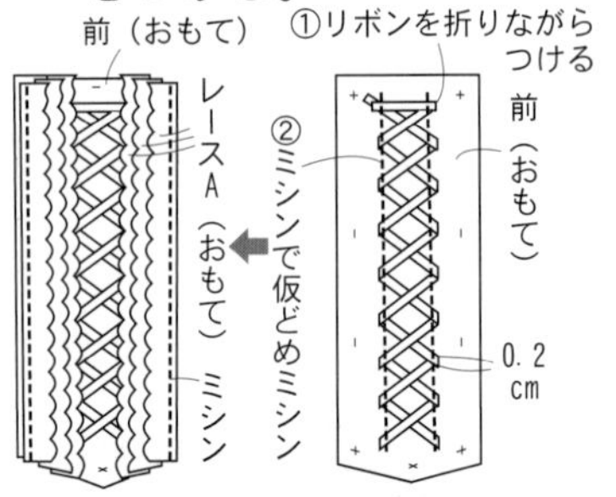

前（おもて）
レースA（おもて）
ミシン
①リボンを折りながらつける
前（おもて）
②ミシンで仮どめミシン
0.2cm

3.後ろ中心線を縫い、コンシールファスナーをつける。

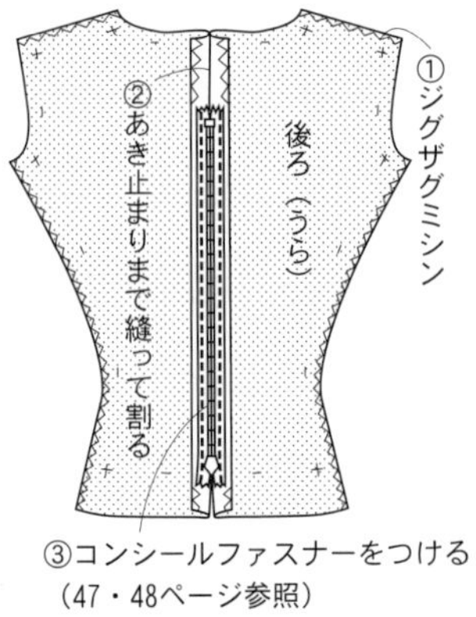

後ろ（うら）
②あき止まりまで縫って割る
①ジグザグミシン
③コンシールファスナーをつける
（47・48ページ参照）

4.結びひもをつける。

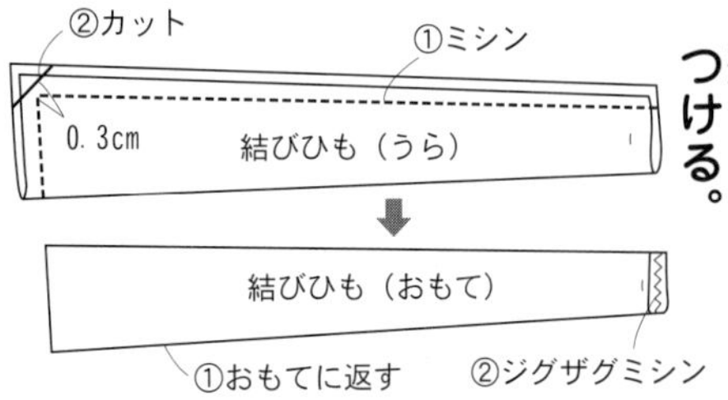

②カット
①ミシン
0.3cm
結びひも（うら）
結びひも（おもて）
①おもてに返す
②ジグザグミシン

5.見返しを作る。

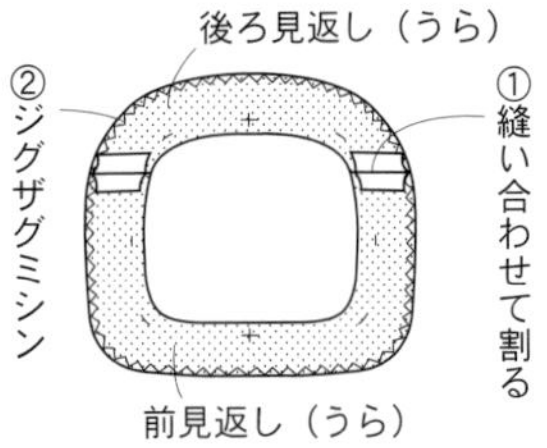

後ろ見返し（うら）
②ジグザグミシン
①縫い合わせて割る
前見返し（うら）

6.身頃を縫い合わせて、見返しと結びひもをつける。

④ミシン
⑤切り込み
後ろ見返し（うら）
③肩線と脇線を縫い合わせて割る
②切り替え線を縫い合わせて割る
⑥ジグザグミシン
前脇（うら）
結びひもをはさむ
①縫い合わせて縫い代を脇側に倒す

7.袖を作る。

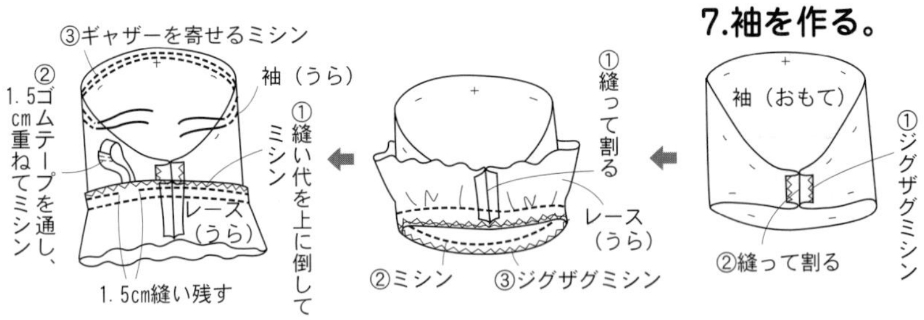

袖（おもて）
①ジグザグミシン
②縫って割る
①縫って割る
レース（うら）
②ミシン
③ジグザグミシン
③ギャザーを寄せるミシン
袖（うら）
②ゴムテープを通し、1.5cm重ねてミシン
①縫い代を上に倒してミシン
レース（うら）
1.5cm縫い残す

8.出来上がり。

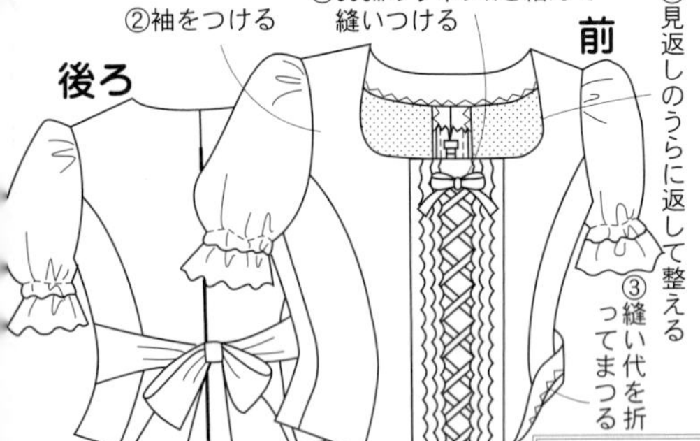

後ろ
前
②袖をつける
④30cmのリボンAを結んで縫いつける
①見返しのうらに返して整える
③縫い代を折ってまつる

スカートの作り方

1.後ろドレープを作る。

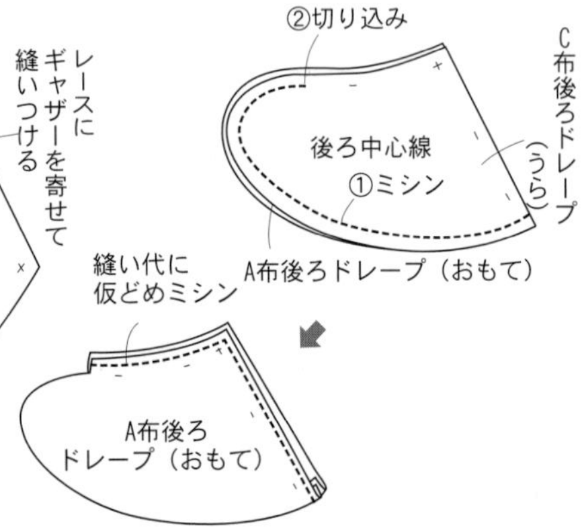

②切り込み
C布後ろドレープ（うら）
後ろ中心線
①ミシン
A布後ろドレープ（おもて）
縫い代に仮どめミシン
A布後ろドレープ（おもて）

2.後ろスカートにレースBをつける。

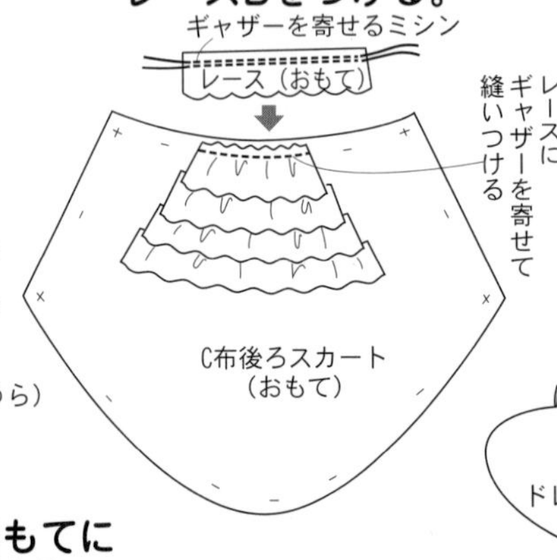

ギャザーを寄せるミシン
レース（おもて）
レースにギャザーを寄せて縫いつける
C布後ろスカート（おもて）

3.後ろスカートに1をつけて前スカートと縫い合わせ、レースAとフリルをつける。

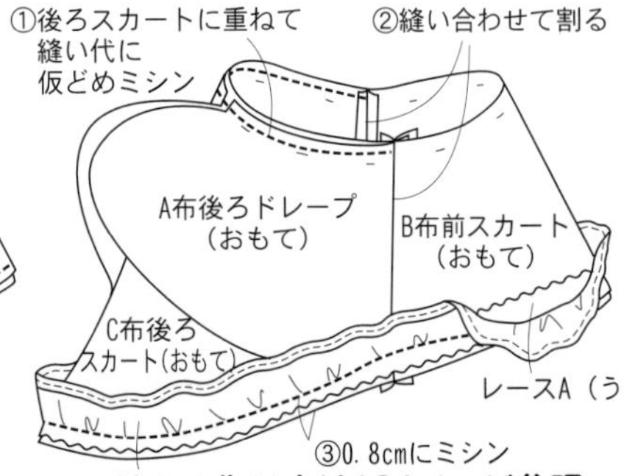

①後ろスカートに重ねて縫い代に仮どめミシン
②縫い合わせて割る
A布後ろドレープ（おもて）
B布前スカート（おもて）
C布後ろスカート(おもて)
レースA（うら）
③0.8cmにミシン

※フリルの作り方は134ページ参照。

4.B布スカートと3を縫い合わせる。

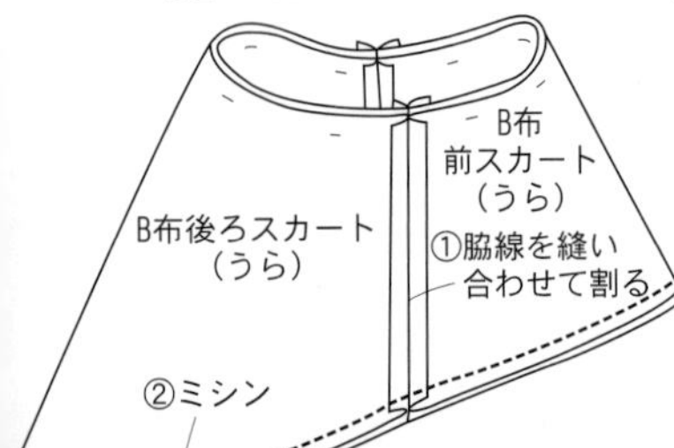

B布前スカート（うら）
B布後ろスカート（うら）
①脇線を縫い合わせて割る
②ミシン

5.オーバースカートを作る。

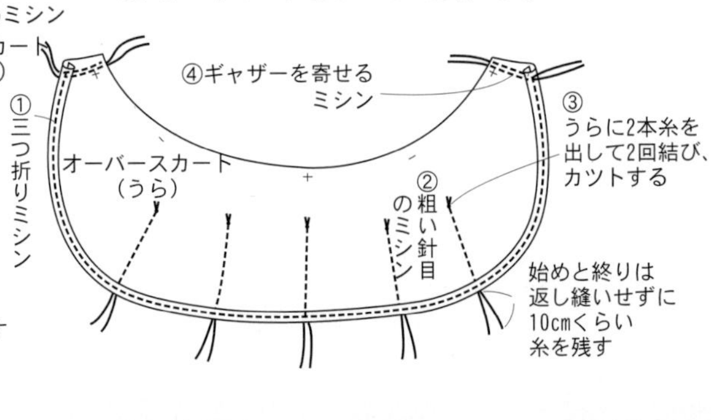

④ギャザーを寄せるミシン
①三つ折りミシン
オーバースカート（うら）
③うらに2本糸を出して2回結び、カットする
②粗い針目のミシン
始めと終りは返し縫いせずに10cmくらい糸を残す

6.スカートをおもてに返し、5をつける。

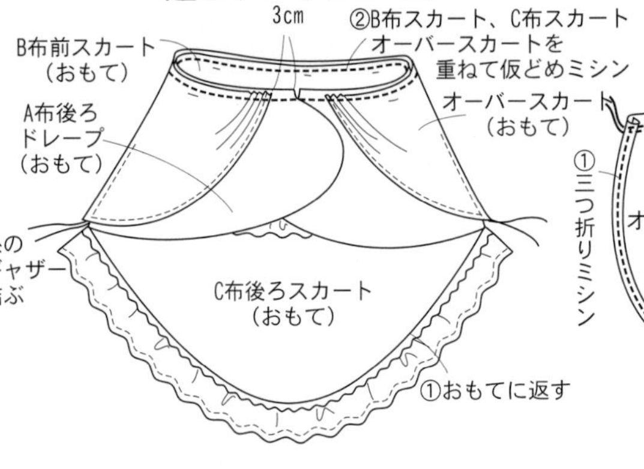

3cm
B布前スカート（おもて）
②B布スカート、C布スカートオーバースカートを重ねて仮どめミシン
オーバースカート（おもて）
A布後ろドレープ（おもて）
C布後ろスカート（おもて）
①おもてに返す

7.出来上がり。

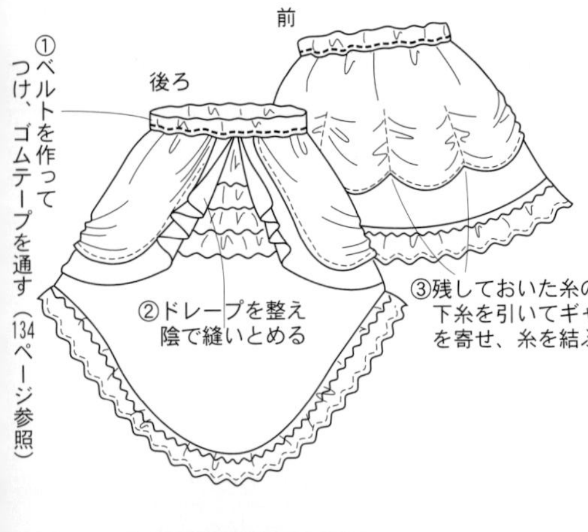

前
後ろ
①ベルトを作ってつけ、ゴムテープを通す（134ページ参照）
②ドレープを整え陰で縫いとめる
③残しておいた糸の下糸を引いてギャザーを寄せ、糸を結ぶ

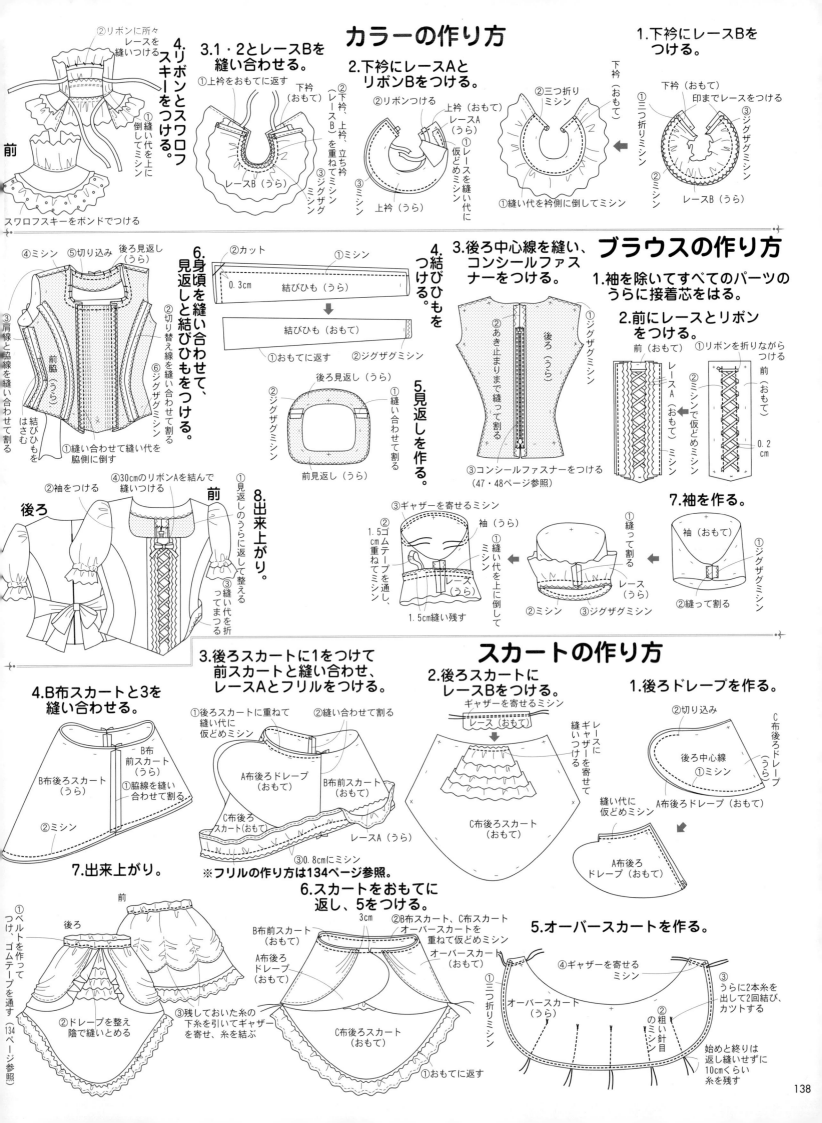

ブラウス・スカート材料（すべてキンカ堂）		S	M	L	LL
A布（ポリエステルジャカード）	112cm幅	3m	3m10cm	3m30cm	3m40cm
B布（シルクオーガンジー）	122cm幅	2m	2m10cm	2m20cm	2m30cm
C布（ポリエステルサテン）	110cm幅	3m90cm	4m10cm	4m40cm	4m70cm
接着芯	90cm幅	1m30cm	1m40cm	1m50cm	1m60cm
サテンリボン	3mm幅	4m	4m	4m	4m
ブレード	12mm幅	4m40cm	4m50cm	4m60cm	4m80cm
レースA（ケミカルレース）	16mm幅	5m50cm	5m70cm	6m	6m10cm
レースB（ケミカルレース）	33mm幅	2m90cm	3m	3m10cm	3m20cm
レースC（ケミカル両レース）	26mm幅	3m	3m20cm	3m30cm	3m50cm
コンシールファスナー	56cm	1本	1本	1本	1本
カギホック	（小）	3組	3組	3組	3組
スナップ	8mm	8組	8組	8組	8組
ゴムテープ（8コール）	約6.5mm幅	2m10cm	2m30cm	2m40cm	2m60cm
スワロフスキー（5301 3mm-ジェット）		約50個	約50個	約60個	約60個
ヘッドドレス材料（すべてキンカ堂）		S	M	L	LL
ドレスのB布	50cm幅	40cm	40cm	40cm	40cm
サテンリボン	9mm幅	3m	3m	3m	3m
コーム		1個	1個	1個	1個
羽根		2枚	2枚	2枚	2枚
花	約9cm	1個	1個	1個	1個
花	約6cm	2個	2個	2個	2個

ワンピース　実物大の型紙B面

57ページ46

数字の見方
上から順に
Sサイズ
Mサイズ
Lサイズ
LLサイズ
1つしかない
数字は共通

ワンピースの製図

※パニエD（79ページ）を使用します。

■＝実物大の型紙
（23ページ17　製図118ページ）

型紙のアレンジ方法

①後ろと前の上・脇・裾をカットする。
②衿ぐりはカラーの製図をする。前と後ろのカラー部分を肩線で突き合わせてカラーを作る。
③前のダーツをたたんで切り開く。
④衿は型紙のまま使用する。
⑤身頃をすべて突き合わせて見返しを製図する。
⑥スカートとオーバースカートは製図をする。

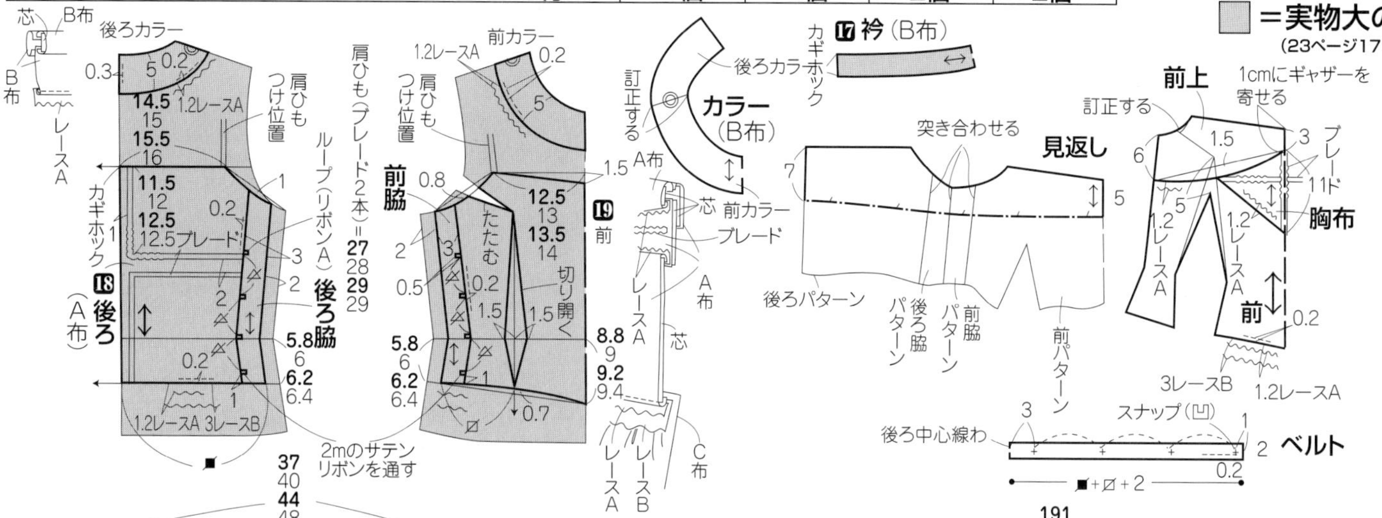

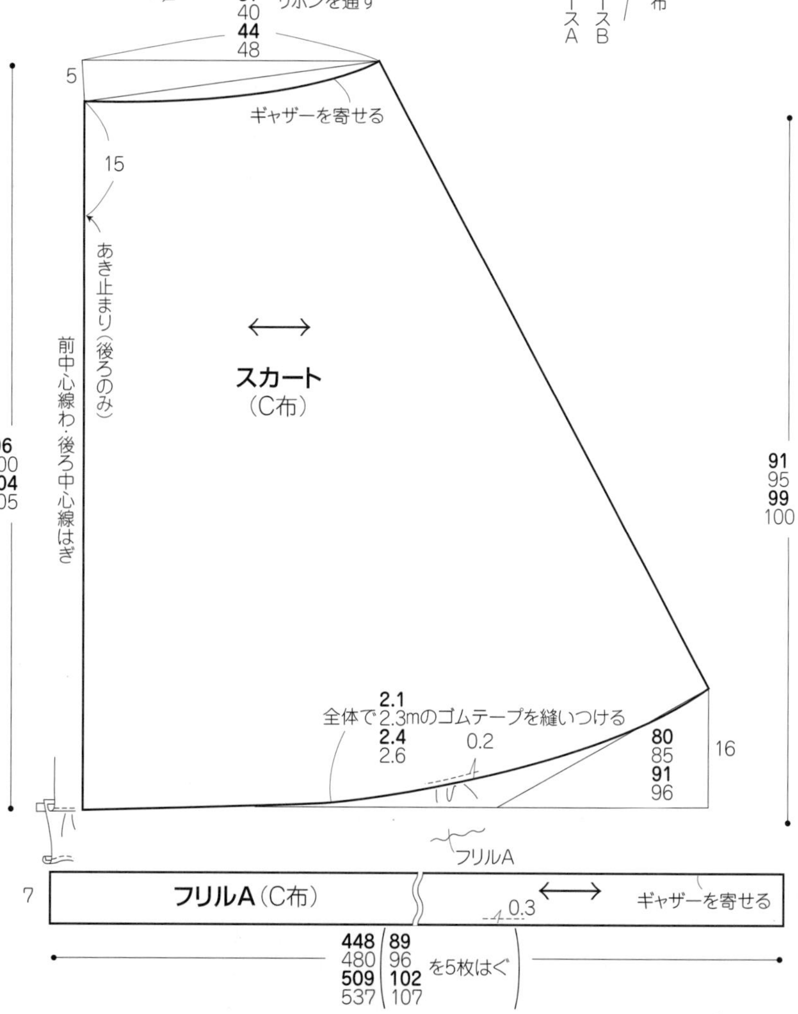

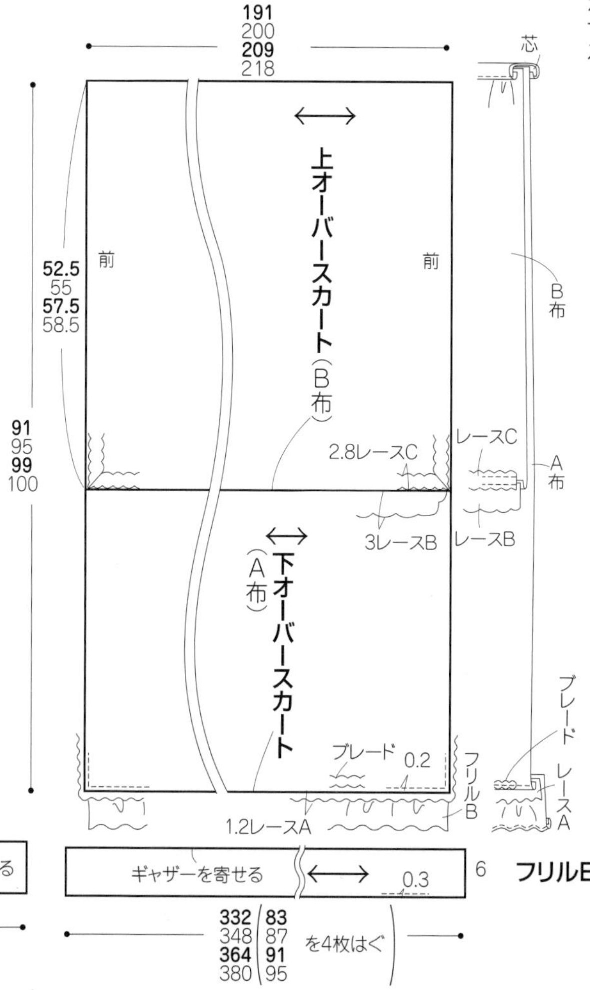

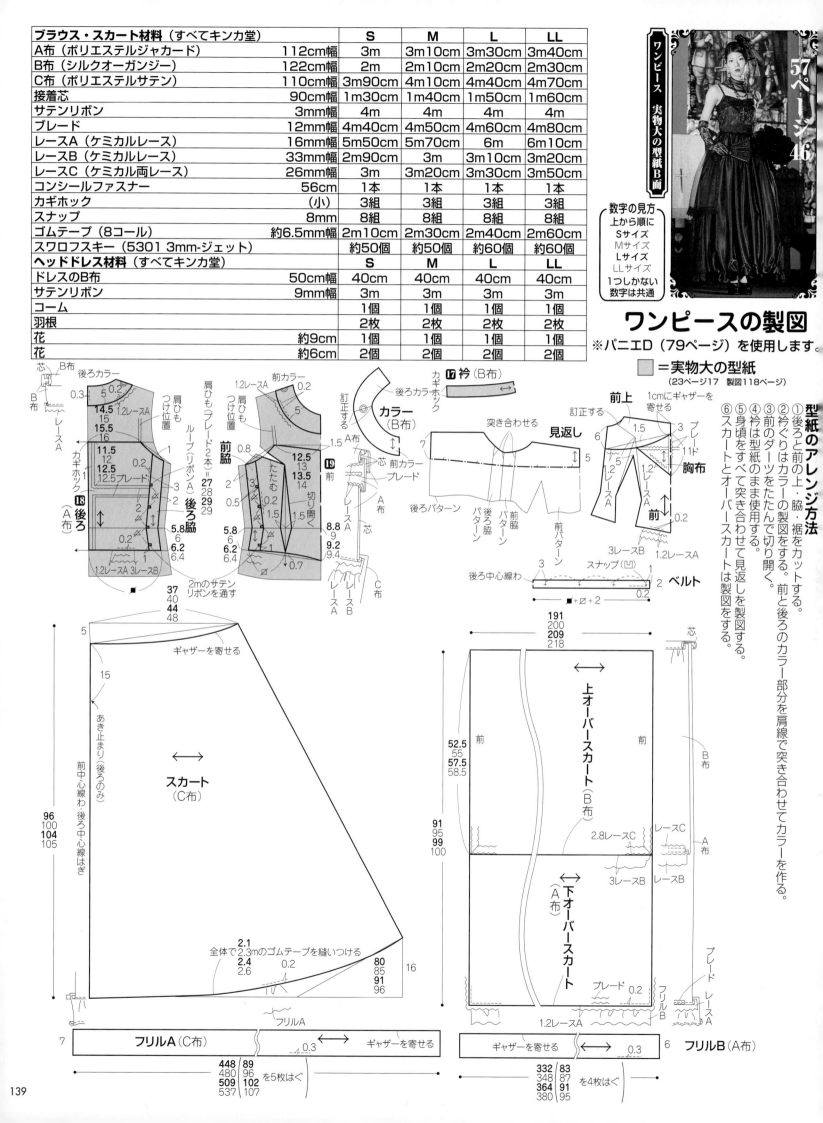

ピアス材料（すべてキンカ堂）
チェコファイアポリッシュ
A（152 8mm-ジェット）8個
B（152 5mm-ヘマタイト）16個
丸カン（3mm）8個
9ピン（20mm）7本
Tピン（20mm）5本
ピアス金具（フックタイプ）1組

ネックレス材料（すべてキンカ堂）
チェコファイアポリッシュ
（152 8mm-ジェット）21個
（152 5mm-ヘマタイト）63個
手芸用ゴム（ミユキH3180）80cm

ピアスの作り方

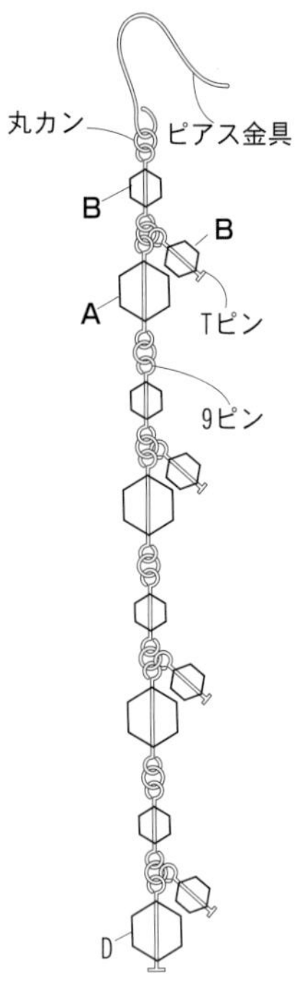
丸カン
ピアス金具
B
B
A
Tピン
9ピン
D

ネックレスの作り方

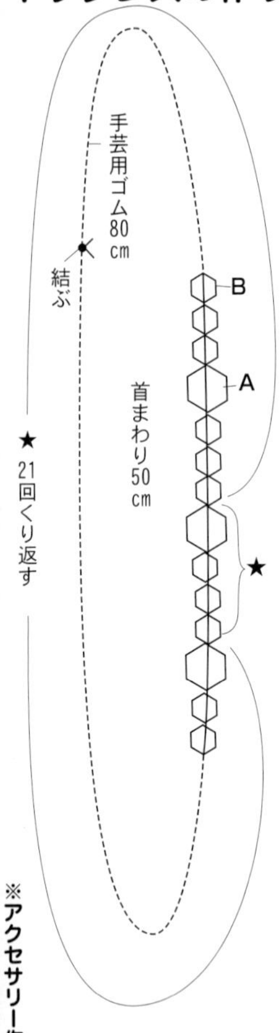
手芸用ゴム80cm
結ぶ
B
A
首まわり50cm
★21回くり返す
★

※アクセサリー作りの基礎は80ページ参照

ロザリオの作り方

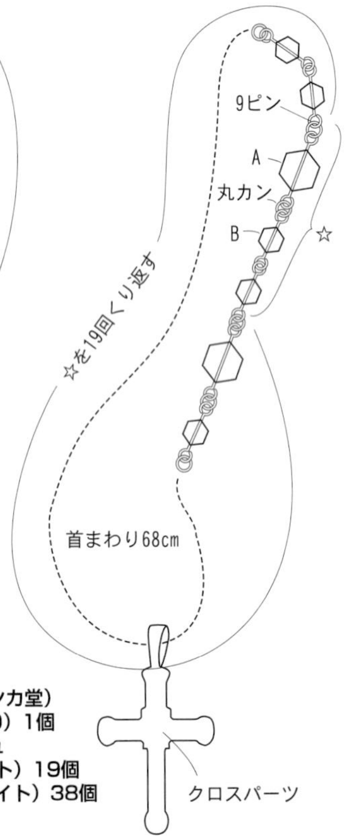
9ピン
A
丸カン
B
☆
☆を19回くり返す
首まわり68cm
クロスパーツ

ロザリオ材料（すべてキンカ堂）
クロスチャーム（QB320）1個
チェコファイアポリッシュ
A（152 8mm-ジェット）19個
B（152 5mm-ヘマタイト）38個
丸カン（3mm）38個
9ピン（20mm）57本

布の裁ち方

▒＝接着芯をはる位置
数字のないところは1cmの縫い代をつけます。

C布

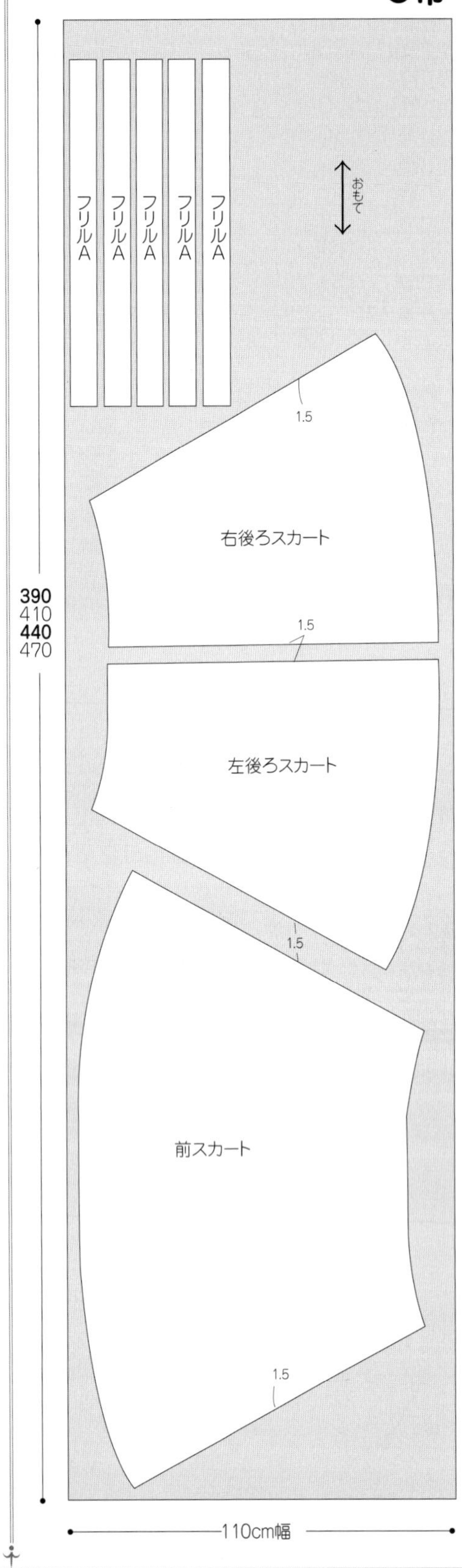
フリルA
フリルA
フリルA
フリルA
フリルA
おもて
1.5
右後ろスカート
1.5
左後ろスカート
1.5
前スカート
1.5
390
410
440
470
110cm幅

A布

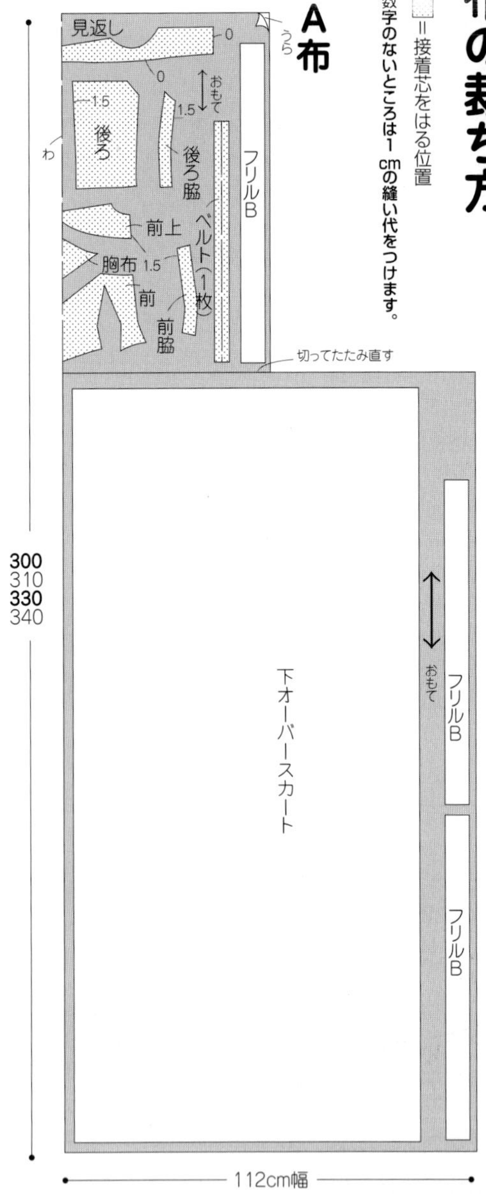
見返し
0
うら
0
おもて
1.5
後ろ
1.5
後ろ脇
わ
フリルB
ベルト（1枚）
前上
胸布
1.5
前
前脇
切ってたたみ直す
300
310
330
340
下オーバースカート
おもて
フリルB
フリルB
112cm幅

B布

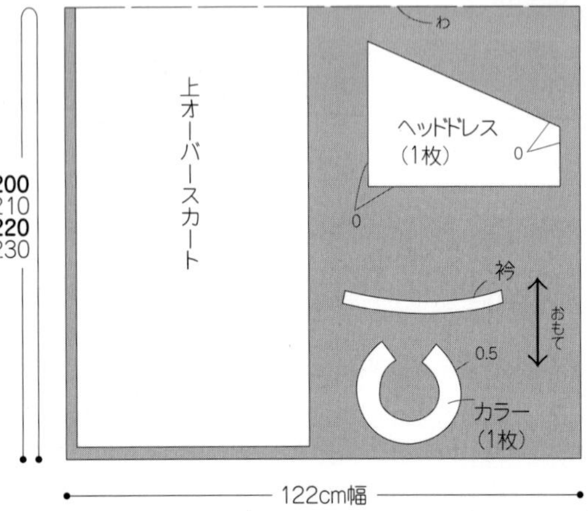
わ
上オーバースカート
ヘッドドレス
（1枚）
0
0
衿
おもて
0.5
カラー
（1枚）
200
210
220
230
122cm幅

ヘッドドレスの作り方

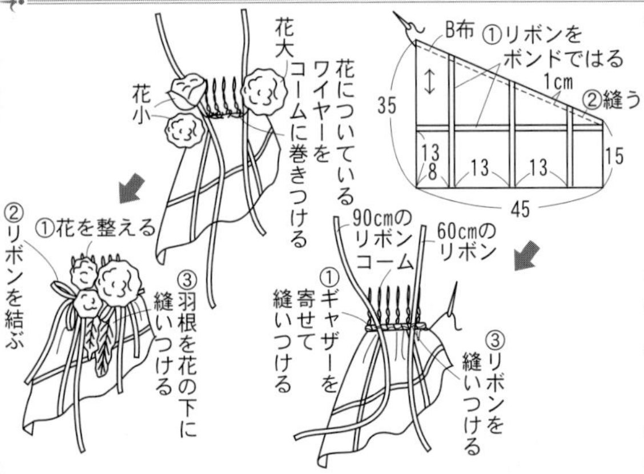
花大
花小
花についているワイヤーをコームに巻きつける
①花を整える
②リボンを結ぶ
③羽根を花の下に縫いつける
B布
①リボンをボンドではる
1cm
②縫う
35
15
13
8
13
13
45
90cmのリボン
コーム
60cmのリボン
①ギャザーを寄せて縫いつける
③リボンを縫いつける

カラーの作り方

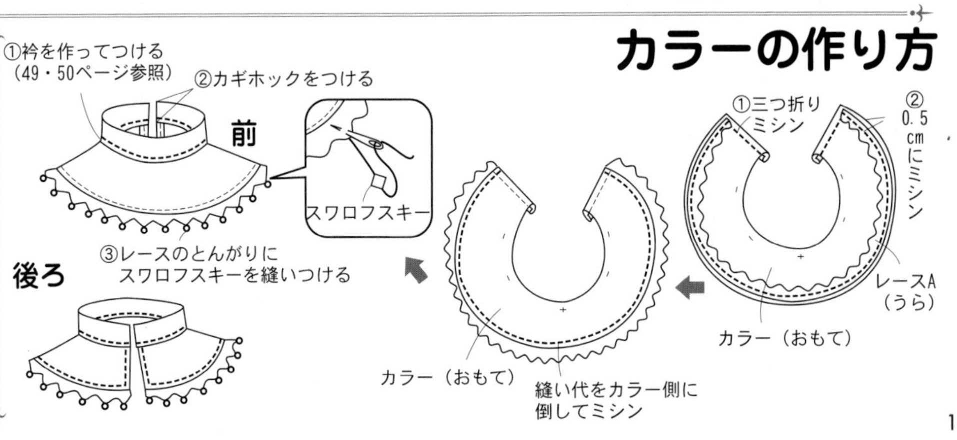
①衿を作ってつける
（49・50ページ参照）
②カギホックをつける
前
スワロフスキー
③レースのとんがりに
スワロフスキーを縫いつける
後ろ
カラー（おもて）
縫い代をカラー側に
倒してミシン
①三つ折り
ミシン
②0.5cmにミシン
レースA
（うら）
カラー（おもて）

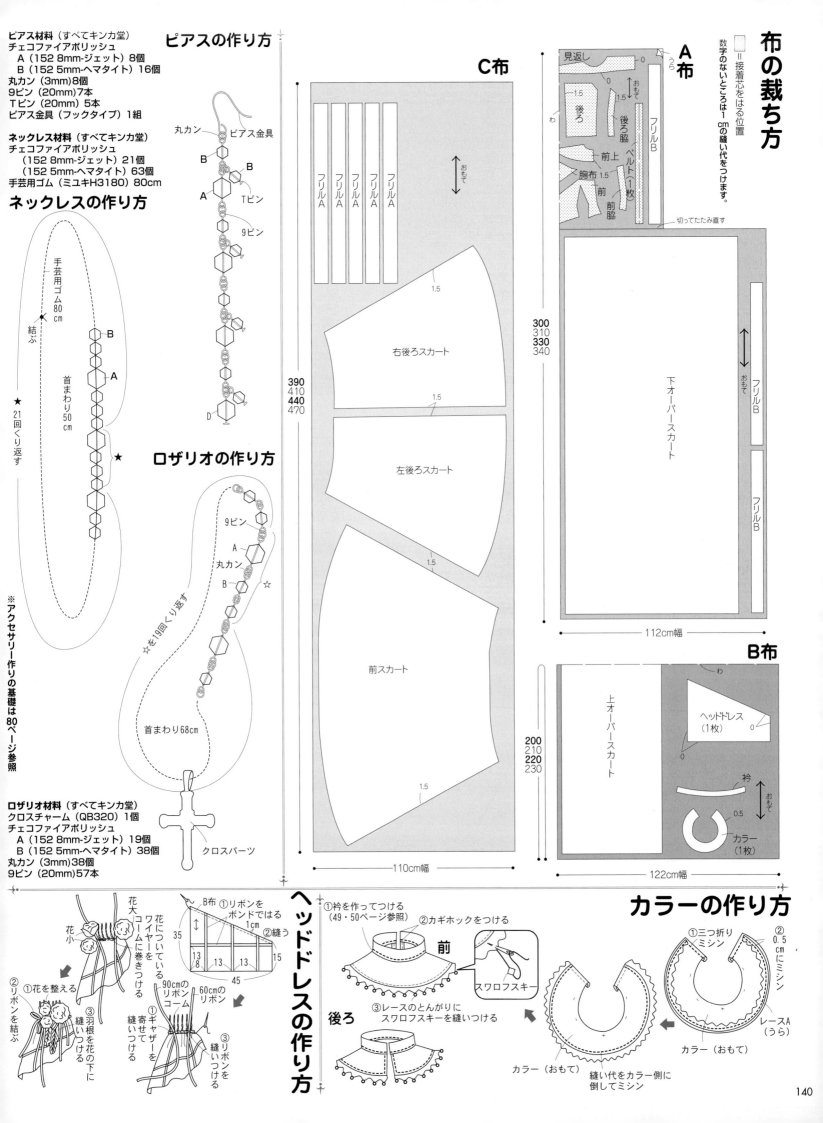

オーバースカートの作り方

1.上オーバースカートを作る。

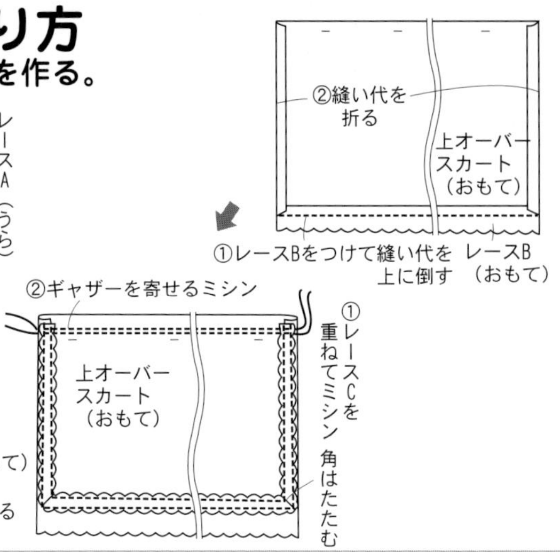
②縫い代を折る
上オーバースカート（おもて）
①レースBをつけて縫い代を上に倒す
レースB（おもて）
②ギャザーを寄せるミシン
①レースCを重ねてミシン 角はたたむ
上オーバースカート（おもて）

2.下オーバースカートを作る。

下オーバースカート（おもて）
レースA（うら）
④ジグザグミシン
③ミシン
④ミシン
①三つ折りミシン
フリルB（おもて）
②ギャザーを寄せる

①縫い代を中側に倒してミシン
下オーバースカート（おもて）
②ギャザーを寄せるミシン
②ブレードをつける

3.出来上がり。

※ベルトの作り方とつけ方は00ページ参照。

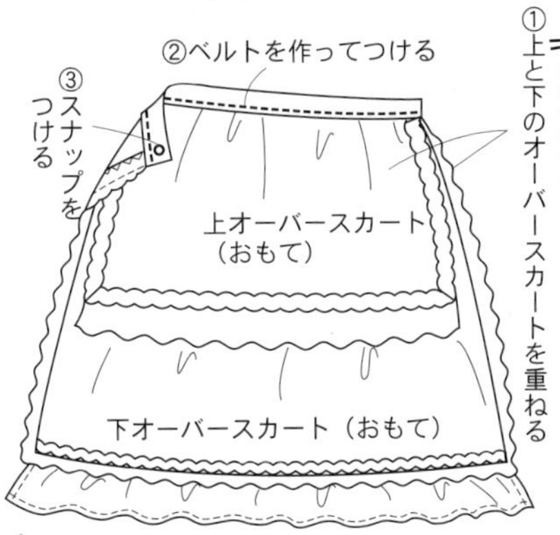
①上下のオーバースカートを重ねる
②ベルトを作ってつける
③スナップをつける
上オーバースカート（おもて）
下オーバースカート（おもて）

ワンピースの作り方

※身頃部分のうらはすべて接着芯をはります。

1.胸布を作る。

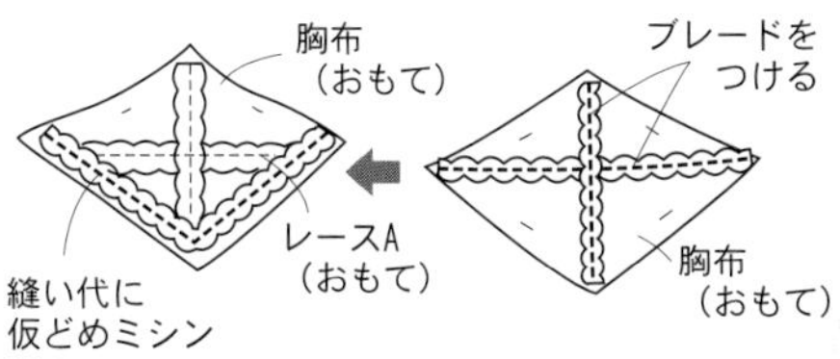
ブレードをつける
胸布（おもて）
胸布（おもて）
レースA（おもて）
縫い代に仮どめミシン

2.前と胸布を縫い合わせる。

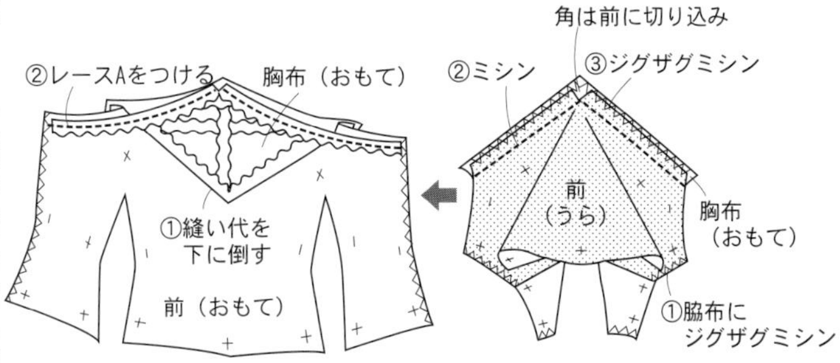
角は前に切り込み
③ジグザグミシン
②ミシン
前（うら）
胸布（おもて）
①脇布にジグザグミシン
②レースAをつける
胸布（おもて）
①縫い代を下に倒す
前（おもて）

3.前上と2を縫い合わせる。

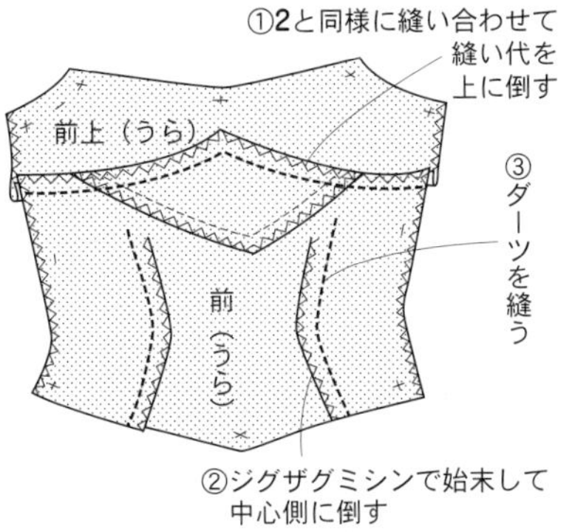
①2と同様に縫い合わせて縫い代を上に倒す
前上（うら）
③ダーツを縫う
前（うら）
②ジグザグミシンで始末して中心側に倒す

4.後ろを作る。

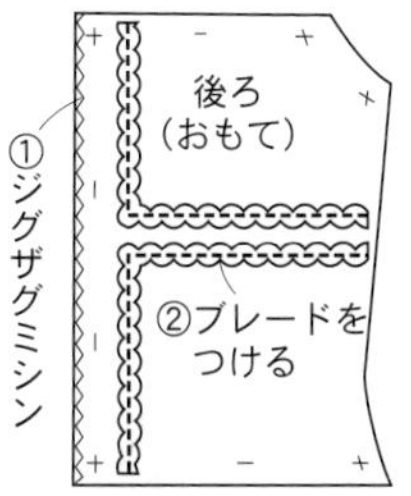
後ろ（おもて）
①ジグザグミシン
②ブレードをつける

5.前脇と後ろ脇を縫い合わせる。

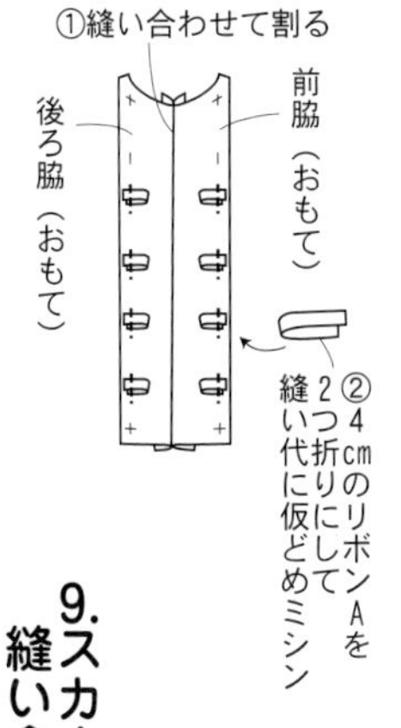
①縫い合わせて割る
後ろ脇（おもて）
前脇（おもて）
②4cmのリボンAを2つ折りにして縫い代に仮どめミシン

6.前・後ろ・脇を縫い合わせる。

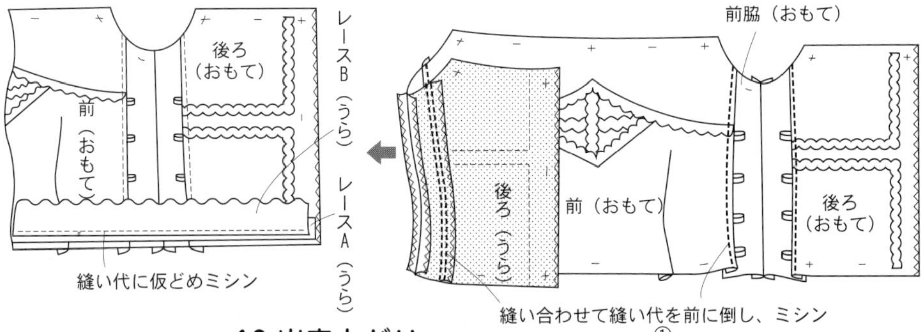
前脇（おもて）
後ろ（うら）
前（おもて）
後ろ（おもて）
縫い合わせて縫い代を前に倒し、ミシン
後ろ（おもて）
前（おもて）
レースB（うら）
レースA（うら）
縫い代に仮どめミシン

2.スカートを作る。

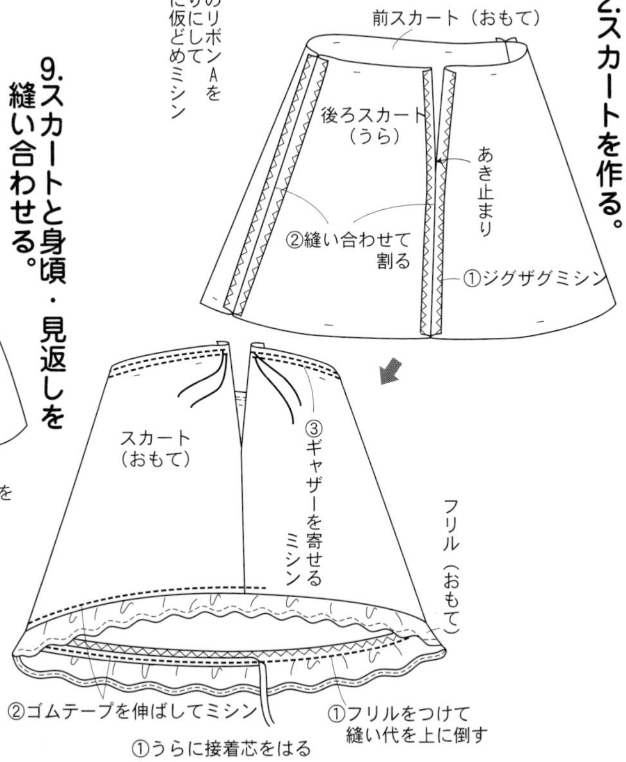
前スカート（おもて）
後ろスカート（うら）
あき止まり
②縫い合わせて割る
①ジグザグミシン
スカート（おもて）
③ギャザーを寄せるミシン
フリル（おもて）
①フリルをつけて縫い代を上に倒す
②ゴムテープを伸ばしてミシン

8.見返しを作る。

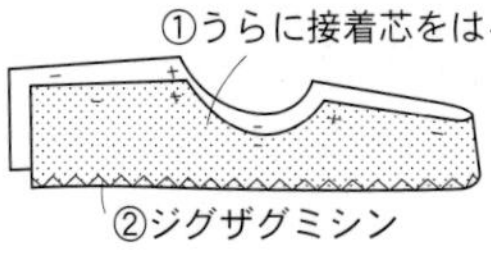
①うらに接着芯をはる
②ジグザグミシン

9.スカートと身頃・見返しを縫い合わせる。

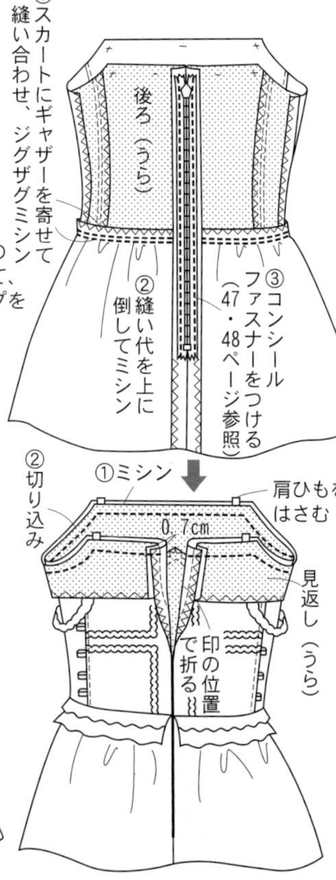
①スカートにギャザーを寄せて縫い合わせ、ジグザグミシン
後ろ（うら）
②縫い代を上に倒してミシン
③コンシールファスナーをつける（47・48ページ参照）
①ミシン
②切り込み
肩ひもをはさむ
0.7cm
見返し（うら）
印の位置で折る

10.出来上がり。

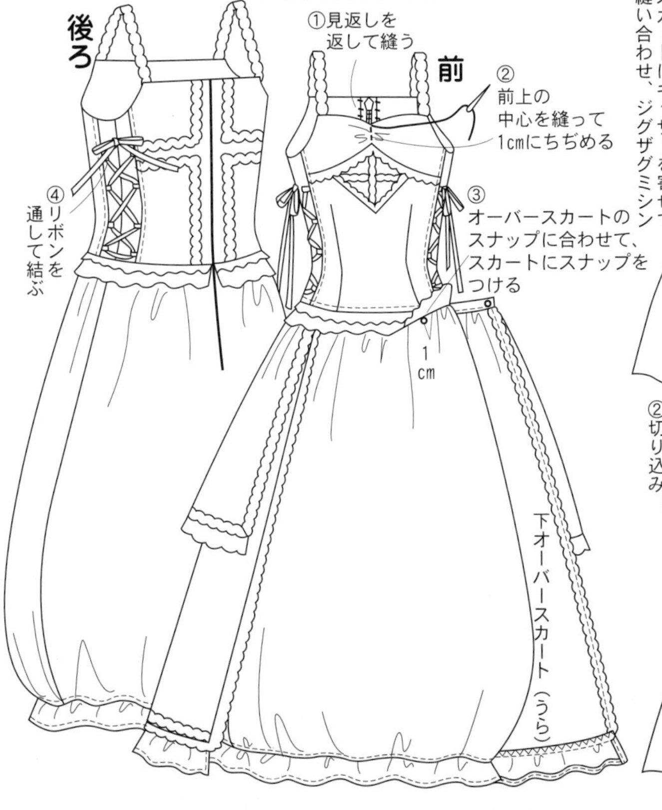
後ろ
前
①見返しを返して縫う
②前上の中心を縫って1cmにちぢめる
③オーバースカートのスナップに合わせて、スカートにスナップをつける
④リボンを通して結ぶ
1cm
下オーバースカート（うら）

ベビードールの材料		S	M	L	LL
表布（綿ブロード）	110cm幅	2m30cm	2m40cm	2m60cm	2m60cm
接着芯	90cm幅	10cm	10cm	10cm	10cm
レースA	30mm幅	1m80cm	1m80cm	1m80cm	1m80cm
レースB	50mm幅	3m50cm	3m50cm	3m60cm	3m70cm
レースC	12mm幅	1m80cm	1m80cm	2m	2m
レースD	40mm幅	2m10cm	2m10cm	2m20cm	2m30cm
リボンA	32mm幅	1m10cm	1m10cm	1m10cm	1m10cm
リボンB	6mm幅	3m20cm	3m20cm	3m30cm	3m40cm
ゴムテープ	6mm幅	70cm	70cm	80cm	80cm
ゴムテープ	8mm幅	60cm	60cm	60cm	70cm
ゴムテープ	8mm幅（強力ゴム）	60cm	60cm	60cm	60cm
バイアステープ	12mm幅	1m	1m	1m	1m

※こちらの製図は、BABY,THE STARS SHINE BRIGHT からお借りしたパターンを本誌の基準に従って編集したものです。S・M・L・LLサイズの寸法は、本誌サイズ表（75ページ）に基づいて編集部で展開したもので、BABY,THE STARS SHINE BRIGHT のサイズ展開とは異なります。

型紙はついていません

26ページ18

数字の見方
上から順に
Sサイズ
Mサイズ
Lサイズ
LLサイズ
1つしかない数字は共通

布の裁ち方

▒=接着芯をはる位置
数字のないところは1cmの縫い代をつけます。

ベビードールの製図

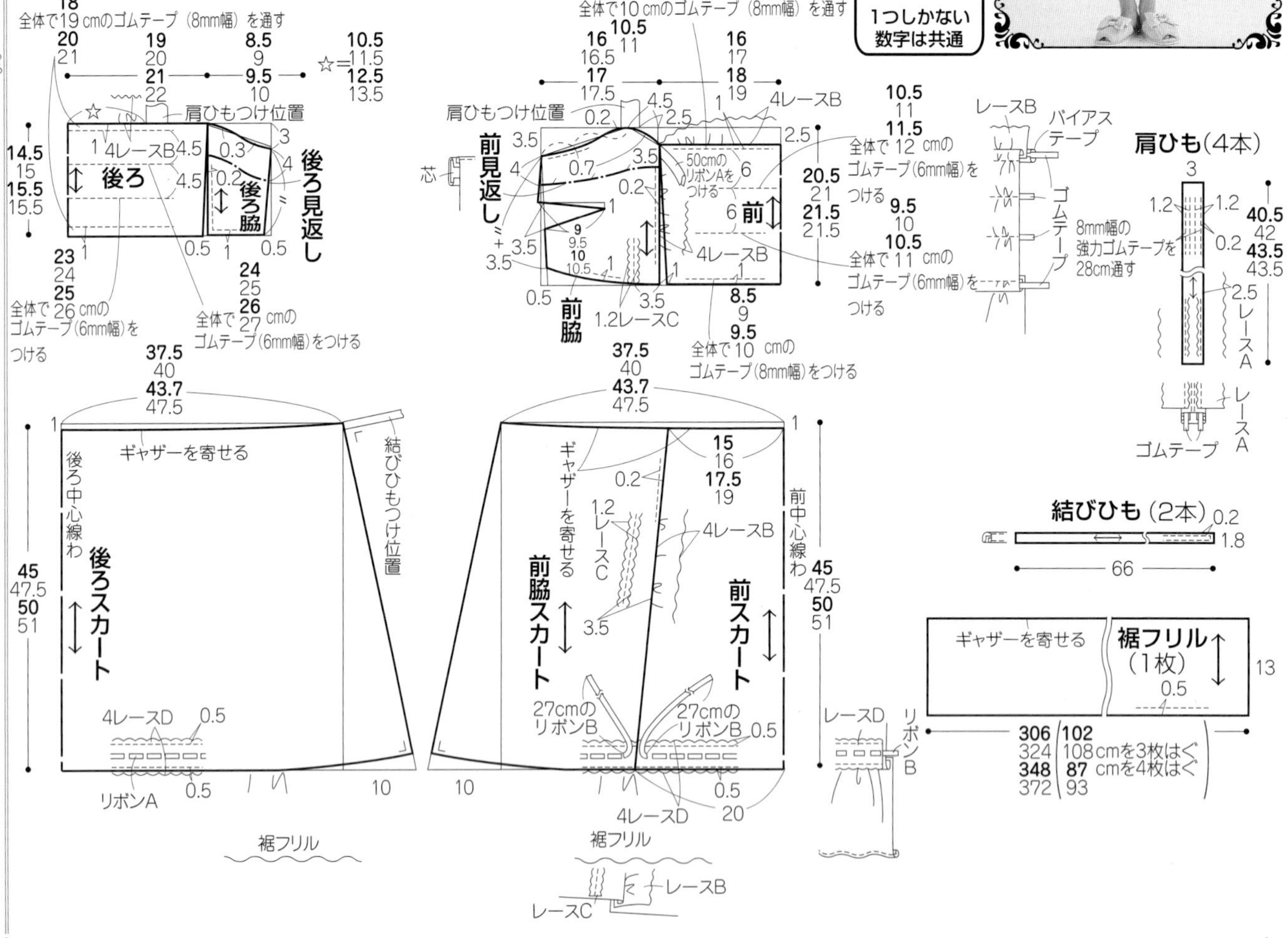

ベビードールの作り方

1.裾フリルを作る。

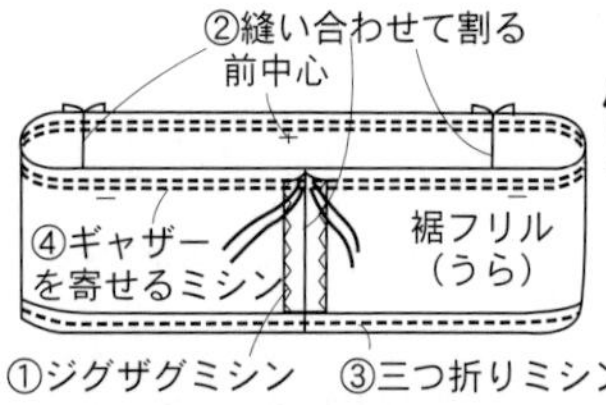

2.結びひもを作る。

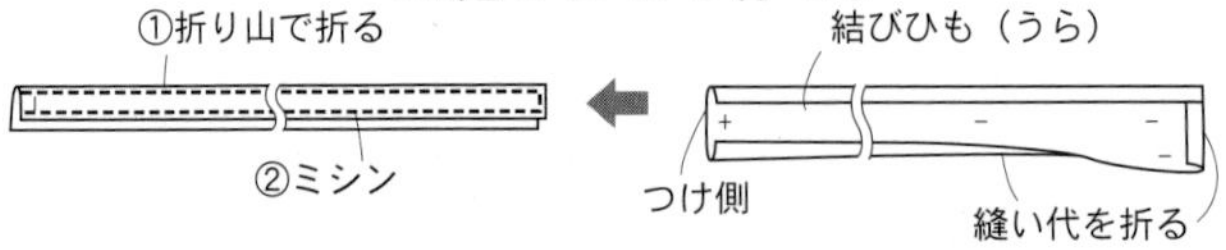

3.肩ひもを作る。

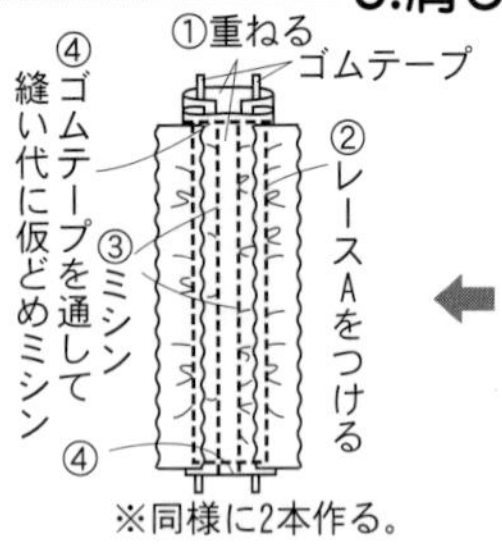

4.スカートを作る。

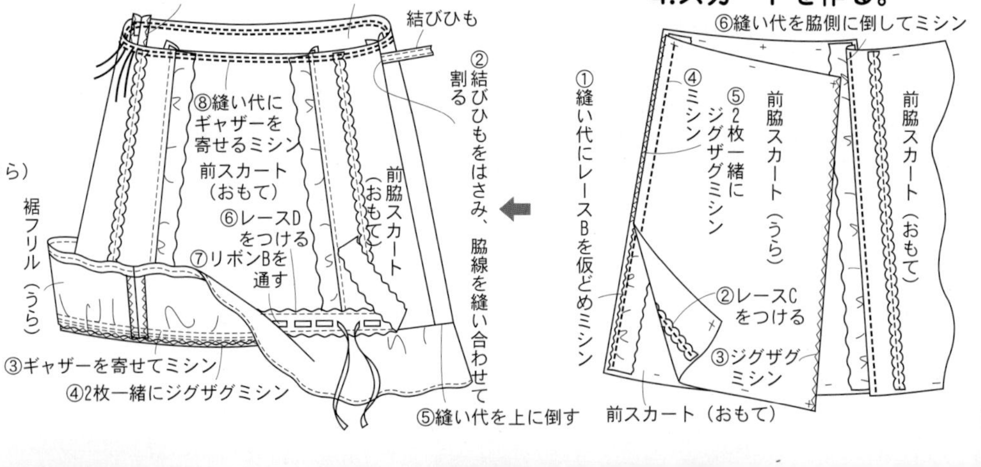

5.見返しを作る。

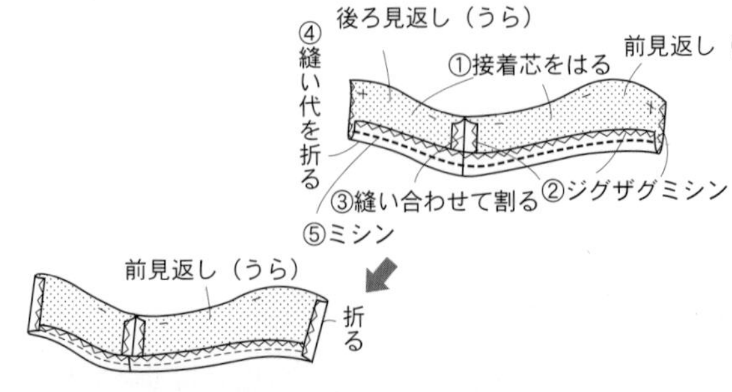

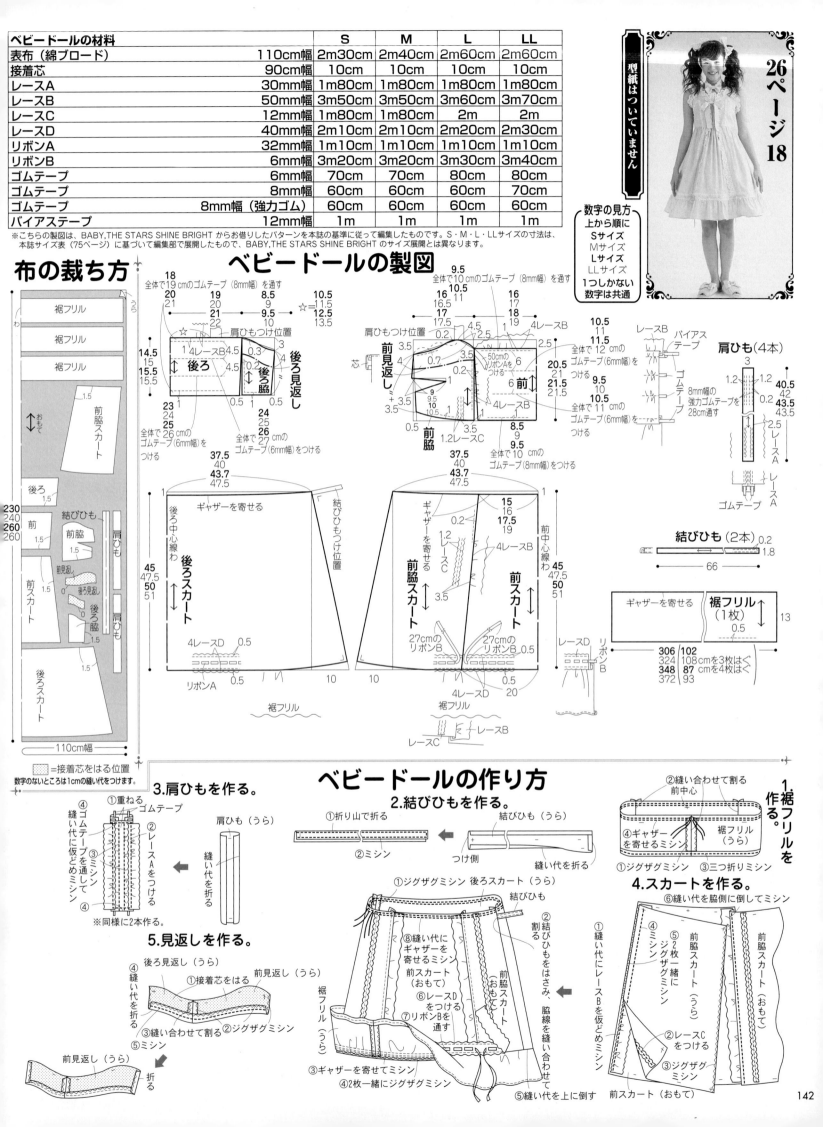

6.前身頃を作る。

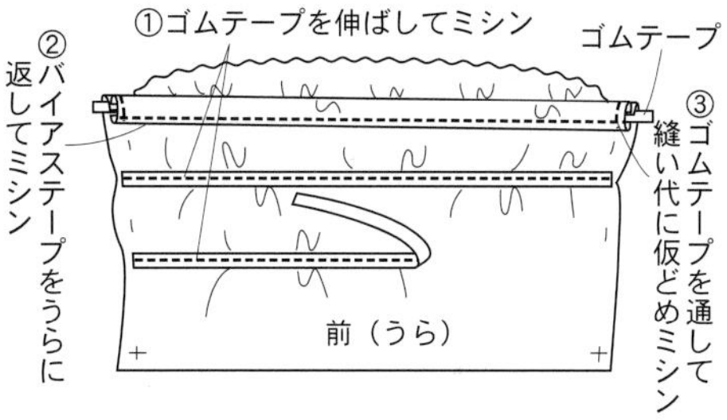

①ゴムテープを伸ばしてミシン
ゴムテープ
②バイアステープをうらに返してミシン
③ゴムテープを通して縫い代に仮どめミシン
前（うら）

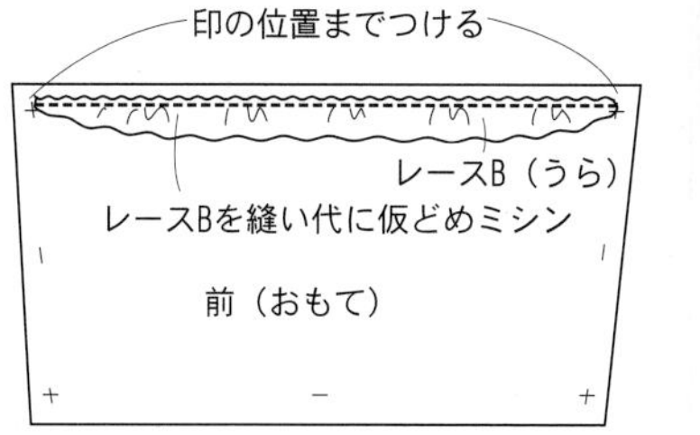

印の位置までつける
レースB（うら）
レースBを縫い代に仮どめミシン
前（おもて）

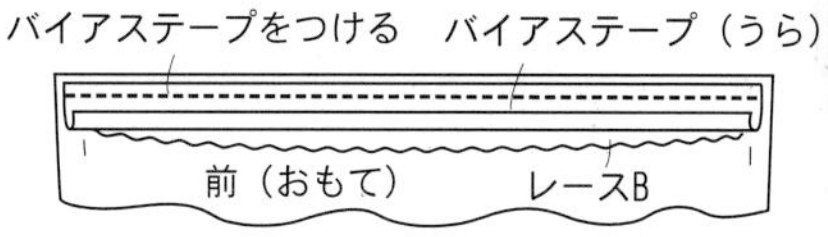

バイアステープをつける
バイアステープ（うら）
前（おもて）
レースB

7.前脇を作る。

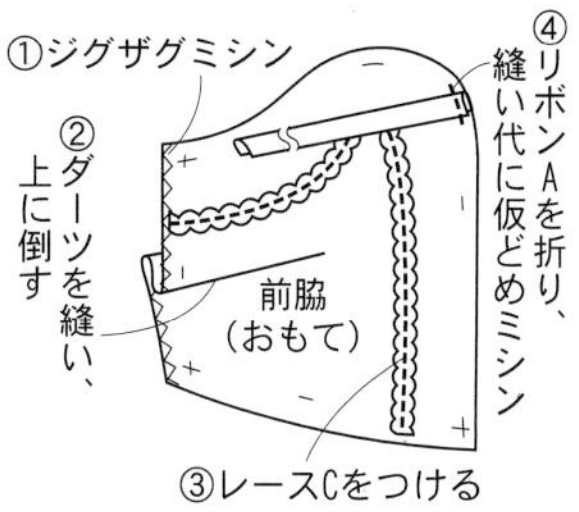

①ジグザグミシン
②ダーツを縫い、上に倒す
④リボンAを折り、縫い代に仮どめミシン
前脇（おもて）
③レースCをつける

8.前脇、後ろ脇、後ろを縫い合わせる。

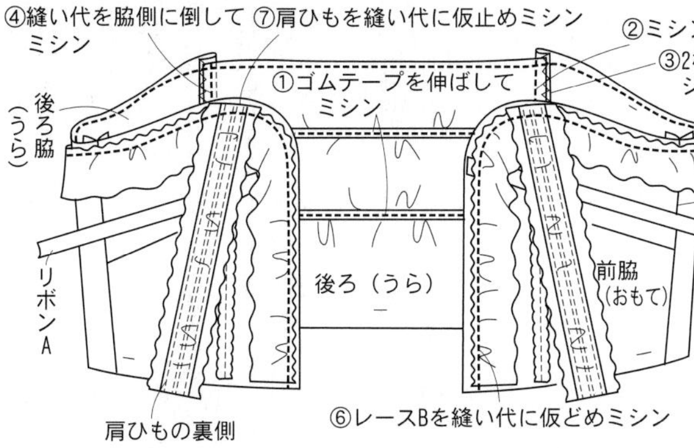

④縫い代を脇側に倒してミシン
⑦肩ひもを縫い代に仮止めミシン
②ミシン
③2枚一緒にジグザグミシン
①ゴムテープを伸ばしてミシン
後ろ脇（うら）
⑤縫い合わせて縫い代を割る
リボンA
後ろ（うら）
前脇（おもて）
肩ひもの裏側
⑥レースBを縫い代に仮どめミシン

9.8と前身頃を縫い合わせる。

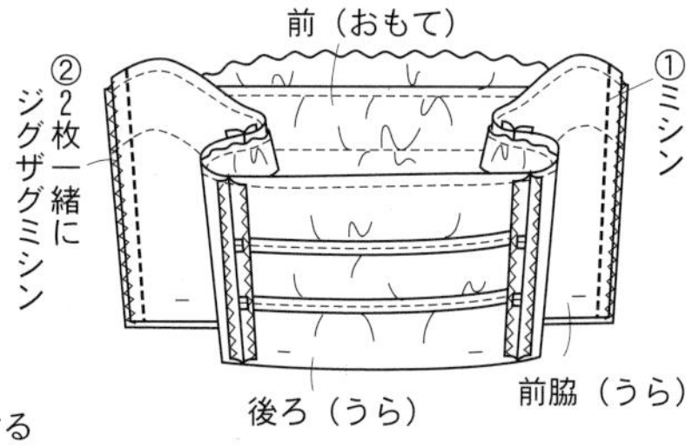

前（おもて）
②2枚一緒にジグザグミシン
①ミシン
後ろ（うら）
前脇（うら）

10.見返しをつける。

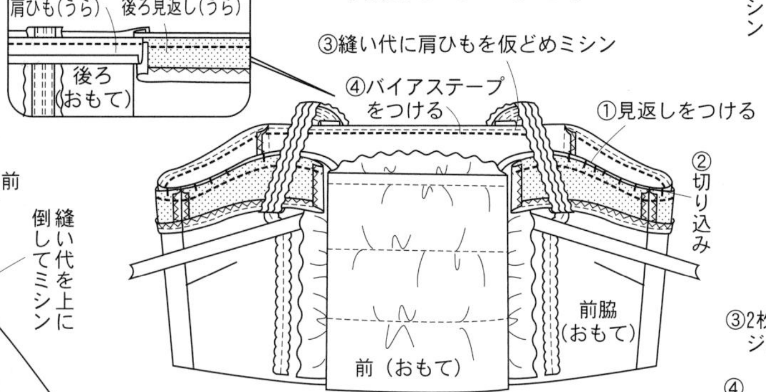

バイアステープ（うら）
肩ひも（うら）
後ろ見返し（うら）
後ろ（おもて）
③縫い代に肩ひもを仮どめミシン
④バイアステープをつける
①見返しをつける
②切り込み
前脇（おもて）
前（おもて）

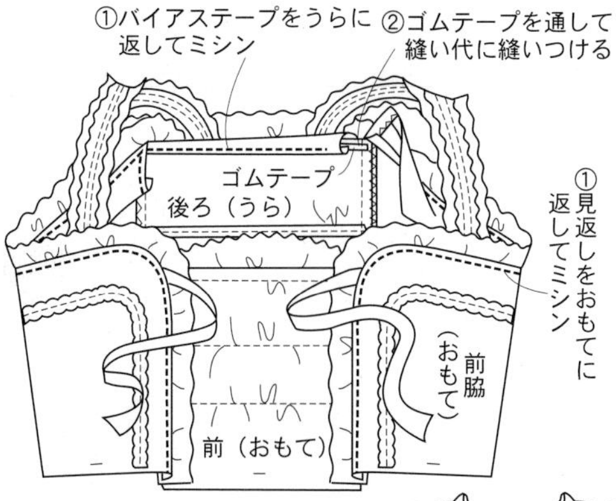

①バイアステープをうらに返してミシン
②ゴムテープを通して縫い代に縫いつける
縫いつける
ゴムテープ
ゴムテープ
後ろ（うら）
①見返しをおもてに返してミシン
前脇（おもて）
前（おもて）

11.スカートと身頃を縫い合わせる。

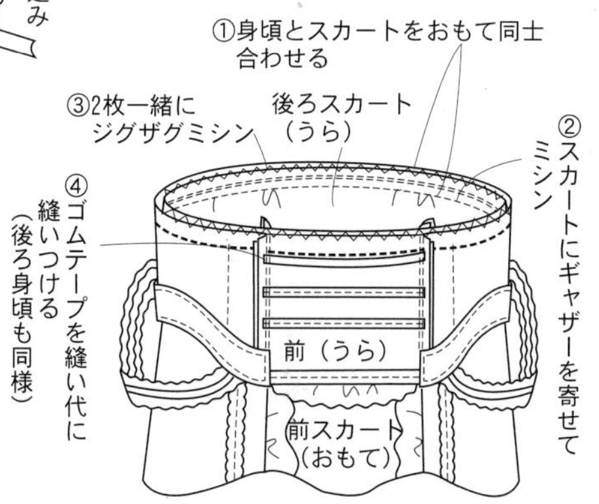

①身頃とスカートをおもて同士合わせる
③2枚一緒にジグザグミシン
後ろスカート（うら）
②スカートにギャザーを寄せてミシン
④ゴムテープを縫い代に縫いつける（後ろ身頃も同様）
前（うら）
前スカート（おもて）

12.出来上がり。

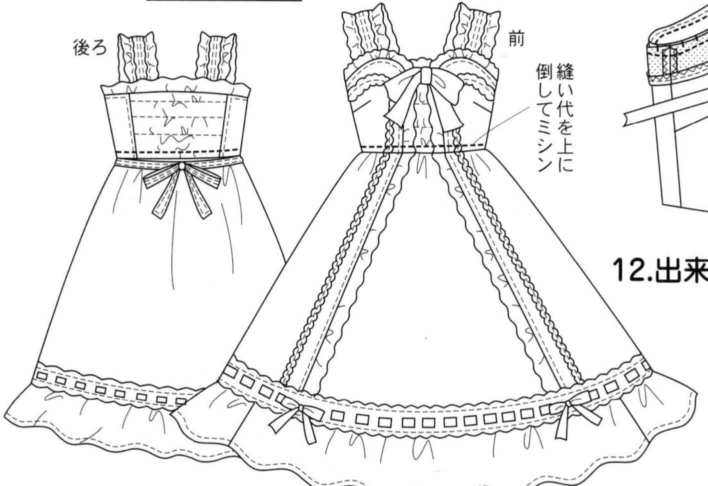

後ろ
前
縫い代を上に倒してミシン

リボンヘアゴムの材料（2個分）		
リボン（グログランリボン）	50mm幅	1m30cm
レースA（ケミカルレース）	15mm幅	1m10cm
レースB（トーションレース）	20mm幅	25cm
ヘアゴム		2個

リボンチョーカーの材料		
リボンA（グログランリボン）	25mm幅	40cm
リボンB（グログランリボン）	9mm幅	80cm
リボンC（グログランリボン）	35mm幅	60cm
レース（ケミカルレース）	15mm幅	1m30cm

リボンヘアゴムの作り方

※リボンチョーカーのリボンの作り方参照。

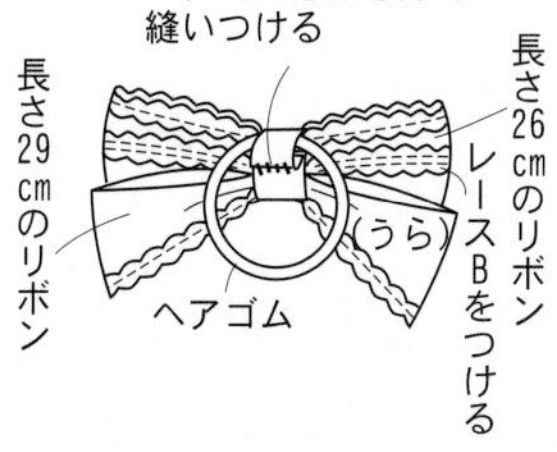

ヘアゴムをはさんで縫いつける
長さ29cmのリボン
長さ26cmのリボン
レースBをつける
（うら）
ヘアゴム

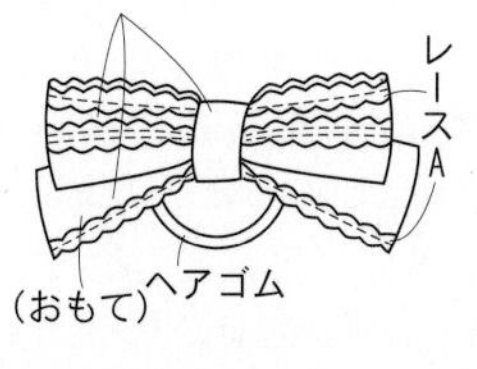

リボン
レースA
（おもて）
ヘアゴム

リボンチョーカーの作り方

1.土台を作る。

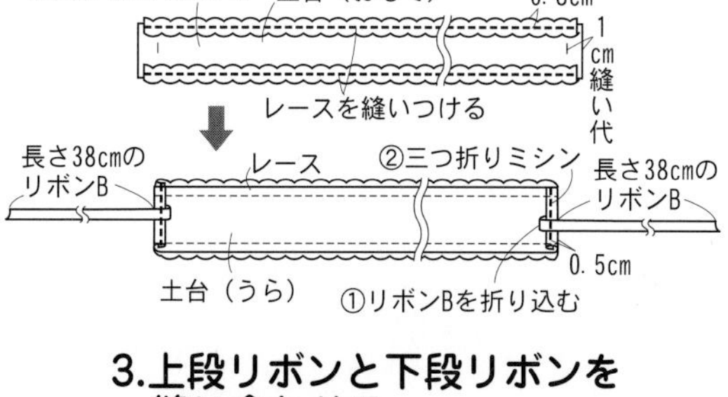

長さ37cmのリボンA
土台（おもて）
0.8cm
1cm縫い代
レースを縫いつける
長さ38cmのリボンB
レース
②三つ折りミシン
長さ38cmのリボンB
0.5cm
土台（うら）
①リボンBを折り込む

2.上段リボンと下段リボンを同様に作る。

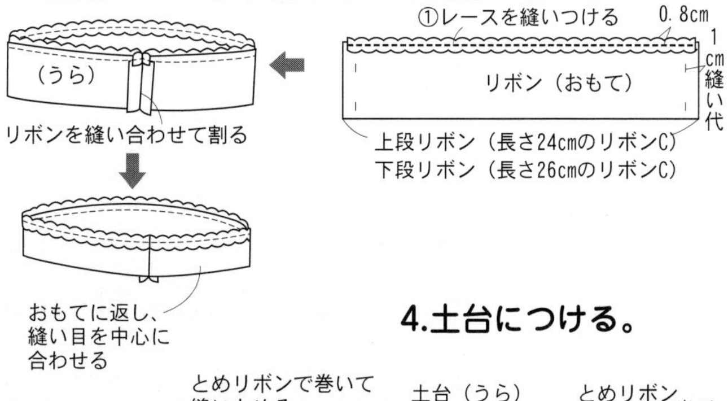

①レースを縫いつける
0.8cm
1cm縫い代
リボン（おもて）
上段リボン（長さ24cmのリボンC）
下段リボン（長さ26cmのリボンC）
（うら）
リボンを縫い合わせて割る
おもてに返し、縫い目を中心に合わせる

3.上段リボンと下段リボンを縫い合わせる。

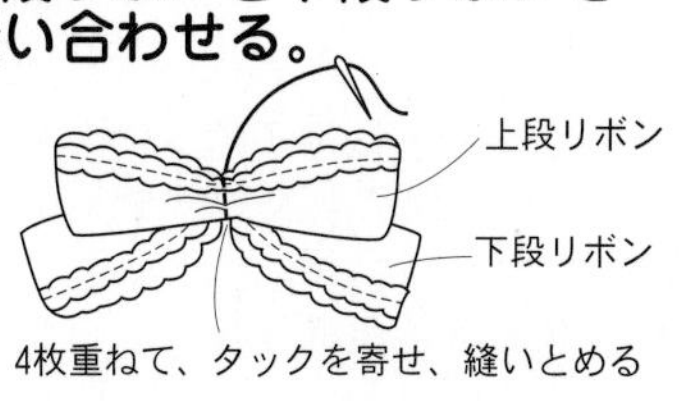

上段リボン
下段リボン
4枚重ねて、タックを寄せ、縫いとめる

4.土台につける。

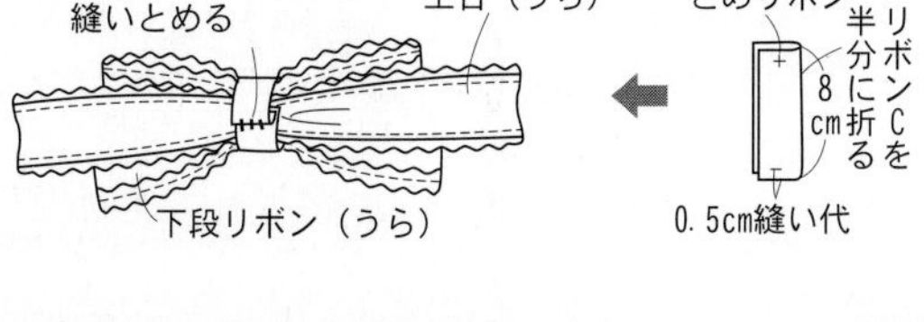

とめリボン
リボンCを半分に折る
8cm
0.5cm縫い代
とめリボンで巻いて縫いとめる
土台（うら）
下段リボン（うら）

求人情報

次号予告

ゴスロリ Vol.6

2005年 秋 発売予定!!

編集・発行人　内藤　朗
印　刷　図書印刷株式会社
発行所　株式会社ブティック社
〒102-8620　東京都千代田区平河町1-8-3
代表　TEL 03(3234)2001
販売直通　TEL 03(3234)2081
広告直通　TEL 03(3234)2083
編集直通　TEL 03(3234)2071
http://www.boutique-sha.co.jp

協力店のご案内

◆取材・撮影協力◆

ATELIER-PIERROT
〒150-0001　東京都渋谷区神宮前1-11-6 ラフォーレ原宿B1.5F
03-3475-0463

ATELIER BOZ
〒151-0063　東京都渋谷区富ヶ谷1-14-12 クラモチビル1F
03-5738-3501

インディヴィジュアル（Victorian maiden）
〒534-0025　大阪府大阪市都島区片町1-3-23-602
06-6135-4355

Innocent World 大阪本店
〒542-0086　大阪府大阪市中央区西心斎橋1-10-28-506
06-6251-6068

ゴールドシール（MIHO MATSUDA）
〒151-0051　東京都渋谷区千駄ヶ谷3-11-3 コーポ南602
03-5414-6555

C・crew（an-ten-na）
〒150-0001　東京都渋谷区神宮前2-13-4
03-3478-4033

S-inc（h.NAOTO Blood、HN＋nois）
〒106-0031　東京都港区西麻布2-22-5
03-5766-3848

ハイパー・ハイパー（PUTUMAYO）
〒150-0001　東京都渋谷区神宮前4-27-11 ギャラリードジム3F
03-3423-7630

ピースナウ（BLACK PEACE NOW）
〒151-0062　東京都渋谷区元代々木町33-8 元代々木サンサンビル1F
03-5452-8077

Pretty（Angelic Pretty）
〒150-0001　東京都渋谷区神宮前1-11-6 ラフォーレ原宿B1.5F
03-3478-0860

BABY,THE STARS SHINE BRIGHT
〒150-0011　東京都渋谷区東3-26-3 小林ビル203
03-5468-5491

Baby Doll
〒150-0001　東京都渋谷区神宮前2-32-1 3F
03-5785-2507

metamorphose temps de fille 大阪本店
〒542-0081　大阪府大阪市中央区南船場4-13-18 四ツ橋FYSビル5F
06-4704-6400

◆布地、糸、手芸材料、その他提供◆

イフスタジオ
〒150-0045　東京都渋谷区神泉町2-9 神泉町ビル
03-3770-1346

オカダヤ（新宿本店）
〒163-8692　東京都新宿区西新宿3-23-17
03-3352-5411

キンカ堂（池袋店）
〒171-8550　東京都豊島区南池袋1-24-5
03-3971-1211

クロバー
〒537-0025　大阪府大阪市東成区中道3-15-5
06-6978-2277

コットンこばやし
〒542-0081　大阪府大阪市中央区南船場1-15-2
06-6262-5881

大喜ホームクラフト事業部
〒101-0031　東京都千代田区東神田2-9-6 サンライン第28ビル6F
03-5833-3271

ニクルス
〒578-0981　大阪府東大阪市島之内2-90-30
0729--64-8832

ハマナカ
（本社）〒616-8585　京都府京都市右京区花園薮ノ下町2-3
075-463-5151
（東京支店）〒103-0007　東京都中央区日本橋浜町1-11-10
03-3864-5151

フジックス
〒603-8322　京都府京都市北区平野宮本町5
075-463-8111

ユザワヤ（蒲田店）
〒144-8660　東京都大田区西蒲田8-23-5
03-3734-4141

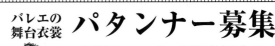